תלמוד בבלי

— מהדורת נאה —

חולין חלק ב

Steinsaltz Center

KOREN

Please note that the number ranges that appear at the bottom of each daf of the Vilna pages indicate the corresponding pages of the Koren Talmud Bavli translation and commentary.

תלמוד בבלי

הוצאת קורן ירושלים

— מהדורת נאה —

מסכת חולין
דף כז. עד דף מב.

COMMENTARY BY

Rabbi Adin Even-Israel
Steinsaltz

EDITOR-IN-CHIEF

Rabbi Dr Tzvi Hersh Weinreb

EXECUTIVE EDITOR

Rabbi Joshua Schreier

•

STEINSALTZ CENTER
KOREN PUBLISHERS JERUSALEM

הַשּׁוֹחֵט אֶחָד בָּעוֹף וּשְׁנַיִם בַּבְּהֵמָה – שְׁחִיטָתוֹ כְּשֵׁרָה, *וְרוּבּוֹ שֶׁל אֶחָד כְּמוֹהוּ; רַבִּי יְהוּדָה אוֹמֵר: עַד שֶׁיִּשְׁחוֹט אֶת הַוְּרִידִין. *חֲצִי אֶחָד בָּעוֹף, וְאֶחָד וַחֲצִי בַּבְּהֵמָה – שְׁחִיטָתוֹ פְּסוּלָה. רוֹב אֶחָד בָּעוֹף, וְרוֹב שְׁנַיִם בַּבְּהֵמָה – שְׁחִיטָתוֹ כְּשֵׁרָה.§ **גמ'** הַשּׁוֹחֵט – דִּיעֲבַד אִין, לְכַתְּחִלָּה לָא; שְׁנַיִם בַּבְּהֵמָה לְכַתְּחִלָּה לָא? עַד כַּמָּה לִשְׁחוֹט וְלֵיזִיל? אִיבָּעֵית אֵימָא: אַאֶחָד בָּעוֹף. וְאִיבָּעֵית אֵימָא: אַרוּבּוֹ שֶׁל אֶחָד כְּמוֹהוּ. (כמ"ש סימן) אָמַר רַב כָּהֲנָא: מִנַּיִן לִשְׁחִיטָה שֶׁהִיא מִן הַצַּוָּאר? שֶׁנֶּאֱמַר: "וְשָׁחַט אֶת בֶּן הַבָּקָר" – מִמָּקוֹם שֶׁשָּׁח חַטֵּהוּ. מַאי מַשְׁמַע דְּהַאי "חַטֵּהוּ" לִישָּׁנָא דְּדַכּוּיֵי הוּא? דִּכְתִיב: "וְחִטֵּא אֶת הַבַּיִת". וְאִיבָּעֵית אֵימָא, מֵהָכָא: "תְּחַטְּאֵנִי בְאֵזוֹב וְאֶטְהָר". וְאֵימָא: מִזְּנָבוֹ! שָׁח – מִכְּלָל שֶׁזָּקוּף בָּעֵינַן, וְהָא שָׁח וְעוֹמֵד הוּא. וְאֵימָא: מֵאָזְנוֹ! בָּעֵינַן דַּם הַנֶּפֶשׁ וְלֵיכָּא! וְאֵימָא: דְּקָרַע וְאָזֵיל עַד דַּם הַנֶּפֶשׁ! וְתוּ, שֶׁהָיְיתָה דְּרָסָה חֲלָדָה הַגְרָמָה וְעִיקּוּר, מְנָלַן? אֶלָּא גְּמָרָא, שְׁחִיטָה מִן הַצַּוָּאר נַמִּי גְּמָרָא. וּקְרָא לְמַאי אֲתָא? דְּלָא לְשַׁוְּיֵיהּ גִּיסְטְרָא. רַב יֵימָר אָמַר, אָמַר קְרָא: "וְזָבַחְתָּ" – מִמָּקוֹם שֶׁזָּב חַתֵּהוּ. מַאי מַשְׁמַע דְּהַאי "חַתֵּהוּ" לִישָּׁנָא דְּמִתְבַּר הוּא? דִּכְתִיב: "אַל תִּירָא וְאַל תֵּחָת". וְאֵימָא: מֵחוֹטְמוֹ! זָב עַל יְדֵי חִתּוּי בָּעֵינַן, וְהַאי זָב מֵאֵלָיו הוּא. וְאֵימָא: מִלִּבּוֹ! וְתוּ, שֶׁהָיְיתָה דְּרָסָה חֲלָדָה הַגְרָמָה וְעִיקּוּר, מְנָלַן? אֶלָּא גְּמָרָא, שְׁחִיטָה מִן הַצַּוָּאר נַמִּי גְּמָרָא. וּקְרָא לְמַאי אֲתָא? דְּלָא לְשַׁוְּיֵיהּ גִּיסְטְרָא. דְּבֵי ר' יִשְׁמָעֵאל תָּנָא: "וְשָׁחַט" – אַל תִּקְרֵי "וְשָׁחַט", אֶלָּא "וְסָחַט" – מִמָּקוֹם שֶׁשָּׂח חַטֵּהוּ. וְאֵימָא: מִלְּשׁוֹנוֹ! בָּעֵינַן דַּם הַנֶּפֶשׁ וְלֵיכָּא! וְאֵימָא: דְּקָרַע וְאָזֵיל עַד דַּם הַנֶּפֶשׁ! וְתוּ, שֶׁהָיְיתָה דְּרָסָה חֲלָדָה הַגְרָמָה וְעִיקּוּר, מְנָלַן? אֶלָּא גְּמָרָא, שְׁחִיטָה מִן הַצַּוָּאר נַמִּי גְּמָרָא. וּקְרָא לְמַאי אֲתָא? דְּלָא לְשַׁוְּיֵיהּ גִּיסְטְרָא. וְתַנָּא מַיְיתֵי לַהּ מֵהָכָא; דְּתַנְיָא, ר' חִיָּיא אוֹמֵר: מִנַּיִן לִשְׁחִיטָה מִן הַצַּוָּאר? שֶׁנֶּאֱמַר: "וְעָרְכוּ בְּנֵי אַהֲרֹן הַכֹּהֲנִים אֵת הַנְּתָחִים", שֶׁאֵין ת"ל "אֶת הָרֹאשׁ וְאֶת הַפָּדֶר", מַה ת"ל "אֶת הָרֹאשׁ וְאֶת הַפָּדֶר"? וַהֲלֹא רֹאשׁ וּפֶדֶר בִּכְלַל כָּל הַנְּתָחִים הָיוּ, לָמָּה יָצְאוּ? לְפִי שֶׁנֶּאֱמַר: "וְהִפְשִׁיט אֶת הָעוֹלָה וְנִתַּח" – אֵין לִי אֶלָּא נְתָחִים שֶׁיֶּשְׁנָן בִּכְלַל הַפְשָׁטָה, מִנַּיִן לְרַבּוֹת אֶת הָרֹאשׁ שֶׁכְּבָר הוּתַּז? תַּלְמוּד לוֹמַר: "אֶת רֹאשׁוֹ וְאֶת פִּדְרוֹ וְעָרַךְ"; מִדְּקָאָמַר: אֶת הָרֹאשׁ שֶׁכְּבָר הוּתַּז – מִכְּלָל דִּשְׁחִיטָה מִן הַצַּוָּאר. וְתַנָּא פָּתַח בְּ"רֹאשׁ וּפֶדֶר" וּמְסַיֵּים בְּ"רֹאשׁוֹ וּפִדְרוֹ"? הָכִי קָאָמַר: מִנַּיִן לְרַבּוֹת אֶת הָרֹאשׁ שֶׁכְּבָר הוּתַּז? ת"ל: "אֶת הָרֹאשׁ וְאֶת הַפָּדֶר". וְ"רֹאשׁוֹ וּפִדְרוֹ" לָמָּה לִי? מִיבְּעֵי לֵיהּ לְכִדְתַנְיָא: *מִנַּיִן לְרֹאשׁ וּפֶדֶר שֶׁקּוֹדְמִין לְכָל הַנְּתָחִים? ת"ל: "אֶת רֹאשׁוֹ וְאֶת פִּדְרוֹ וְעָרַךְ". וּפֶדֶר

רש"י

השוחט · שחיטתו כשרה. בגמרא פריך: שנים בבהמה מאי לשון דיעבד שייך ביה? אלא כמה ישחוט וילך? אחד בעוף. בגמרא מפרש טעמא. ורובו של אחד. של כל אחד ואחד. ורידין. חוטי הצואר שמקלחין את הדם. ובגמרא (לקמן דף כח:) מפרש דבעוף קאי, ומשום להוציא את הדם. רוב אחד בעוף כו'. בגמרא (שם דף כט.) פריך: הא תנא ליה רישא! **גמ'** השוחט. על כרחך דיעבד משמע, הלכך קשיא לן: ד' בבהמה לכתחלה לא סגי בהכי? בתמיה. אאחד בעוף. קאי "השוחט", דלכתחלה אלכתחלה רבנן תרוייהו משום חרקתא לעבירה, דלמא לא אתי למיעבד רובא דחד. מן הצואר. מן הגרון. ששח. שכופף. חטהו. הכשירהו לאכילה וטהרה. לישנא אחרינא: חטהו – הוציא את דמו ונקהו. ולהאי לישנא גרסינן: "חטהו לישנא דדכויי הוא", ולאידך לישנא קמא גרסינן: "דאכשורי הוא". ואימא מזנבו. שכפוף תמיד. ששח. משמע כופף ולא ד] כפוף, מכלל שבדרך הליכתו הוא זוקף. מאזנו. שהוא כופפה כשהוא רוצה. דם הנפש. דהא בקדשים כתיב, ודם הנפש בעינן לזריקה, דכתיב: "דמו בנפשו הוא ואני נתתיו לכם על המזבח" וגו' – דם שהנפש יוצאה בו מכפר. ה"ג: ותו שהייה דרסה חלדה כו'. ולא גרסינן "וליטעמיך". וקרא למאי אתא. כיון דהלכות שחיטה הלכה למשה מסיני הן. דלא לשוייה גיסטרא. שלא יחתוך כל המפרקת לשנים. דהכי משמע "חטהו" – הוצא את דמו ותו לא. ולאידך לישנא – ה] הכשר אכילתו, דהיינו הסימנין ותו לא. לישנא אחרינא: דלא לשוייה גיסטרא – שלא ידרוס. אע"ג דהלכות שחיטה הלכה למשה מסיני הם – יש מהם שנכתבו, כגון דרסה, דמפקינן לקמן מ"ושחט" – אין ושחט אלא לשון ומשך, וכי גמירי הלכתא – אשארא. ודרסה קרי גיסטרא, כדתנן במתניתין: *היה שוחט והתיז את הראש בבת אחת – אלמא דרסה לשון התזת ראש בבת אחת קרי לה, דהיינו גיסטרא. מפני שהמוליך ומביא אינו חותך אלא לפי דעתו, וכשהוא רוצה מושך את ידיו. אבל הדורס – זה החותך כמו שחותכין מקל דק או דלעת או קפלוט, שחותך בכח ומתיז להלן. שזב. שדמו זב. חתהו. שברהו, כלומר חתכהו. מחוטמו. שהוא זב ליחה תמיד, דהא דם בקרא לא כתיב. לבו. אם תתקע בו סכין הוא זב דם הרבה. דלא לשוייה גיסטרא. ולא ידרוס, דהכי משמע: חתהו עד שיזוב ותו לא. אבל דורס אין בידו למנוע ולמשוך ידו. ובלישנא אחרינא כדפרישית: חתהו עד מקום שהוא זב ותו לא. מר יליף מהאי קרא ומר יליף מהאי קרא. ששח. שמוציא קול. לשון. מסייע להוציא קול, ובבכורות (דף מ.) נמי לענין מומין בבהמה תנן: ושניטל רוב המדבר בלשונו. ותנא מייתי לה מהכא. אמוראי מייתי לה מקראי דלעיל או מגמרא, כדאמרן, אבל תנא דתורת כהנים מייתי לה מהכא. אין לי. שקרויין נתחים. אלא אותן שישנם בכלל הפשטה. כדכתיב: "והפשיט ונתח", וגבי עריכה דכתיב "נתחים" – בנתחים הנפשטים משמע. מנין לרבות. בכלל עריכה גם את הראש שאינו בכלל הפשטה, שהרי ו] הותז בשחיטה קודם הפשטה. דכיון דנחתכו סימנין קרי ליה "הותז", מפני שכל חיותו תלוי בהן וכמנח בדיקולא דמיא. ובכלל הפשטה אינו, אלא קרב כמות שהוא, כדאמרינן בזבחים (א) (דף פה:): למר [שבראשי הכבשים ושער] שבזקן התיישים [והעצמות והגידין] והקרנים והטלפים ז], [שנאמר: "והקטיר הכהן את הכל המזבחה"]. תלמוד לומר את ראשו ואת פדרו וגו'. ולקמיה פריך: תלמוד לומר "את הראש ואת הפדר" מיבעי ליה למיתני, דהא ביה קיימינן! מכלל דשחיטה מן הצואר. דאי לאו הכי, במאי הותז? ופרכינן: תנא פתח בראש ופדר. למה נאמר "את הראש ואת הפדר" וסיים ב"ראשו ופדרו", דקאמר: תלמוד לומר "את ראשו ואת פדרו וערך"? הכי גרסינן: וראשו ופדרו מיבעי ליה לכדתניא כו'. והכי מסיים תנא למתניתין. ופדר

תוספות

השוחט · ר' יהודה אומר עד שישחוט את הוורידין. דוקא בעוף, הואיל וצולהו כולו כאחד, מוקי לה בגמרא. וכרבי יהודה קיימא לן, כדאמר בפ"ק דברכות (דף ח:): הזהרו בוורידין כר' יהודה. ונראה דדוקא לכתחלה קא"ר יהודה, אבל אם צלאו דיעבד ולא נחתכו הוורידין – שרי. כדמוכח בגמרא דקאמר רב פפא: רישא בחולין מהכא, דקאמר ר' יהודה: עד שישחוט את הוורידין, ופליגי רבנן עליה. ואי אמרת בקדשים, אמאי פליגי עליה? הוא עצמו לדם הוא צריך! ח] ואי ר' יהודה בדיעבד נמי אסור, דלמא לכתחלה מודו רבנן, אבל בדיעבד פליגי עליה! לכך נראה, דפשיטא ליה דרבי יהודה לא קאמר אלא לכתחלה. והא דקאמר בתוספתא דרבי יהודה פוסל בעוף עד שישחוט את הוושט ואת הוורידין – לאו דוקא פוסל בדיעבד, אלא כלומר אסור. **חצי** אחד בעוף. ה"ה חצי כל אחד. ואגב "רוב אחד" נקט "חצי אחד". ומרישא נמי שמיע ליה דדוקא רוב בעינן, ולא נקטיה אלא אגב דבעי למתני אחד וחצי בבהמה, אע"ג דהוי טפי מרוב השנים בין הכל – שחיטה פסולה. **שנים** בבהמה לכתחלה לא עד כמה לשחוט וליזיל. ואי משום וורידין – אפילו ר' יהודה מודה בבהמה, הואיל ומנתחה אבר אבר כדלקמן (דף כח:). **ותו** שהייה דרסה וחלדה כו'. בכל הספרים גרסינן: "וליטעמיך" ובקונטרס הגיה "ותו". וקשה לפירושו, דאי התלמוד קאמר לה, ומסיק דקרא אתא דלא לשוייה גיסטרא, וכן בסמוך גבי קרא ד"וזבחת" מוקי לקרא דלא לשוייה גיסטרא, למה לי תרי קראי להכי? ועוד, דמפרש דלא לשוייה גיסטרא – שלא יחתוך הלואר עם הסימנין, היכי משמע] מ"ושחט"? ועוד, אמאי ס"ד שיחתוך המפרקת אחר שחיטת הסימנין? ונראה כגירסת הספרים דגרסי: "וליטעמיך", ורב כהנא קאמר לה: י] שחיטה מן הלואר נמי גמרא ולא מאזנו ולא מחוטמו, אבל אכתי לא ידעינן מהיכן מתחיל, אי מן העורף כמליקה או מצד הגרון בסימנים, ולהכי אתא "ושחט" – לומר ממקום ששח. וקיימא (ב) מילתא דרב כהנא דקאמר: מנין לשחיטה מן הלואר, דהיינו גרון, כדתנן לעיל (דף יט:): שכל הלואר כשר לשחיטה וכל העורף כשר למליקה. **מנין** לרבות את הראש שכבר הותז כו'. משמע דלא הוי בכלל "ונתח אותה לנתחיה". ותימה: דבפ"ק (לעיל דף יא.) אמר: אתיא מראשה של עולה, דרחמנא אמר יא] "לנתחיה" – ולא נתחיה לנתחים! ויש לומר, דהדר ערכיה: "וערכו בני אהרן הכהנים את הנתחים ואת הראש". **מדקאמר** את הראש שכבר הותז מכלל דשחיטה מן הצואר. לא אתא האי תנא אלא למעוטי זנבו, אבל אכתי לא ידעינן אי מן הלואר אי מן העורף. ופדר

עין משפט נר מצוה

א א מיי' פ"א מהל' שחיטה הל"ט סמג עשין סג טוש"ע יו"ד סי' כא סעי' א:
ב ב טוש"ע יו"ד סי' כב סעיף א:
ג ג מיי' שם הל"ג סמג שם טוש"ע יו"ד סי' כא סעיף ב:
ד ד מיי' שם הל"ט טוש"ע שם סעיף א:
ה ה מיי' שם הל"ט ועיין סמג שם טוש"ע שם סי' כ סעי' א:
ו ו ז מיי' שם הל"ד טוי"ד סי' א:
ז ח מיי' פ"ו מהל' מעשה קרבנות הל"ו:

ריבנו גרשום

ושנים בבהמה לכתחלה לא. כלומר בתמיהה עד כמה לשחוט וליזיל. איבעית תימא אאחד בעוף. כלומר [קאי] השוחט: ממקום ששח חטהו. כלומר לשון ושח אדם וגו'. וקרא למאי אתא. ...

גליון הש"ס

גמ' אאחד בעוף. עיין לעיל דף כח ע"ב תוס' ד"ה ולאו מכלל: **שם** ממקום ששח חטהו. עיין תוספות חיים סנהדרין דף קיב ע"ב ד"ה מאי דתקנו:

שיטה מקובצת

הגהות הב"ח

(א) רש"י ד"ה מנין וכו' כדאמרינן בזבחים והקריב הכהן את הכל לרבות כו': (ב) תוס' ד"ה ותו וכו' וקיימא מילתא דרב כהנא:

ח א מיי' פ"ו מהל' מעשה קרבנות הלכה ה והלכה יא:
ט ב מיי' פ"א מהל' אבות הטומאה הל"א ב:
י ג ד מיי' שם פ"ג הל"א:
יא ה מיי' פ"א מהל' שחיטה הל"ג ועיין בכ"מ ובל"מ סמג עשין סג טוש"ע יו"ד סי' יג סעיף א:

וּפָדֶר קַמָּא דִּכְתַב רַחֲמָנָא לָמָּה לִי? מִיבְּעֵי לֵיהּ רש"א *לִכְדְתַנְיָא: כֵּיצַד הוּא עוֹשֶׂה? אחוֹפֶה אֶת הַפֶּדֶר עַל בֵּית הַשְּׁחִיטָה וּמַעֲלֵהוּ, וְזֶהוּ דֶּרֶךְ כָּבוֹד שֶׁל מַעְלָה. וְהַאי תַּנָּא מַיְיתֵי לַהּ מֵהָכָא, *דְּתַנְיָא: °"זֹאת תּוֹרַת הַבְּהֵמָה וְהָעוֹף" — וְכִי בְּאֵיזוֹ תּוֹרָה שָׁוְתָה בְּהֵמָה לָעוֹף וְעוֹף לִבְהֵמָה? בבְּהֵמָה מְטַמְּאָה בְּמַגָּע וּבְמַשָּׂא, עוֹף גאֵינוֹ מְטַמֵּא בְּמַגָּע וּבְמַשָּׂא; עוֹף דמְטַמֵּא בְּגָדִים אַבֵּית הַבְּלִיעָה, בְּהֵמָה אֵינָהּ מְטַמְּאָה בְּגָדִים אַבֵּית הַבְּלִיעָה! בְּאֵיזוֹ תּוֹרָה שָׁוְתָה בְּהֵמָה לָעוֹף וְעוֹף לִבְהֵמָה? לוֹמַר לָךְ: מַה בְּהֵמָה בִּשְׁחִיטָה — אַף עוֹף בִּשְׁחִיטָה. אִי מַה לְּהַלָּן בְּרוֹב שְׁנַיִם — אַף כָּאן בְּרוֹב שְׁנַיִם? ת"ל: "זֹאת". ר' אֱלִיעֶזֶר אוֹמֵר: בְּאֵיזוֹ תּוֹרָה שָׁוְתָה בְּהֵמָה לָעוֹף וְעוֹף לִבְהֵמָה? לוֹמַר לָךְ: מָה עוֹף הֶכְשֵׁרוֹ מִן הַצַּוָּאר — אַף בְּהֵמָה הֶכְשֵׁרָהּ מִן הַצַּוָּאר. אִי מַה לְּהַלָּן מִמּוּל עוֹרֶף, אַף כָּאן מִמּוּל עוֹרֶף? ת"ל: °"וּמָלַק אֶת רֹאשׁוֹ מִמּוּל עָרְפּוֹ וְלֹא יַבְדִּיל" — רֹאשׁוֹ שֶׁל זֶה מִמּוּל עוֹרֶף, וְאֵין רֹאשׁוֹ שֶׁל אַחֵר מִמּוּל עוֹרֶף. וְר' אֱלִיעֶזֶר, הַאי "זֹאת" מַאי עָבֵיד לֵיהּ? אִי לָאו "זֹאת", הֲוָה אָמֵינָא: מָה עוֹף בְּסִימָן אֶחָד — אַף בְּהֵמָה בְּסִימָן אֶחָד, כְּתַב רַחֲמָנָא: "זֹאת". תָּנֵי בַּר קַפָּרָא: "זֹאת תּוֹרַת הַבְּהֵמָה וְהָעוֹף" — הֵטִּיל הַכָּתוּב לָעוֹף בֵּין בְּהֵמָה לְדָגִים; לְחַיְּיבוֹ בִּשְׁנֵי סִימָנִין אִי אֶפְשָׁר — שֶׁכְּבָר הוּקַּשׁ לְדָגִים, לְפוֹטְרוֹ בְּלֹא כְּלוּם אִי אֶפְשָׁר — שֶׁכְּבָר הוּקַּשׁ לִבְהֵמָה, הָא כֵּיצַד הֶכְשֵׁרוֹ? בְּסִימָן אֶחָד. דָּגִים דְּלָאו בְּנֵי שְׁחִיטָה נִינְהוּ מְנָלַן? אִילֵּימָא מִשּׁוּם דִּכְתִיב: °"הֲצֹאן וּבָקָר יִשָּׁחֵט לָהֶם אִם אֶת כָּל דְּגֵי הַיָּם יֵאָסֵף לָהֶם" — הבַּאֲסִיפָה בְּעָלְמָא סַגֵּי לְהוּ. אֶלָּא מֵעַתָּה, גַּבֵּי שְׂלָיו דִּכְתִיב: °"וַיַּאַסְפוּ אֶת הַשְּׂלָיו", הָכִי נָמֵי דְּלָאו בִּשְׁחִיטָה? וְהָא אֲמַרְתְּ: לְפוֹטְרוֹ בְּלֹא כְלוּם אִי אֶפְשָׁר, שֶׁכְּבָר הוּקַּשׁ לִבְהֵמָה! הָתָם לָא כְּתִיבָא אֲסִיפָה בִּמְקוֹם שְׁחִיטָה דַּאֲחֵרִינֵי, הָכָא כְּתִיבָא אֲסִיפָה בִּמְקוֹם שְׁחִיטָה דַּאֲחֵרִינֵי.§ דָּרַשׁ עוֹבֵר גְּלִילָאָה: בְּהֵמָה שֶׁנִּבְרֵאת מִן הַיַּבָּשָׁה — הֶכְשֵׁרָהּ בִּשְׁנֵי סִימָנִים, דָּגִים שֶׁנִּבְרְאוּ מִן הַמַּיִם — הֶכְשֵׁירָן בְּלֹא כְלוּם, עוֹף שֶׁנִּבְרָא מִן הָרְקָק — הֶכְשֵׁרוֹ בְּסִימָן אֶחָד. אָמַר רַב שְׁמוּאֵל קַפּוֹטְקָאָה: תֵּדַע, שֶׁהֲרֵי עוֹפוֹת יֵשׁ לָהֶן קַשְׂקֶשֶׂת בְּרַגְלֵיהֶם כְּדָגִים.§ וְעוֹד שְׁאָלוֹ, כָּתוּב אֶחָד אוֹמֵר: °"וַיֹּאמֶר אֱלֹהִים יִשְׁרְצוּ הַמַּיִם שֶׁרֶץ נֶפֶשׁ חַיָּה וְעוֹף יְעוֹפֵף" — אַלְמָא מִמַּיָּא אִיבְּרוּ, וּכְתִיב: °"וַיִּצֶר ה' אֱלֹהִים מִן הָאֲדָמָה כָּל חַיַּת הַשָּׂדֶה וְאֵת כָּל עוֹף הַשָּׁמַיִם" — אַלְמָא מֵאַרְעָא אִיבְּרוּ! אָמַר לוֹ: *מִן הָרְקָק נִבְרְאוּ. רָאָה תַּלְמִידָיו מִסְתַּכְּלִים זֶה בָּזֶה, אָמַר לָהֶם: קָשֶׁה בְּעֵינֵיכֶם שֶׁדָּחִיתִי אֶת אוֹיְבִי בְּקַשׁ? מִן הַמַּיִם נִבְרְאוּ, וְלָמָּה הֱבִיאָן אֶל הָאָדָם? לִקְרוֹת לָהֶן שֵׁם. וְיֵשׁ אוֹמְרִים: בְּלָשׁוֹן אַחֵר אָמַר לְאוֹתוֹ הֶגְמוֹן, וּבְלָשׁוֹן הָרִאשׁוֹן אָמַר לָהֶן לְתַלְמִידָיו, מִשּׁוּם דִּכְתִיב עַל "וַיִּצֶר". אָמַר רַב יְהוּדָה מִשּׁוּם ר' יִצְחָק בֶּן פִּנְחָס: *אֵין שְׁחִיטָה לָעוֹף מִן הַתּוֹרָה, שֶׁנֶּאֱמַר: "וְשָׁפַךְ" — בִּשְׁפִיכָה בְּעָלְמָא סַגִּי. א"ה, חַיָּה נַמִּי! א] אִיתְקַשׁ לִפְסוּלֵי הַמּוּקְדָּשִׁין. עוֹף נַמִּי אִיתְקַשׁ לִבְהֵמָה, דִּכְתִיב: "זֹאת תּוֹרַת הַבְּהֵמָה וְהָעוֹף"! הָא כְּתִיב: °"וְשָׁפַךְ אֶת דָּמוֹ". וּמַאי חָזֵית דְּשַׁדְיֵיהּ לֵיהּ עַל עוֹף? שַׁדְיֵיהּ אַחַיָּה! מִסְתַּבְּרָא, מִשּׁוּם דְּסָלֵיק מִינֵּיהּ. (סִימָן: נתנבל דם במליקה) מֵיתִיבֵי: *הַשּׁוֹחֵט וְנִתְנַבְּלָה בְּיָדוֹ, הַנּוֹחֵר וְהַמְעַקֵּר — פָּטוּר מִלְּכַסּוֹת; וְאִי אָמְרַתְּ אֵין שְׁחִיטָה לָעוֹף מִן הַתּוֹרָה, נְחִירָתוֹ זוֹ הִיא שְׁחִיטָתוֹ, לִיבָּעֵי כִּסּוּי! מִי סָבְרַתְּ בְּעוֹף? לָא, בְּחַיָּה. ת"ש: *הַשּׁוֹחֵט וְצָרִיךְ לְדָם — חַיָּיב לְכַסּוֹת, כֵּיצַד הוּא עוֹשֶׂה? אוֹ נוֹחֲרוֹ אוֹ עוֹקְרוֹ; מַאי

תורה אור: ויקרא יא; שם ה; במדבר יא; שם; בראשית א; שם ב; ויקרא יז

[יומא סו.] [נדה מב:] זבחים סה: [לעיל ד. ושם נסמן] לקמן פה. [לקמן פה. תוספתא פ"ו ע"ש] [עירובין כח.]

רש"י

ופדר קמא למה לי. בשלמא ראש איצטריך לרבויי משום שכבר הותז, אלא הפדר למה לי? דרך כבוד. שכשמקריב הראש חופה הפדר על מקום חתך, מפני שמלוכלך בדם. מייתי לה מהכא. שחיטה מן הבהמה. לעיל מיניה איירי בטומאת נבילות. עוף אינו מטמא במגע ובמשא. דכתיב: "לטמאה בה", אין לך אלא מה שאמור בה: "לא יאכל לטמאה בה". בהמה אינה מטמאה בבית הבליעה. אם תחבה לו חבירו. דתניא: *יכול תהא נבלת בהמה מטמאה בבית הבליעה? ת"ל: "לא יאכל לטמאה" — ג] מי שאין לה טומאה אלא דרך אכילתה, יצתה זו שיש לה טומאה קודם שיאכלנו. מה בהמה בשחיטה. יוצאה מידי נבלה, דכתיב (ויקרא א): "ושחט את בן הבקר". אי מה בהמה ברוב שנים. מדאיצטריך לעיל לרבות את הראש שכבר הותז. דאי בסימן אחד — לאו הותז קריא ליה, ולא איצטריך לרבוייה. זאת. מיעוטא הוא. מה עוף הכשרו מן הצואר. מליקתו. אף בהמה הכשרה מן הצואר. שחיטתה. והיינו דאמרן: ותנא מייתי לה מהכא. זאת מאי עביד ליה. כיון דעוף לאו מבהמה יליף, אלא בהמה מעוף ילפא, מיעוטא מאי ניהו? בסימן אחד. דכתיב (שם ה) בחטאת: "ולא יבדיל". "זאת" ממעט, שלא לכל דבריהם הוקשו אלא לדבר אחד. הבהמה והעוף. וכל נפש חיה הרומשת במים, דגים. לחייבו בשני סימנים. כבהמה, דנפקא לן מ"מנין לרבות את הראש שכבר הותז". אי אפשר שכבר הוקשו לדגים. דלאו בני שחיטה נינהו, כדלקמן. הכא כתיבא אסיפה. דידהו אצל שחיטת בהמה. ומדשני בדיבוריה וכתיב בהו אסיפה ש"מ דווקא הוא. מן היבשה. לפיכך יש לו חיות בריא וחזק. רקק. גרביל"א, שיש בה מים ויבשה. תדע. שמן הרקק נבראו. ועוד שאלו. קונטריקון ההגמון את רבן גמליאל שאלות הרבה, והן בבכורות (דף ה.), וגם זאת שאלו. והכא תניי' משום גררא דעופות. שרץ נפש חיה ועוף. אלמא ממיא איתבריאו עופות. ולמה הביאן אל האדם. ר"ג קאמר לה. כלומר, ולמה נכתבו כאן — משום קריאת שם. לקרות להם שם. והכי קאמר: ויצר מן האדמה כל חית השדה ואת כל עוף השמים לראות מה יקרא לו, ולא איצירה קאי. משום דכתיב. "ואת כל עוף השמים" על "ויצר", דמשמע דאיצירה נמי קאי. לישנא אחרינא: משום דכתיב "על" ג] כלומר, מקרא קמא גופיה משמע דמן הארץ נבראו, דכתיב: "על הארץ", דמשמע דמינה איתבריאו, וכתיב נמי בקרא בתרא: "ויצר מן האדמה". זה שמעתי, וראשון נראה בעיני. אין שחיטה לעוף מן התורה. והיקשא ד"זאת תורת" — לאקושי בהמה למליקת העוף שתהא שחיטתה מן הצואר, כדאמרינן לעיל. ואפילו מתורה שבעל פה מהלכה למשה מסיני אין לו, אלא מדברי סופרים. ואין נבלת עוף קרויה נבלה אלא אם כן מתה מאליה, או הרגה במכה שלא על ידי סימנים, אבל נחירה או עיקור סימנין כשר בו. חיה נמי. דהא חיה נמי בהאי קרא כתיבא. לפסולי המוקדשין. כדאמרינן לקמן בשמעתין: מקיש צבי ואיל לפסולי המוקדשין. איתקש לבהמה. ואימא: אין היקש למחצה! דסליק מיניה. "או עוף אשר יאכל ושפך את דמו". ונתנבלה בידו. שלא מדעת. הנוחר והמעקר. מדעת. פטור מלכסות. ד"אשר יאכל" כתיב (ויקרא יז). ליבעי כסוי. דהא כתיבא כסוי אנחירה דידיה, ומהיכי תיתי למיפטריה? מי סברת בעוף. קאי? בחיה קאי, דכסוי דידה כי כתיב — אהכשרה כתיב, והכשרה דידה שחיטה היא. השוחט. דבר הצריך כסוי. וצריך לדם ד]. כדמפרש. חייב לכסות. על כרחו, ושוב לא יראה למלאכה. כיצד עושה. להפטר מן הכסוי? נוחרו או עוקרו. מאי

תוספות

ופדר קמא למאי אתא. מה שמקשין: לכתוב חד ראש ותרי פדר, דמחד ראש ידעינן שהוא בכלל עריכה, ופדר קמא דדרשינן מיניה שחופהו על בית השחיטה, ידעינן דראש קודם לכל אברים! נראה, דאי לא כתיב אלא חד ראש לא הוה דרשינן מיניה שכבר הותז, אלא הוה דרשינן [מיניה שחופהו על בית השחיטה, והוה שמעינן ה] מיניה (א) שקודם לכל האברים. אבל השתא מיתורא דכתיב ראש שני אשמועינן דשחיטה מן הצואר. באיזו תורה שוותה בהמה לעוף. בפרק "חטאת העוף" בזבחים (דף סט:) דרשינן מינה: מה בהמה דבר שמכשירה לאכילה מטהר טרפתה מטומאתה, אף עוף כו'. תרתי שמע מינה. מה עוף בסימן אחד. דכתיב: "ומלק ולא יבדיל". דרש בר קפרא. לדידיה איצטריך "זאת" לשום דרשא. תדע שהרי יש להם קשקשת. תימה: מה צריך ראיה על זה? דקרא כתיב בהדיא: "ישרצו המים שרץ נפש חיה ועוף"! וי"ל: דמייתי ראיה, דכיון דבריאת המים ניכרת בהם — ראוי לדמותם לדגים לענין שחיטה. ועוד שאלו. פירוש: קונטריקון ההגמון את רבן יוחנן בן זכאי. ולא כמו שפירש בקונטרס את רבן גמליאל. ובכל דוכתי דאיכא "ועוד שאלו" עליה קאי. ואע"ג דלא מייתי התם כמו "בו ביום" שבכל התלמוד, דהוי ביום שמינו בו את רבי אלעזר בן עזריה נשיא, כדאמרינן בפרק "תפלת השחר" (ברכות דף כח.). בשפיכה בעלמא. ואפילו לר' מאיר דיליף לקמן בפרק "כסוי הדם" (דף פה.) דשחיטה שאינה ראויה שמה שחיטה, דגמר שפיכה שפיכה משחוטי חוץ, מכל מקום אין מקרא יוצא מידי פשוטו.

שיטה מקובצת

א] אי הכי חיה נמי חיה איתקש: ב] ת"ל לא יאכל לטמאה בה מי שאין לה: ג] ל"א משום דכתיב על ויצר כלומר מקרא: ד] וצריך לדם למלאכתו כדמפרש: ה] והוה שמעי' מיניה נמי שקודם:

הגהות הב"ח

(א) תוס' ד"ה ופדר וכו' הוה דרשינן שקודם לכל האברים. נ"ב ס"א ולפי זה הוה כתוב חד ראש לא הוה דרשינן פדר קמא הוה דרשינן שחופהו על בית השחיטה והוה שמעינן מינה שקודם לכל האברים אבל שכבר הותז לא שמעינן אבל השתא כו':

רבינו גרשום

ופדר קמא דכתב רחמנא. דאמר את הראש ואת הפדר. לאו צריך דחופהו את הפדר כלומר את החלב אשר על הקרב: בהמה מטמאה במגע ובמשא. כלומר כשהיא נבלה ועוף אינו מטמא כו' עוף מטמא בגדים אבית הבליעה דאוקימנא והאוכל מנבלתה יכבס בגדיו בעוף דאינו מטמ' בגדים אלא בשעת אכילה ואיזו היא בשעת אכילה כשהיא אבית הבליעה אבל לא קודם ולא אחר כן אינו מטמא בגדים כו' ת"ל זאת בשנים כלו' הבהמה וזה יש דינה כלומר עוף: א) ור' אלעזר מה עוף הכשירו בסי' אחד מן הצואר כלומר במליקה כך בהמה הכשירה מן הצואר כלומר בשחיטה: ת"ל ראשו של זה במליקה ואין ראשו של אחר כלומר ולא של בהמה. ור' אליעזר דלא יליף מזאת מאי עבדי ליה. זאת תורת הבהמה והעוף וכל נפש החיה הרומשת במים ועכשו הטיל הכתוב עוף בין הבהמה לדגים. הכא לא כתיב אסיפה במקום שחיטה אחריני כלומר בשליו דמשמע דבשחיטה הם אבל הכא בדגים בצאן [כתיב] שחיטה לבד ובדגים אסיפה לבד. מן הרקק מים ואדמה מעורבין זה בזה: ועוד שאלו קונטרקוס ההגמון את רבן יוחנן בן זכאי שאלות מרובות ועוד שאל שאלה זו. ולמה הביאן אל האדם לקרות להם שם כלומר מן המים נבראו. ואם תאמרו למה נאמר ויצר ה' אלהים מן האדמה ועוף בכלל לא נכללו עופות עם הבהמה אלא לקרות להם שם משום דכתיב על ויצר כלומר בלשון ראשון אמר להן לתלמידיו כלומר מן הרקק נבראו משום דכתיב על וייצר כלומר ויצר ה' אלהים מן האדמה וכתיב ועוף יעופף על הארץ ולא כתב מן הארץ אלמא ממיא נבראו והשתא דכתב על ויצר ש"מ מן הרקק נבראו. חיה איתקש לפסולי המוקדשין דכתיב כאשר יאכל את הצבי ואת האיל כן תאכלנו מה פסולי המוקדשין בשחיטה אף חיה בשחיטה. מיסתברא משום דסליק מיניה כלומר דסליק קרא מעופות דכתיב או עוף ושפך כלומר ששפך סמוך לעוף. מי סברת בעוף לא בחיה כלומר הנוחר והמעקר פטור

א) אולי צ"ל ר"א באיזה תורה שוותה בהמה לעוף. כלומר באיזה דין שוותה. מה עוף כו':

מאי לאו בעוף. קאי, שהרי דמו ראוי לריבצא, לתולעת הגדלה בבגדי צמר שקורין טיני"א, כדכתיב *"כבגד אכלו עש", וקאמר: נוחרו ויפטר מן הכסוי. ואי אין שחיטה לעוף – נוחרו צריך כסוי, שזו היא שחיטתו! ללבא. לבע עור אדום שקורין פרק"א. מלק. עוף קדשים בסכין – נבילה, דאין מליקה אלא בציפורן.

[איוב יג]

תורה אור

מאי לאו בעוף, דקא בעי ליה לדמיה *לריבצא? לא, בחיה, דקא בעי ליה לדמיה לללבא.§ ת"ש: *מלק בסכין – מטמא בגדים אבית הבליעה; ואי אמרת אין שחיטה לעוף מן התורה, נהי נמי דכי תבר ליה שדרה ומפרקת הויא לה טרפה, תיהני לה סכין לטהרה מידי נבלה! הוא דאמר כי האי תנא; א] דתניא, *ר"א הקפר ברבי אומר: מה ת"ל °"אך כאשר יאכל את הצבי" וגו'? וכי מה למדנו מצבי ואיל מעתה? *הרי זה בא ללמד ונמצא למד, מקיש צבי ואיל לפסולי המוקדשין: מה פסולי המוקדשין בשחיטה – אף צבי ואיל בשחיטה; ועוף אין לו שחיטה מדברי תורה אלא מדברי סופרים. מאן תנא דפליג עליה דרבי אלעזר הקפר? רבי היא; *דתניא, רבי אומר: °"וזבחת כאשר צויתיך" – *מלמד *שנצטוה משה על הושט ועל הקנה, ועל רוב אחד בעוף ועל רוב שנים בבהמה.§ *"אחד בעוף". איתמר, ר"נ אמר: *או ושט או קנה, רב אדא בר אהבה אמר: ושט ולא קנה. ר"נ אמר או ושט או קנה – אחד קתני, אחד כל דהו; רב אדא בר אהבה אמר ושט ולא קנה, מאי אחד – מיוחד. (סימן: שחט חצאין גרגרת פגימה דחטאת העוף) מיתיבי: *שחט את הושט ואחר כך נשמטה הגרגרת – כשרה, נשמטה הגרגרת ואח"כ שחט את הושט – פסולה. שחט את הושט ונמצאת גרגרת שמוטה, ואינו יודע אם קודם שחיטה נשמטה אם לאחר שחיטה נשמטה, זה היה מעשה, ואמרו: *כל ספק בשחיטה – פסולה; ואילו שחיטה בגרגרת לא קתני! משום דגרגרת עבידא לאישתמוטי. ת"ש: *שחט[ג] שני חצאי סימנין בעוף – פסולה, ואין צריך לומר בבהמה. ר' יהודה אומר: בעוף עד שישחוט את הושט ואת הורידין! משום דושט סמוך לורידין. ת"ש: *שחט חצי גרגרת, ושהה כדי שחיטה אחרת, וגמר שחיטתו – כשרה; מאי לאו בעוף, ומאי גמרה – גמרה לגרגרת? לא, בבהמה, ומאי גמרה – גמרה לשחיטה כולה. ת"ש: *הרי שהיה חצי קנה פגום, והוסיף עליו כל שהוא וגמרו – שחיטתו כשרה; מאי לאו בעוף, ומאי גמרו גמרו לקנה? לא, בבהמה, ומאי גמרו – גמרו לוושט. ת"ש: *כיצד מולקין חטאת העוף? חותך שדרה ומפרקת בלא רוב בשר עד שמגיע לוושט או לקנה; הגיע לוושט או לקנה חותך סימן אחד ורוב בשר עמו, ובעולה – שנים או רוב שנים; תיובתא דרב אדא בר אהבה! תיובתא. מאי הוי עלה? מאי הוי עלה?! כדקאמרת! דלמא שאני התם, דאיכא שדרה ומפרקת. מאי? ת"ש: דההוא אווזא דהוה בי רבא, אתא כי מסמסם קועיה דמא, אמר רבא: היכי נעביד? נשחטיה

נהי נמי [דכי תבר] שדרה ומפרקת. בלא רוב בשר, כדאמרינן בפ"ק (לעיל דף כא.) הויא טרפה, משום דסכין לאו מליקה הוא. תיהני לה סכין. שחותך סימנין לאחר שנטרפה, לטהרה מידי נבילה. דהא טרפה ששחטה אינה מטמאה, *(ועוד נחירתו) זו היא שחיטתו. והך שחיטה מן העורף, כיון שהוא מגליד וגיזן שהוא דורס כדאמרינן בפ"ק (שם דף כ:), מ"מ לא גרעה מנחירה. וטרפה מיהא הויא, דמודה רבי ישמעאל שיש טריפה לעוף כדתנן (לקמן דף נו.): אלו טרפות בעוף. ואין כשר בו אלא נחירה שהיא בסימנין, כדכתיב "ושפך", או עיקור, אבל הריגה בעלמא לא. הוא דאמר. רבי ישמעאל בן פנחס, דאמר כי האי תנא. ג] עוף אין לו שחיטה וכו'. ברבי = גדול בדורו. אך כאשר יאכל וגו'. בפסולי המוקדשין שנפדו כתיב קאי. מה למדנו מצבי ואיל. הכי (א) לכתוב: "אך הטמא והטהור יחדו יאכלנו". מה פסולי המוקדשין בשחיטה. דלעיל מההוא קרא כתיב "וזבחת מבקרך" וגו'. בספרי גרסינן: מקיש צבי ואיל לבהמה, מה בהמה בשחיטה כו', ולא מוקי להאי קרא ד"כי ירחיב" בפסולי המוקדשין, אלא בבשר תאוה של חולין. מאן תנא. דלעיל, דקתני: נוחרו או עוקרו. דפליג עליה דרבי אלעזר הקפר. כאשר צויתיך. למד שנתפרשה לו מצות שחיטה על פה, דהיכן ציוהו בכתב. רוב אחד כו'. לאו מקרא יליף. אלא כלומר, על הלכות שחיטה נצטוה. וושט. מיוחד שבסימנים הוא, שחלל הבהמה תלוי בו, דהא נקב במשהו מיטרפא, ואילו קנה עד דמיפסק רובא. שחט את הושט. בעוף. ואילו שחיטה בגרגרת לא קתני. דניתני: שחט גרגרת ואח"כ נשמט הושט כשרה. אלמא לא מיתכשרא בקנה לחודיה. משום דגרגרת עבידא לאשתמוטי. לפיכך נקט שחיטה בוושט והשמטה בגרגרת. שני חצאי סימנין. פסול, דכמו דלא עביד מידי דמי, דזיל הכא ליכא שיעורא וזיל הכא ליכא שיעורא. בעוף. שכולהו כולו כחד, וצריך שיוצא דמו כשחיטה יפה. עד שישחוט. ור' יהודה לא פליג אלא בורידין. משום דושט סמוך לורידין. נקט ליה, ומיהו הוא הדין לקנה. הושט הוי בין קנה למפרקת, סמוך לורידין. ושהה בה כו' כשרה. משום דחצי גרגרת לאו התחלת שחיטה היא, שאפילו נקרע חציו לא מיטרפא בהכי. לא בבהמה. כלומר, הא אפילו בבהמה קאמר, דהא גמרה לאו אגרגרת קאי, אלא אכולה שחיטה קאי. וגמרו. סלקא דעתין: וגמרו בהאי כל שהוא, שהרי נשחט הרוב, דפגימה קמייתא כשלימה דמיא, והאיכא רוב קנה. גמרו לוושט. והכי קאמר: והוסיף עליו כל שהוא, דה"ל רובא, וגמרו לו לוושט לאחר מכאן. בלא רוב בשר. כדאמרן בפ"ק (לעיל כא.) דאי חתיך רוב רוחב הבשר עם המפרקת קודם לסימנין – הויא לה מיתה קודם חתיכת הסימנין, ותו מאי מליק. בעולה. דבעי הבדלה, כדאמרן בפ"ק (שם): חותך שניהם. קתני מיהא "לוושט או לקנה", כר"נ. מאי הוי עלה. לענין שחיטה. כדקאמרת. במליקה. דלמא. מליקה שאני, דאיכא חתיכת שדרה ומפרקת, ואזיל ליה חיותיה בכל דהו. מסמסם קועיה. מלוכלך צוארו בדמא. שנקרע צוארו, וצריך לבדוק בסימנין שמא נפסק הקנה או ניקב הוושט. ומשום ספק דרוסה לא בעי למבדקיה, דתלינן בכלבא או בקניא, כדאמרינן התם (לקמן דף נג:): ספק כלבא ספק שונרא – אימר כלבא. והדר

תיהני לה סכין לטהרה מידי נבלה. הך פירכא ליתא לר' יוסי, דאמר בזבחים פרק "חטאת העוף" (דף סט:) גבי מלק ונמצאת טריפה, דאין מליקה מטהרת מידי נבלה, דדווקא ג] שחיטה מטהרת (ב) בבהמה. אלא לרבי מאיר פריך, דקאמר התם נמי דמליקה מטהרת. רבי היא דתניא כו'. הוה מצי למימר: בר קפרא היא, אלא דניחא ליה לאוקמי משניות דלעיל כרבי. *הקשה רבינו אפרים: דהלכה ס"ל לרבי דיש שחיטה לעוף מן התורה. ובפרק "מי שאמר הריני נזיר ושמע חבירו ואמר ואני" (נזיר כט:) קאמר גבי פלוגתא דרבי ורבנן, דכ"ע כדי לחנכו במצות, וא"כ לרבי הא קא אכיל כהן מליקה! דה"נ פריך ד] לעיל מיניה למ"ד כדי לחנכו במצות: קאכיל כהן מליקה, ומשני: קסבר אין שחיטה לעוף מן התורה. ולרבי ליכא לשנויי הכי, אם כן תיקשי. ואפילו יחזיר סימנין ויוליך ויביא – נבלה היא לרבי, דבעי שחיטה בתלוש בפ"ק (לעיל טז.) מ"ויקח את המאכלת". ועוד, דמ"ד מחזיר קסבר מוליך ומביא במליקה פסול, דבענין אחר לא מיתוקמא מתניתין דפ"ק (שם יט:) דנמלא כשר בשחיטה. וא"כ ה"ל דורס! וי"ל: דהתם בנזיר דיחויא בעלמא הוא, דמההיא ליכא למידק דתהוי פלוגתא דתנאי אי הלכה הוא בנזיר או כדי לחנכו. אבל מ"מ אמת הוא דרבי סבר דהלכה הוא בנזיר, כיון דסבר דיש שחיטה לעוף מן התורה. א"נ, קסבר כדי לחנכו, ומביא חטאת העוף ואינו נאכל, מידי דהוה אחטאת העוף הבאה על הספק. ועל רוב אחד בעוף ועל רוב שנים בבהמה. י"מ דדריש בגימטריא ד"כאשר": אל"ף – אחד בעוף, שי"ן – שנים בבהמה, רי"ש – רובו של אחד כמוהו, רוב אחד בעוף ורוב שנים בבהמה – ה] ראשי תיבות למפרע של "כאשר" הוי רובו של אחד כמוהו. אתא כי ממסמס קועיה דמא. פירש בקונטרס: וצריך בדיקה בסימנים שמא נפסק הקנה או ניקב הוושט. ומשום ספק דרוסה לא בעי בדיקה, דתלינן בכלבא או בקנה, דאמר ב"אלו טריפות" (לקמן נג.): ספק כלבא ספק שונרא – אימר כלבא. וא"ת: למאי נפקא מינה ו] אי תלינן בכלבא או בקניא, כיון דאפילו קניא בעי בדיקה? וי"ל: דנפקא מינה דאי הוה תלינן בשונרא הוה צריך בדיקה כנגד כל החלל אע"ג דליכא ריעותא אלא כנגד הסימנין. א"נ, לענין ספק דרוסה, אפי' לא האדימו הסימנין אלא משהו טריפה. כדאמר לקמן (דף נד.) דגרגרת דרוסתו במשהו, דזיהרא מיקלא קליא. וריב"א מפרש, דהכא בשמעתין הויא ז] משום

יב א מיי' פ"א מהל' שחיטה הל"ד טוש"ע יו"ד סי' א':
יג ב מיי' שם הל"ט סמג עשין סג טוש"ע יו"ד סי' כא סעי' א:
עיין מהר"ס
יד ג מיי' שם פ"ג הלי"ד טו ועיין שם סמג שם טוש"ע יו"ד סי' כד סעי' טו וברב אלפס פרק זה דף רסא:
[ג] [מיי' פ"א מהלכות שחיטה הלכה יא טוש"ע יו"ד סי' כא סעיף ב]:
טו ד ה ו מיי' שם הל"ה ו ז סמג שם טוש"ע יו"ד סי' כג סעי' ה ועיין בהג"ה בסעיף ב:
טז ז מיי' שם פ"א הלי"א סמג שם טוש"ע יו"ד סימן כא סעיף ה:

שיטה מקובצת

א] דתניא ר' אלעזר הקפר ברבי אומר. נ"ב ע"' תוס' בכורות דף לב ע"ב: ב] דאמר כי האי תנא דקתני עוף אין לו שחיטה: ג] דדוקא שחיטת בהמה מטהרתה מידי נבלה אלא לר"מ: ד] דהכי נמי פריך התם לעיל מיניה ולמ"ד כדי לחנכו: ה] וראשי אותיות למפרע של כאשר הוי: ו] וא"ת למאי נ"מ במאי דתלינן בכלבא וקניא כיון דאפי' קניא וכלבא בעי בדיקה: ז] דהכא בשמעתין הויא בדיקה משום ספק דרוסה:

הגהות הב"ח

(א) רש"י ד"ה מה למדנו וכו' הכי ה"ל לכתוב: (ב) תוס' ד"ה תיהני וכו' מטהרת כמו בבהמה:

[נ"ל לריבצא וכ"ה לקמן פה: וכן גרס הערוך]
לעיל כ: [זבחים סח.]
נ"ל ועוד
[בכורות נג.]
[פסחים כה: וש"נ ועיין תוס' סנהדרין עג. ד"ה הרי זה]
יומא עה. לקמן פה.
[עי' רש"י בפי' התורה וזבחת כאשר צויתיך למדנו שיש צוי בזביחה היכן יפתוהו הן הלכות שחיטה שנאמרו למשה מסיני ע"כ]
[ועיין תוס' לקמן כז. ד"ה יביא ויקור]
[תוספתא ריש פ"ב]
[לעיל י. ותוספתא פ"ב]
[תוספתא ריש פ"ב]
[לקמן כט.]
לעיל כא. [זבחים סה.]

רבינו גרשום

פטור מלכסות דנחירתו לאו זו היא שחיטתו: מיתיבי השוחט וצריך לדם חייב לכסות. עכשיו כיצד הוא עושה דיהא פטור נוחרו או עוקרו. מאי לאו בעוף דקא בעי לדמיה לריבצא כלומר עש והיאך אמרת דנחירתו זהו שחיטתו וחייב לכסות: לא בחיה דקא בעי לדמיה ללבא כלומר פרייא יירמניק ופטור אבל בעוף מחייב: מלק בסכין מטמא בגדים אבית הבליעה. כלומר מי שמולק דינו ששובר מפרקת וכיון דמלק בסכין לא חשוב מליקה ועכשיו חשובה נבלת עוף ומטמא (בנבלת עוף) אבית הבליעה ואי אמרת אין שחיטה לעוף מן התורה וכו' דכי תבר ליה א) כלומר שוו שחיטתו תיהני ליה סכין וכו': הוא דאמר אין שחיטה לעוף כו' סבירא ליה כר' אלעזר הקפר וכו': הרי זה בא ללמד כלומר דכתב כאשר יאכל וכו' כן תאכלנו כלומר ילפינן דבר אחר ממנו והוא עצמו ילפינן מפסולי המוקדשין וכו' ור' פליג עליה דהוא א' דשחיטה לעוף מן התורה: קתני אחד כל דהו דמשמע בין ושט בין קנה. (וכ'): מאי אחד מיוחד שבסימנין כלומר שוהו ושט שהוא חמור לענין טרפה יותר מקנה שזה אפי' ניקב כל שהוא טרפה וקנה בכאיסר האיטאלקי וכו': ואילו שחיטה בגרגרת לא קתני אלא בושט וקשיא לרב נחמן. לא משום דגרגרת עבידא לאישתמוטי שקשה היא ונשמטה ומה לשון נשמטה רומפיר ועדיין אומר אני או ושט או קנה: ר' יהודה א' עד שישחוט את הושט ולא אמר קנה והיאך אמרת או ושט או קנה: לא משום דושט סמוך לוורידין ועדיין א' אני או ושט או קנה: ומאי לאו בעוף ומאי גמרה גמרה לגרגרת וש"מ או ושט או קנה ומאי גמרו גמרו לקנה והיאך אמרת ושט ולא קנה וכו': קתני מיהת הגיע לושט או לקנה וקשיא לרב אדא בר אהבה: מאי הוי עלה כלומר השתא באיזה ענין אמרינן (אמרינן) או ושט או קנה [או ושט] ולא (ושט) [קנה] אמר ליה כדקאמרינן כלומר כדאקשינן או ושט או קנה לא דלמא שאני התם

א) נראה דל"ל תבר ליה וכו' תיהני ליה סכין וכו' כלומר שזו שחיטתו: הוא דאמר וכו'.

עין משפט
נר מצוה

יז א מיי' פ"ג מהל' שחיטה הל"ח ועיין בכ"מ סמג עשין סג טוש"ע יו"ד סימן לג סעיף ו ז ח:
יח ב מיי' הל' שם טוש"ע שם סעי' ו:
יט ג ד ה טוש"ע יו"ד סימן כב סעיף א:
כ ו ז מיי' שם פ"א הל' יא סמג שם טוש"ע יו"ד סי' כא סעי' ב:
כא ח מיי' פט"ז מהל' כלים הל"ב:

נשחטיה והדר נבדקיה – *דלמא במקום נקב קשחיט! נבדקיה והדר נשחטיה – האמר רבה: *[א]וושט אין לו בדיקה מבחוץ אלא מבפנים! אמר ליה רב יוסף בריה: [ב]נבדקיה לקנה, ונשחטיה לקנה ולכשריה, והדר לפכוה לוושט ולבדקיה. אמר רבא: *חכים יוסף ברי בטרפות כר' יוחנן; אלמא "אחד" דקאמר – או האי או האי.§ "ר' יהודה אומר: עד שישחוט".§ אמר רב חסדא: [ג]לא א"ר יהודה אלא בעוף, הואיל וצולהו כולו כאחד, אבל בהמה, כיון דמנתחה אבר אבר – לא צריך. למימרא, דטעמא דרבי יהודה משום דם הוא? והתנן, רבי יהודה אומר: עד שישחוט את הוורידין! אימא: עד [ד]שינקוב את הוורידין, ומאי "עד שישחוט" – עד שינקוב בשעת שחיטה. תא שמע: וורידין בשחיטה, דברי ר' יהודה! אימא: וורידין צריך לנקבן בשעת שחיטה, דברי רבי יהודה. תא שמע, אמרו לו לרבי יהודה: מאחר שלא הוזכרו וורידין אלא להוציא מהן דם, מה לי בשחיטה מה לי שלא בשחיטה? מכלל דרבי יהודה סבר: בשחיטה! הכי קאמרי (א) לה: מה לי לנקבן בשעת שחיטה, מה לי לנקבן שלא בשעת שחיטה. והוא סבר: [ה]בשעת שחיטה אתי דם, דחיים; שלא בשעת שחיטה לא אתי דם, דקריר. בעי ר' ירמיה: וורידין לרבי יהודה, ששהה בהן דרס בהן, מהו? א"ל ההוא סבא: הכי אמר רבי אלעזר, ואמרי לה: אמר ליה ההוא סבא לרבי אלעזר, הכי אמר רבי יוחנן: מנקבן בקוץ והן כשרין. תניא כוותיה דרב חסדא: [ו]שחט שני חצאי סימנין בעוף – פסול, ואין צריך לומר בבהמה. רבי יהודה אומר: בעוף עד שישחוט את הוושט ואת הוורידין.§ "חצי אחד בעוף" וכו'.§ איתמר, רב אמר: מחצה על מחצה כרוב, רב כהנא אמר: מחצה על מחצה אינו כרוב. רב אמר מחצה על מחצה כרוב – הכי אמר ליה רחמנא למשה: לא תשייר רובא. רב כהנא אמר מחצה על מחצה אינו כרוב – הכי אמר ליה רחמנא למשה: שחוט רובא. (סימן: חצי קטינא גרגרת פגימה) תנן: *חצי אחד בעוף, ואחד וחצי בבהמה – שחיטתו פסולה; (ב) אי אמרת מחצה על מחצה כרוב, אמאי פסול? הא עבד ליה רוב! מדרבנן, דלמא לא אתי למעבד פלגא. א"ר קטינא, ת"ש: *[ח]חלקו לשנים והן שוין – שניהם טמאין, לפי שאי אפשר לצמצם; [ט]הא אפשר לצמצם – טהורין, אמאי טהורין? זיל הכא איכא רובא, זיל הכא איכא רובא! אמר רב פפא. תרי רובי בחד מנא ליכא. ת"ש: שחט חצי גרגרת ושהה בה כדי

רש"י

והדר ניבדקיה. למעלה מבית השחיטה ולמטה. אין לו בדיקה מבחוץ. לפי שהוא טריפה בנקב משהו ואינו ניכר, וטיפת דם נכנסת לו בפנים בנקב ואינו ניכר. אבל קרום הפנימי לבן הוא וטיפת דם ניכרת בו, אבל החיצון אדום. ונבדקיה לקנה. שהקנה נבדק מבחוץ, לפי שאינו נטרף אלא ברוב. והדר נשחטיה לקנה, והשחיטה כשרה בסימן אחד. ואח"כ יפכו הוושט כולו ויבקעוהו מן הלחי, ויהפכוהו ויבדקוהו. חכים יוסף ברי בטריפות כרבי יוחנן. דאמרינן בפרק "גיד הנשה" (לקמן דף צה:) דשדר ליה שמואל תליסר גמלי ספיקי דטריפתא למיבדקינהו בגוויהו. לישנא אחרינא: כרבי יוחנן בכל מילי. הואיל וצולהו כולו כאחד. לפיכך צריך להוציא את כל דמו. עד שישחוט. ואי ליתנהו בשחיטה, אלא משום הוצאת הדם, בנקיבה בעלמא סגי. בשעת שחיטה. שהדם חם ויוצא. מאחר שלא הוזכרו וורידין. כלומר, אין חיות תלויה בהן, ואין צריך להזכירו אלא משום דם, למה אתה מצריכו שחיטה? דרס בהן מהו. שחיטה ממש בעי ר' יהודה או לא? רבי ירמיה לא שמיע ליה הא דרב חסדא. מחצה על מחצה. קס"ד לענין שחיטה קאמר. כלומר, סימן שחציו שחוט וחציו אינו שחוט – הוי כאילו רובו שחוט וכשר. רחמנא למשה. כשמסר למשה הלכות שחיטה על פה: לא תשייר רובא. והא דאמר א]שנצטוה משה לשחוט רוב – היינו מחצה על מחצה, דכיון דלא אישתייר רובא – רוב שחוט קרי ליה. מדרבנן. אבל מדאורייתא כשר. ונפקא מינה דלא מטמא בנבלה. חלקו לשנים. תנור שנטמא אין לו טהרה אלא נתיצה, כדכתיב: "יותץ", ואם נשתייר רובו שלם לאו נתיצה הוא. שאי אפשר לצמצם. שיהו מכוונים. אלא ודאי בחד מינייהו איכא רובא, ולא ידעינן בהי מינייהו, הילכך לא סלקא טומאה מינייהו. תרי רובי ליכא למימר בחד מנא. דאי האי רובא – האי מיעוטא. אבל לענין שחיטה לא הוזכר רוב אלא בחתיכה, וכי קרינא פלגא רוב חתוך – ליכא דמכחיש ליה, דהאי פלגא דקאי לא מיקרי רוב שלם. כדי

תוספות

משום ספק דרוסה. ואתי שפיר דקאמר: וושט אין לו בדיקה מבחוץ אלא מבפנים, והיינו משום דאין אדמומית הדרוסה ניכרת בעור הוושט החיצון האדום, אבל ב] בנקובה – יש לוושט בדיקה אף מבחוץ. וכן משמע ב"אלו טרפות" (לקמן דף מג.) דקאמר רבה: וושט אין לו בדיקה מבחוץ אלא מבפנים, ולמאי נפקא מינה – לספק דרוסה. ולא קאמר: לספק נקוב. ועוד אמרינן (שם): שני עורות יש לו לוושט, ניקב זה בלא זה – כשר, וכשניקב הפנימי היכי ידעינן אי ניקב חיצון אי לאו, כיון דאין לו בדיקה מבחוץ אפילו לענין נקב? ודוחק לומר: כגון שניקב הפנימי מחמת חולי, ובחיצון אין ניכר שום חולי. והר"ר אלחנן הקשה: אי וושט יש לו בדיקה מבחוץ, אם כן מאי פריך: *ור"מ היכי אכל בשרא? דלמא במקום נקב שחטו! ונימא דהוה אכיל ע"י בדיקה! ונראה לי: שיש שום חולי שיאדים כמו דרוסה ואין לו בדיקה מבחוץ. אי נמי, הכי פירושו: וכי תימא דלא הוה אכל בלא בדיקה, פסח וקדשים מאי איכא למימר? דאי אפשר ג] להפריד העור ולבדוק, דאין מום גדול מזה. **רב** אמר מחצה על מחצה כרוב. ובפרק "אלו טריפות" (לקמן דף מד:) גבי *(פסק את) הגרגרת, דאתא לקמיה דרב ובדקה ברוב עוביה – מחצה נמי קרי ליה רוב. ובמסקנא דאמר דכ"ע מחצה על מחצה אינו כרוב, ניחא טפי.

לפי שאי אפשר לצמצם. אפילו לר' יוסי הגלילי דאמר בפרק שני דבכורות (דף יז.): אפשר לצמצם – מודה הוא בכלי חרס, כדקאמר התם: הואיל ואית בו גומות. ויש להוכיח מכאן דהלכה דבידי אדם אפשר לצמצם, מדאפליגו אמוראי ד] במחצה על מחצה, ובפ"ק דעירובין (דף טו:) בפרוץ כעומד. ואם אי אפשר לצמצם, היכי שריא מספק? ה]ואפילו למאן דאסר, לא אסר אלא משום דהכי אגמריה למשה: שחוט רובא, גדור רובא. ומיהו בידי שמים נראה דהלכה דאי אפשר לצמצם. דאמר בפ' "ד' אחין" (יבמות דף כח.) לר' יוחנן דאמר: אחיות איני יודע מי שנאן. ונימא [כו'] ר"י הגלילי היא! לא סתם תנא כר' יוסי הגלילי דאמר אפשר לצמצם. ובפרק "הזורק" בגיטין (דף עח.) דפריך: והא אי אפשר לצמצם, גבי מחצה על מחצה מגורשת ואינה מגורשת, דמפרש דאתו תרוייהו בהדי הדדי בארבע אמות – התם נמי הוי כבידי שמים, דמסתמא לא כוונו לבא בבת אחת. וא"ת: בריש עירובין (דף ה:) גבי לחי ו] המושך מדפנו של מבוי, דקאמר רב אשי: אפילו תימא במבוי שמונה, מה נפשך: אי עומד נפיש – ניתר בעומד מרובה, ואי פרוץ נפיש – נידון משום לחי. מאי אמרת, דשוו תרוייהו כי הדדי – הוה ליה ספק דבריהם, וכל ספק דבריהם להקל. משמע דאי אפשר לצמצם ולברר הדבר! וי"ל: דלעולם אפשר לברר ולמדוד בצמצום ע"י טורח, אבל לא הטריחוהו חכמים למדוד שם מספק, כיון דבין עומד נפיש ובין פרוץ נפיש ליכא חשש איסור אא"כ הוא שוה, ומילתא דלא שכיחא הוא. ואין להקשות על רב אשי, דאפילו כי שוו כי הדדי – לשתרי, דקי"ל פרוץ כעומד מותר. דרב אשי קאי אליבא דרב הונא בריה דרב יהושע דאמר התם: לא אמרו אלא במבוי שמונה, אבל במבוי ז' ניתר בעומד מרובה על הפרוץ כו', ואיהו סבר התם דפרוץ כעומד אסור. וה"ר שמעון היה מפרש: דאמוראי דהכא ודפרוץ כעומד מלו סברי כרבנן, דאי אפשר לצמצם אפילו בידי אדם, ופליגי כשדומה לנו דהוי מחצה על מחצה. ומאן דשרי – משום דאימא דשחט רובא, ואפילו הן שוין – רחמנא אמר: לא תשייר רובא. ומאן דאסר – משום דאימא נשאר רובא קיים, ואפילו הן שוין – רחמנא אמר: שחוט רובא. וכן גבי פרוץ כעומד, והשתא ניחא טפי ההיא דספק דבריהם להקל, דאי אפשר לכוין. אבל קשה: דמשמע דבספק דאורייתא הוי אסור משום חששא שמא הן שוין, אע"ג דאי עומד נפיש או פרוץ נפיש הוה שרי. והכא שריא אפילו באיסור דאורייתא, כשההיתר מצוי יותר מן האיסור, וכן גבי פרוץ כעומד. ואם כן, בההיא דלחי – אפילו הוי ספיקא דאורייתא תשתרי! ונראה לי: דאיכא התם למיחש שמא ח' אמות אינם מלומלמות, ואפילו פרוץ מרובה לא יהא נידון משום לחי, ולהכי דווקא בספק דבריהם יש להקל. *אבל קשה לפירושו: דהיכי דייקא בפ"ב דבכורות (דף יז:) מההוא דנמצא מכוון בין שתי עיירות, דבידי אדם *אפשר לצמצם? התם נמי, אע"ג דאי אפשר לצמצם ולכוין, מכל מקום מודים רבנן דמביאין שתי עגלות, משום דכל אחת מביא עגלה ממה נפשך שמא היא קרובה, ואפילו הן מלומלמות – "הקרובה" אמר רחמנא ואפילו קרובות! ולפירוש קמא אתי שפיר, דלעולם אי אפשר לצמצם ולהיות שיהיו שוין, אלא אחת מהן קרובה יותר, ויוצאין בשל תנאי. ויש לומר: דלפי הר"ר שמעון נמי יוצאים בשל תנאי ממה נפשך, דאם קרובה היא – יוצאה בה, ואם רחוקה היא – תביא בשביל חבירתה. מאי אמרת? שמא מלומלמות הן – זה אינו מצוי. ואין להאריך כאן יותר, ובעירובין (דף ה: ד"ה ספק) מפרש בע"ה יותר. [ויותר מבואר בסוכה טו: תד"ה פרוץ כו' ותוספות בכורות יז: ד"ה אפשר.]

מסורת הש"ס: לקמן מג. | [לקמן נ.] | [לעיל יח:] | [לעיל כז.] | בכורות יז: | לעיל יח: | נ"ל פסוקת | עיין ר"מ | גי' ר"מ אי אפשר

הגהות הב"ח
(א) גמ' הכי קאמרי ליה מה: (ב) שם ואי אמרת:

שיטה מקובצת
א] והא דאמר רבי שנצטוה משה: ב] אבל בנקובה יש לוושט: ג] דאי אפשר להפשיט העור ולהפריד הסימנים ולבדוק דאין מום גדול מזה: ד] אמוראי הכא במחצה על מחצה: ה] היכי שריא מספק והא שמא שייר רובא ואפי' מאן דאסר לא אסר אלא משום: ו] גבי לחי הבולט מדפנו של מבוי:

גליון הש"ס
גמ' הא אפשר לצמצם טהורין. עיין פי"ב מ"ו דכלים ונ"ע:

רבינו גרשום
התם דאיכא וכו' ומשום הכי אמרינן או השט או קנה אבל בשחיטה (אחרת) מאי: ת"ש דההוא אווזא דאתא כי מסמסם קועיה דמא. כלומר ראשו וגרונו כו': ושט אין לו בדיקה מבחוץ אלא מבפנים שבפנים לבן הוא: חכים יוסף ברי בטרפות כר' יוחנן. בכל התורה אלמא או האי או האי: הואיל וצולהו כולו ביחד. למימרא טעמיה דר' יהודה משום דם הוא דאמר עד שישחוט את הוורידין והתנן ר' יהודה אומר עד שישחוט מכלל דר' יהודה סבר משום שחיטה ולא משום דם: לא אימא עד שינקוב ומאי עד

תורה אור

כדי שחיטה אחרת, וגמרה – שחיטתו כשרה; ואי אמרת מחצה על מחצה כרוב, איטרפא לה! מי סברת בבהמה? לא, בעוף; ממה נפשך, אי מחצה על מחצה כרוב – הא עביד ליה רובא, אי מחצה על מחצה אינו כרוב – לא עבד ולא כלום. ת"ש: *הרי שהיה חצי קנה פגום, והוסיף עליו כל שהוא, וגמרו – שחיטתו כשרה; ואי אמרת מחצה על מחצה כרוב, טרפה הויא! אמר רבא: *שאני לענין טרפה, דבעינן רוב הנראה לעינים. א"ל אביי: ולא כל דכן הוא? ומה טרפה דבמשהו מיטרפא, היכא דבעינן רובא – בעינן רוב הנראה לעינים, שחיטה, דעד דאיכא רובא לא מיתכשרא – לא כ"ש דבעינן רוב הנראה לעינים? אלא דכולי עלמא – מחצה על מחצה אינו כרוב, וכי איתמר דרב ודרב כהנא – לענין פסח אתמר: *הרי שהיו ישראל מחצה טהורים ומחצה טמאים – רב אמר: ב מחצה על מחצה כרוב, ורב כהנא אמר: מחצה על מחצה אינו כרוב. והתם מ"ט דרב? דכתיב: °"איש איש כי יהיה טמא לנפש" – *ג איש נדחה ואין ציבור נדחין.§ תנינא חדא זימנא: רובו של אחד כמוהו! (הכש פשח סימן) אמר רב הושעיא: חדא בחולין וחדא בקדשים. וצריכא, דאי אשמועינן חולין – התם הוא דסגי ליה ברובא, משום דלאו לדם הוא צריך, אבל קדשים דלדם הוא צריך – אימא לא תיסגי ליה ברובא עד דאיכא כוליה; ואי אשמועינן קדשים – משום דלדם הוא צריך, אבל חולין דלדם לא צריך, אימא בפלגא סגי ליה, קמ"ל. הי בחולין והי בקדשים? אמר רב כהנא: מסתברא רישא בחולין וסיפא בקדשים, ממאי? מדקתני "השוחט", ואי סלקא דעתך רישא בקדשים, "המולק" מיבעי ליה. אלא מאי, סיפא בקדשים? "שחיטתו כשרה"? "מליקתו כשרה" מיבעי ליה! הא ל"ק, אידי דסליק מבהמה, תנא נמי שחיטה. אלא רישא, מכדי על עוף קאי, אי ס"ד בקדשים – "המולק" מיבעי ליה. רב שימי בר אשי אמר: רישא בחולין מהכא, דקתני: אחד בעוף, ואי ס"ד בקדשים – הא איכא עולת העוף דבעי שני סימנים! אלא מאי, סיפא בקדשים? רוב אחד בעוף? הא איכא עולת העוף דבעי שני סימנין! מאי "רוב אחד" – רוב כל אחד ואחד; ובדין הוא דליתני "רוב שנים", כיון דאיכא חטאת העוף דסגי ליה בחד סימן – מש"ה לא פסיקא ליה. רב פפא אמר: רישא בחולין מהכא: דקתני, רבי יהודה אומר: עד שישחוט את הורידין, ופליגי רבנן עליה; אי אמרת בשלמא בחולין – שפיר, אלא אי אמרת בקדשים, ד אמאי פליגי רבנן עליה? *הוא עצמו לדם הוא צריך! רב אשי אמר: סיפא בקדשים מהכא, דקתני: *השוחט שני ראשין כאחד – שחיטתו כשרה; "השוחט" – דיעבד אין, לכתחלה לא. אי אמרת בשלמא בקדשים – היינו דלכתחלה לא, משום דתני רב יוסף: "תזבח" – שלא יהא שנים שוחטים זבח אחד, °"תזבחהו" – שלא יהא אחד שוחט שני זבחים; ואמר רב כהנא: "תזבחהו" כתיב. אלא אי אמרת בחולין – אפילו לכתחלה נמי. ואף רשב"ל סבר: רישא בחולין וסיפא בקדשים. *דאמר רשב"ל: ה מאחר ששנינו רובו של אחד כמוהו, למה שנינו רוב אחד בעוף ורוב שנים בבהמה? לפי ששנינו: *הביאו לו את התמיד, קרצו ומירק אחר שחיטתו על ידו; יכול לא מירק יהא פסול? לכך שנינו: רוב אחד בעוף ורוב שנים בבהמה. אמר מר: יכול לא מירק יהא פסול? אם

[Marginal references: לעיל כח. | פסחים עט. | במדבר ט | [פסחים סו: סז.] | [לקמן לג.] | [לקמן ל:] | ויקרא יט | יומא לב: | [שם לה:]]

רש"י

כדי שחיטה אחרת. היינו שיעור שהייה. וגמרה. קס"ד בבהמה קאי, דבעיא רוב שנים, ומאי גמרה – לשחיטה. ואי (א) מחצה כרוב. כיון דשהה בחלי – אלא לה שחיטה, והויא לה כפגימה בעלמא, ואיטרפא לה בפסוקת הגרגרת! אלא ש"מ אינו כרוב, ופסוקת הגרגרת ברובה בעינן. לא בעוף. דממה נפשך כשרה. כדמפרש. הא עבד ליה רובא. ואיתכשרא מקמי שהייה. לא עבד ליה כלום. מעשה טרפה. חצי קנה פגום. בעוף. רוב הנראה לעינים. כלומר, רוב גמור, שהוא ניכר. מה טרפה. דאיכא מקומות טובא דמיטרפא בהו במשהו, כגון נקובת הוושט וקרומות המוח ודקין. בעינן רוב הנראה לעינים. במקומות שהשיעור בהן רוב, כגון בקנה ובחוט השדרה. שחיטה דעד דאיכא רובא לא מתכשרא. דאפילו מאן דמכשר – משום דקרי ליה רובא הוא, ובמיעוטא כולהו מודו. מחצה על מחצה כרוב. וטהורים עושין לעצמן בטהרה, וטמאין עושין לעצמן בטומאה ולא מידחו לפסח שני כיחידין. אינו כרוב. ונדחין הטמאין לשני. והתם מאי טעמא דרב. הא בעלמא אמרת דלא הוי רובא! דכתיב איש איש כי יהיה טמא א]. יחידה לשני. ופלגא, והי דרובא לא מיקרי, מיהו מכלל יחידין נפקי להו, ולא מידחו. לדם הוא צריך. לזריקה. מליקתו כשרה מיבעי ליה. כלומר, חטאת מיבעי ליה למיתני: מליקתו כשרה, והדר ליתני בבהמה: שחיטתה כשרה. הא לא קשיא. גבי הדדי תנינהו, וכי סליק מבהמה נקט שחיטה. אלא רישא. כי תנא השוחט. מכדי ב] בעוף קאי. ובו התחיל להורות, והיכי סמך ליה שחיטה ג] בעוף קדשים? "המולק" מיבעי ליה! ה"ג: מאי רוב אחד רוב כל אחד ואחד ולא גרסינן "אלא". לא פסיקא ליה. ותנא מילתא דמישתמע בתרוייהו. דהכי משמע: רוב כל אחד בעוף כשרה; היכא דסגי בחד כגון חטאת – הוי רובו כוכלו, והיכא דבעי תרתי – הוי רוב כל אחד כוכלו. שפיר. מש"ה פליגי רבנן עליה. דכיון דלא הוזכרו וורידין אלא משום דם, מה לי בשעת שחיטה ומה לי לאחר שחיטה? אלא בקדשים. היכי פליגי רבנן עליה? הוא עצמו. כל עצמה ועיקרה של שחיטת קדשים לדם היא צריכה. תזבח. "לרצונכם תזבחוהו", ואמרינן לקמן: "תזבחהו" כתיב, ויש אם למסורת. "תזבח" משמע דלשוחט יחידי קאמר ולא לשנים, מדלא כתיב "תזבחוהו". ומדכתיב "הוא" משמע נמי חזבח, שאף הוא יהא יחידי. ואמר רב כהנא. גרסינן א]. הא דר"ל בסדר יומא (דף לב:) גבי הביאו לו לכ"ג את התמיד. קרצו. מפרשינן התם: ברוב שנים, שלא היה יכול ד] למרק ולגמור את השחיטה כולו. לפי שכל עבודת יוה"כ אינה כשרה אלא בו, דכתיב ב"אחרי מות": "וכפר הכהן אשר ימשח אותו", והיה צריך למהר לאחוז את המזרק ולקבל הדם – לפיכך חותך בו כדי הכשר שחיטה, וממהר לקבל. ומירק. כהן אחר ה] שחיטה. על ידו. בשבילו, כמו (ערכין דף פג:): מערב אדם על יד בנו ובתו – בשבילם. ומפני ששנינו שם דצריך למרק, יכול לא מירק יהא פסול, דבקדשים לא סגי ברוב שנים? לכך. הוצרך לשנות כאן: רוב אחד בעוף וכו', דרישא – חולין הוה שמעינן מינה, ותנא סיפא משום קדשים. ופרכינן: יכול לא מירק יהא פסול? בתמיה, הא א"כ הויא לך הא מריקה עבודה באדם אחר שלא בכ"ג, ותניא: כל עבודת יוה"כ כו'. ברייתא היא בשילהי הוריות. מצוה

תוספות

זיל הכא איכא רובא. וא"ת: מאי קשיא ליה? דלי אמר נמי הכא: הכי אגמריה רחמנא למשה לא תשויר רובא, כדלעיל, הרי אין כאן רוב וטהורין! וי"ל: דתלוי הדבר בחשיבות, דמשום דחשיב ליה מחצה כרוב שרי לעיל, דיש כאן שיעור הכשר שחיטה. וכאן נמי יש חשיבות, מחצה דינו כרוב. דכולי עלמא מחצה על מחצה אינו כרוב. וא"ת: דבפ"ק דעירובין (דף טז:) (וכו) פסקינן כרב פפא, דאמר פרוץ כעומד מותר! והיה נראה לחלק בין שאר איסורין דבדבר התלוי בחיות, אי לאו דמייתי עלה לעיל דתנור. וגם תימה: דבעירובין לא מייתי לה, והכא דמייתי התם לא מייתי הכא! ושמא יש לחלק, דהכא איסור וטומאה, והתם לענין מחיצות, ולא דמי. איש נדחה ואין ציבור נדחין. תימה: דבפ"ק דסנהדרין (דף טז.) גבי "והוצאת את האיש ההוא" וגו', דרשינן: איש ואשה אתה מוציא לשעריך, ואי אתה מוציא כל השבט כולו לשעריך. והכא לא ממעטי מ"איש" אלא רוב ישראל! וי"ל: דהתם מלינו שחילק הכתוב בין יחיד למרובים משום עיר בעלמא לענין עיר הנדחת, לפיכך מסתברא לחלק משום שבט ולומר דלא מיקרי איש. א"נ, טובא איש ואשה כתיבי התם. אבל בחולין דלאו לדם הוא צריך אימא בפלגא סגי. והא דקתני: חלי אחד בעוף, ואחד וחלי בבהמה שחיטתה פסולה – היינו סיפא דלאיירי בקדשים. ומירק אחר שחיטתו על ידו. "מירק" לשון גמר, כדאמרינן במדרש: *מי שהתחיל במצוה אומרים לו: גמור.

[שייך לדף כח:] | [וע"ע תוס' פסחים סו: ד"ה ואין] | [ירושלמי סוף פ"ק דר"ה]

עין משפט נר מצוה

כב א מיי' פ"א מהל' שחיטה הל"א ועיין לחם משנה סמג עשין סג טוש"ע יו"ד סי' כא סעי' א:
כג ב מיי' פ"ז מהל' קרבן פסח הל"ב:
כד ג מיי' שם הל"א:
כה ד ה מיי' פ"ד מהל' מעשה קרבנות הלכה ח:
כו ו ז מיי' פ"א מהל' פסולי מוקדשין הל"ד:
כז ח מיי' פ"ד מהל' עבודת יוה"כ הל"א:

שיטה מקובצת

א] דכתיב איש איש כי יהיה טמא לנפש איש ידחה לשני: ב] מכדי אעוף קאי ובו: ג] שחיטה לעוף קדשים המולק: ד] ברוב שנים שלא היה יכול לגמור ולמרק את השחיטה כולה: ה] ומירק כהן אחר את השחיטה הס"ד:

הגהות מהר"ב רנשבורג

א] רש"י ד"ה ואמר רב כהנא גרסינן. כאן הס"ד ואח"כ מה"ד הא דר"ל וכו' כצ"ל:

הגהות הב"ח

(א) רש"י ד"ה ואי מחצה על מחצה כרוב:

רבינו גרשום

ומשום הכי טהורין ולא אמרינן הכא מחצה כרוב אבל במקום אחר אמרינן מחצה כרוב. אמר רב פפא תרי רובי בחד מנא ליכא א) וטהורים החלקים אבל במקום אחר אמרינן מחצה על מחצה כרוב: אי אמרת מחצה על מחצה כרוב אי טרפה ליה הבהמה ששהה ברוב הסימן דאי אמרינן דאינו חשוב כרוב לא איטרפא באותה שהייה ששהה בחצי סימן דאמרינן שעדיין לא חשובה התחלת שחיטה אבל אי אמרינן מחצה כרוב התחלת שחיטה היא: מי סברת בבהמה וחצי גרגרת כרוב לא בעוף ממה נפשך כלומר שכולה חדא טענה היא ובניחותא אמרינן כלומר באיזה ענין שאתה אומר היא (יש) כשרה כלומר אי מחצה על מחצה כרוב הא עבד ליה רובא וכשרה אי מחצה על מחצה אינו כרוב לא עבד לא כלום וכשרה דחשבינן כאין. אמר רבה שאני לענין טריפה הכא בחצי קנה פגום דבעינן רוב הנראה לעינים: ומה טרפה שבמשהו וכו' לענין שחיטה דאינה כשרה עד דאיכא רובה לא כ"ש דאינה כשרה אלא ברוב ולא אמרינן מחצה על מחצה אינו כרוב. דאיתמר הרי שהיו כו' ורב אמר מחצה על מחצה כרוב הללו עושין לעצמן (אפי' פסח ראשון) [בטומאה] והללו עושין לעצמן (כלומר טהורים) [בטהרה] ורב כהנא אמר מחצה על מחצה אינו כרוב כלומר שטהורין עושין פסח ראשון וטמאין עושין את שני ועכשיו מאי טעמא דרב דכתיב איש נדחה כלומר טמא ואין צבור נדחים (וזו) ופירוש אחר [יש] דרב אמר מחצה על מחצה כרוב וכו' כלומר וטמאין אין עושין לא את הראשון ולא את השני. ראשון לא דהוו להו טהור' רוב ורובו לא עבדי בטומאה אלא בטהרה שני לא עבדי דמחצה טמא חשוב כרוב ורובא לא מידחי לפסח שני: הא לא קשיא אידי דמתניתין סליק מבהמה דקתני רוב אחד ורוב שנים בבהמה כלומר דבהמה יש סמוך לשחיטתו כשרה ועכשיו ושחיטתו כשרה דמתניתין תני על בהמה ולא על עוף. אלא מכדי רישא דקאי אעוף דקתני השוחט אחד בעוף אי ס"ד בקדשים וכו': אלא מאי אחד רוב כל אחד ואחד ובדין הוא דעולת העוף בעי רוב שנים כיון דאיכא כו' משום הכי לא פסיק ליה דתני רוב אחד ומאי רוב אחד רוב כל אחד ואחד: ופליגי רבנן דלא צריך לשחוט ורידין. אי אמרת בשלמא בחולין (דהללי) שפיר דפליגי וכו' אלא תדע כיון דפליגי ברישא דבחולין [מיירי]. וקרצו כלומר ששחטו ומאחר ששחט בא אחר מירק על ידו כלומר (שטיהר) [שגמר] אותה כלומר שקרץ היה בתמיד של יוה"כ ולא היה מופנה הכהן שקרץ לגמור השחיטה שהיה ממהר עצמו (להקטיר קטרת) [לקבל הדם]. יכול אם לא מירק אחר שיהא פסול

א) נראה דצ"ל והלכך דלאו נמי דה"א לנמנס הוי מטהרינן החלקים.

כח א מיי' פ"א מהל' עבודת יוה"כ הל"ב:
כט ב מיי' פ"ד מהל' שחיטה הל"ג ופ"ח מהל' פסולי מוקדשין הלכה יח:
ל ג מיי' פ"ד מהל' שחיטה הל"ג סמג עשין סג טוש"ע יו"ד סי' כ סעיף ז:

[וע"ע תוס' יומא לב: ד"ה א"כ]

[ביומא לג. תוס' ד"ה למה וכו' ביארו היטיב ע"ש]

[וע"ע תוס' ב"מ מח. ד"ה נתנה ותוס' ע"ז עב. ותוס' בכורות יג: ד"ה רב אשי]

לא ד מיי' פ"ז מהל' פסולי מוקדשין הל"ו:
לב ה ו מיי' פ"א שם הלכה יח:
לג ז מיי' פ"ה מהל' פרה אדומה הל"ה:
לד ח מיי' שם פ"ד הלכה יז:
לה ט מיי' שם פ"ה הלכה ג:

שיטה מקובצת

א] ותניא כל עבודת יוה"כ. נ"ב בכל הספרי יד כתוב ותנן וכן כתוב שם ביומא: ב] ואין לבי אומר כך דא"כ: ג] מתחלתה ועד סופה באחת מכל עבודותיה: ד] אע"ג דרבא ס"ל הכי. נ"ב עי' תוס' בכורות דף יד ע"א: ה] אלא כמחתך בשר בעלמא והוי כמו נתקלקלה:

עיין בפרש"י דברים יב ד"ה תזבח

אם בן הוי ליה עבודה באחר. הוה מצי נמי למיפרך: א"כ הויא ליה שחיטה בשנים, כיון דאם בן הוי ליה מירק פסול, ואין שנים שוחטין בזבח אחד אפילו בזה אחר זה, כדמוכח לקמן בשמעתין. וא"ת: ומאי קשיא ליה מעבודה באחר? הא בפרק "טרף בקלפי" (יומא דף מב.) איכא מאן דסבר אפילו שחיטת פר כ"ג כשר בזר. ואפילו מאן דפסיל – היינו דוקא פרו, דקאי לחובת יוה"כ וקאי עליה אהרן וחוקה. אבל תמיד, דלא שייך לחובת יוה"כ ולא קאי עליה אהרן וחוקה – לא! וי"ל: דמ"מ פסול מדרבנן*. **למה** לי למרק. ואע"ג דבחולין נמי בעינן כל השנים לכתחלה, מ"מ כיון שיש דוחק גדול – לא היה לנו לעשות ע"י אחר*. **אמר** ר"ל משמיה דלוי סבא **אינה לשחיטה אלא בסוף.** ד] אע"ג דרבא ס"ל הכי בפ"ב דזבחים (דף ל.), אפ"ה לא חשיב ליה בהדי תלת דהלכה כר"ל לגבי רבי יוחנן בריש פרק "החולץ" (יבמות דף לו.), משום דהך משמיה דלוי אמרה ר"ל*. **כגון** ששחט סימן אחד בחוץ. פי' בקונטרס: בעוף קדשים. וקשה לפירושו: דמ"ט דמאן דפטר? כיון דבמליקה בחוץ לא מחייב אלא בשחיטה, והרי עשה הכשר שחיטה בחוץ! ורב יוסף נמי, למה ליה למינקט: שהרי עשה בה מעשה חטאת העוף? הוה ליה למימר: משום דהכשר שחיטת העוף בסימן אחד! ועוד: דנקט רב יוסף דלאחד בחוץ ואחד בפנים נמי פסולה, משמע: הא שניהם בפנים – כשרה. ואי בעוף – הא אין הכשרו אלא במליקה, ו"מחייב" ה"ל למינקט, ולא "פסולה"! ונראה לפרש דאיירי בבהמה, (ב) ו"פסולה" דנקט רב יוסף לאו דוקא, דחייב נמי לכולי עלמא. דאי חיובא ליכא – א"כ לוקי פלוגתייהו בסימן אחד בחוץ וסימן אחד בפנים, ופליגי בחיובא, ואמאי מוקי לה במיעוט סימנין בחוץ וגמרו בפנים? וא"ת: ובסוף פרקין (דף מ:) גבי הא דתניא: השוחט חטאת בשבת בחוץ לעבודה זרה חייב ג' חטאות. ומוקי לה בחטאת העוף, שהיה תלי קנה פגום והוסיף עליו כל שהוא, דאתו כולהו בהדי הדדי. ולהוי נקט חטאת ולא נקט זבח, שבשאר זבח מכי שחט סימן אחד לעבודה זרה אסרה, ותו לא מחייב משום שחוטי חוץ. והשתא, אמאי כיון דבבהמה נמי מיחייב בסימן אחד משום שחוטי חוץ – לשמעינן זבח, ובלאי קנה פגום. ואע"ג דסימן אחד לא מיחייב משום שבת, שלא תקן כלום, מה בכך? מ"מ כשיגמור סימן שני מיהא ליחייב משום שבת! ויש לומר, דהא דמחייב בסימן אחד הכא – היינו משום דגמר השני בפנים. אבל התם דאיירי בשוחט לעבודה זרה, מכיון דנאסרה בסימן ראשון – לא חשיב סימן שני אלא כמחתך ה] בעפר. והוי כמו נתקלקלה בשחיטה, דאמר בסמוך דאגלאי מילתא למפרע דלאו שחיטה היא כלל גבי פרה. לכך נקט עוף דהכשרו בסימן אחד, וכן פירש לקמן בקונטרס. **אירע** פסול בשחיטתה. פ"ה: כגון נתנבלה. ור"ת מפרש: פסול של מלאכה אחרת, דומיא דהזאה. דאי אמרת בשחיטה נמי יש חילוק במלאכה בין קודם פסולה בין לאחר פסולה, ב] א"כ לפלוג בשחיטה עצמה, ואמאי נקט הזאה? ואע"ג דאיירי בפסול מלאכה, מ"מ קאמר שפיר בסמוך: שאני נתקלקלה בשחיטה דאגלאי מילתא למפרע דלאו שחיטה היא כלל. דכיון דנתקלקלה – א"כ לא נעשה עדיין כלום לשם פרה בכשרות. אבל אירע פסול בהזאתה – אין לחוש, דכבר נעשית השחיטה בכשרות. **תרי** גברי בחד זיבחא קאמרת. תימה: הא ע"כ שלא יהיו ב' שוחטין זבח אחד – היינו לכתחלה, אבל בדיעבד כשר. כמו אחד שוחט ב' זבחים, דמוקי לעיל מתניתין דשוחט ב' ראשים כאחד שחיטתו כשרה בקדשים. וא"כ אכתי לפלוג בהכשר דפרה! וי"ל: דכיון דלכתחלה אסור – מילתא דלא שכיחא היא. אע"ג דפריך: לפלוג בב' סודרים – הא שכיחא טפי. והוינן

תורה אור השלם

אם בן הוא ליה עבודה באחר, א) *ותניא: אכל עבודת יוה"כ אינן כשרות אלא בו! ה"ק: יכול יהא פסול מדרבנן? דמ"ד אמינא איכא פסול מדרבנן – לכך שנינו: רוב אחד בעוף ורוב שנים בבהמה. ומאחר דאפילו פסולא דרבנן ליכא, למה לי למרק? מצוה למרק.§ *אמר ר"ש בן לקיש משום לוי סבא: *אינה לשחיטה אלא בסוף, ורבי יוחנן אמר: בישנה לשחיטה מתחלה ועד סוף. אמר רבא: גהכל מודים, היכא דשחט סימן אחד גוי וסימן אחד ישראל – שהיא פסולה, שהרי נעשה בה מעשה טרפה ביד גוי; דבעולת העוף נמי, היכא דמליק סימן אחד למטה וסימן אחד למעלה – פסולה, שהרי עשה בה מעשה חטאת העוף למטה; לא נחלקו אלא כגון ששחט סימן אחד בחוץ וסימן אחד בפנים, למאן דאמר ישנה לשחיטה מתחלה ועד סוף – מיחייב, למ"ד אינה לשחיטה אלא בסוף – לא מיחייב. א"ל רבה בר שימי: מר לא אמר הכי, ומנו? רב יוסף: היכא דשחט סימן אחד בחוץ וסימן אחד בפנים – נמי פסול, שהרי עשה בה מעשה חטאת העוף בחוץ; לא נחלקו אלא הכגון ששחט מיעוט סימנין בחוץ וגמרו בפנים, למ"ד ישנה לשחיטה מתחלה ועד סוף – ומיחייב, למ"ד אינה לשחיטה אלא בסוף – לא מיחייב. מתיב רבי זירא: *כל העסוקין בפרה מתחלה ועד סוף – מטמאין בגדים הופוסלין אותה במלאכה אחרת. טאירע בה פסול בשחיטתה – בין קודם פסולה בין לאחר פסולה אינה מטמאה בגדים; בהזאתה, קודם פסולה – מטמאה בגדים, לאחר פסולה – אינה מטמאה בגדים; ואי אמרת ישנה לשחיטה מתחלה ועד סוף – לפלוג נמי בשחיטתה: אירע בה פסול בשחיטה, קודם פסולה – מטמאה בגדים, לאחר פסולה – אינה מטמאה בגדים! אמר רבא: נתקלקלה שחיטה קאמרת? שאני התם, דאגלאי מילתא למפרע דלאו שחיטה היא כלל. אמר רבא: אי קשיא לי – הא קשיא לי: למ"ד אינה לשחיטה אלא בסוף, לפלוג בהכשרה דפרה, כגון דשחטוה בתרי גברי, דגברא קמא לא מטמאה, וגברא בתרא מטמאה! אמר רב יוסף: תרי גברי בחד זיבחא קאמרת? בר מיניה דההוא, דתניא: א)*°"תזבח" – שלא יהו שנים שוחטין זבח אחד, °"תזבחהו" – שלא יהא אחד שוחט שני זבחים; ואמר רב כהנא: "תזבחהו" כתיב. א"ל אביי: לאו אתמר עלה, אמר רבה בר בר חנה אמר רבי יוחנן: זו דברי רבי אלעזר ברבי שמעון סתימתאה

דברים יב ויקרא יט

מצוה למרק. משום דם. ואני שמעתי ביומא: משום "ברוב עם הדרת מלך". ואין לבי ג] כך, דא"כ כל עבודות נמי, והרי הכתוב הקפיד בכ"ג וגירש את רוב עם. אינה לשחיטה. אין השחיטה קרויה שחיטה אלא בסופה. ולקמיה מפרש למאי הלכתא. ישנה לשחיטה. הכל קרוי שחיטה. פסולה. ואפילו למ"ד אינה לשחיטה אלא לבסוף ולא מיקרי שחיטת גוי, מיהו שחיטת ישראל נמי לא הויא, והויא לה קוץ בעלמא ואיטרפא לה. מעשה טרפה. מעשה שהיה כדי וכשיעור לטורפה בו, נעשה בה ביד גוי. עולת העוף למעלה מחוט הסיקרא, חטאת העוף למטה, כדאמר בזבחים (דף סד:). שהרי עשה בה [מעשה חטאת העוף] למטה. במקום פסולה, מעשה שהוא חשוב בחטאת העוף להכשירו בכך. שמליקת חטאת העוף בסימן אחד, הילכך ה"ל חשיב לפסול, אע"ג דבעולה לא הוי סוף מליקה עד גמר השני. מיחייב. משום שחוטי חוץ. מר לא אמר הכי. דאפילו בעוף, אם שחט סימן ראשון בחוץ – מיחייב, שהרי דוגמתה כשר בפנים במליקת חטאת העוף. בשוחט עוף קדשים בחוץ חייב, דיליף מריבויא ד"אשר ישחט" בשחיטת קדשים בפרק "השוחט" (דף קז.), אבל המולק א) את העוף פטור. כל העסוקין בפרה. אדומה ג]. מתחלה ועד סופה. בכולת עבודותיה, בין במלאכת ובין בתחלה ובין בסוף. מטמאין את הבגדים. כדכתיב (במדבר יט): "עץ ארז ואזוב ושני תולעת והשליך אל תוך שריפת הפרה", וסמיך ליה: "וכבס בגדיו הכהן" וגו', וכתיב בשריפתה: "והשורף אותה" וגו'. ותניא בסיפרי: אם המשליך את האזוב מטמא בגדים, השורף לא כ"ש? מה ת"ל "והשורף" – בא הכתוב ולימד על כל העסוקים בפרה מתחלה ועד סוף שיהיו טעונים תכבוסת בגדים. ופוסלין אותה במלאכה. אם נתעסקו עמה במלאכה אחרת, כגון ששחט וחתך עמה דלעת. דתניא (ספרי פ' חקת): "ושחט אותה" – בא הכתוב ולימד על הפרה שתהא מלאכה פוסלתה בשחיטתה, "ושרף את הפרה" – בא הכתוב ולימד שתהא מלאכה פוסלת בשריפתה. בשחיטתה. כגון שנתנבלה. אינה מטמאה בגדים. שאין כאן עבודה. ואם אסף אפרה או שרפה ולא נגע בה, או אפילו נגע בה בפשוטי כלי עץ, שלא טמאתו משום נבלה – אינו טמא משום מתעסק בפרה, שאין כאן פרה אדומה. בהזאתה. בהזאת דמה, שהיה מזה הימנה ז' פעמים כנגד פתח של היכל, כדכתיב (שם יט): "והזה אל נכח פני" וגו'. קודם פסולה מטמאה בגדים. דמתעסק בפרה הוא, וכבר נעשית שחיטתה בהכשר. דלאו שחיטה היא כלל. שהרי סופה הוכיח. אבל היכא דנגמרה שחיטה ממש, אימא לך דכולה קרויה שחיטה מתחלה ועד סוף. לפלוג נמי. האי תנא בהכשרת פרה, אפילו בפרה שלא נפסלה יש לחלק בין בגדים לבגדים.

סתימתאה

יומא לב: עג. הוריות יב:

כ"ק עב.

זבחים ל. [פסחים סג. לקמן לו. קכח. כ"ק עב.]

פרה פ"ד מ"ד ע"ש

הגהות הב"ח

(א) רש"י ד"ה מר לא וכו' בפרק השוחט דף קז אבל המולק. נ"ב שם במשנה דף קז: (ב) תוס' ד"ה כגון וכו' ונראה לפרש דאיירי בבהמה ופטור למ"ד אינה לשחיטה אלא בסוף ורב יוסף לכ"ע מחייב שהרי עשה בה מעשה חטאת העוף בחוץ ופסולה דנקט רב יוסף:

הגהות מהר"ב רנשבורג

א] גמ' דתניא תזבח. בתורה אור ציין דברים יב והוא נתחלף. ב] תד"ה אירע וכו' בין קודם פסולה בין לאחר פסולה. כ"ב עיין חידושי רשב"א וכו':

רבינו גרשום

פסול התמיד א"כ הויא ליה עבודה באחר ותנן כל עבודה כו' הכי קאמר יכול יהא פסול מדרבנן אם אחר מירק כלומר דגמר השחיטה לכך שנינו רוב אחד ורוב שנים דיכול אפי' אחר ועכשיו סיפא זו היא בקדשים. שהרי עשה בה מעשה טרפה ביד גוי כלומר שפסולה היה בראשון היכא דשחט גוי. עולת העוף נמי היכא דמלקה סימן אחד למטה מן הסקרא וסימן אחד למעלה מן הסיקרא וזו לא דינו הוא ודינו שכלו למעלה מן הסיקרא של עולת העוף. ושל חטאת העוף למטה מן הסיקרא וסיקרא חוגרת סביבו של מזבח באמצע. ומאי סיקרא ארגמנית שמהן עושין מגינים. שהרי עשה בה מעשה חטאת העוף: למ"ד ישנה לשחיטה מתחלה ועד סוף מיחייב דחשוב ככולו בחוץ אבל למ"ד דאינה לשחיטה אלא לבסוף (עכשיו) לא מיחייב שסופה של שחיטה היתה בפנים ושחט בחוץ כאילו לא שחט בחוץ כלום: כל העוסקים בפרה מטמא בגדים מתחלה ועד סוף כדכתיב בתורה ששבעה היו עסוקין בפרה כלומר אחד שחט ואחד שורף ואחד מזה וכל העסוקין עד ז' ופוסלין אותה במלאכה כלומר לפרה אדומה כיצד שאם חתך שום דבר או עץ או שחט בהמה בתוך כך שהיו עסוקים בפרה פסולה הפרה כיצד אירע בה פסול בשחיטה כלומר כששחט קצת וחתך חפץ אחר בתוך כך ועכשיו כיון שאירע בה פסול בשחיטה אמרינן אינה לשחיטה אלא לבסוף אפילו אירע בה פסול א) בתחלת שחיטה שעשה עמה מלאכה לא חשובה שחיטה ואינה מטמאה אבל בהזייתה אירע בה פסלות שוו לבסוף קודם פסלות מטמאה בגדים דאנן אמרינן דכל העוסקים בפרה קודם פסולה היא חשובה כאין אלא אי אמרת ישנה לשחיטה מתחלה ועד סוף לפלוג בשחיטה ועכשיו אינלאי וכו' ומשום הכי פסולה (אלא) [אבל] במקום אחר עדיין אומר אני דישנה לשחיטה מתחלה ועד סוף: אלא אי קשיא הא קשיא למ"ד אינה לשחיטה אלא לבסוף ליפלוג נמי בהכשרה וכו' כלומר אפי' דלא אירע בה פסול בשחיטה כגון דשחטוה בתרי גברי דגברא קמא לא מטמא כלומר דעדיין לא חשוב שחיטה וגברא בתרא מטמא משום דאינה לשחיטה אלא לבסוף: בר מינה דההיא כלומר הא לא קשיא לא מצית למיפרך ודאי הכא אינה לשחיטה אלא לבסוף אבל במקום אחר עדיין א' אני אפי' ג) פסול שאירע (בשחיטה) דאינה לשחיטה אלא לבסוף: א"ל אביי ולאו איתמר עלה דמחלוקת בין ר' אליעזר בר' שמעון ובין חכמים דרחכ"א שנים שוחטין וכו' ולר' שמעון בן אלעזר

א) לכאורה נראה דל"ל אפי' אירע בה פסול בסוף שחיטה שעשה עמה וכו'. ב) אפי' שחט סימנים בחוץ וגמרה בפנים ג"כ חייב משום דישנה לשחיטה מתחלה ועד סוף. ג) דברי רבינו אלו הם מבוללים והכונה דמאי שנא מחלוקת דרשב"א וחכמים לשנה לשחיטה מתחלה ועד סוף או לא דטעמא דרשב"א דיליף מקרא ע"ש.

גמרא

סְתִימְתָּאָה, אֲבָל חֲכָמִים אוֹמְרִים: איב' שׁוֹחֲטִים זֶבַח אֶחָד! וּלְרַבִּי אֶלְעָזָר בְּרַבִּי שִׁמְעוֹן נָמֵי לִפְלוֹג, כְּגוֹן דְּשָׁחַט חַד גַּבְרָא בִּשְׁנֵי סוֹדָרִים, דְּסוֹדָר קַמָּא לָא מְטַמֵּא, וְסוֹדָר בָּתְרָא מְטַמֵּא! אֶלָּא, בִּפְסוּלָא דְּפָרָה קָא מַיְירֵי, בְּהַכְשָׁרָה לָא קָא מַיְירֵי. מְתִיב רַב אִידִי בַּר אָבִין: *וּבַמּוֹעֵד, לִשְׁמוֹ – פָּטוּר, שֶׁלֹּא לִשְׁמוֹ – חַיָּיב; וְהָוֵינַן בָּהּ: טַעְמָא – דְּשֶׁלֹּא לִשְׁמוֹ, הָא סְתָמָא – פָּטוּר; וְאַמַּאי פָּטוּר? פֶּסַח בִּשְׁאָר יְמוֹת הַשָּׁנָה שְׁלָמִים הוּא! ש"מ: פֶּסַח בִּשְׁאָר יְמוֹת הַשָּׁנָה בָּעֵי עֲקִירָה! *וְאָמַר ר' חִיָּיא בַּר גַּמְדָּא, נִזְרְקָה מִפִּי חֲבוּרָה וְאָמְרוּ: הָכָא בְּמַאי עָסְקִינַן – כְּגוֹן שֶׁהָיוּ בְּעָלִים טְמֵאֵי מֵתִים, דְּנִדְחִין לְפֶסַח שֵׁנִי, דִּסְתָמָא לִשְׁמוֹ קָאֵי; וְהַאי הוּא דְּבָעֵי עֲקִירָה, הָא אַחֵר לָא בָּעֵי עֲקִירָה. אִי אָמְרַתְּ בִּשְׁלָמָא יֶשְׁנָהּ לִשְׁחִיטָה מִתְּחִלָּה וְעַד סוֹף – אִיפְּסִיל לֵיהּ מִתְּחִלַּת שְׁחִיטָה; אֶלָּא אִי אָמְרַתְּ אֵינָהּ לִשְׁחִיטָה אֶלָּא בַּסּוֹף, כֵּיוָן דִּשְׁחַט בֵּיהּ פּוּרְתָּא – אִידְּחִי לֵיהּ מִפֶּסַח, אֵיךְ כִּי קָא שָׁחֵיט – שְׁלָמִים קָא שָׁחֵיט! אָמַר לֵיהּ אַבָּיֵי: נֶהֱוֵי דְּאִידְּחִי לֵיהּ מִפֶּסַח, מִדְּמֵי פֶסַח מִי אִידְּחִי? א) וְכִי תֵּימָא בבָּעֵי הַעֲמָדָה וְהַעֲרָכָה, *וְהָתְנַן: גשָׁחַט בָּהּ שְׁנַיִם אוֹ רוֹב שְׁנַיִם *וַעֲדַיִין הִיא מְפַרְכֶּסֶת – הֲרֵי הִיא כְּחַיָּה לְכָל דְּבָרֶיהָ. אָמַר רַב יְהוּדָה אָמַר רַב: דהַשּׁוֹחֵט בִּשְׁנַיִם וּשְׁלֹשָׁה מְקוֹמוֹת – שְׁחִיטָתוֹ כְּשֵׁרָה. כִּי אֲמַרִיתַהּ קַמֵּיהּ דִּשְׁמוּאֵל, אֲמַר לִי: *הבָּעֵינַן שְׁחִיטָה מְפוּרַעַת, וְלֵיכָּא! וְאַף ר"ש בֶּן לָקִישׁ סָבַר: בָּעֵינַן שְׁחִיטָה מְפוּרַעַת, דא"ר שִׁמְעוֹן בֶּן לָקִישׁ: מִנַּיִן לִשְׁחִיטָה שֶׁהִיא מְפוּרַעַת? שֶׁנֶּאֱמַר: °"חֵץ שָׁחוּט לְשׁוֹנָם מִרְמָה דִבֵּר". מְתִיב רַבִּי אֶלְעָזָר: *והב' אוֹחֲזִין בְּסַכִּין וְשׁוֹחֲטִין, אֲפִילּוּ אֶחָד מִלְּמַעְלָה וְאֶחָד מִלְּמַטָּה – שְׁחִיטָתוֹ כְּשֵׁרָה; אַמַּאי? וְהָא לֵיכָּא שְׁחִיטָה מְפוּרַעַת! אֲמַר לֵיהּ ר' יִרְמְיָה: מִשְׁנָתֵינוּ – בְּסַכִּין אֶחָד וּשְׁנֵי בְּנֵי אָדָם. אֲמַר לֵיהּ רַבִּי אַבָּא: אִי הָכִי, הַיְינוּ דְּתָנֵי עֲלָהּ: זאֵין חוֹשְׁשִׁין שֶׁמָּא יִטְרְפוּ זֶה עַל זֶה; אִי אָמְרַתְּ בִּשְׁלָמָא בִּשְׁתֵּי סַכִּינִין וּשְׁנֵי בְּנֵי אָדָם – שַׁפִּיר, מַהוּ דְּתֵימָא: לֵיחוּשׁ דִּלְמָא סָמְכִי אַהֲדָדֵי, וְהַאי לָא אָתֵי לְמֶעְבַּד רוּבָּא וְהַאי לָא אָתֵי לְמֶעְבַּד רוּבָּא, קָא מַשְׁמַע לָן דְּאֵין חוֹשְׁשִׁין. אֶלָּא אִי אָמְרַתְּ בְּסַכִּין אַחַת וּשְׁנֵי בְּנֵי אָדָם, הַאי "אֵין חוֹשְׁשִׁין שֶׁמָּא יִטְרְפוּ זֶה עַל זֶה", "שֶׁמָּא יִדְרוֹסוּ זֶה עַל זֶה" מִיבָּעֵי לֵיהּ! אֲמַר לֵיהּ רַבִּי אָבִין, תְּנֵי: חאֵין חוֹשְׁשִׁין שֶׁמָּא

רש"י

סתימתאה. שֶׁיֵּשׁ מִשְׁנָה וּבְרַיְיתָא הַרְבֵּה שֶׁאָמַר ר' אֶלְעָזָר בַּר שִׁמְעוֹן וּרְגִילִים הַתַּנָּאִים לְסַדְּרָן בְּמִשְׁנָה בִּלְשׁוֹן סְתָם. וְהַאי סְתָמָא דִ"מְזַבֵּחַ" – הוּא נָמֵי אַמְרָהּ. וּגְמָרָא גָּמִיר לֵיהּ ר' יוֹחָנָן מֵרַבֵּיהּ דְּהָא ר' אֶלְעָזָר אַמְרָהּ. זֶבַח אֶחָד. וּלְרַבָּנַן לִיפְלוֹג! וְעוֹד, לר' אֶלְעָזָר גּוּפֵיהּ לִיפְלוֹג, כְּגוֹן דִּשְׁחָטָהּ חַד גַּבְרָא בִּתְרֵי סוֹדָרֵי, שֶׁבְּאֶמְצַע שְׁחִיטָה בָּא חֲבֵרוֹ וְנָטַל סוּדָרוֹ ג] מֵרֹאשׁוֹ וַעֲטָפוֹ בְּסוּדָר אַחֵר. וּמִדְּלָא מַפְלִיג – ש"מ מַחְוְורְיֵיהּ מִילְּתָא, דְּיֶשְׁנָהּ לִשְׁחִיטָה מִתְּחִלָּה וְעַד סוֹף. אֶלָּא. לָא מָצֵית לְמֵימַר כִּדְיוֹסֵף. אֶלָּא הָכִי פָּרֵיךְ: דְּתַנָּא גַּבֵּי פָּרָה פְּסוּלָהּ אִילְטְרִיךְ לֵיהּ לְפְלוּגֵי, וּלְאַשְׁמוּעִינַן דְּאַע"ג דְּנִפְסְלָה, מִיהוּ קוֹדֶם פְּסוּלָהּ תּוֹרַת פָּרָה עָלֶיהָ וְהָעֲסוּקִין בָּהּ נִטְמָאוּ. וּבְהַכְשָׁרָה לָא הָוֵי לְאוֹרוּיֵי אִי יֶשְׁנָהּ לִשְׁחִיטָה מִתְּחִלָּה וְעַד סוֹף אִי אֵינָהּ אֶלָּא לְבַסּוֹף. וּבַמּוֹעֵד לִשְׁמוֹ פָּטוּר. בְּשׁוֹחֵט הַפֶּסַח עַל הֶחָמֵץ קָאֵי, בְּפֶרֶק "תָּמִיד נִשְׁחָט" (פסחים דף סג.), וּמְרַבֵּינַן הָתָם לִשְׁאָר זְבָחִים שֶׁשְּׁחָטָן בְּפֶסַח עַל הֶחָמֵץ, שֶׁלּוֹקֶה עֲלֵיהֶן מִשּׁוּם "לֹא תִשְׁחַט עַל חָמֵץ". וְקָאָמַר ר' שִׁמְעוֹן שֶׁהַשּׁוֹחֵט פֶּסַח בְּתוֹךְ הַמּוֹעֵד, כְּגוֹן שֶׁאָבַד בְּאַרְבָּעָה עָשָׂר וְהִקְרִיב אַחֵר תַּחְתָּיו, וְנִמְצָא הָרִאשׁוֹן בַּמּוֹעֵד, וּשְׁחָטוֹ לִשְׁמוֹ עַל הֶחָמֵץ – פָּטוּר, דְּהָא זֶבַח פָּסוּל הוּא, דְּלָא חֲזֵי שֶׁלֹּא בִּזְמַנּוֹ לִשְׁמוֹ. שֶׁלֹּא לִשְׁמוֹ. דִּשְׁחָטוֹ לְשֵׁם שְׁלָמִים. חַיָּיב. דְּפֶסַח לְאַחַר זְמַנּוֹ קָרֵב שְׁלָמִים, וְזֶה שֶׁנִּשְׁחַט לִשְׁלָמִים – זֶבַח כָּשֵׁר הוּא. וּמִדְּקָתָנֵי שֶׁלֹּא לִשְׁמוֹ חַיָּיב, מִכְּלָל דְּרֵישָׁא דְּקָתָנֵי: לִשְׁמוֹ פָּטוּר הַיְינוּ דְּשַׁחְטֵיהּ סְתָמָא, וּסְתָמָא קָרֵי "לִשְׁמוֹ". דְּאִי לִשְׁמוֹ דַּוְקָא קָאָמַר, הָא סְתָמָא חַיָּיב – קַשְׁיָא סֵיפָא, דְּלָא מְחַיֵּיב לֵיהּ אֶלָּא בְּשֶׁלֹּא לִשְׁמוֹ בְּהֶדְיָא. וְגַרְסִינַן: וְהָוֵינַן בָּהּ טַעְמָא דְּשֶׁלֹּא לִשְׁמוֹ הָא סְתָמָא פָּטוּר. וְהָוֵינַן בָּהּ. בִּסְתָמָא אַמַּאי פָּטוּר? הָא סְתָמָא שְׁלָמִים הוּא. דִּנְפָקָא לָן מִ"וְזָבַחְתָּ פֶּסַח לַה' אֱלֹהֶיךָ צֹאן וּבָקָר" דְּמוֹתַר פֶּסַח קָרֵב שְׁלָמִים, בִּפְסָחִים (דף ע:) וּבִמְנָחוֹת (דף פג:) וּבִזְבָחִים בְּפ"ק (דף ט.). ש"מ. מִדְּקָרֵי לֵיהּ ג] פָּסוּל, דְּפֶסַח בִּשְׁאָר יְמוֹת הַשָּׁנָה בָּעֵי לְמִיעֲקַר שֵׁם פֶּסַח מִינֵּיהּ, וְכָל כַּמָּה דְּלָא עָקַר – פֶּסַח הוּא, וְכִי שָׁחֵיט לֵיהּ שֶׁלֹּא בִּזְמַנּוֹ – הָוֵי פֶּסַח פָּסוּל. וּמִיפְלַג פְּלִיגֵי בָּהּ בִּפְסָחִים (דף עג:). וְא"ר חִיָּיא בַּר גַּמְדָּא נִזְרְקָה. תְּשׁוּבָה זוֹ שֶׁאֲנִי מֵשִׁיב מִפִּי חֲבוּרָה, וְאָמְרוּ: לְעוֹלָם לָא בָּעֵי עֲקִירָה. וְהַאי דְּמַשְׁמַע דְּבָעֵי עֲקִירָה. כְּגוֹן שֶׁהָיוּ בְּעָלִים. בְּפֶסַח רִאשׁוֹן טְמֵאֵי מֵתִים, וּפֶסַח זֶה לֹא נִדְחָה מֵחֲמַת אִיבּוּד, אֶלָּא מֵחֲמַת בְּעָלִים שֶׁנִּדְחוּ מֵחֲמַת טוּמְאָה לְפֶסַח שֵׁנִי. וְהַאי פֶּסַח חֲזֵי לִיקְרַב בְּאִיָּיר, הִלְכָּךְ בָּעֵי עֲקִירָה. אִי אָמְרַתְּ בִּשְׁלָמָא יֶשְׁנָהּ לִשְׁחִיטָה מִתְּחִלָּה וְעַד סוֹף. אִפְּסִיל לֵיהּ בִּתְחִלַּת שְׁחִיטָה, דִּסְתָמֵיהּ הָוֵי לְפֶסַח, דִּתְחִלַּת שְׁחִיטָה נָמֵי פְּסָלָהּ. אֶלָּא אִי אָמְרַתְּ לֹא פְּסָלָהּ עַד גְּמַר שְׁחִיטָה. הָא גְּמַר שְׁחִיטָה לָאו פֶּסַח הוּאִי, דְּכֵיוָן דִּשְׁחַט בֵּיהּ פּוּרְתָּא וְלָא חֲזֵי לְשַׁהוּיֵיהּ לְפֶסַח שֵׁנִי – אִידְּחִי לֵיהּ מִפֶּסַח. וְכֵיוָן דְּלָא חֲזֵי לְפֶסַח – הָא אָמְרַתְּ דִּלְשְׁלָמִים קָאֵי, וּגְמַר שְׁחִיטָה דִּידֵיהּ לִשְׁלָמִים הוּא. וּבְפוּרְתָּא קַמָּא לָא אִיפְּסַל מִשּׁוּם שְׁחִיטַת פֶּסַח שֶׁלֹּא בִּזְמַנּוֹ, דְּהָא אֵינָהּ לִשְׁחִיטָה אֶלָּא לְבַסּוֹף! לְשֵׁם פֶּסַח קָא שָׁחֵיט לָא גָּרְסִינַן. מִדְּמֵי פֶּסַח. רָאוּי הוּא לִימָּכֵר קוֹדֶם גְּמַר שְׁחִיטָה וְלֵילֵךְ לְחוּלִּין, שֶׁאֵין לְךָ מוּם קָבוּעַ גָּדוֹל מִזֶּה, וְדָמָיו לְפֶסַח. וְכֵיוָן דַּחֲזֵי לִדְמֵי פֶסַח – סְתָם שְׁחִיטָה דִּידֵיהּ כּוּלָּהּ לְפֶסַח. וְכִי תֵּימָא. אֵין קָדָשִׁים נִפְדִּין בְּלֹא הַעֲמָדָה וְהַעֲרָכָה, דִּכְתִיב (ויקרא כז): "וְהֶעֱמִיד אֶת הַבְּהֵמָה לִפְנֵי הַכֹּהֵן וְהֶעֱרִיךְ הַכֹּהֵן אוֹתָהּ", וְזוֹ אֵין יְכוֹלָה לַעֲמוֹד עַל רַגְלֶיהָ. בִּשְׁנַיִם וּשְׁלֹשָׁה מְקוֹמוֹת. שֶׁחָתַךְ כָּאן ד] וְחָזַר וְהִתְחִיל לִשְׁחוֹט לְמַטָּה אוֹ לְמַעְלָה. מְפוּרַעַת. מְגוּלָּה וְנִכֶּרֶת, דְּהַיְינוּ בְּמָקוֹם אֶחָד. חֵץ שָׁחוּט. שְׁחִיטָה דּוּמְיָא דְּחֵץ, שֶׁאֵינוֹ מוֹלִיךְ בְּב' מְקוֹמוֹת. ב' אוֹחֲזִין בְּסַכִּין. קס"ד בב' סַכִּינִין, אֶחָד לְמַעְלָה לְצַד הָרֹאשׁ וְאֶחָד לְמַטָּה לְצַד הֶחָזֶה. בְּסַכִּין אֶחָד. וּמַאי אֶחָד לְמַעְלָה וְאֶחָד לְמַטָּה דְּקָתָנֵי סַכִּינָא בְּאַלַּכְסוֹן. אִי הָכִי. לָשׁוֹן קוּשְׁיָא הוּא.

תוספות

והוינן בה טעמא דשלא לשמו הא סתמא פטור. כך היא גירסת הקונטרס. וקשה: דלדייק מסיפא, נידוק מרישא איפכא: טעמא דלשמו, הא סתמא – חייב, אלמא דלא בעינן עקירה! ובכל ספרים ישנים גרסינן: והוינן בה, לשמו אמאי פטור? פסח בשאר ימות השנה שלמים הוא, ש"מ בעי עקירה. פי': דאי סתמא לא בעי עקירה – א"כ סתם הוי שלמים, וכשר כששחטו לשם פסח, מידי דהוה אשלמים ודאי ששחטן לשם פסח, דכשרין. מדמי פסח מי אידחי. ואם תאמר: ממה נפשך אידחי גם מדמי פסח, דמכי שחיט פורתא – אינה ראויה לפדות אלא לכלבים, ואין פודין קדשים להאכילן לכלבים. ואם לאחר פדיון גומר שחיטתו – אם כן הויא לה חולין בעזרה, ואסורה באכילה! וי"ל: דמיד אחר פדיון יוליאנו חוץ ויגמור שם שחיטתו. והתנן שחט בה שנים או רוב שנים ועדיין היא מפרכסת הרי היא כחיה לכל דבריה. °אין המשנה כן בשום מקום. אלא דדייק לה מתניתין ד"העור והרוטב" (לקמן קיז:) דתנן: השוחט בהמה טמאה לגוי ומפרכסת – מטמאה טומאת אוכלין, °אבל לא טומאת נבלות*. השוחט בשנים או בג' מקומות. פירש בקונטרס: חתך כאן, וחזר והתחיל לחתוך למעלה או למטה. וקשה: דאם אין רוב במקום אחד – היאך שחיטתו כשרה? ואם יש רוב במקום אחד – א"כ שחיטה מפורעת היא! וי"ל: דאע"ג דיש רוב במקום אחד לא הוי שחיטה מפורעת. דכשלא נחתך הסימן לא למעלה מבית השחיטה ולא למטה – אז הויא שחיטה מפורעת, דבית השחיטה מירווח רווח, אבל כשנחתך למעלה או למטה – לא מירווח, ואינה מפורעת. וכי פריך משנים אוחזין בסכין ושוחטין – לא הוי מצי לשנויי דהתם כששחט כל אחד רוב והרי היא מפורעת. דמ"מ כשקדם האחד ושחט רוב, וחבירו לא שחט עדיין אלא מיעוט – אינה מפורעת, ונפסלה, וכיון דכבר נפסלה – תו לא הדרא ומתכשרא כשגם חבירו גמר הרוב. ובשאלתות דרב אחאי *מפרש ב' או ג' מקומות – כגון שכל אותן מקומות בהיקף של סימן, כגון שחתך סביב סביב, כאן מעט וכאן מעט, בטבעת אחת בקנה, וכיוצא בו בוושט, ובין הכל יש רוב. ועוד פירש בשאלתות: שאפילו חתך מיעוט הקנה למעלה לצד העור, וחזר ושחט מיעוטו למטה לצד אחר, זה שלא כנגד זה – דכשרה, כיון דבין הכל יש רוב. ורבינו חננאל פירש: ב' או ג' מקומות – כגון רוב הקנה למעלה ורוב הוושט למטה. ולפירושו לא משכחת שלשה מקומות. מתיב רבי אלעזר שנים אוחזין בסכין ושוחטין. לפירוש רבינו חננאל והשאלתות לא בעי לשנויי דהכא כששחט האחד הרוב, דהא משמע שהשחיטה כשרה על ידי שניהם. דלמא סמכי אהדדי ולא עבדי רובא. לפירוש הקונטרס, כל אחד לא ישחוט רוב. ולפירוש השאלתות, בין שניהם לא יעשו רוב.

למדתנו

רבינו גרשום

אלעזר דאמר דאינה לשחיטה אלא לבסוף לפלוג בהכשירה דפרה כגון דשחטה חד גברא בשני סודרין כלומר כששחט סימן ראשון היה עטוף סודר אחד וכששחט סימן אחר נתעטף בסודר אחר דסודר קמא לא מטמא וסודר בתרא מטמא דאינה לשחיטה אלא לבסוף: לא לעולם אינה לשחיטה אלא לבסוף. אם תקשי לך מפני מה לא פליגי בזה שהענין בפסול דפרה קא מיירי וכו': אותיב רב אידי בר אבין ובמועד לשמו פטור וכו' הכי סברינן פסח שאבד והפריש אחר תחתיו ונמצא במועד (כלומר) אם שחטו במועד [על החמץ] לשם פסח פטור שפסח פסול

שיטה מקובצת

א] וכי תימא בעי העמדה והערכה והתנן. נ"ב ע' תוס' ערכין דף ד ע"א: ב] מראשו ועטפו בסודר אחר. נ"ב נ"א וגמרה: ג] ש"מ מדקרי ליה זבח פסול: ד] וחזר והתחיל לשחוט למטה או למעלה כגון שלא שהה שיעור שהיה בין חתיכה לשחיטה. כן מצאתי בגליון רש"י כת"י ישן:

מ א מיי' פ"ב מהל' שחיטה הל' י' סמג עשין סג טוש"ע יו"ד סי' כד סעיף יא:
מא ב מיי' שם הל"ט סמג שם טוש"ע יו"ד סי' כד סעיף ו:
מב ג מיי' שם וע"ש ופ"ג מהל' שאר אבות הטומאות הל' ב טור יו"ד סי' כד:
מג ד מיי' פ"ג מהל' שחיטה הל"ט סמג עשין סג טוש"ע יו"ד סי' כד סעיף ז:
מד ה מיי' שם הל"י טוש"ע שם סעי' ח:
מה ו מיי' שם ועיין בכ"מ ובל"מ טוש"ע שם סעי' ז:
מו ז מיי' פ"ב שם הל"ט סמג שם טוש"ע יו"ד סי' כד סעי' ג:
מז ט מיי' שם הל"ב סמג שם טוש"ע יו"ד סי' כד סעי' ג:
מח י מיי' שם וע"ש ופ"ג הל"ח סמג שם טוש"ע יו"ד סי' כד סעיף ח:
מט כ מיי' שם פ"ב הל"ט טוש"ע שם סעיף ב:
נ ל מיי' שם הל"ט טוש"ע שם סעי' ג:
נא מ מיי' שם הל"ט ועיין בכ"מ טוש"ע שם סעיף ג:

גליון הש"ס

גמ' תחת צמר מסובך. עיין בכורות כה ע"ב תוס' ד"ה הגוזז:

הגהות מהר"ב רנשבורג

א] תד"ה החליד במיעוט וכו'. אם לאחר שחיטת הרוב עקר המיעוט וכו'. נ"ב:

שיטה מקובצת

א] צמר מסובך מהו. נ"ב ע"' תוס' בכורות דף כה ע"ב: ב] בקולמוס באלכסון וכו'. נ"ב בשני רש"י כת"י מצאתי שחט את הושט למעלה ואת הקנה למטה קס"ד ששחט בשני מקומות למטה סימן א' ולמעלה סי' אחר ובדלא שהה מלמטה למעלה ואותם חתיכת סימנים שבין שחיטות אלו נופלת לכאן ולכאן ומכסה את השחיטה שאינה נראית ומיהו במקום אחד הוא והויא לה שחיטה שחיטה מפורעת קס"ד: ד] והיכא דשהה במיעוט סימנים בין בתחלה ובין בסוף: ה] שחיטה שאינה מפורעת קמ"ל דאינה פסולה כואת פסולה מעוטא חלדה: ו] דהויא נבלה והגרמה נמי פסק: ז] דדילמא אם תחב הסכין תחת (הסימן) מיעוט הסימן ושחט הרוב שלמטה: ח] אבל סימנים דשייכי בהו שחיטה: ט] אלמא יש שהייה במיעוט קמא:

למדתנו רבינו משנתינו בשני סכינים ובשני בני אדם. משמע שכן הלכה, דבשנים ושלשה מקומות שחיטה כשרה. ובה"ג גריס: למדתנו רבינו משנתינו בסכין אחד וב' בני אדם. כלומר, והיאך אתה אוכל? ומ"מ, כיון דלא חש לדבריו ואכל משופרי שופרי — ש"מ שכן הלכה, שהרי חזר בו ממה שהיה רגיל לפרש במתניתין סכין אחד.

החליד הסכין בין סימן לסימן. לקמן (דף לב.) גבי מתני' דחלדה היה ראוי להביאה אלא אגב דאכשר רב לעיל שחיטה שאינה מפורעת (ב) הן כואת פסולה מעוטא חלדה. **או** שהחליד הסכין תחת השני ופסקו. רבותא נקט, אע"ג שכבר נשחט האחד. ונקט נמי אורחא דמילתא, דכששחט סימן ראשון בהוצאה, כשחוזר ובא לעשות הולכה (ג) תחב ראש הסכין בין סימן שני לצואר.

החליד במיעוט סימנין מהו. פי' בקונטרס: במיעוט בתרא, אבל במיעוט קמא פשיטא לן דהויא נבלה. ו] והגרמה נמי פסק דלפי' שחט שני שליש והגריס שליש דעבדינן לחומרא, מדקאי הכא בתיקו. ורבינו יצחק ברבי מאיר אומר: דבהגרמה פסקינן בפ"ק (לעיל יט.) כרבי יוסי בר יהודה, ואיכא דמכשר נמי לרבנן שחט שני שליש והגריס שליש. ולא דמיא להכא, דהתם שלא במקום שחיטה הוא, והוי כאילו שוחט ברגלה אחר שחיטת הסימן. (והכן) [וכן] נמי, אם לאחר שחיטת הרוב עקר א] (הרוב) המיעוט — שחיטתו כשרה, כיון דהוי שלא כדרך שחיטה. ור"ת הקשה לפירוש הקונטרס, דתניא בתוספתא: שחט רוב הגרגרת בעוף, אפילו אם גמרו לזמן מרובה — שחיטתו כשרה! ומפרש ר"ת: דהכא בעי במיעוט קמא. ובעי לרב יהודה דמכשר תחת העור, דדלמא אם תחב הסכין (ד) ז] במיעוט הסימן ושחט ברוב שלמטה כדרכו — הויא חלדה טפי. ואפילו לאמרי בי רב, דאמרי: תחת העור איני יודע — היינו משום דשחיטה לא שייכא בעור, והוי חלדה לפי שהוא שלם. אבל ח] סימן דשייכי ביה שחיטה, ואפילו הכי אין צריך לשחוט אלא הרוב, המיעוט שעל הסכין הוי כאילו נחתך — לא הוי חלדה. א"נ, מיבעיא ליה(ה) בתחב הסכין תחת מיעוט קמא ופסקו מלמטה למעלה, אח"כ שחט הרוב. וכן שהה במיעוט סימנים דלקמן (דף לב.) מפרש ר"ת במיעוט קמא. והשתא אתי שפיר האי דקאמר לעיל (דף כט.): אי מחלה על מחלה כרוב — הא עבד ליה רובא, דבמיעוט בתרא פשיטא ליה דכשר. והשתא לפירושו, את"ל דכשר אף במיעוט קמא — לא פסלה שהייה בעוף מן התורה, כיון דהכשרו בסימן אחד. והא דקאמר לקמן בפירקין (דף לב.) דשהייה הוי (ו) מבהמה לבהמה ועוף לעוף — היינו מדרבנן. ובקנה לא שייכא שהייה בעוף אפילו מדרבנן, דשהה במיעוט קמא כשרה, מידי דהוה אמלא חלי קנה פגום. ומה שכתוב בתוספתא: שחט חלי הגרגרת ושהה כדי שחיטה וגמרה שחיטתו פסולה — טעות סופר הוא, וגרסינן: "כשרה", דהא לעיל מייתי לה גבי מחלה על מחלה כרוב. ומיהו, גם לפירוש רבינו תם קשה מתוספתא, דתניא: שחט מיעוט ושט ושהה כדי שחיטה — פסולה, אלמא יש שהייה במיעוט ט] סימנים קמא, ולקמן קאי בתיקו! ואם נאמר דלא ידע, א"כ גם לפירוש הקונטרס נאמר דלא ידע ההיא תוספתא שהקשה ממנה ר"ת. וה"ר אושעיא מפרש: החליד במיעוט סימנים — היינו לאחר ששחט רוב האחד, והחליד תחת המיעוט שנשאר, ושחט סימן שני. ושהה במיעוט סימנים דלקמן מפרש דקאי אשוחט בסכין רעה, דקאמר התם: אם שחט רובו של אחד, והוליך והביא כל היום כולו במיעוטו, מהו? דדלמא הא דמכשיר בסכין רעה אפילו הוליך והביא כל היום כולו — שמא היינו במתעסק לחתוך הסימן, אבל כאן שכבר חתך רובו, הרי הוא כאילו נחתך כולו, וכשמוליך ומביא כל היום כולו באותו מיעוטא הוי כאילו מוליך ביד וברגל, ויש כאן שהייה ופסולה.

תנא דבי רבי ישמעאל ושחט אין ושחט אלא ומשך. דאע"ג דליהו גופיה דריש בריש פירקין (לעיל כז.): "ושחט" — במקום ששח תטהו, תרתי ש"מ.

שֶׁמָּא יִדְרוֹסוּ זֶה עַל זֶה. מְתִיב רַבִּי אָבִין: שָׁחַט אֶת הַוֶּושֶׁט לְמַטָּה וְאֶת הַקָּנֶה לְמַעְלָה, אוֹ אֶת הַוֶּושֶׁט לְמַעְלָה וְאֶת הַקָּנֶה לְמַטָּה — שְׁחִיטָתוֹ כְּשֵׁרָה; אַמַּאי? וְהָא לֵיכָּא שְׁחִיטָה מְפוֹרַעַת! הוּא מוֹתִיב לָהּ, וְהוּא מְפָרֵק לָהּ: אבִּשְׁחִיטָה הָעֲשׂוּיָה כְּקוּלְמוֹס. הַהוּא תּוֹרָא דְּאִישְׁחַט בִּשְׁנַיִם וּשְׁלֹשָׁה מְקוֹמוֹת, עַל רַב יִצְחָק בַּר שְׁמוּאֵל בַּר מָרְתָא שָׁקֵל מִשּׁוּפְרֵי שׁוּפְרֵי, א"ל רַבִּי זֵירָא: לִמַּדְתָּנוּ רַבֵּינוּ, מִשְׁנָתֵינוּ בִּשְׁנֵי סַכִּינִין וּב' בְּנֵי אָדָם. אָמַר רַב יְהוּדָה אָמַר רַב: בהֶחֱלִיד אֶת הַסַּכִּין בֵּין סִימָן לְסִימָן וּפְסָקוֹ — פְּסוּלָה, תַּחַת הָעוֹר — כְּשֵׁרָה. מַאי קמ"ל? תְּנֵינָא: *אוֹ שֶׁהֶחֱלִיד אֶת הַסַּכִּין תַּחַת הַשֵּׁנִי וּפְסָקוֹ — רַבִּי יְשֵׁבָב אוֹמֵר: גנְבֵלָה, ר"ע אוֹמֵר: טְרֵפָה! אִי מִמַּתְנִי' ה"א: ה"מ מִלְּמַטָּה לְמַעְלָה, דְּלָא קָעָבֵיד כְּדֶרֶךְ שְׁחִיטָה, אֲבָל מִלְּמַעְלָה לְמַטָּה, דְּקָעָבֵיד כְּדֶרֶךְ שְׁחִיטָה — אֵימָא שַׁפִּיר דָּמֵי, דקמ"ל. תַּחַת הָעוֹר כְּשֵׁרָה. בָּעֵי רַב אַמֵּי: תַּחַת הָעוֹר האֵינִי יוֹדֵעַ. אִיבַּעְיָא לְהוּ, לְבֵי רַב דְּאָמְרִי: תַּחַת הָעוֹר אֵינִי יוֹדֵעַ, תַּחַת מַטְלִית מַהוּ? תַּחַת א] צֶמֶר מְסוּבָּךְ מַהוּ? ותֵּיקוּ. בָּעֵי רַב פָּפָּא: הֶחֱלִיד בְּמִיעוּט סִימָנִים, מַהוּ? ותֵּיקוּ.§ **מתני'** *חהַשּׁוֹחֵט ב' רָאשִׁין כְּאֶחָד — שְׁחִיטָתוֹ כְּשֵׁרָה. טשְׁנַיִם אוֹחֲזִין בְּסַכִּין וְשׁוֹחֲטִים, אֲפִילּוּ אֶחָד לְמַעְלָה וְאֶחָד לְמַטָּה — שְׁחִיטָתוֹ כְּשֵׁרָה. יהִתִּיז אֶת הָרֹאשׁ בְּבַת אַחַת — פְּסוּלָה. כהָיָה שׁוֹחֵט וְהִתִּיז אֶת הָרֹאשׁ בְּבַת אַחַת, אִם יֵשׁ בַּסַּכִּין מְלֹא צַוָּאר — כְּשֵׁרָה. להָיָה שׁוֹחֵט וְהִתִּיז ב' רָאשִׁין בְּבַת אַחַת, אִם יֵשׁ בַּסַּכִּין מְלֹא צַוָּאר אֶחָד — כְּשֵׁרָה. בַּד"א — בִּזְמַן שֶׁהוֹלִיךְ וְלֹא הֵבִיא, אוֹ הֵבִיא וְלֹא הוֹלִיךְ; מאֲבָל אִם הוֹלִיךְ וְהֵבִיא, אֲפִי' כָּל שֶׁהוּא, אֲפִי' בְּאִיזְמֵל — כְּשֵׁרָה.§ **גמ'** מה"מ? אָמַר שְׁמוּאֵל, דְּאָמַר קְרָא: ס"חֵץ שָׁחוּט לְשׁוֹנָם מִרְמָה דִּבֵּר" (ירמיהו ט). תָּנָא דְּבֵי רַבִּי יִשְׁמָעֵאל: "וְשָׁחַט" — אֵין "וְשָׁחַט" אֶלָּא וּמָשַׁךְ, וְכֵן הוּא אוֹמֵר: "חֵץ שָׁחוּט לְשׁוֹנָם מִרְמָה דִּבֵּר". מַאי "וְאוֹמֵר"? וְכִי תֵּימָא: "זָהָב שָׁחוּט" (מלכים א י) — שֶׁנִּטְוָוה כְּחוּט הוּא, ת"ש: "חֵץ שָׁחוּט לְשׁוֹנָם". רָבָא הֲוָה בָּדֵיק לֵיהּ גִּירָא לְר' יוֹנָה בַּר תַּחְלִיפָא, וְשָׁחַט בָּהּ עוֹפָא בַּהֲדֵי דְּפָרַח. וְדִלְמָא עֲבִיד חֲלָדָה! חָזֵינַן

גִּידְפֵי

שֶׁמָּא יִדְרוֹסוּ. דְּמִתּוֹךְ שֶׁזֶּה מוֹשֵׁךְ לְכָאן וְזֶה לְכָאן, וּשְׁנֵיהֶם דּוֹחֲקִים סַכִּין עַל הַצַּוָּאר, יֵשׁ לָחוּשׁ שֶׁלֹּא יַתִּיזוּ הָרֹאשׁ בְּבַת אַחַת ב]. בְּקוּלְמוֹס. בַּאֲלַכְסוֹן. דִּכְוָלֵיהּ חַד מָקוֹם הוּא, וּמְפוֹרַעַת קָרֵינָא בֵּיהּ. וְהִתְחִיל בַּקָּנֶה לְמַעְלָה וְחָתַךְ וְשִׁפֵּעַ כְּלַפֵּי מַטָּה, בְּמָקוֹם שֶׁנִּגְמְרָה שְׁחִיטַת קָנֶה הִתְחִילָה שְׁחִיטַת וֶושֶׁט, וְכֵן מִלְּמַטָּה לְמַעְלָה ג]. לִמַּדְתָּנוּ רַבֵּינוּ. בִּלְקִיחָה זוֹ. מִשְׁנָתֵינוּ. דְּקָתָנֵי: שְׁנַיִם אוֹחֲזִין בְּסַכִּין, אֲפִילּוּ בִּשְׁנֵי סַכִּינִין קַמַּכְשַׁר. וּפְסָקוֹ. לַתַּחְתּוֹן כְּהִלְכָתוֹ, אֶלָּא שֶׁהֶחֱלִיד, וְחָזַר וְהוֹצִיא אֶת הַסַּכִּין וְחָתַךְ הָעֶלְיוֹן כְּדַרְכּוֹ. תַּחַת הַשֵּׁנִי. שֶׁשָּׁחַט כְּבָר אֶת הָרִאשׁוֹן. נְבֵלָה. וּמְטַמְּאָה. מִלְּמַטָּה לְמַעְלָה. דְּכֵיוָן דְּתַחַת הַשֵּׁנִי הֶחֱלִיד — לֹא אֶפְשָׁר אֶלָּא מִלְּמַטָּה לְמַעְלָה. תַּחַת מַטְלִית. הַכְּרוּכָה לָהּ סְבִיבוֹת צַוָּארָהּ. מַהוּ. דְּהָא עוֹר נַמִי לָאו בִּכְלַל שְׁחִיטָה הוּא, וּמְסַפְּקִינַן לֵיהּ מִשּׁוּם חֲלָדָה, הָכָא נַמִי לָא שְׁנָא. אוֹ דִּלְמָא, הַאי גּוּפָהּ וְהַאי לָאו גּוּפָהּ. מְסוּבָּךְ = פלטרי"ר. תֵּיקוּ. וְכָל תֵּיקוּ דְּאִיסּוּרָא לְחוּמְרָא. הֶחֱלִיד בְּמִיעוּט סִימָנִין. לְאַחַר שֶׁשָּׁחַט רוּבּוֹ בְּהֶכְשֵׁר, מִי אָמְרִינַן: הָא אִישְׁתְּחִיט שַׁפִּיר בְּרוֹב סִימָנִין, אוֹ דִּלְמָא כּוּלָּהּ חֲדָא שְׁחִיטָה הִיא, וְאִית בָּהּ חֲלָדָה? וּבְמִיעוּט קַמָּא פְּשִׁיטָא לָן דִּנְבֵלָה וַדַּאי. תֵּיקוּ. וּלְחוּמְרָא. וְגַבֵּי הַגְרָמָה נַמִי דְּפִירְקָא קַמָּא (לעיל יט.) בֵּין שָׁחַט שְׁלִישׁ וְהִגְרִיס שְׁלִישׁ וְשָׁחַט שְׁלִישׁ, בֵּין הִגְרִיס שְׁלִישׁ וְשָׁחַט שְׁלִישׁ וְהִגְרִיס שְׁלִישׁ, בֵּין שָׁחַט שְׁנֵי שְׁלִישֵׁי וְהִגְרִיס שְׁלִישׁ — מְסַפְּקָא לָן דִּלְמָא סְבִירָא לָן כְּרַבָּנַן טְרוֹפָאֵי, דְּמִיטְרְפִי בְּכָל חֲדָא מִינַּיְיהוּ, וְעָבְדִינַן לְחוּמְרָא. וְאַע"ג דְּשָׁנֵינַן לְעֵיל (דף כט.): שָׁחַט חֲצִי גַּרְגֶּרֶת וְשָׁהָה בָּהּ וּגְמָרָהּ — כְּשֵׁרָה, וְאוֹקִימְנָא בְּעוֹף, וְאַכְשַׁרְנָא מִמַּה נַּפְשָׁךְ דְּאִי מֶחֱצָה עַל מֶחֱצָה כְּרוֹב — הָא עֲבַד לֵיהּ רוּבָּא, אַלְמָא דְּמִכִּי עֲבַד רוּבָּא בְּכַשְׁרוּת לָא חָיֵישׁ לִפְסוּלָא דְּמִיעוּטָא — לָא סָמְכִינַן אַהַהִיא שִׁנּוּיָא, דְּדִיחוּי הוּא דְּדַחְיֵיהּ. וְטַעְמָא, מִשּׁוּם דְּמֶחֱצָה עַל מֶחֱצָה אֵינוֹ כְּרוֹב, וּבִשְׁחִיטָה קַמַּיְיתָא לָא מִידֵי עֲבִיד, וְכִי שָׁהָה בְּפַלְגָּא (א) קָנֶה לָא אִיטְרִיף. אֲבָל בְּמִיעוּטָא בַּתְרָא, בֵּין דְּקָנֶה וּבֵין דְּוֶושֶׁט, וּבְמִיעוּטָא קַמָּא דְּוֶושֶׁט — מִיטְרְפָא. וְאַף בַּהֲלָכוֹת גְּדוֹלוֹת כָּתוּב: וְהֵיכָא דְּשָׁהָה ד] בְּסִימָנִין בֵּין בַּתְּחִלָּה וּבֵין בַּסּוֹף — אָסוּר, דְּכֵיוָן דְּלָא אִפְּשִׁיט לָן עָבְדִינַן לְחוּמְרָא. **מתני'** שְׁנַיִם אוֹחֲזִין בְּסַכִּין וְשׁוֹחֲטִין. בְּהֵמָה אַחַת. הִתִּיז אֶת הָרֹאשׁ בְּבַת אַחַת. כְּאָדָם הַמַּתִּיז קָנֶה אוֹ דְּלַעַת, דּוֹחֵק הַסַּכִּין בְּלַחַ וּפוֹסֵק, וְהִיא דְּרָסָה. הָיָה שׁוֹחֵט. בִּמְשִׁיכָה. וְהִתִּיז אֶת הָרֹאשׁ. בַּהֲבָאָה רִאשׁוֹנָה עַד שֶׁלֹּא הִסְפִּיק לְהוֹלִיךְ, אוֹ הוֹלִיךְ תְּחִלָּה וּבִמְשִׁיכָה הוּתַּז הָרֹאשׁ עַד שֶׁלֹּא הִסְפִּיק לְהָבִיא. אִם יֵשׁ בַּסַּכִּין מְלֹא צַוָּאר. חוּץ לַצַּוָּאר כִּדְמוּקֵי בַּגְּמָרָא, יֵשׁ כָּאן הוֹלָכָה אוֹ הוֹבָאָה וְכָשֵׁר, שֶׁיֵּשׁ בּוֹ כְּדֵי לִשְׁחוֹט בִּמְשִׁיכָה בְּלֹא דְּרָסָה. אֲבָל אִם אֵין אוֹרֶךְ הַסַּכִּין אֶלָּא כְּעוֹבִי הַצַּוָּאר אוֹ חוּץ לַצַּוָּאר מַשֶּׁהוּ — דְּרָסָה הִיא, שֶׁאֵין הַסִּימָנִין נֶחְתָּכִין בִּמְשִׁיכָה זוֹ לְבַדָּהּ בְּלֹא דְּרָסָה. אִם יֵשׁ בַּסַּכִּין מְלֹא צַוָּאר אֶחָד. מְפָרֵשׁ בַּגְּמָרָא: חוּץ לִשְׁנֵי הַצַּוָּארִים, דְּיֵשׁ בּוֹ שִׁיעוּר שְׁלֹשָׁה צַוָּארִין. אִיזְמֵל. תַּעַר דַּק וְקָטָן מְאֹד. אֲפִי' בְּאִיזְמֵל. אַע"ג דְּאִיכָּא לְמִיגְזַר חַטּוֹ יֵשׁ לוֹ קַרְנַיִם, כִּדְלְקַמָּן. **גמ'** חֵץ שָׁחוּט. מָה חֵץ הוֹלֶכֶת בִּמְשִׁיכָה, אַף שְׁחִיטָה בִּמְשִׁיכָה. זָהָב שָׁחוּט. מָשׁוּךְ, שֶׁהוּא רַךְ הַמּוֹשְׁכִין אוֹתוֹ, כְּעֵין שֶׁעוֹשִׂין צוֹרְפֵי נְחֹשֶׁת חוּטִין שֶׁעוֹשִׂין מֵהֶן מְחָטִין. שֶׁנִּטְוָוה כְּחוּט. וְשָׁחוּט כְּמוֹ שֶׁחוּט, אֲבָל "שָׁחַט" לָאו לְשׁוֹן מְשִׁיכָה הוּא. בָּדֵק לְהוּ גִּירֵי. מְפַגִּימָה.

גִּידְפֵי

תוך

[לקמן לב.]

[לעיל כט.]

הגהות הב"ח

(א) רש"י ד"ה תיקו וכו' וכי שהה בפלגא קמא קנה לא: (ב) תוס' ד"ה החליד הסכין וכו' שאינה מפורעת קא משמע לן לאיתויי מפורעת כזאת פסולה: (ג) ד"ה החליד וכו' ונקט בתחב ראש: (ד) ד"ה החליד במיעוט וכו' דדלמא אם תחב הסכין תחת מיעוט הסימן ושחט הרוב: (ה) בא"ד מיבעיא ליה כשתחב: (ו) בא"ד דשהייה הוי כדי בהמה:

רבינו גרשום

הושט סומך על חברו ששוחט את הקנה (והאי) ולא אתי למעבד רובא [בורשטן] כו'. אלא אי אמרת בסכין אחד ושני בני אדם אין חוששין שמא ידרוסו זה על זה כלומר אין חוששין שמא מכח שניהם יתיזו את הראש בבת אחת ולא יוליכו ויביאו בזו השחיטה: תני אין חוששין שמא ידרוסו זה על זה וכשרה. בשחיטה העשויה כקולמוס שחותך הסופר באלכסון והא הויא שחיטה מפורעת: א"ל ר' זירא למדתנו רבינו משנתנו בב' סכינין וב' בני אדם. כלומר תורא אישחתיט בשנים ושלש מקומות קנה למעלה ושט למטה ושקל מינה רב יצחק משופריה שופריה א"ל ר' זירא למדתנו רבינו מדחזינן דתורא אישחתיט בשנים ושלשה מקומות ושקלת מיניה לאכילה דמשנתנו דקתני שנים אוחזין בסכין (א' כלומר) ושוחטין אחד מלמעלה ואחד למטה בב' סכינין וב' בני אדם ואע"פ כן מותר: אמר רב יהודה אמר רב החליד את הסכין בין סימן לסימן ופסקו פסול כלומר החליד הסכין בין קנה לושט ופסק את הושט תחלה כדרכו ואח"כ פסק את הקנה שחיטתו פסולה שהיה לו לשחוט כדרכו קנה ברישא והדר ושט: אבל מלמעלה למטה דקא עביד כדרכה דשחיטה אימא אפי' ברישא ושט ולבסוף קנה אימא שפיר דמי קמ"ל דפסולה: תחת העור כשירה כלומר אם החליד הסכין תחת העור ושחט הסימנין כשרה תחת מטלית מהו כלומר ששחט [תחת] גלימא שלו. תחת צמר מסובך שהחליד הסכין תחת צמר העור שעל גבי הגרון. החליד במיעוט סימנין מהו כלומר ששחט מיעוט סימנין והחליד את הסכין בין סימן לסימן באותו מיעוט וברוב סימנין שחט כדרכו מהו מי אמרינן כיון דלא שחט אלא מיעוט סימנין עדין לאו חשוב התחלת שחיטה כיון דרוב שחט שחיטה כשרה. או דילמא כיון דהחליד

חוץ לצואר כמלא צואר. לכאורה נראה שצריך להוליך כל אותו מלא צואר סמוך לצואר, ולכך צריך אותו שיעור. ומיהו נראה דאין צריך, ולא הוצרך שיעור זה אלא כדי שישחוט בריוח, ופעמים שהסכין חריף ושוחט הרוב בלא הולכת כמלא צואר. **והא אמרה רבא חדא זימנא.** ממתניתין לא פריך "הא תנינא חדא זימנא", כדפירש בקונטרס, משום דבמתניתין לא תנא בהדיא: ו] הא הפילה הוא כשרה, אלא רבא הוא דדייק לה. ועוד, דאפילו אי תנן לה בהדיא במתניתין לא היה יכול להקשות, דהא לא פריך ארבא: למה ליה למידק הא הפילה הוא כשרה, הא תנינא לעיל מדמכשרינן שחיטת חרש שוטה וקטן. דאי לאו דאמר רבא ממתני' דחש"ו רבי נתן היא – לא היה מקשה כלום, דלמא בחש"ו מכשרינן טפי, ואפילו רבנן מודו, דמיכווני לחתיכת בשר. אלא פריך משום דאוקמינן להא כרבי נתן, אלמא מכשרה מתניתין אפילו היכא דלא מיכוון לחתיכת בשר, כמו זרק סכין לנועצה בכותל, ואם כן למה ליה לרבא למידק: הא הפילה הוא כשרה? ומשני: דס"ד ז] לנועצה עדיף, דמיתכוון מיהא לחתיכה בעלמא, אבל הפילה לא מכוון כלל משום חתיכה. **ואי אשמועינן הפילה.** השתא הך צריכותא לא הויא דומיא דלידך. דלא בא לפרש טעם אמאי איצטריך ליה לרבא למימר גבי חרש שוטה וקטן רבי נתן היא, דא"כ מאי קאמר: אבל התם דלא קאתי מכח בן דעת אימא לא? הא בהדיא תנן דכשרה! אלא אמתניתין גופה עביד צריכותא אמאי ח] איצטריך. ורבא איצטריך לאשמועינן דר' נתן היא, דאי לאו דאשמועינן, הוה אמינא דהכא אפילו רבנן מודו, דהא מיכווני לחתיכת בשר, להכי אשמועינן דאפ"ה פסלי רבנן. והא דקאמר רבא לקמן ורבנן, נהי דלא בעי כוונה לזביחה, לחתיכה מיהא בעיא – היינו לחתיכת סימנים.

ואסורה לאכול בתרומה. אפילו למעשר אסורה, כדאמרי' בסמוך, אלא נקט תרומה דנוהגת בזמן הזה. א] **והא כרת התרת.** איפכא הוה ליה למימר: עון מיתה אסרת, עון כרת מיבעיא!? דהא פשיטא דבעינן כוונה בתרומה, וכדתנן *ב"חומר בקדש" (חגיגה דף יח:): טבל לחולין – אסור במעשר, ואף לחולין בעי רבא למימר דטבל ולא הוחזק כאילו לא טבל! ויש לומר: משום דנקט מעיקרא טהורה לביתה קאמר הכי. אי נמי, נאנסה עדיף מטבל לחולין, שאם היתה יודעת היתה מתכוונת אף למעשר. ומדקאמר: טהורה לביתה – אלמא חשיבא ליה כוונה, אם כן אף לתרומה תהא מותרת. וכי

גִּידְפֵי דְּמִיפַּרְמֵי. וְהָא בָּעֵי כִּסּוּי! וְכִי תֵּימָא דִּמְכַסּוּ לֵיהּ, *וְהָאָמַר רַבִּי זֵירָא אָמַר רַב: *הַשּׁוֹחֵט צָרִיךְ שֶׁיִּתֵּן עָפָר לְמַטָּה וְעָפָר לְמַעְלָה, שֶׁנֶּאֱמַר: °"וְכִסָּהוּ בֶּעָפָר" – "עָפָר" לֹא נֶאֱמַר, אֶלָּא "בֶּעָפָר", מְלַמֵּד שֶׁהַשּׁוֹחֵט צָרִיךְ שֶׁיִּתֵּן עָפָר לְמַטָּה וְעָפָר לְמַעְלָה! דִּמְזַמְּנִין לֵיהּ לְעַפְרָא דְּכוּלָּהּ *פַּתְקָא. § "הָיָה שׁוֹחֵט וְהִתִּיז" [וכו']. § אָמַר רַבִּי זֵירָא: מְלֹא צַוָּאר וְחוּץ לַצַּוָּאר. *אִיבַּעְיָא לְהוּ: מְלֹא צַוָּאר, וְחוּץ לַצַּוָּאר כִּמְלֹא צַוָּאר, דַּהֲווּ לְהוּ תְּרֵי צַוָּארֵי, אוֹ דִּלְמָא: מְלֹא צַוָּאר, וְחוּץ לַצַּוָּאר מַשֶּׁהוּ? תָּא שְׁמַע: הָיָה שׁוֹחֵט וְהִתִּיז שְׁנֵי רָאשִׁין בְּבַת אַחַת, אִם יֵשׁ לַסַּכִּין מְלֹא צַוָּאר אֶחָד – כָּשֵׁר; מַאי מְלֹא צַוָּאר אֶחָד? אִילֵימָא מְלֹא צַוָּאר אֶחָד וְתוּ לָא, הַשְׁתָּא בִּבְהֵמָה אַחַת בָּעֵינַן מְלֹא צַוָּאר וְחוּץ לַצַּוָּאר, בִּשְׁתֵּי בְהֵמוֹת סַגִּי לְהוּ כִּמְלֹא צַוָּאר אֶחָד? אֶלָּא פְּשִׁיטָא, *מְלֹא צַוָּאר חוּץ לִשְׁנֵי צַוָּארִין. ש"מ: מְלֹא צַוָּאר חוּץ לַצַּוָּאר, ש"מ. § "בר"א – בִּזְמַן שֶׁהוֹלִיךְ וְלֹא הֵבִיא" וכו'. § אָמַר רַב מְנַשֶּׁה: בְּאִיזְמֵל שֶׁאֵין לוֹ קַרְנַיִם. אָמַר לֵיהּ רַב אַחָא בְּרֵיהּ דְּרַב אַוְיָא לְרַב מְנַשֶּׁה: מַחְטָא מַאי? אָמַר לֵיהּ: מַחְטָא מִבְזַע בָּזַע. מַחְטָא דְּאוּשְׁכָּפֵי מַאי? אָמַר לֵיהּ, תְּנֵינָא: אֲפִילּוּ כָּל שֶׁהוּא, מַאי לָאו מַחְטָא דְּאוּשְׁכָּפֵי? לָא, אִיזְמֵל. אִיזְמֵל בְּהֶדְיָא קָתָנֵי לָהּ! פָּרוֹשֵׁי קָא מְפָרֵשׁ: מַאי כָּל שֶׁהוּ – אִיזְמֵל. ה"נ מִסְתַּבְּרָא, דְּאִי ס"ד מַחְטָא דְּאוּשְׁכָּפֵי, הַשְׁתָּא מַחְטָא דְּאוּשְׁכָּפֵי שַׁרְיָא, אִיזְמֵל מִיבַּעְיָא? אִיזְמֵל אִצְטְרִיכָא לֵיהּ, ס"ד אָמֵינָא: לִיגְזוֹר אִיזְמֵל שֶׁאֵין לוֹ קַרְנַיִם אַטּוּ אִיזְמֵל שֶׁיֵּשׁ לוֹ קַרְנַיִם, קָא מַשְׁמַע לָן. §

מתני' נָפְלָה סַכִּין וְשָׁחֲטָה, אע"פ שֶׁשָּׁחֲטָה כְּדַרְכָּהּ – פְּסוּלָה, שֶׁנֶּאֱמַר: °"וְזָבַחְתָּ וְאָכַלְתָּ", מַה שֶּׁאַתָּה זוֹבֵחַ אַתָּה אוֹכֵל. § **גמ'** טַעְמָא דְּנָפְלָה, *הָא הִפִּילָהּ הוּא – כְּשֵׁרָה, וְאע"ג דְּלָא מִיכַּוֵּין. מַאן תַּנָּא דְּלָא בָּעֵינַן כַּוָּונָה לִשְׁחִיטָה? אָמַר רָבָא: ר' נָתָן הִיא, *דְּתָנֵי אוֹשַׁעְיָא זְעֵירָא דְּמִן חַבְרַיָּא: זָרַק סַכִּין לְנוֹעֲצָהּ בַּכּוֹתֶל, וְהָלְכָה וְשָׁחֲטָה כְּדַרְכָּהּ – ר' נָתָן מַכְשִׁיר, וַחֲכָמִים פּוֹסְלִים. הוּא תָּנֵי לָהּ, וְהוּא אָמַר לָהּ: הֲלָכָה כְּר' נָתָן. וְהָא אָמְרָהּ רָבָא חֲדָא זִימְנָא! דִּתְנַן: *וְכוּלָּן שֶׁשָּׁחֲטוּ וַאֲחֵרִים רוֹאִין אוֹתָן – שְׁחִיטָתָן כְּשֵׁרָה; וְאָמְרִינַן: מַאן תַּנָּא דְּלָא בָּעֵי כַּוָּונָה לִשְׁחִיטָה? וְאָמַר רָבָא: רַבִּי נָתָן הִיא! צְרִיכָא, דְּאִי אַשְׁמוּעִינַן הָתָם – מִשּׁוּם דְּקָא מִיכַּוֵּין לְשׁוּם חֲתִיכָה בְּעוֹלָם, אֲבָל הָכָא דְּלָא קָא מִיכַּוֵּין – אֵימָא לָא; וְאִי אַשְׁמְעִינַן הָכָא – מִשּׁוּם דְּקָאָתֵי מִכֹּחַ בֶּן דַּעַת, אֲבָל הָתָם דְּלָא קָאָתֵי מִכֹּחַ בֶּן דַּעַת – אֵימָא לָא, צְרִיכָא. § אִתְּמַר: נִדָּה שֶׁנֶּאֶנְסָה וְטָבְלָה – אָמַר רַב יְהוּדָה אָמַר רַב: הטְהוֹרָה לְבֵיתָהּ, יוַאֲסוּרָה לֶאֱכוֹל בִּתְרוּמָה. ור' יוֹחָנָן אָמַר: אַף לְבֵיתָהּ לֹא טָהֲרָה. א"ל רָבָא לר"נ: לְרַב, דְּאָמַר: טְהוֹרָה לְבֵיתָהּ וַאֲסוּרָה לֶאֱכוֹל בִּתְרוּמָה, עֲוֹן כָּרֵת הוּתְּרָה, אִיסּוּר מִיתָה מִיבַּעְיָא? אֲמַר לֵיהּ: בַּעְלָהּ – חוּלִּין הוּא, וְחוּלִּין לָא בָּעֵי כַּוָּונָה. וּמְנָא תֵּימְרָא? *דִּתְנַן: יגַּל שֶׁנִּתְלַשׁ וּבוֹ אַרְבָּעִים סְאָה, וְנָפַל עַל הָאָדָם וְעַל הַכֵּלִים – טְהוֹרִין; מַאי לָאו אָדָם דּוּמְיָא דְּכֵלִים? מַה כֵּלִים דְּלָא מִיכַּוְּונִי, אַף אָדָם נָמֵי – לָא בָּעֵי כַּוָּונָה? מִמַּאי? דִּלְמָא בְּיוֹשֵׁב וּמְצַפֶּה עָסְקִינַן אֵימָתַי יִתָּלֵשׁ הַגַּל; וְכֵלִים

גִּידְפֵי. נוֹצָה שֶׁסָּבִיב הַצַּוָּאר. דְּמִיפַּרְמֵי. כְּרוּתוֹת, מינלייר"ש בְּלַעַ"ז. דְּאִי עֲבַד הַלָּכָה מִבִּפְנִים הָיָה יוֹצֵא רוֹטֵב פִּי הַסַּמָּן בֵּין הַכְּנָפַיִם וְלֹא הָיָה חוֹתְכוֹ. צָרִיךְ שֶׁיִּתֵּן עָפָר א]. תִּיחוּחַ לְמַטָּה, דְּאִם א] הֶעָפָר קָשֶׁה לָא מִקְרֵי עָפָר לְמַטָּה. מַשְׁמַע: כּוּלּוֹ טָמוּן בֶּעָפָר. בְּעָפָר. דִּמְזַמְּנִין לֵיהּ לְעַפְרָא דְּכוּלָּהּ ב] פַּתְקָא. עָפָר כָּל הַבִּקְעָה הָיָה תִּיחוּחַ וְכוֹתֵשׁ, אוֹ שֶׁהָיָה עָפָר תִּיחוּחַ וּמְזוּמָּנוֹ לוֹ. ג] [כַּפָּה] לְכָךְ. פַּתְקָא = בִּקְעָה. א"ר זֵירָא מְלֹא צַוָּאר. דְּמַתְנִיתִין – חוּץ לַצַּוָּאר בָּעֵינַן, וְלָא תֵּימָא מְלֹא צַוָּאר דַּוְקָא. אִיבַּעְיָא לְהוּ. הַאי חוּץ לַצַּוָּאר דְּרַבִּי זֵירָא, מַשֶּׁהוּ קָאָמַר אוֹ מְלֹא צַוָּאר קָאָמַר? אֶלָּא פְּשִׁיטָא מְלֹא צַוָּאר חוּץ לִשְׁנֵי צַוָּארִים. וש"מ: מְלֹא צַוָּאר דְּקָתָנֵי מַתְנִיתִין נָמֵי בְּרֵישָׁא – לְחוּץ לַצַּוָּאר קָאֵי. שֶׁאֵין לוֹ קַרְנַיִם. דִּרְגִילִין הָיוּ לַעֲשׂוֹת כְּמִין קַרְנַיִם לְאִזְמְלִין לְנוֹי עַל גַּבֵּיהֶן, מְטוּיִין לְצַד רֹאשָׁן. וּמִתּוֹךְ שֶׁהוּא קָטָן מְאֹד הוּא נִשְׁמָט מִן הַצַּוָּאר, וּכְשֶׁהוּא מוֹלִיךְ וּמֵבִיא ד] יֵשׁ לָחוּשׁ שֶׁמָּא יַחְלִידוּ הַסִּימָנִין אוֹ יִנָּקְבוּ אוֹתָן הַקַּרְנַיִם. מִיבְזַע בָּזַע. כְּשֶׁמּוֹלִיךְ וּמֵבִיא, מִתּוֹךְ שֶׁהוּא חַד הוּא נוֹקֵב וְקוֹרֵעַ וְלֹא חוֹתֵךְ. מַחְטָא דְּאוּשְׁכָּפֵי. מַרְצֵעַ הָרַצְעָנִין, שֶׁפִּיּוֹתָיו חַדּוּדִין וְחוֹתְכִין חוּטֵי הַתֶּפֶר. וְאע"ג דְּלָא מִיכַּוֵּין. לִשְׁחוֹט, אֶלָּא לְהַפָּלַת סַכִּין. מַאן תַּנָּא. זְעֵירָא דְּמִן חַבְרַיָּא. לְעֵיר הַיְשִׁיבָה. וְלִי נִרְאֶה ד"אוֹשַׁעְיָא זְעֵירָא" הָיָה נִקְרָא, דְּמִן חַבְרַיָּא – שֶׁמִּבְּנֵי הַיְשִׁיבָה. הוּא תָּנֵי לָהּ. שׁוֹנֶה הַמִּשְׁנָה מִדַּעְתּוֹ. וְהוּא אָמַר. מִדַּעְתּוֹ, שֶׁהֲלָכָה כְּרַבִּי נָתָן. וְכוּלָּן שֶׁשְּׁחָטוּ. חֵרֵשׁ שׁוֹטֶה וְקָטָן. וְהָא אָמְרָהּ רָבָא חֲדָא זִימְנָא. וְלָמָּה לֵיהּ לְרָבָא לְמֵידַק מִמַּתְנִיתִין וּלְמֵימַר: הָא הִפִּילָהּ הוּא כְּשֵׁרָה, וּלְאַשְׁמוּעִינַן דְּהַאי תַּנָּא כְּר' נָתָן? הָא אַשְׁמוּעִינַן רָבָא חֲדָא זִימְנָא דְּסְתָם לָן תַּנָּא כְּרַבִּי נָתָן? צְרִיכָא. לֵיהּ לְרָבָא לְאַשְׁמוּעִינַן בִּתְרַוַּיְיהוּ. אֲבָל הָכָא דְּלָא מִיכַּוֵּין. אֲפִילּוּ לַחֲתִיכָה בְּעָלְמָא, אִי לָאו דְּאַשְׁמוּעִינַן רָבָא – לָא הֲוָה דַּיְיקִינָא מִינֵּיהּ: הָא הִפִּילָהּ הוּא כְּשֵׁרָה. דַּאֲפִילּוּ הִפִּילָהּ הוּא הֲוָה אָמֵינָא דִּפְסוּלָה, וְהָיָה גּוּפָהּ אִיצְטְרִיכָא לְאַשְׁמוּעִינַן: מַה שֶּׁאַתָּה זוֹבֵחַ אַתָּה אוֹכֵל, דְּבָעֵינַן שְׁחִיטָה מִכֹּחַ אָדָם. קמ"ל רָבָא דְּהָא נָמֵי דַּיְיקִינָא מִינָּהּ, מִדְּלָא קָתָנֵי "הִפִּיל סַכִּין", אוֹ "זָרַק סַכִּין". וְהָא דְּפָרֵיךְ: וְהָא אֲמָרָהּ רָבָא חֲדָא זִימְנָא, וְלָא פָּרֵיךְ "תְּנֵינָא חֲדָא זִימְנָא" – מִשּׁוּם דִּבְמַתְנִיתִין לָא תָּנֵי בְּהֶדְיָא: הִפִּילָהּ הוּא דִּכְשֵׁרָה, אֶלָּא רָבָא דַּיֵּיק לָהּ. נִדָּה שֶׁנֶּאֶנְסָה וְטָבְלָה. לְקַמֵּיהּ מְפָרֵשׁ הֵיכִי נֶאֶנְסָה. לְבֵיתָהּ. לִיזָּקֵק לְבַעְלָהּ. טָמֵא שֶׁאָכַל תְּרוּמָה בְּמִיתָה בִּידֵי שָׁמַיִם, בְּ"אֵלּוּ הֵן הַנִּשְׂרָפִין" (סנהדרין דף פג.). וְכָרֵת חָמוּר מִמִּיתָה ה], דְּיָמָיו נִכְרָתִים וְזַרְעוֹ נִכְרָת כְּדִכְתִיב (ויקרא כ): °"עֲרִירִים יִהְיוּ". וּמְנָא תֵּימְרָא. דִּלְחוּלִּין לָא בָּעֵינַן כַּוָּונָה. שֶׁנִּתְלַשׁ. מִן הַיָּם. ה"ג: מַה כֵּלִים דְּלָא מִיכַּוְּונִי. דְּהָא לֵית לְהוּ דַּעַת. ה"ג

עין משפט נר מצוה

נב א מיי' פ"ב מהל' שחיטה הל' ט סמג עשין סג טוש"ע יו"ד סי' כד סעיף ג:
נג ב מיי' שם טוש"ע שם סעיף כ:
נד ג ד מיי' שם פ"ב הל"ב סמג שם טוש"ע יו"ד סי' ג סעי' א:
נה ה מיי' פ"א מהל' מקוואות הל"א סמג עשין רמח טוש"ע יו"ד סי' קצח סעיף מח:
נו ו מיי' שם הל"ח:
נז ז מיי' שם פ"ט הל' יז סמג שם טוש"ע יו"ד סי' רא סעיף ה:

שיטה מקובצת

א] למטה דאם הקרקע קשה לא מיקרי עפר הס"ד: ב] דכולה פקתא עפר כל הבקעה: ג] ומזמנו בפה לכך הס"ד ומה"ד פקתא בקעה: ד] יש לחוש שמא יחלידו הסימנים וכו'. נ"ב נ"א שמא יחליד את הקרנים וינקבו: ה] דימיו נכרתים וזרעו נכרת. נ"ב נ"א דהוא ובניו נכרתים כדכתיב וכו': ו] משום דבמתני' לא תנא בהדיא הפילה הוא כשרה אלא רבא הוא דדייק לה ומיהו נראה דאפי' אי תנן לה: ז] ומשני דה"א דסכין לנועצה עדיף דמכוון מיהא: ח] אמאי אצטריכא ורבא איצטרי' לאשמועינן:

נ"ל כאן דורקין

גליון הש"ס

גמ' איבעיא להו מלא צואר. כעין זה בב"ק קיט ע"ב: שם הא הפילה הוא כשרה. עי' סנהדרין עז ע"א תוס' ד"ה סוף: רש"י ד"ה טמא כו' ערירים יהיו. עי' בהרע"ב ספ"ט דסנהדרין:

חגיגה יט. מקוואות פ"ה משנה ו

מסורת הש"ס

לקמן פג: ע"ש ביצה ז:

[ר"ב אלפס פ"ו במכלתין ... דצריך שיתן עפר תיחוח למטה ועפר תיחוח למעלה וכו"א ברא"ש שם]

[ע"ל פקתא וכו"א לקמן נו. בברכות נב. ובנזיר מג: ... עירוך גם בילקוט פרשה אחרי פקתא]

עיין תוס' סנהדרין עז. ד"ה סוף חמה]

לעיל יב:

לעיל ב.

הגהות הב"ח

(א) רש"י ד"ה צריך שיתן עפר למטה עפר תיחוח למטה הס"ד:

הגהות מהר"ב רנשבורג

א] תד"ה והמורה וכו' עד ה"ד. נ"ב דכימי ... [illegible]

רבינו גרשום

החליד שחיטתו פסולה ... ניקו: התיז את הראש בבת אחת שחיטתו פסולה מנהני מילי אמר שמואל דאמר קרא חץ שחוט לשונם כלומר לשון משך: פקתא פלוא לע"ז ובאיזמל שאין לו קרנים כלומר אבל יש לו קרנים אסור דחיישינן שמא דרך שחיטתו ינקב הסימנין קרנים: מחט דאושכפי אי כלומר מחטא אושכפי (הותך) [שחט] סכין שעשוי לחתוך חוט שתופר בו: איזמל שאין לו קרנים שמוכפלין קרנים לאחוריהן: אבל הכא דלא קא מיכוון כלומר דלא קא מיכוון אלא לנועצה בכותל: טהורה לביתה כלומר טהורה לשכב עם בעלה בתשמיש המטה: עון כרת התרת כלומר נדה שהוא חייב כרת. איסור מיתה. ... [illegible]

ה) [illegible]

נח א מיי' פ"ט מהל' מקוואות הל"ח ועיין בכ"מ סמג עשין רמח טוש"ע יו"ד סי' רא סעיף ה:
נט ב מיי' פי"ג מהל' טומאת אוכלין הל"ה סמג עשין רמה:
ס ג מיי' פי"ג מהל' שאר אבות הטומאה הל"ב:
סא ד מיי' שם ופ"ח מהל' מקוואות הל"ח ופי"א הל"ב:
סב ה מיי' פי"ג מהל' שאר אבות הטומאה הלכה ב:
סג ו מיי' פ"ח מהל' איסורי ביאה הל"ט ופ"ז מהל' תרומות הל"ב טוש"ע יו"ד סימן קצ סעיף מ:
סד ז מיי' פ"א מהל' מקוואות הל"א סמג עשין רמח טוש"ע יו"ד סימן קנח סעי' מ:
סה ח מיי' פ"ד מהל' פרה הל"ז:

תורה אור

וְכֵלִים דּוּמְיָא דְּאָדָם, מָה אָדָם *דְּבָעֵינַן כַּוָּונָה, אַף כֵּלִים נַמִי – דְּקָא מְכַוֵּין לְהוּ אָדָם! וְכִי תֵּימָא: בְּיוֹשֵׁב וּמְצַפֶּה, מַאי לְמֵימְרָא? מַהוּ דְּתֵימָא: לִיגְזַר מִשּׁוּם חַרְדָּלִית שֶׁל גְּשָׁמִים, אִי נַמִי לִיגְזַר רָאשִׁין אַטּוּ כֵּיפִין, קמ"ל דְּלָא גָּזְרִינַן! וּמְנָא תֵּימְרָא דְּלָא מַטְבְּלִינַן בְּכֵיפִין? *דִּתְנַן: *מַטְבִּילִין בָּרָאשִׁין וְאֵין מַטְבִּילִין בְּכֵיפִין, שֶׁאֵין מַטְבִּילִין בָּאֲוִיר. אֶלָּא חוּלִּין דְּלָא בָּעֵי כַּוָּונָה מִיהָא מְנָלַן? דִּתְנַן: *פֵּירוֹת שֶׁנָּפְלוּ לְתוֹךְ אַמַּת הַמַּיִם, וּפָשַׁט מִי שֶׁיָּדָיו טְמֵאוֹת וּנְטָלָן – יָדָיו טְהוֹרוֹת, וּפֵירוֹת אֵינָן בְּכִי יוּתַּן; וְאִם בִּשְׁבִיל שֶׁיּוּדְחוּ – יָדָיו טְהוֹרוֹת, וּפֵירוֹת בְּכִי יוּתַּן. אֵיתִיבֵיהּ רָבָא לְרַב נַחְמָן: *טָבַל לְחוּלִּין וְהוּחְזַק לְחוּלִּין – אָסוּר לְמַעֲשֵׂר; הוּחְזַק – אִין, לֹא הוּחְזַק – לָא! הָכִי קָאָמַר: אַע"פ שֶׁהוּחְזַק לְחוּלִּין – אָסוּר לְמַעֲשֵׂר. אֵיתִיבֵיהּ: *טָבַל וְלֹא הוּחְזַק – כְּאִילּוּ לֹא טָבַל; מַאי לָאו כְּאִילּוּ לֹא טָבַל כְּלָל? לָא, כְּאִילּוּ לֹא טָבַל לְמַעֲשֵׂר, אֲבָל טָבַל לְחוּלִּין. הוּא סָבַר דִּיחוּיֵי קָא מְדַחֵי לֵיהּ; נְפַק דָּק וְאַשְׁכַּח, דְּתַנְיָא: טָבַל וְלֹא הוּחְזַק – מוּתָּר לְחוּלִּין וְאָסוּר לְמַעֲשֵׂר. אֲמַר לֵיהּ אַבָּיֵי לְרַב יוֹסֵף: לֵימָא תֶּיהֱוֵי תְּיוּבְתָּא דְּרַבִּי יוֹחָנָן מֵהָא? א"ל: רַבִּי יוֹחָנָן הוּא דְּאָמַר כְּרַבִּי יוֹנָתָן בֶּן יוֹסֵף; דְּתַנְיָא, רַבִּי יוֹנָתָן בֶּן יוֹסֵף אוֹמֵר: °"וְכוּבַּס", מָה ת"ל "שֵׁנִית"? מַקִּישׁ תְּכַבּוֹסֶת שְׁנִיָּה לִתְכַבּוֹסֶת רִאשׁוֹנָה, מָה תְּכַבּוֹסֶת רִאשׁוֹנָה לְדַעַת – אַף תְּכַבּוֹסֶת שְׁנִיָּה לְדַעַת; אִי מָה לְהַלָּן בָּעֵינַן דַּעַת כֹּהֵן, אַף כָּאן בָּעֵינַן דַּעַת כֹּהֵן? ת"ל: °"וְטָהֵר", מִכׇּל מָקוֹם. מַתְקִיף לַהּ רַב שִׁימִי בַּר אַשִׁי: וּמִי אָמַר רַבִּי יוֹחָנָן הָכִי? וְהָאָמַר רַבִּי יוֹחָנָן: *הֲלָכָה כִּסְתָם מִשְׁנָה; וּתְנַן: נָפְלָה סַכִּין וְשָׁחֲטָה, אַע"פ שֶׁשָּׁחֲטָה כְּדַרְכָּהּ – פְּסוּלָה; וְהָוֵינַן בַּהּ: טַעְמָא דְּנָפְלָה, הָא הִפִּילָהּ הוּא – כְּשֵׁרָה, וְאַע"ג דְּלָא מִיכַּוֵּין; *וְאָמְרִינַן: מַאן תְּנָא דְּלָא בָּעֵי כַּוָּונָה לִשְׁחִיטָה? (א) אָמַר רָבָא: רַבִּי נָתָן הִיא! בִּשְׁחִיטָה אֲפִילּוּ רַבִּי יוֹנָתָן בֶּן יוֹסֵף; מִדְּגַלֵּי רַחֲמָנָא *מִתְעַסֵּק בְּקָדָשִׁים פָּסוּל – מִכְּלָל דְּחוּלִּין לָא בָּעֵינַן כַּוָּונָה. וְרַבָּנַן? נְהִי דְּלָא בָּעֵינַן כַּוָּונָה לִזְבִיחָה, לַחֲתִיכָה בָּעֵינַן. אָמַר רָבָא: בְּהָא זַכִּינְהוּ רַבִּי נָתָן לְרַבָּנַן, מִי כְּתִיב °"וְהֶחְתַּכְתָּ"? °"וְזָבַחְתָּ" כְּתִיב, אִי בָּעֵינַן כַּוָּונָה לַחֲתִיכָה – אֲפִילּוּ לִזְבִיחָה נַמִי לִיבָּעֵי, אִי לָא בָּעֵינַן כַּוָּונָה לִזְבִיחָה – לַחֲתִיכָה נַמִי לָא לִיבָּעֵי! הֵיכִי דָּמֵי נִדָּה שֶׁנֶּאֶנְסָה וְטָבְלָה? אִילֵימָא דַּאֲנַסָהּ חֲבֵירְתָּהּ וְאַטְבְּלָהּ, כַּוָּונָה דַּחֲבֶרְתָּהּ כַּוָּונָה מְעַלְּיָיתָא הִיא! וְעוֹד, בִּתְרוּמָה נַמִי אָכְלָה, *דִּתְנַן: יהַחֵרֶשֶׁת, וְהַשּׁוֹטָה, וְהַסּוּמָא, וְשֶׁנִּטְרְפָה דַּעְתָּהּ, אִם יֵשׁ לָהֶן פִּקְחוֹת מְתַקְּנוֹת אוֹתָן – אוֹכְלוֹת בִּתְרוּמָה! א"ר פַּפָּא: ילר' נָתָן – שֶׁנָּפְלָה מִן הַגֶּשֶׁר, וּלְרַבָּנַן – שֶׁיָּרְדָה לְהָקֵר.§ אָמַר רָבָא: חשָׁחַט פָּרָה וְשָׁחַט בְּהֵמָה אַחֶרֶת עִמָּהּ – לְדִבְרֵי הַכֹּל פְּסוּלָה; נִשְׁחֲטָה

ויקרא יג | שם | דברים יב

רש"י

ה"ג: וְכֵלִים דּוּמְיָא דְּאָדָם מָה אָדָם דְּבַר כַּוָּונָה הוּא. אַף כֵּלִים דְּקָמִיכַּוֵּין לְהוּ אָדָם. חַרְדָּלִית שֶׁל גְּשָׁמִים. זֶרֶם גְּשָׁמִים הַמְקַלֵּחַ מִן הָהָר בְּכֹחַ, וְאֵין טוֹבְלִין בּוֹ א], דְּהַנִּצּוֹק וְהַקַּטַּפְרֵס אֵינוֹ חִיבּוּר. וְלָא הָוֵי מִקְוֶה דְּאַרְבָּעִים סְאָה, שֶׁהֲרֵי אֵין מ' סְאָה בְּמָקוֹם אֶחָד, וְאַף עַל פִּי שֶׁיֵּשׁ הַרְבֵּה לְמַטָּה וּלְמַעְלָה, הָא קָתָנֵי: אֵינוֹ חִיבּוּר. חַרְדָּלִית הַיְינוּ קַטַּפְרֵס, מִדְרוֹן. וְרַב הַאי גָּאוֹן גָּרֵיס "הַרְדָּלִית", שֶׁבָּאִין מִדְּלָיו שֶׁל הַר. נִגְזוֹר רָאשִׁין אַטּוּ כֵּיפִין. דִּתְנַן: מַטְבִּילִין כֵּלִים בְּרֹאשׁ הַגַּל, הַנִּתְלָשׁ מִן הַיָּם וְהָלַךְ לְמֶרְחוֹק וּבָא לָאָרֶץ – נִכְנָס אָדָם תַּחַת רֹאשׁוֹ וּמְקַבְּלוֹ, דַּהֲוֵי טְבִילָה זוֹ בִּמְחוּבָּר לַקַּרְקַע. וְאֵין מַטְבִּילִין ג] בְּכֵיפִין. שֶׁלֹּא יִזְרוֹק כֵּלִים בְּכֵיפֵי הַגַּל, דְּהַיְינוּ בְּאֶמְצָעִיתוֹ שֶׁהוּא עָשׂוּי כְּכִיפָּה. וְטַעְמָא כִּדְמְפָרֵשׁ: מִפְּנֵי שֶׁהִיא טְבִילַת אֲוִיר וְאֵין מַטְבִּילִין בָּאֲוִיר. קמ"ל דְּלָא גָּזְרִינַן. לְשׁוֹן קוּשְׁיָא הוּא: וּדְלָא בָּעֵינַן כַּוָּונָה לְחוּלִּין מְנָלַן? יָדָיו טְהוֹרוֹת. דְּלָא בָּעֵינַן כַּוָּונָה לְחוּלִּין. אֵינָן בְּכִי יוּתַּן. דְּלָא אַחְשְׁבָהּ לְהַךְ נְפִילָה. וְאִם בִּשְׁבִיל שֶׁיּוּדְחוּ יָדָיו. נִתְכַּוֵּין לִיטּוֹל אֶת הַפֵּירוֹת מִן הַמַּיִם. יָדָיו טְהוֹרוֹת. כ"ש, שֶׁנִּתְכַּוֵּין. וּפֵירוֹת הֲרֵי הֵן בְּכִי יוּתַּן. וּמְקַבְּלִין טוּמְאָה מִכָּאן וְאֵילָךְ. דְּאַחְשְׁבָהּ לְהַךְ נְפִילַת פֵּירוֹת לִיטּוֹל יָדָיו בְּהַגְבָּהָתָן, וַהֲוָה לֵיהּ מַשְׁקֶה שֶׁסּוֹפוֹ לְרָצוֹן, וּתְנַן מַכְשִׁירִין (פ"א מ"א): כׇּל מַשְׁקֶה שֶׁסּוֹפוֹ לְרָצוֹן, אַע"פ שֶׁאֵין תְּחִלָּתוֹ לְרָצוֹן – מַכְשִׁיר. לְחוּלִּין. לֶאֱכוֹל חוּלִּין. הוּחְזַק – נִתְכַּוֵּין בִּשְׁעַת טְבִילָה לְכָךְ. הָכִי קָאָמַר. לְעוֹלָם חוּלִּין לָא בָּעוּ כַּוָּונָה. וְהַאי דְּתָנָא בְּהוּ הוּחְזַק – דְּאִיצְטְרִיךְ לְאַשְׁמוּעִינַן דְּאַע"ג דְּאִיכַּוֵּין לִטְבִילַת טׇהֳרָה, לָא הָוְיָא כַּוָּונַת חוּלִּין כַּוָּונָה לְמַעֲשֵׂר. רַבִּי יוֹחָנָן. דְּאָמַר לְעֵיל: אַף לְבַעְלָהּ לֹא טְהוֹרָה. נִגְעֵי בְּגָדִים כְּתִיב בְּהוּ ב' כִּבּוּסִים, תְּכַבּוֹסֶת רִאשׁוֹנָה: "וְכִבְּסוּ אֵת אֲשֶׁר בּוֹ הַנָּגַע וְהִסְגִּירוֹ" וגו' לִרְאוֹת אִם יִפְשֶׂה אוֹ יַעֲמוֹד אוֹ יִכְהֶה, וְכִיבּוּס שֵׁנִי לְאַחַר הֶסְגֵּר שֶׁאַחַר כִּיבּוּס רִאשׁוֹן: ג] "וְהַבֶּגֶד אוֹ הַשְּׁתִי אוֹ הָעֵרֶב אוֹ כׇל כְּלִי הָעוֹר אֲשֶׁר תְּכַבֵּס" בָּרִאשׁוֹנָה קוֹדֶם הֶסְגֵּר, "וְסָר מֵהֶם הַנָּגַע" בִּימֵי הֶסְגֵּר, "וְכוּבַּס שֵׁנִית" לְשׁוּם טְבִילָה, "וְטָהֵר". מָה ת"ל שֵׁנִית. פְּשִׁיטָא דְּשֵׁנִית הוּא! מַקִּישׁ תְּכַבּוֹסֶת שְׁנִיָּה. שֶׁהִיא לְשֵׁם טְבִילַת טׇהֳרָה. לִתְכַבּוֹסֶת רִאשׁוֹנָה. שֶׁהִיא לְהַסְגִּיר. מָה רִאשׁוֹנָה לְדַעַת. אָדָם, דִּכְתִיב: "וְצִוָּה הַכֹּהֵן וְכִבְּסוּ". אַף שְׁנִיָּה לְדַעַת. וְלֹא שֶׁיִּפּוֹל בַּמַּיִם מֵאֵלָיו. מִי א"ר יוֹחָנָן. דְּחוּלִּין בָּעֵי כַּוָּונָה? מִדְּגַלֵּי רַחֲמָנָא מִתְעַסֵּק בְּקָדָשִׁים. שׁוֹחֵט קָדָשִׁים שֶׁלֹּא בְּכַוָּונָה, דִּפְסוּלִין, דִּכְתִיב: "לִרְצוֹנְכֶם תִּזְבָּחוּ" – לְדַעְתְּכֶם זְבוֹחוּ, בְּפ"ק (לעיל יג.). וְרַבָּנַן. דְּאָמַר לְעֵיל: וַחֲכָמִים פּוֹסְלִין. זַכִּינְהוּ. נִצְּחָן. כְּלוֹמַר, בְּזֹאת נִרְאִין דְּבָרָיו מִדִּבְרֵיהֶם. מְתַקְּנוֹת. בּוֹדְקוֹת אוֹתָן בִּשְׁעַת וִסְתָּן, וּמַטְבִּילוֹת אוֹתָן בִּשְׁעַת טְבִילָתָן. לְרַבִּי נָתָן. דְּאָמַר: לָא בָּעֵינַן כַּוָּונָה אֲפִילּוּ לַחֲתִיכָה, וּדְכַוָּותַהּ הָכָא קָאָמַר רַב חֲלִיבַּי' [?] שֶׁנָּפְלָה מִן הַגֶּשֶׁר, שֶׁלֹּא נִתְכַּוְּונָה אֲפִילּוּ לִרְחוֹץ. וְר' יוֹחָנָן לָא מְדַמֵּי טְבִילָה לִשְׁחִיטָה, דְּקָדָרֵישׁ "וְכוּבַּס שֵׁנִית", וּבִשְׁחִיטָה קְרָא קָדָרֵישׁ לְהַכְשִׁיר, כִּדְאָמְרִינַן: מִדְּגַלֵּי רַחֲמָנָא מִתְעַסֵּק כו'. וּלְרַבָּנַן. דְּבָעוּ מִיהָא כַּוָּונָה לַחֲתִיכָה, וּדְכַוָּותַהּ בִּטְבִילָה, מַכְשַׁר רַב חֲלִיבַּייהוּ ד]. כְּשֶׁיָּרְדָה לְהָקֵר. וְלֹא לִטְבּוֹל, וְנָפְלָה כּוּלָּהּ לְתוֹךְ הַמַּיִם. שָׁחַט. שָׁחַט. פָּרָה אֲדוּמָּה. וְשָׁחַט ה] אַחֶרֶת עִמָּהּ. חוּלִּין שֶׁנִּתְכַּוֵּין לָהּ. דִּבְרֵי הַכֹּל. פָּרָה פְּסוּלָה מֵחֲמַת מְלָאכָה הָאַחֶרֶת, וּבְהֵמָה כְּשֵׁרָה. ה"ג: שָׁחַט פָּרָה וְשָׁחַט בְּהֵמָה אַחֶרֶת עִמָּהּ דִּבְרֵי הַכֹּל פְּסוּלָה נִשְׁחֲטָה בְּהֵמָה אַחֶרֶת עִמָּהּ לְר' נָתָן פָּרָה פְּסוּלָה בְּהֵמָה כְּשֵׁרָה לְרַבָּנַן פָּרָה כְּשֵׁרָה בְּהֵמָה פְּסוּלָה.
נִשְׁחֲטָה

תוספות

וכי תימא ביושב ומצפה מאי למימרא. פירוש: אי אמרת בשלמא דלא מיירי ביושב ומצפה, אלא בסתמא כדקתני – א"ש, דמשמע דאשמועינן דחולין לא בעו כוונה. אבל אי איכא למידחי דאיירי ביושב ומצפה, מאי למימרא? דליכא למימר דאתא לאשמועינן דבעו כוונה, דהא לא משמע מיניה דאיירי ביושב ומצפה, דסתמא קתני: "ונפלה", דמשמע טפי בלא יושב ומצפה. (ב) והרי"ך פירש: מאי למימרא – דליכא למימר דאתא לאשמועינן דבעו כוונה, דהא קתני: טהורה, משמע דקולא אתא לאשמועינן. **גזירה** משום חרדלית של גשמים. פירש בקונטרס: ואין טובלין בחרדלית, משום דתנן (טהרות פ"ח מ"ט): הנצוק והקטפרס אין חיבור, ואין כאן מ' סאה במקום אחד אע"פ שיש הרבה למעלה ולמטה. ובמנחות פירש כן, דאפילו יש כמה סאין באותו מדרון אסור לטבול בו, *דמקוה אינו מטהר בזוחלין, כדכתיב בת"כ: "אך מעין ובור" וגו', אי מה מעין מטהר בזוחלין אף מקוה כו' ת"ל: "אך מעין ובור", מעין מטהר בזוחלין ומקוה באשבורן. ובקונטרס הביאה פרק "במה אשה" (שבת דף סה: ד"ה ומכסר). **דתנן** מטבילין בראשין. קצת תימה: דלא מכנה היא, מה צריך לאשמועינן תרי זימני דמטבילין בראשין? ושמא הכא הוא דמטבילין בראשין איירי מדאורייתא, דומיא דאין מטבילין בכיפין דהוי מדאורייתא. ובההיא דגל שנתגלגל אשמועינן דאפילו מדרבנן לא גזרינן. **ופירות** הרי הן בכי יותן. היינו לאחר שהעלם. דכל זמן שהן מחוברין במים לא מיתכשרי, כדתנן במסכת מכשירין (פ"ד מ"ו): נדה שטיפה מדיה לגון במערה – טהור, העלתהו כל שהוא – טמא, פירוש: דאז הוכשרו. ו] והא דאמר פ"ק דפסחים (דף טז.) דליכא תרי קראי לענין הכשר, חד בתלושין וחד במחוברין, וצריכי – היינו כשנפלו במחוברין, דמיתכשרי לאחר שהעלם. ואע"פ שאז הם תלושין, מכל מקום אצטריך דבתחלת דיבוקן היו במים מחוברים. **הוא** סבר דיחויי קא מדחי ליה נפק דק ואשכח דתניא כו'. וא"ת: אמאי סבר דמדחי ליה? והלא כבר זה דקדק מן המשנה דקתני ידיו טהורות, ומה מדקדק יותר מברייתא זו? וי"ל: דיש חילוק בין טבילת כל גופו לנטילת ידים, דטבילת גופו חמירא טפי. וכן צריך לומר בסמוך, דפריך מסתם משנה לר' יוחנן, ומשני דשחיטה אפילו ר' יוחנן מודה. ולהכי תקשי ליה משנה דמסכת מכשירין (פ"ד מ"ו)! אלא טבילת ידים שאני. **נהי** דלא בעינן כוונה לזביחה. פירוש: להתירה בזביחה זו. לחתיכה מיהא בעינן, פירוש: לחתיכת סימנים, כדפרישית*. [לעיל ע"א ד"ה ולהי]

שיטה מקובצת

א] ואין טובלין בו כרתנן הנצוק והקטפרס: ב] ואין מטבילין כלים בכיפין שלא יזרוק: ג] שאחר כיבוס ראשון בתי' והבגד: ד] אליבייהו כשירדה להקר שנתכוונה להרחיצה ולא לטבול: ה] ושחט בהמת חולין אחרת עמה שנתכוין לה: ו] והא דאמר פ"ק דפסחים דאיכא תרי קראי ... ע' רש"י לעיל דף טו ע"א.

הגהות הב"ח

(א) גמ' ואמר רבא לר' נתן: (ב) תוס' ד"ה וכי תימא וכו' והרי"ך פירש:

רבינו גרשום

אטו כיפין כלומר ראשין גלים שמתגברין לנהר דהן בני טבילה אבל ליגזר ראשין אטו גלים שתלושין מנהר ונעשים ככיפה שכשם שבכיפין לא מטבלינן כך בראשין דלא ליטבלו קמ"ל דלא גזרינן: אלא חולין דלא בעו כוונה מנלן מהא. פירות שנפלו לתוך אמת כו' כלומר דקא חזינן (הכא) שפשט (מעל) מי שידיו טמאות ונטלן ידיו טהור' אע"ג דלא קא מכוין לשום טבילת ידיו: ופירות אינן בכי יותן דבעינן לדעת והני נפלו שלא לדעת ואין מטמאין לפי שהכשירן לאו חשוב הכשר: ואם בשביל שיודחו. הפירות הרי היא בכי יותן דלדעת הן וחשוב הכשר. הוחזק אין לא הוחזק לא כו' כלומר אלמא בעינן [כוונה] לטבול קשיא לרב דאמר לא בעינן כוונה לחולין. הכי קאמר אע"פ שהוחזק לחולין כו' כלומר ולעולם לא בעינן כונה: לימא תיהוי תיובתיה דר' יוחנן כלומר דאמר לחולין בעינן כונה. מה תכבוסת ראשונה לדעת כו' דבתכבוסת ראשונה כתיב הבגד או השתי או הערב או כל כלי העור אשר תכבס דמשמע לדעת ובתכבוסת שניה כתיב וכובס שנית וטהר דמשמע וכובס מכל מקום אפי' שלא לדעת ועכשיו מקשינן לתכבוסת ראשונה דבעינן לדעת אף תכבוסת שניה בעינן לדעת. מי אמר ר' יוחנן כו' כלומר דבעינן כוונה לחולין. והא אמר ר' יוחנן הלכה כסתם משנה ותנן נפלה סכין וכו' כלומר והא הכא חזינן דלא בעינן כוונה לחולין: מדגלי רחמנא מתעסק בקדשים דפסול כו' והיכא גלי רחמנא בקדשים דכתיב לרצונכם תזבחו לדעתכם זבוחו: ורבנן נהי דלא בעינן כונה לזביחה כו' כלומר רבנן בני מחלקותו דר' נתן דפוסלין היכא דזורק סכין לנועצה בכותל והלכה ושחטה כדרכה נהי דלא בעינן כונה לזביחה לחתיכה בעינן והכא לא איכון לשום חתיכה אלא לנועצה: כוונה דחברתה כוונה מעליותא היא ובתרומה נמי אכלה כלומר לרב. אמר רב פפא לר' נתן שנפלה מן הגשר כלומר לר' נתן דלא בעי כוונה לחולין אפי' לשום חתיכה דאפי' לא נתכוון אלא לנועצה שחיטתה כשרה. הכא נמי אפי' לא נתכוונה לשום רחיצה אלא שנפלה מן הגשר טבילתה טבילה לענין תשמיש המטה אצל בעלה דבעלה חולין. לרבנן דבעו כונה לשום חתיכה לענין שחיטה הכא נמי בעינן דנתכוונה להקר אע"פ שלא נתכוונה לטבילה מותרת אצל בעלה. אמר רבא שחט פרה ונשחטה בהמה אחרת כו' כלומר כתיב ושחט אותה לבדה ולא ישחוט אחרת עמה ולא יעשה שום מלאכה עמה משחיטתה ועד שרפתה ועכשיו שחט פרה ובדרך שחיטת פרה נשחטה בהמה עמה בלא כוונה לר' נתן דאמר לא בעינן כוונה לשחיטה בהמה כשרה (בהמה כשרה) פרה פסולה דכיון דבהמה כשרה חשיבא מלאכה ופרה פסולה שפסל אותה מלאכה: לרבנן דאמרי
בעינן

אנִשְׁחֲטָה בְּהֵמָה אַחֶרֶת עִמָּהּ, לְרַבִּי נָתָן – פָּרָה פְּסוּלָה, בְּהֵמָה כְּשֵׁרָה; לְרַבָּנַן – פָּרָה כְּשֵׁרָה, בְּהֵמָה פְּסוּלָה. פְּשִׁיטָא! נִשְׁחֲטָה בְּהֵמָה אַחֶרֶת לְרַבִּי נָתָן אִיצְטְרִיכָא לֵיהּ, סד"א: °"וְשָׁחַט אוֹתָהּ" (במדבר יט) אָמַר רַחֲמָנָא – וְלֹא אוֹתָהּ וַחֲבֶרְתָּהּ, וְהֵיכִי דָּמֵי? כְּגוֹן שֶׁשָּׁחַט שְׁתֵּי פָּרוֹת בַּהֲדֵי הֲדָדֵי, אֲבָל בְּהֵמָה דְּחוּלִּין אֵימָא לָא, קמ"ל. בנָחַתְךְ דְּלַעַת עִמָּהּ – דִּבְרֵי הַכֹּל פְּסוּלָה, גנֶחְתְּכָה דְּלַעַת עִמָּהּ – דִּבְרֵי הַכֹּל כְּשֵׁרָה.§ **מַתְנִי'** דנָפְלָה סַכִּין וְהִגְבִּיהָהּ, נָפְלוּ כֵּלָיו וְהִגְבִּיהָן, הִשְׁחִיז אֶת הַסַּכִּין וְעָף, בָּא חֲבֵירוֹ וְשָׁחַט, האִם שָׁהָה כְּדֵי שְׁחִיטָה – פְּסוּלָה. *רַבִּי שִׁמְעוֹן אוֹמֵר: אִם שָׁהָה כְּדֵי בִּיקּוּר.§ **גְּמ'** מַאי כְּדֵי שְׁחִיטָה? אָמַר רַב: כְּדֵי שְׁחִיטַת בְּהֵמָה אַחֶרֶת. אָמְרֵי לֵיהּ רַב כָּהֲנָא וְרַב אַסִּי לְרַב: כְּדֵי שְׁחִיטַת בְּהֵמָה לִבְהֵמָה וְעוֹף לְעוֹף, אוֹ דִּלְמָא אַף בְּהֵמָה לְעוֹף? אָמַר לְהוּ: לָא הֲוָה בְּדִיחְנָא בֵּיהּ בַּחֲבִיבִי דַּאֲשַׁיְּילֵיהּ. אִתְּמַר, אָמַר רַב: וכְּדֵי שְׁחִיטַת בְּהֵמָה לִבְהֵמָה וְעוֹף לְעוֹף, וּשְׁמוּאֵל אָמַר: אֲפִילּוּ בְּהֵמָה לְעוֹף. וְכֵן כִּי אֲתָא רָבִין אָמַר רַבִּי יוֹחָנָן: אֲפִילּוּ בְּהֵמָה לְעוֹף. רַבִּי *חֲנִינָא אָמַר: כְּדֵי שֶׁיָּבִיא בְּהֵמָה אַחֶרֶת וְיִשְׁחוֹט. יָבִיא אֲפִילּוּ מֵעָלְמָא? *נָתַתָּ דְּבָרֶיךָ לְשִׁיעוּרִין! אָמַר רַב פָּפָּא: עוֹמֶדֶת לְהַטִּיל אִיכָּא בֵּינַיְיהוּ. אָמְרֵי בְּמַעֲרָבָא מִשְּׁמֵיהּ דְּרַבִּי יוֹסֵי בְּרַבִּי חֲנִינָא: זכְּדֵי שֶׁיַּגְבִּיהֶנָּה וְיַרְבִּיצֶנָּה וְיִשְׁחוֹט, דַּקָּה לְדַקָּה וְגַסָּה לְגַסָּה. אָמַר רָבָא: חהַשּׁוֹחֵט בְּסַכִּין רָעָה, אֲפִילּוּ כָּל הַיּוֹם כּוּלּוֹ – כְּשֵׁרָה. בָּעֵי רָבָא: שְׁהִיּוֹת מַהוּ טשֶׁיִּצְטָרְפוּ? וְתִפְשׁוֹט לֵיהּ מִדִּידֵיהּ! הָתָם בִּדְלָא שָׁהָה. בָּעֵי רַב הוּנָא בְּרֵיהּ דְּרַב נָתָן: *שָׁהָה בְּמִיעוּט סִימָנִים, מַהוּ? תֵּיקוּ.§ "ר"ש אוֹמֵר: אִם שָׁהָה [כְּדֵי בִּיקּוּר?"]§ מַאי כְּדֵי בִּיקּוּר? *אָמַר רַבִּי יוֹחָנָן: כְּדֵי בִּיקּוּרוֹ שֶׁל חָכָם. אִם כֵּן, נָתַתָּ דְּבָרֶיךָ לְשִׁיעוּרִין! אֶלָּא, כְּדֵי בִּיקּוּר טַבָּח חָכָם.§ **מַתְנִי'** שָׁחַט אֶת הַוֶּושֶׁט וּפָסַק אֶת הַגַּרְגֶּרֶת, אוֹ פָּסַק אֶת הַגַּרְגֶּרֶת יוְאח"כ שָׁחַט אֶת הַוֶּושֶׁט; אוֹ שָׁחַט אֶחָד מֵהֶן וְהִמְתִּין לָהּ עַד שֶׁמֵּתָה; *אוֹ שֶׁהֶחְלִיד אֶת הַסַּכִּין תַּחַת הַשֵּׁנִי וּפְסָקוֹ – רַבִּי יְשֵׁבָב אוֹמֵר: נְבֵלָה, ר"ע אוֹמֵר: טְרֵפָה. כְּלָל אָמַר רַבִּי יְשֵׁבָב מִשּׁוּם רַבִּי יְהוֹשֻׁעַ: כָּל שֶׁנִּפְסְלָה בִּשְׁחִיטָתָהּ – נְבֵלָה; כָּל שֶׁשְּׁחִיטָתָהּ כָּרָאוּי, וְדָבָר אַחֵר גָּרַם לָהּ לִיפָּסֵל – טְרֵפָה. וְהוֹדָה לוֹ רַבִּי עֲקִיבָא.§ **גְּמ'** שָׁחַט אֶת הַוֶּושֶׁט וכו', וְהוֹדָה לוֹ רַבִּי עֲקִיבָא. וּרְמִינְהִי, *אֵלּוּ טְרֵפוֹת בִּבְהֵמָה: נְקוּבַת

תורה אור

נִשְׁחֲטָה בְּהֵמָה אַחֶרֶת עִמָּהּ. בְּלֹא מִתְכַּוֵּין. לְרַבִּי נָתָן. דְּמַכְשִׁיר שְׁחִיטַת חוּלִּין בְּלֹא כַּוָּונָה, בְּהֵמָה כְּשֵׁרָה וּפָרָה פְּסוּלָה. וְאע"ג דְּשֶׁלֹּא בְּכַוָּונָה לָא מַסַּח דַּעְתֵּיהּ, וְלָא מִיקְרֵי מִתְעַסֵּק בִּמְלָאכָה אַחֶרֶת, הוֹאִיל וּשְׁחִיטָתוֹ כְּשֵׁרָה מִיפַּסְלָא מִשּׁוּם "וְשָׁחַט אוֹתָהּ" – וְלֹא אוֹתָהּ וַחֲבֶרְתָּהּ. **לְרַבָּנַן פָּרָה כְּשֵׁרָה.** דְּהָא שְׁחִיטַת בְּהֵמַת חוּלִּין לָאו שְׁחִיטָה הִיא. וּמִשּׁוּם מְלָאכָה לֵיכָּא לְמִיפְסַל, דְּשֶׁלֹּא בְּמִתְכַּוֵּין לָא מִיקְרֵי עוֹסֵק בִּמְלָאכָה אַחֶרֶת, דְּטַעְמָא דִּמְלָאכָה אַחֶרֶת – מִשּׁוּם דְּמַסַּח דַּעְתֵּיהּ מִפָּרָה הוּא, וְהֵיכָא דְּלָא אִיכַּוַּין לִמְלָאכָה אַחֶרֶת לֵיכָּא הֶיסַּח הַדַּעַת. וְהָכִי אָמְרִינַן לְקַמָּן: נֶחְתְּכָה דְּלַעַת עִמָּהּ דִּבְרֵי הַכֹּל כְּשֵׁרָה. **פְּשִׁיטָא.** אַכַּתִּי לָא שָׁמְעִינַן דְּכָל הָעוֹסְקִים בְּפָרָה פּוֹסְלִין אוֹתָהּ בִּמְלָאכָה? **נִשְׁחֲטָה בְּהֵמָה אַחֶרֶת לר' נָתָן אִיצְטְרִיכָא לֵיהּ.** דְּכֵיוָן דִּמְלָאכָה לָא מִיקְרְיָא שֶׁלֹּא בְּכַוָּונָה, כִּדְאָמְרִינַן לְקַמָּן: נֶחְתְּכָה דְּלַעַת עִמָּהּ דִּבְרֵי הַכֹּל כְּשֵׁרָה, מִשּׁוּם שְׁחִיטַת חֲבֶרְתָּהּ נָמֵי, אע"ג דִּשְׁחִיטָה שֶׁלֹּא בְּכַוָּונָה שְׁמָהּ שְׁחִיטָה – הֲוָה אָמִינָא לָא תִּפְסוֹל, ד"וְשָׁחַט אוֹתָהּ" מַשְׁמַע: וְלֹא אוֹתָהּ וַחֲבֶרְתָּהּ, וְהֵיכִי דָּמֵי? כְּגוֹן שֶׁשָּׁחַט שְׁתֵּי פָּרוֹת אֲדוּמּוֹת בַּהֲדֵי הֲדָדֵי. קמ"ל. דְּחוּלִּין נָמֵי מַשְׁמַע. אֲבָל רֵישָׁא דְּנִתְכַּוֵּין א] לַאֲחֶרֶת לָא אִיצְטְרִיכָא, דְּהָכִי נָמֵי דְּאוֹתָהּ וַחֲבֶרְתָּהּ מַשְׁמַע שְׁתֵּי פָּרוֹת אֲדוּמּוֹת, מִיהוּ, כֵּיוָן דְּנִתְכַּוֵּין לִמְלָאכָה אַחֶרֶת מִיפַּסְלָא מִשּׁוּם הֶיסַּח הַדַּעַת, דְּלָא גָּרְעָה מִמַּחְתֵּיכַת דְּלַעַת. **חָתַךְ דְּלַעַת עִמָּהּ דִּבְרֵי הַכֹּל פְּסוּלָה.** דְּהָא מְלָאכָה הִיא. **נֶחְתְּכָה דְּלַעַת עִמָּהּ דִּבְרֵי הַכֹּל כְּשֵׁרָה.** דְּשֶׁלֹּא בְּכַוָּונָה לָא מִיקְרֵי עוֹסֵק בִּמְלָאכָה. וְרֵישָׁא לְרַבִּי נָתָן טַעְמָא ב], דִּכְתִיב "וְשָׁחַט אוֹתָהּ" – וְלֹא חֲבֶרְתָּהּ עִמָּהּ, וְשֶׁלֹּא בְּכַוָּונָה נָמֵי שְׁמָהּ שְׁחִיטָה. **מַתְנִי' נָפְלָה סַכִּין וְהִגְבִּיהָהּ.** וְשָׁהָה בַּהֲגְבָּהָה זוֹ. **כֵּלָיו.** בְּגָדָיו. **אוֹ שֶׁהִשְׁחִיז אֶת הַסַּכִּין.** קוֹדֶם שְׁחִיטָה. **וְעָף.** נִתְיַיגֵּעַ. וּכְשֶׁהִתְחִיל לִשְׁחוֹט לֹא הָיָה בּוֹ כֹּחַ, וּפָסַק שְׁחִיטָתוֹ, וּבָא חֲבֵירוֹ וְשָׁחַט. **כְּדֵי בִּיקּוּר.** מְפָרֵשׁ בַּגְּמָרָא. **גְּמ' מַאי כְּדֵי שְׁחִיטָה אָמַר רַב כְּדֵי שְׁחִיטַת בְּהֵמָה אַחֶרֶת.** וְלָא מֵימָא: כְּדֵי שֶׁיִּגְמוֹר שְׁחִיטָתוֹ וְתוּ לָא. **בְּהֵמָה לִבְהֵמָה וְעוֹף לְעוֹף.** כְּדֵי שְׁחִיטַת בְּהֵמָה אַחֶרֶת מְשַׁעֲרִין לִשְׁהִיַּית שְׁחִיטַת בְּהֵמָה, וּכְדֵי שְׁחִיטַת עוֹף אַחֵר מְשַׁעֲרִין לִשְׁהִיַּית שְׁחִיטַת עוֹף. **אוֹ דִּילְמָא אֲפִילּוּ.** כִּכְדֵי שְׁחִיטַת בְּהֵמָה מְשַׁעֲרִין לִשְׁהִיַּית שְׁחִיטַת הָעוֹף, דְּהַיְינוּ קוּלָּא. **אָמַר לְהוּ לָא הֲוָה בְּדִיחְנָא בַּחֲבִיבִי דַּאֲשַׁיְּילֵיהּ.** לֹא הָיְתָה דַּעְתִּי גַּסָּה בְּדוֹדִי רַבִּי חִיָּיא כְּשֶׁלָּמַדְתִּי הֲלָכָה זוֹ, וְלֹא הָיָה בְּסֵבֶר פָּנִים עִמִּי שֶׁאֶשְׁאָלֶנּוּ דָּבָר זֶה. רַב בַּר אֲחוּהּ וּבַר אֲחָתֵיהּ דְּרַבִּי חִיָּיא הֲוָה.* **אַף בְּהֵמָה לְעוֹף.** קוּלָּא הִיא, שֶׁנָּתְנוּ לְעוֹף שִׁיעוּר שְׁחִיטַת בְּהֵמָה לִשְׁהִיָּיתוֹ. **לְשִׁיעוּרִין.** פְּעָמִים שֶׁהִיא רְחוֹקָה וּפְעָמִים קְרוֹבָה. **עוֹמֶדֶת.** כָּאן וּמְחוּסֶּרֶת הַטָּלָה לָאָרֶץ. **אִיכָּא.** בֵּין רַבִּי חֲנִינָא לְרַבִּי יוֹחָנָן מְשַׁעֵר בִּשְׁחִיטָה לְחוּדָהּ, וְרַבִּי חֲנִינָא בָּעֵי הַטָּלָה וּשְׁחִיטָה. **דַּקָּה לְדַקָּה.** לִשְׁהִיַּית בְּהֵמָה דַּקָּה מְשַׁעֲרִין בִּכְדֵי שְׁחִיטַת בְּהֵמָה דַּקָּה דִּכְווֹתָהּ. וְאַף עַל גַּב דְּרַב וְרַבִּי יוֹחָנָן הֲלָכָה כְּרַבִּי יוֹחָנָן, כֵּיוָן דְּקִים לֵיהּ רַבִּי יוֹסֵי בַּר רַבִּי חֲנִינָא בְּשִׁיטָתֵיהּ דְּרַב, דְּקָאָמַר: דַּקָּה לְדַקָּה וְגַסָּה לְגַסָּה, מִמֵּילָא שָׁמְעִינַן: וְעוֹף לְעוֹף, וְעָבְדִינַן לְחוּמְרָא. **בְּסַכִּין רָעָה.** שֶׁאֵין חִידּוּדָהּ חוֹתֵךְ יָפֶה. **אֲפִילּוּ כָּל הַיּוֹם כּוּלּוֹ.** וּמַאֲרִיךְ וְשׁוֹהֶה בִּשְׁחִיטָה אַחַת. **כְּשֵׁרָה.** הוֹאִיל וְכָל שָׁעָה הוּא מוֹלִיךְ וּמֵבִיא וְלֹא הִפְסִיק בִּשְׁחִיטָתוֹ. **שְׁהִיּוֹת מַהוּ שֶׁיִּצְטָרְפוּ.** הִפְסִיק ב' וְשָׁלֹשׁ פְּעָמִים בִּשְׁחִיטָה אַחַת, וְשָׁהָה בֵּין שְׁלָשְׁתָּן כְּדֵי שִׁיעוּר שָׁלֵם. **מִדִּידֵיהּ.** הַשּׁוֹחֵט בְּסַכִּין רָעָה, אַלְמָא לָא מִצְטָרְפִי. דְּהָא ג] וַאֲפִילּוּ הִפְסִיק קָאָמַר, אֶלָּא שֶׁלֹּא שָׁהָה בְּפַעַם אַחַת כַּשִּׁיעוּר. **הָתָם בִּדְלָא שָׁהָה.** כְּלָל. **בְּמִיעוּט סִימָנִים.** שָׁחַט הָרוֹב, בְּמִיעוּט הָאַחֲרוֹן, וְגָמַר שְׁחִיטָתוֹ. **מַהוּ.** מִי אָמְרִינַן: כֵּיוָן דַּעֲבַד לֵיהּ רוּבָּא – אִתַּכְשַׁר, אוֹ דִּלְמָא כֵּיוָן דְּהָדַר וּגְמָרָהּ – כּוּלָּהּ חֲדָא שְׁחִיטָה הִיא. **תֵּיקוּ.** וּלְחוּמְרָא ד]. וּבְמִיעוּט קַמָּא, אִי דְּגַרְגֶּרֶת – לָאו מִידֵי עָבֵיד וְלָא שְׁהִיָּיה הִיא, וְאִי וֶושֶׁט דִּנְקוּבָתוֹ בְּמַשֶּׁהוּ – מִיטַּרְפָא מִמָּה נַפְשָׁךְ, דְּהָא כֵּיוָן דְּשָׁהָה אָזֵיל לֵיהּ מַעֲשֶׂה קַמָּא, וַהֲוָה לֵיהּ נֶקֶב בְּעָלְמָא וּטְרֵפָה. וְנִרְאֶה, דְּהַשּׁוֹחֵט רוֹב סִימָנִין וְהִשְׁלִיךְ מִיָּדוֹ, וְהָעוֹף שׁוֹהֶה לָמוּת – אָסוּר לַחֲזוֹר וְלַחְתּוֹךְ הַמִּיעוּט בְּתוֹרַת שְׁחִיטָה. דְּמוּטָב שֶׁיַּכֶּה עַל הַצַּוָּאר בְּסַכִּין, אוֹ יַמְתִּין עַד שֶׁיָּמוּת. **כְּדֵי בִּיקּוּר חָכָם.** בְּדִיקַת סַכִּין. **לְשִׁיעוּרִין.** פְּעָמִים דְּחָכָם רָחוֹק וּפְעָמִים קָרוֹב. **טַבָּח חָכָם.** שֶׁזֶּה הַשּׁוֹחֵט חָכָם הוּא. **מַתְנִי' וּפָסַק אֶת הַגַּרְגֶּרֶת.** הַיְינוּ עִיקּוּר. וּבִבְהֵמָה קָאֵי. **תַּחַת הַשֵּׁנִי.** בֵּין הַסִּימָן לַצַּוָּאר. **וּפְסָקוֹ.** מִלְּמַטָּה לְמַעְלָה ה]. **יְשֵׁבָב.** שֵׁם חָכָם, וְכֵן הוּא בְּדִבְרֵי הַיָּמִים (א' כד) גַּבֵּי מִשְׁמָרוֹת. **גְּמ'**

לעיל ט. | [ג"ל חנינא] | [לעיל ט. וש"נ] | [ועיין תוס' לעיל ל: ד"ה החליד] | לעיל ט. | [לעיל ו:] | לקמן מב. | [פסחים ז.]

נשחטה בהמה אחרת עמה לרבנן פרה כשרה. ואם תאמר: ו"אותה" ולא אותה וחבירתה, לרבנן למה לי? אי לשוחט בהמה אחרת עמה – תיפוק ליה מטעם מלאכה, כמו חתך דלעת עמה! ויש לומר: דאיצטריך לשוחט שתי פרות ונתכוין לשחוט, דמשום מלאכה אחרת לא מפסלו, כיון דשתיהן לשם פרה. **אבל** פרה דחולין **אימא לא** קמ"ל. וא"ת, דאמר בריש זבחים (דף ז.): (א) שחט אחת על מי שמחוייב חטאת – פסולה, על מי שמחוייב עולה – כשרה, דכתיב "וכפר עליו" ולא על חבירו, חבירו דומיא דידיה שמחוייב חטאת כמותו. והכא נמי נימא: "אותה" ולא אותה וחבירתה, דומיא דידה! ויש לומר: דהתם "וכפר עליו" משמע: עליו מכפר ולא על חבירו מכפר – על המחוייב חטאת כזה, דשייכא ביה כפרה זו.

ושמואל אמר אף בהמה לעוף. ר"ח פסק כשמואל ורבי יוחנן, דאמרי: בהמה לעוף. ובקונטרס פסק לחומרא כרב, דאמר: עוף לעוף. דקיימי אמוראי דמערבא כוותיה, דאמרי: דקה לדקה וגסה לגסה, וכ"ש עוף לעוף, דיותר חלוק עוף מבהמה ממה שחלוקין דקה מגסה. וגם בה"ג פסק: גסה לגסה ודקה לדקה ועוף לעוף. **כדי** ביקור טבח חכם. ובסכין הראוייה לאותה בהמה חוץ לצואר כמלא צואר.

ורמינהי אלו טרפות בבהמה פסוקת הגרגרת. וא"ת: נהי דנבלה הויא, מ"מ לא פקע מינה איסור טרפות, וחייב אף משום טריפות, כדמשמע בשמעתין דמסוכנת (לקמן לז.)! והא דאמר בפרק "חטאת העוף" (זבחים דף סט:): יצא עוף טמא שאין במינו טרפה – לא משום דלא שייכא ביה שחיטה, ואפילו נשחטה הויא נבלה ופקע מינה איסור טרפה כי אתא איסור נבלה. אלא פירוש שאין במינו טרפה – היינו טרפה לחודיה, דאף כי נשחט לקי אף משום נבלה! וי"ל, דהכי פריך: דאי איתא דלא מהניא ביה שחיטה והויא ליה נבלה – לא הוה ליה למיתני "אלו טרפות", אלא הוה ליה למיתני "ואלו נבלות", שהוא עיקר האיסור. ואם תאמר: דנקט איסור טרפה, לאשמועינן שאם אכל כזית בשר מחייב דלקי אף משום טרפה! ויש לומר דמתניתין ד"אלו טרפות" משמע ליה לאחר שחיטה, מדקתני סיפא "כל שאין כמוה חיה", ולא קתני "כל שאין חיה". וליתשוב

[ועיין בריי"ף וברא"ש ובמשנה שבמשניות דלא גרסי ואח"כ במתניתין ועיין רש"א]

סו א מיי' פ"ד מהל' פרה אדומה הלי"ח ועיין בכ"מ:
סז ב מיי' שם הלי"ח:
סח ג מיי' שם הלי"ח:
סט ד ה ו מיי' פ"ג מהל' שחיטה הל' ב ג ועיין בכ"מ סמג עשין סג טוש"ע יו"ד סי' כג סעיף ב:
ע ז מיי' שם פ"א הלי"ז סמג שם טוש"ע יו"ד סימן יח סעי' ז:
עא ח מיי' שם פ"ג הל"ד ועיין בהשגות ובכ"מ ובל"מ סמג שם טוש"ע יו"ד סי' כג סעי' ג:
עב ט מיי' שם טוש"ע שם סעי' ד וסעיף ו בהג"ה:
עג י מיי' פ"ג מהל' שחיטה הלי"ח ופ"א מהל' אבות הטומאה הל"ג טוי"ד סימן כז:

שיטה מקובצת

א] אבל רישא דנתכוון אף לאחרת: ב] ורישא לר' נתן טעמא משום דכתיב: ג] דקס"ד דאפי' הפסיק: ד] מתיבת ובמיעוט קמא אי הגרגרת עד תיבת ימתין עד שימות נרשם עליו. ונ"ב שבס"י לא נמצא: ה] ישבב וכן הוא בדברי הימים גבי משמרות כהונה הס"ד:

הגהות הב"ח

(א) תוס' ד"ה אבל וכו' בריש זבחים חטאת ששחט' על מי כצ"ל ותיבת אחת נמחק:

רבינו גרשום

בעינן לשחיטת [חולין] כוונה (לשחיטת חולין) בהמה פסולה ופרה כשירה דלא חשיבא מלאכה (דידה): נחתך דלעת עמה דברי הכל כשרה אפי' לר' נתן דפוסל פרה בשחיטת בהמה דחולין כשנשחטה בלא כוונה דהיא בת מינה וכיון דחשובה שחיטה דבהמה [שחיטה] כשרה לדבריו פסולה הפרה אבל נחתכה דלעת בלא כוונה אפי' לר' נתן דפוסל בשחיטת בהמה מכשיר בחתיכת דלעת בלא כוונה דאין חשובה (על) [לדברי] הכל מלאכה: נפלו כלים והגביהן כו' כלומר שנפלה מעפרתו ממנו: או דלמא אף בהמה לעוף כלומר כדי שחיטת בהמה לעוף: בחביבי זהו ר' חייא. עומדת להטיל איכא בינייהו כלומר ר' יוחנן דאמר אפי' בהמה לעוף שנפלה לארץ ואין לעשות לה אלא לשחוט וזהו שיעור קטן. ור' חנינא אמר כדי שיביא בהמה אחרת כו' כלומר לא שיביא ממש אלא שתהא עומדת לשם וישהא שיעור להפילה ולשחטה וזהו שיעור גדול. כדי שירביצנה ויגביהנה וישחוט כלומר ויגביה צוארה לשחוט: שהיות מהו שיצטרפו כלומר ולא שהה בבת אחת כדי שחיטת חברתה אלא שהה לפרקים שיעור כדי (שחיטתה) שחיטת אחרת. ותפשוט ליה מדידיה כלומר דהוא עצמו א' השוחט בסכין רעה דדמי כשהיות: שהה במיעוט סימנין מהו כלומר עדיין לא שחט אלא מיעוט סימנין ושהה מהו מי אמרינן כיון דעדיין לא שחט הרוב לא חשיבא התחלת שחיטה וכשרה או דילמא כיון דשהה בשחיטה פסולה: כדי ביקור טבח חכם כלומר הסכין: ורמינהו אלו טרפות בבהמה נקובת הושט ופסוקת הגרגרת והא הכא דנפסלה בשחיטה

גמ' נְקוּבַת הַוֶּושֶׁט (ג). אַלְמָא טְרֵפָה הִיא וְלָאו נְבֵלָה, וְכֵיוָן דְּחָזַר בּוֹ רַבִּי עֲקִיבָא, הַהִיא דְ"אֵלּוּ טְרֵפוֹת" מַנִּי? שֶׁשָּׁחַט. אֶת הַוֶּושֶׁט, וּלְבַסּוֹף פָּסַק אֶת הַגַּרְגֶּרֶת. כְּדָבָר אַחֵר גָּרַם לָהּ דָּמְיָא. דְּהָא קוֹדֶם שֶׁהִתְחִיל בַּשְּׁחִיטָה נִפְסַל, אע"ג דְּבַחֲדָא שַׁעְתָּא הִיא. פָּסַק אֶת הַגַּרְגֶּרֶת כו'. אַלְמָא, אֲפִילּוּ פָּסַק וּלְבַסּוֹף שָׁחַט קָרֵי לֵיהּ רַבִּי יְשֵׁבָב נְבֵלָה, וְהוֹדָה לוֹ רַבִּי עֲקִיבָא! אֶלָּא. הַהִיא דְ"אֵלּוּ טְרֵפוֹת" לָאו טְרֵפוֹת דַּוְקָא קָאָמַר, אֶלָּא: אֵלּוּ אֲסוּרוֹת קָאָמַר. וְיֵשׁ מֵהֶן נְבֵלוֹת. כְּגוֹן נְקוּבַת הַוֶּושֶׁט וּפְסוּקַת הַגַּרְגֶּרֶת, דְּאִיתְרַע מְקוֹם שְׁחִיטָה דִּידְהוּ. וְאִינָךְ הָווּ טְרֵיפוֹת. וְלִיחְשׁוֹב נַמִּי דְּחִזְקִיָּה. דְּכֵיוָן דְּאָמַרְתְּ נְבֵלוֹת מִיתְנוּ הָתָם, לִיחְשׁוֹב נַמִּי הַךְ! נְבֵלָה. וַאֲפִילּוּ מְפַרְכֶּסֶת. רשב"ל אָמַר. לֹא תִּתְנֵי אֵלּוּ אֲסוּרוֹת, אֶלָּא אֵלּוּ טְרֵפוֹת, וְלָא תִּיקְשֵׁי. כָּאן שֶׁשָּׁחַט בִּמְקוֹם חָתָךְ ג]. כְּלוֹמַר, מַתְנִיתִין דְּהָכָא – שֶׁשָּׁחַט בִּמְקוֹם חָתָךְ, בִּמְקוֹם שֶׁנִּפְסַק רוֹב הַגַּרְגֶּרֶת כְּבָר. וְאח"כ נִיקְּבָה הָרֵיאָה. בֵּין שְׁחִיטַת קָנֶה לִשְׁחִיטַת הַוֶּושֶׁט. אַלְמָא. כֵּיוָן דְּרֵיאָה תְּלוּיָה בַּקָּנֶה, וְנִשְׁחַט הַקָּנֶה – הָוֵי כְּמוֹ שֶׁנִּיטְּלָה כּוּלָּהּ מִן הַבְּהֵמָה וּמוּנַּחַת בַּסַּל, וְתוּ לָא מִיטַּרְפָא בָּהּ בְּהֵמָה. וְגַבֵּי פָּסַק וּלְבַסּוֹף שָׁחַט א] נַמִּי, כֵּיוָן דְּרוּבָּא נִפְסְקָה, דְּהָא פְּסוּקַת הַגַּרְגֶּרֶת בְּרוּבָּא הוּא – הָוְיָא לָהּ כְּמַנְחָא בְּדִיקוּלָא, וְשׁוּב אֵין לִבְהֵמָה זוֹ בִּשְׁעַת שְׁחִיטָה אֶלָּא סִימָן אֶחָד, וּבָהּ אֵינָהּ יוֹצְאָה מִידֵי נְבֵילָה! אֶלָּא אָמַר רַבִּי יוֹחָנָן. מִשְׁנָה זוֹ דְ"אֵלּוּ טְרֵיפוֹת" רַבִּי עֲקִיבָא אֲמָרָהּ קוֹדֶם שֶׁחָזַר בּוֹ, וּמִשְׁנָתֵינוּ דְּקָתָנֵי: וְהוֹדָה לוֹ רַבִּי עֲקִיבָא – לְאַחַר חֲזָרָה. וּמִשְׁנָה. דְ"אֵלּוּ טְרֵפוֹת" אַחַר שֶׁנִּשְׁנֵית בְּבֵית הַמִּדְרָשׁ לֹא זָזָה מִמְּקוֹמָהּ, לֹא שְׁכָחוּהָ הַתַּנָּאִים וְלֹא עֲקָרוּהָ מִמִּשְׁנָתָם, אע"פ שֶׁחָזַר בּוֹ רַבִּי עֲקִיבָא, וְחָזְרוּ וְשָׁנוּ וְקָבְעוּ ג] בְּמִשְׁנָתָם אַף לְאַחַר הַחֲזָרָה. וְאע"פ שֶׁזּוֹ קוֹדֶמֶת לְזוֹ – אֵין סֵדֶר לְמִשְׁנָה. וְאע"ג דִּבְחַדָא מַסֶּכֶת אָמְרִינַן בִּ"לְפְנֵי אֵידֵיהֶן" (ע"ז ז.) יֵשׁ סֵדֶר לְמִשְׁנָה – ה"מ ד] סְתָם וְאח"כ מַחֲלוֹקֶת, אוֹ מַחֲלוֹקֶת וְאח"כ סְתָם, שֶׁהִקְפִּידוּ הַחֲכָמִים בְּסִדּוּרוֹ, מִשּׁוּם דְּמַחֲלוֹקֶת וְאח"כ סְתָם הֲלָכָה כִּסְתָם, אֲבָל בְּמִילֵּי אַחֲרַנְיָיתָא לָא קָפְדִינַן אַסִּידְרָא. אֲבָל בִּבְנֵי מֵעַיִים לֹא. אִם נִקְּבוּ בְּנֵי מֵעַיִים בֵּין קָנֶה לַוֶּושֶׁט אַחַר שְׁחִיטַת הַקָּנֶה – טְרֵפָה, דְּחִיּוּתָא דִּבְנֵי מֵעַיִים לָא בַּקָּנֶה תָּלֵי אֶלָּא בַּוֶּושֶׁט. לְעוֹלָם דֶּרֶךְ קָנֶה לִישָּׁחֵט תְּחִלָּה לְפִי

וליחשוב נמי דחזקיה. ואם תאמר: אמאי לא פריך, וליחשוב דזעירי דאמר (לעיל דף כ:): נשברה מפרקת ורוב בשר עמה נבלה? וי"ל: דאינה נבלה אלא אם כן נפסק נמי חוט השדרה, והא תני לה, דנפסק חוט השדרה לחוד אסור. אבל מחזקיה פריך שפיר, דמשכחת ליה גיסטרא דנבלה אפילו חוט השדרה קיים, כגון נעקרה צלע מכאן וצלע מכאן וחוט השדרה קיימת, דקרי ליה רב גיסטרא ב"אלו טרפות" (לקמן נב.). אי נמי, שעשאה גיסטרא למטה מבין הפרסות, דלא מיטרפא בפסיקת חוט השדרה. וא"ת: אמאי קשיא ליה דניחשוב דחזקיה ודרבי אלעזר? והא לקמן ב"אלו טרפות" (דף מב:) מפרש דלא חשיב בסג"ר ושב שמעתתא, משום דאתיא ב"זה הכלל: כל שאין כמוה חיה – טרפה". ד"טרפה" היינו אסורה, כמו "אלו טרפות", דאמר: אלו אסורות קתני! ויש לומר: דלא משמע ליה לרבויי נבלה מ"זה הכלל" דקתני: כל שאין כמוה חיה, דמשמע הלשון דעכשיו היא חיה, אלא שאין יכולה לחיות עוד משום טרפות. וא"ת, אמאי פריך: וליחשוב דרבי אלעזר? והא בהמה שנחתכו רגליה מן הארכובה ולמעלה אתי ב"זה הכלל", דהיינו בסג"ר, ואם כן שפיר שמעינן מיניה ניטל הירך וחלל שלה דאסורה, ולא צריך למחשביה! וי"ל: דדלמא דמן הארכובה ולמעלה דאסורה – היינו סמוך לצומת הגידים, אבל למעלה ברחוק שרי. וכן נסבר העלם דאמר בפרק "בהמה המקשה" (לקמן דף עו:) דהויא טרפה כשאין עור ובשר חופין את רובו – שמא היינו בעלם שני, אבל בעלם שלישי המחובר לגוף לא מיטרפא שום שבירת העלם גרידא. ומיהו בפ"ק (לעיל דף כא.) פ"ה: ניטל הירך והבשר והעור חופין עד חצי הירך או שלישו הויא טרפה. והדר ביה רבי זירא. פ"ה, ממה שהקשה: מה לי בריאה מה לי בבני מעיים. אלא טעמא ח] – משום דכמאן דמנחא בדיקולא דמיא. ופירש, הא דבעי: נקבו בני מעיים בין סימן לסימן – דהיינו בין קנה לוושט, דאי נשחט הוושט תחלה – הוו בני מעיים כמאן דמנחא בדיקולא דמיא. ונראה דדעת הקונט' שאין ט] צ"ל דרבי זירא פליג אר"ל. וקשה: ד"נקבו בני מעיים בין סימן לסימן" משמע אפילו בין ושט לקנה! ועוד, דמשני: רבי זירא לדבריו דרבא קאמר ליה, הוה ליה למימר "קמיבעיא ליה"! ועוד, דקאמר דהדר ביה רבי זירא, מדבעי רבי זירא י] נקבו – לא הוה ליה למימר טפי, אלא: והדר ביה רבי זירא, דבעי רבי זירא כו'! אבל מדנקט "מדבעי רבי זירא" משמע שמן הבעיא חזר בו. והכי פריך, מדמקשה לרבא: מה לי בריאה מה לי בבני מעיים, שבכל מקום יש להתיר – ש"מ דסבר דאין טרפות לחצי חיות, ולא שייך למיבעי נקבו בני מעיים בין סימן לסימן. ומתחלה מיבעי ליה נקבו אפילו נשחט הוושט תחילה, דהוי פשיטא ליה דיש טרפות לחצי חיות. ומשני: יא] לעולם לא חזר מן הבעיא. ואליבא דרבא שהתיר בריאה פריך: כיון דשרי בניקבה הריאה אחר שחיטת קנה – זה אי אפשרי[ב] אלא מטעם שאין טרפות לחצי חיות, ואם כן גם בבני מעיים תתיר!

ואמרינן לאו היינו דבעי אילפא. לכך הוצרך כאן להביא ראייה מאילפא, משום דרבי זירא סתם דבריו, ולא אמר אלא "מי מצטרף סימן ראשון לסימן שני או לא", ו"לטהרה מידי נבלה" – גמרא הוא דקאמר לה. לכך מדקדק, מדקאמר: לאו היינו דבעי אילפא – ש"מ דלטהרה מידי נבלה קמיבעיא ליה.

מולחו

נְקוּבַת הַוֶּושֶׁט, וּפְסוּקַת הַגַּרְגֶּרֶת! אָמַר רָבָא, לָא קַשְׁיָא: כָּאן שֶׁשָּׁחַט וּלְבַסּוֹף פָּסַק, כָּאן שֶׁפָּסַק וּלְבַסּוֹף שָׁחַט; שָׁחַט וּלְבַסּוֹף פָּסַק – נִפְסֶלֶת בִּשְׁחִיטָה הִיא, פָּסַק וּלְבַסּוֹף שָׁחַט – כִּי דָּבָר אַחֵר גָּרַם לָהּ לִיפָּסֵל דָּמְיָא. אֵיתִיבֵיהּ רַב אַחָא בַּר הוּנָא לְרָבָא: שָׁחַט אֶת הַוֶּושֶׁט וּפָסַק אֶת הַגַּרְגֶּרֶת, פָּסַק אֶת הַגַּרְגֶּרֶת וְאַחַר כָּךְ שָׁחַט אֶת הַוֶּושֶׁט – נְבֵלָה! אֵימָא: וּכְבָר שָׁחַט אֶת הַוֶּושֶׁט מֵעִיקָּרָא. אֲמַר לֵיהּ, שְׁתֵּי תְשׁוּבוֹת בַּדָּבָר: חֲדָא, דְּהַיְינוּ קַמַּיְיתָא; °וְעוֹד, °הָא (א) תְּנַן: וְאַחַר כָּךְ! אֶלָּא אָמַר רָבָא: אֵלּוּ אֲסוּרוֹת קָתָנֵי, וְיֵשׁ מֵהֶן נְבֵלוֹת וְיֵשׁ מֵהֶן טְרֵפוֹת. וְלִיחְשׁוֹב נַמִּי דְּחִזְקִיָּה, *דְּאָמַר חִזְקִיָּה: עֲשָׂאָהּ גִּיסְטְרָא – נְבֵלָה! וְלִיחְשׁוֹב נַמִּי דְּרַבִּי אֶלְעָזָר, *דְּאָמַר רַבִּי אֶלְעָזָר: נִטְּלָה יָרֵךְ *וַחֲלַל שֶׁלָּהּ – נְבֵלָה! כִּי קָתָנֵי נְבֵלָה דְּלָא מְטַמְּאָה מֵחַיִּים, אֲבָל נְבֵלָה דִּמְטַמְּאָה מֵחַיִּים לָא קָתָנֵי. רַבִּי שִׁמְעוֹן בֶּן לָקִישׁ אָמַר: כָּאן שֶׁשָּׁחַט בִּמְקוֹם חָתָךְ, כָּאן שֶׁשָּׁחַט שֶׁלֹּא בִּמְקוֹם חָתָךְ; שָׁחַט בִּמְקוֹם חָתָךְ – נִפְסֶלֶת בִּשְׁחִיטָה הִיא, שֶׁלֹּא בִּמְקוֹם חָתָךְ – כִּי דָּבָר אַחֵר גָּרַם לָהּ לִיפָּסֵל דָּמְיָא. וּמִי אָמַר רַבִּי שִׁמְעוֹן בֶּן לָקִישׁ הָכִי? וְהָאָמַר רַבִּי שִׁמְעוֹן בֶּן לָקִישׁ: שָׁחַט אֶת הַקָּנֶה וְאַחַר כָּךְ נִיקְּבָה הָרֵיאָה – כְּשֵׁרָה; אַלְמָא כְּמַאן דְּמַנְחָא בְּדִיקּוּלָא דָּמְיָא, הָכָא נַמִּי – כְּמַאן דְּמַנְחָא בְּדִיקּוּלָא דָּמְיָא! אֶלָּא אָמַר רַבִּי חִיָּיא בַּר אַבָּא אָמַר רַבִּי יוֹחָנָן, לָא קַשְׁיָא: כָּאן קוֹדֶם חֲזָרָה, כָּאן לְאַחַר חֲזָרָה, *וּמִשְׁנָה לֹא זָזָה מִמְּקוֹמָהּ. גּוּפָא, אָמַר רַבִּי שִׁמְעוֹן בֶּן לָקִישׁ: שָׁחַט אֶת הַקָּנֶה וְאַחַר כָּךְ נִיקְּבָה הָרֵיאָה – כְּשֵׁרָה. אָמַר רָבָא: לֹא אָמַר רַבִּי שִׁמְעוֹן בֶּן לָקִישׁ אֶלָּא בְּרֵיאָה, הוֹאִיל וְחַיֵּי רֵיאָה תְּלוּיָה בְּקָנֶה, אֲבָל בִּבְנֵי מֵעַיִים לֹא. מַתְקִיף לָהּ רַבִּי זֵירָא: מֵאַחַר שֶׁנּוֹלְדוּ בָּהּ סִימָנֵי טְרֵפָה הִתַּרְתָּ, מָה לִּי בְּרֵיאָה מָה לִּי בִּבְנֵי מֵעַיִים! וְהָדַר בֵּיהּ רַבִּי זֵירָא; (ב) א] דִּבְעֵי רַבִּי זֵירָא: נִיקְּבוּ בְּנֵי מֵעַיִים בֵּין סִימָן לְסִימָן, מַהוּ? מִי מִצְטָרֵף סִימָן רִאשׁוֹן לְסִימָן שֵׁנִי לְטַהֲרָהּ מִידֵי נְבֵלָה אוֹ לָא? וְאָמְרִינַן, לָאו הַיְינוּ *דִּבְעֵי אִילְפָא: הוֹצִיא עוּבָּר אֶת יָדוֹ בֵּין סִימָן לְסִימָן, מַהוּ? מִי

שֶׁהוּא סָמוּךְ לָעוֹר, וְהַוֶּושֶׁט סָמוּךְ לַמַּפְרֶקֶת. הִתַּרְתָּ. דִּסְבִירָא ה] לָן: כֵּיוָן דְּמִקַּלְקְלָה אַשְּׁחִיט תּוּ לָא מִיטַּרְפָא, שֶׁאֵין טְרֵפָה לַחֲצִי חַיּוּת. דְּהָא לָא סְבִירָא ו] לְרַבִּי זֵירָא דְּטַעְמָא מִשּׁוּם דְּאָמְרִינַן כְּמַאן דְּמַנְחָא בְּדִיקוּלָא דַּמְיָא. וְהָדַר בֵּיהּ רַבִּי זֵירָא. מֵהַאי טַעְמָא, וְאוֹדֵי דְּטַעְמָא מִשּׁוּם דִּכְמַנְחָא בְּדִיקוּלָא דַּמְיָא בְּרֵיאָה, אֲבָל בִּבְנֵי מֵעַיִים – מִיטַּרְפָא, שֶׁהַוֶּושֶׁט עֲדַיִין קַיָּים. וּמְנָלַן דְּהָדַר בֵּיהּ? מִדְּבָעֵי רַבִּי זֵירָא: נִיקְּבוּ בְּנֵי מֵעַיִים בֵּין סִימָן לְסִימָן – לְאַחַר שְׁחִיטַת הַקָּנֶה, דְּהוּא לְעוֹלָם רִאשׁוֹן. מִי מִצְטָרֵף סִימָן רִאשׁוֹן לְסִימָן שֵׁנִי לְטַהֲרָהּ מִידֵי נְבֵלָה אוֹ לָא. מִי אָמְרִינַן: סִימָן רִאשׁוֹן נִשְׁחַט לְב' דְּבָרִים – [לְהֶיתֵּר] אֲכִילָה וּלְטַהֲרָהּ מִידֵי נְבֵלָה, וְסִימָן שֵׁנִי לֹא בָּא לְהַתִּירָהּ בַּאֲכִילָה, שֶׁהֲרֵי נִטְרְפָה, אֶלָּא לְטַהֲרָהּ, וְכֵיוָן דְּאֵינָן שָׁוִין – אֵין שְׁחִיטָתָן מִצְטָרְפוֹת, וְאע"ג דְּסִימָן רִאשׁוֹן לְטַהֵר מִידֵי נְבֵלָה נַמִּי נִשְׁחַט. אוֹ דִּלְמָא, כֵּיוָן דְּרִאשׁוֹן אַף לְטַהֲרָהּ מִידֵי נְבֵלָה נִשְׁחַט, מִצְטָרֵף לַשֵּׁנִי? סִימָן רִאשׁוֹן לְסִימָן שֵׁנִי. גַּרְסִינַן. וְלָא גַּרְסִינַן "סִימָן שֵׁנִי לְסִימָן רִאשׁוֹן", דְּרִאשׁוֹן הוּא דְּקָאֵי לְהַתִּיר. וְלָא גַּרְסִינַן: וְאָמְרִינַן לָאו הַיְינוּ דִּבְעֵי אִילְפָא הוֹצִיא הָעוּבָּר אֶת יָדוֹ בֵּין סִימָן לְסִימָן מִי מִצְטָרֵף סִימָן רִאשׁוֹן כו'. וְהַאי דְּאִילְפָא בִּ"בְהֵמָה הַמַּקְשָׁה" (לקמן סח.). עוּבָּר נִיתַּר בִּשְׁחִיטַת אִמּוֹ, אֲבָל הוֹצִיא יָדוֹ קוֹדֶם שְׁחִיטָה, אָמְרִינַן הָתָם שֶׁאוֹתוֹ אֵבֶר אָסוּר, וְלֹא מְהַנְיָא לֵיהּ שְׁחִיטָה לְטַהֲרוֹ ז]. דִּתְנַן הָתָם: שָׁחַט אֶת אִמּוֹ וְאח"כ חֲתָכָהּ – מַגַּע נְבֵלָה, דִּבְרֵי רַבִּי מֵאִיר, וַחֲכָמִים אוֹמְרִים: מַגַּע טְרֵפָה שְׁחוּטָה. וְקָבָעֵי אִילְפָא (שם סט.): הוֹצִיא עוּבָּר אֶת יָדוֹ בֵּין סִימָן לְסִימָן מַהוּ? סִימָן רִאשׁוֹן נִשְׁחַט לְהַתִּיר וּלְטַהֵר, וְסִימָן שֵׁנִי לֹא בָּא לְאוֹתוֹ אֵבֶר אֶלָּא לְטַהֵר. מִי

לעיל כח. ע"ש

[לעיל כח. תמורה יח:] נדה כד.

גי' רש"ל וחלל שלה ניכר נבילה

[יבמות ל. וש"נ]

לקמן סט.

א] והדר ביה ר' זירא מדבעי ר' זירא דבעי ר' זירא: ב] כאן ששחט במקום חתך וכו' מתני': ג] וחזרו ושנו וקבעו במשנתם החזרה: ד] ה"מ לענין סתם: ה] התרת דסבירא לך כיון: ו] דהא לא סבירא ליה לר' זירא: ז] דמהניא ליה שחיטה לטהרו מידי נבלה דתנן התם: ח] אלא טעמא הויא משום: ט] ונראה דדעת הקונטרס שאין נראה לו לומר דר' זירא פליג: י] מדבעי ר' זירא דבעי ר' זירא נקבו: יא] ומשני דלעולם לא חזר בו מן הבעיא: יב] זה אי אפשר להיות אלא מטעם:

הגהות הב"ח

(א) גמ' ועוד הא תניא ואחר כך: (ב) שם מדבעי ר' זירא: (ג) רש"י ד"ה נקובת הוושט ופסוקת הגרגרת אלמא:

גליון הש"ס

גמ' ועוד הא תנן. כגירסא הא תניא: שם הא תנן ואח"כ. ועיין יומא מח ע"א:

הגהות מהר"ב רנשבורג

א] רש"י ד"ה אלמא וכו'. ולבסוף שחט שלא במקום חתך נמי וכו' כצ"ל:

רבינו גרשום

בשחיטה וקא קרי לה טרפה. איתיביה רב אחא בר הונא לרבא כלומר כיצד אמרת (שחטה חתך ז' פסק ולבסוף) [שאם פסק ולבסוף שחט] טרפה: והא הכא דקא חזינן אפי' פסק ואח"כ שחט נבלה איכא וכבר שחט נפסלה בשחיטה ומשום הכי נבילה (חו ר' ענה תלמוד) חדא היינו קמייתא. כלומר שחט את הושט וכבר שחט חדא לישנא היא ולא יכול לתרץ [כן] ועדיין אני דקשיא מתניתין: אלא אמר רבא אלו אסורות קתני.

מי מצטרף סימן ראשון לסימן שני לטהרה מידי נבלה או לא? עד כאן לא איבעיא לן אלא לטהרה מידי נבלה, אבל באכילה אסורה. א"ל רב אחא בר רב לרבינא: דלמא לעולם לא הדר ביה, ור' זירא לדבריו דרבא קאמר, וליה לא סבירא ליה! אמר רב אחא בר יעקב, שמע מינה מדר' שמעון בן לקיש: מזמנין ישראל על בני מעיים, *ואין מזמנין גוים על בני מעיים; מאי טעמא? ישראל דבשחיטה תליא מילתא, כיון דאיכא שחיטה מעלייתא – אישתרי להו; גוים דבנחירה סגי להו, ובמיתה תליא מילתא, הני כאבר מן החי דמו. אמר רב פפא: הוה יתיבנא קמיה דרב אחא בר יעקב, ובעי דאימא ליה: מי איכא מידי דלישראל שרי ולגוי אסור? ולא אמרי ליה, דאמינא: הא טעמא קאמר. תניא דלא כרב אחא בר יעקב: *הרוצה לאכול מבהמה קודם שתצא נפשה – חותך כזית בשר מבית השחיטה ומולחו יפה יפה ומדיחו יפה יפה, וממתין לה עד שתצא נפשה ואוכלו, אחד גוי ואחד ישראל מותרין בו. מסייע ליה לרב אידי בר אבין, *דאמר רב אידי בר אבין אמר ר' יצחק בר אשיאן: הרוצה שיבריא, חותך כזית בשר מבית שחיטתה של בהמה ומולחו יפה יפה ומדיחו יפה יפה, וממתין לה עד שתצא נפשה, אחד גוי ואחד ישראל מותרין בו.§

מתני' השוחט בהמה חיה ועוף, ולא יצא מהן דם – כשרים, ונאכלין בידים מסואבות, לפי שלא הוכשרו בדם. ר' שמעון אומר: הוכשרו בשחיטה.§

גמ' טעמא דלא יצא מהן דם, הא יצא מהן דם – אין נאכלים בידים מסואבות. אמאי? ידים שניות הן, ואין שני עושה שלישי בחולין! וממאי דבחולין עסקינן? דקתני חיה, דאילו קדשים – חיה בקדשים מי איכא? ותו, אי בקדשים, כי לא יצא מהן דם נמי, *הוא עצמו לדם הוא צריך! ותו, אי בקדשים, כי יצא מהן דם מי מכשיר? *והאמר ר' חייא בר אבא אמר רבי יוחנן: מנין לדם קדשים שאינו מכשיר? שנאמר: °"על הארץ תשפכנו כמים", דם שנשפך כמים – מכשיר, שאינו נשפך כמים – אינו מכשיר! ותו, אי בקדשים, כי לא יצא מהם דם לא מתכשרי – ליתכשרי בחיבת הקודש, דקיי"ל: *חיבת הקודש מכשרתן! א"ר נחמן אמר רבה בר אבוה: הכא בחולין שלקחן בכסף מעשר עסקינן, ודלא כר"מ; דתנן: כל

[ועיין תוס' לקמן קב. ד"ה אלא לאו] | לקמן קכח. | ג"ז שם | [לקמן עד:] | [לעיל כט.] | פסחים כב: [עי' כ. לקמן לו:] | דברים יב | [יומא עד.]

רש"י

מי מצטרף ראשון לשני. הואיל וגם הוא לטהר נשחט, או לא. ופשיטא הכא: אם מצטרף סימן ראשון לסימן שני להתיר שאר העובר בבהמה, לא יצטרף עמו לטהר אותו אבר מידי נבלה? ולענין ניקובי בני מעיים נמי תפשוט דמצטרף, דלא מחלק חילוק לפסול בשחיטה, הואיל ובסימנין לא איתיליד ריעותא. **עד כאן לא איבעיא כו'.** והשתא אהדרינן לשמעתין דאמרינן: הדר ביה ר' זירא מההיא דלעיל. מדבעי: מהו לטהרה מידי נבלה – מכלל דפשיטא ליה דאיטרפא בנקיבה דבני מעיי. **לא הדר ביה.** ופשיטא ליה לרבי זירא דאף באכילה שריא, דאין טריפה לאחר חיות. והא דבעי רבי זירא לענין טומאה. **לדבריו דרבא.** דאמר לעיל: לא אמר ר"ל לקיש אלא בריאה, אבל בבני מעיים טרפה, מיבעיא ליה לר' זירא אם טהורה מיהא מידי נבלה או לא. **מדר"ל לקיש.** דאמר: כיון שנתחתך קנה הוי ריאה כמונחת בדיקולא, שמע מינה אין מזמנין גוי על בני מעיים, משום ריאה נמי, דהוי כמי שהוציאה מן הבהמה בעודה מפרכסת. וגוי לאו בשחיטה תלי היתר אכילה דידיה, שלא הוזכרה שחיטה אצלו, ואבר מן החי נאסר להן, ואין יוצאה להן מידי אבר מן החי עד שתמות. אבל לישראל יצאה מידי אבר מן החי ע"י שחיטתה. **הוה יתיבנא קמיה דרב אחא.** כי אמר להא מילתא. **ולא אמרי ליה.** ונמלכתי בעצמי ולא הקשיתי לו. **הרוצה לאכול כו'.** משום המעלי, כדאמר לקמן בסמוך: הרוצה שיבריא. **מבית השחיטה.** שאינו מחוסר הפשט, ויכול לחותכו מיד קודם יציאת הנפש. **וממתין לה עד שתצא נפשה,** דאמרינן ב"ארבע מיתות" (סנהדרין דף סג.): מנין שאסור לאכול מן הבהמה קודם שתצא נפשה? ת"ל: "לא תאכלו על הדם". **אחד גוי כו'.** ולא ג] אמרינן במיתה תליא מילתא, והויא אבר מן החי לגבייהו. והיינו דלא כרב אחא. **ומדיחו יפה יפה.** מפני שעדיין נקפל הדם לצאת ולא יצא. **מתני' בידים מסואבות.** כלומר, בלא נטילה, דגזרו עליהם להיות שניות. ובגמרא פריך: אפילו הוכשרו נמי, אין שני עושה שלישי בחולין! **הוכשרו בשחיטה.** מגו דשריא שחיטה להפך בשר מידי אבר מן החי, משויא ליה נמי אוכלא לגבי טומאה. **גמ' כי לא יצא מהן דם כשרה.** בתמיה, וזריקת דם הוא דשריא להו, דכתיב (דברים יב): "ודם זבחיך ישפך", והדר: "והבשר תאכל". **שאינו מכשיר.** אם נפל על הזרעים. **דם הנשפך כמים.** הוי כמים ד]. **דקיימא לן חיבת הקודש מכשרתן.** למיהוי אוכלא ולקבולי טומאה, דתניא בפסחים (דף לה.): "והבשר" – לרבות עצים ולבונה, דאע"ג דלאו אוכלא נינהו – חיבת הקודש משויא להו אוכלא. **בכסף מעשר.** בירושלים, דכתיב (שם יד): "ונתת הכסף" וגו', ואשמועינן דשני עביד בהו שלישי, דלא כר"מ. כל

תוספות

מולחו יפה יפה ומדיחו יפה יפה. הא דלא אדכר הדחה קמייתא – כגון דמלייה בי טבחי, כדאמר בפרק "כל הבשר" (לקמן דף קיג.). אי נמי, משום דאיירי בבשר בית השחיטה, ולא הוצרך להזכיר. ולקדירה איירי. אי נמי, איירי לצלי. אף ע"ג דלצלי לא בעי מליחה, שאני הכא שנחתך קודם שתצא נפשה מבית השחיטה, ועדיף מבישרא דאסמיק בפ' "כילד צולין" (פסחים דף עד:).

אחד גוי ואחד ישראל מותרין בו. משמע דטעמא משום דליכא מידי דלישראל שרי ולגוי אסור. ותימה, דבפרק "ארבע מיתות" (סנהדרין דף נט.) פריך: והא איכא יפת תואר! ומשני: שאני גוים דלאו בני כיבוש נינהו. וה"נ, ה] שאני גוים דלאו בני שחיטה נינהו, כדאמר לעיל! ואין להקשות מהא דאמר פרק "ד' מיתות" (שם דף נח:): גוי ששבת חייב מיתה וכן העוסק בתורה. דבדבר שהוא מצוה לישראל לעשות לא שייך למימר: "מי איכא מידי דלישראל שרי" וכו'. ואע"ג דאמר: אפילו ששבת בשני בשבת חייב, מכל מקום לא דמי, הואיל ויש מצות שביתה לישראל כמו בשבת. ואע"ג דבן נח נהרג על העוברים כדאמר התם, וישראל אינו נהרג, נהי דפטור מ"מ לא שרי. וא"ת: דבפרק "גיד הנשה" (לקמן דף קב.) דפליגי אם נוהג אבר מן החי בטמא, ואמרינן: מחלוקת בישראל, אבל בבני נח דברי הכל מוזהרין על ו] הטמא כטהורין. בשלמא לרבנן, אע"ג דאין ישראל מוזהר על אבר מן החי דטמא, מ"מ אסיר ליה משום טמא, ולא אשכחת דלישראל שרי ולגוי אסור. אלא לר' מאיר דאמר דאין נוהג אלא בבהמה טהורה בלבד, והא איכא אבר מן החי דחיות ועופות הטהורין, לישראל שרי ולגוי אסור! וכי תימא דלא חיישינן, כיון ז] דסתם אבר מן החי אסור לישראל, א"כ מאי פריך התם בפ' "ארבע מיתות" (סנהדרין דף נט.) מגזל דפחות משוה פרוטה? וי"ל: דמכל מקום ח] אבר מן החי דידהו אסור משום דבעיא שחיטה. אע"ג דגוי אסור במשהו בשר וגידים ועצם, וישראל לא מיתסר אלא בכזית בשר – הא אמר ר' יוחנן *דחצי שיעור אסור מן התורה. ולר"ל לקיש דאמר חצי שיעור מותר מן התורה – דלמא לית ליה ההוא כללא, אלא סבר לה כמ"ד הכא: אין מזמנין גוים על בני מעיים.

השוחט בהמה חיה ועוף ולא יצא כו'. משמע דדם חיה ועוף מכשירין. וקשה להר"ר יעקב מאורליינ"ש: דבגמרא דריש דדם קדשים אינו מכשיר מדכתיב "על הארץ תשפכנו כמים" – דם הנשפך כמים מכשיר כו'. ובפרק "כסוי הדם" (לקמן דף פד.) אמרינן דלא אמרינן בהמה בכלל חיה לכסוי, משום דכתיב "על הארץ תשפכנו כמים", מה מים לא בעי כסוי – אף האי נמי לא בעי כסוי, אלמא בדם חיה ועוף דכתיב כסוי לא הוי בכלל "תשפכנו כמים"! ויש לומר: דכל דם הנשפך על הארץ שאין מקבלים אותו בכלי, כגון דם חיה ועוף, הוקשה למים, בין לענין הכשר בין לענין פטור כסוי. אלא דלענין כסוי גלי רחמנא דדם חיה ועוף בעי כסוי, אבל מכל מקום הוקש למים לענין הכשר, כיון דנשפך על הארץ.

ונאכלין בידים מסואבות. לצלי איירי, דלא בעי הדחה. אי נמי לקדירה, והודחו כמי פירות. **דם שאינו נשפך כמים אינו מכשיר.** הקשה הר"ר יעקב מאורליינ"ש, דבפרק "כל שעה" (פסחים דף כב.) פריך: והרי דם, דכתב רחמנא "וכל נפש מכם לא תאכל דם", ותנן: אלו ואלו מתערבין באמה ויוצאין לנחל קדרון ונמכרים לגננין לזבל! ומשני: אמר קרא "על הארץ תשפכנו כמים", מה מים מותרין בהנאה – אף דם מותר בהנאה. והשתא היכי דייקי היתר הנאה מהאי קרא לדם קדשים? הא לא איתקש למים! ויש לומר: דמכל מקום כיון דדם חולין שרי בהנאה, אם כן אכילה דכתיב גבי דם הויא אכילה ממש. [וע"ע תוספות פסחים דף כב. ד"ה מה]: ודלמא

עין משפט נר מצוה

עג א מיי' פ"ב מהל' אבות הטומאה הל"ט:
עד ב מיי' פ"ז מהל' שחיטה הל"ב סמג עשין סג טוש"ע יו"ד סי' כו סעיף ב (סמג שם טוש"ע יו"ד סי' כז ועיין בטור):
עה ג טור' במיי' פ"ט מהל' מלכים ומה שכתב בזה הכ"מ בהלי"ג ועי' בטור יו"ד סי' כז:
עו ד מיי' פ"א מהל' שחיטה הל"ב טוש"ע יו"ד סי' כז ועיין בטור:
עז ה מיי' פ"ד מהל' מאכלות אסורות הלי"ג סמג שם טוש"ע יו"ד סי' כח סעיף כב:
עח ו מיי' פ"ח מהל' אבות הטומאה הל"ב:
עט ז מיי' שם פרק יא הלכה ב:
פ ח מיי' פ"י מהל' טומאת אוכלין הלט"ז:
פא ט מיי' שם הלי"ז ופי"ב מהל' אבות הטומאה הלי"ג:

שיטה מקובצת

א] ע"ב לא איבעיא וכו' השתא אהדריה: ב] דהויא כמי שהוציאו מן הבהמה: ג] ולא אמרן במיתה תליא להו מלתא: ד] דם הנפשך כמים הוי כמים ומכשיר הס"ד: ה] והכא נמי נימא שאני גוים דלאו: ו] על הטמאים כטהורים בשלמא התם לרבנן אע"ג: ז] כיון דשם אבר מן החי אסור לישראל: ח] וי"ל דמ"מ איסור אבר מן החי דידהו משום דבעיא שחיטה ואע"ג:

גליון הש"ס

גמ' חיה בקדשים מי איכא. עיין יומא סד ע"א תד"ה לחייתו:

רבינו גרשום

לעולם לא הדר ביה א) כלומר לא אמר דמותר כלומר והוא אמר טענה זו דבעי למיהדר: אמר רב אחא בר יעקב שמע מינה מדר' שמעון בן לקיש מזמנין כו'. כלומר לריש לקיש דסבירא ליה שחט את הקנה ואח"כ ניקבה הריאה כשרה דאמרינן כמו דמנחא בדיקולא דמיא הכא נמי כיון ששחט הסימן אמרינן בני מעין שתולין (בקנה אמרינן) [בושט] כמה דמנחא בדיקולא דמיא: אין מזמנין גוי עליהן ב) מחיים דלא גמר בהו מיתה וכאבר מן החי דמו ולהן אסור אבר מן החי אבל לישראל דבשחיטה תליא מילתא לית לן בה: תניא דלא כרב אחא בר יעקב. כלומר דחזינן דמזמנין גוי אפי' (מחיים) [אבני מעיים]: הרוצה שיבריא. כלומר לשון בריא דאוכל מבית טביחתה קודם שתצא נפשה שטוב לאכול לכל אדם: אין נאכלין בידים מסואבות. זה שלא נטל ידיו: ידים שניות הן ואין שני כו'. כלומר מאי קרינן ידים שניות שהגוף טהור וידים חשובות טמאות אי נגע בשרץ כל הגוף טמא אלא איזהו שגופו טהור וידיו טמאות שנגע באוכלין טמאין שהאוכל ראשון וידיו שניות ואין שני עושה שלישי בחולין: הכא בחולין שלקחן בכסף מעשר כו' אי מה חולין אמרינן הא יצא מהם דם דאין נאכלין בידים מסואבות בחולין שלקחן בכסף ודלא כר' מאיר כו' דהא קא

א) לשון זה אין לו הבנה כלל ונראה דצ"ל כלומר לא אמר דיש טרפות לאחר חיות דודאי ס"ל דמותר והא דקאמר שאלה זו לדבריו דר' זירא אמר. ב) נראה דצ"ל דהוי כמו שנתלשו מחיים דעדיין לא גמר בהו מיתה וכו'.

*כל הטעון ביאת מים מדברי סופרים — מטמא את הקדש ופוסל את התרומה, ומותר בחולין ובמעשר, דברי ר"מ, וחכמים ג אוסרים במעשר. מתקיף לה רב שימי בר אשי: ממאי? דלמא עד כאן לא פליגי רבנן עליה דרבי מאיר אלא באכילת מעשר, אבל בנגיעה דמעשר ואכילה דחולין לא פליגי; והא — נגיעה היא, מדקתני: נאכלין בידים מסואבות, מי לא עסקינן דקא ספי ליה חבריה? אלא אמר רב פפא: הכא בידים תחלות עסקינן, ורבי שמעון בן אלעזר היא; *דתניא: אין ידים תחלות לחולין, רבי שמעון בן אלעזר אומר משום רבי מאיר: ידים תחלות לחולין ושניות לתרומה. תחלות לחולין אין, לתרומה לא?! הכי קאמר: תחלות — אף לחולין, שניות — לתרומה אין, לחולין לא. ומי איכא ידים תחלות? אין, *דתניא: *המכניס ידיו לבית המנוגע — ידיו תחלות, דברי רבי עקיבא, וחכמים אומרים: ג ידיו שניות. דכולי עלמא ביאה במקצת לא שמה ביאה, והכא בגזירה ידיו אטו גופו קא מיפלגי, מר סבר: ידיו כגופו שוינהו רבנן, ומר סבר: ידים כידים דעלמא שוינהו רבנן. ולוקמה כרבי עקיבא, דאמר: ידיו תחלות הויין! דלמא כי קאמר רבי עקיבא — הני מילי בתרומה וקדשים דחמירי, אבל לחולין שניות הויין. ולהוויין נמי שניות, דהא שמעינן ליה לר"ע דאמר: שני עושה שלישי בחולין! *דתנן, בו ביום דרש רבי עקיבא: °"וכל כלי חרש וגו' יטמא", טמא לא נאמר, אלא "יטמא" — לטמא אחרים, לימד על ככר שני שהוא עושה שלישי בחולין! דלמא הני מילי בטומאה דאורייתא, אבל בדרבנן לא. אמר ר"א א"ר הושעיא: הכא בחולין שנעשו על טהרת הקדש עסקינן, ודלא כרבי יהושע; *דתניא, *רבי אליעזר אומר: האוכל אוכל ראשון — ראשון, שני — שני, שלישי — שלישי. רבי יהושע אומר: יהאוכל אוכל ראשון ושני, שני, השלישי — שני לקדש ואין שני לתרומה, בחולין שנעשו על טהרת תרומה; על טהרת תרומה — אין, על טהרת הקדש — לא, קסבר: יחולין שנעשו על טהרת הקדש לית בהו שלישי. ולוקמה בחולין

(ויקרא יא)

רש"י

כל הטעון ביאת מים מדברי סופרים. כל שהוא מן התורה טהור, וסופרים גזרו עליו טומאה, כגון הידים והכלים שנטמאו במשקין, והבא ראשו ורובו במים שאובין, וכל האמורים ב"יליאות השבת" אלא שמונה עשר דבר – כולם טומאת שני א] לטומאה גזרו עליהם, ומטמא את הקדש עד שעושהו שלישי, וטמא הוא, שעושה רביעי. ופוסל את התרומה. דשלישי בתרומה פסול, ולא עביד רביעי. במסכת סוטה נפקא לן מקל וחומר. וחכמים אוסרים במעשר. אלמא, שאני מעשר מחולין. ממאי. ילפת מדרבנן דשני עושה שלישי במעשר? דלמא עד כאן. לא ב) קאמרי רבנן אלא לאסור לאכול מי שידיו מסואבות, או הבא במים שאובים לא יאכל במעשר, ד"אסורין במעשר" – אכילה משמע, אבל באכילה דחולין מודו, ונגיעה דמעשר נמי לא אסרי. ומתניתין אסר להו אפילו בנגיעה. מדקתני נאכלין. ולא קתני: "אוכלין מי שידיו מסואבות", דניזדוק מינה: הא ידיו לא יאכל. אלא: נאכלין לאחרים על ידי מי שידיו מסואבות. דקספי ליה חבריה. והכא דייקינן: הא הוכשרו – אין נאכלין לאחרים, אלמא פסלה בהו נגיעת שני, והא ליכא למאן דאמר! מי לא עסקינן כו'. כלומר, מי לא משמע נמי נאכלין לאחרים, ואפילו הכי דייק מתניתין: הא יצא מהן דם אין נאכלין! הכא. מתניתין דייק: הא הוכשרו פסלה בהו נגיעת ידים מסואבות – ולאו בידים שניות קאמר, אלא בידים תחלות. ולקמיה מפרש היי ניניהו ידים תחלות. ומתניתין דקאמר דידים תחלות הוויין אף להיות ראשונות לחולין – רבי שמעון בן אלעזר היא. ותניא אין ידים תחלות לחולין. במקום שהוכשר ידים תחלות, כגון ידים שהכניסן לבית המנוגע, דמיקרו תחלות – לא הוכשרו אלא לחולין, דבחולין לא הוו אלא שניות, ב] אלא לענין תרומה וקדשים שוינהו תחלות. מעמא"כ בשאר ידים, דאפילו לתרומה – שניות הויין. רבי שמעון בן אלעזר אומר ידים תחלות. הוכשרו אבל חולין. וידים שניות, כגון סתם ידים – הוכשרו אבל תרומה, ולעשותה שלישי ולפוסלה. המכנים ידיו. כשטמאן וטיהרן מטומאת סתם ידים. ביאה במקצת לא שמה ביאה. דאי שמה ביאה – הוי כל גופו טמא, ובעי טבילה משום "והבא אל הבית" (ויקרא יד), ואין ידים הוא דמטמאינן. וטעמא דתרוייהו, משום דגזרו ידיו אטו ביאת כל גופו, ובההיא גזרה פליגי איזו טומאה גזרו על ידיו, ר"ע סבר: ידיו גזרו רבנן שיהו תחלות כגופו אם נכנס שם, דהוי ראשון מדאורייתא. כידים דעלמא. וכ"מ, דאפילו נטלן ומיד הכניסן, ולא נגעו בשום דבר – הוו שניות מחמת ביאה. ונוקמה למתניתין כר"ע. דהא סתימתאה הוא, ורובא דסתמי ג] אליבא דר"ע, דסתם משנה רבי מאיר וסתם ספרא רבי יהודה* וכולהו אליבא דרבי עקיבא. וכיון דשמעת לרבי עקיבא דאמר ידיו תחלות, אוקי למתניתין כדידיה! אבל לחולין שניות הויין. הלכך מוקי לה כרבי שמעון בן אלעזר, דאמר בהדיא: אף לחולין הן תחלות. ולהוויין נמי שניות. וכרבי עקיבא מתוקמא שפיר. דהא שמעינן ליה דאמר שני עושה שלישי בחולין. הלכך ד], יצא מהם דם – פסלו בהו ידים. דתנן. בפרק "כשם שהמים" (סוטה דף כז:). בו ביום. יום שמינו את רבי אלעזר בן עזריה נשיא. וכל היכא דתני "בו ביום" סתמא ההוא יומא הוה, והכי אמרינן בברכות (דף כח.). שרץ שנפל לאויר תנור ה], והרי הוא ראשון, והתנור מטמא מה שבתוכו והוי שני. וכתיב ו] "יטמא", ומשמע: יטמא, אלמא עביד שלישי. על ככר. דסתם תנור ככרות בתוכו. שמטמא את השלישי. וקרא משמע בין חולין ובין תרומה. בטומאה דאורייתא. כגון שרץ. אבל בטומאה דרבנן. כגון ידים, דמדרבנן הוא דהוויין שניות. על טהרת הקדש. כגון אדם הרגיל לאכול קדשים, ורוצה להיות רגיל תדיר בשמירת טהרתן, ושומר אף חולין מכל טומאות הפוסלות בקדש. ואשמעינן דשני עביד בהו שלישי. ודלא כרבי יהושע. דאמר: חולין שנעשו על טהרת הקדש לא פסיל בהו שלישי, דבטלה דעתו, ואין יכול להתפיס על חולין טהרת הקדש. האוכל אוכל ראשון. נעשה גופו ראשון להיות מגעו שני, והאוכל אוכל שני – נעשה גופו שני להיות מגעו שלישי, והאוכל ז] שלישי – שלישי. ולקמיה מפרש טעמא דר"א דמשוי אוכל כמאכל עצמו. ודווקא שאכל חצי פרס, שזהו שיעור אוכלין טמאין לפסול את הגויה, והן שתי ביצים כדאמר בעירובין (דף פג.), אבל בנגיעה לא מטמא אוכל אדם, שאין אדם וכלים מיטמאין אלא מאב הטומאה. רבי יהושע אומר האוכל אוכל ראשון. או אוכל שני – הוי שני. דסבירא ליה לרבי יהושע דלא משוינן אוכל כמאכל. ולקמיה מפרש כי אכיל אוכל שני אמאי משוי ליה שני. שלישי שני לקדש. האוכל מאכל שלישי נעשה גופו שני לקדש, ועביד שלישי ורביעי. ולקמיה מפרש טעמא. ואין שני לתרומה. דאי נגע ח] לתרומה – לא פסל לה. אבל מיכל תרומה אסור, דשלישי מיהא הוי ליאסר באכילה. דאף ע"ג דאמר רבי יהושע: אין אוכל נעשה כמאכל – ה"מ באוכל אוכל ראשון, דלא הוי ראשון למיעבד שני, אבל לאיתסורי באכילה מודה דשלישי עביד האוכלו שלישי. וה"נ אמרינן לקמן (דף לד:) בשמעתין. בחולין

תוספות

ודלמא עד כאן לא פליגי אלא באכילה. אע"ג דנקט לשון "דלמא", נראה שכן הוא האמת. וברייתא מוכחת כן, ב) ד"אסורין במעשר" משמע באכילה. ובפרק "אומר בקדש" (חגיגה דף יח:) לא גרים "ודלמא" בשום ספר. ובאכילה דחולין לא פליגי. לא היה לריך כאן לאכילה דחולין, אלא אגב דנקטיה במס' חגיגה (ג"ש שם) נקטיה הכא. *והא נגיעה היא מדקתני ונאכלין. וא"ת: ואפילו אם היה תנן "אוכלין" יכול לדקדק דבנגיעה איירי, דאי בנגיעה שרי – אמאי לא יאכל כשיצא מהן דם, כיון דאין גופו טמא ומותר ליגע? ויש לומר: י]דהחמירו חכמים שלא לאכול כשיש לו ידים מסואבות אף על גב דמותר ליגע. דכולי עלמא ביאה במקצת לא שמה ביאה. ואפילו לריש לקיש דאמר (זבחים דף לב:): טמא שהכנים ידו לפנים לוקה – היינו דוקא במקדש, דדרשינן מדכתיב "בכל קדש לא תגע ואל המקדש לא תבא עד מלאת ימי טהרה", מה נגיעה במקצת שמה נגיעה – אף ביאה במקצת במקדש שמה ביאה.* הני מילי בטומאה דאורייתא אבל בטומאה דרבנן לא. תימה: דבפרק יא] ה' דסוטה (דף ל.) א"ר אסי: רבי מאיר ורבי יהושע סברי אין שני עושה שלישי בחולין, רבי מאיר – דתנן: כל הטעון ביאת מים מדברי סופרים כו' ומותר בחולין. ומאי ראיה מייתי מיניה? הא רבי עקיבא מודה בטומאה דרבנן כדאמר הכא. דמשמע דאתא לאפוקי מדר' עקיבא דאמר התם לעיל: שני עושה שלישי בחולין! וי"ל: דרבי אסי לית ליה דיחוי דהכא. והשתא לרבי אסי, ההיא דפרק קמא דשבת (דף יג:) דאלו פוסלין את התרומה, דמשמע: תרומה ולא חולין – אתא דלא כר"ע, דאפילו בטומאה דרבנן סבר דשני עושה שלישי בחולין. האוכל אוכל ראשון ראשון. בפ"ק דשבת (דף יד.) מפרש טעמא: משום דזימנין דאכיל אוכלין טמאים ושקיל משקין דתרומה ושדי בפומיה. וא"ת: ואמאי הוי ראשון? בשני סגי! וכ"ת: משום מעשר שני דאין שני פוסלו, והלא אפילו משקים חולין נעשים ראשונים על ידי שני! ויש לומר: דרבי אליעזר משוה מדותיו לעשות אוכל כמאכל לגמרי. מאן

רבינו גרשום

קא חזינן כל הטעון ביאת מים מדברי סופרים כגון שצריך ליטול ידיו קודם שיאכל אם לא נטל ידיו: מותר בחולין ובמעשר. והני חולין שלקחן בכסף מעשר חשובין כמעשר: מי לא עסקי' דקא ספי ליה לחבריה. כלומר שאינו אלא נגיעה וקא תני דאין נאכלין כלומר שאינו יכול אפי' להאכיל ולא מוקמת ליה א) אליבא דרבנן סברי אפי' יצא מהם דם נאכלים בידים מסואבות דמוקמינן מתניתין דלכול בנגיעה: אלא אמר רב פפא הכא בידים תחילות עסקינן. כלומר מתניתין דקתני הא יצא מהם דם אין נאכלין בידים מסואבות בידים תחילות כגון שהכנים ידיו לבית המנוגע כדבעינן לפרש ור' שמעון בן אלעזר היא דאמר תחילות לחולין ומטמאות חולין: כידים דעלמא שוינהו רבנן. כלומר מה ידים דעלמא שהגוף טהור אין ידיו אלא שניות (אף הכא שנגעו באוכלין טמאין שהאוכל ראשון וידים שניות) אף הכא נמי כיון שהגוף טהור כידים דעלמא שוינהו רבנן ואינן אלא שניות: ונוקמה כר' עקיבא. כלומר ונוקמה מתניתין דקתני הא יצא מהם דם אין נאכלים בידים מסואבות כר' עקיבא דאמר דידים חשובות תחילות ומטמאות לחולין: אינו אומר טמא אלא יטמא לטמא טומאת אחרים. כלומר ככר שבתוך התנור טמא ומטמא ככר אחר שהוא שלישי: הני מילי בדאורייתא אבל בדרבנן לא. כלומר בטומאה דאורייתא כגון שרץ אבל בדרבנן כגון נטילת ידים לא אמר שעושה שלישי: ור' אלעזר אמר ר' אושעיא הכא בחולין כו'. כלומר מתני' דקתני הא יצא מהם דם אין נאכלין בידים מסואבות (הכא) בחולין שנעשו על טהרת הקדש [מיירי]: ודלא כר' יהושע כו' כלומר ר' יהושע האוכל אוכל ראשון ואוכל שני שני. כלומר בין שאוכל אוכל ראשון בין שאוכל אוכל שני שני: שלישי שני לקדש. כל גופו חשוב שני לקדש ומטמא קדש אבל אין פוסל תרומה: בחולין שנעשו על טהרת תרומה. כלומר באיזה אוכל אמרינן דאם אכל אוכל שלישי דחשוב גופו שני לקדש ומטמא קדש שאכל אוכל שלישי חולין שנעשו על טהרת תרומה אבל אוכל שלישי של חולין שנעשו על טהרת הקדש אין חשוב גופו שני לקדש ואין עושה שלישי בקדש קסבר חולין שנעשו על טהרת הקדש לית בהו דין שלישי דאין עושין שלישי ואין מקבלין שלישי ולדבריו דר' יהושע כיון דידיו שניות יכול לאכול חולין שנעשו על טהרת הקדש

א] נראה לה"ל ולא מוקמת לה גם אליבא דרבנן דסברי דביאת מהן דם אינן נאכלין בידים מסואבין דהא מתני' לא מיירי באכילה רק בנגיעה.

עין משפט נר מצוה

פב א מיי' פ"ח מהל' אבות הטומאה הל"ב ופ"י הל"ב ופ"ט פי"א הלכה ב ג:
פג ב מיי' פ"ג מהל' מעשר שני הל"ד ופט"ז מהל' טומאת אוכלין הלכה ח:
פד ג מיי' פ"ח מהל' אבות הטומאה הל' ב:
פה ד מיי' שם הל"י:
פו ה מיי' שם פי"א הל"ב:
פז ו ז מיי' שם הל"ט:

מסורת הש"ס

[ג"ל אין דורשין]

עיין בזה הדיבור במפרשי הש"ס וגם בספר תפארת שמואל בהגהות שלו על הרא"ש

[ועיין תוס' קדושין טז: ד"ה אפילו]

[פרה פי"א משנה ה] סוטה ל. חגיגה יח:

[תוספתא דטהרות פ"א ע"ש]

[ידים פ"ג משנה א]

פסחים יח. סוטה כז:

שבת יד. סוטה ל. טהרות פ"ב משנה ב

[סנהדרין פו.]

הגהות הב"ח

(א) רש"י ד"ה דילמא ע"כ לא קאמרי רבנן וכו' במעשר לאסורין במעשר: (ב) תוס' ד"ה ודילמא וכו' מוכחת כן לאסורין במעשר:

שיטה מקובצת

א] דבר כולם טומאת שני גזרו עליהם: ב] ברבחולין לא הוו אלא שניות אבל לענין תרומה וקדשים: ג] ורובא דסתמי אליביה דסתם משנה ר"מ: ד] הלכך כי יצא מהם דם: ה] שרץ שנפל לאויר תנור שהוא כלי חרס נטמא תנור והרי הוא ראשון: ו] וכתיב יטמא ומשמע יטמא אלמא עביד שלישי: ז] והאוכל אוכל שלישי שלישי: ח] דאי נגע בתרומה לא פסל לה: ט] וברייתא מוכחת כן דאוסרין במעשר: י] ומותר ליגע וי"ל דהא ההחמירו חכמים שלא לאכול: יא] תימה דבפ' כשם שהמים א"ר אסי:

בחולין שנעשו על טהרת תרומה, ורבי יהושע! לא ס"ד, דקתני בשר, דאי בתרומה — בשר מי איכא? אלא מאי, בקדשים? חיה בקדשים מי איכא? בשר בבשר מיחלף, בשר בפירי לא מיחלף. אמר עולא, חבריא אמרין: בחולין שנעשו על טהרת הקדש, ודלא כרבי יהושע. ואנא אמינא: רבי יהושע היא, ולא מיבעיא קאמר; לא מיבעיא חולין שנעשו על טהרת קדש דחמירי, דאית בהו שלישי, אלא אפילו חולין שנעשו על טהרת תרומה נמי אית בהו שלישי. מאן חבריא? רבה בר בר חנה היא, דאמר רבה בר בר חנה א"ר יוחנן: מאי אהדרי רבי אליעזר ורבי יהושע להדדי? אמר לו ר"א לרבי יהושע: מצינו אוכל חמור מן האוכל, דאילו נבלת עוף טהור בחוץ לא מטמא, ואילו אוכלה מטמא בגדים אבית הבליעה, ואנו היאך לא נעשה אוכל *כמאכל? ורבי יהושע: מנבלת עוף טהור לא גמרינן, דחידוש הוא. אלא מצינו שהמאכל חמור מן האוכל, דאילו מאכל — בכביצה, ואוכל — עד דאכיל כחצי פרס, ואנו היאך נעשה אוכל כמאכל? ור"א: טומאה משיעורין לא גמרינן. ועוד, לדבריך שאתה אומר על ראשון שני — יפה אתה אומר, שני שני למה? אמר לו: *מצינו שהשני עושה שני ע"י משקין. אמר לו: והא משקין נמי תחלה הוו, דתנן:* [א]כל הפוסל בתרומה — מטמא משקין להיות תחלה, [ב]חוץ מטבול יום. ועוד, שלישי שני למה? אמר לו: אף אני לא אמרתי אלא בתרומה, [ג]שטהרתה טומאה

רש"י

*בחולין שנעשו על טהרת תרומה. כלומר, האי אוכל ראשון ושני ושלישי דקתני — בחולין מיירי במסכת טהרות (פ"ב מ"ב), ובאיזו אוכל חולין אתה מוצא שלישי? הא שני לא עביד שלישי בחולין! אתה מוצאו בחולין שנעשו על טהרת תרומה. *על טהרת תרומה אין על טהרת הקדש לא. דבטלה דעתו, ואין שם טהרת הקדש נתפסת עליהם, אבל בטהרת תרומה א] נתפסין. אלמא, מתניתין דלא כרבי יהושע, אבל כר"א אתיא, דהא סתם קאמר: שלישי — שלישי, אפילו בחולין שנעשו על טהרת הקדש. דקתני בשר. מתניתין בבשר חולין קאי. ובשלמא פירות חולין, אדם מתפיסן בטהרת תרומה כדי שיהא רגיל להתנהג בטהרת תרומה, שאם תתחלף לו תרומה בחולין ויאכל תרומה בחזקת חולין יהא אוכלה בטהרה. אבל בשר ליתא בתרומה, ואין כהן מתפיס לבשר חולין טהרת תרומה, משום דלא מיחלפא ליה תרומה בבשר חולין שיבא לאוכלה כדרך החולין. בשר בבשר מיחלף. לפיכך דרך אוכלי קדש לאכול בשר חולין, אפי' של חיה, בטהרת הקדש, שאם תתחלף לו בשר הקדש בה, שיהא אוכלה בטהרה. בשר בפירי לא מיחלף. תרומה אינה אלא בפירות, ואינו נחלף בבשר, לפיכך אין דרך הכהנים להתפיס לבשר חולין שלהן טהרת תרומה. אמר עולא חבריא אמרין ג]. כדאמר במתני' דקתני שלישי — בחולין שנעשו על טהרת הקדש קמיירי, ודלא כרבי יהושע. ואנא אמינא דרבי יהושע נמי ס"ל הכי, דחולין שנעשו על טהרת הקדש אית בהו שלישי. והאי דקאמר רבי יהושע: בחולין שנעשו על טהרת תרומה — רבותא אשמועינן, דאפ"ה אית בהו שלישי, וכ"ש חולין שנעשו על טהרת הקדש. מאן חבריא. דסבירא להו דדווקא נקט רבי יהושע חולין שנעשו על טהרת תרומה. מה אהדרי רבי אליעזר ורבי יהושע להדדי. מה השיבו זה לזה איש על דברי חברו. מצינו שהאוכל חמור מן האוכל. האדם האוכל המאכל חמור מן המאכל. היאך לא נעשה אוכל *כמאכל. דהאוכל אוכל ראשון לא יהא ראשון. דחידוש הוא. שאין לו טומאה בגלוי, וכשהיא בבית הסתרים היא מטמאה האדם עד שהוא מטמא בגדיו, וכל שאר טומאות מטמאות בגלוי, ואין מטמאות בבית הסתרים. הלכך, גזרת הכתוב היא ואין למדין הימנה. ור"א סבר למדין. אלא מצינו שהמאכל חמור מן האוכלו. דאילו המאכל ג] קיבל טומאה בכביצה (א) אוכלין טמאין שנגעו בו. ואדם האוכל. אוכלין טמאין, אינו טמא אא"כ אכל חצי פרס, כדתנן בעירובין (דף פב:): וחצי חציה לפסול את הגויה, והן ב' בילים. טומאה משיעורין לא גמרינן. דשיעורין מילתא באנפי נפשיה היא, ולאו משום חומרא וקולא. אלא אוכל דמטמא בכביצה — כך שיער בו הכתוב: "מכל האוכל אשר יאכל", ואמרינן ד] בפ"ח דיומא (דף פ.): אוכל הנאכל בבת אחת, ושיערו חכמים: אין בית הבליעה מחזיק יותר מביצת תרנגולת. ופסול גוייה בכחצי פרס — הכי תקון רבנן. ועוד לדבריך. שאתה למד טומאה משיעורין לעשות מאכל חמור מן האוכל, מה שאתה אומר: האוכל אוכל ראשון נעשה שני — יפה אתה אומר, אלא שני שני למה? אמר לו מצינו. שהאוכל שני עושה את חברו שני. ע"י משקין. אם נגע אוכל שני באוכל שהמשקה טופח עליו — נעשו משקין תחלה, כדקתני ואזיל: כל הפוסל את התרומה — מטמא משקין להיות תחלה, וחזר המשקה ועשה האוכל שני. וכיון דאשכחן ע"י משקה דשני עושה שני בשום דוכתא, מחמרינן גבי אדם האוכלו למהוי כוותיה, דאכילה חמירא מנגע. וא"ל. ר"א: אי ממשקה ילפינן, תחלה נמי בעית למיעבדיה להאי אדם, כי היכי דמשקה נעשה ראשון. ורבי יהושע לא יליף מן המשקה, דהתם חומרי דמשקין הוא שעלולין לקבל טומאה, אבל מן האוכל יליף. חוץ מן הטבול יום. דאיקלשא טומאה מיניה. ואע"ג דפסיל תרומה, לא עביד משקה ראשון. אף אני לא אמרתי. האוכל אוכל שלישי נעשה שני. אלא. באוכל של תרומה, כלומר, בחולין שנעשו על טהרת תרומה, וכדאמר רבי יהושע בהדיא לעיל. וכיון דעל טהרת תרומה נעשו, עבדי לאוכלן שני. *)מפני שטהרתה של תרומה טומאה היא אצל הקדש. כדאמרינן *ב"חומר בקדש" (חגיגה דף יח:): בגדי אוכלי תרומה מדרס לקדש. אלמא, אין שמירת תרומה חשיבא שמירה אצל הקדש. דהא מדרסות לגבי תרומה מטמאין ואפילו בחולין, דהא טומאה דאורייתא היא, והאוכל תרומה נשמר הוא מן המדרס, ואפ"ה לגבי קדש לא חשיבא שמירה, וחיישינן שמא ישבה עליהן אשתו נדה. ה"נ שלישי דתרומה, לגבי קדש מספקינן ליה בשני, הלכך האוכל שני לקדש, שמצינו שני עושה שני ע"י משקין. מדקאמר רבה בר בר חנה דאותביה ר"א לרבי יהושע: שלישי שני למה? ואמר: אף אני לא אמרתי כו', ש"מ דהא דקתני במילתיה דרבי יהושע "בחולין שנעשו על טהרת תרומה" — ה"ק: באלו חולין יש שלישי — בנעשו על טהרת תרומה, ועלה קאמר: אף אני לא אמרתי — דדווקא קאמר, ולא רבותא. דאי טעמא יהיב למילתיה, ואמר: באיזו חולין הוא נעשה שני לקדש — בחולין שנעשו על טהרת תרומה, ומשום דטהרתה טומאה היא אצל הקדש, ולעולם שלישי בחולין שנעשו על טהרת הקדש איכא, מאי קא מותיב ליה ר"א: שלישי שני למה? הא אשמועינן רבי יהושע טעמיה! ועולא דאמר לעיל, דרבי יהושע בחולין שנעשו על טהרת הקדש נמי אית ליה שלישי, סבר דהא דקתני במילתיה דרבי יהושע "בחולין שנעשו על טהרת תרומה" — טעמא הוא דיהיב למילתיה, דבחולין דטהרת תרומה הוא דאמרינן נעשה גופו שני לקדש, משום דטהרתה טומאה היא אצל הקדש, אבל לא בחולין דטהרת הקדש. ולעולם אשמועינן דיש שלישי ה] בנעשין על טהרת תרומה, וכ"ש בנעשין על טהרת הקדש. והאי "מהדרי ליה" לא שמיע ליה, דאינו לא במשנה ולא בברייתא מה שהשיבו זה לזה, אלא רבה בר בר חנה שמיע ליה מרביה. א"נ, ס"ל לעולא דהאי "אף אני לא אמרתי" — לא היו דברים מעולם, דלרבי יהושע בתרווייהו קאמר דנעשה גופו שני לקדש. וטעמא, משום דטהרת שניהם, בין נעשין על טהרת תרומה ובין נעשין על טהרת הקדש, טומאה היא אצל הקדש. והאי דקתני לעיל: בחולין שנעשו על טהרת תרומה — רבותא אשמועינן, דאפילו בהני איכא שלישי.

*) עיין רש"א

על

תוספות

מאן חבריא רבה בר בר חנה. לא ר"ל רבי אלעזר דלעיל, דלא הוה קרי ליה "חבריא", דרבו הוה. כדאמר בפ"ק דב"ק (דף יא:) וב"ש נוחלין" (ב"ב דף קכח.) דאמר עולא אמר רבי אלעזר: הלכה גובין מן העבדים. אבל קשיא, אמאי לא קאמר עולא: רבותי אומרים? ונראה, דרבי אלעזר לא קאמר לעיל יותר, אלא: "הכא בחולין שנעשו על טהרת קדש עסקינן", והתלמוד הוא דמסיים: "ודלא כרבי יהושע".

ואוכל עד דאכיל חצי פרס. אע"ג דמפרש ר"ת דכ"ח דבר גזרו על אדם האוכל כביצה שיהא טמא, מ"מ מייתי ראיה מפסול גוייה, שהיא מתחלה בחצי פרס.

טומאה משיעורין לא גמרינן. תימה: הרי אלינו נבלת בהמה דמטמאה, ואוכלה טהור, אלמא מאכל חמור מן האוכל!

שני שני למה. דאע"ג דאיכא למיגזר דכהדי דאכיל אוכלין טמאין שדי לפיו משקין (ג) דמעשר, מ"מ אי לאו דאשכחן בעלמא שני – דעביד שני לית לן למיגזר, דלא להוו מילי דרבנן חוכא ואיטלולא.

מצינו שני עושה שני ע"י משקין. וא"ת: ואמאי לא קאמר ע"י ספר, כדאמר בפ"ק דשבת (דף יד.) דהוי מי"ח דבר, וידים הבאות מחמת ספר נמי פוסלות תרומה כדאמר התם! וי"ל: דלא בעי לאתויי אלא ממאכל דעביד מאכל אחר שני, דומיא דמאכל דעביד אדם שני. ועוד, דהא דספר עביד ידים שניות, וגם פוסלות את התרומה – לאו משום טומאה, אלא משום חומרא.

משקין תחלה נמי הוו כדתנן וכו'. לא בא להקשות שכמוהו יעשה האדם ראשון, דלמה יש לו להיות ראשון? אלא רצה לומר, דהא דעביד שני – היינו דווקא ע"י משקין שהן תחלה. ול"ג מה שכתוב בספרים: אמר ליה רבי יהושע שאני משקין דעלולים לקבל טומאה, דמ"מ לא תירץ כלום.

אף אני לא אמרתי כו' י"מ כי מהכא דייק דחבריא סברי

מסורת הש"ס

[עיין לעיל לסוף ע"ב]

[ג"ז שייך שם]

[ועי' תוס' שבת יד. ד"ה רבי יהושע]

[פרה פ"ח מ"ז פסחים יד:]

נ"ל כאוכל רש"ל

נ"ל כאוכל רש"ל

נ"ל באין דורש

עין משפט נר מצוה

פח א מיי' פ"ח מהל' אבות הטומאות הל' י ופ"י הל"ז והל"ט ופ"ו הלכה ה:

פט ב מיי' שם פ"ו הל"ג:

צ ג וחוי' שם פ"ח הל"ב:

הגהות הב"ח

(א) רש"י ד"ה אלא וכו' מאוכלין: (ב) תוס' ד"ה שני וכו' שדי לפיו משקין לתרומה מ"מ אי לאו:

שיטה מקובצת

א] אבל בטהרת תרומה יכול להתפיסן ונתפסין: ומתניתא אלמא מתני' כו' עד סוף הדבור נרשם עליו ונ"ב שלא נמצא בס"י: ב] אמר עולא חבריא אמרין כדאמרי' דמתני' דקתני שני עושה שלישי בחולין: ג] דאילו המאכל מקבל טומאה כביצה אוכלין: ד] ואמרי' בפ' בתרא דיומא אוכל הנאכל: ה] ולעולם אשמעי' דיש שלישי בחולין שנעשו על טהרת תרומה:

רבינו גרשום

הקדש בידים מסואבות: ולוקמה בחולין שנעשו על טהרת תרומה כו'. כלומר ולוקמה מתניתין דאין נאכלין בידים מסואבות בחולין שנעשו על טהרת תרומה ור' יהושע כלומר דהא מודי בחולין שנעשו על טהרת תרומה דאית בהו שלישי: לא סלקא דעתך דקתני בשר. כלומר השוחט בהמה חיה ועוף דהוא בשר: אין בשר בבשר מיחלף. כלומר אע"פ שאין חיה בקדשים גזרינן חיה אטו בהמה דאיתה בקדשים אבל בשר בפירי לא מיחלף ואי בתרומה היאך גזרינן בשר אטו פירי: מאן חבריא רבה בר בר חנה. כלומר דרבה בר בר חנה סבר לר' יהושע חולין שנעשו על טהרת הקדש לית בהו שלישי כדבעינן למימר בסוף ההלכה: א"ל ר' אליעזר לר' יהושע מצינו שהאוכל חמור מן (החולין) [האוכלין]. ואנו היאך לא נעשה אוכל כאוכלין כלומר ולמה אמרת האוכל אוכל ראשון דאינו אלא שני: מנבלת עוף טהור לא גמרינן. כלומר דחדוש הוא דאינו מטמא אלא אבית הבליעה: אלא מצינו שהאוכלין חמור מן האוכל דאילו אוכל בכביצה. כלומר דאילו אוכלין מטמאין בכביצה כו': אלא שני שני למה. כלומר לדבריך שאתה אומר שהאוכלין חמור מן האוכל לפיכך האוכל אוכל ראשון אינו אלא שני אלא האוכל אוכל שני למה הוא שני כמוהו והא לדבריך אין חמור אוכל כאוכלין: א"ל מצינו שהשני עושה שני ע"י משקין. כלומר שאם נגעו משקין באוכלין שניים הרי הם כמוהו: משקין נמי תחלה (הא) [הוו] דתנן כל הפוסל את התרומה כו' ואיזהו דבר הפוסל את התרומה זהו שני ועושין משקין תחלה: חוץ מטבול יום כלומר שטבול יום פוסל תרומה ואין עושין משקין תחלה: ועוד שלישי שני למה. כלומר לדבריך שאתה אומר שהאוכלין חמור מן האוכל

צא א מיי' פי"א מהל' אבות הטומאה הלכ"ב:
צב ב מיי' שם הלי"ח:
צג ג מיי' שם הל"ב:
צד ד ה מיי' שם הלי"ח:

טומאה היא אצל הקדש. **אמר רבי זירא א"ר** אסי א"ר יוחנן א"ר ינאי: **האוכל שלישי של** חולין שנעשו על טהרת הקדש – נעשה גופו שני לקדש. איתיביה רבי זירא לרבי אסי: שלישי – שני לקדש ואין שני לתרומה, בחולין שנעשו על טהרת תרומה; על טהרת תרומה אין, אעל טהרת הקדש לא! אמר ליה: לא מיבעיא קאמר. והא "אף אני לא אמרתי אלא בתרומה" קאמר! **אמוראי** נינהו, **ואליבא** דרבי יוחנן. אמר עולא: בהאוכל שלישי של חולין שנעשו על טהרת תרומה – נפסל גופו מלאכול בתרומה. מאי קמ"ל? תנינא: שלישי שני לקדש ואין שני לתרומה, בחולין שנעשו על טהרת תרומה; שני הוא דלא הוי, הא שלישי הוי! אי מהתם, הוה אמינא: לא שני הוי ולא שלישי הוי, ואיידי דאמר שני בקדש – אמר נמי אין שני בתרומה, קמ"ל. איתיביה רב המנונא לעולא: *גהראשון שבחולין – טמא ומטמא, והשני – פוסל ואינו מטמא, דוהשלישי – נאכל בנזיד הדמע; ואי אמרת נפסל גופו מלאכול בתרומה, ספינן ליה מידי דפסיל ליה לגופיה? אמר ליה: ההנח לנזיד הדמע, דליכא

על טהרת הקדש לא. כלומר, לית בהו שלישי. **לא מיבעיא קאמר.** כלומר, אפילו בהני איכא שלישי. **והא אף אני לא אמרתי קאמר.** ורבה בר בר חנה אמרה לכך להדרפה דר"א ורבי יהושע משמיה דרבי יוחנן. וקשיא דרבי יוחנן אדרבי יוחנן! **אמוראי נינהו.** רבה בר בר חנה ור' אסי. דלית ליה לר' אסי הא "אף אני לא אמרתי", אלא כתרוייהו אית ליה כרבי יהושע דנעשה גופו שני לקדש. **בחולין שנעשו על כו'.** כדפרישית, דבשלישי של חולין אלו קאמר: הא שלישי לתרומה הוי, וכיון דשלישי הוא – פסול מיקרי. והוי דמצי למיגע בתרומה, מיכל מיהא לא מצי אכיל. **לא שני הוי ולא שלישי הוי.** שאין שלישי עושה שלישי. דהא קאמר רבי יהושע האוכל תמור מן האוכל, חוץ מן השני או שלישי ולענין קדש. קמ"ל. דשלישי מיהא הוי. וכי א"ר יהושע שאין נעשה אוכל כמאכל – לנגיעה הוא דקאמר, כגון האוכל אוכל ראשון, דאי הוית משוית ליה ראשון – הוי מגעו שני. אבל האוכל אוכל שלישי, דהי עבדת ליה שלישי שרי בנגיעה, לענין אכילה מודי דאסור א]. ומדיוקא דייקינן מילתיה, דקאמר: אין שני לתרומה, אבל שלישי הוי. **הראשון שבחולין טמא ומטמא.** תרומה, דעביד ליה שני לפסול את השלישי. **והשני.** שבחולין. **פוסל.** את התרומה. **ואינו מטמא.** דשלישי דתרומה לא עביד רביעי. הלכך, שלישי דתרומה לא מיקרי טמא אלא פסול.

והשלישי. של חולין. **נאכל בנזיד הדמע.** בתבשיל שתרומה מעורבת בו. כגון שלישי זה, אם מקפה של חולין הוא – מותר לתת לתוכו תבלין של תרומה ושום ושמן דתרומה ב] לאוכלו. ומדקתני בהו שלישי – ש"מ בחולין שנעשין על טהרת תרומה קאמר, וקתני: נאכל בנזיד הדמע. **ואי אמרת נפסל גופו מלאכול בתרומה ספינן.** להאי כהן מידי דפסיל לגופו, והדר אכיל בההיא תרומה, כגון הנך תבלין? **הנח לנזיד הדמע.** דלא איכפת לן אי אכיל תבלי תרומה בפסול הגוף. **דליכא**

סברי דאין שלישי בחולין שנעשו על טהרת קדש, דהאי "אף אני לא אמרתי" היינו האי דקתני בברייתא בסוף מילתיה דרבי יהושע: "בחולין שנעשו על טהרת תרומה", אבל בתחלה לא פירש רבי יהושע עד ששאלו ר"א. ואם איתא דחולין שנעשו על טהרת קדש יש בהן שלישי, היה לו לפרש דלא מיירי בהו, כדי שלא יבא לטעות ולומר דאיירי בכל דבר שיש בו שלישי. אלא ודאי אין בו שלישי, ולכך לא הוצרך לפרש דאיירי בתרומה. ואע"ג דאיכא קדש עצמו שיש בו שלישי, פשיטא דמלתא לאו בדידיה איירי, דאין דרך לאכול קדש שנטמא ובני אדם בדילין ממנו. **אמוראי** נינהו ואליבא דרבי יוחנן. לא ר"ל: הא דידיה הא דרביה. דמסתמא דהא דקאמר לעיל: מאי אהדרו ר"א ורבי יהושע אהדדי – לא מסברא אומר כן, דאין זה הדבר תלוי בסברא, אלא קבלה היתה בידו. **והשלישי** נאכל בנזיד הדמע. בלשון שני פירש בקונטרס, ונראה לו עיקר, דאיירי בחולין גרידי, ומטמא ופוסל דקאמר – היינו את התרומה. השלישי נאכל – אפילו הוא נזיד הדמע, ונגע בשני לטומאה, דה"ל שלישי – מותר לאוכלו. אבל נגע בשני קודש ג] שיערבו בו תרומה – לא צריכא לאשמועינן, דהכי הוו חולין גרידי ולית בהו שלישי. ודייק ע"כ, כיון דנזיד הדמע הוא – על טהרת תרומה בעי מיכליה, והוי חולין שנעשו על טהרת תרומה. ואי אמרת שלישי דידהו פסיל לגופיה לתרומה, ספינן להאי (א) ושרינן לאוכלו? הלא נפסל גופו ע"י כן, ואסור לטמא גופו! ועוד הוה יכול להקשות: היאך אוכל תרומה, דקתני: נאכל בנזיד הדמע? ומשני: הנח לנזיד הדמע דליכא כזית כו', הלכך לא בעי ד] לאכליניהו בטהרת תרומה, דהוו להו חולין גרידי. וקשיא לפי' זה, דהיה לו לפרש: מטמא ופוסל את התרומה, כיון דמיירי בחולין! ועוד, דמעיקרא דס"ד דאיכא כזית בכדי אכילת פרס, בלאו מילתיה דעולא תיקשי ליה: היאך נאכלין? והא תרומה טמאה קאכיל! ומפרש ר"ת: דבחולין גרידי איירי, כדפירש בקונטרס. ו"מטמא" דקאמר – היינו פוסל. והשני פסול ואינו מטמא – כלומר ואינו פוסל, דאינו עושה שלישי. והשלישי נאכל בנזיד הדמע, דכיון דהיה דעתו לערב בו תרומה – צריך לשומרו על טהרת תרומה, והוו ה] חולין שנעשו על טהרת תרומה, ולכך לית בהו שלישי, ואותו שלישי יכול לערב בו נזיד הדמע ולאוכלו. והשתא פריך, דהיכי ספינא ליה מידי דפסיל ליה לגופיה? ואסור לטמא גופו כדפי' בקונטרס! ומשני: דלית בהו כזית כו', ואין צריך לשומרו על טהרת תרומה, כיון דאין דעתו לערב אלא מעט שלא יהא כזית בכדי אכילת פרס, וחולין גרידי נינהו ואין בהן שלישי. ולא קרי ליה שלישי אלא משום דהוי מגע שני, או משום שאם היה דעתו לתת בהן תבלין של תרומה הרבה עד שיהא כזית בכדי אכילת פרס יצטרך לשומרו על טהרת תרומה. ונראה דוחק. ונראה לפרש כפירוש קמא, דאיירי בחולין שנעשו על טהרת תרומה, ומטמא ופוסל – את החולין שנעשו על טהרת תרומה דאיירי בהו, דיש בהו שלישי. ושלישי שבהן פסול ונאכל בנזיד הדמע, ויכול לערב ו] תבלין של תרומה. ופריך: היכי ספינן ליה מידי דמפסיל ליה לגופיה, והדר אכיל תרומה? כדפירש הקונטרס ז] בפירוש קמא. ומשני: דלית ביה כזית כו', ולא חיישינן אי אכיל ליה בפסול הגוף. אע"ג דהאי שיעור אסור מן התורה, הכא דפסול הגוף דרבנן – לא החמירו. ומה שהקשה, דמ"מ היכי שרי לפסול גופו? הא ח] אמר *בפ"ק דיומא (דף ט.): "לא תטמאו בהם ונטמתם בם" – מכאן לטומאת הגויה מן התורה! נראה, דמהתם לא ילפינן ט] גופו, שהרי אפילו כהנים אמרינן בפ"ק דר"ה (דף טז:) דמותרים ליגע בשרץ ונבלה. ולא דרשינן מההוא קרא אלא דאם אכל אוכלין טמאין – דנפסל גופו מלאכול תרומה וטהרות. וכן בפרק "אמרו לו" (כריתות דף יג.) דאמר: התירו לה למעוברת לאכול פחות מכשיעור אוכלין טמאין מפני הסכנה, דמשמע: דוקא פחות מכשיעור, מפני הסכנה דוקא – היינו נמי כשבאה לאכול בתר הכי תרומה וטהרות. ובפרק ב' דטהרות, בתר הסיא דהכא, קתני: הראשון והשני שבתרומה טמאים ומטמאין, שלישי בתרומה פוסל ולא מטמא, הרביעי נאכל בנזיד הקדש – ההיא בבא איירי בתרומה שנעשו על טהרת קדש. והפסול וטומאה דקתני הוו בתרומה עצמה, והרביעי שלה יכול לערב בתבשיל של קדש גמור. והדר קתני: הראשון והשני והשלישי שבקדש טמאין ומטמאין, רביעי פוסל ולא מטמא, חמישי נאכל בנזיד הקדש – האי בבא איירי בקדש גמור שנעשה על טהרת חטאת ועל טהרת פרה אדומה, כדאמר: בגדי אוכלי קדש מדרס לחטאת, ואמר נמי במסכת חגיגה (דף יח:): יוסף חסיד שבכהונה י] היתה מטפחתו מדרס לחטאת. לכך קאמר דאף הרביעי פוסל. ובחמישי עצמו יכול לערב בו מאכל קדש שהוא קדש גמור. אבל תרומה לחודה דלאו על טהרת קדש – אין בה רביעי, וקדש לחודיה דלאו יא] לטהרת חטאת – אין בו חמישי, כדאמר בסוף פרק קמא דפסחים (דף יט.) דלא לישתמיט תנא וליתני רביעי בתרומה וחמישי בקדש. ואין לתמוה על התרומה ועל הקדש, איך נאכלין כיון דטמאין הם. דמאחר דבתרומה עצמה אין בה רביעי ולא בקדש חמישי, ליכא איסורא. ולפירוש רבינו תם איירי בבא דתרומה גרידא, וקורא לה רביעי לפי שרוצה לערב נזיד הקדש, ושומרה מהיות רביעי. ובבא דקדש איירי בקדש גרידא, וחמישי נאכל בנזיד הקדש לפי שרוצה לאכול עמו קדש הנשמר בטהרת חטאת. ו"מטמא" היינו פוסל, כדפירש בבבא דרישא. **הנח** לנזיד הדמע דליכא כזית **בכדי אכילת פרס.** לא בשביל שיהא שם נזיד כן. דבפרק "אלו עוברין" (פסחים דף מד.*) יב] משמע דליכא בשמתא כזית בכדי אכילת פרס, גבי מקפה של חולין ושום ושמן של תרומה, דקאמר התם ובפרק "שלשה מינין" (נזיר דף לו.): הואיל וזר לוקה עליו בכזית בכדי אכילת פרס. אלא דבעי למימר דהכא איירי בכה"ג דליכא כזית בכדי אכילת פרס. אבל

הגהות הב"ח

(א) תום' ד"ה והשלישי וכו' ספינן להאי כהן ושרינן:

טהרות פ"ב משנה ג

[נ"ל בפ' בתרא דיומא פ:]

[ע"ש בתוס' ד"ה לאיכא]

שיטה מקובצת

א] מודי דאסור מדיוקא דדייקינן מיניה דאמר: ב] ושום ושמן דתרומה ולאוכלו ומדקא מני ביה שלישי שמעת מינה בחולין: ג] אבל נגע בשני קודש שעירב בו תרומה: ד] הלכך לא בעי למיכלינהו בטהרת: ה] וה"ל חולין שנעשו: ו] ויכול לערב בו תבלים של תרומה: ז] כדפי' הקונטרס בפ' קמא נמחקו מלות בפ' קמא: ח] אמר' בפ' בתרא דיומא אל תטמאו בהם: ט] דמהתם לא ילפי' שיהא אסור לפסול גופו שהרי אפי' כהנים: י] חסיד שבכהונה היה והיתה מטפחתו: יא] וקדש לחודיה דלאו על טהרת חטאת: יב] בפ' אלו עוברים משמע דבשמתא איכא כזית בכדי אכילת פרס:

רבינו גרשום

האוכל אוכל שלישי למה אמר שני: נעשה גופו שני לקדש. כלומר ואינו יכול לאכול קודש: והא אף אני לא אמרתי אלא בתרומה כו' כלומר והא סבירא ליה לר' יוחנן דסבר דר' יהושע אף אני לא אמרתי אלא בתרומה א) הא אף אני לא אמרתי אלא בתרומה וכו' ועכשיו הוא אומר חולין שנעשו על טהרת הקדש וקשיא דר' יוחנן [אדרבי יוחנן]: אמוראי נינהו ואליבא דר' יוחנן איכא דאמר אליבא דר' יוחנן אפי' אוכל שלישי שנעשו על טהרת הקדש נפסל גופו מלאכול בקדש. ואיכא דאמר לא אמר אלא בתרומה הואיל והרחתה טומאה היא אצל הקדש כדבעינן למימר לקמן בשלהי הדילכתא: שני הוא דלא הוי הא שלישי הוי. כלומר אין שני לתרומה הא גופו חשיב שלישי ונפסל מלאכול בתרומה: הראשון שבחולין טמא ומטמא. כלומר ואיזהו ראשון שנגע בשרץ השני פוסל ואינו מטמא (קדש) [תרומה]: והשלישי נאכל בנזיד הדמע. כלומר נאכל עם דמע של תרומה ואינו חושש שרביעי בתרומה ליתא לדברי הכל ומאי קרי דמע תרומה שנדמע במאה חולין: (א"ל הנח לנזיד הדמע כו' כיון דמדמע אחד במאה) ואי אמרת נפסל גופו מלאכול בתרומה ספינן ליה כו' כלומר כיון דאותו חולין שהוא שלישי של חולין שנעשו על טהרת תרומה (הא אני) האוכל שלישי של חולין שנעשו על טהרת תרומה נפסל גופו מלאכול בתרומה ספינן ליה כו' א"ל הנח לנזיד הדמע כו' כלומר כיון דתרומה דנדמע באחד ומאה כי קא אכיל פרס מחולין דהן בארבעה ביצים לא אכיל כזית מתרומה דלא חשיב על הכל חולין שנעשו על טהרת תרומה: אסור

א) נראה דצ"ל וה"ק משמע דבחולין שנעשו על טהרת הקודש אין נעשה גופו שני לקודש.

דְּלֵיכָּא כְּזַיִת בִּכְדֵי אֲכִילַת פְּרָס. *א"ר יוֹנָתָן אָמַר רַבִּי: יאהָאוֹכֵל שְׁלִישִׁי שֶׁל תְּרוּמָה עַצְמָהּ – אָסוּר לֶאֱכוֹל וּמוּתָּר לִיגַּע. וְאִיצְטְרִיךְ דְּעוּלָּא וְאִיצְטְרִיךְ דְּרַבִּי יוֹנָתָן; דְּאִי מִדְּעוּלָּא, הֲוָה אָמֵינָא: הָנֵי מִילֵּי בְּחוּלִּין שֶׁנַּעֲשׂוּ עַל טָהֳרַת תְּרוּמָה, אֲבָל תְּרוּמָה – בִּנְגִיעָה נַמִי אָסוּר, אִיצְטְרִיךְ דְּרַבִּי יוֹנָתָן; וְאִי מִדְּרַבִּי יוֹנָתָן, הֲוָה אָמֵינָא: הָנֵי מִילֵּי תְּרוּמָה, אֲבָל חוּלִּין – בַּאֲכִילָה נַמִי שָׁרֵי, צְרִיכִי. יְתֵיב רַב יִצְחָק בַּר שְׁמוּאֵל בַּר מָרְתָא קַמֵּיהּ דר"נ, וְיָתֵיב וְקָאָמַר: יבהָאוֹכֵל שְׁלִישִׁי שֶׁל חוּלִּין שֶׁנַּעֲשׂוּ עַל טָהֳרַת הַקֹּדֶשׁ – טָהוֹר לֶאֱכוֹל בַּקֹּדֶשׁ, שֶׁאֵין לְךָ דָּבָר שֶׁעוֹשֶׂה רְבִיעִי בַּקֹּדֶשׁ אֶלָּא קֹדֶשׁ מְקוּדָּשׁ בִּלְבַד. מֵתִיב רָמֵי בַּר חָמָא: שְׁלִישִׁי – שֵׁנִי לְקֹדֶשׁ וְאֵין שֵׁנִי לִתְרוּמָה, בְּחוּלִּין שֶׁנַּעֲשׂוּ עַל טָהֳרַת תְּרוּמָה; אַמַּאי? הָא לָאו קֹדֶשׁ מְקוּדָּשׁ הוּא! א"ל: הַנַּח לִתְרוּמָה, שֶׁטָּהֳרָתָהּ טוּמְאָה הִיא אֵצֶל הַקֹּדֶשׁ. וּמְנָא תֵּימְרָא? *דִּתְנַן: יגבִּגְדֵי עַם הָאָרֶץ מִדְרָס לִפְרוּשִׁין, ידבִּגְדֵי פְרוּשִׁין מִדְרָס לְאוֹכְלֵי תְרוּמָה, טובִּגְדֵי אוֹכְלֵי תְרוּמָה מִדְרָס לְקֹדֶשׁ. אָמַר רָבָא: מִדְרָסוֹת קָאָמְרַתְּ? שָׁאנֵי מִדְרָסוֹת, שֶׁמָּא

דְּלֵיכָּא כְּזַיִת בִּכְדֵי אֲכִילַת פְּרָס. דְּחִיּוּב אוֹכֵל תְּרוּמָה בְּטוּמְאַת הַגּוּף לָא הָוֵי אֶלָּא בִּכְזַיִת. וְאֵין שׁוּם אֲכִילָה בְּשִׁיעוּר מִצְטָרֶפֶת, בֵּין כְּזַיִת דְּכָל אִיסּוּרִין וּבֵין כְּכוֹתֶבֶת דְּיוה"כ, אִם שֶׁהָה מִתְּחִלַּת אֲכִילַת הַשִּׁיעוּר וְעַד סוֹפָהּ יוֹתֵר מִכְּדֵי אֲכִילַת פְּרָס. שֶׁכָּךְ נָתְנָה תּוֹרָה שִׁיעוּר לִשְׁהִיַּית אֲכִילָה בְּבֵית הַמְנוּגָּע, שֶׁהִקְפִּידָה תּוֹרָה בְּשׁוֹהֶה בּוֹ שִׁיעוּר אֲכִילָה לְטַמֵּא בְּגָדִים, וְאוֹתָהּ אֲכִילָה נִשְׁעֲרָה בַּחֲצִי כִּכָּר שֶׁל עֵירוּב, וְהִיא ד' בֵּיצִים. וּבִנְזִיד הַדֶּמַע תַּבְלֵי תְרוּמָה מוּעָטִין, וְכִי אָכֵיל מִן הַתַּבְלִין כְּזַיִת עַד דְּאָכַל מִן הַמִּקְפָּה טְפֵי מֵאֲכִילַת פְּרָס. וּטְפֵי לָא מִצְטָרֵף כְּזַיִת, וְאֵין כָּאן אֲכִילַת תְּרוּמָה בְּטוּמְאָה. אֲבָל רִאשׁוֹן וְשֵׁנִי אֵין נֶאֱכָל בִּנְזִיד הַדֶּמַע, דַּאֲפִילּוּ בְּחוּלִּין מְהַנֵּי שֵׁנִי (א). וְעוֹד, דְּשֵׁנִי פָּסֵיל לֵיהּ לִתְרוּמָה דִּפְתִיכָא בֵּיהּ. כָּךְ שָׁמַעְתִּי. וְקַשְׁיָא לִי: מ"מ, הֵיכִי סָפֵינַן לֵיהּ מִידֵּי דְּפָסֵיל לְגוּפֵיהּ לִתְרוּמָה? וְהָא מוּזְהָר הוּא מִלִּפְסוֹל אֶת גּוּפוֹ, דְּאָמְרִינַן א] בפ"ח דְּיוֹמָא (דף פ:): "אַל תִּטַּמְּאוּ בָּהֶם וְנִטְמֵתֶם בָּם" – מִכָּאן לְטוּמְאַת גְּוִיָּה דְּאוֹרַיְיתָא! וַאֲפִילּוּ לְמ"ד דְּרַבָּנַן – אִיסּוּרָא מִיהָא אִיכָּא! וְעוֹד, לִישָּׁנָא דְּתַלְמוּד דְּפָרֵיךְ: "סָפֵינַן לֵיהּ מִידֵּי דְּפָסֵיל לֵיהּ לְגוּפֵיהּ", מַשְׁמַע דְּלָאו מִתַּבְלֵי תְרוּמָה פָּרֵיךְ, אֶלָּא מִדְּסָפֵינַן לֵיהּ שְׁלִישִׁי שֶׁל חוּלִּין! וְנ"ל, דִּבְחוּלִּין גְּרֵידָא קָאֵי רֵישָׁא דְּמַתְנִיתִין: הָרִאשׁוֹן שֶׁבְּחוּלִּין כו'. וְהַשְּׁלִישִׁי נֶאֱכָל, אֲפִילּוּ הוּא נְזִיד הַדֶּמַע וְנָגַע בַּשֵּׁנִי לְטוּמְאָה, וה"ל שְׁלִישִׁי – מוּתָּר לְאוֹכְלוֹ. וְהָא הָכָא, כֵּיוָן דִּנְזִיד הַדֶּמַע הוּא – *עַל כָּרְחֵיךְ שֶׁנַּעֲשָׂה עַל טָהֳרַת תְּרוּמָה בָּעֵי לְמֵיכְלֵיהּ, וה"ל חוּלִּין שֶׁנַּעֲשִׂין עַל טָהֳרַת תְּרוּמָה. וְאִי אָמְרַתְּ שְׁלִישִׁי דִּידְהוּ פָּסֵיל גּוּפָא לִתְרוּמָה, סָפֵינַן לֵיהּ לְהַאי כֹּהֵן מִידֵּי דְּפָסֵיל לְגוּפֵיהּ, וְאָתֵי לְמֵיכַל תְּרוּמָה אַבָּתְרֵיהּ? הַנַּח לִנְזִיד הַדֶּמַע דְּלֵיכָּא כְּזַיִת בִּכְדֵי אֲכִילַת פְּרָס. הִלְכָּךְ לָאו חוּלִּין שֶׁנַּעֲשׂוּ עַל טָהֳרַת תְּרוּמָה הוּא, דְּמַאי קָרֵית לֵיהּ בְּטָהֳרַת תְּרוּמָה – מִשּׁוּם תַּבְלִין דִּפְתִיכִי בֵּיהּ, הָנְהוּ לֵית בְּהוּ כְּזַיִת תְּרוּמָה בִּכְדֵי אֲכִילַת פְּרָס דְּמִקְפָּה. הִלְכָּךְ לָא בָּעֵי לְמֵיכְלִינְהוּ בְּטָהֳרַת תְּרוּמָה, וְהָווּ לְהוּ חוּלִּין גְּרֵידֵי. **אָסוּר לֶאֱכוֹל.** בִּתְרוּמָה. **וּמוּתָּר לִיגַּע.** וְהַיְינוּ נַמִי כִּדְעוּלָּא, אֶלָּא דְּעוּלָּא אַיְירֵי בִּשְׁלִישִׁי דְּחוּלִּין שֶׁנַּעֲשׂוּ עַל טָהֳרַת תְּרוּמָה, וְרַבִּי יוֹחָנָן אַיְירֵי בִּשְׁלִישִׁי דִּתְרוּמָה עַצְמָהּ. **ה"מ.** דְּאָמְרִינַן: נִפְסָל מִלֶּאֱכוֹל, דְּמַשְׁמַע: אֲבָל מוּתָּר לִיגַּע – הֵיכָא דִּשְׁלִישִׁי דְּקָאָכַל הָוֵי חוּלִּין, אֲבָל תְּרוּמָה לָא. וְאִי מִדְּרַבִּי ב] כו'. **אֶלָּא קֹדֶשׁ** מְקוּדָּשׁ. אֲבָל שְׁלִישִׁי שֶׁל קֹדֶשׁ מְקוּדָּשׁ. דְּהַאי שְׁלִישִׁי (ג) עָבֵיד רְבִיעִי בַּקֹּדֶשׁ – מַעֲלָה הִיא דְּרַבָּנַן, דְּהָא גַּבֵּי מַעֲלוֹת דְּ"חוֹמֶר בַּקֹּדֶשׁ" קָתָנֵי לְהוּ (חגיגה דף כ:) בַּה' מַעֲלוֹת אַחֲרוֹנוֹת, דְּאָמְרִינַן הָתָם (שם כא:) דְּלֵית לְהוּ דַּרְכָּא דְּטוּמְאָה מִדְּאוֹרַיְיתָא, וְכִי תַּקִּינוּ רַבָּנַן – בִּשְׁלִישִׁי דְּקֹדֶשׁ מְקוּדָּשׁ הוּא דְּתַקּוּן. וְאע"ג דְּמַיְיתִינַן לָהּ בְּק"ו מִמְּחוּסַּר כִּיפּוּרִים – לָאו ק"ו דְּאוֹרַיְיתָא הוּא, דְּהָא מִשְּׁלִישִׁי דִּתְרוּמָה הוּא דְּמַיְיתִינַן ג], וְהִיא גּוּפָהּ לָאו כְּתִיבָא בְּהֶדְיָא וְאַסְמַכְתָּא בְּעָלְמָא הוּא. תֵּדַע, דְּהָא גַּבֵּי מַעֲלוֹת תַּנְיָא. וְק"ו דִּכְוָותֵיהּ אָמְרִינַן בְּמַסֶּכֶת סוֹטָה בְּפֶרֶק "כְּשֵׁם" (דף כט:) דְּאָמְרִינַן ק"ו מֵאוֹכֶל הַבָּא מֵחֲמַת טְבוּל יוֹם דְּעָבֵיד רְבִיעִי בַּקֹּדֶשׁ, וְהוּא גּוּפֵיהּ לָאו מִכְתַּב כְּתִיב, וְלָא בְּק"ו אָתֵי. **קֹדֶשׁ מְקוּדָּשׁ.** קֹדֶשׁ גָּמוּר שֶׁקָּדַשׁ גּוּפוֹ, כְּגוֹן בְּשַׂר קָרְבָּן, וְחַלּוֹת הַתּוֹדָה שֶׁנִּשְׁחַט הַזֶּבַח עֲלֵיהֶם, וּמְנָחוֹת שֶׁקִּדְּשׁוּ בִּכְלִי. אֲבָל שְׁלִישִׁי שֶׁל קֹדֶשׁ הַמְקוּדָּשׁ בִּקְדוּשַּׁת פֶּה – לָא, וְהָכִי מְפָרֵשׁ בַּבָּרַיְיתָא דְּמַסֶּכֶת טְהָרוֹת בְּפ"ק. וְכֵיוָן דְּלָא עָבֵיד רְבִיעִי – לָא פָּסֵיל לְגַבְרָא. וְקס"ד: ד]וְכ"ש חוּלִּין שֶׁנַּעֲשׂוּ עַל טָהֳרַת תְּרוּמָה. **וְהָא לָאו קֹדֶשׁ מְקוּדָּשׁ הוּא.** וְקָפָסֵיל לֵיהּ לְגַבְרָא, וַאֲפִילּוּ שֵׁנִי נַמִי עָבֵיד לֵיהּ! **טוּמְאָה הִיא אֵצֶל הַקֹּדֶשׁ.** וּשְׁלִישִׁי דִּידֵיהּ מְסַפְּקִינַן לֵיהּ בְּשֵׁנִי לְגַבֵּי קֹדֶשׁ, וּמִש"ה פָּסֵיל לְגַבְרָא. **מִדְרָס לִפְרוּשִׁין.** הֲרֵי הֵן אֵצֶל פְּרוּשִׁין כְּמִדְרַס הַזָּב דִּמְטַמֵּא אָדָם, וְהָנֵי נַמִי מְטַמּוּ לְהוּ מִדְּרַבָּנַן. **פְּרוּשִׁין.** אוֹכְלֵי חוּלִּין בְּטָהֳרָה.

שֶׁמָּא

אבל תרומה בנגיעה נמי אסור. אע"ג דאין עושה רביעי, ה"א לאסור ליגע, דגזרינן שלא יבא לאכול. **האוכל** שלישי של חולין שנעשו על טהרת הקדש טהור לאכול בקדש. כמו שאינו עושה רביעי. והא דנקט אוכל ולא נקט מגע, שאינו עושה רביעי אם נגע בקדש – רבותא נקט, א] דהאוכל חמור ממגע, דהא אוכל את שלישי הוי שני לקדש. וא"ת: לענין מאי הוי שלישי? כיון דאוכלו הוי טהור אפילו לאכול בקדש, וגם אם נגע בקדש אינו עושה רביעי! ונראה, דנ"מ לכי הא [דתנן] (דתניא) בפרק קמא דטהרות: הסרך מטמא שלשה ופוסל אחד בקדש. באיזה קדש אמרו – בקדש מקודש, כמו חלות תודה ורקיקי נזיר שנשחט עליהן הזבח, והמנחות שקדשו בכלי, אבל חלות תודה ורקיקי נזיר שלא נשחט עליהם הזבח, ומנחות שלא קדשו בכלי – אינן לא כקדש ולא כחולין, אלא הרי הן כתרומה, והסרך מטמא בהן שנים ופוסל אחד. והשתא לענין זה יש בהן שלישי, דשוב אין שוחטין עליהם הזבח, ואין מקדשין המנחות בכלי, דתו לא חזו לקדושת הגוף. וא"ת: רבי יצחק כמאן? לא כר"א ולא כרבי יהושע! דלרבה בר בר חנה, לרבי יהושע אין בהן שלישי כלל. ולעולא, הא דקאמר רבי יהושע: שלישי שני לקדש ב] – היינו אף לחולין שנעשו על טהרת הקדש, אי כר"א – הא אמר: שלישי שלישי! וי"ל, דקסבר רבי יצחק דר"א ורבי יהושע לא איירו אלא בשלישי של חולין שנעשו על טהרת תרומה, שטהרתה טומאה היא אצל הקדש, אבל (ג) אוכלין שלישי של חולין שנעשו על טהרת הקדש – טהור לאכול בקדש. וא"ת: תקשה מתניתין דטהרות לרבי יצחק, דקתני: שלישי שבתרומה פוסל, ופירשתי לעיל דאיירי בנעשה על טהרת הקדש! וי"ל, דמסקינן: תנאי היא.

אין לך דבר כו' **אלא** קדש מקודש בלבד. מה שפירש בקונטרס דרביעי בקדש מעלה דרבנן היא, מדקתני לה בה' מעלות אחרונות בחומר בקדש, דאמר התם דלית להו דררא דטומאה דאורייתא – אין נראה, דהא חשיב נמי בה' מעלות אחרונות כלי מצטרף מה שבתוכו לקדש, וצירוף הוי דאורייתא לרבי (ד) יוחנן דספ"ק דפסחים (דף יט.). ואפילו רבי חייא בר אבא דפליג עליה התם, ואמר: צירוף דרבנן הוא – הא איהו מוקי לה כר"ע, ור"ע ס"ל שלישי בחולין דאורייתא, וא"כ רביעי בקדש נמי דאורייתא, דקרי כאן "והבשר אשר יגע בכל טמא לא יאכל". *והא דקרי לרביעי בקדש בפרקא) "כל שעה" (דף כד.) מעלה בעלמא – לאו משום דהוי מדרבנן, דהא הביא כפרתו אוכל בקדשים קרי ליה נמי התם *מעלה, אע"ג דהוי דאורייתא, כדדרשינן ב"הערל" (יבמות עד:). וקאמר נמי התם ד"והבשר" לרבות עצים ולבונה הוי מעלה, ולקמן (דף לו.) מוכיח מיניה דחיבת הקדש דמכשרת דאורייתא. והא דאמר בפ' ה] *("כל הפסולים") (זבחים דף לד) גבי "והבשר" לרבות עצים ולבונה לפסולה בעלמא – לאו פסולה בעלמא דרבנן, אלא למימר דלאו למלקות ד"לא יאכל" מרבה ליה, אלא ליפסל מהקרבה קאמר, דמקבל טומאה, ולעולם פסולה דאורייתא. והא דאמר בפרק "חומר בקדש" (חגיגה דף כא:) דה' אחרונות לית להו דררא דטומאה דאורייתא, ר"ח ל"ג "דאורייתא". ואפילו גרסינן "דאורייתא" ה"פ, דכה"ג בחולין ליכא דררא דטומאה דאורייתא, דרחוק הוא מטומאה. ומה שמדקדק בקונט' בפסחים, דלא משכח רביעי בקדש למ"ד טומאת משקה לטמא אחרים לאו דאורייתא, ואין אוכל מטמא אוכל, דהיאך יכול לבא לידי רביעי? שרץ כלי, וכלי אוכל, ואוכל משקה – הרי אין כאן אלא שלשה. ואין זה קושיא, דמשכחת ליה שפיר ע"י עצים ולבונה. ואע"ג דר"ל מיבעי ליה לקמן אי מהני חיבת הקדש למימני ביה ראשון ושני, ההוא אמורא דאמר בפסחים דאין אוכל מטמא אוכל סבר דמונין בו ראשון ושני, ור"ל סבר דאוכל מטמא אוכל*. **בחולין** שנעשו על טהרת תרומה ואמאי הא לאו קדש מקודש הוא. נ"ל, דהאי מקשה סבר דטעמא ו] הוא דהאוכל שלישי שני הוי, משום דכיון דלא נזהר לשומרו מליטמא וליגע בשני – איכא לספוקי נמי דלמא נגע בראשון. וסבר כעולא, דבנעשו על טהרת הקדש נמי שלישי שני מהאי טעמא, ולית ליה דטהרתה של תרומה טומאה היא אצל קדש, אלא שמירת תרומה חשיבא לשמירה אצל קדש. ורבי יצחק משני: דוקא בשלישי הנעשה על טהרת תרומה הוי אוכלו שני, דטהרתה טומאה היא אצל הקדש, אבל שלישי הנעשה על טהרת הקדש – הוי אוכלו טהור לאכול בקדש, כמו שאינו עושה רביעי. ולדידיה תרומה טהורה נמי מטמאה קדש. ולהכי קאמר: "מנא תימרא", דממאי דשלישי שני אין להוכיח לפי סברת המקשה. ומייתי מבגדי אוכלי תרומה מדרס לאוכלי קדש, ואין נראה לו לחלק, ולא חיישינן בפירי שמא נגע במדרס. נ"ל.

שמא

א) נ"ל חומר בקודש

[זבחים לג:]
חגיגה יח: [נדה לג:]
ועי' תוס' פסחים יט: ד"ה אלמא ותוס' חגיגה כג: ד"ה והא ותוס' מנחות כה: ד"ה יאלו ותוס' זבחים לג. ד"ה ואפילו
מאי לאו דנגע בו רש"ל
נ"ל בפ' כל שעה דף לה.
[נ"ל בית שמאי דף מו:]

עין משפט נר מצוה

צה א מיי' פי"א מהל' שאר אבות הטומאה הלכה יט:
צו ב מיי' שם הל' כ:
צז ג מיי' שם פי"ג הל"א ופ"י מהלכות מטמאי משכב ומושב הלכה ח:
צח ד מיי' פי"א מהל' שאר אבות הטומאה הלכה ח:
צט ה מיי' שם ופי"ב שם הלכה ז:

רבינו גרשום

אסור לאכול ומותר ליגע. כלומר אסור לאכול תרומה ומותר ליגע: אלא קודש מקודש בלבד. כלומר אם אכל שלישי של קדש ממש: מדרס לפרושים. כלומר שנאים לחכמים כבגדים שהן מושב הזב:

הגהות הב"ח

(א) רש"י ד"ה דליכא כזית וכו' דאפי' בחולין מהני שני כצ"ל: (ב) ד"ה אלא וכו' דעבידי: (ג) תוס' ד"ה האוכל וכו' אבל אוכל שלישי: (ד) ד"ה אין לך וכו' לר' יוחנן דספ"ק דפסחים דאפי' רבי חייא בר אבא אמר ר' יוחנן דפליג:

שיטה מקובצת

א] דאמרינן בפ' בתרא דיומא אל תטמאו בהם: ב] ואי מדר' יונתן וכו': ג] הוא דמייתינן לה והיא גופה: ד] והא דאמרי חולין: ה] בפ' ב"ש גבי והבשר לרבות: ו] נ"ל דהאי מקשה סבר דטעמא דהאוכל שלישי הוי שני משום דכיון:

הגהות מהר"ב רנשבורג

א] תוד"ה האוכל וכו' דהאוכל חמור ממגע דהא. נ"ב עיין מהרש"א מהדורא בתרא שכוון לזה ... ב] באד"ה היינו אף לחולין שנעשו על טהרת הקדש. נ"ב עיין מהרש"א מהדורא בתרא ...

שמא תשב עליהן אשתו נדה, אבל בפירי לא אמרינן. ורבי יצחק בפירי נמי אמר. מתיב רבי ירמיה מדיפתי: ומי אמרינן בפירי? והתנן: *אם אמר "הפרשתי לתוכה רביעית קדש" – נאמן, ולא קא מטמא ליה תרומה לקדש; ואי אמרת: טהרתה טומאה היא אצל הקדש, תטמא תרומה לקדש! א"ל: טומאה בחבורין קאמרת? טומאה בחבורין שאני, דמגו דמהימן אקדש – מהימן נמי אתרומה. מתיב רב הונא בר נתן: *השני שבחולין מטמא משקה חולין ופוסל אוכלי תרומה, והשלישי מטמא משקה קדש ופוסל אוכלי קדש, בחולין שנעשו על טהרת הקדש! תנאי היא. דתניא: *חולין שנעשו על טהרת קדש – הרי הן כחולין; ר"א ברבי צדוק אומר: הרי הן כתרומה, לטמא שנים ולפסול אחד.§ "ר"ש אומר: הוכשרו בשחיטה".§ אמר רב אסי, אומר היה ר"ש: שחיטתו מכשרת, ולא דם. לימא מסייע ליה, ר"ש אומר: הוכשרו בשחיטה; מאי לאו בשחיטה ולא בדם? לא, אף בשחיטה. ת"ש, אמר להן ר"ש: וכי הדם מכשיר? והלא שחיטה מכשרת! ה"ק להן: וכי דם בלבד מכשיר? אף שחיטה נמי מכשרת. ת"ש, *ר"ש אומר: דם המת אינו מכשיר; מאי לאו יהא דם שחיטה מכשיר? לא, הא דם חללים מכשיר. אבל דם שחיטה מאי, לא מכשיר? לישמעינן דם שחיטה וכ"ש דם המת! דם המת איצטריכא ליה, ס"ד אמינא: מה לי קטליה איהו מה לי קטליה מלאך המות, קמ"ל. ת"ש, ר"ש אומר: דם מגפתו אינו מכשיר; מאי לאו הא דם שחיטה מכשיר? לא, הא דם חללים מכשיר. אבל דם שחיטה מאי, לא מכשיר? לישמעינן דם שחיטה וכ"ש דם מגפתו! דם מגפתו איצטריכא ליה, ס"ד אמינא: *מה לי קטליה כולה מה לי קטליה פלגא. ומאי שנא דם חללים דמכשיר? דכתיב: °"ודם חללים ישתה", דם שחיטה נמי כתיב: °"על הארץ תשפכנו כמים"! ההוא למישרי דמן דפסולי המוקדשין בהנאה הוא דאתא; ס"ד

במדבר כג | דברים יד

תורה אור

שמא תשב. שמא ישבה. ואע"ג דאוכלי תרומה מדברי תורה בה ספיר, מיהו לגבי קדש לא הויא שמירה, וחיישינן, הואיל וטומאה מצויה היא. **אבל בפירי.** דאין טומאתן מצויה, הויא שמירת תרומה שמירה לקדש לענין רביעית. ד"א, תרומה טהורה נמי א] חיישא דמטמאה קודש. **אם אמר הפרשתי לתוכה כו'.** ב"אומר בקודש" (חגיגה דף כד:) תנן: ביהודה נאמנין עמי הארץ על טהרת יין ונסכים, אם אמרו טהורין ב] הן. והימנוהו רבנן כדי שלא יהא כל אחד הולך ובונה במה לעצמו ושורף פרה אדומה לעצמו. אבל על התרומה אין נאמנין אלא בשעת הגיתות והבדים. עברו הגיתות והבדים והביאו לו חבית של יין דתרומה – ה"ז לא יקבל הימנו, ואם אמר לו: הפרשתי לתוך חבית ג] זה רביעית לנסכים – נאמן על כולה, ומקבלה כהן ושותה. **בחיבורין.** שנתייסם בכלי אחד ד] תמיד. **מטמא משקה חולין.** כדאמרינן לעיל (דף לג.) דעביד להו תחלה. **והשלישי.** שבחולין. **בחולין שנעשו כו'.** כלומר, באלו חולין אמרו – ה] כשנעשה על טהרת הקדש. וקתני דעביד רביעי בקדש: **הרי הן כחולין.** ואין באין לכלל שלישי. **הרי הן כתרומה.** כדמפרש: לטמא שנים ולפסול אחד. כלומר, הראשון והשני טמא בקדש, והשלישי פסול, ואינו טמא לעשות רביעי אפילו בקדש. וכיון דלשמועינן בדידהו דלא שייך בהו רביעי – תו לא מיקרי שלישי דידהו "טמא", אלא "פסול", ולא עביד רביעי בקדש. והאי תנא ס"ל כרבי יצחק, ותנא דמתניתין קמייתא פליג עליה, כדקתני: ופוסל אוכלי קדש. **שחיטה מכשרת.** את הבשר לטומאה דמשויא ליה אוכלא. **ולא בדם.** ונפקא מינה, דאילו נפל דם שחיטה על הזרעים – לא הוכשרו, דלא מיקרי דם שחיטה משקה. **אף בשחיטה.** היכא דליכא דם. ולעולם כי איכא דם נמי מכשיר את הזרעים. **דם המת.** בהמה שמתה מאליה. **דם חללים.** שנהרגה. ולקמיה מפרש טעמא. **לשמעינן דם שחיטה דלא מכשר.** ואע"ג דאיתקוש למים, דכתיב: "על הארץ תשפכנו כמים". **ס"ד אמינא.** דם המת עדיף, דהוי כדם חללים, דמה לי קטלה איהו כולה. אבל דם שחיטה לא מיקרי חלל אלא זבוח. **מגפתו.** לשון (תהלים צא) "פן תגוף באבן רגלך", כלומר דם מכת בהמה. **אינו מכשיר.** דלא מיקרי משקה אלא דם חללים, דכתיב ו] "ישתה". **דפסולי המוקדשין.** לאחר שנפדו, מה מים מותרים בהנאה – אף דם פסולי המוקדשין מותרים בהנאה. דהאי קרא בפסולי המוקדשין מוקמינן ליה בספרי. הואיל

חגיגה כד: | טהרות פ"ב מ"ז ע"ש | [חגיגה כ.] | [מכשירין פ"ו מ"ז] | [נדה נה.]

שמא חשב עליהן אשתו נדה. אע"ג דעם הארץ מדרס לפרושין – צריך נמי האי טעמא, דע"ה אינו עושה מדרס ולא מטמא בהיסט, כדתנן בהדיא במסכת טהרות בפ"ז (משנה ו): הגנבים שנכנסו לבית – אינו טמא אלא מקום רגלי הגנבים. ומה הם מטמאים? אוכלין ומשקין וכלי חרס פתוחים, אבל לא המשכבות והמושבות וכלי חרס המוקפין צמיד פתיל, ואם יש עמהן גוי או אשה – הכל טמא. משמע בהדיא דע"ה אינו עושה משכב ומושב ואינו מטמא בהיסט. *וב"הנכנסין" (דף סא:) נמי פריך גבי מוקף צמיד: וליחוש שמא הסיטתו אשתו נדה! משמע דהוא עצמו אין מטמא בהיסט. וצריך ליתן טעם, דמ"ש לענין ליגורה שלו עשאוהו כזב שמעיינותיו טמאים, כדמשמע בפ' "בנות כותים" (נדה דף לג:) ובפ' "חומר בקדש" (חגיגה דף כב.), ולענין מדרס והיסט לא עשאוהו כזב? ונראה, דטעמא משום דאין גוזרין גזירות על הציבור אלא א"כ רוב הציבור יכולין לעמוד בהם, ובליגורה שלו אפשר ליזהר, אבל טומאה יתירה כגון משכב ומושב ז] והיסט לא רצו חכמים להחמיר. ובפרק "בנות כותים" (נדה דף לג:) יש להאריך יותר, ולא כאן. **ואם אמר הפרשתי לתוכה רביעית קדש נאמן.** וא"ת: היאך יאכל כהן תרומה, כיון דקדש מעורב בה? וי"ל: דע"י ברירה, שאומר: "רביעית שאני עתיד להפריש יהא קדש"*. **תטמא תרומה לקדש.** וא"ת: שאני הכא ששמרה על טהרת קדש, וממ"נ, כיון דמהמנינן ליה אקדש – מהימן נמי אתרומה! וי"ל, דס"ד: כיון דלתרומת חבר נמי מטמא קודש, משום דטהרתה טומאה אצל הקדש – לא שייך הכא להימניה לעם הארץ משום שלא יהא בונה במה לעצמו. אי נמי פריך, דה"ל למיחש שמא נתן קדש בחבית אחר שנתן בה תרומה. **שחיטה מכשרת ולא דם.** וטעמא, משום דמתרת בשר באכילה. וכן פירש בקונטרס. **דם המת אינו מכשיר.** פירש בקונטרס: בהמה שמתה מאליה. ובסמוך נמי גבי דם מגפתו אינו מכשיר, פירש כמו כן: דם מכת בהמה. וקשיא לר"ת, דא"כ הל"ל "דם מיתה" "דם מגפתה"! ועוד, דגבי אדם תנן לה במסכת מכשירין (פ"ו משנה ו), והכי איתא התם: אלו מטמאין ומכשירין, זובו ורוקו שכבת זרעו ומימי רגליו ורביעית דם מן המת ודם הנדה כו', רבי שמעון אומר: דם המת אינו מכשיר. ועוד, דדם מגפתה של בהמה אפילו רבנן מודו דלא מכשיר. דאמר בפרק "חבית" (שבת דף קמג:): לא, אם טמא חלב אשה שלא לרצון, שכן דם מגפתה טמא, יטמא חלב בהמה שלא לרצון, שדם מגפתה טהור? ומסתמא כרבנן אתי, דלא מסתבר לאוקומי כרבי שמעון ולא כרבנן. ועוד, דאי שייך דם חללים בבהמה, מאי שנא גבי אדם דאמר "מה לי קטלה כולה מה לי קטלה פלגא" דדם מגפתו מכשיר, ומאי שנא גבי בהמה דלא אמרינן? ועוד, דאמרינן בסמוך: רבי חייא סבר דאינה לשחיטה אלא לבסוף, והא דם מכה היא ולא מכשר, והתם כרבנן, דהא מכשר דם שחיטה. ובפרק "העור והרוטב" (לקמן קכא.) אמר: שונין, ישראל בטומאה וגוי בטהורה – צריכי מחשבה (בה) והכשר ממקום אחר. ואמאי לא מכשר מטעם דם חללים? מיהו, פירש בקונטרס שם דלא מקרי דם חלל אלא על ידי גיסטרא ומצואר, כדקאמר בסוטה "לתת אותה על חללי צוארי רשעים" ואין נראה, דהא ח] לגד בית השחיטה הוא דאיקרי צואר כדמשמע בפ"ק (לעיל דף יט:). לכך נראה לר"ת, דכולה שמעתא איירי באדם דשייך ביה דם חללים, ולא בבהמה. **לשמעינן** דם השחיטה וכ"ש דם המת. וא"ת: ומאי כ"ש? דמה ענין זה אצל זה, הא מתרי קראי נפקי לרבנן, דם המת – מ"דם חללים ישתה", ודם שחיטה – מ"תשפכנו כמים"! וכן קשה בסמוך גבי דם מגפתו! וי"ל: דס"ד דאפילו לרבנן, אי לאו דנפקא לן ט] שחיטה מ"תשפכנו כמים" הוה אמינא דדם חללים דוקא מכשיר, דהיינו שנהרג ולא מת מאליו, דלא אמרינן: מה לי קטליה איהו מה לי קטליה מלאך המות, דאין לך בו אלא חידושו, דלא מצינו דם מכשיר אלא דם חללים. אבל השתא דדם שחיטה מכשיר – לא הוי חידוש מאי דמכשיר דם חללים, ואמרינן: מה לי קטלה כו' וכן בסמוך. **למישרי** דמן דפסולי המוקדשין. ולר' אבהו דאמר בפרק "כל שעה" (פסחים דף כא:) ד"לא תאכלו" משמע איסור הנאה, איצטריך למישרי כל דם. והכא נקט פסולי המוקדשין – משום דחזקיה דפליג עליה ואמר ד"לא תאכלו" לא משמע ליה איסור הנאה. והוה מצי נמי למימר דאצטריך קרא לדם בהמה דלא בעי כסוי, כדאמרינן בריש "כסוי הדם" (לקמן דף פד.). ואומר ר"י: אע"ג דאין היקש למחצה – לא מסתבר ליה לר' שמעון מ"תשפכנו כמים" אלא לענין שפיכה, דלא בעי קבורה ולא כסוי. אבל הכשר לא שייך מידי לשפיכה.

סלקא

[נ"ל ובהנכנסין] | [עי' תוס' זבחים פח. ד"ה מן]

ק א מיי' פי"א מהל' משכב ומושב הל"ז:
קא ב מיי' פי"א מהל' אבות הטומאות הל"ו:
קב ג מיי' שם הל"ט ופי"ב הלכה טו:
קג ד מיי' פ"י מהל' טומאת אוכלין הל"ג:

שיטה מקובצת

א] דא"כ תרומה טהורה נמי ניחוש דמטמאה: ב] אם אמרו טהורין מהימני והימנוהו רבנן: ג] ואם אמר לו הפרשתי לתוך חבית זו רביעית לנסכים נאמן על כולה ומקבלה כהן ושותה: ד] בכלי אחר יחד הס"ד: ה] כשנעשו על טהרת הקדש והאי לאו קודש מקודש הוא וקתני דעביד: ו] אלא דם חללים דכתיב ודם חללים ישתה: ז] כגון משכב ומושב והיסט לא: ח] ואין נראה דהא צד בית השחיטה הוא דאיקרי צואר: ט] אי לאו דנפקא לן דם שחיטה מתשפכנו:

רבינו גרשום

אבל בפירי לא אמרינן. כלומר פירי דתרומה לא אמרינן שעושה רביעי בקדש: והתנן אם [אמר] הפרשתי לתוכה רביעית קדש נאמן כו' דאמרי' במסכת חגיגה ביהודה נאמנין על טהרת יין ושמן כל השנה כולה כלומר אפי' עמי הארץ יין לצורך ניסוך ושמן לצורך מנחות ובשעת הגיתות והבדים אף על התרומה עברו הגיתות והבדים אין נאמנים ואם אמר הפרשתי לתוכה רביעית קדש נאמן דאמרינן מגו דמהימן אקדש נאמן אתרומה אפי' לאחר הגיתות והבדים ואי אמרת טהרתה כו' גיתות דיין בדים דשמן: טומאה בחבורין קא אמרת. כלומר כיון א] דפים בה לקדש ודאי עשה לה לתרומה קודם לה בקדש: לכן שמירה מעולה בקדש: השני שבחולין מטמא משקה חולין כו'. כדאמרי' לעיל מצינו שני שעושה שני ע"י משקין דעלולין הן לקבל טומאה ופוסל אוכלי תרומה דחשוב שלישי ופוסל בתרומה והשלישי מטמא משקה קודש כמוהו ופוסל אוכלי קדש שעושה האוכלין רביעי קשיא לרב יצחק בר שמואל דהא לאו קדש מקדש הוא: ר' אלעזר בר' צדוק [אומר] הרי הן כתרומה לטמא שנים. כלומר לטמא שנים ולפסל אחד וזהו רביעי וכיצד תנאי היא דת"ק דר' אלעזר בר' צדוק סבר הרי הן כחולין ולא עושה רביעי בקדש שאין לך דבר שעושה רביעי בקדש אלא קדש מקודש ור' אלעזר בר' צדוק סבר חולין שנעשו על טהרת הקדש עושה רביעי בקדש: דם המת אינו מכשיר. כלומר בהמה שמתה מאיליה: הא דם חללים מכשיר. כלומר שנהרגה ולא נשחטה דגזרת הכתוב הוא ודם חללים ישתה: דם מגפתו

א) נראה דצ"ל כיון לחיבורה לקודש ולאי עשה וכו'.

ס"ד אמינא: הואיל א) ואסירי בגיזה ועבודה – דמן לבעי קבורה, קמשמע לן. *תנא דבי רבי ישמעאל: °"ודם חללים ישתה" – ב) פרט לדם קילוח, שאינו מכשיר את הזרעים. ת"ר: השוחט והתיז דם על הדלעת – רבי אומר: הוכשר, רבי חייא אומר: תולין. א"ר אושעיא: מאחר שרבי אומר הוכשר, ור' חייא אומר תולין, אנו על מי נסמוך? באו ונסמוך על דברי ר"ש, שהיה ר"ש אומר: שחיטה מכשרת ולא דם. אמר רב פפא: הכל מודים, היכא דאיתיה לדם מתחלה ועד סוף – כולי עלמא לא פליגי דמכשיר. כי פליגי – ג) בנתקנח הדם בין סימן לסימן; רבי סבר: *ישנה לשחיטה מתחלה ועד סוף, והאי דם שחיטה הוא; ורבי חייא סבר: *אינה לשחיטה אלא בסוף, והאי דם מכה הוא, ומאי תולין? תולין הדבר עד גמר שחיטה, אי איתיה לדם בסוף שחיטה – מכשיר, ואי לא – לא מכשיר. ומאי "באו ונסמוך על דברי ר"ש"? לר"ש לא מכשיר, לרבי חייא מכשיר! בנתקנח מיהו (א) אשוו להדדי, מר לא מכשיר ומר לא מכשיר; הוה ליה רבי חד, ואין דבריו של אחד במקום שנים. רב אשי אמר: ד) "תולין" – לעולם משמע, ונתקנח לר' חייא ספוקי מספקא ליה אי ישנה לשחיטה מתחלה ועד סוף או אינה לשחיטה אלא בסוף, ומאי "תולין"? לא אוכלין ולא שורפין. ומאי "באו ונסמוך על דברי ר"ש"? לר"ש לא מכשיר, לרבי חייא ספיקא! לענין שריפה מיהו שוו להדדי, מר לא שרפיה ומר לא שרפיה; הוה ליה רבי חד, ואין דבריו של אחד במקום שנים, והכי קאמר: כגון זאת תולין, לא אוכלין ולא שורפין. *בעי ר"ש בן לקיש: א] צריד של מנחות, ה) המונין בו ראשון ושני, או אין מונין בו ראשון ושני? כי מהניא חבת הקדש – לאפסולי גופיה, למימנא ביה ראשון ושני – לא, או דלמא לא שנא? א"ר אלעזר, ת"ש: °"מכל האוכל אשר יאכל" וגו', ו) אוכל הבא במים – הוכשר, אוכל שאינו בא במים – לא הוכשר. אטו רבי שמעון בן לקיש לית ליה אוכל הבא במים? רבי שמעון בן לקיש הכי קמיבעיא ליה: חבת הקדש, כאוכל הבא במים דמי או לא? רבי אלעזר נמי מיתורי קראי קאמר, מכדי כתיב: °"וכי יותן מים על זרע", "מכל האוכל אשר יאכל" למה לי? לאו

במדבר כג | ויקרא יא | שם

הואיל ואסירי בגיזה ועבודה. דכתיב: "תזבח" – ולא גיזה, "בשר" ולא חלב, בפ"ב דבכורות (דף טו.). **פרט לדם קילוח** ג]. שמקיז את הבהמה, בתחלה הדם שותת בטיפה אחת או שתים, ואח"כ הוא מקלח, ואח"כ הוא משחיר, והכי קיימא לן בכריתות (דף כב.). ותניא התם: איזהו דם הקזה שהנפש יוצאה בו – מטיפה המשחרת ואילך, אבל דם קילוח לא הוי דם הנפש. **את הזרעים.** לישנא דקרא נקט, "וכי יותן מים על זרע" (ויקרא יא) ג]. **והתיז.** בתחלת שחיטה. **על הדלעת** ד]. תלושה של תרומה. **רבי** ה] **חייא אומר תולין.** לקמיה מפרש מאי "תולין". **באו ונסמוך על דברי ר"ש.** שהוא מסייע את רבי חייא שאמר: אין דם מכשיר, והוה ליה רבי יחיד במקום שנים. **היכא דאיתיה לדם.** על הדלעת עד גמר שחיטה, שלא נתקנח. **דמכשיר.** דדם שחיטה הוא, ומתקנח למים. **אינה לשחיטה אלא לבסוף.** וכשנתקנח קודם סימן שני עדיין לא היה קרוי דם שחיטה, אלא דם מגפתו. **תלוי הדבר.** אי הוי הכשר אי לא. **לר"ש לא מכשיר.** לעולם, ואינו מסייע את רבי חייא! **בנתקנח.** דפליגי ביה רבי ורבי חייא. **מיהא.** מסייע ליה לר"ש, דבין למר ובין למר לא מכשרא. **לעולם משמע.** עד שיבא אליהו ויודיענו. ולא תני תנא תולין הדבר שגמרו מוכיח עליו. **לא אוכלין ולא שורפין.** אם נתקנח קודם גמר שחיטה ואחר כך נגעה טומאה בזרעים. **והכי קאמר כו'.** גירסא דלא צריכה היא. **צריד של מנחות.** קורטי קמח הצבור ו] במנחה, ואין שמן נכנס לתוכו. "צריד" לשון יבש, ודוגמתו בראש השנה (דף כז:): היה קולו דק או עב או צרוד. **קיימא לן** דחיבת הקדש מכשרת. דתניא: "והבשר" – לרבות עצים ולבונה, כדלקמן. **מונין בו ראשון ושני.** כלומר, אם נטמא מטמא אחרים או לא ז]. **לאפסולי גופיה.** ליפסל באכילה. **אטו ריש לקיש.** דבעי לה, לא ידע להאי קרא דהכשר על ידי מים הוא? **ריש לקיש.** בקדשים מיבעי ליה, אי הויא חיבת הקדש כהכשר מים בחולין או לא. ומהדר גמרא לשנויי: ורבי אלעזר נמי, דפשיט ליה ניהליה – מיתורא דקרא ח] פשטיה ניהליה.

סלקא דעתך אמינא הואיל ואסירי בגיזה ועבודה כו'. תימה: הא גיזה עצמה שריא כשעבר וגזז, ד"תזבח" ולא תגוז קאמר, כדתנן בפרק "הלוקח בהמה" (בכורות כה.): שער בכור בעל מום שנשר והניחו בחלון ואח"כ שחטו, עקביא בן מהללאל מתיר. (ב) ובתלוש נמי פליגי, כדמוכח התם בסוף פירקין (דף כו.). ואפילו רבנן דאסרי, מפרש התם בגמרא: גזירה משום דלמא אתי לאשהויי, אבל מדאורייתא שרי. א"כ, אפילו דם שילא מחייס קודם שחיטת הרוב למה יאסר? וכל שכן אחר שחיטה, דאז שרי אפילו לגוז, כדמשמע בפ"ב דבכורות (דף טו:)! וי"ל: דס"ד למיסר דם משום דדרשינן: "בשר" – ולא חלב, והוא הדין דהוה דרשינן: ולא דם. ולא דמי לגיזה דשריא, דגיזה מ"תזבח" נפקא, דמשמע: תזבח ולא תגוז, אבל כאן – "ואכלת בשר" כתיב, משמע: בשר ט] – ולא חלב ודם, ולאסור אף בהנאה אתא. אע"ג דאין הדרשה מיושבת על דם כמו על חלב דשרי באכילה, מ"מ דם נמי בר אכילה הוא. והא דלא מייתי הכא "בשר" ולא חלב – רישא דמילתא נקט. אי נמי, הכי פירושו: הואיל ואסירי בגיזה ועבודה, ואפי' לענין מלקות, כמו קודם שנפסלו, א]*כדתנן (בכורות דף טו:): הגוזז והעובד – סופג את הארבעים. וכיון דהחמירה תורה כל כך, ראוי לדרוש נמי: בשר ולא דם. וכן משמע בפ"ק דבכורות (דף ו:) דלאיסור חלב אתא קרא, ולא לאסור לחלוב. דבעי למידק מיניה דחלב חולין שרי, מדאצטריך לאסור חלב בפסולי המוקדשין מ"בשר" ולא חלב*. **ודם** חללים ישתה פרט לדם קילוח. פירש הקונטרס, ד"דם חללים" משמע שהיא נעשית חלל ממנו, ודם קילוח אין הנפש יוצאה בו, אלא מטיפה המשחרת ואילך, שהוא אחר הקילוח. וקשה: דבכריתות (דף כב.) משמע דלמ"ד מטיפה המשחרת ואילך לא אתא למעוטי דם הקילוח! והכי איתא התם בפרק "דם שחיטה" (ג"ז שם) איתמר: איזהו דם הקזה שהנשמה יוצאה בו? רבי יוחנן אמר: כל זמן שמקלח, וריש לקיש אמר: מטיפה המשחרת ואילך. מיתיבי: איזהו דם הקזה שהנשמה יוצאה בו – כ"ז שמקלח, יצא דם התמצית מפני שהוא שותת. מאי לאו אפילו ראשון ואחרון? לא, למעוטי טיפה המשחרת. ואי לר"ל למעוטי דם קילוח קאתי, לעולם תקשי ליה ברייתא! אלא לכ"ע דם קילוח נשמה יוצאה בו. ודם הקזה, בתחלה יוצא שחור ואח"כ יוצא אדום, הכל בלא קילוח, ולבסוף מקלח, ואחר הקילוח מתמעט ושותת ויורד בסמוך. ו"כל זמן שמקלח" דקאמר ר' יוחנן – היינו אמצעי, ולריש לקיש הוי דם שהנשמה יוצאה בו משכלה המשחיר ומתחיל להאדים, אע"ג שעדיין אינו מקלח. והשתא פריך לריש לקיש מברייתא דקתני: יצא דם התמצית מפני שהוא שותת, וה"נ שותת! ומשני: לא, למעוטי דם המשחיר. והכא לגבי הכשר זרעים לכך אינו מכשיר – משום ד"דם חללים" כתיב, ולא מיקרי דם חלל אלא אותו שיוצא אחר מיתה, שנעשה כבר חלל, פרט לדם קילוח שאינו לאחר מיתה. וכן פירש בקונטרס בכריתות (דף כב.). ודם שחיטה הוי איפכא, דלא חשיב דם שחיטה אלא דם שהנשמה יוצאה בו, אבל לאחר מיתה אינו קרוי דם. כדאמר בפ"ק דפסחים (דף טז:): והרי דם התמצית שנשפך כמים ואינו מכשיר! א"ל: הנח לדם התמצית, דאפילו בחולין נמי לא מכשיר, דאמר קרא: "כי הדם הוא הנפש" – דם שהנפש יוצאה בו קרוי דם וכו'. **צריד** של מנחות מונין בו כו'. פירש בקונטרס: קורטי קמח הצבורין במנחה, ואין שמן נכנס לתוכו. וא"ת: י] ויצטרף כלי לענין הכשר כאילו הוכשר כולו, כמו שמצרף לענין טומאה, מדכתיב "כף אחת" יא] דרשינן: *עשה הכתוב לכל מה שבכף אחת דמנחה נבללת בכלי שרת, כדמוכח בפרק קמא דמנחות (דף ט.), דאמר רבי יוחנן: בללה זר – כשרה, חוץ לחומת העזרה – פסולה. ומפרש טעמא, דכיון דקדושת כלי היא, נהי דכהונה לא בעי, פנים מיהא בעיא. ועוד, דלא שייך חיבת הקדש אלא היכא שנתקדש בכלי שרת, כדמוכח בריש "המנחות והנסכים" (שם קא.) דקאמר: עצים כל כמה דלא משפי להו בגיזרין לא מתכשרי, ולבונה נמי כל כמה דלא מקדש בכלי לא מתכשרא. והא דאמר בההיא פירקא (קב:) גבי פרה דמיטמא, אע"ג דכל העומד לשרוף כשרוף דמי והויא כעפרא, משום דחיבת הקדש משויא ליה אוכל, והתם ליכא קדוש כלי – שאני פרה, הואיל ועשו בה שחיטה והזאה כעין קרבן, וגם משום חומרא דפרה, החמירו שתהני בה חיבת הקדש! וי"ל: דמיירי הכא בשלא נתן עדיין שמן במנחה בתחלה כשהסולת *בכיסה. וכמ"ד *)מדת יבש נתקדשה, והויא מנחה קדושה בלא שמן, או במנחת חוטא או במנחת קנאות, דליכא שמן, ונתקדש הסולת בכלי ולא נתן בו מים כלל. ומיהו לשון "צריד" משמע: מקצתה לחה ומקצתה יבשה. וה"ה דהוה מצי למיבעי בבשר קדש שלא בא במים, דדם קדשים לא מכשיר (ג).

חד

*) [מנחות נ.]

[כריתות כב.] [לעיל כט: וש"נ] ב"ק עב. פסחים כ. מנחות קב. [פסחים יז.] [נ"ל כדתנן] [וע"ע תוס' בכורות כה: ד"ה שער]

רבינו גרשום

הואיל ואסורין בגיזה ועבודה כלומר דכתיב לא תעבד בבכור שורך אפי' בעל מום: פרט לדם קילוח. פי' בתחלת שחיטה שמקלחת הדם מחמת חוזק של בהמה דלאו היינו דם חללים: ר' חייא אמר תולין. לא אוכלין לא שורפין: הכל מודים היכא דאיתיה לדם תחלה ועד סוף דמכשיר. כלומר דחשוב דם שחיטה ודם חללים הוא: צריד של מנחות. כלומר יבש שאינו בלול בשמן ונטמא: מונין בו ראשון ושני. כלומר דאם ראשון מטמא שני ואם שני מטמא שלישי או לא:

הגהות הב"ח

(א) גמ' מיהו שוו כצ"ל ואות א' נמחק: (ב) תוס' ד"ה סלקא וכו' עקביא בן מהללאל מתיר ובתלוש נמי: (ג) ד"ה צריד וכו' דדם קדשים לא מכשיר ויש לומר דנקט צריד של מנחות משום דכי ערבוביא ליזהר שלא יבא בהם מים משום חמץ הס"ד:

הגהות מהר"ב רנשבורג

א] תד"ה ס"ד אמינא כו'. כמו קודם שנפסלו נ"ב עיין בכורות דף טו ע"ב ודף כה ע"א:

שיטה מקובצת

א] צריד של מנחות. נ"ב בערך צרד פי' פסולת הסלת כמו סובין וכיוצא בו: ב] פרט לדם קילוח דהכי משמע דם שהוא נעשה חלל ממנו הוא דהוי משקה פרט לדם קילוח המקיז את הבהמה: ג] וניתז בתחלת שחיטה: ד] על הדלעת של תרומה: ה] ר' אחייא אמר תולין: ו] קורטי קמח הצבור במנחה נ"ב נ"א במחבת: ז] כלומר אם נטמא מטמא אחרים או לא אבל בעצים ולבונה פשיטא דאין מונים. כך מצאתי בקצת פירושי כתיבת יד: ח] פשטה נהליה: ט] כתיב משמע בשר תאכל ולא חלב ודם: י] וא"ת ויצטרף כלי לענין הכשר: יא] מדכתיב כף אחת דרשי' עשה:

קד א מיי' פ"א מהל' מעילה הל"ט:
קה ב ג ד מיי' פ"ז מהל' טומאת אוכלין הל"ב:
קו ה מיי' פ"ח מהל' טומאת אוכלין הל"ג:
קז ו מיי' פ"א מהל' טומאת אוכלין הל"א:

לאו למעוטי חיבת הקדש? לא, חד בטומאת מת, וחד בטומאת שרץ. וצריכי, דאי אשמעינן טומאת מת – התם הוא דבעי הכשר, משום דלא מטמא בכעדשה, אבל שרץ דמטמא בכעדשה – אימא לא ליבעי הכשר; ואי אשמעינן שרץ – משום דלא מטמא טומאת שבעה, אבל מת דמטמא טומאת שבעה – אימא לא ליבעי הכשר, צריכא. מתיב רב יוסף, רבי שמעון אומר: הוכשרו בשחיטה; הוכשרו – ואפילו למימני בהו ראשון ושני, אמאי? והא לאו אוכל הבא במים הוא! א"ל אביי: עשאוהו כהכשר מים מדרבנן. אמר רבי זירא, ת"ש: *המבוצר לגת – *שמאי אומר: הוכשר, הלל אומר: לא הוכשר, ושתיק ליה הלל לשמאי; אמאי? והא לאו אוכל הבא במים הוא! אמר ליה אביי: עשאוהו כהכשר מים מדרבנן. א"ל רב יוסף: אמינא לך אנא הוכשרו בשחיטה, ואת אמרת לי: עשאוהו כהכשר מים; ואמר לך רבי זירא, ואמרת ליה: עשאוהו כהכשר מים! אמר ליה: אטו ר' שמעון בן לקיש לתלות קמיבעיא ליה? כי קא מיבעיא ליה לשרוף. מכלל דחיבת הקדש דאורייתא. מנא לן? אילימא מדכתיב: °"והבשר אשר יגע בכל טמא", האי בשר דאתכשר במאי? אילימא דאתכשר בדם – *והאמר רבי חייא בר אבא א"ר יוחנן: מנין לדם קדשים שאינו מכשיר? שנאמר: °"לא תאכלנו על הארץ תשפכנו כמים", דם הנשפך כמים מכשיר, שאינו נשפך כמים אינו מכשיר! אלא דאיתכשר במשקי בית מטבחיא – והא *א"ר יוסי ברבי חנינא: משקי בית מטבחיא, לא דיין שהן דכן אלא שאין מכשירין! וכי תימא, תרגמא אדם – והא "משקי" קאמר! אלא לאו דאתכשר בחבת הקדש. ודלמא כדרב יהודה אמר שמואל, *דאמר רב יהודה אמר שמואל: כגון שהיתה לו פרה של זבחי שלמים והעבירה בנהל, שחטה ועדיין משקה טופח עליה! אלא מסיפא: "והבשר" – לרבות עצים ולבונה; עצים ולבונה בני אכילה נינהו?! אלא חבת הקדש מכשרא להו ומשויא להו אוכל, הכא נמי – *חבת הקדש מכשרתה; מאי

לאו למעוטי חיבת הקדש. דלא הוי הכשר כהכשר מים ממש? "וכי יותן מים על זרע ונפל מנבלתם עליו" וגו' (ויקרא יא) משתעי בשרצים, ואשמועינן דלא תטמא אוכל אלא בהכשר, ו"מכל האוכל" אתא א] לאתויי בטומאת מת. ולעי"ג דבפרשת שרצים כתיב, אם אינו ענין לטמא – תנהו ענין לטומאת מת. ואפי' למימני ביה ראשון ושני. דהא מתני' בחולין אוקימנא בשמעתין קמייתא, ובחולין ליכא משום איפסולי גופה לאיתסורי באכילה. והא לאו אוכל הבא במים הוא. ואפ"ה מנינן, והוא הדין לחיבת הקודש בקדשים. מדרבנן. ולא שרפינן עלה תרומה וקדשים אם נגעו בה. שמאי אומר הוכשר. דאע"ג דלא ניחא ליה במשקה היוצא מהם, דהא לאיבוד אזלי, גזרינן לה בי"ח דבר (שבת דף יז.) ב] שמא יבצרנו בקופות מזופפות. הא לאו אוכל הבא במים הוא. דהא בהאי משקה לא ניחא ליה. א"ל רב יוסף לאביי אמינא לך אנא. לעיל, למיפשט בעיא דריש לקיש ולאותביה לר' אלעזר, מהוכשרו בשחיטה. ואמרת לי. דהאי הוכשר – מדרבנן הוא. ואמר לך ר' זירא. מהבוצר לגת, ושנית ליה נמי: מדרבנן. לריש לקיש נמי. למימני ביה ראשון ושני מיהא מדרבנן. לתלות קמיבעיא ליה. אי תלינן אי לא תלינן? פשיטא ליה לריש לקיש דלענין ג] איתסרי באכילה מנינא ביה ראשון ושני מיהא מדרבנן. כי קמיבעיא ליה לשרוף. אי מנינא ביה ראשון ושני מדאורייתא, לשרוף ד] תרומה או קדש אחר שנגע בה. ופרכינן: מכלל. דהא פשיטא ליה לריש לקיש לענין איפסולי גופיה דהוי הכשר מדאורייתא ושרפינן ליה, ובנוגע בו הוא דמספקא ליה. והבשר אשר יגע. בקדשים כתיב. במשקי בי מטבחיא. במים שרחצו בהן הבשר בבית המטבחים בעזרה. לא דיין שהן דכן ה]. שאין מטמאין, כדאמרינן בפסחים גבי עדותו של יוסי בן יועזר. וכי תימא תרגמא. להא דרבי יוסי ב"ר חנינא דאמר אין מכשירין. אדם. משום דאמרן, דאין נשפך כמים. של זבחי שלמים. משום תרתי מילי נקט זבחי שלמים: חדא – דקרא בשלמים קאי. ועוד, דכיון דבשר שלמים ועורן לבעלים – טרח בהו להיות יפין, ומעבירן בנהר סמוך לשחיטתן שיהו נוחין להפשיט, כדאמרינן בפרק "מבשלין פירות" (ביצה דף מ.): משקין ושוחטין את הבייתות, ואמרינן התם דאורח ארעא לאשקויי משום סירכא דמשכא. טופח עליה. ונופל מן העור לבשר. והבשר. "כל טהור" וגו'. והאי "והבשר" יתירא הוא, דהא רישיה דקרא בבשר משתעי. לרבות עצים ולבונה. לקבל טומאת אוכלין. הכא נמי. כל קדשים שלא הוכשרו, כגון גריד של מנחות. אלמא, חיבת הקודש דאורייתא ושורפין עליה. וקמיבעיא ליה לריש לקיש. מאי

חד במת וחד בשרץ וצריכי. וה"ה דהוה מצי למימר: חד בנבלה וחד בשרץ, וצריכי, דנבלה חמירא משרץ לענין משא, ושרץ חמור מנבלה לשיעורו בכעדשה. אבל ק"ק: במת דמטמא טומאת ז', מנא לן דבעי הכשר, כיון דליכא לאוקמי אידך קרא בנבלה? ואומר הר"י, דכיון דתרווייהו בשרץ כתיבי, איכא לאוקמי ב"אם אינו ענין" לכל הטומאות. ואו"ת: ניליף מת ושרץ מהדדי בגזירה שוה ד"בגד ועור", כדילפינן בפ' "במה אשה" (שבת דף סד.) לענין קילקי ו] ותכשיט! וי"ל: דלא ילפינן מ"בגד ועור" אלא לענין בגד, דחשוב בגד בזה כמו זה, אבל לענין הכשר לא שייך למילף בגזירה שוה זו. ובפ"ק דפסחים (ד' טו.) מייתי עוד קרא שלישי: "וכל משקה אשר ישתה בכל כלי יטמא", ומאי "יטמא" – הכשר. ומפרש: חד בתלושין וחד במחוברין, וצריכי. ואין לריך למת ושרץ לכל חד וחד תרי קראי משום תלושין ומחוברין, דכיון דגלי קרא בחד דאין חילוק בין תלושין למחוברים – ה"ה באידך. ואי אשמועינן במת כו'. לא היה לריך לריכותא זו, דקראי בשרץ כתיב. אלא אורחא דגמרא לפרש כאילו חד במת בהדיא, כיון שמוצא לעשות לריכותא בתרווייהו*. מתיב רב יוסף רבי שמעון אומר הוכשרו בשחיטה. ז] מדרבנן לא פריך, דלאמרי דם מכשיר, דהכשר דם חשוב כהכשר מים ויין, שהכל משקה. ואו"ת: אם כן, מאי פריך מהבוצר לגת? הא התם נמי הוה טעמא כאילו הוכשר ביין, כדמפרש בפ"ק דשבת (דף יז.): שמא יבצרנו בקופות מזופפות! וי"ל, דהכי ח] קאמר: כיון דמדאורייתא לא אשכחנא הכשר בלא משקה, בבוצר לגת דאזיל לאיבוד ולא חשיב משקה – לא הוה להו לרבנן למגזר שמא יבצרנו כו'. אבל אם אשכחנא מדאורייתא הכשר בלא משקה בשום מקום, ניחא. אלא שאין מכשירין. הוה מצי למימר דלאתכשר במים מחוברין, דטעמא דרבי יוסי ב"ר חנינא דאמר: משקי בי מטבחיא אין מכשירין – משום דהוו תלושין. וקסבר דתלושין לא מכשרי מדאורייתא, דדריש "כל משקה אשר ישתה בכל כלי יטמא" כמ"ד בפ"ק דפסחים (דף טו.) יטמא ממש, וליכא אלא חד קרא בהכשר, ומסתבר ליה לאוקמא במחוברין טפי מבתלושין, ובעזרה אוקמי אדאורייתא. וכי תימא תרגמא אדם והא משקי קאמר. עיקר דיוקא [לאו] מדקתני "משקי" ביו"ד, דמנא לן? דלמא כתיבא "משקה" בה"א. אלא א"דכן" סמיך, דמשמע לשון רבים. וגבי מחט שנמצאת בבשר בסוף פ"ק דפסחים (דף כ.) *)נמי לא בעי לשנויי: תרגמא אדם, משום הך פירכא. אבל התם לעיל (טז.) בההוא פירקא משני: תרגמא אדם, ולא חייש אהך קושיא. ט] ומפרש: משקין דעלמא, כמו בפרק "האומר" בקדושין (דף סד:) דאמר: מאי "בוגרות" – בוגרות דעלמא.

ועדיין משקה טופח עליה. פירש הקונטרס: ונופל מן העור לבשר. וקשיא לפירושו: דאם כן הוו תלושין, ושמואל סבר בפ"ק דפסחים (דף טו.) דתלושין לא מכשרי, דהא דריש "יטמא" – יטמא ממש, וליכא אלא חד קרא בהכשר. ואין לומר דלשמואל נפקי תלושין ומחוברין מחד קרא. י] דלא משמע הכי, מדנקט "והעבירה בנהר"! וי"ל, דע"י העור הבשר הוכשרה. דע"כ לא פליגי בריש "העור והרוטב" (לקמן קיח:) אלא *כשיש יד להכשר, אבל בית שומר להכשר – כ"ע מודו דהיינו מחוברין, דבשעת דיבוקן בעור הוו מחוברין. והבשר לרבות עצים ולבונה. יא] תימה: מנא לן דאתא לרבות עצים ולבונה? דלמא לבשר דוקא אתי, דמהני ליה חבת הקדש ולא בעי הכשר! עצים ולבונה בני אכילה נינהו אלא חבת הקדש כו'. ואו"ת: ומשקי בית המטבחיים אמאי דכן, כגון *יין ושמן? לתכשרי בחבת הקדש להיות אוכל כמו עצים ולבונה! וי"ל: דחבת הקדש מהני מ"והבשר" לשווי אוכל מידי דדמי לאוכל, כגון עצים ולבונה, שהוא דבר עב וקשה כעין אוכל. אבל לשווי משקה אוכל מ"והבשר" – לא מהניא חבת הקדש. כי

*) [וע"ש תוס' ד"ה לא דיין]

קח א מיי' פי"א מהל' טומאת אוכלין הל' ח.
קט ב מיי' שם פ"ט הלכה טז.
קי ג מיי' שם הלכה יז.
קיא ד מיי' פ"ז מהל' איסורי מזבח הלכה ח.

שיטה מקובצת

א] ומכל האוכל אתא לאתויי בטומאת מת ואע"ג: ב] ביציאות שבת משום גזרה שמא יבצרנו בקופות: ג] דלענין איתסורי באכילה מנינן: ד] ושני מדאורייתא לשרוף עליה תרומה או קדש אחר שנגע ביה הס"ד ומה"ד ופרכי' מכלל דהא פשיטא ליה וכו': ה] שהן דכן שאין מטמאין כו' שאינם מטמאין וכו': ו] לענין קלקי ותכשיט: ז] בשחיטה מדרבנן לא פריך דאמרי דם מכשיר דהכשר דם חשוב כהכשר מים כיון שכל משקה: ח] דהכי פריך כיון דמדאורייתא לא אשכחנא: ט] ויפרש משקין ודכן דעלמא כמו בפ' האומר בקדושין דמשני מאי בוגרות: י] ואין לומר דלשמואל נפקי קרא מחד ומחוברין מדנקט והעבירה בנהר ונ"ל דע"י העור הבשר הוכשר דע"כ ל"פ בריש העור והרוטב אלא ביש יד להכשר אבל ביש שומר להכשר כ"ע מודו והיינו מחוברין: יא] תימה מנלן דאתא לרבות עצים וכו' וכן ואו"ת ומשקי בית המטבחיים אמאי ג"ב ע' תוס' זבחים דף לג ע"ב:

[וע"ע תוס' שבת פה: ד"ה ולאו]

ע"ז לגי' שבת טו. יז.

ויקרא ז

[לעיל לג. פסחים טז. [ודף כ.]

דברים יב

פסחים טז. כ.

[שם כ.]

[פסחים כה: לה. זבחים לד. מו:]

[לעיל לג.]

נ"ל ביש

נ"ל דם ומים

רבינו גרשום

א"ל רב יוסף לאביי אמינא לך אנא מר שמעון ואמרת לי עשאוהו כהכשר מים דרבנן אמר לך ר' זירא כו'. כלומר ר' זירא הביא לך ראיה מהבוצר לגת ואמרת ליה עשאוהו כהכשר מים מדרבנן א"ל אטו ריש לקיש לתלות קא מיבעיא ליה לר' שמעון בן לקיש כלומר אטו ריש לקיש מוכשר מדרבנן דאנו טמא דלא אוכלין ולא שורפין: כי קא מבעיא ליה לשרוף: דאי נטמא ונגע בו קדש שדינו לשרוף: ואלא דאיתכשר במשקי בית מטבחיא. כלומר באותן מים שמדיחין אותו בעזרה: והאמר ר' יוסי משקי בית מטבחיא כו': כלומר דלא גזרו (על הכל) טומאה במשקה בית מטבחיא בעזרה אלו הן משקה בית מטבחיא הדם והמים: אלא דאיתכשר בחיבת הקדש. כלומר מה מפיק ליה [דחיבת הקודש] מדאורייתא והבשר אשר יגע בכל טמא

מאי? כי מהניא חבת הקדש לפסולא דגופיה, אבל למימנא ביה ראשון ושני לא, או דלמא לא שנא? תיקו.§ **מתני'** השוחט את המסוכנת – *רשב"ג אומר: עד שתפרכס ביד וברגל, ר"א אומר: דיה אם זינקה. אמר ר"ש: השוחט בלילה, ולמחר השכים ומצא כתלים מלאים דם – כשרה, שזינקה, וכמדת ר"א; וחכ"א: עד שתפרכס או ביד או ברגל, או עד שתכשכש בזנבה. אחד בהמה דקה ואחד בהמה גסה. *בהמה דקה שפשטה ידה ולא החזירה – פסולה, שאינה אלא הוצאת נפש בלבד. ג במה דברים אמורים – שהיתה בחזקת מסוכנת, אבל אם היתה בחזקת בריאה, אפי' אין בה אחד מכל הסימנים הללו – כשרה.§ **גמ'** מסוכנת ממאי דשריא? וממאי תיסק אדעתין דאסירא? דכתיב: °"זאת החיה אשר תאכלו", *חיה – אכול, ושאינה חיה – לא תאכל, והא מסוכנת אינה חיה. מדאמר רחמנא °נבלה לא תאכל – מכלל דמסוכנת שריא; דאי ס"ד מסוכנת אסירא, השתא מחיים אסירא, לאחר מיתה מיבעיא? ודלמא היינו נבלה היינו מסוכנת! לא ס"ד, דכתיב: °"וכי ימות מן הבהמה אשר היא לכם לאכלה הנוגע בנבלתה", לאחר מיתה הוא דקרייה רחמנא נבלה, מחיים לא אקרי נבלה. ודלמא לעולם אימא לך: היינו נבלה היינו מסוכנת, מחיים – בעשה, לאחר מיתה – בלאו! אלא מדאמר רחמנא °טרפה לא תאכל – מכלל דמסוכנת שריא; דאי ס"ד מסוכנת אסירא, השתא מסוכנת דלא מחסרא אסירא, טרפה מיבעיא? ודלמא היינו טרפה היינו מסוכנת, ולעבור עליו בעשה ולא תעשה! א"כ, נבלה דכתב רחמנא ל"ל? ומה מחיים קאי עלה בלאו ועשה, לאחר מיתה מיבעיא? ודלמא היינו נבלה היינו טרפה היינו מסוכנת, ולעבור עליו בשני לאוין ועשה! אלא מהכא: °"וחלב נבלה וחלב טרפה יעשה לכל מלאכה ואכל לא תאכלוהו", *ואמר מר: למאי הלכתא? אמרה התורה: א] א ב יבא איסור נבלה ויחול על איסור חלב, יבא איסור טרפה ויחול על איסור חלב; ואי

ויקרא יא | ויקרא יא | דברים יד | ויקרא יא | שמות כב | ויקרא ז

רש"י

מאי. לגופיה הוא דאהני, אבל דליטמי איהו אחריני לא, או דלמא ל"ש. **מתני'** עד שתפרכס. דאי לא מפרכס, קים להו לרבנן דנטולה נשמתה קודם גמר שחיטתה, כדאמרינן בגמרא. אם זינקה. כלומר שהבהמות נופחות בגרונם ו] והדם מקלח וזונק הלכה. זינוק. קילוח. השוחט בלילה ג]. בהמה מסוכנת שצריכה פירכוס, ולא ידע אי פירכסה. ולמחר השכים ומצא כותלי. בית שחיטת הצואר מלאים דם – כשרה, מפני שזינקה. וכמדת ר"א. דמכשר לה בזינוק אמרה ר"ש. אחד בהמה דקה ואחד בהמה גסה. צריכות פירכוס אם היא מסוכנת. שפשטה ידה. בגמר שחיטתה. ולא החזירה. פסולה אם היתה מסוכנת, לפי שאין זה פירכוס, אלא כן דרכה בשעת צאת נפשה. אבל גסה לאו אורחה בהכי. **גמ'** ממאי דשריא. ואפילו בפירכוס. ומהדרינן: וממאי תיסק ד] אדעתין. למיסרי, דבעי קרא למשריא? לאו חיה היא. ואפילו מפרכסת, ומנא לן דשריא? מדאמר רחמנא נבלה לא תאכל. וסתם נבלה מסוכנת הואי קודם מיתתה. מכלל. דקודם מיתה, כי הוה מסוכנת – שריא. דאי קודם מיתה אסירא מ"זאת החיה", לאחר מיתה מיבעיא? מיתה מי שריא לה?! ופרכינן: דלמא היינו נבלה היינו מסוכנת. וקודם מיתה משנסתכנה קרי לה נבלה, ואשמועינן רחמנא דקאי עלה ה] בלאו נמי, דאי מ"זאת" – לאו הבא מכלל עשה עשה. מחיים לא איקרי נבלה. והלכך למה לי לאזהורי עלה דנבלה? פשיטא! דאיסור מסוכנת להיכא אזיל? דלמא לעולם היינו נבלה היינו מסוכנת. כלומר, לעולם כדקאמר, דנבלה היינו בהמה שנסתכנה ונאסרה קודם מיתה, ואפ"ה איצטריך קרא, דאילו מחיים איסור מסוכנת עשה בעלמא הוא, ואשמועינן קרא דלאחר מיתה קאי נמי בלאו. טרפה. ניקב קרום של מוח או נחתכו רגליה, מחוסרת היא. ואי ס"ד מסוכנת. מחמת חולי, דלא מחסרא – אסורה, דדרשינן: שאינה חיה לא תאכל. מסוכנת מחמת טרפות שחסרה היא מיבעיא. דהך טרפה נמי אינה חיה. אלא מדאיצטריך למיסר טרפה – ש"מ מסוכנת מחמת טרפות דמיחסרא אסורה, אבל שאר מסוכנת שריא, דלא דרשינן: שאינה חיה לא תאכל. ודלמא היינו טרפה היינו מסוכנת. ובין מחסרא ובין לא מחסרא, משעה שאינה חיה – טרפה קרי לה, ד"טרפה" לשון מסוכנת היא, כלומר, קרובה למות. ואיצטריך לעבור עליה בעשה דשאינה חיה, ולא תעשה דטרפה. אם כן נבלה. דאוקמא לעיל דמשום לעבור עליה בלאו נמי אצטריך. ל"ל השתא מחיים. כשהיא מסוכנת, קרייה רחמנא טרפה, וקאי עלה בלאו ועשה. לאחר מיתה מיבעיא. איסורא להיכא אזל? ודלמא היינו נבלה היינו טרפה היינו מסוכנת. כלומר, אפילו בנבלה שמתה לאחר שנטרפה ונסתכנה מלית מוקמת לה. ואפ"ה איצטריך, ולמיקם עלה לאחר מיתה בשני לאוין – לאו דנבלה ולאו דטרפה, ועשה דחיה אכול! ואמר מר. בזבחים בפרק "חטאת העוף" (דף ע.). למאי הלכתא. כלומר, האי "ואכל לא תאכלוהו" לא צריך, דהא כתיב (ויקרא ג): "כל חלב וכל דם לא תאכלו", ומשום דנתנבלה או נטרפה מי אזיל ליה איסור חלב? ולמאי איצטריך? אלא התורה אמרה דליחייב משום שני לאוין, משום לאו דחלב ומשום לאו דטרפה, דלא תימא אין איסור חל על איסור. אי

[לקמן לח:] [לקמן מב.] גי' רש"ל ורש"א רבן גמליאל

תוספות

כי מהניא חיבת הקדש לפסולי גופיה. השתא מסקינן דמדאורייתא קמיבעיא ליה, אבל מדרבנן מודו דמונין בו ראשון ושני. וכן משמע נמי פרק "המנחות והנסכים" (מנחות דף קב:) דקאמר: נותרו] עפרא הנעלמא הוא, אמאי מטמא טומאת אוכלין? ומשני: בחיבת הקדש. תפשוט דבעי ר"ל כו', ומשני: (א) קמיבעיא ליה דאורייתא, כי אמרינן דרבנן. והא דאמר בפ"ק דפסחים (דף כ.) גבי מחט שנמצאת בבשר – הבשר טמא, האי בשר דאתכשר במאי? אי בחיבת הקדש, אימר דמהני חיבת הקדש לפסולא דגופיה, למימני ביה ראשון ושני מי מהני? וכ"ת ה"נ – תפשוט הא דבעי ר"ל כו', הוה מצי לשנויי: ז]הא דר"ל מדאורייתא בעי, אלא שפיר משני שם: כגון שהעבירה בנהר. ועוד, משום דלרב יוסף דלעיל בעי נמי מיניה מדרבנן. וא"ת: תפשוט דר"ל מדרבי יוסי ב"ר חנינא דאמר: משקי בית המטבחים אינו מכשיר, ואם מהני חיבת הקדש למימני ביה ראשון ושני, מנ"מ בהכשרו? וי"ל: דנפקא מינה לענין כמה דברים שהיו מביאים בעזרה, וגם חולין היו מביאים לאכול עם המנחות והזבחים כדי שיהו נאכלים על השובע, כדאמר ב"הקומץ רבה" (מנחות דף כא:).

השוחט את המסוכנת. אפילו לכתחלה שרי. ונקט לשון דיעבד משום דבעי למיתני "עד שתפרכס".

שאינה חיה לא תאכל. בריש "אלו טרפות" (לקמן דף מב.) דריש מהאי קרא דטרפה אינה חיה, והיינו לפי המסקנא דשמעתין, דלא מיתוקמא במסוכנת.

השתא מחיים אסורה לאחר מיתה מיבעיא. השתא סבר דסתם נבלה מסוכנת היא קודם מיתה. ולהכי דייק שפיר, דאי קודם מיתה אסורה – פשיטא דמיתה לא שריא לה, כדפירש בקונטרס. ומיד הוה מצי למפרך: דלמא אתי קרא לנבלה דלא ח] מכח מסוכנת, וכגון שעשאה גיסטרא! אלא דנטר עד סוף המסקנא. אבל אין לפרש, דאפילו אפשר לנבלה שלא היתה מסוכנת מעיקרא, מ"מ דייק דמדאסר רחמנא מסוכנת משום דקרובה למיתה – כ"ש בהמה שמתה לגמרי, דאע"ג דאסר רחמנא טרפה, אפ"ה איצטריך לאסור נבלה משום דטרפה מיחסרא. אין לפרש כן, דא"כ ט] אמאי פריך במסקנא: דלמא אתא קרא להך נבלה דלא אתא מכח מסוכנת מעיקרא, כגון שעשאה גיסטרא? אלא פשיטא דאין זה קל וחומר, דאיסור מסוכנת חמיר, דחל מחיים. כדאמר בזבחים בפרק "חטאת העוף" (דף ע.) דלא ילפינן נבלה מטרפה משום דחמירא, דאסורה מחיים. וא"ת: למאי *דפריך, אי אמרת נמי מסוכנת שריא – תקשי: אמאי אצטריך קרא לאסור נבלה? הא אסורה מחיים משום איסור שאינה זבוחה, דרחמנא אמר "וזבחת" וזו לא נשחטה! דממ"נ אף לאחר שנתנבלה איכא עשה דשאינה זבוחה, כדמשמע בפרק "כל שעה" (פסחים דף לו.) ובפ"ק דנזיר (דף ד.), דר"ש אומר: האוכל נבלה ביוה"כ פטור, משום דאין איסור חל על איסור, י] משמע: אפילו נתנבלה ביוה"כ פטור משום דאין איסור חל על איסור. והשתא, כשמתה פקעה איסור אבר מן החי, אמאי לא חל איסור נבלה בבת אחת? אלא ודאי, לעולם איכא איסור דשאינה זבוחה, ולהכי לא חייל עליה איסור יוה"כ, דמחיים נמי הוה בה איסור זה ולכתי לא פקע! *ויש לומר: דהוה מצי למימר "ולטעמיך".

דלמא היינו נבלה היינו מסוכנת. אין יא] לפרש כההיא דבסמוך, דהשתא בעי למימר דקודם מיתה משנסתכנה קרי לה נבלה. **השתא** מסוכנת דלא מחסרא אסורה טרפה מיבעיא. וכ"ת: איצטריך לטרפה דלא מחסרא, כגון דימיתי! כיון דלכל יתר כנטול דמי, הא נמי מיחסר, ונפלה נמי חשובה כמחסרא. **ודלמא** היינו טרפה היינו מסוכנת. יב] הא פירושו כההיא דלעיל. דהשתא בעי למימר דכל מסוכנת קרי לה "טרפה", ד"טרפה" לשון מסוכנת, כלומר קרובה למות, בין מיחסרא בין לא מיחסרא. וק"ק, דלעיל דפריך: היינו נבלה היינו מסוכנת, לא קאמר: לעבור עליו בעשה ולא תעשה, כדקאמר הכא! ומה

זבחים ע. [לקמן קג.] | דפירוש רש"א | [ועיין תוס' לקמן קג. ד"ה מה וכו']

עין משפט נר מצוה

קיב א ב מיי' פ"ד מהל' מאכלות אסורות הל"ד סמג לאוין קלד טוש"ע יו"ד סי' יז סעיף א:

קיג ג מיי' שם פ"ז הל"ב:

שיטה מקובצת

א] יבא איסור נבלה ויחול על איסור חלב נ"ב עי' תוס' כריתות דף כג ע"א: ב] נופחות בגרונם לאחר שחיטה והדם מקלח: ג] השוחט בלילה כדאמרי' בפרקין דלעיל השוחט בלילה שחיטתו כשרה בדיעבד אבל לכתחלה לא הס"ד ומה"ד בהמה מסוכנת שצריכה פרכוס וכו': ד] וממאי תיסק אדעתך למיסרא דבעית קרא למשרייה: ה] ואשמעי' רחמנא דקאי עלה נמי בלאו דאי מזאת החיה לאו: ו] דקאמר נותר ופרה עפרא בעלמא הוא כו' דבעי ר"ל וכו' ומשני כי קא מיבעי' ליה דאורייתא כו': ז] ה"מ לשנויי דריש לקיש: ח] דלמא אתא קרא לנבלה דלא אתיא מכח מסוכנת קודם מיתתה כגון שעשאה גיסטרא: ט] דא"כ מאי פריך במסקנא דלמא אתא קרא להך נבלה דלא הויא מסוכנת מעיקרא: י] משום דאין איסור חל על איסור ומשמע אפי' כו'. ונ"ב רש"י כריתות דף כג ע"א ע"ש: יא] אין פירושו כההיא דבסמוך: יב] האי פירושו כההיא דלעיל:

רבינו גרשום

טמא לא יאכל אלא מסיפא כל טהור יאכל בשר כו' כלומר לרבות עצים ולבונה כיו"ב דמקבלין טומאה. כלומר עצים של מערכה: ומאי תיסוק ארעתין דאסירא. כלומר מינה תלמד ומאי תיסק אדעתין דאסירא: זאת החיה אשר תאכלו. כלומר למה אמרת מאי תיסק אדעתין דאסירא דכתיב זאת החיה אשר תאכלו כו': ומחיים בעשה. כלומר חיה אכול [שאינה חיה לא תאכל] טרפה מיבעיא: כלומר דמחסרא כגון ניטל הטחול א) ניטלו הכליות ניטל ירך וחלול שלה: ולעבור עליו בעשה ולא תעשה. כלומר בעשה חיה אכול לא תעשה ובשר בשדה טרפה לא תאכלו:

הגהות הב"ח

(א) תוס' ד"ה כי מהניא וכו' ומשני כי קמיבעיא:

ומה מְחַיִּים **אָתֵי** אִיסּוּר טְרֵפָה וְחָיֵיל **אַ**אִיסּוּר חֵלֶב. וְאִי סָלְקָא דַעְתָּךְ טְרֵפָה הַיְינוּ מְסוּכֶּנֶת, לִכְתּוֹב רַחֲמָנָא "חֵלֶב נְבֵלָה יֵעָשֶׂה לְכָל מְלָאכָה, *וְחֵלֶב טְרֵפָה לֹא תֹאכְלוּהוּ", וַאֲנָא אָמֵינָא: וּמָה מְחַיִּים אָתֵי אִיסּוּר טְרֵפָה חָיֵיל אַאִיסּוּר חֵלֶב, לְאַחַר מִיתָה מִיבַּעְיָא? אֶלָּא מִדִּכְתַב רַחֲמָנָא °נְבֵלָה – מִכְּלָל דִּטְרֵפָה לָאו הַיְינוּ מְסוּכֶּנֶת. מַתְקִיף לַהּ מָר בַּר רַב אָשֵׁי, וְדִלְמָא לְעוֹלָם אֵימָא לָךְ: הַיְינוּ טְרֵפָה הַיְינוּ מְסוּכֶּנֶת, וּדְקָאָמְרַתְּ: נְבֵלָה דִּכְתַב רַחֲמָנָא ל"ל – לְהָךְ נְבֵלָה דְּלָא אָתְיָא מִכֹּחַ מְסוּכֶּנֶת, וְהֵיכִי דָּמֵי? שֶׁעֲשָׂאָהּ גִּיסְטְרָא! הָתָם נַמִי, אִי אֶפְשָׁר דְּלָא הֲוֵי מְסוּכֶּנֶת פּוּרְתָּא מִקַּמֵּי דְּלִיפְסַק לְרוּבָּא. וְאִיבָּעֵית אֵימָא: א"כ, לֵימָא: "חֵלֶב נְבֵלָה וּטְרֵפָה", "חֵלֶב" "חֵלֶב" לָמָּה לִי? זוֹ הִיא שֶׁאֵין חֶלְבָּהּ חָלוּק מִבְּשָׂרָהּ, וְיֵשׁ לָךְ אַחֶרֶת שֶׁחֶלְבָּהּ חָלוּק מִבְּשָׂרָהּ, וְאֵיזוֹ? זוֹ מְסוּכֶּנֶת. וְאִיבָּעֵית אֵימָא, מֵהָכָא: °"וָאֹמַר אֲהָהּ ה' אֱלֹהִים הִנֵּה נַפְשִׁי לֹא מְטוּמָּאָה וּנְבֵלָה וּטְרֵפָה לֹא אָכַלְתִּי מִנְּעוּרַי וְעַד עַתָּה וְלֹא בָא בְּפִי בְּשַׂר פִּגּוּל", "הִנֵּה נַפְשִׁי לֹא מְטוּמָּאָה" – אשֶׁלֹּא הִרְהַרְתִּי בַּיּוֹם א] לָבֹא לִידֵי טוּמְאָה בַּלַּיְלָה, "וּנְבֵלָה וּטְרֵפָה לֹא אָכַלְתִּי מִנְּעוּרַי" – בשֶׁלֹּא אָכַלְתִּי בְּשַׂר כּוֹס כּוֹס מֵעוֹלָם, "וְלֹא בָא בְּפִי בְּשַׂר פִּגּוּל" – שֶׁלֹּא אָכַלְתִּי מִבְּהֵמָה שֶׁהוֹרָה בָּהּ חָכָם; מִשּׁוּם רַבִּי נָתָן אָמְרוּ: *שֶׁלֹּא אָכַלְתִּי מִבְּהֵמָה שֶׁלֹּא הוּרְמוּ מַתְּנוֹתֶיהָ. אִי אָמְרַתְּ בִּשְׁלָמָא שַׁרְיָא – הַיְינוּ רְבוּתֵיהּ דִּיחֶזְקֵאל, אֶלָּא אִי אָמְרַתְּ אֲסִירָא, מַאי רְבוּתֵיהּ דִּיחֶזְקֵאל? ה"ד מְסוּכֶּנֶת? אָמַר רַב יְהוּדָה אָמַר רַב: גכָּל שֶׁמַּעֲמִידִין אוֹתָהּ וְאֵינָהּ עוֹמֶדֶת. רַב חֲנִינָא בַּר שְׁלֶמְיָא מִשְּׁמֵיהּ דְּרַב אָמַר: א] דאֲפִילּוּ אוֹכֶלֶת בְּקָעִיּוֹת. רָמִי בַּר יְחֶזְקֵאל אָמַר: אֲפִילּוּ אוֹכֶלֶת קוֹרוֹת. בְּסוּרָא מַתְנֵי הָכִי. בְּפוּמְבְּדִיתָא מַתְנֵי הָכִי: הֵיכִי דָּמְיָא מְסוּכֶּנֶת? אָמַר רַב יְהוּדָה אָמַר רַב: כָּל שֶׁמַּעֲמִידִין אוֹתָהּ וְאֵינָהּ עוֹמֶדֶת, וַאֲפִילּוּ אוֹכֶלֶת בְּקָעִיּוֹת. רָמִי בַּר יְחֶזְקֵאל אָמַר: אֲפִילּוּ אוֹכֶלֶת קוֹרוֹת. אַשְׁכַּחִינְהוּ שְׁמוּאֵל לְתַלְמִידֵי דְּרַב, אֲמַר לְהוּ: מַאי אָמַר רַב בִּמְסוּכֶּנֶת? אָמְרוּ לֵיהּ, הָכִי אָמַר רַב:

גּוֹעָה

(margin: זבחים ע. | ויקרא ז | יחזקאל ד | עיין רש"א | לקמן מד: | [שם: מגילה כח.])

רש"י

מְסוּכֶּנֶת. לִכְתּוֹב רַחֲמָנָא "חֵלֶב נְבֵלָה יֵעָשֶׂה לְכָל מְלָאכָה" לַאֲשְׁמוּעִינַן דְּלָא מְטַמֵּא חֵלֶב מִשּׁוּם נְבֵלָה, וְלִשְׁתּוֹק מֵאַזְהָרַת אֲכִילָתוֹ. וּבְחֵלֶב טְרֵפָה ג] מְסוּכֶּנֶת לְחוּדָא לִכְתּוֹב "לֹא תֹאכְלוּהוּ" לַאֲשְׁמוּעִינַן דְּחָיֵיל אִיסּוּר מְסוּכֶּנֶת אַאִיסּוּר חֵלֶב, וַאֲנָא יָדַעְנָא דְּכ"ש דְּכִי מָיְיתָא אָתֵי נַמִי אִיסּוּר נְבֵלָה וְחָיֵיל עָלֶיהָ. וּמַה מְחַיִּים. דְּאִיסּוּר מְסוּכֶּנֶת אֵינוֹ אֶלָּא מֵחֲמַת קֵירוּב מִיתָה, וְאָתֵי וְחָיֵיל אַאִיסּוּר חֵלֶב, נְבֵלָה גּוּפָהּ מִיבַּעְיָא? אֶלָּא. מִדְּאִיצְטְרִיךְ לַאֲשְׁמוּעִינַן בִּנְבֵלָה ג] דְּאִיסּוּר נְבֵלָה חָיֵיל אַאִיסּוּר חֵלֶב. מִכְּלָל דִּמְסוּכֶּנֶת לָאו טְרֵפָה מִיקְרֵי. וְאִצְטְרִיךְ לַאֲשְׁמְעִינַן בְּהַךְ נְבֵלָה דְּאָתְיָא מִכֹּחַ מְסוּכֶּנֶת וְלָא אָתְיָא מִכֹּחַ טְרֵפָה, שֶׁלֹּא נִטְרְפָה קוֹדֶם לָכֵן, דְּתֵיחוּל אַאִיסּוּר חֵלֶב. וּמִק"ו דִּטְרֵפָה דְּאָמְרִינַן "וּמַה מְחַיִּים" כו' לָא מָצִינַן לְמֵילַף גַּבֵּי נְבֵלָה דְּאִיסּוּר נְבֵלָה חָיֵיל אַאִיסּוּר חֵלֶב, דְּטַעְמָא דִּטְרֵפָה לָאו מִשּׁוּם קֵירוּב מִיתָה הוּא, אֶלָּא מִשּׁוּם חִסָּרוֹן, כִּדְמַלְּכְרִינַן לְתַרְוַיְיהוּ בִּזְבָחִים בְּפֶרֶק "חַטַּאת הָעוֹף" (דף ע.). *כְּגוֹן שֶׁעֲשָׂאָהּ גִּיסְטְרָא. וְהִיא עֲדַיִן מְפַרְכֶּסֶת, דְּאָמַר בְּפ"ק (לעיל דף כא.): עֲשָׂאָהּ גִּיסְטְרָא נְבֵלָה. דְּזוֹ לֹא נִסְתַּכְּנָה קוֹדֶם נְבֵלוּתָהּ, וְאִיצְטְרִיךְ לַאֲשְׁמוּעִינַן דְּתֵיחוּל אִיסּוּר נְבֵלָה אַאִיסּוּר חֵלֶב! עֲשָׂאָהּ גִּיסְטְרָא. חֲתָכָהּ לִשְׁנַיִם לְרָחְבָּהּ. א"כ. דִּמְסוּכֶּנֶת אֲסִירָא. לֵימָא קְרָא חֵלֶב נְבֵלָה וּטְרֵפָה וגו'. וְלַאֲשְׁמוּעִינַן דְּאָתֵי אִיסּוּר נְבֵלָה וּטְרֵיפָה וְחָיֵיל אַאִיסּוּר חֵלֶב, ל"ל לְמִכְתַּב וְ"חֵלֶב טְרֵפָה" – לְמִידְרְשֵׁיהּ אִיַּיתַּר, וּלְמֵימַר דִּטְרֵפָה הוּא דְּקָאָמֵינָא לָךְ דְּהִיא וְחֶלְבָּהּ אֲסוּרִים, ד] וְכִדְמַזְהַרְנָא לָךְ דְּחָיֵיל אִיסּוּר טְרֵפָה אַחֵלֶב, אַלְמָא שְׁנֵי אִיסּוּרִים יֵשׁ בָּהּ. אֲבָל יֵשׁ לָךְ אַחֶרֶת שֶׁהִיא קְרוֹבָה לְמִיתָה כָּזוֹ, וְאֵין בָּהּ אֶלָּא אִיסּוּר חֵלֶב לְבַדּוֹ ה]. שֶׁחֶלְבָּהּ חָלוּק מִבְּשָׂרָהּ. שֶׁאִיסּוּר חֵלֶב נוֹהֵג בָּהּ מִשֶּׁנּוֹלְדָה, וְתוּ לֵית בָּהּ אִיסּוּרָא אַחֲרִינָא. הִנֵּה נַפְשִׁי לֹא מְטוּמָּאָה. יְחֶזְקֵאל קָאָמַר לֵיהּ לְהקב"ה לְפִי שֶׁהָיָה אוֹמֵר לוֹ: "קַח לְךָ חִטִּים וּשְׂעוֹרִים וגו'" וְעוּגַת שְׂעוֹרִים תֹּאכְלֶנָּה וְהִיא בְּגֶלְלֵי צֵאַת הָאָדָם תְּעוּגֶנָה לְעֵינֵיהֶם". "מִקְּרֵה יוֹם וּמִקְּרֵה לַיְלָה" לָא כְּתִיב בִּקְרָא, וְלָא גָּרְסִינַן לֵיהּ. לִידֵי טוּמְאָה. קֶרִי. כּוֹס כּוֹס. שְׁחוֹט שְׁחוֹט, שֶׁלֹּא תָּמוּת, לְפִי שֶׁמְּסוּכֶּנֶת הִיא. ו] נְבֵלָה מַמָּשׁ לֵיכָּא לְמֵימַר, דְּא"כ מַאי רְבוּתֵיהּ. שֶׁהוֹרָה בָּהּ חָכָם. שֶׁנּוֹלַד בָּהּ סָפֵק וְהוּלְרַךְ לִשְׁאוֹל לֶחָכָם לְהַתִּירוֹ. מַתְּנוֹתֶיהָ. הַזְּרוֹעַ וְהַלְּחָיַיִם וְהַקֵּבָה, ז] וְאע"פ שֶׁהוּא הָיָה כֹּהֵן, וּבְלֹא הֲרָמָה יָכוֹל לְאוֹכְלָהּ. שָׁרְיָא. מְסוּכֶּנֶת. הַיְינוּ רְבוּתֵיהּ. דְּאע"ג דִּשְׁרְיָא, כֵּיוָן דְּמְאִיסָה לָא אֲכַלְתִּיהָ. אֲפִילּוּ אוֹכֶלֶת בְּקָעִיּוֹת. שֶׁיֵּשׁ ח] לָהּ כֹּחַ בְּשִׁינֶּיהָ, דְּכֵיוָן דְּאֵינָהּ עוֹמֶדֶת – מְסוּכֶּנֶת הִיא. ט] רָמִי בַּר יְחֶזְקֵאל. לָא פָּלֵיג אַדְּרַב יְהוּדָה, אֶלָּא לְטְפוּיֵי אָתָא, וְכֵן רַב חֲנִינָא. בְּסוּרָא מַתְנֵי הָכִי. כִּדְאָמַר, דְּרַב חֲנִינָא הוֹסִיף אַדְּרַב יְהוּדָה אֲפִילּוּ אוֹכֶלֶת בְּקָעִיּוֹת. וּבְפוּמְבְּדִיתָא מַתְנֵי דְּרַב יְהוּדָה גּוּפֵיהּ סַיֵּים בָּהּ הָכִי.

גּוֹעָה

תוספות

ומה מחיים אתי איסור טרפה וחייל אאיסור חלב. פי' בקונטרס: ומה מחיים, דאיסור מסוכנת אינו אלא מחמת קירוב מיתה – חל על איסור חלב, נבלה גופה מיבעיא? ומדאיצטריך לאשמועינן בנבלה – מכלל דמסוכנת לאו טרפה מקרי. ואיצטריך לאשמועינן בהך נבלה דאתיא מכח מסוכנת ולא אתיא מכח טרפה, שלא נטרפה קודם לכן, דתיחול אאיסור חלב. ומק"ו דטרפה לא אתיא, דטעמא דטרפה לאו משום קירוב מיתה הוא, אלא משום חסרון, כדמלכרינן לתרוייהו בזבחים בפרק "חטאת העוף" (דף ע.). וקשה לפירושו: דלמאי לא ילפינן שפיר שיחול איסור נבלה על איסור חלב מק"ו דטרפה? דאי משום דטרפה מחסרא, נבלה נמי, כיון דמתה – אין לך חסרון גדול מזה! ועוד, מאי פריך בתר הכי: ודלמא איצטריך קרא לנבלה דלא אתיא מכח מסוכנת? הביא נמי אתיא מק"ו ב] לעיל! וע"ק: נהי נמי דמסוכנת לא הוי בלאו דטרפה, מ"מ תתסר בעשה מקרא ד"זאת החיה", דמשמע: שאינה חיה לא תיכול! ומיהו, בזה י"ל: אי הוה מוקמת קרא ד"זאת החיה" במסוכנת לאוסרה, הוה מסתבר יא] ליה נמי לאוקומי בה לאו דטרפה, ג] וכי היכי דעשה ד"זאת החיה" מתוקמא בתרוייהו, דתרוייהו מיקרו "אינה חיה" – ה"נ לאו דטרפה מתוקמא בתרוייהו, וא"כ נבלה יב] דכתיב דחל על איסור חלב ל"ל? ור"ת מפרש דה"ק: ומה טרפה דמחיים לא מטמא – חייל על איסור חלב, נבלה דלאחר מיתה יג] מטמא מיבעיא? וליכא למיפרך כדפריך בפרק "חטאת העוף" (ג"ז שם) דטרפה חמורה, דחייל איסורה מחיים. דהתם קאמר לפי המסקנא דהכא דמסוכנת שריא, אבל למאי דבעי למימר השתא, דאיסור נבלה נמי מתחיל איסור שלה מחיים, דא"א שלא היתה מסוכנת, ומסוכנת אסירא מטעם נבלה מחמת קירוב מיתה, ואפילו אם נאמר שלא יהא יד] מסוכנת אלא איסור עשה – לא שייך למיפרך "מה לטרפה שכן מחייס בלאו", כיון דמ"מ איסור נבלה מחייס שפיר הוה ידעינן לה שיחול על איסור חלב מק"ו דטרפה. אבל השתא דמסוכנת שריא, שייך שפיר למיפרך: מה לטרפה שכן חל איסור שלה מחייס, תאמר בנבלה שאין כאן איסור מחייס כלל! והשתא פריך שפיר בתר הכי, דלעולם אימא לך: מסוכנת אסורה, ואצטריך קרא שיבא איסור נבלה ויחול על איסור חלב (ג) ונבלה דלא הוי מסוכנת מעיקרא, כגון שעשאה גיסטרא, דההיא לא נאסר מחייס ולא אתי בק"ו דטרפה. ורבינו גרשום היה מפרש: ומה מחייס אתי איסור טרפה חייל אאיסור חלב, אע"ג דליכא למימר דטרפה מגו דחייל אהאי איסור – חייל נמי אהאי איסור דחלב, נבלה של אחר מיתה, שהיתה מסוכנת בתחלה, דאיכא למימר: מגו דחייל האי איסור נבלה אאיסור מסוכנת – חייל נמי אאיסור חלב לא מיבעיא? אלא ודאי מדאיצטריך קרא למכתב נבלה – מכלל דמסוכנת שריא לגמרי. והשתא פריך שפיר: ודלמא איצטריך לעשאה גיסטרא, דליכא מגו, שהרי לא היתה מסוכנת. וקשה לפי', שאין התלמוד מזכיר מגו זה כלל. ועוד, דאיכא למיפרך דליכא נמי מגו בטרפה, דחייל נמי אאיסור שאינו זכות. ולמ"ד בפרק "גיד הנשה" (לקמן דף קב.) בהמה בחייה לאברים עומדת – חייל נמי איסור טרפה לאיסור אבר מן החי, ואיכא מגו. ועוד, אפילו כי אמרת דמסוכנת אסירא ואיכא מגו בנבלה – לא שייך למילף מק"ו דטרפה, כיון דאיכא למיפרך: מה לטרפה שכן אסורה מחייס, כדפריך בזבחים (דף ע.). **שלא** הורמו מתנותיה. ואם תאמר: לרבי יוחנן, דאמר לקמן בפרק "הזרוע" (דף קלב:): האוכל מבהמה שלא הורמו מתנותיה כאילו אוכל טבלים, מאי רבותיה דיחזקאל? אע"ג דיחזקאל כהן היה, כהן עצמו לא צריך להפריש תרומות ומעשרות, ואסור לאכול טבל! ויש לומר: דרבי יוחנן סבר כמ"ד שלא אכל מבהמה שהורה בה חכם. ואם תאמר: מאי רבותיה דיחזקאל? והלא כל אדם נמי אסור, כדאמר בפ"ק דמסכת ע"ז (דף כ:) ובפרק "נערה שנתפתתה" (כתובות דף מו.): "ונשמרת מכל דבר רע" – שלא יהרהר ביום כו'! וי"ל: דלפ"ה חשיב ליה רבותא, משום דאמרינן בפרק "גט פשוט" (ב"ב דף קסד:): שלשה דברים אין אדם ניצול מהם בכל יום, הרהור עבירה ולשון הרע ועיון תפלה.

גּוֹעָה

עין משפט נר מצוה

קיד א מיי' פכ"א מהל' אסורי ביאה הל' כא סמג לאוין קכו טוש"ע אה"ע סי' כג סעיף ג:

קטו ב מיי' פ"ד מהל' מאכלות אסורות הל"ב סמג לאוין קלב טוש"ע יו"ד סי' יז סעי' ג:

קטז ג ד מיי' שם הל"ג סמג שם טוש"ע יו"ד שם סעיף א:

שיטה מקובצת

א] שלא הרהרתי ביום ובאתי לידי טומאה: ב] ובחלב טרפה לחודה לכתוב: ג] אלא מדאיצטריך לאשמועינן בנבלה מכלל דמסוכנת: ד] וכדמזהרנא לך. נ"ב נ"א וכדאוקימנא לה דחייל וכו': ה] חלב לבדו הס"ד ומה"ד שאין חלבה חלוק מבשרה ששניהם אסורים הס"ד ומה"ד יש לך אחרת שחלבה חלוק מבשרה שאיסור וכו': ו] לפי שמסוכנת היא דנבלה ממש: ז] ואע"פ שהוא היה כהן ובלא הרמה יכול לאוכלה) גרשם עליו וא"ב נמצא בס"י: ח] אפי' אוכלת בקעיות שיש לה חיות וכח בשיניה שאוכלת בקעיות עצים י"ל מחמת דוחק מיתה היא עושה כן וכיון דאינה עומדת מסוכנת היא: ט] (רמי בר יחזקאל לא פליג אדרב יהודה אלא לטפויי אתא וכן רב חנינא) גרשם עליו וא"ב שבש"י לא נמצא: י] אתיא מק"ו לפירושו: יא] הוה מסתבר נמי לאוקומי בה לאו דטרפה דכי היכי דעשה: יב] וא"כ נבלה דכתב רחמנא דחל על איסור חלב: יג] לאחר מיתה ומטמא מיבעיא וליכא למפרך: יד] שלא יהא במסוכנת אלא איסור עשה:

הגהות הב"ח

(א) תוס' ד"ה ומה וכו' דכי היכי: (ב) בא"ד ויחול על איסור חלב לנבלה וכו' למימר בטרפה:

הגהות מהר"ב רנשבורג

א] גמ' אפי' אוכלת בקעיות. נ"ב פי' תחיכה של עצים כן פי' הערוך בערך בקע ע"ש: ב] תד"ה ומה מחיים וכו' דהיא אתיא מק"ו כדכתיבנא לעיל כצ"ל וכ"ה מהרש"ל במהדורא בתרא וכצ"ל נמו קיקיון דיונה וכוונתם למ"ש התוס' לעיל בד"ה השתא מחיים וכו' ודלא כמהרש"ל במהדורא קמא ודו"ק:

רבינו גרשום

ואנא אמינא מחיים אתי איסור טרפה וכו'. כלומר מסוכנת מחיים דהיינו טרפה אתי איסור טרפה וחייל על איסור חלב מסוכנת לאחר מיתה דהיינו נבלה מיבעיא אלא מדכתיב רחמנא נבלה וכו'. כלומר מדאיצטריך רחמנא למיכתב נבלה דלאחר מיתה מכלל דטרפה לאו היינו מסוכנת: התם נמי אי אפשר דלאו הויא מסוכנת כו'. ועדיין אימא לך דאי טרפה היינו מסוכנת לא הוה איצטריך למיכתב נבלה דלאחר מיתה כדאמרינן לעיל: זו

שאין חלבה חלוק מבשרה דתרוייהו אסירי. חלב ובשר: ויש לך אחרת שחלבה חלוק מבשרה. כלומר שהחלב אסור טמא והבשר מותר: כוס כוס זו היא מסוכנת שאמר כוס כוס מהרה שמיד תמות: שהורה בה חכם כלומר שצריך חכם להורות בה (חכם) שלא היה בה שום ספיקא לאסור: שלא הורמו מתנותיה הזרוע והלחיים והקיבה: אפי' אוכלת בקעיות. כלומר אפי' אוכלת חתיכות של עץ אם אינה עומדת אסורה:

גּוֹעָה, וְהִטִּילָה רֵיעִי, וְכִשְׁכְּשָׁה בְּאָזְנָהּ – הֲרֵי זֶה פִּירְכּוּס. אֲמַר לְהוּ: אִצְטְרִיכָא לֵיהּ לְאַבָּא לְאָזוּזֵי אוּנֵי? שֶׁאֲנִי אוֹמֵר: כָּל א] שֶׁאֵינוֹ דְּבָרִים שֶׁהַמִּיתָה עוֹשָׂה. מַאי נִינְהוּ דְּבָרִים שֶׁהַמִּיתָה עוֹשָׂה? אָמַר רַב עָנָן, לְדִידִי מְפָרְשָׁא לִי מִינֵּיהּ דְּמָר שְׁמוּאֵל: אהָיְתָה יָדָהּ כְּפוּפָה וּפְשָׁטַתָּהּ ב] – דָּבָר שֶׁהַמִּיתָה עוֹשָׂה, פְּשׁוּטָה וְכָפְפָה – דְּבָרִים שֶׁאֵין הַמִּיתָה עוֹשָׂה. מַאי קמ"ל? תְּנֵינָא: בְּהֵמָה דַּקָּה שֶׁפָּשְׁטָה יָדָהּ וְלֹא הֶחֱזִירָה – פְּסוּלָה, שֶׁאֵינָהּ אֶלָּא הוֹצָאַת נֶפֶשׁ; הָא הֶחֱזִירָה – כְּשֵׁרָה! אִי מִמַּתְנִי', הֲוָה אָמִינָא: דַּוְקָא ג] דְּכַיְיפָה וּפָשְׁטָה וַהֲדַר כַּיְיפָה לָהּ, אֲבָל פְּשׁוּטָה וּכְפָפְתָהּ – לָא, קמ"ל. מֵיתִיבֵי: *ר' יוֹסֵי אוֹמֵר, הָיָה ר"מ אוֹמֵר: גּוֹעָה בִּשְׁעַת שְׁחִיטָה – אֵין זֶה פִּירְכּוּס. ר"א בְּרַבִּי יוֹסֵי אוֹמֵר מִשְּׁמוֹ: אֲפִילּוּ הִטִּילָה רֵיעִי וְכִשְׁכְּשָׁה בִּזְנָבָהּ – אֵין זֶה פִּירְכּוּס; קַשְׁיָא גּוֹעָה אַגּוֹעָה, קַשְׁיָא רֵיעִי אַרֵיעִי! גּוֹעָה אַגּוֹעָה לָא קַשְׁיָא: הָא דְּעָבֵי קָלָהּ, הָא דְּעָמֵי קָלָהּ; רֵיעִי אַרֵיעִי נַמִּי לָא קַשְׁיָא: כָּאן בְּשׁוֹתֶתֶת, כָּאן בְּמַתְרֶזֶת. אָמַר רַב חִסְדָּא: פִּירְכּוּס שֶׁאָמְרוּ – בבְּסוֹף שְׁחִיטָה; מַאי בְּסוֹף שְׁחִיטָה – בְּאֶמְצַע שְׁחִיטָה, לְאַפּוּקֵי תְּחִלַּת שְׁחִיטָה דְּלָא. אָמַר רַב חִסְדָּא: ד] מְנָא אָמִינָא לָהּ? דִּתְנַן: בְּהֵמָה דַּקָּה שֶׁפָּשְׁטָה יָדָהּ וְלֹא הֶחֱזִירָה – פְּסוּלָה; אֵימַת? אִילֵימָא בְּסוֹף שְׁחִיטָה – כָּל הֵיכִי תֵּיחֵי וְתֵיזִיל? אֶלָּא לָאו בְּאֶמְצַע שְׁחִיטָה. א"ל רָבָא: לְעוֹלָם גבְּסוֹף שְׁחִיטָה, שֶׁאֲנִי אוֹמֵר: כָּל שֶׁאֵינָהּ עוֹשָׂה כֵּן בְּסוֹף שְׁחִיטָה – בְּיָדוּעַ שֶׁנִּשְׁמָתָהּ נְטוּלָה הֵימֶנָּה קוֹדֶם לָכֵן. ר"נ בַּר יִצְחָק אָמַר: פִּירְכּוּס שֶׁאָמְרוּ – בִּתְחִלַּת שְׁחִיטָה. אָמַר ר"נ בַּר יִצְחָק: מְנָא אָמִינָא לָהּ? דִּתְנַן, אָמַר ר"ש: הַשּׁוֹחֵט בַּלַּיְלָה, וּלְמָחָר מָצָא כְּתָלִים מְלֵאִים דָּם – כְּשֵׁרָה, שֶׁזִּינְּקָה, וּכְמִדַּת ר"א; וְאָמַר שְׁמוּאֵל: כּוֹתְלֵי בֵּית שְׁחִיטָה שָׁנִינוּ; אִי אָמְרַתְּ בִּשְׁלָמָא בִּתְחִלַּת שְׁחִיטָה – שַׁפִּיר, אֶלָּא אִי אָמְרַתְּ בְּסוֹף שְׁחִיטָה – לֵיחוּשׁ דִּלְמָא בִּתְחִלַּת שְׁחִיטָה זִינְּקָה! וְדִלְמָא שָׁאנֵי זִינּוּק דַּעֲדִיף. וּמִי עֲדִיף? וְהָתְנַן, ר"א אוֹמֵר: דַּיָּיהּ אִם זִינְּקָה! קַל מִדְּרַבָּן גַּמְלִיאֵל, וַעֲדִיף מִדְּרַבָּנַן. אָמַר רָבִינָא: אָמַר לִי סַמָּא בַּר חִילְקַאי, אַקְשֵׁי בָּהּ אֲבוּהּ דְּבַר אֲבוּבְרָם, וְאָמְרֵי לָהּ אֲחוּהּ דְּבַר אֲבוּבְרָם: וּמִדְּרַבָּנַן מִי עֲדִיף? וְהָא תְּנַן, וַחֲכָמִים אוֹמְרִים: עַד שֶׁתְּפַרְכֵּס אוֹ בְּיָד אוֹ בְרֶגֶל; רַבָּנַן אַהֵיָיא קַיְימוּ? אִילֵימָא אדר"ג – "כֵּיוָן שֶׁפִּירְכְּסָה" מִיבְּעֵי לֵיהּ! אֶלָּא פְּשִׁיטָא אדר"א, וְאִי עֲדִיף – מַאי "עַד"? ה] רָבָא אָמַר: פִּירְכּוּס שֶׁאָמְרוּ – בְּסוֹף שְׁחִיטָה. אָמַר רָבָא: מְנָא אָמִינָא לָהּ? דְּתַנְיָא: "שׁוֹר

או

רש"י

גּוֹעָה וְהִטִּילָה רֵיעִי. אוֹ זֶה אוֹ זֶה. גּוֹעָה = לוֹעֶקֶת, כְּמוֹ: "אִם יִגְעֶה שּׁוֹר עַל בְּלִילוֹ" (איוב ו). לְאַבָּא. ו] לְרַב הֲוָה קָרֵי לֵיהּ שְׁמוּאֵל הָכִי, מִשּׁוּם כָּבוֹד. לְאָזוּזֵי אוּנֵי. לְפַרְכֵּס הָאוֹזֶן, בִּתְמִיָּה, דְּפִירְכּוּס חַיּוּת גָּדוֹל הוּא זֶה! "אֲזוּזֵי" לְשׁוֹן "מְזִיזִין אוֹתוֹ מִמְּקוֹמוֹ" (אבות פ"ג מי"ז). שֶׁאֲנִי אוֹמֵר. שֶׁאֵינָהּ צְרִיכָה כָּל כָּךְ, אֶלָּא כָּל פִּירְכּוּס ז] שֶׁמְּסוּכֶּנֶת מְפַרְכֶּסֶת, שֶׁאֵינָהּ עוֹשָׂה דָּבָר שֶׁהוּא הוֹצָאַת נֶפֶשׁ – הָוֵי פִּירְכּוּס, כִּדְלְקַמָּן. שֶׁאֵין ח] הַמִּיתָה עוֹשָׂה. בִּשְׁעַת הוֹצָאַת נֶפֶשׁ, קָרֵי לָהּ מִיתָה. וּבְהֵמָה דַּקָּה קָאֵי, דְּאִילּוּ גַּסָּה – אֲפִילּוּ כְּפוּפָה וּפְשָׁטָתָהּ הָוֵי פִּירְכּוּס. אִי. מִדּוּקְיָא דְּמַתְנִיתִין הֲוָה גָּמְרִינַן לָהּ כִּדְקָדַיְיקָא: הָא הֶחֱזִירָה כְּשֵׁרָה – מַשְׁמַע שֶׁפְּשָׁטָתָהּ מִכְּפִיפוּתָהּ וְהֶחֱזִירָהּ. אֲבָל פְּשׁוּטָה. מֵעִיקָּרָא וּכְפָפָתָהּ, לֹא. קמ"ל. ט] דְּהֵיכָא דַּהֲוָיָא פְּשׁוּטָה מֵעִיקָּרָא וּכְפָפָתָהּ – הָוֵי פִּירְכּוּס. מִשְּׁמוֹ. שֶׁל ר' יוֹסֵי י]. הָא. דְּאָמַר רַב לְעֵיל: גּוֹעָה הָוֵי פִּירְכּוּס. דְּעָבֵי קָלָהּ. שֶׁהָיָה קוֹלָהּ עָבֶה וְחָזָק, דְּוַדַּאי חַיֵּי מִכֹּחַ חַיּוּת. דְּעָמֵי קָלָהּ. "כֵּהָה" מְתַרְגְּמִינַן: עָמְיָא (ויקרא יג). שׁוֹתֶתֶת. בְּסָמוּךְ. מַתְרֶזֶת. לְמֶרְחוֹק, וְחַיּוּת הוּא זֶה. אָמַר רַב חִסְדָּא פִּירְכּוּס שֶׁאָמְרוּ. תָּנֵי שְׁמַעְתִּי: בְּסוֹף שְׁחִיטָה. וְתָנֵי מְפָרֵשׁ: יא] מַאי סוֹף שֶׁשָּׁמַעְתִּי אֶמְצַע שְׁחִיטָה הִיא, וְהַאי דְּקָרֵי לֵיהּ סוֹף – לְאַפּוּקֵי אִם בִּתְחִלַּת שְׁחִיטָה פִּירְכְּסָה. כֵּיוָן דְּבְאֶמְצַע שְׁחִיטָה יב] לֹא פִּירְכְּסָה – לָא הָוֵי לָהּ חִיּוּתָא כִּי הַאי, אָסִיר מִשּׁוּם נְטִילַת נְשָׁמָה. מְנָא אָמִינָא לָהּ. דְּהַאי סוֹף שֶׁשָּׁמַעְתִּי אֶמְצַע הוּא. יג] אֵימַת. פָּשְׁטָה וְלֹא הֶחֱזִירָהּ, דְּאָמְרִינַן פְּסוּלָה. כָּל הֵיכִי תֵּיחֵי וְתֵיזִיל. דִּלְאַחַר שֶׁשְּׁחָטָהּ לֹא תִּסְגֵּי בִּפְשִׁיטַת יָד בְּלֹא כְּפִיפָה יד] וַחֲזָרָה? בִּתְמִיָּה. א"ל רָבָא לְעוֹלָם סוֹף שְׁחִיטָה. דַּוְקָא. וּדְקָאָמְרַתְּ: כָּל הֵיכִי תֵּיחֵי וְתֵיזִיל לְאַחַר שְׁחִיטָה, שֶׁתִּפְשׁוֹט וְתַחֲזִיר. שֶׁאֲנִי אוֹמֵר כָּל שֶׁאֵינָהּ עוֹשָׂה כֵּן. פָּשְׁטָה וְחָזְרָה לְאַחַר שְׁחִיטָה, בְּיָדוּעַ כו'. בִּתְחִלַּת שְׁחִיטָה. כְּלוֹמַר, אֲפִי' פִּירְכְּסָה בִּתְחִלַּת שְׁחִיטָה דַּיָּיהּ], כְּשֵׁרָה. אע"ג טו] דַּהֲוָיָא מְסוּכֶּנֶת, כֵּיוָן דִּמְלֵאִים כּוֹתְלֵי בֵּית הַשְּׁחִיטָה דָּם – בְּיָדוּעַ שֶׁזִּינְּקָה. וּכְמִידַּת ר"א. דְּאָמַר: זִינּוּק הָוֵי פִּירְכּוּס. טז] וְאָמַר שְׁמוּאֵל כו'. לְהָכִי אִיצְטְרִיךְ לְפָרוּשֵׁי דְּכוֹתָלִים דְּהָכָא לָא הָווּ כּוֹתָלִים מַמָּשׁ, אֶלָּא כּוֹתְלֵי בֵּית הַשְּׁחִיטָה, דְּאִי הָווּ כּוֹתָלִים מַמָּשׁ – לְמָחָר הָיִינוּ יְכוֹלִים לְהָבִין אִי הַאי זִינּוּק הֲוָה בִּתְחִלַּת שְׁחִיטָה אוֹ בְּאֶמְצַע שְׁחִיטָה. דְּאִי הֲוָה בִּתְחִלַּת שְׁחִיטָה – יַגִּיעַ הַזִּינּוּק לְמַעְלָה בַּכּוֹתֶל, דְּמֵחֲמַת כֹּחַ וְחַיּוּת שֶׁהָיָה עֲדַיִין בַּבְּהֵמָה זִינְּקָה לְמֶרְחוֹק, וְאִם יַגִּיעַ הַזִּינּוּק לְמַטָּה בַּכּוֹתֶל – בְּיָדוּעַ שֶׁבְּאֶמְצַע שְׁחִיטָה זִינְּקָה, שֶׁלֹּא הָיָה בָּהּ כֹּחַ כָּל כָּךְ לִזְנֹק הַדָּם לְמֶרְחוֹק. אֲבָל הַשְׁתָּא דְּאָמַר שְׁמוּאֵל דְּהָנֵי כּוֹתְלֵי לָא הָווּ כּוֹתְלֵי מַמָּשׁ, אֶלָּא כּוֹתְלֵי בֵּית הַשְּׁחִיטָה – לָא מָצֵינוּ לְמֵידַע אִי תְּחִלַּת שְׁחִיטָה זִינְּקָה אוֹ לְאַחַר שְׁחִיטָה. וּלְהָכִי קָאָמַר: אִי אָמְרַתְּ בִּשְׁלָמָא כָּל כַּמָּה דְּפִירְכֵּס, אֲפִילּוּ בִּתְחִלַּת שְׁחִיטָה, הָוֵי פִּירְכּוּס. שַׁפִּיר. דְּהָא חָזֵינַן לְמֵימַר ע"י זִינּוּק דְּפִרְכֵּס כְּאוֹרְחָא. אֶלָּא אִי אָמְרַתְּ. בְּאֶמְצַע שְׁחִיטָה בָּעֵינַן, מַאן לֵימָא לָן לְמֵימַר דְּזִינּוּק דְּלְאוֹרְחָא בְּאֶמְצַע שְׁחִיטָה הֲוָה? דִּלְמָא בִּתְחִלַּת שְׁחִיטָה זִינֵּיק! וְדִלְמָא. לְעוֹלָם שְׁאָר פִּירְכּוּסִין לָא הָווּ פִּירְכּוּס אֶלָּא בְּאֶמְצַע אוֹ בִּגְמַר שְׁחִיטָה. וְשָׁאנֵי זִינּוּק, דַּעֲדִיף חִיּוּתֵיהּ וּפִירְכּוּס גָּדוֹל הוּא, הִלְכָּךְ אֲפִילּוּ בִּתְחִלַּת שְׁחִיטָה זִינְּקָה שַׁפִּיר דָּמֵי! דַּיָּיהּ אִם זִינְּקָה. וּמִדְּקָתָנֵי "דַּיָּיהּ" – מִכְּלָל דְּקִיל. קִיל מִדְּרַבָּן גַּמְלִיאֵל. דְּבָעֵי בְּיָד וּבְרֶגֶל יז], כִּדְנֵיהֵס. וַעֲדִיף מִדְּרַבָּנַן. דְּאָמְרֵי: בְּיָד אוֹ בְרֶגֶל. אֲבוּבְרָם. שֵׁם הָאִישׁ. אֲבוּהּ *)בַּר אֲבוּבְרָם. זֶהוּ הַמְּבוּרָס עַצְמוֹ, וּמַכִּירִין הָיוּ אֶת הַבֵּן וְלֹא יח] אֶת הָאָב, וְהָיוּ קוֹרִין אוֹתוֹ עַל שֵׁם בְּנוֹ, שֶׁעָשׂוּ אֶת בְּנוֹ סִימָן לוֹ. עַד. מַשְׁמַע דְּקָאָמַר הַאי פִּירְכּוּס דְּרַבָּנַן מְהָנֵי לְעֵיל. וְאִי דְּר"א עֲדִיף, מַאי "עַד"? דְּרַבָּנַן מַשְׁמַע דַּעֲדִיף – "כֵּיוָן" מִיבְּעֵי לְהוּ לְמֵימַר! אֶלָּא ש"מ: זִינּוּק קִיל, וְאַפְּ"ה סַגְיָא לֵיהּ כִּי הָוֵי בִּתְחִלַּת שְׁחִיטָה. בְּסוֹף שְׁחִיטָה. סוֹף מַמָּשׁ, שֶׁתְּפַרְכֵּס בִּגְמַר שְׁחִיטָה, דְּתֶהֱוֵי בָּהּ חַיּוּת אַחַר שְׁחִיטָה.

*) נ"ל דבר

פרט

תוספות

גועה או הטילה ריעי וכשכשה באוזנה ה"ז פירכוס. אפילו יט] *לר"ג דמחמיר ובעי פירכוס יד ורגל, חשיב האי פירכוס. ולהכי פריך שפיר מברייתא דקתני בסמוך: גועה והטילה ריעי – אין זה פירכוס. ושמואל דאמר: אִיצטריך ליה לאבא לאזוזי אוני, סבר כרבנן דאמרי: יד או רגל. ולהכי פריך עליה דרב ענן דמפרש מילתיה דשמואל: תנינא! דפשיטא דאליבא דרבנן, פשוטה וכפפה ה"ז פירכוס, כפופה ופשטה לא הוי פירכוס.

אצטריך ליה לאבא. פי' בקונטר', דשמואל הוה קרי הכי לרב בלשון כבוד. ובערוך *פירש שכך שמו, ו"רב" היו קורין אותו על שם חשיבותו, כמו דבכל דוכתי הוו קרו ליה "רבי" לר' יהודה הנשיא, ושמואל שהיה חבירו היה קורהו בשמו. וכן לקמן* "אי הכי אמר אבא לא ידע בטרפות כלום", כ] וב"ערבי פסחים" (פסחים דף קיט:) *גרס "גוזלייא וארזילייא לאבא", ובפרק "כל גגות" (עירובין דף לד:): "אי קפיד אבא קטרו ביה סמיינא". *ובפירוש משמע סוף פרק "ראשית הגז" (לקמן דף קלז:) דאמר רבי יוחנן לאיסי: מאן ריש סדרא בבבלא? א"ל: אבא אריכא, וכעס עליו ר' יוחנן שקראו כן – משמע דהדיל ד"אבא" לאו לשון חשיבות. ומיהו, ממה שהיה קורהו בשמו לחודיה לא היה כועס, אי לאו משום דאמר "אריכא", שזהו לשון גנאי, דר' יוחנן גופיה היה קורהו "אבא" בפרק "כסוי הדס" (לקמן פד.): "אבא ממשפחת בריאים הוה", אע"פ שרב היה חשוב הרבה מר' יוחנן. מיהו, על רב *המנונא דאמר בפ' "יה"כ" (יומא דף פז.): "קא אזיל אבא למיקטל גברא" – קשה, שהיה תלמידו וקורהו בשמו, ואמר ב"חלק" (סנהדרין ק.): מפני מה כא] היה נענש גחזי – מפני *שקורהו לרבו בשמו. ולפירוש הקונט' ד"אבא" לשון חשיבות – ניחא*.

אילימא בסוף שחיטה כל היכי תיחי ותיזיל. ומפרש רבינו תם, דמדקתני "שאינה אלא הוצאת נפש" דייק, דאטו מי לא חיתה הרבה אם לא הוציאה נפשה עד סוף שחיטה? רבא אמר פירכוס שאמרו בסוף שחיטה. והא דלא חיישינן דלמא בתחלת שחיטה זינק – משום דלא שכיחא שיהיה זינוק אלא בסוף. *כי יולד פרט ליוצא דופן. לאו מלשון לידה דריש, אלא גמר לידה לידה מבכור, כדאמרינן בריש פרק "יוצא דופן" (נדה דף מ.). והא דדרשינן התם: "אשה כי תזריע וילדה" – עד שתלד ממקום שמזרעת, דמשמע דצריך מיעוט למעט יוצא דופן, ולא ממעטינן ליה מלידה לידה מבכור – משום דאי לאו "כי תזריע" הוה דרשינן "תלד" – לרבות יוצא דופן, כרבי שמעון.

או

[זהו גי' הרי"ף ורא"ש אבל בספרים שלפנינו גרסינן רשב"ג במתני']

קיז א ב ג מיי' פ"ד מהל' מאכלות אסורות הל"ד סמג לאוין קלב טוש"ע יו"ד סי' יז סעי' א:

[ערך אבא]

[דף מה:]

[וכן בברכות מז.]

נ"ל וכפירושו

[תוספתא פ"ב ע"ש]

הגהות מהר"ב רנשבורג

א] רש"י ד"ה בתחילת שחיטה וכו' בתחילת שחיטה דייה כאן הס"ד ואח"כ מה"ד כשירה:

[נ"ל רב הונא]

[נ"ל שקראו]

[וע"ע היטב תוס' יבמות נז: ד"ה אמר שמואל]

שייך לע"ב

רבינו גרשום

גועה והטילה ריעי כו'. כלומר אם עושה אחת משלשתן: איצטריכא ליה לאבא. כלומר אבא זהו רב והכי קאמר ליה איצטריכא ליה לרב לאזוזי אוני. כלומר שלא תהא כשרה עד שתזוז אודניה: אמר להו שאני אומר כל שאינו עושה דברים כו'. כלומר כל שאינה עושה דברים של חיות אלא עושה דברים שהמיתה עושה טרפה: אי ממתניתין הוה אמינא דוקא דכייפא כו'. כלומר דמשמע בהמה דקה שפשטה ידה והחזירה. כלומר שהיתה כפופה ופשטה ואח"כ החזירה אבל פשוטה וכפפתה אימא לא ליהוי כשרה קמ"ל: הא דעבי קלא הא דעמי קלא. כלומר עבי קלא הרי זה פרכום: כאן בשותתת כו'. כלומר במתרזת הוי פרכום אבל (במשתנת) [בשותתת] לא הוי פרכום: ואמר שמואל כותלי בית השחיטה שנינו. כלומר דפרכום מעולה הוא שקילחה הדם מחמת בריאות: אלא אי אמרת בסוף שחיטה. כלומר בסוף שחיטה בעיא לפרכום אמאי חשוב פרכום דילמא בתחילת שחיטה זינקה: ודילמא שאני זינוק דעדיף. כלומר לעולם אימא לך בעינן פרכום בסוף שחיטה ואי פרכת דילמא בתחלת שחיטה זינקה דלמא שאני זינוק דעדיף ואפי' זינקה בתחלת שחיטה כשרה אבל פרכוס אחד ביד וברגל בעינן בסוף שחיטה: ומי עדיף והתנן ר' אליעזר אומר דייה אם זינקה. כלומר ומי עדיף זינוק מפרכוס דרגל והתנן ר' אליעזר אומר דייה אם זינקה. כלומר ר' אליעזר ענה לרבן גמליאל דאמר עד שתפרכס ביד וברגל ואמר לו ר' אליעזר (א') דייה אם זינקה אלמא פרכוס יד ורגל עדיף: אבוכרם גרס': קיל מרבן גמליאל כו'. כלומר דרבן גמליאל סבר עד שתפרכס ביד וברגל ורבנן סברי או ביד או ברגל (אלמא אדרבן גמליאל עד שתפרכס ביד וברגל ורבנן סברי או ביד או ברגל): אילימא אדר"ג כיון דפירכסה מבעי ליה. כלומר דר"ג סבירא ליה עד שתפרכס ביד וברגל הוה ליה למימר לרבנן כיון שפירכסה ביד או ברגל כשרה:

שיטה מקובצת

א] שאני אומר כל שעושה דברים שאין המתה עושה מאי נינהו: ב] ופשטתה דברים שהמתה עושה פשוטה וכפפה דברים שאין המתה עושה מאי קמ"ל: ג] ה"א דוקא כגון שהיתה ידה כפופה ופשטה: ד] מנא אמינא לה דתנן בהמה דקה שפשטה ידה ולא החזירה פסולה ג"ב בקצת ספרים ישנים קלף גרס' פסולה שאינה אלא הוצאת נפש הא החזירה כשרה

אימת וכו': ה] ואי עדיף מאי עד אמר רבא פרכוס: ו] לאבא לרב שמואל הוה קרי ליה הכי משום כבוד: ז] אלא כל פרכוס שמפרכסת שאינה עושה: ח] שאין המתה עושה: ט] (דהיכא דהויא פשוטה מעיקרא וכפפתה הוי פרכוס) נרשם עליו ונ"ב שלא נמצא בס"י: י] (הא דאמר רב לעיל גועה הוי פרכוס דעבי קלה שהיה קולה עבה וחזקה דודאי אתי מכח חיות) נרשם עליו ונ"ב שלא נמצא בס"י: יא] ואני מפרש דמאי סוף שחיטה ששמעתי: יב] כיון דבאמצע שחיטה לא הוי לה חיותא כי האי וכו' ונ"ב נ"א בפי' ב"י כיון דבאמצע שחיטה לא הוות לה חיותא כי האי אסירא דההוא פרכוס הוי משום נטילת נשמה: יג] (אימת פשטה ולא החזירה דאמרינן פסולה) נרשם עליו ונ"ב שלא נמצא בס"י: יד] בפשיטת יד בלא כפיפה בתמיה: טו] אע"ג דהוות מסוכנת כיון דמלאים דם בידוע שזנקה: טז] מתיבת ואמר שמואל וכו' עד אי אמרת בשלמא כל כמה דפרכס ולא עד בכלל נרשם עליו ונ"ב לא נמצא בס"י והכין משמע מדברי המפרשים שהקשו קושיא זו ותרצו בענין אחר ולא הזכירו לרש"י ז"ל כלל ולא נעלם מהם דברי רש"י ז"ל אלא ודאי שאינו מפירושי רש"י ז"ל אלא גליון מפירושי האחרונים הוא והכניסוהו בפרש"י ז"ל ובשלשה פירושי רש"י ז"ל שבידי לא נמצא: יז] קיל מדר"ג דבעי ביד וברגל ועדיף וכו': יח] ומכירים היו את הבן ולא ראו את האב: יט] אפי' לרשב"ג דמחמיר כו' ולהכי פריך שפיר מברייתא: כ] שם וכן בערבי פסחים כגון גוזלייא: כא] מפני מה נענש גחזי בצ"ל:

עין משפט
נר מצוה

קיח א מיי' פ"ג מהל' איסורי מזבח הל"ד:
קיט ב מיי' שם הל"ה:
קכ ג ד ה מיי' שם הלכה ז:
קכא ו מיי' פ"ד מהל' מאכלות אסורות הלי"ד סמג לאוין קלב טוש"ע יו"ד סי' יז סעי' א:
קכב ז מיי' פ"ב מהל' שחיטה הל' כב סמג עשין סג טוש"ע יו"ד סי' ד סעיף ג:
קכג ח מיי' פי"ד מהל' פסולי מוקדשין הלכה א:
קכד ט מיי' פ"ב מהל' שחיטה הל' כב סמג עשין סג טוש"ע יו"ד סי' ד סעיף ג:

תורה אור: ויקרא כב

"או כשב" – *פרט לכלאים, "או עז" – פרט לנדמה, "כי יולד" – פרט ליוצא דופן, א] "שבעת ימים" – פרט למחוסר זמן, "תחת אמו" – פרט ליתום; האי יתום ה"ד? אילימא דילידתיה אימיה והדר מתה – לעולם תיחי ותיזיל? אלא דמתה והדר ילידתיה – מ"כי יולד" נפקא! אלא פשיטא, *זה פירש למיתה וזה פירש לחיים; אי אמרת בשלמא בעינן חיותא בסוף לידה – היינו דאיצטריך קרא למעוטי, אלא אי אמרת לא בעינן חיותא בסוף לידה, למה ליה? מ"כי יולד" נפקא! אמר רבא, הלכתא כי הא מתניתא: *בהמה דקה שפשטה ידה ולא החזירה – פסולה, ב] במה דברים אמורים – ביד, אבל ברגל, בין פשטה ולא כפפה בין כפפה ולא פשטה – כשרה; בר"א – בדקה, אבל בגסה, בין ביד בין ברגל, בין פשטה ולא כפפה בין כפפה ולא פשטה – כשרה; ועוף, אפילו לא רפרף אלא *גפו ולא כשכש אלא זנבו – הרי זה פירכוס. מאי קמ"ל? כולהו תנינהי: *בהמה דקה שפשטה ידה ולא החזירה – פסולה, שאינה אלא הוצאת נפש; יד – אין, רגל – לא; דקה – אין, גסה – לא! עוף איצטריכא ליה, דלא תנן.§

מתני' *השוחט לגוי – שחיטתו כשרה; ור"א פוסל. אמר ר"א: אפילו שחטה לאכול לגוי מחצר כבד שלה – פסולה, *שסתם מחשבת גוי לעבודה זרה. א"ר יוסי: ק"ו הדברים, ומה במקום שהמחשבה פוסלת, במוקדשין – *אין הכל הולך אלא אחר העובד, מקום שאין מחשבה פוסלת, בחולין – אינו דין שלא יהא הכל הולך אלא אחר השוחט?§

גמ' הני תנאי אית להו דר' אליעזר ברבי יוסי, דתניא, *אמר ר' אליעזר ברבי יוסי: שמעתי שהבעלים מפגלין; מיהו, ת"ק סבר: אי שמעיניה דחשיב – אין, אי לא – לא, סתם *מחשבת גוי לעבודה זרה לא אמרינן; ור"א סבר: אע"ג דלא שמעיניה דחשיב – סתם מחשבת גוי לעבודה זרה אמרינן; ואתא רבי יוסי למימר: אע"ג דשמעיניה דחשיב – זה מחשב וזה עובד לא אמרינן. איכא דאמרי: בדשמעיניה דחשיב פליגי; ת"ק סבר: כי אמרינן זה מחשב וזה עובד – הני מילי בפנים, אבל בחוץ – לא, חוץ מפנים לא

רש"י

פרט לכלאים. בן רחל ותיש, שפסול לקרבן. ומרבויא ד"או" דריש ליה. נדמה. עז שילדה מתיים כמותה, ונדמה דומה לרחל. פרט ליוצא דופן. שקרעוה והוציאוה, פעמים שמתה ופעמים שחיה. ז' ימים פרט למחוסר זמן ג]. שלא הגיע לז' ימים, ואפילו אמו קיימת. תחת אמו ד]. היה שעה אחת, פרט ליתום. וה"ד האי יתום? אילימא דילידתיה אמיה ולאחר שעה מתה, בתמיה, וכי לעולם צריכה לחיות? והא "תחת אמו" קרינן ביה! והא ליכא למימר דלשמועינן קרא שתהיה אמו כל ז'. דתניא בת"כ, ר' יוסי הגלילי אומר: מה תלמוד לומר "תחת אמו"? לפי שנאמר "ז' ימים יהיה עם אמו", יכול ה] כל ז'? ת"ל "תחת אמו", אי "תחת אמו" יכול אפילו לא ימנה כשהיא מתה? ת"ל "עם אמו" משמע שיהיו בעולם אחד, שתהא קרויה אמו, הא כיצד? אפילו נתקיימה לו אמו שעה אחת. והאי "תחת אמו" משמע ליה לרבי יוסי הגלילי חליפי אמו, שמתה אמו והוא נשאר במקומה. אלא דמתה והדר ילידתיה. היינו יוצא דופן, דכל שקרעוה והוציאו את ולדה, בין מתה בין חיה – הוי יוצא דופן. זה פירש למיתה. אמו, כלומר, בשעת מיתתה ילדה דרך הרחם. ולשמועינן קרא דבעינן חיות עד גמר לידה ולאחר לידה מעט, ואי לא – ה"ל יתום. דעל כרחיה, האי "תחת אמו" – למעוטי חיה בתחלת לידה ומתה בגמר לידה אתי ו]. אי אמרת בשלמא. לאחר סוף לידה דבעינן חיותא, שלא כולו מחיים, ולמעוטי מתה בגמר לידה. היינו. דלא אימעיט ליה מתה בסוף לידה מ"כי יולד" פרט ליוצא דופן, דהאי נמי לאו יוצא דופן הוא כי מתה בגמר לידה. אלא אי אמרת לא בעינן חיותא בסוף לידה. וקרא למעוטי מתה בתחלת לידה אתא. למה לי קרא מכי יולד נפקא. דהאי ה"ל יוצא דופן! ז] אלא ש"מ: כל מלתא דבעו בה רבנן חיותא, בעינן שיהא חיות בגמר דיליה. פסולה. אם מסוכנת היא, דדרכה לעשות כן בהוצאת נפש. גסה. לאו אורחה בהכי, וחיותא הוא. ריפרוף. בגפיו. מכשכש. בזנבו. כולהו תנינהו. לשון קושיא הוא. כלומר, למה ליה *לרבה לאשמועינן דהלכתא הכי? הא קמ"ל מתניתין היא! מתני' ורבי אליעזר פוסל. דכיון דבהמה דגוי היא, אע"ג דישראל קשחיט – מהניא ביה מחשבת גוי, דסתם מחשבתו לעבודה זרה. חצר כבד. טרפשא דכבדא, איברר"ש בלע"ז. אמר רבי יוסי קל וחומר. דלא מהניא בה מחשבת בעלים, הואיל וישראל שחיט לה. ומה במקום שמחשבה פוסלת. דהיינו במוקדשין, כדכתיב (ויקרא ז): "לא יחשב" – קרי ביה: לא *יחשב לאוכלו ביום השלישי, כי פגול יהיה. והכי מפרש בזבחים (דף כט:). אין הכל הולך אלא אחר העובד. דכתיב: "המקריב לא יחשב", אבל בעלים לא פסלי במחשבתן כי מקריב לא כהן. מקום שאין המחשבה פוסלת. כגון בחולין. כלומר, חולין שאין המחשבה פוסלת בהם. ובגמרא מפרש מאי קאמר, דהא מחשבת עבודה זרה פסלה בהו, דהא "זבחי מתים" איקרו, מה מת אסור בהנאה – אף תקרובת עבודה זרה אסורה בהנאה. גמ' והני תנאי. תנא קמא ורבי אליעזר, אית להו דר"א בר' יוסי ח]. כלומר, דטעמיה דתנא קמא דמכשר – לאו משום דאין מחשבה הולכת אלא אחר העובד, דא"כ היינו ר' יוסי. אלא כר"א בר"י סבירא להו ט], טעמיה מפרש ואזיל. שמעתי. מרבותי. שהבעלים מפגלין. וטעמא מפרש בזבחים בפרק "ב"ש" (דף מז.) בסופו, דכתיב: "והקריב המקריב" וגו', אלמא בעלים קרי מקריב, הלכך איתנהו בכלל "המקריב לא יחשב", אם חשבו על שחיטת כהן או על זריקתו ע"מ לאכול חוץ לזמנו – הוי פיגול. מיהו תנא קמא. דמכשר. סבר אי הוה שמעיניה. לגוי דחשיב על שחיטת ישראל, ואמר: שחיטת בהמה זו לעבודה זרה תהא – אסורה, דמהניא מחשבת בעלים כר' אליעזר בר' יוסי. ואי לא י] שמעיניה דחשיב – סתם מחשבת גוי לעבודה זרה לא אמרינן. זה עובד. משום שחיטת פנים נקט לה, דאפילו בקרבן ס"ל לר' יוסי דאין הבעלים מפגלין. יא] ורבי יוסי פליג אתנא קמא ואדרבי אליעזר. איכא דאמרי אפילו בדשמעיניה. לגוי דחשיב, פליגי רבנן עליה דר"א. ואית להו לתרוייהו בעלים מפגלין בקרבן, כר' אליעזר בר' יוסי, וגבי חולין פליגי. חוץ מפנים. מחשבת עבודה זרה בחולין, ממחשבת פיגול בקרבן. לא

תוספות

או כשב פרט לכלאים. תימה: דהכא "או" למעט. ובפ"ק (לעיל דף כג.) קאמר: "או" לרבות פלגס, וגבי "אותו ואת בנו" נמי דרשינן (לקמן דף עט.): "או שה" לרבות כלאים! ויש לומר: דגבי פלגס ממילא אימעיט, ולא צריך קרא אלא לרבות. וכן לגבי אותו ואת בנו – ממילא אימעיט כלאים, דשור ושה אי אתה יכול להוציא כלאים מביניהם. אבל הכא, כשב ועז כתיב – שאתה יכול להוציא כלאים מביניהם, וממילא איתרבו, להכי כתיב "או" למעט. וכהאי גוונא משני ב"מרובה" (ב"ק דף עז:) גבי "וטבחו או מכרו". ואם תאמר: אם כן מ"או עז" היה למעט כלאים, שאתה יכול להוציא כלאים מביניהם, ומ"או כשב" – נדמה! ויש לומר: דנדמה אינו ראוי כל כך למעוטי כמו כלאים. ולהכי מעוטא קמא מוקמינן בדדמי טפי – בכלאים, והדר ממעטינן נדמה, דנדמה לא ממעטינן אלא משום דדמי לכלאים.

אלא דמתה והדר ילידתיה. והא דאמר בפרק "יוצא דופן" (נדה דף מד.) ובפרק "מי שמת" (ב"ב דף קמב:) דעובר מיית ברישא – היינו היכא דמתה מעצמה, כדאמר בפ"ק דערכין (דף ז.) דוולד אידי דזוטר חיותיה עיילה טיפתא דמלאך המות ומחתכה לסימניו, אבל נהרג לא*.

אלא זה פירש למיתה וזה פירש לחיים. יב] אין להוכיח מכאן דאפילו בידי שמים אפשר *לנתחלף. דקרא איכא למימר דאיצטריך אם יבא אליהו ויאמר שנתחלף נעשה, ושבקינן לקרא *דאליהו דחיק ומוקי אנפשיה.*

מחצר כבד שלה. לאו דוקא נקט יותרת הכבד, משום דעולה לגבוה והוא כחלב ודם. אלא אפילו כזית של שאר בשר נמי, כדאמרינן בגמרא: יהיב זוזא לטבחא ישראל מאיך ואורחא דמלתא הוא דנקט.

פסולה שסתם מחשבת גוי לעבודה זרה. ואם תאמר: לקמן (דף לט: ושם) גבי השוחט לשם הרים, דקתני: פסולה, ודייק עלה: פסולה – אין, זבחי מתים – לא, פירוש: ולא מיתסרי בהנאה. והכא קתני, רבי אליעזר אומר: פסולה, ואע"ג דאסור אף בהנאה, דקתני: שסתם מחשבת גוי לעבודה זרה! ויש לומר: דלקמן דייק מדלא קתני "הרי אלו זבחי מתים", אבל הכא, אידי דאמרי רבנן כשרה – אמר רבי אליעזר פסולה.

הני תנאי אית להו דרבי אליעזר בר' יוסי. פירוש: רבנן ורבי אליעזר דמתניתין. אבל ר' יוסי לא סבר ליה כוותיה, דהא אמר דאין הכל הולך אלא אחר העובד.

[תוספתא פ"ב ע"ש]
[וע"ע תוס' ב"ב קמב: ד"ה דהוא]
[ובבכורות יז: מספקא להש"ס בהכי]
עי' בנדה לג. [פסחים נט:] [וע"ע תוס' סוכה טז. ד"ה פרוץ ותוס' עירובין טו: ד"ה פרוץ ותוס' בכורות יז: ד"ה אפשר]

מסורת הש"ס

ב"ק עז: נדה מא. [בכורות יב. ח.]
[ג"ל זו]
[בתוספתא לא גר' דקה וכ"ה בר"ף ורא"ש וכל"ל]
[וס"א בעינו מעגין כהרק עין ערוך ערך רפרף וכ"א כטוש"ע ועיין כ"י]
[לעיל לה.]
זבחים מז.
[לעיל יג. לקמן קטז: גיטין מה. ע"ז לב: ע"ש]
[זבחים מו.]
[שם מז.]
לעיל יג. לקמן קטז:
[ג"ל לרבה]
[ג"ל יחשב עיין תוי"ט]

שיטה מקובצת

א] פרט ליוצא דופן והיה שבעת ימים: ב] ולא החזירה פסולה החזירה כשרה בר"א וכו': ג] ז' ימים פרט למחוסר זמן ואפי' אמו קיימת: ד] תחת אמו יהיה שעה אחת וכו' אילימא דילידתיה אמיה כוליה ולאחר שעה מתה: ה] לפי שנאמר ז' ימים יהיה עם אמו יכול שיהא עם אמו כל שבעה ת"ל תחת אמו: ו] בגמר לידה אתי דאי אמרת בשלמא אחר לידה: ז] דאכתי ה"ל יוצא דופן ש"מ כל מלתא: ח] אית להו דר' אלעזר בר' יוסי וכו' דטעמיה: ט] ס"ל וטעמיה כדמפרש ואזיל: י] ואי לא סתם מחשבת גוי: יא] ור' יוסי פליג את"ק ואר' אליעזר כל זה נמחק: יב] אין להוכיח מכאן. נ"ב ע' תוס' בכורות דף יח ע"א:

רבינו גרשום

פרט לכלאים שהוא מן האיל ומן העז דבעינן כבש ממש: או עז פרט לנדמה. כלומר שאינו דומה לאמו: פרט ליוצא דופן בן פקועה שאינו יוצא דרך בית הרחם שאינו נולד כדרכו: האי יתום היכי דמי [כו'] אלא דמיתה אימא והדר ילידתיה כו'. כלומר בזה הענין מכי יולד נפקא דכיון דמתה אימיה אין נולד כדרכו כדרך רוב הנולדים דרוב הנולדים בחיי אמם נולדים אלא פשיטא זה פירש למיתה כו' אי אמרת בשלמא בעינן חיותא בסוף לידה כו' היינו דאיצטריך בזה ענין בזה פירש למיתה וזה פירש לחיים למעט מתחת אמו דמכי יולד לא נפקא דבזה ענין יהא פסול דכי אית ביה חיותא בתחלת לידה אע"ג דבסוף לידה לא הוי חיותא כי יולד קרינן ביה אלא אי אמרת לא בעינן חיותא בסוף לידה וכי אתא תחת אמו פרט ליתום דמתה אימיה והדר ילידתיה למה לי תחת אמו מכי יולד נפקא דכי מתה אימיה והדר ילידתיה לא קרינן ביה כי יולד ופסול אלא ודאי בעינן חיותא בסוף לידה. ומטעם זה צריך תחת אמו דמכי יולד לא מצינן למפסל: בר"א ביד כו'. כלומר דקילה הבהמה לפשוט ולהחזיר ביד מברגל: יד אין רגל לא. כלומר רגל אע"פ שלא החזיר: דקה אין גסה לא. כלומר גסה בין פשטה ולא כפפה ובין כפפה ולא פשטה כשרה: שחיטתו כשרה. כלומר ישראל השוחט לגוי שחיטתו כשרה ור' אליעזר פוסל דסתם מחשבת גוי לע"ז: מחצר כבד שלו שקורין אברא בלע"ז. מקום (שאין) שהמחשבה פוסלת עליהם במוקדשים שאם חישב בזריקת דם על מנת להקטיר אימורים חוץ לזמנו פסול: אין הכל הולך אלא אחר העובד שאם בעלים חישבו לפסל אין במחשבתו כלום. הני תנאי אית להו דר' אליעזר בר' יוסי. כלומר ת"ק ור' אליעזר אית להו דר' אליעזר בר' יוסי דתניא אמר ר"א ב"ר יוסי שמעתי שהבעלים מפגלים. כלומר מחשבת בעלים אם מחשבים לפסול כשהכהן עובד מהני מחשבתן לפסול כמחשבת כהן ולענין חולין אע"ג דישראל שוחט מצי פסול כשמחשב לע"ז: זה מחשב וזה עובד לא אמרינן וכיון דישראל שחט לאכול לאו כמיניה לפסול: כי אמרינן זה מחשב וזה עובד בפנים. כלומר בקדשים דיכולין לפסול ולפגל הבעלים אבל חולין בחוץ ששוחט

לא ילפינן, ואתא רבי אליעזר למימר: ילפינן חוץ מפנים, ואתא רבי יוסי למימר: אפילו בפנים נמי, זה מחשב וזה עובד לא אמרינן. איתמר: *השוחט את הבהמה לזרוק דמה לעבודה זרה ולהקטיר חלבה לעבודה זרה – רבי יוחנן אמר: פסולה, ר"ש בן לקיש אמר: מותרת. רבי יוחנן אמר פסולה – מחשבין מעבודה לעבודה, וילפינן חוץ מפנים; ריש לקיש אמר מותרת – אין מחשבין מעבודה לעבודה, ולא גמרינן חוץ מפנים. ואזדו לטעמייהו, *דאיתמר: שחטה לשמה לזרוק דמה שלא לשמה – רבי יוחנן אמר: פסולה, ר"ש בן לקיש אמר: כשרה. רבי יוחנן אמר פסולה – מחשבין מעבודה לעבודה, וגמרינן ממחשבת פיגול; ר"ש בן לקיש אמר כשרה – אין מחשבין מעבודה לעבודה, ולא גמרינן ממחשבת פיגול. וצריכא, דאי איתמר בהא – בהא קאמר ר"ש בן לקיש, משום דחוץ מפנים לא ילפינן, אבל פנים מפנים – אימא מודי ליה לרבי יוחנן; ואי איתמר בהך – בההיא קאמר רבי יוחנן, אבל בהא – אימא מודי ליה לר"ש בן לקיש, צריכא. מתיב רב ששת: א"ר יוסי, ק"ו הדברים: ומה במקום שמחשבה פוסלת, במוקדשין – אין הכל הולך אלא אחר העובד, מקום שאין מחשבה פוסלת, בחולין – אינו דין שלא יהא הכל הולך אלא אחר השוחט? מאי "אין מחשבה פוסלת בחולין"? אילימא דלא פסלה כלל, אלא זביחה דעבודה זרה דמיתסרא היכי משכחת לה? אלא פשיטא – מעבודה לעבודה, וה"ק: ומה במקום שמחשבה פוסלת במוקדשין, מעבודה לעבודה – אין הכל הולך אלא אחר העובד, מקום שאין מחשבה פוסלת בחולין, מעבודה לעבודה, אלא באותה עבודה – אינו דין שלא יהא הכל הולך אלא אחר השוחט? פנים קשיא לר"ש בן לקיש, חוץ קשיא לרבי יוחנן? בשלמא פנים, לר"ש בן לקיש לא קשיא, *הא – מקמי דשמעה מרבי יוחנן, הא – לבתר דשמעה מרבי יוחנן, אלא חוץ קשיא לרבי יוחנן! הוא מותיב לה, והוא מפרק לה: בארבע עבודות, וה"ק: ומה במקום שמחשבה פוסלת במוקדשין, בארבע עבודות – אין הכל הולך אלא אחר העובד, מקום

רש"י

לא ילפינן. למימר: בעלים אוסרין, אלא כדכתיב קרא (תהלים קו): "ויאכלו זבחי מתים" שנזבח לעבודה זרה. דבפנים הוא דכתיב (במדבר טו): "והקריב המקריב" דבעלים קרי מקריב, אבל בחוץ לא אמרינן הכי. ור"א סבר ילפינן. ע"מה פליגו דבעלים פוסלים במחשבת עבודה זרה בחולין, ואפילו אחר שוחט. וגבי גוי – אפילו בסתמא, דסתם מחשבת גוי לעבודה זרה. זה מחשב וזה עובד לא אמרינן. ד"המקריב" לא יחשב – מקריב ממש קאמר. לזרוק דמה לעבודה זרה ג]. ודאשחטה לשם עבודה זרה, שהיה בדעתו לעובדה בשחיטה זו – דברי הכל אסורה, דהא זבחי מתים הוא. אלא בשלא היה מתכוין להיות שחיטה זו עבודה לעבודה זרה, אלא שחטה לעצמו ע"מ שיעבוד העבודה זרה בזריקת דמה או בהקטר חלבה. פסולה. אסורה בהנאה. מחשבין מעבודה לעבודה. כשחישב בשעת עבודה זו על עבודה אחרת, כגון שחישב בשחיטה על הזריקה – הויא מחשבה לגבי עבודה זרה. דגמרינן חוץ. איסור עבודה זרה. מפנים. ממחשבת פיגול של פנים, שהשוחט ע"מ לזרוק דם למחר או להקטיר אימורין למחר – זהו עיקר פיגול. שחטה לשמה. בחטאות מיירי, דכל שאר זבחים כשרין שלא לשמן, אבל חטאת שנשחטה שלא לשמה פסולה, וכן פסח שנשחט שלא לשמו. ואם שחט החטאת לשמה לזרוק דמה שלא לשמה. רבי יוחנן אמר פסולה. דגמרינן מחשבת פסול שלא לשמה ממחשבת פיגול, דעיקרו מעבודה לעבודה. וצריכא. לאשמועינן בתרווייהו מחלוקת דרבי יוחנן ור"ש. דאי איתמר בהא. מילתא קמייתא דהשוחט את הבהמה. בהא קאמר ר"ל. דאין מחשבין. פנים מפנים. פסול דחטאת שלא לשמה מפיגול. אלא זביחה דעבודה זרה דמיתסרא. בהנאה, כדאמרינן במסכת עבודה זרה (דף לב:): תקרובת עבודה זרה מיקרי "זבחי מתים", כדכתיב: "ויאכלו זבחי מתים", מה מת אסור בהנאה – אף תקרובת עבודה זרה אסורה בהנאה. ומת גופיה מנלן דאסור בהנאה? אתיא "שם" "שם", נאמר כאן: "ותמת שם מרים" ונאמר להלן גבי עגלה ערופה: "וערפו שם את העגלה", מה עגלה ערופה אסורה בהנאה, כדאמר: שם תהא קבורתה – אף מת אסור בהנאה. ומה מת אסור בהנאה ומטמא באהל – אף תקרובת עבודה זרה נמי. אלא פשיטא. האי "אין מחשבה פוסלת בחולין" – מעבודה לעבודה קאמר. שמחשבה פוסלת במוקדשין. כדפרישית, דעיקר פיגול – מעבודה לעבודה הוא. אלא באותה עבודה בלבד. אם אמר, שחיטה עצמה לעבודה זרה. פנים קשיא לריש לקיש. דקתני: "מחשבה פוסלת במוקדשין", ולא קתני "מפגלת" – ש"מ: בשאר פסולי פנים נמי, כגון זריקת דם (א) וחטאת שלא לשמה, קתני דמחשבין. חוץ קשיא לרבי יוחנן. דקתני הכא: בחולין אין מחשבה פוסלת מעבודה לעבודה. בשלמא פנים לר"ל לא קשיא. דאיכא למימר: מקמי דשמעה להך מתניתין מרבי יוחנן רביה הוה פליג אסברא דרביה, ואמר: מסתברא דלא ילפינן, ולבתר דשמעה להך מתניתין מרבי יוחנן רביה, וידע דלאו סברא דרבי יוחנן רביה (ב), אלא מתניתא הוא דגמרינן פסול מפיגול, איכא למימר דהדר ביה. להכי נקט רבי יוחנן – משום דרביה הוה ואגמריה משנה וברייתא. ל"א: לבתר דשמעה לרבי יוחנן רביה דפליג עליה ואמר: מחשבין, איכא למימר דהדר ביה. בארבע עבודות. הא דקתני: אין מחשבה פוסלת בחולין לאו מעבודה לעבודה קאמר, אלא בארבע עבודות קאמר. וה"ק ומה. מוקדשין שנפסלין במחשבה בארבע עבודות, שחיטה וקבלה *זריקה והולכה, באיזו מאלו שחישב ע"מ לאכול מן הזבח חוץ לזמנו פיגול הוא – אין מחשבה הולכת אלא אחר העובד. חולין

תוספות

ריש לקיש אמר מותרת. מודה ר"ל דחייב מיתה, כדאמרינן בפ' "ד' מיתות" (סנהדרין סא.), מידי דהוה אמשתחוה להר, דהר מותר, ועובדו בסייף. ואין לתמוה: היאך נהרג? הא דלמא מימלך ולא זריק דם לעבודה זרה, כדאמרינן בפרק "ד' מיתות" (ג"ז שם:) דמסית שאמר אלך ואעבוד – פטור, דמימלך ולא עביד! ג] הכא ודאי לא מימלך, כיון דעביד מעשה, ששחט ע"מ לזרוק. ועוד, דהכא אפילו ידוע ודאי שלא יזרוק – חייב, דחשיב עובד עבודה זרה בשחיטה זו, מה שוחט ע"מ לזרוק.

אלא זביחה דעבודה זרה דמיתסרא היכי משכחת לה. תימה: *אי חשיב פיגול אף במחשבה בלא דיבור, אם כן משכחת זביחת עבודה זרה דמתסרא – בדיבור, שפירש בפירוש ששוחט לעבודה זרה!

פנים קשיא לר"ש בן לקיש. פירש בקונטרס דלא מצי למימר: ק"ו שלו מפגול, דלא הויא ליה לומר "פוסלת" אלא "מפגלת". ואע"ג דמצינו דקרי ליה לפיגול "פסול", דתניא בפ"ב דזבחים (דף כח.): חוץ למקומו – פסול ואין חייבין עליו כרת, הכא דאיכא למטעי – ה"ל למיתני "מפגלת", כדאמרינן *בפ"ב דזבחים (גם זה שם) גבי הא דתנן: שהזבח נפסל בד' דברים כו', א] ודייק בגמרא: דיקא נמי, דקתני "שהזבח נפסל" ולא קתני "שהזבח מתפגל". אבל קשה: אמאי לא מוקי לה בשינוי בעלים? דמודה ר"ל דמחשבין מעבודה לעבודה, אם אמר "הריני שוחט ע"מ לזרוק דמו לשם פלוני" דפסול, כדאמרינן בפרק *ב' דזבחים (ג"ז שם)! לכ"נ, דליכא לאוקמי ק"ו לא במחשבת פיגול ולא בשינוי בעלים, דמה לתרווייהו שכן אינן באותה עבודה, שאם אמר "הריני שוחט לשם חוץ לזמנו או חוץ למקומו" או "לשם פלוני" – כשר, כדאמרינן בפ"ק דזבחים (דף י.). ורבינו חננאל גרים: פנים לריש לקיש לא קשיא, דמוקי לה במחשבת פיגול.

חוץ קשיא לרבי יוחנן. וא"ת: ולימא דקאי רבי יוחנן כרבנן, דכי היכי דילפי רבנן חוץ מפנים לענין דזה מחשב וזה עובד, ה"נ ילפינן לענין דמחשבין מעבודה לעבודה! ולישנא בתרא, לימא דקאי כר"א! וי"ל: דלגבי זה מחשב וזה עובד שייך למילף חוץ מפנים, דגלי רחמנא בפנים דבעלים קרוי "מקריב", והוא הדין בחוץ דכתיב (תהלים קו) "זבחי מתים", דאם בעלים מחשבין – חשיב זבחי מתים, כיון דבעלים קרוי "מקריב" בפנים, ואין זה אלא גילוי מילתא בעלמא. אבל לענין דמחשבין מעבודה לעבודה – לא אשכחינן דילפינן כלל, והא דמחשבין בפנים – גזירת הכתוב בעלמא הוא.

הא מקמי דשמעיה מר' יוחנן. תימה: מאי תירוץ הוא זה שמתרץ, שאמר ריש לקיש קודם שלמד המשנה*! מקום

עין משפט נר מצוה

קכב א מיי' פ"ב מהל' שחיטה הלכ' ... סמג עשין סג טוש"ע יו"ד סי' ד סעי' א:

קכג ב מיי' פט"ו מהל' פסולי מוקדשין הלכה ו:

קכד ג מיי' פ"ב מהל' שחיטה הלכ' ו:

קכה ד מיי' פט"ו מהל' פסולי מוקדשין הלכה ו:

מסורת הש"ס

סנהדרין ס: ע"ז לב:, זבחים י: — זבחים ט: — [לקמן קלט.] — [ועיין תוס' מנחות ע. ד"ה חסר הלוג] — [ועיין תוי"ט משנה ז לפירקין ד"ה שמחשבה]

שיטה מקובצת

א] ר' יוחנן אמר פסולה. נ"ב בסנהדרין בדף סא כתוב אסורה: ב] לזרוק דמה לע"ז דאי שחטה לשם: ג] דמימלך ולא עביד דהכא ודאי:

הגהות הב"ח

(א) רש"י ד"ה פנים וכו' דם וחטאת כצ"ל ואות ו' נמחק: (ב) ד"ה בשלמא וכו' רביה הוא אלא מתניתין הוא:

הגהות מהר"ב רנשבורג

א] תד"ה פנים קשיא וכו' ודייק בגמ' דיקא נמי. נ"ב וישו"ש דף יג ע"א בתד"ה דיקא נמי וכו' ודו"ק:

רבינו גרשום

לא ילפינן חוץ מפנים לא ילפינן: השוחט את הבהמה לזרוק דמה לע"ז. כלומר ישראל ששוחט בהמת חולין לזרוק דמה לעבודה זרה: מחשבין מעבודה לעבודה. כלומר אם כששוחט כהן קדשים ומחשב בשחיטה על מנת לזרוק דמו חוץ לזמנו או להקטיר אימורין חוץ למקומו או חוץ לזמנו מהני מחשבה לפסול וגמרינן נמי בהמת חולין ששוחט ע"מ להקטיר חלבה לע"ז מקדשים שהן בפנים: וגמרי' ממחשבת פגול. כלומר בפיגול חזינן בפירוש לא יחשב לו פגול יהיה דמהניא מחשבה אפי' מעבודה לעבודה דאי זורק את הדם על מנת להקטיר אימוריהן חוץ לזמנו (פסול) [פיגול]: אבל פנים מפנים. כלומר קדשים מקדשים: אבל בהא מודי ליה לר' שמעון בן לקיש. כלומר דחוץ מפנים לא ילפינן: אילימא דלא פסלה כלל. כלומר דאי מחשב בשחיטה א) ע"מ לזרוק דמה לע"ז דלא פסלה כלל. מקום שאין מחשבה פוסלת בחולין מע"ז אלא באותה עבודה: כלומר דאי מחשב כששוחט ע"מ לזרוק דמה לע"ז לא מהניא מחשבה לפסול אי לא מחשב בזריקה עצמה: פנים קשיא לריש לקיש כיצד דשמעינן ליה לריש לקיש דאמר אין מחשבין מעבודה לעבודה והכא חזינן דמחשבין מעבודה לעבודה: חוץ קשיא לר' יוחנן. כלומר דשמעינן ליה לר' יוחנן (הא) דהשוחט בהמה לזרוק דמה לע"ז כו' ר' יוחנן אמר אסור. כלו' ישראל (בה') השוחט בהמת חולין בחוץ דמחשב בשחיטה לזרוק דמה [לע"ז] פסול והא הכא חזינן דלא פסל אלא באותה עבודה: בשלמא לר' שמעון בן לקיש לא קשיא כו'. כלומר מיקמי דלישמעיה מר' יוחנן לא אמר דפסל בפנים מעבודה לעבודה אבל לבתר דשמעה אמר איהו נמי דפסול מעבודה לעבודה אלא לר' יוחנן קשיא: הוא מותיב לה והוא מפרק לה בארבעה עבודות. כלומר

א) נראה דצ"ל דאי מחשב בשחיטה גופה לע"ז דלא פסלה כלל.

קכט א מיי' פ"ב מהל' שחיטה הלט"ו סמג עשין סג טוש"ע יו"ד סי' ד סעי' א:
קל ב מיי' שם הלכה טז טוש"ע שם סעי' ב ולחומרא:
קלא ג מיי' פ"ב מהל' גירושין הלי"ב סמג עשין נ טוש"ע אה"ע סי' קמא סעיף טז:
קלב ד מיי' שם הלי"ג טוש"ע שם סעי' יז:
קלג ה מיי' פ"ט מהל' תרומות הל"ו:
קלד ו מיי' פ"ד מהל' זכייה הל"ג סמג עשין פב טוש"ע חו"מ סי' רמה סעי' יא:
קלה ז מיי' פ"ב מהל' שחיטה הלי"ד סמג עשין סג טוש"ע יו"ד סי' ד סעיף ה:

מקום שאין מחשבה פוסלת בחולין אלא בשתי עבודות. פירש בקונטרס: בשחיטה וזריקה (א) דכתיב. וקשה לריב"א: דזריקת דם לעבודה זרה לא מיתסר בשר, כדמוכח לקמן גבי הנהו טייעי דיהבי דיכרי לטבחי ישראל ואמרי להו: דמא ותרבא לדידן ובישרא לדידכו, ומסיק דכשרה, דהלכה כרבי יוסי דזה מחשב וזה עובד לא אמרינן, ובמה שזורקו דם לעבודה זרה אחרי כן לא חיישינן! עוד תניא בהדיא בתוספתא: אם משחטה זרק דם לעבודה זרה והקטיר חלבה לעבודה זרה – זה היה מעשה בקיסרי ולא אמרו בה לא איסור ולא היתר. והיינו משום שהוכיח סופו על תחלתו כדבסמוך, אבל בזריקה מיהא לא מיתסרא! וי"ל: נהי דבהמה לא מיתסרא, דם מיהא איתסר.

עד כאן לא קא שרו רבנן אלא דלא שמעינן דחשיב. וללישנא בתרא דלעיל, ע"כ לא שרו רבנן אלא בזה מחשב וזה עובד. אבל הכא, אותו עצמו ששחט זרק אחרי כן דם לעבודה זרה. **אם** היה רבו שני כהן אוכל בתרומה. בפרק "המביא אשם תלוי" (כריתות דף כד:) מפרש דקסברי רבנן: המפקיר עבדו יצא לחירות וצריך גט שחרור, ומעוכב גט שחרור אוכל בתרומה. **כי** לא אתי לידיה אמאי אצווח. הא דבעי בפ"ק דב"מ (דף ו.): תקפה אחד בפנינו מהו? ומוקי בשתק ולבסוף צווח – שפיר בעי בין לר"ש בין לרבנן, דהאי טעמא "כי לא אתי לידיה אמאי אצווח" לא שייך התם. ואיכא טעמא אחרינא התם, דקסבר: אמאי אצווח? הא קא חזו ליה רבנן. **רישך** והר. אפילו למ"ד מעות בגוי קונות – הכא לא סמכא דעתיה, כיון דמצי מדחי ליה. ואי אלמא הוא – אסור מדרבנן, ואפילו למ"ד בפ' שני דבכורות (דף יג.) דמשיכה בגוי קונה ולא מעות. הא

מָקוֹם שֶׁאֵין מַחֲשָׁבָה פּוֹסֶלֶת בְּחוּלִּין, אֶלָּא בִּשְׁתֵּי עֲבוֹדוֹת – אֵינוֹ דִּין שֶׁלֹּא יְהֵא הַכֹּל הוֹלֵךְ אֶלָּא אַחַר הַשּׁוֹחֵט? תַּנְיָא כְּוָותֵיהּ דְּרַבִּי יוֹחָנָן: *אהַשּׁוֹחֵט אֶת הַבְּהֵמָה לִזְרוֹק דָּמָהּ לַעֲבוֹדָה זָרָה, וּלְהַקְטִיר חֶלְבָּהּ לַעֲבוֹדָה זָרָה – הֲרֵי אֵלּוּ זִבְחֵי מֵתִים; בשְׁחָטָהּ וְאח"כ חִישֵּׁב עָלֶיהָ – זֶה הָיָה מַעֲשֶׂה בְּקֵיסָרִי, וְלֹא אָמְרוּ בָּהּ לֹא אִיסּוּר וְלֹא הֶיתֵּר. אָמַר רַב חִסְדָּא: לֹא אָמְרוּ בָּהּ אִיסּוּר – מִשּׁוּם כְּבוֹדָן דְּרַבָּנַן, לֹא הֶיתֵּר – מִשּׁוּם כְּבוֹדוֹ דְּרַבִּי אֱלִיעֶזֶר. מִמַּאי? דִּלְמָא עַד כָּאן לָא קָאָמְרִי רַבָּנַן הָתָם אֶלָּא דְּלָא שְׁמַעְנָא דַּחֲשִׁיב, אֲבָל הָכָא דִּשְׁמַעְנָא דַּחֲשִׁיב – *הוֹכִיחַ סוֹפוֹ עַל תְּחִלָּתוֹ! אִי נַמִי, ע"כ לָא קָאָמַר ר"א הָתָם אֶלָּא גַּבֵּי גּוֹי, דִּסְתָם מַחֲשֶׁבֶת גּוֹי לַעֲבוֹדָה זָרָה, אֲבָל יִשְׂרָאֵל – הוֹכִיחַ סוֹפוֹ עַל תְּחִלָּתוֹ לָא אָמְרִינַן! אֶלָּא אָמַר רַב שֵׁיזְבִי: לֹא אָמְרוּ בָּהּ הֶיתֵּר – מִשּׁוּם כְּבוֹדוֹ דְּרשב"ג. הֵי רשב"ג? אִילֵימָא רשב"ג דְּגִיטִּין, *דִּתְנַן: גהַבָּרִיא שֶׁאָמַר "כִּתְבוּ גֵּט לְאִשְׁתִּי" – רָצָה לְשַׂחֵק בָּהּ, וּמַעֲשֶׂה בְּבָרִיא שֶׁאָמַר "כִּתְבוּ גֵּט לְאִשְׁתִּי" וְעָלָה לַגַּג וְנָפַל וּמֵת, אָמַר רשב"ג: דאִם מֵעַצְמוֹ נָפַל – ה"ז גֵּט, וְאִם הָרוּחַ דְּחָתוּ – אֵינוֹ גֵּט; וְהָוֵינַן בָּהּ, מַעֲשֶׂה לִסְתּוֹר?! חַסּוֹרֵי מִיחַסְּרָא, וְהָכִי קָתָנֵי: אִם הוֹכִיחַ סוֹפוֹ עַל תְּחִלָּתוֹ – ה"ז גֵּט; וּמַעֲשֶׂה נַמִי בְּבָרִיא שֶׁאָמַר "כִּתְבוּ גֵּט לְאִשְׁתִּי", וְעָלָה לַגַּג וְנָפַל וּמֵת, אָמַר רשב"ג: אִם מֵעַצְמוֹ נָפַל – ה"ז גֵּט, וְאִם הָרוּחַ דְּחָתוּ – אֵינוֹ גֵּט. וְדִלְמָא שָׁאנֵי הָתָם, דְּקָאָמַר "כִּתְבוּ"! אֶלָּא אָמַר רָבִינָא: מִשּׁוּם כְּבוֹדוֹ דְּרשב"ג דְּהָכָא, *דְּתַנְיָא: ההַכּוֹתֵב נְכָסָיו לַאֲחֵרִים וְהָיוּ בָּהֶן עֲבָדִים, וְאָמַר הַלָּה "אִי אֶפְשִׁי בָּהֶן", אִם הָיָה רַבּוֹ שֵׁנִי כֹּהֵן – הֲרֵי אֵלּוּ אוֹכְלִין בִּתְרוּמָה. רַבָּן שִׁמְעוֹן בֶּן גַּמְלִיאֵל אוֹמֵר: כֵּיוָן שֶׁאָמַר הַלָּה "אִי אֶפְשִׁי בָּהֶן" – כְּבָר זָכוּ בָּהֶן יוֹרְשִׁין. וְהָוֵינַן בָּהּ: לת"ק אֲפִילּוּ עוֹמֵד וְצוֹוֵחַ? אָמַר רַבָּה, וְאִיתֵּימָא רַבִּי יוֹחָנָן: בְּצוֹוֵחַ מֵעִיקָּרָא – דְּכ"ע לָא פְּלִיגִי דְּלָא קָנָה. בְּשׁוֹתֵק וּבַסּוֹף צוֹוֵחַ – דְּכ"ע לָא פְּלִיגִי דְּקָנָה. כִּי פְּלִיגִי – וְשֶׁזִּיכָה לוֹ ע"י אַחֵר וְשָׁתַק, וּלְבַסּוֹף צוֹוֵחַ; ת"ק סָבַר: מִדִּשְׁתִיק – קַנְינְהוּ, וְהַאי דְּקָא צָוַוח – מֵיהְדַּר קָא הָדַר בֵּיהּ. וְרשב"ג סָבַר: הוֹכִיחַ סוֹפוֹ עַל תְּחִילָּתוֹ, וְהָא דְּלָא צָוַוח מֵעִיקָּרָא, סָבַר: כִּי לָא אָתֵי לִידֵיהּ אַמַּאי אֲצַוַּוח. אָמַר רַב יְהוּדָה אָמַר שְׁמוּאֵל: הֲלָכָה כְּרַבִּי יוֹסֵי. הָנְהוּ טַיָּיעֵי דְּאָתוּ לְצִיקוֹנְיָא, יָהֵיב דִּיכְרֵי לְטַבָּחֵי יִשְׂרָאֵל, אָמְרוּ לְהוּ: דְּמָא וְתַרְבָּא לְדִידַן, מַשְׁכָּא וּבִישְׂרָא לְדִידְכוּ. שַׁלְחָהּ רַב טוֹבִי בַּר רַב מַתְּנָה לְקַמֵּיהּ דְּרַב יוֹסֵף: כִּי הַאי גַּוְונָא מַאי? שְׁלַח לֵיהּ, הָכִי א"ר יְהוּדָה אָמַר שְׁמוּאֵל: הֲלָכָה כְּרַבִּי יוֹסֵי. א"ל רַב אַחָא בְּרֵיהּ דְּרַב אַוְיָא לְרַב אַשִׁי: לר"א, יָהֵיב לֵיהּ זוּזָא לְטַבַּח יִשְׂרָאֵל, מַאי? אָמַר לֵיהּ: חָזֵינַן, אִי אִינִישׁ אַלְמָא הוּא דְּלָא מָצֵי מַדְחֵי לֵיהּ – אָסוּר, וְאִי לָא – א"ל: רֵישָׁךְ וְהַר. § **מתני'** *זהַשּׁוֹחֵט לְשֵׁם הָרִים, לְשֵׁם גְּבָעוֹת, לְשֵׁם יַמִּים, לְשֵׁם נְהָרוֹת, לְשֵׁם מִדְבָּרוֹת – שְׁחִיטָתוֹ פְּסוּלָה. שְׁנַיִם

חוּלִּין. לְעִנְיַן עֲבוֹדָה זָרָה שֶׁאֵין מַחֲשָׁבָה פּוֹסֶלֶת בָּהֶן בְּד' עֲבוֹדוֹת אֶלָּא בִּשְׁנַיִם, בִּשְׁחִיטָה וּבִזְרִיקָה. דְּהָנֵי הוּא דִּכְתִיבָן: (שמות כב) "זוֹבֵחַ לָאֱלֹהִים יָחֳרָם", "בַּל אַסִּיךְ נִסְכֵּיהֶם מִדָּם" (תהלים טז), אֲבָל קַבָּלָה וְהוֹלָכָה לָא כְּתִיב בְּהוּ. וְהַקְטָרָה, אע"ג דְּשַׁיְיכָא בַּעֲבוֹדָה זָרָה, מִיהוּ לָאו עֲבוֹדָה הִיא לְאַפְסוּדֵי בְּהֵמָה מִשּׁוּם הֶקְטֵר חֶלְבָּהּ לַעֲבוֹדָה זָרָה, הֵיכָא דְּלָא נִשְׁחֲטָה וְלָא נִזְרַק דָּמָהּ לַעֲבוֹדָה זָרָה, דְּהָא אֲפִילּוּ בִּפְנִים לָא מְפַסֵּיל קָרְבָּן אִם חִישֵּׁב עַל אֲכִילַת בָּשָׂר בִּשְׁעַת הֶקְטֵר חֲלָבִים. וְאח"כ חִישֵּׁב עָלֶיהָ. לִזְרוֹק דָּמָהּ אוֹ לְהַקְטִיר חֶלְבָּהּ. מִשּׁוּם כְּבוֹדָן דְּרַבָּנַן. דְּאָמְרִי: לָא אָמְרִינַן סְתָם מַחֲשֶׁבֶת גּוֹי לַעֲבוֹדָה זָרָה. וְהַאי נַמִי, אַף עַל גַּב דְּאִיגַּלַּאי מִילְּתָא דִּמְשׁוּמָּד הוּא, לָא אָמְרִינַן: מִסְתָּמָא כִּי שְׁחָטָהּ בְּרֵישָׁא – לְהָכִי שְׁחָטָהּ, דִּסְתָם מַחְשַׁבְתּוֹ לַעֲבוֹדָה זָרָה לָא אָמְרִינַן. אֶלָּא דְּלָא שְׁמַעִינָא דַּחֲשִׁיב. לָא בַּתְּחִלָּה וְלָא בַּסּוֹף. אֶלָּא גַּבֵּי גּוֹי. דְּבִשְׁעַת שְׁחִיטָה בְּחֶזְקַת גּוֹי הֲוָה. אֲבָל יִשְׂרָאֵל. כֵּיוָן דַּהֲוֵי בְּחֶזְקָתוֹ בִּשְׁעַת שְׁחִיטָה. הוֹכִיחַ סוֹפוֹ לָא אָמְרִינַן. דִּדְלְמָא אַחַר הַשְּׁחִיטָה נִכְנַס בּוֹ יצה"ר וְנִשְׁתַּמֵּד. דְּרשב"ג. דְּאָמַר: הוֹכִיחַ סוֹפוֹ עַל תְּחִלָּתוֹ. הַבָּרִיא שֶׁאָמַר כִּתְבוּ גֵּט לְאִשְׁתִּי. וְלֹא אָמַר "כִּתְבוּ וּתְנוּ", וְהָלַךְ לוֹ. רָצָה לְשַׂחֵק בָּהּ. שֶׁלֹּא תַּפְלִיר בּוֹ לָתֵת לָהּ גֵּט לְפוֹטְרָהּ מִיָּבָם אִם יָמוּת, וְהִפְלִיגָהּ בִּדְבָרִים. וְאֵין אֵלּוּ נַעֲשִׂין שְׁלוּחוֹ לְגָרֵשׁ, דְּהָא לֹא אָמַר "תְּנוּ". לְהָכִי נָקַט בָּרִיא, דְּאִילּוּ מְסוּכָּן – קַיְימָא לָן הֲלָכָה כר"ש שְׁזוּרִי, דְּאָמַר: כּוֹתְבִין וְנוֹתְנִין, דִּתְנַן (גיטין דף סה:): בָּרִאשׁוֹנָה הָיוּ אוֹמְרִים, הַיּוֹצֵא בְּקוֹלָר וְאָמַר "כִּתְבוּ גֵּט לְאִשְׁתִּי", אע"פ שֶׁלֹּא אָמַר "תְּנוּ" – הֲרֵי אֵלּוּ כּוֹתְבִים וְנוֹתְנִים, שֶׁמִּפְּנֵי שֶׁהָיָה בָּהוּל עַל מִיתָתוֹ לֹא הִסְפִּיק לִגְמוֹר דְּבָרָיו. וְחָזְרוּ לוֹמַר: אַף הַמְפָרֵשׂ וְהַיּוֹצֵא בְּשַׁיָּירָא. ר"ש שְׁזוּרִי אוֹמֵר: אַף הַמְסוּכָּן. וְא"ר חֲנַנְאֵל: הֲלָכָה כר"ש שְׁזוּרִי. וְנָפַל וָמֵת. וּכְבָר כָּתְבוּ וְנָתְנוּ הָעֵדִים גֵּט לְאִשְׁתּוֹ. אִם מֵעַצְמוֹ נָפַל. וַדַּאי מִתְּחִלָּה הָיָה דַּעְתּוֹ לַעֲלוֹת וְלִיפּוֹל, וְה"ל כִּמְסוּכָּן. מַעֲשֶׂה לִסְתּוֹר. הָא אָמְרַת רֵישָׁא: רָצָה לְשַׂחֵק בָּהּ, וְלֹא נִיתַּן חִילּוּק בַּדָּבָר! וְדִלְמָא שָׁאנֵי הָתָם. דְּקָאָמַר בְּרֵישָׁא "כִּתְבוּ", וְאִיכָּא קְצָת הוֹכָחָה בַּתְּחִלָּה, וּבְסָלְקָא בְּעָלְמָא הוּא, דְּהַאי דְּאָמַר בְּרֵישָׁא "כִּתְבוּ" – ע"מ לִיתֵּן קָאָמַר. וְאָמַר חָלָה. זֶה שֶׁנִּיתְּנוּ לוֹ. אִי אֶפְשִׁי. אֵין רְצוֹנִי. אִם הָיָה רַבּוֹ שֵׁנִי כֹּהֵן. זֶה הָאוֹמֵר "אִי אֶפְשִׁי בָּהֶן" – עַל כָּרְחוֹ שֶׁלּוֹ הֵן, וְיֹאכְלוּ בִּתְרוּמָה. וּלְקַמֵּיהּ פָּרֵיךְ: וַאֲפִילּוּ עוֹמֵד וְצוֹוֵחַ?! כְּבָר זָכוּ בָּהֶן יוֹרְשֵׁי רִאשׁוֹן. שֶׁהוּא יִשְׂרָאֵל. אֲפִילּוּ עוֹמֵד וְצוֹוֵחַ. בִּתְמִיָּה, וְהֵיכָן מָצִינוּ מְקַבֵּל מַתָּנָה בְּעַל כָּרְחוֹ? בְּשׁוֹתֵק. וְקִבֵּל הַשְּׁטָר. שֶׁזִּיכָה לוֹ ע"י אַחֵר. שֶׁמָּסַר שְׁטַר הַמַּתָּנָה לְאַחֵר בְּפָנָיו, וְאָמַר לוֹ: זְכֵה בִּשְׁטָר זֶה לְשֵׁם פְּלוֹנִי. כְּרַבִּי יוֹסֵי. דְּאֵין הַכֹּל הוֹלֵךְ אֶלָּא אַחַר הַשּׁוֹחֵט, וַאֲפִילּוּ שְׁמַעִינַן דְּחָשֵׁיב – לָא פָּסוּל. טַיְיעֵי. יִשְׁמְעֵאלִים, וְאֵינָן אוֹכְלִין אֶלָּא בְּשַׂר שְׁחוּטָה. וַאֲפִילּוּ הִיא מֵתָה מֵאֵלֶיהָ שׁוֹחֵט אוֹתָהּ וְאוֹכְלָהּ, וְכֵן דַּרְכָּן. דִּיכְרֵי = אֵילִים. דְּמָא וְתַרְבָּא לְדִידַן. לַעֲבוֹדָה זָרָה, דְּמִתּוֹךְ שֶׁהָיוּ טְרוּדִים בְּעִסְקֵיהֶן הָיוּ נוֹתְנִין לְטַבָּחֵי יִשְׂרָאֵל לִשְׁחוֹט וּלְהַפְשִׁיט. כְּרַבִּי יוֹסֵי. וּמוּתָּרִין. לר"א. דְּאָמַר מַחֲשֶׁבֶת גּוֹי לַעֲבוֹדָה זָרָה, פּוֹסֶלֶת שְׁחִיטַת יִשְׂרָאֵל אֲפִילּוּ אֵין לוֹ בָּהּ אֶלָּא דָּבָר מוּעָט. יָהֵיב לֵיהּ. גּוֹי זוּזָא לְטַבַּח יִשְׂרָאֵל בִּשְׁבִיל בָּשָׂר, וְאָמַר לוֹ: כְּשֶׁתִּשְׁחוֹט בְּהֶמְתְּךָ תֵּן לִי בְּדִינָר זֶה בָּשָׂר, מִי מִיתְּסַר (כו') בְּהֵמָה בְּהָכִי? מִי אָמְרִינַן: כִּי אָמַר רַבִּי אֱלִיעֶזֶר – הֵיכָא דַּהֲוַאי בְּהֵמָה בְּשׁוּתָפוּת מִכִּי זַבְנוּהָ מֵעִיקָּרָא, אוֹ שֶׁהָיְתָה כּוּלָּהּ שֶׁל גּוֹי וּנְתָנָהּ לְיִשְׂרָאֵל חוּץ מֵחֵלֶק כָּבֵד שֶׁלָּהּ, אֲבָל כִּי הַאי גַּוְונָא לָא, אוֹ דִּלְמָא לָא שְׁנָא? אִי אִינִישׁ אַלְמָא. הַאי גּוֹי, וְלָא מָצֵי הַאי יִשְׂרָאֵל לְדַחוּיֵיהּ אִם הָיָה רוֹצֶה לְהַחֲזִיר לוֹ דִּינָר שֶׁלּוֹ – אִישְׁתַּכַּח דְּקַנְיֵיהּ גְּמוּרָה הִיא. וְאִי לָא מָצֵי א"ל רֵישָׁךְ וְהַר. הֲרֵי רֹאשְׁךָ וַהֲרֵי הַר, הַכֵּה זֶה עַל זֶה אוֹ קַבֵּל דִּינָר שֶׁלְּךָ. וְכֵיוָן דְּמָצֵי לְדַחוּיֵי, וְאִישְׁתַּכַּח דְּכִי שָׁחֵיט יִשְׂרָאֵל לָאו אַדַּעְתָּא דְּגוֹי קָשָׁחֵיט, וְאֵינוֹ נַעֲשֶׂה שְׁלוּחוֹ עַל כָּרְחוֹ, דְּמֵימַר אָמַר הַאי יִשְׂרָאֵל: אִי בָּעֵינָא מַהַדַּרְנָא לֵיהּ זוּזֵיהּ – הִילְכָּךְ שַׁרְיָא, וְאִי בָּעֵי יָהֵיב לֵיהּ. וְאע"ג דְּקי"ל (בכורות דף יג.): מָעוֹת הַגּוֹי קוֹנוֹת וְיֵשׁ לוֹ חֵלֶק בָּהּ, מִיהוּ יִשְׂרָאֵל כִּי שָׁחֵיט מְסַלֵּק לֵיהּ לַגּוֹי וְאֵינוֹ נַעֲשֶׂה שְׁלוּחוֹ, דְּה"ל לָא לְעַוּוּתֵי שִׁיתַּפְתֵּיהּ. אֲבָל בְּאִינִישׁ אַלְמָא, עַל כָּרְחוֹ שְׁחִיטָה אַף בִּשְׁבִילוֹ הִיא, וְגוֹי מְחַשֵּׁב עָלֶיהָ. **מתני'** לְשֵׁם יַמִּים. שֶׁעָשָׂה הַיָּם עֲבוֹדָה זָרָה.
שְׁנַיִם

[תוס' פ"ב ע"ז]
[זבחים ב: גיטין סו. נדרים מח.]
גיטין סו.
ב"ב קלח. כריתות כד:
[נ"ל טולה]

הגהות הב"ח
(א) תוס' ד"ה מקום וכו' בשחיטה וזריקה דהכי הוא דכתיבי וקשה:

רבינו גרשום

כלומר אבל בשתי עבודות פסל לזרוק דמה ולהקטיר חלבה ואלו הן ארבע עבודות קבלה הולכה זריקה והקטרה: שחטה ואח"כ חישב עליה. כלומר ששחטה (א): רצה לשחוק בה כלומר ואין כותבין (כלומר) שאינו עושה אלא שחוק: והוינן בה מעשה לסתור כלומר ברישא אמרינן רצה לשחוק בה ובסיפא אמר הוי גט: אם הוכיח סופו על תחילתו הרי זה גט. כלומר כגון הכא דעלה לגג ונפל ומת: אמר רשב"ג אם מעצמו נפל הרי זה גט. כלומר דהוכיח סופו על תחילתו הכא נמי שחט ואח"כ חישב הוכיח סופו על תחילתו ופסול: אם היה רבו שני כהן כו'. כלומר שהרי הן שלו וקנאן: ורשב"ג סבר הוכיח סופו על תחלתו. כלומר כשם שאמר הוכיח סופו על תחלתו לענין עבדים כך אמרינן סופו על תחלתו לענין שחוטה. הלכה כר' יוסי כלומר כר' יוסי דמתני' (כלומר) דנכרי אינו יכול לפסול. הכי אמר רב יהודה אמר שמואל הלכה כר' יוסי כלומר דאין הכל הולך אלא אחר השוחט וכיון דישראל שוחט לית לן בה למחשבתו דנכרי: יהיב ליה זוזא לטבח ישראל מאי כלומר שיהא לו חלק בבהמה ששוחט: דלא מצי מדחי ליה אסור. כלומר דאמרינן מחשבתו לע"ז ואי לא א"ל רישא והר כלומר א"ל אם אתה רוצה לקבל זוזא לחיי ואי לא הכה ראשך בהר. אין

א) נראה דצ"ל שחיטה סתם בלא מחשבה.

משנה / גמרא

*אשְׁנַיִם אוֹחֲזִין בְּסַכִּין וְשׁוֹחֲטִין, אֶחָד לְשֵׁם אֶחָד מִכָּל אֵלּוּ וְאֶחָד לְשֵׁם דָּבָר כָּשֵׁר – שְׁחִיטָתוֹ פְּסוּלָה.§ **גמ'** פְּסוּלָה – אִין, זִבְחֵי מֵתִים – לָא. וּרְמִינְהִי: *בהַשּׁוֹחֵט לְשׁוּם הָרִים, לְשׁוּם גְּבָעוֹת, לְשׁוּם (א) נְהָרוֹת, לְשׁוּם מִדְבָּרוֹת, לְשׁוּם חַמָּה וּלְבָנָה, לְשׁוּם כּוֹכָבִים וּמַזָּלוֹת, לְשׁוּם מִיכָאֵל הַשַּׂר הַגָּדוֹל, לְשׁוּם שִׁילְשׁוּל קָטָן – הֲרֵי אֵלּוּ זִבְחֵי מֵתִים! אָמַר אַבַּיֵי, לָא קַשְׁיָא: גהָא דְּאָמַר לָהַר, הָא דְּאָמַר לְגַדָּא דְּהַר. דַּיְקָא נַמִי, דְּקָתָנֵי דּוּמְיָא דְּמִיכָאֵל שַׂר הַגָּדוֹל, ש"מ. *אָמַר רַב הוּנָא: דהָיְתָה בֶּהֱמַת חֲבֵירוֹ רְבוּצָה לִפְנֵי עֲבוֹדָה זָרָה, כֵּיוָן שֶׁשָּׁחַט בָּהּ סִימָן אֶחָד – אֲסָרָהּ. סָבַר לָהּ כִּי הָא דְּאָמַר עוּלָּא אָמַר ר' יוֹחָנָן: *אע"פ שֶׁאָמְרוּ הַמִּשְׁתַּחֲוֶה לִבְהֶמַת חֲבֵירוֹ לֹא אֲסָרָהּ, עָשָׂה בָּהּ מַעֲשֶׂה – אֲסָרָהּ. אֵיתִיבֵיהּ רַב נַחְמָן לְרַב הוּנָא: *ההַשּׁוֹחֵט חַטָּאת בְּשַׁבָּת בַּחוּץ לַעֲבוֹדָה זָרָה – חַיָּיב שָׁלֹשׁ חַטָּאוֹת; וְאִי אָמְרַתְּ כֵּיוָן שֶׁשָּׁחַט בָּהּ סִימָן אֶחָד אֲסָרָהּ – אַשְּׁחוּטֵי חוּץ לָא לִיחַיַּיב, מְחַתֵּךְ

רש"י

שְׁנַיִם אוֹחֲזִין. זֶה בְּרֹאשׁוֹ וְזֶה בְּקַתּוֹ. לְשׁוּם דָּבָר כָּשֵׁר. שְׁחִיטָה סְתָם. **גמ'** זִבְחֵי מֵתִים. לֵיאָסֵר בַּהֲנָאָה, כְּדִין תִּקְרוֹבֶת עֲבוֹדָה זָרָה שֶׁאֲסוּרָה כַּמֵּת, וּמֵת אָסוּר בַּהֲנָאָה, דְּנָפְקָא לָן בְּמַסֶּכֶת ע"ז (דף כט:) מִ"וַּתָּמָת שָׁם מִרְיָם", וְגָמַר "שָׁם" "שָׁם" מֵעֶגְלָה עֲרוּפָה. מִיכָאֵל וְשִׁילְשׁוּל קָטָן. כְּלוֹמַר, לְשׁוּם גָּדוֹל שֶׁבְּכָל הַבְּרִיּוֹת אוֹ לְשׁוּם קָטָן שֶׁבְּכוּלָּן. שִׁילְשׁוּל = תּוֹלַעַת. דְּאָמַר לְשׁוּם הַר. הַר אֵינוֹ נַעֲשֶׂה עֲבוֹדָה זָרָה, דִּכְתִיב: "אֱלֹהֵיהֶם עַל הֶהָרִים" – וְלֹא הֶהָרִים אֱלֹהֵיהֶם, בְּמַסֶּ' ע"ז (דף מה:), הִלְכָּךְ לִשְׁמָן לָא מִיקַּרְיָא זִבְחֵי מֵתִים. וּמִיהוּ פְּסוּלָה מִלֶּאֱכוֹל, מִשּׁוּם דְּדַמְיָא לִשְׁחִיטַת עֲבוֹדָה זָרָה מִיחַלְּפָא בָּהּ, וּכְדִתְנַן לְקַמָּן (דף מא:): הַשּׁוֹחֵט לְשׁוּם נֶדֶר וְנִדָּב – שְׁחִיטָתוֹ פְּסוּלָה, מִשּׁוּם דְּדָמֵי לְשׁוֹחֵט קָדָשִׁים בַּחוּץ. לְגַדָּא דְּהַר. לַמַּלְאָךְ הַמְּמוּנֶּה עַל הֶהָרִים. דּוּמְיָא דְּמִיכָאֵל. דְּלָא מְחוּבָּר הוּא. וּבַעֲלֵי חַיִּים, אַף עַל גַּב דְּלָא מִיתַּסְרִי מִשּׁוּם עֲבוֹדָה זָרָה, כִּדְקַיְימָא לָן בִּתְמוּרָה (דף כט.), מִדְּאִיסַּר רַחֲמָנָא נֶעֱבַד לְגָבוֹהַּ – מִכְּלָל דִּלְהֶדְיוֹט שָׁרֵי, מִיהוּ אֱלֹהוֹת מִקְרוּ, דִּכְתִיב (שמות ח): "הֵן נִזְבַּח אֶת תּוֹעֲבַת מִצְרַיִם", וּכְתִיב (דברים ד): "וְרָאִיתָ אֶת הַשֶּׁמֶשׁ וְאֶת הַיָּרֵחַ וְאֶת הַכּוֹכָבִים וְכֹל צְבָא הַשָּׁמַיִם". הָיְתָה בֶּהֱמַת חֲבֵירוֹ. לָא מִיבַּעְיָא שֶׁלּוֹ, דְּמִיתַּסְרָא מִשּׁוּם תִּקְרוֹבֶת עֲבוֹדָה זָרָה בִּשְׁחִיטַת סִימָן אֶחָד. דְּאע"ג דְּבַעֲלֵי חַיִּים אֵין נֶאֱסָרִים לְהֶדְיוֹט, לֹא מִשּׁוּם נֶעֱבָד א] שֶׁעֲשָׂאוֹ עֲבוֹדָה זָרָה, וְלֹא מִשּׁוּם מוּקְצֶה שֶׁהִקְצוּ לְתִקְרוֹבֶת עֲבוֹדָה זָרָה, כִּדְקַיְימָא לָן בִּתְמוּרָה (דף כט.): מִדְּאִצְטְרִיךְ קְרָא לְמֵיסְרִינְהוּ לְגָבוֹהַּ, כִּדְתַנְיָא (ב"ק דף מ:): "מִן הַבָּקָר" – לְהוֹצִיא אֶת הַנֶּעֱבָד, "וּמִן הַצֹּאן" – לְהוֹצִיא אֶת הַמּוּקְצֶה, מִכְּלָל דִּלְהֶדְיוֹט שָׁרֵי. מִיהוּ, כִּי עָבֵיד מַעֲשֶׂה בְּגוּפַיְיהוּ מִיתַּסְרִי, כִּדְאָמְרִינַן בְּפֶרֶק "רַבִּי יִשְׁמָעֵאל" (ע"ז דף נד:): אע"פ שֶׁאָמְרוּ הַמִּשְׁתַּחֲוֶה לְקַרְקַע עוֹלָם לֹא אֲסָרָהּ, חָפַר בָּהּ בּוֹרוֹת וְשִׁיחִין וּמְעָרוֹת וְהִשְׁתַּחֲוָה לָהֶן – אֲסָרָן. וְהָכָא נַמִי, אע"ג דְּחַלְּבָתֵי בַּעֲלֵי חַיִּים נִינְהוּ – ב] מִיתַּסְרֵי. וְהַאי סִימָן אֶחָד לָאו דַּוְקָא, דְּה"ה לַחֲצִי סִימָן. וּבְהֶמַת חֲבֵירוֹ נַמִי, אע"ג דִּפְשִׁיטָא לָן דְּאֵין אָדָם אוֹסֵר דָּבָר שֶׁאֵינוֹ שֶׁלּוֹ, אַשְׁמוּעִינַן רַב הוּנָא דְּאָסַר לָהּ בְּמַעֲשֶׂה כָּל דְּהוּ. רְבוּצָה. לָא מִיבַּעְיָא עוֹמֶדֶת, דִּכְשֶׁהִגְבִּיהָהּ וְהִרְבִּיצָהּ – קְנָאָהּ בְּהַגְבָּהָה וְנַעֲשֵׂית שֶׁלּוֹ, אֶלָּא אע"ג דִּרְבוּצָה וְלֹא קְנָאָהּ אָסַר לָהּ בְּמַעֲשֶׂה. הַמִּשְׁתַּחֲוֶה לִבְהֶמַת חֲבֵירוֹ לֹא אֲסָרָהּ. אֲפִילּוּ לַמִּזְבֵּחַ, מִשּׁוּם נֶעֱבָד. עָשָׂה בָּהּ מַעֲשֶׂה אֲסָרָהּ. אַף לְהֶדְיוֹט. וְטַעְמָא יָלֵיף בְּמַסֶּכֶת ע"ז (דף נג:) מִ"כָּל הַכֵּלִים אֲשֶׁר הִזְנִיחַ הַמֶּלֶךְ אָחָז בְּמַלְכוּתוֹ בְּמַעֲלוֹ הֵכַנּוּ", וְאָמַר מָר: מַאי "הֵכַנּוּ" – שֶׁגְּנָזוּם, דַּאֲסִירֵי בַּהֲנָאָה, וְאַף עַל גַּב דְּלָאו דִּידֵיהּ הָווּ, שֶׁהָיוּ כְּלֵי שָׁרֵת. הַשּׁוֹחֵט חַטָּאת. לְקַמֵּיהּ מְפָרֵשׁ מַאי שְׁנָא חַטָּאת דְּנָקַט. שָׁלֹשׁ חַטָּאוֹת. בְּשׁוֹגֵג: מִשּׁוּם שַׁבָּת, וּמִשּׁוּם שׁוֹחֵט קָדָשִׁים בַּחוּץ, וּמִשּׁוּם עֲבוֹדָה זָרָה, שֶׁשְּׁלָשְׁתָּן בְּכָרֵת. וּמִשּׁוּם מְקַלְקֵל לָא מִיפְּטַר בְּשַׁבָּת, שֶׁהֲרֵי מְתַקְּנָהּ הוּא אֵצֶל בְּנֵי נֹחַ, שֶׁאֵבֶר מִן הַחַי אָסוּר לָהֶם. וְחַטָּאת כִּי שָׁחֲטֵי לָהֶם בְּעָלִים – דָּבָר שֶׁאֵינוֹ שֶׁלּוֹ הָוֵי, דְּשֶׁל גָּבוֹהַּ הָוֵי. מְחַתֵּךְ

[לקמן מא.] ע"ז מב. [תוספתא פ"ב] ע"ז נד. גם זה שם פסחים עג.

תוספות

הא דאמר להר. שאינו נעשה עבודה זרה, כדפירש בקונטרס. ואע"ג דלא חשיב אלוה לאסור התקרובת, מכל מקום עובדו בסייף, כדתניא בפרק "כל הצלמים" (ע"ז דף מו.): הגוים העובדים את ההרים – הם מותרים, ועובדיהם בסייף. ואמרינן נמי בפרק "ארבע מיתות" (סנהדרין דף סא.): מידי דהוה אמשתחוה להר, דהר מותר ועובדו בסייף. ואין לתמוה: דכיון דלא מיקרי אלוה, אמאי עובדו בסייף? דדוקא לענין איבוד קאמר קרא דלא מיקרי אלוה, ג] דכתיב (דברים יב) ברישיה דקרא: "אבד תאבדון". וא"כ ה"פ: אלהיהם שעל ההרים תאבדון, ולא ההרים שהם אלהיהם, ועובדים אותם תאבדון. ומה שתקרובת הר מותר – היינו משום דגמרינן מכלים, דכתיב "אבד תאבדון" וגו', ואמרינן בפ' "רבי ישמעאל" (ע"ז דף נא:): בכלים שנשתמשו בהן לעבודה זרה הכתוב מדבר, ואמר רחמנא דדוקא אלהיהם על ההרים, ולא ההרים עצמן אלהיהם. אי נמי, מש"ה העובדן בסייף, אע"ג דלא מיקרי אלוה, ד] שהרי מחובר הוא – משום דגלי רחמנא בעובד מזלות דממתיחי, כדכתיב (דברים ד): "וראית את השמש" וגו', ואף על פי שמחוברין בגלגל הרקיע. והא דקתני הכא: לשם חמה ולבנה, דהוי זבחי מתים – היינו לגדייהו שהם תלושים ה] המלאכים המנהיגים אותם, כדאמרינן *במדרש: י"ב מלאכים מנהיגים את החמה. ומיהו, בקונטרס לא פירש כן, דמוקי האי קרא ד"וראית את השמש" וגו' בתלושים, ומייתי ראיה מיניה דאע"ג דבעלי חיים לא מיתסרי משום עבודה זרה, מכל מקום מיקרי אלוה, ואסירי תקרובת דידהו. וא"ת: ומ"ש תקרובת הר מלפוי הר, דפליגי בה תנאי בפרק "כל הצלמים" (ע"ז דף מה.) דתנן: ומה שעליהן אסור, דכתיב "לא תחמוד כסף וזהב עליהם", רבי יוסי (ג) אומר: על ההרים אלהיהם ולא ההרים אלהיהם. ואמר בגמרא דפליגי בלפוי הר כהר! וי"ל: דהתם מיירי כשעובדים ו] את הלפוי, ואפ"ה שרי ליה לרבי יוסי הגלילי, משום דאין עובדין אותו אלא אגב הר, ובטיל לגביה, דלא יהא טפל חמור מן העיקר. ורבנן נמי, אי לאו קרא ז] הוו שרו מהאי טעמא. אי נמי, רבנן אסרי משום שעובדים אותו, וקרא אסמכתא בעלמא. *וא"ת: דמשמע בריש פרק "כל האסורין" (תמורה דף כח:) דלפוי בעלי חיים מותרים להדיוט, ומוקי "לא תחמוד כסף וזהב עליהם" בדבר שאין בו רוח חיים, אבל בדבר שיש בו רוח חיים, הואיל והוא מותר – לפויו נמי מותר. ואפילו לגבוה משמע התם דהוה שרי, אי לאו דכתיב בו "מן הבקר". ואפילו מיירי כשאין עובדין אותו, מ"ש מתקרובת בעלי חיים דאסור? וי"ל: דלפוי שרי טפי, דבטיל אגבייהו, ח] דהוה כנעבד עצמו דשרי, לפי שהוא ב"ח. ומיהו נראה, דלפוי ב"ח אסור אפילו להדיוט. מדפריך התם: טעמא דרבינהו קרא, הא לא רבינהו קרא – לפוי מותר? והא דכתיב (דברים יב): "ואבדתם את שמם מן המקום ההוא" – כל העשוי לשמם. והשתא, למה לי למידק *טעמא דרבינהו קרא? השתא נמי דרבינהו קרא תקשה ליה: היאך מותר להדיוט? דקרא ד"מן הבקר" לגבוה כתיב! אלא ודאי אף להדיוט אסור. והיינו טעמא, ט] כיון דאשמועינן דאסורים לגבוה, ומיקרי נעבד לכל הפחות לגבי גבוה, בא הכתוב ד"לא תחמוד" לאסור לפוי, אפילו לא יחשב נעבד אלא לגבוה. אע"ג דהר נמי חשוב נעבד לענין גבוה, כדמוכח בפרק "כל הצלמים" (ע"ז דף מו:) דהמשתחוה להר אבניו אסורין למזבח, מ"מ לפויו מותר, דילפינן מכלים דלא מיתסרי, כי היכי דילפינן תקרובת מכלים כדפרישית. ואין להאריך כאן יותר. **רבוצה** לפני עבודה זרה. פירש בקונטרס: לא מיבעיא עומדת, דכשהגביהה והרביצה – קנאה בהגבהה ונעשית שלו. ואין נראה, דכי הגביהה נמי לא קנה לה לענין שתחשב שלו, אם אין אדם אוסר דבר שאין שלו, דהא גזל ולא נתייאשו הבעלים שניהן אין יכולין להקדיש, זה לפי שאינו שלו, וזה לפי שאינו ברשותו כו'. ולקמן (דף מא.) נמי דאמר רב נחמן: אין אדם אוסר דבר שאינו שלו, פריך ליה מהמנסך. ומאי פריך מהמנסך? והא מנסך מכי אגבהיה קנייה, כדאמר ב"הניזקין" (גיטין דף נב:)! אלא ודאי בהכי לא חשיב שלו, ואינו קונה לו אלא להתחייב באונסין. אלא נראה דנקט רבוצה לרבותא, דאף על גב דלא הרבילה ולא עשה בה מעשה גדול כל כך – אסרה. *__לפני__ עבודה זרה. אין לפרש: דוקא לפני עבודה זרה, וכרבי יהודה בן בתירא דאמר לקמן (דף מא.): אין מנסכין יין אלא לפני עבודה זרה, והוא הדין שאר עבודות. דנראה דדוקא לענין ניסוך קאמר, דבכל דוכתא דאיירי בשוחט לא נקט "לפני עבודה זרה". ועוד, דאמאי פריך בסמוך אשחוטי חוץ: לא ליחייב, דמחתך בעפר הוא? התם בשלא שחט לפני עבודה זרה, ולא מתסרא, ומ"מ חייב העובד, מידי דהוה אעובד עבודה זרה להכי! אלא ודאי, אע"פ שלא לפני עבודה זרה אסרה, והא דנקט הכא "לפני עבודה זרה" – אורחא דמלתא נקט. א"כ, כיון דלפני עבודה זרה הוא, מסתמא לשם עבודה זרה מתכוין אע"פ שלא פירש, וכגון שהוא ישראל משומד. והשתא אתי למימר דנקט רבוצה, דלא מבעיא הרבילה לפני עבודה זרה – דודאי לשם עבודה זרה נתכוון, אלא אפי' רבוצה כבר, כיון דישראל משומד הוא, ושוחט לפני עבודה זרה – מתכוין לעבודה זרה. **כי** הא דאמר עולא. לא מייתי סייעתא מעולא אלא מהא דמיתסרא בהמת חבירו ע"י מעשה. אבל דמיתסרא במעשה זוטא אין יכול לדקדק, דדלמא עולא מעשה רבה קאמר, כדאמר בסמוך. והא דקאמר בסמוך: ועולא מעשה כל דהו קאמר – היינו משום דלרב הונא לא מצי לפרושי מעשה רבה, וא"כ על כרחך מעשה כל דהו קאמר, דאי סימן אחד בעי, א"כ הוה ליה לפרושי. **חייב** שלש חטאות. לא נחת למניינא, דא"כ ליתני ארבעה, וכגון שהוא יוה"כ. אלא בהני דאשמועינן חידוש, דלענין שבת חייב אע"פ שלא תיקן אלא להוציא מידי אבר מן החי, כדאמר בפסחים בפרק "אלו דברים" (דף עג.) ובתוך לעבודה זרה הוי חידוש, כדמוכח בשמעתא. וא"ת: ואמאי חייב משום שחוטי חוץ? והא אינו מתקבל בפנים, דחטאת העוף ליתא אלא ביחיד, ואין קרבן יחיד קרב בשבת! וי"ל: דכיון דאם היה זרק הורצה, כדאשכחן בפ"ב דזבחים (דף כ:) גבי כבשי עצרת ששחטן שלא לשמן או שלא לזמנן – יש לו להתחייב משום שחוטי חוץ. דבפ' "השוחט והמעלה" (זבחים דף קז.) מרבינן מקראי לחייב בחוץ, על כל הפסולין שאם עלו לא ירדו. ואף על גב דלאותו ולא בנו בתוך זמן, דאין זה אלא משום מחוסר זמן,* שבת לא חשיב מחוסר זמן, דהא אין עשה דקרבן יחיד דוחה לא תעשה דשבת.

אי

עיין רש"י

עי' סוגיא הגמ' דשם כי דברי התוס' בכאן צ"ע ועיין תוס' שם ד"ה ת"ל

עי' מהרש"א בספר תפארת שמואל בזה הדיבור

[כדאיתא לקמן מא.]

עין משפט נר מצוה

קלו א מיי' פ"ב מהל' שחיטה הלכה כא סמג עשין סג טוש"ע י"ד סי' ה סעיף ג:
קלז ב ג מיי' שם הל' יד סמג שם טוש"ע י"ד סי' ד סעיף ו:
קלח ד ה מיי' פ"ד מהל' שגגות הל' א [ופ"ח מהל' ע"ז הל' א עי' בהשגות ובכ"מ טוש"ע י"ד סי' קמה סעיף ח]:

רבינו גרשום

אין שוחט לא לתוך ימים. כלומר משום ע"ז דאמרינן א) לאיסורא דימא קא שחט אבל שוחט הוא לתוך אוגן של מים כדבעינן לפרושי: הרי אלו זבחי מתים. כלומר ואסור אפי' בהנאה: הא דאמר לגדא. כלומר לשר של הר ודאי הרי אלו זבחי מתים: אשחוטי חוץ לא ליחייב מחתך בעפר. כלומר הכי סברינן חטאת בהמה דאינה ניתרת אלא אי בשנים אי ברוב שנים ואי אמרת כיון דשחט בה סימן אחד אסרה אשחוטי חוץ כו' כלומר דלא חשוב חטאת ולא יהא חייב אשחוטי חוץ דבסימן אחד אין מתקבל בפנים:

א) נראה דצ"ל לאיסוריה וכ"ל שר של ים וכעין זה בע"ז (דף מ"א ע"ב) שבקיה לאיסוריה לגגון ופירש"י שר שלו כמו איסוריה דעניותא.

שיטה מקובצת

א] לא משום נעבד שעשאן עבודה זרה ולא משום מוקצה שהקצן לתקרובת עבודה זרה: ב] (וליתסרא) [מיתסרו] והאי סימן אחד: ג] דלא מיקרי אלוה משום דגלי רחמנא אבד תאבדון אי נמי הר מיקרי אלוה וה"פ אלהיהם שעל: ד] אע"ג דלא מיקרי אלוה משום דגלי רחמנא: ה] שהם תלושים והם המלאכים: ו] מיירי כשעובדין אף את הצפוי: ז] ורבנן נמי אי לאו קרא דלא תחמוד הוו שרו מהאי טעמא: ח] אגבייהו והוי כנעבד עצמו:

[נ"ל במדרש רבה קהלת בפסוק וזרח השמש איתא שמונה מלאכים מנהיגים את החמה]

הגהות הב"ח

(א) גמ' לשום גבעות לשום ימים לשום נהרות: (ב) תום' ד"ה לשום וכו' רבי יוסי הגלילי אומר על ההרים אלהיהם ולא ההרים אלהיהם.

מְחַתֵּךְ בְּעָפָר הוּא! אָמַר רַב פַּפָּא: הָכָא בְּחַטַּאת הָעוֹף עָסְקִינַן, דְּכוּלְּהוּ בַּהֲדֵי הֲדָדֵי קָאָתֵי. מִכְּדֵי רַב הוּנָא כְּמַאן אֲמָרָהּ לִשְׁמַעֲתֵיהּ – כְּעוּלָּא, וְעוּלָּא מַעֲשֶׂה כָּל דְּהוּ קָאָמַר! [א]אֶלָּא *בְּאוֹמֵר בִּגְמַר זְבִיחָה הוּא עוֹבְדָהּ. אִי הָכִי, מַאי אִירְיָא חַטָּאת? לִישְׁמַעִינַן זֶבַח! אֶלָּא אָמַר מַר זוּטְרָא מִשְּׁמֵיהּ דְּרַב פַּפָּא: הָכָא בְּמַאי עָסְקִינַן – [ב]כְּגוֹן שֶׁהָיָה חֲצִי קָנֶה פָּגוּם וְהוֹסִיף עָלָיו כָּל שֶׁהוּא וּגְמָרוֹ, דְּכוּלְּהוּ בַּהֲדֵי הֲדָדֵי קָאָתְיָין. אָמַר רַב פַּפָּא: אִי לָאו דַּאֲמַר רַב הוּנָא סִימָן אֶחָד, לָא הָוְיָא חַטָּאת תְּיוּבְתֵּיהּ, מַאי מַעֲשֶׂה? מַעֲשֶׂה רַבָּה. וְאָמַר רַב פַּפָּא: אִי לָאו דַּאֲמַר רַב הוּנָא בֶּהֱמַת חֲבֵרוֹ, לָא הָוְיָא חַטָּאת תְּיוּבְתֵּיהּ, מַאי טַעְמָא? דִּידֵיהּ מָצֵי אָסַר, דְּחַבְרֵיהּ לָא מָצֵי אָסַר. פְּשִׁיטָא! מַהוּ דְּתֵימָא: כֵּיוָן דְּקָנֵי לֵיהּ לְכַפָּרָה – כְּדִידֵיהּ דָּמְיָא, קמ"ל. (נעץ סימן) רַב נַחְמָן וְרַב עַמְרָם וְרַב יִצְחָק אָמְרִי: *[ג]אֵין אָדָם אוֹסֵר דָּבָר שֶׁאֵין שֶׁלּוֹ. מֵיתִיבֵי: הַשּׁוֹחֵט חַטָּאת בְּשַׁבָּת בַּחוּץ לַעֲבוֹדָה זָרָה – חַיָּיב שָׁלֹשׁ חַטָּאוֹת, וְאוֹקְמִינַן בְּחַטַּאת הָעוֹף וּבַחֲצִי קָנֶה פָּגוּם; טַעְמָא דְּחַטַּאת הָעוֹף הוּא, דְּכוּלְּהוּ בַּהֲדֵי הֲדָדֵי קָאָתְיָין, אֲבָל

אי הכי מאי איריא חטאת לישמעינן זבח. לפירוש שני שבקונטרס, דלרב הונא פריך, [ו] [דאין] אין אדם אוסר דבר שאינו שלו – א"ש דנקט חטאת, לאפוקי שלמים שהם שלו, נ"ל דסבר השתא דלאתיא כרבי יוסי הגלילי דאמר קדשים קלים ממון בעלים הן. דלרבנן לא חשיב שום זבח שלו, כדמוכח בזבחים בפ' בתרא (דף קיז.) דפריך: בשלמא רובע – שהקדישו ולבסוף רבעו, אלא מוקצה ונעבד היכי משכחת לה? הא אין אדם אוסר דבר שאינו שלו! ומשני: בקדשים קלים ואליבא דרבי יוסי הגלילי, משמע דלרבנן אין אדם יכול לאסור. ומיהו קשה לפירוש זה, דבסמוך פריך מההיא ברייתא לרב נחמן דאמר אין אדם אוסר דבר שאינו שלו, ודייק מדאוקמינן בחטאת העוף, טעמא דחטאת העוף, אבל זבח אחר לא. ומאי קושיא? הא מתוקמא שפיר בחטאת בהמה, ונקט חטאת לאפוקי שלמים! ושמא מתחלה ניחא ליה בחטאת בהמה, כל כמה דלא אסיק אדעתיה שינויא דחטאת העוף ובחצי קנה פגום. אבל לסוף מסתבר ליה שינויא דחטאת העוף, דאי בחטאת בהמה, ונקט חטאת לאפוקי שלמים – ה"ל למנקט עולה, כדפי' בקונט'. *לא הויא חטאת תיובתיה דמאי מעשה מעשה רבה. תימה: לפי' ראשון שבקונטרס, שלא [ז] להקשות על רב הונא מדקדק: לאשמועינן זבח, א"כ היכי מצי למימר מעשה רבה? הא ע"כ, מדנקט חטאת דייקינן מיניה סייעתא לרב הונא, למעשה כל דהו! ושמא יש לומר, דהא דנקט חטאת לאשמועינן דאע"ג דקניא ליה לכפרה, אפ"ה לא חשיב כדידיה לאוסרה במעשה כל דהו. **רב** נחמן ורב עמרם ורב יצחק אמרי אין אדם אוסר דבר שאינו שלו. ובמס' ע"ז פרק "רבי ישמעאל" (דף נד.) אמילתיה דעולא דלעיל, דאמר להו רב נחמן: אמרו ליה לעולא, כבר תרגמא רב הונא לשמעתיך בבבל – לאו משום דסבר כרב הונא. אלא כלומר, לא הודעתנו שום חידוש, שכבר השמיענו זה רב הונא. ואם תאמר: בעובדא (ע"ז דף נז:*) דעל גוי לחנותא והוה חמרא בדוולא, שדא ביה גוי ידא ושיכשך ביה, ואתא מריה דחמרא ושקליה בריתחיה ושדייה לדנא, וגרסינן התם: איקלע רב נחמן למחוזא ואסריה בהנאה, אמאי אסריה? והא אין אדם אוסר דבר שאין שלו! ולמסקנא דקאמר: אפילו למ"ד אוסר אדם דבר שאינו שלו – הני מילי גוי, ורב נחמן מלי סבר כתנא קמא, ניחא. אבל למאי דסלקא דעתך דאתי רב נחמן כר"י (ה) ולא כתנא קמא, קשה.

מחתך בעפר הוא. דכיון דנאסר משום עבודה זרה – פקע שם קדשים מינה, ונעשית של עבודה זרה, ועפרא בעלמא היא, ותו לא מחייב עליה משום שחוטי חוץ. *ולפ"ג דאמרינן בפירקין (לעיל דף כט:) שחט סימן אחד בחוץ וסימן אחד בפנים חייב, שהרי עשה בה מעשה חטאת העוף בחוץ – ליכא למימר דבגמר הסימן מיירי מהדדי איסור עבודה זרה ושחיטת חוץ. דהא אמרינן [א] סימן אחד מחייב – הני מילי היכא דנגמר לשחיטה בעבודת קדשים, כדקתני: "וסימן אחד בפנים", דאיגלאי מילתא דבסימן קמא שחיטת חוץ הוה, וטעמא דהתם – משום דישנה לשחיטה מתחלה ועד סוף. אבל הכא, דסימן שני לא אשתחיט כלל, דמיחתך עפרא בעלמא הוא – קמא נמי לאו שם שחיטה עליה. ולענין שבת, דמחייבי' [ב] אנטילת נשמה הוא דמחייב, אע"ג דלאו שחיטה היא, וכן משום עבודה זרה – דשחיטת עבודה זרה היא, אבל לענין שחוטי חוץ – לאו שחיטת קדשים היא. הכא בחטאת העוף עסקינן. דמליקתה בסימן אחד, כפ"ק (לעיל דף כא.), וחיוב שחיטתה דידיה נמי בחוץ בסימן אחד. דהשוחט עוף קדשים בחוץ חייב, והמולקו בחוץ פטור, כדתנן בזבחים בפרק "השוחט והמעלה" (דף קז.), ולגבי מ"או אשר ישחט" – לרבות את העוף. דכולהו [ג] בהדי הדדי. דכיון דשם עבודה זרה לא חייל עד גמר סימן, איתפשת דכולה שחיטה בקדשים הואי. ועולא מעשה כל דהו קאמר. דכיון דאמר רב הונא סימן אחד, ואסמכה למילתיה אדעולא, אשמועינן רב הונא דעולא מעשה כל דהו קאמר, דהא סימן אחד בשחיטת עבודה זרה לאו גמר מעשה הוא, הלכך ע"כ סימן אחד דרב הונא לאו דוקא, דהוא הדין לחצי סימן. ואפילו מוקמת לה בחטאת העוף הוי תיובתיה: (ג) מכי שחיט בה פורתא – פקע שם קדשים מינה, וחיוב שחיטת חוץ ליתיה עד גמר סימן, וחיתוך עפר הוא! אלא. אפילו בחטאת בהמה מתוקמא, ובאומר: איני רוצה לעבוד עבודה זרה בשחיטה זו עד שתגמר ד]. דהשתא לא פקע שם (ג) זבחים עד גמר זביחה, ומתחייב בכולהו. אי הכי. דטעמא דשחיטת חוץ לאו משום סימן אחד דחטאת העוף הוא, אלא באומר בגמר זביחה הוא עובדה. מאי איריא חטאת. דנקט? ליתני: "השוחט את הזבח", דמשמע כל זבחים! ומדנקט חטאת, דאיתיה נמי בעוף – שמע מינה בחטאת העוף קאי. ועולה לא מצי למינקט, משום דעולת העוף בעי שני סימנין. ולאו באומר בגמר זביחה הוא עובדה, דאי אינו עובדה אלא בגמר זביחה, אמאי איכפל לאשמועינן עוף? בבהמה נמי חייל! והאי פירכא לאו לאותובי לרב הונא נקט לה, דכי מדלית רב הונא מהכא, ותימא דאין אדם אוסר דבר שאינו שלו אלא בגמר מעשה – איכא למיפרך נמי: מאי שנא חטאת דנקט? אלא הכי קפריך: אי איתא דטעמא משום גמר זביחה הוא, מאי שנא עוף? אלא על כרחך טעמא אחרינא הוא. אלא אמר מר זוטרא. הא מתניתא מסייע ליה לרב הונא. ומש"ה נקט חטאת העוף דהכשרו בסימן אחד, דאי תנא זבח – ליכא לחיוביה בשחיטת חוץ, משום דמיתסר בתחילת שחיטה, ופקע שם קדשים מיניה כרב הונא. אבל בעוף משכחת שלש חטאות, וכגון שהיה חצי קנה פגום והוסיף עליו כל שהוא ה], דמתכשר בפנים, ומחייב עליה משום שחיטת חוץ. וחיוב חוץ, ומעשה כל דהו דעבודה זרה, ונטילת נשמה דשבת – בהדי הדדי אתו. אי לאו דאמר רב הונא (כו') סימן אחד. ואסהיד אדעולא דמעשה כל דהו אמר. לא הויא חטאת תיובתיה. דעולא, מרישא כי הוה ס"ד דבבהמה קאי, דאיכא למימר: מעשה רבה קאמר עולא, דהיינו גמר מעשה. אי לאו דאמר רב הונא בהמת חבירו. ואפילו הוה אמר: מעשה כל דהו אסר בבהמתו. לא הויא חטאת תיובתיה. אפילו כדהוה ס"ד ברישא, דבבהמה קאי. דחבריה לא מצי אסר. והאי חטאת דכהנים הוא. דקני ליה לכפרה. שהבעלים מתכפרין בה. ל"א: אי הכי, דבגמר זביחה הוא עובדה, מאי איריא חטאת, דמשמע דאיכפל תנא לאשמועינן מידי דלית ליה חלק בו, שהבעלים שוחטין אותה והיא כולה לכהנים? ליתני זבח, דלישתמע: אפילו שלמים שהן שלו מחייב שלש חטאות, דהא לא פקע שם קדשים מיניה עד גמר זביחה! ומדנקט חטאת, ש"מ: בעובד עבודה זרה בתחלת שחיטה קאמר, ומשום טעמא דחטאת אינו שלו, ולא מצי אסר במעשה זוטא, דאילו שלמים הוה – אסר במעשה זוטא. ומ"מ לרב הונא קשיא, דהא מדנקט חטאת ש"מ: טעמא דתנא – משום דדבר שאינו שלו לא אסר! אלא אמר מר זוטרא: לעולם בעובד בתחלת זביחה. ולא תיקשי לרב הונא, דהכא בחטאת העוף קאי, ובחצי קנה פגום, דבההוא מעשה כל דהו דאיתסרא ביה איחייב משום שחיטת חוץ. והיינו דנקט חטאת משום דאיתא בעוף. ועולה לא מצי למינקט, משום דאפילו בעוף בעיא שני סימנין. לא הויא חטאת תיובתיה. דמאי "מעשה" דעולא – מעשה רבה. ולא הוה מילטריך ליה לאוקמי בחטאת העוף, דהאי דנקט חטאת ולא תנא זבח, משום דאילו שלמים, כיון דדידיה נינהו הוו – מיתסרי במעשה כל דהו, וליכא חיוב שחיטת חוץ. אבל חטאת לא מיתסר עד גמר שחיטה, דאיכא מעשה רבה. ולשון זה נראה בעיני, דהכי מסתבר לישנא דתלמודא, דלרב הונא לחודיה קמותיב. דחבריה לא מצי אסר. במעשה כל דהו. ולהכי תנא חטאת, דכהנים היא, דאילו שלמים – דידיה נינהו, ומיתסרי במעשה כל דהו. כדידיה דמיא. ואפ"ה קתני דלא מיתסר. אין אדם אוסר דבר שאינו שלו. אפילו בגמר מעשה. ואית דמפרשי: במעשה כל דהו. ולא היא, דא"כ לא הוי מנסך תיובתייהו, דהא מעשה גמור הוא, ולקמן מותיב להו ממנסך. ואוקימנא. על כורחין בחטאת העוף, מדלא תנא זבח. ואע"פ דלהנך רבנן לא מצי למיתני זבח, דכיון דשלמים דידיה נינהו – הוו מיתסרי בתחלת (ד) חתיכה, ותו ליכא חיוב שחיטת חוץ. וכי תנא חטאת הוי דבר שאינו שלו, ולא מיתסר, ולא פקע שם קדשים מיניה – אפילו הכי, מדלא נקט עולה דשכיח ולא הוי נמי דידיה, ונקט חטאת, דמידי דאיתיה בעוף בסימן אחד – ודאי טעמא משום סימן אחד דעוף הוא, ובחצי קנה פגום, כדאמרן. אבל

עין משפט נר מצוה:

קלט א ב מיי' פ"ד מהל' שגגות הלכה ה:

קמ ג מיי' פ"ח מהל' עי' הל' ב ובכ"מ ובלח"מ סמג לאוין א טוש"ע יו"ד סי' ד סעיף ד וסי' קמה סעיף ח:

מסורת הש"ס: עיין רש"א; [כתובות לד. וש"נ]; [יבמות פג.]; [ע"ש תוס' נח. סד"ה איקלע]

הגהות הב"ח

(א) רש"י ד"ה מחתך וכו' בסימן א' מחייב: (ב) ד"ה ושולת וכו' דמכי שחיט: (ג) ד"ה אלא אפי' וכו' לא פקע שם קדשים מינה עד גמר: (ד) ד"ה ואוקימנא וכו' בתחלת חתיכה ותו ליכא: (ה) תוס' ד"ה רב נחמן וכו' כר"י בן בבא ולא כת"ק:

רבינו גרשום

הכא בחטאת העוף עסקינן דכולהו בהדי הדדי קא אתיין. כלומר דחטאת העוף ניתר בסימן אחד ולפיכך חייב שלש חטאות: עולא מעשה כל דהו קאמר. כלומר אפי' מוקמת לה בחטאת העוף תקשי לך דשחט בה כל שהוא ואידך משום עבודה זרה הוא. אלא באומר בגמר זביחה הוא עובדה. מאי איריא חטאת דאוקי ליה בחטאת העוף אפילו שלמים נמי שאינו ניתר אלא בב' סימנין לאוקימי באומר בגמר זביחה הוא עובדה דכולהו בהדי הדדי קאתיין: אלא אמר רב זוטרא כו'. הכא במאי עסקינן כגון שהיה חצי קנה פגום והוסיף עליו כל שהוא וגמרו דבאותו משהו שאסרה חשובה (מליקה) [שחיטה] והוה מתקבל בפנים וכולהו בהדי הדדי קא אתיין ולפיכך חייב ג' חטאות: אמר רב פפא אי לאו דאמר רב הונא סימן א' כו'. כלומר אי הוה אמר בהמת חבירו היתה בהמתו רבוצה לפני עבודה זרה כיון ששחט בה סימן אחד אסרה לא הויא חטאת תיובתיה דעולא לא הוה סבר דאסרה עד שישחטנה כולה ואחיין כולהו בהדי הדדי כעולא: ואמר רב פפא אי לאו דאמר רב הונא בהמת חבירו מהו

לא הויא כו'. כלומר אי [הוי אמר] רב הונא בהמתו היתה בהמתו רבוצה לפני עבודה זרה כיון ששחט בה סימן אחד אסרה לא הויא חטאת תיובתיה מ"ט דלא הוה מצי למימר אשחוטי חוץ לא ליחייב דהכן לא מצי אסר בהמת של ישראל דלאו דידיה הוא אבל כיון דאמר בהמת חבירו רבוצה לפניו הוי חטאת תיובתיה: פשיטא (מהו דתימא). כלומר דאי לא אמר בהמת חבירו דלא הויא חטאת תיובתיה דהכן לא מצי אסר דלאו דידיה: מהו

כיון דקניא ליה לכפרה כדידיה דמיא. והא דפריך בפרק בתרא דזבחים (דף קיח.): מוקצה ונעבד אינו שלו הוא, ואין אדם אוסר דבר שאינו שלו! ומוקי לה בקדשים קלים – היינו כרב הונא לעיל. דלהני אמוראי דהכא מתוקמא אף בחטאת, דכדידיה דמיא.

אֲבָל זֶבַח – לָא; וְאִי אֵין אָדָם אוֹסֵר דָּבָר שֶׁאֵינוֹ שֶׁלּוֹ, מַאי אִרְיָא חַטַּאת הָעוֹף? אֲפִי' חַטַּאת בְּהֵמָה נַמִי! כֵּיוָן דְּקַנְיָא לֵיהּ לְכַפָּרָה – כְּדִידֵיהּ דָּמְיָא. ת"ש: *ב' אוֹחֲזִין בְּסַכִּין וְשׁוֹחֲטִין, אֶחָד לְשׁוּם אֶחָד מִכָּל אֵלּוּ וְאֶחָד לְשׁוּם דָּבָר כָּשֵׁר – שְׁחִיטָתוֹ פְּסוּלָה! הָכָא בְּמַאי עָסְקִינַן – אדְּאִית לֵיהּ שׁוּתָּפוּת בְּגַוַּהּ. ת"ש: *בהַמְטַמֵּא וְהַמְדַמֵּעַ וְהַמְנַסֵּךְ, בְּשׁוֹגֵג – פָּטוּר, בְּמֵזִיד – חַיָּיב! הָכָא נַמִי גדְּאִית לֵיהּ שׁוּתָּפוּת בְּגַוַּהּ. כְּתַנָּאֵי: *דגּוֹי שֶׁנִּיסֵּךְ יֵינוֹ שֶׁל יִשְׂרָאֵל שֶׁלֹּא בִּפְנֵי עֲבוֹדָה זָרָה – אֲסָרוֹ; ר' יְהוּדָה בֶּן בְּתֵירָא וְר' יְהוּדָה בֶּן בָּבָא מַתִּירִין אוֹתוֹ מִפְּנֵי שְׁנֵי דְבָרִים: אֶחָד – שֶׁאֵין מְנַסְּכִין יַיִן אֶלָּא בִּפְנֵי עֲבוֹדָה זָרָה, וְאֶחָד – שֶׁיָּכוֹל לוֹמַר לוֹ: לֹא כָּל הֵימֶנְךָ שֶׁתֶּאֱסַר יֵינִי לְאוֹנְסִי. וְרַב נַחְמָן וְרַב עַמְרָם וְרַב יִצְחָק אָמְרִי: אֲפִי' לְמ"ד אָדָם אוֹסֵר דָּבָר שֶׁאֵינוֹ שֶׁלּוֹ – ההָנֵי מִילֵּי גּוֹי, אֲבָל יִשְׂרָאֵל – ולְצַעוּרֵיהּ קָא מִיכַּוֵּין. ת"ש: ב' אוֹחֲזִין בְּסַכִּין וְשׁוֹחֲטִין, אֶחָד לְשׁוּם אֶחָד מִכָּל אֵלּוּ וְאֶחָד לְשׁוּם דָּבָר כָּשֵׁר – שְׁחִיטָתוֹ פְּסוּלָה! הָכָא בְּמַאי עָסְקִינַן – זבְּיִשְׂרָאֵל מְשׁוּמָּד. ת"ש: הַמְטַמֵּא וְהַמְדַמֵּעַ וְהַמְנַסֵּךְ, בְּשׁוֹגֵג – פָּטוּר, בְּמֵזִיד – חַיָּיב! חהָכָא נַמִי בְּיִשְׂרָאֵל מְשׁוּמָּד. אֲמַר לֵיהּ רַב אַחָא בְּרֵיהּ דְּרָבָא לְרַב אַשִׁי: הִתְרוּ בּוֹ וְקִבֵּל עָלָיו הַתְרָאָה, מַאי? אֲמַר לֵיהּ: טהִתִּיר עַצְמוֹ לְמִיתָה קָאָמְרַתְּ? אֵין לְךָ מְשׁוּמָּד גָּדוֹל מִזֶּה. § מתני' יאֵין שׁוֹחֲטִין לֹא לְתוֹךְ יַמִּים, וְלֹא לְתוֹךְ נְהָרוֹת, וְלֹא לְתוֹךְ כֵּלִים; אֲבָל שׁוֹחֵט הוּא לְתוֹךְ *עוּגָה שֶׁל מַיִם, כוּבִסְפִינָה עַל גַּבֵּי כֵּלִים. לאֵין שׁוֹחֲטִין לְגוּמָּא כָּל עִיקָּר, אֲבָל עוֹשֶׂה גּוּמָּא בְּתוֹךְ בֵּיתוֹ בִּשְׁבִיל שֶׁיִּכָּנֵס הַדָּם לְתוֹכָהּ; וּבַשּׁוּק לֹא יַעֲשֶׂה כֵּן, שֶׁלֹּא יְחַקֶּה

רש"י

אֲבָל זֶבַח. דָּבָר הַנִּזְבָּח בְּסַכִּין, דְּהַיְינוּ בְּהֵמָה, דְּעוֹף – מָלוּק הוּא. וְאִי אֵין אָדָם אוֹסֵר דָּבָר שֶׁאֵינוֹ שֶׁלּוֹ מַאי אִרְיָא. דְּתָנֵי עוֹף? אֲפִי' בְּהֵמָה נַמִי, דְּהָא לָא פָּקַע שֵׁם קָדָשִׁים מִינֵּיהּ! וּמֵיהוּ, אִיהוּ מִיחַיַּיב מִשּׁוּם עוֹבֵד עֲבוֹדָה זָרָה, דְּמ"מ, אע"ג דְּלָא מִיתַּסְרָא מִיפְלַח פָּלְחָא. כֵּיוָן דְּקַנְיָא לֵיהּ לְכַפָּרָה. שֶׁהֲרֵי הַבְּעָלִים מִתְכַּפְּרִים בָּהּ. כְּדִידֵיהּ דָּמְיָא. הִלְכָּךְ לָא מָצֵי לְמִיתְנֵי שׁוּם זֶבַח, דְּאִילּוּ עוֹלָה מְכַפֶּרֶת עֲשֵׂה, וְחַטָּאת וְאָשָׁם עַל חֲטָאִים, וּשְׁלָמִים וּשְׁאָר קָדָשִׁים קַלִּים דִּידֵיהּ נִינְהוּ. לְהָכִי נָקַט עוֹף וּבַעֲלֵי קָנֶה פָּגוּם, דְּמִיחַיַּיב בִּשְׁחִיטַת חוּץ בְּהַהוּא פּוּרְתָּא דְּמִיתְּסַר בֵּיהּ. אֶחָד לְשׁוּם אֶחָד מִכָּל אֵלּוּ. אֲפִילּוּ בְּהֵמָה דְּלָאו דִּידֵיהּ, אֶלָּא דְּאִידָךְ שֶׁשָּׁחַט לְשׁוּם דָּבָר כָּשֵׁר. הַמְטַמֵּא. טָהֳרוֹת שֶׁל חֲבֵירוֹ. וְהַמְדַמֵּעַ. תְּרוּמָה בְּחוּלִּין שֶׁל חֲבֵירוֹ, דְּמוֹזִיל לְהוּ, דְּמִיבָּעֵי לֵיהּ לְזַבּוּנִינְהוּ לְכֹהֲנִים בִּדְמֵי תְרוּמָה, דְּהַיְינוּ בְּזוֹל, דְּלָא חֲזוּ אֶלָּא לְכֹהֲנִים. וְהַמְנַסֵּךְ. יַיִן שֶׁל חֲבֵירוֹ לַעֲבוֹדָה זָרָה. בְּשׁוֹגֵג. שֶׁלֹּא יָדַע שֶׁהִיא תְרוּמָה, וְלֹא יָדַע שֶׁהוּא נֶאֱסָר בְּנִיסּוּךְ זֶה, אוֹ כְּסָבוּר יַיִן שֶׁלּוֹ הוּא. פָּטוּר מִלְּשַׁלֵּם. וְאע"ג דְּמַזִּיק בְּשׁוֹגֵג חַיָּיב, כִּדְקַיְימָא לָן (ב"ק דף כו.): אָדָם מוּעָד לְעוֹלָם, בֵּין עֵר וּבֵין יָשֵׁן בֵּין שׁוֹגֵג וּבֵין מֵזִיד, הָכָא הֶיזֵּק שֶׁאֵינוֹ נִיכָּר הוּא, וְלָא שְׁמֵיהּ הֶיזֵּק. וּבְמֵזִיד חַיָּיב לְשַׁלֵּם, דְּקָנְסוּהוּ רַבָּנַן. וּמִשּׁוּם דְּקָם לֵיהּ בִּדְרַבָּה מִינֵּיהּ לָא מִיפְּטַר, וְאע"ג דְּחַיָּיב מִיתָה מִשּׁוּם עֲבוֹדָה זָרָה. וַאֲפִילּוּ לֹא הִתְרוּ בוֹ, דְּלָא מִיקְטִיל, קַיְימָא לָן (כתובות דף לד:): חַיָּיבֵי מִיתוֹת שׁוֹגְגִין פְּטוּרִין מִלְּשַׁלֵּם – הָכָא חַיָּיב אַף עַל פִּי שֶׁלֹּא הִתְרוּ בֵיהּ, כִּדְאוֹקִימְנָא טַעְמָא בְּמַסֶּכֶת גִּיטִּין (דף נג.): מִשָּׁעָה דְּאַגְבְּהֵיהּ ע"מ לְאוֹקְרוֹ מִיחַיַּיב לְשַׁלּוּמֵי, וּמִתְחַיֵּיב בְּנַפְשׁוֹ לָא הָוֵי עַד שְׁעַת נִיסּוּךְ. שֶׁנִּיסֵּךְ. שֶׁכָּשַׁךְ יָדוֹ לְתוֹכוֹ לַעֲבוֹדָה זָרָה. שֶׁלֹּא בִּפְנֵי עֲבוֹדָה זָרָה. רְבוּתָא קָא מַשְׁמְעִינַן. אֲסָרוֹ. אַף בַּהֲנָאָה, דְּאָדָם אוֹסֵר דָּבָר שֶׁאֵינוֹ שֶׁלּוֹ. וְעוֹד שֶׁיָּכוֹל לוֹמַר לוֹ. אֲפִילּוּ נִיסְּכוֹ א] לַעֲבוֹדָה זָרָה. לֹא כָּל הֵימֶנְךָ כו'. דְּאֵין אָדָם אוֹסֵר דָּבָר שֶׁאֵינוֹ שֶׁלּוֹ. לְאוֹנְסִי. עַל כָּרְחִי, שֶׁתֶּאֱסַר. וְרַב נַחְמָן וְרַב עַמְרָם וְרַב יִצְחָק אָמְרִי לָךְ. הָא דְּרַב הוּנָא תּוֹקִים כְּתַנָּאֵי, דְּהָא ר' יְהוּדָה בֶּן בָּבָא פָּלֵיג. אֲבָל מִילְּתָא דִּידַן לָא תּוֹקִים כְּתַנָּאֵי, דַּאֲנַן אָמְרִינַן שַׁפִּיר אֲפִילּוּ לְת"ק, דַּאֲפִילּוּ לְדִידֵיהּ דְּאָדָם אוֹסֵר – ה"מ גּוֹי, אֲבָל יִשְׂרָאֵל – לְצַעוּרֵי לְחַבְרֵיהּ עָבֵיד, וְאֵין דַּעְתּוֹ לַעֲבוֹדָה זָרָה. בְּיִשְׂרָאֵל מְשׁוּמָּד. וְה"ה דְּמָצֵי לְאוֹקְמָא בִּדְאִית לֵיהּ שׁוּתָּפוּת בְּגַוַּהּ, כִּדְאוֹקְמוּהָ אִינְהוּ לְעֵיל. הַשְׁתָּא מִיהָא, כֵּיוָן דְּאָתֵינַן לְהָכִי דְּגוֹי אוֹסֵר, מוֹקְמִינַן לָהּ בְּגַוַּהּ וְאַלִּיבָּא דְּתַנָּא קַמָּא. הִתְרוּ בּוֹ. בְּיִשְׂרָאֵל, שֶׁלֹּא יִשְׁחַט לַעֲבוֹדָה זָרָה, וְשָׁחַט לְאַחַר שֶׁקִּבֵּל הַתְרָאָה, וְקוֹדֶם לָכֵן לֹא הָיָה בְּחֶזְקַת מְשׁוּמָּד. מַאי. מִי חָסַר אוֹ לָא, קַבָּלַת הַתְרָאָה שֶׁמַּתְרִין בּוֹ: הֲוֵי יוֹדֵעַ שֶׁחַטָּה מוּזְהָר עַל כָּךְ, וְהַתּוֹרָה אָמְרָה שֶׁחַטָּה חַיָּיב מִיתָה, וְהוּא אוֹמֵר: יוֹדֵעַ אֲנִי, וְע"מ כֵּן אֲנִי עוֹשֶׂה שֶׁאָמוּת. וְהָכִי אָמְרִינַן בְּסַנְהֶדְרִין (דף מא.): "מוֹת יוּמָת" עַד שֶׁיַּתִּיר עַצְמוֹ לְמִיתָה. מתני' לְתוֹךְ יַמִּים. דְּלָא לֵימְרוּ: לְשָׂרָה דְּיַמָּא קָא שָׁחֵיט. וְלֹא לְתוֹךְ הַכֵּלִים. שֶׁלֹּא יֹאמְרוּ: מְקַבֵּל דָּם לַעֲבוֹדָה זָרָה הוּא. לְתוֹךְ עוּגָה שֶׁל מַיִם. גּוּמָּא, כְּמוֹ "עוּגִיּוֹת לַגְּפָנִים" דְּמ"ק (דף ב), לְשׁוֹן מוֹרִי. לִישָּׁנָא אַחֲרִינָא: לְתוֹךְ הָעוּגָל, וְהִיא הִיא. וּבַסְּפִינָה. יָכוֹל לִשְׁחוֹט עַל גַּב הַכֵּלִים, וְהַדָּם שׁוֹתֵת לְתוֹךְ הַיָּם שֶׁלֹּא לְלַכְלֵךְ אֶת הַסְּפִינָה, וְלָא מִיחֲזֵי כְּשׁוֹחֵט לְתוֹךְ יַמִּים. אֲבָל עוֹשֶׂה גּוּמָּא. מַשְׁמַע: שׁוֹחֵט לְתוֹכָהּ. וּבִגְמָרָא פָּרֵיךְ: הָא אָמְרַתְּ אֵין שׁוֹחֲטִין לְגוּמָּא! וְטַעְמָא דְּגוּמָּא – מִשּׁוּם שֶׁהוּא חוֹק הַמִּינִין לַעֲבוֹדָה זָרָה. יְחַקֶּה

תוספות

תא שמע ב' אוחזין בסכין ושוחטין כו'. משמע הכא דרב הונא ועולא דלעיל (דף מ.) אסרי אף להדיוט. דהך דשנים אוחזין, והסיא דר' יהודה בן בתירא, ורבנן דבסמוך – איירי אף להדיוט. ומשמע דלדידהו ניחא. והשתא, הא דמייתי ראיה בפרק "רבי ישמעאל" (ע"ז דף נב:) מכלים שהזנים המלך אחז, דאמר מר: "הכנענו" – שגנזום והקדישו אחרים תחתם, הוי אסור אף להדיוט. ותימה: דהתם דלעיל בההוא פירקא (דף נב:) בעי מיניה ר' יוסי בן שאול מרבי: כלים שנשתמשו בהן בבית חוניו, מהו שישתמשו בהן בבהמ"ק? אליבא דמ"ד עבודה זרה הוא – לא תיבעי לך, דהשתא להדיוט אסירי כו'. ומסיק דאסורין, ודריש ליה מקרא ד"הכנענו" שגנזום. ומה ראייה היא? התם אסירי אף להדיוט כלים שהזנים אחז, והנך דבית חוניו שרו להדיוט, למ"ד *לעבודה זרה הוא! וי"ל: דקרא ד"כל הכלים" ודאי איירי לגבוה. ומייתי מיניה ראיה לעולא, דכיון דאסירי, אע"פ שלא עשה בהן אחז שום שנוי אלא שנשתמש בהן לעבודה זרה, א"כ היכא דעביד מעשה גמור, שמתחיל לשחוט הבהמה – אית לן למימר דאסור אפילו להדיוט.

ת"ש המטמא והמדמע והמנסך כו'. למ"ד ב"הניזקין" (גיטין דף נב:) מנסך ממש פריך. וא"ת: ומאי קא משני דאית ליה שותפות בגוה? הא אמר התם: למ"ד דמנסך ממש לא בעי למימר מערב, משום דהיינו מדמע. וכיון דאוקמיה דאית ליה שותפות בגוה, ולא נאסר חלק חבירו אלא משום שמערב בשלו, וא"כ הא אכתי היינו מדמע! וי"ל: דמכל מקום קמ"ל דאף על גב דחייב מיתה – לא אמרינן קם ליה בדרבה מיניה, כדאמרינן התם: ואי לא תנא מדמע הוה אמינא דבדבר מועט לא מיחייב.

לאו כל במינך שתאסר ייני לאונסי. תימה: דמשמע הכא דר' יהודה בן בתירא שרי לזבוני לכל גוי שירצה, מטעם דאין אדם אוסר דבר שאינו שלו. ובמס' ע"ז פ' "ר' ישמעאל" (דף נט: ושם ד"ה אמר) משמע דלא שרי לזבוני אלא לההוא גוי דנסכיה. דמינה מייתי ראיה אהא דקאמר התם: האי גוי דנסכיה לחמריה דישראל, אע"ג דאסור בהנאה, למשקל דמי מההוא גוי דנסכיה שרי, דמקלא קלייה! וי"ל, דהכי מייתי התם: כיון דר' יהודה בן בתירא שרי לזבוניה לכל גוי שירצה, לרבנן נמי דפליגי עליה שרי לזבוניה לההוא גוי דנסכיה.

בישראל משומד. פי' בקונטרס, דה"ה דהוה מצי לאוקומי דאית ליה שותפות בגוה, כדאוקים לעיל. וקשה: דא"כ אמאי חזר והקשה קושיות שכבר תירץ? אלא נראה, דאף על גב דאית ליה שותפות בגוה, אכתי איכא למימר לצעוריה קמיכוין.

הכא נמי בישראל משומד. להנך אמוראי הוה מצי למימר ב"הניזקין" (גיטין דף נב:): מנסך היינו שנגע בו.

אין שוחטין לתוך הגומא. אומר רבינו תם דהיינו גומא נקייה, דנראה כמקבל דם לעבודה זרה. וקשה: דאם כן בלא עושה לו מקום חוץ לגומא ב] איכא תקנה לנקר חצרו! ולפיכך טוב ליזהר מלשחוט אפילו לתוך גומא שאינה נקיה.

ובשוק לא יעשה כן. אע"ג דאמר רב (שבת דף סד:) כל מקום שאסרו חכמים מפני מראית העין אפילו בחדרי חדרים אסור – היינו כמו שוטחן בחמה אבל לא כנגד העם, שאם היו רואים אותו עושה כן בצינעא היה שם חשד כמו בשוק. אבל כאן, הרואה שעושה בביתו אומר: לנקר חצרו הוא עושה. °ומיהו, בירושלמי יש דהך משנה פליג אדרב מההיא. ונראה שאין התלמוד שלנו סובר כן, מדלא הקשה ממתניתין לרב כמו שהקשה מזוג שבצואר, ומשני: תנאי היא בפרק "במה אשה" (שם דף סד:). וכל הנהו דפריך לרב בפ"ק דמסכת ע"ז (דף יב.): מי שנתפזרו לו מעותיו לפני עבודה זרה, וישב לו קוץ ברגלו, ומשני להו, קאמר בירושלמי דפליגי אדרב. והא דאמר בפרק "אע"פ" (כתובות דף ס.): ליגור שעלו בו קשקשים בשבת – ממעכו ברגלו בצינעא בשבת ואינו חושש – בההוא נמי מודה רב דלא שייך שם חשד, דהא מדאורייתא שרי למעכו לכתחלה בשבת.

לעיל מ.
גיטין נב:
ע"ז נט:

וכן הגירסא במשנה שבמשניות וכן איתא בהרא"ש אבל בערוך ערך אגן כ' גרים אגן פי' ספל מלשון ויסב כאגנות וכן גרים הרי"ף והרמב"ם ועי' כסף משנה]

רבינו גרשום

מהו דתימא כיון דקניה ליה כו': ואי אמרת אין אדם אוסר דבר שאינו שלו אפי' חטאת בהמה [נמי]. הא לא מצי אסר הכהן שאינו שלו: המטמא והמדמע. כלומר טימא טהרותיו של חבירו מדמע חולין של חבירו עם תרומה שהפסידו ממנו שתרומה אינה ראויה לישראל: והמנסך. כלומר שניסך יינו לעבודה זרה אבל ישראל לצעורי קא מיכון ואין אסור: התרו בו וקבל התראה מהו. כלומר את אמרת דישראל לצעורי קא מיכוון [והיאך הדין אם] התרו בו אל תנסך לעבודה זרה שאם אתה עושה כן חייב מיתה אתה: קבל התראה. ואמר אני יודע אעפ"כ אני עושה מהו יכול לאסור אי לא:

גליון הש"ס

תוס' ד"ה ובשוק כו'. ומיהו בירושלמי. פ"ט דכלאים הלכה א:

עין משפט נר מצוה

קמא א מיי' פ"ב מהל' שחיטה הל' כא סמג עשין סג טוש"ע י"ד סי' ה סעיף ג:
קמב ב מיי' פ"ז מהל' חובל ומזיק הלכה ב ג סמג עשין ע טוש"ע ח"מ סי' שפה סעיף ה:
קמג ג מיי' שם הל' ו טוש"ע שם סעיף ב:
קמד ד מיי' פי"ג מהל' מאכלות אסורות סמג לאוין קמח טוש"ע י"ד סי' קלב סעיף א:
קמה ה (מיי' פ"ב מהל' שחיטה) [מיי' פ"ז מהל' חובל ומזיק הל' ו] סמג עשין סג טוש"ע י"ד סי' ד סעיף ד וסי' קמה סעיף ח:
קמו ו מיי' פ"ב מהל' שחיטה הל' כא ופ"ח מהל' ע"ז הל' א ופ"ז מהל' חובל הל' ו סמג שם טוש"ע י"ד שם וטוש"ע ח"מ סי' שפה סעיף ב:
נ"ל לאו לעבודה זרה
קמז ז ח ט מיי' פ"ז מהל' חובל הל' ו סמג עשין ע טוש"ע שם:
קמח י מיי' פ"ב מהל' שחיטה הל' ה סמג עשין סג טוש"ע י"ד סי' יא סעיף ג:
קמט כ מיי' שם הל' ו טוש"ע שם סעיף ד:
קנ ל מיי' שם הל' ה וסמג שם טוש"ע י"ד סי' יב סעיף א:

שיטה מקובצת

א] ועוד שיכול לומר לו אפי' ניסכו בפני עבודה זרה: ב] וקשה דא"כ בלא עושה לו מקום חוץ לגומא לנקר חצירו איכא תקנה ולפיכך:

ורבי

קנא א מיי' פ"ב מהל' שחיטה הל' ו סמג עשין סג טוש"ע י"ד סי' יא סעיף ג:
קנב ב מיי' שם סמג שם טוש"ע י"ד סי' יב סעיף א:
קנג ג מיי' שם הל' ו סמג שם טוש"ע י"ד סי' יא סעיף ד:
קנד ד מיי' שם סמג שם טוש"ע י"ד סי' יב סעיף ב:
קנה ה מיי' שם הל' יז יח סמג שם טוש"ע י"ד סי' ה סעיף א:
קנו ו מיי' שם הל' כא טוש"ע שם סעיף ג:
קנז ז ח ט י כ ל מיי' שם הל' יז יח טוש"ע שם סעיף א:
קנח מ נ מיי' שם הל' יט:
קנט ס ע מיי' שם הל' כ וכלישנא בתרא דרש"י ז"ל:

יחקה את המינין.§ גמ' "אין שוחטין לא לתוך" וכו'.§ מאי שנא לתוך ימים דלא — דאמרי: לשרא דימא קא שחיט, לתוך עוגה של מים נמי אמרי: לבבואה קא שחיט! אמר רבא: אבעכורים שנו.§ "אין שוחטין לגומא" וכו'.§ והא אמרת: אין שוחטין לגומא כלל! אמר אביי: רישא בגומא שבשוק. אמר ליה רבא, והא מדקתני סיפא: ובשוק לא יעשה כן, מכלל דרישא לאו בשוק עסקינן! אלא אמר רבא, הכי קאמר: באין שוחטין לגומא כל עיקר, והרוצה לנקר חצרו כיצד הוא עושה? עושה מקום חוץ לגומא ושוחט, ודם שותת ויורד לגומא; ובשוק לא יעשה כן, שלא יחקה את המינין. תניא כוותיה דרבא: גהיה מהלך בספינה ואין לו מקום בספינה לשחוט — מוציא ידו חוץ לספינה ושוחט, ודם שותת ויורד על דופני הספינה. ואין שוחט לגומא כל עיקר, והרוצה לנקר חצרו כיצד הוא עושה? עושה מקום חוץ לגומא ושוחט, ודם שותת ויורד לגומא; ובשוק לא יעשה כן, משום שנאמר: °"ובחוקותיהם לא תלכו", דואם עשה כן — צריך בדיקה אחריו.§ מתני' ה*השוחט לשם עולה, לשם זבחים, לשם אשם תלוי, לשם פסח, לשם תודה — שחיטתו פסולה, ור"ש מכשיר.א] ושנים אוחזין בסכין ושוחטין, אחד לשום אחד מכל אלו ואחד לשום דבר כשר — שחיטתו פסולה. זהשוחט לשם חטאת, לשם אשם ודאי, לשם בכור, לשם מעשר, לשם תמורה — שחיטתו כשרה. חזה הכלל: כל דבר שנידר ונידב — השוחט לשמו *אסור, ושאינו נידר ונידב — השוחט לשמו כשר.§ גמ' "השוחט לשם עולה".§ אשם תלוי בר נידר ונידב הוא? אמר ר' יוחנן: *הא מני? רבי *אליעזר היא, דאמר: מתנדב אדם אשם תלוי בכל יום. פסח בר נידב ונידר הוא? זמנא קביעא ליה! אמר ר' אושעיא: טשאני פסח, הואיל והפרשתו כל השנה כולה. א"ר ינאי: לא שנו אלא תמימים, אבל בעלי מומין — מידע ידיע; ור' יוחנן אמר: יאפי' בעלי מומין נמי, זמנין דדמי ליה מידי אמומא ולא ידיע.§ "השוחט לשם חטאת".§ א"ר יוחנן: לא שנו אלא שאינו מחוייב חטאת, כאבל מחוייב חטאת — אימא: לשום חטאתו הוא עושה. והא לא קאמר "לשם חטאתי"! אמר ר' אבהו: לבאומר "לשם חטאתי".§ "לשם תמורה".§ אמר ר"א: לא שנו אלא שאין לו זבח בתוך ביתו, מאבל יש לו זבח בתוך ביתו — אימא אמורי אמיר ביה. והא לא קאמר "לשם תמורת זבחי"! א"ר אבהו: נבאומר "לשם תמורת זבחי".§ "זה הכלל".§ לאתויי מאי? סלאתויי עולת נזיר, דמהו דתימא: הא לא נדר — אימר נדר בצינעא. "ושאינו נידר ונידב". עלאתויי עולת יולדת. א"ר אלעזר: לא שנו אלא שאין לו אשה, אבל יש לו אשה — אימר לשמה הוא עושה. והא לא קאמר "לשם עולת אשתי"! א"ר אבהו: באומר "לשם עולת אשתי". פשיטא!
מהו

[ויקרא יח]
[כריתות יח. כה. זבחים פג.]
[נ"ל אליעזר]

הדרן עלך השוחט

תורה אור השלם

יחקה את המינין. יחזיק ידיהם בתוקותיהם, "יחקה" לשון חוק. גמ' לבבואה. פרצוף שלו הנראה במים. בעכורין. לא מינכר בהו בבואה. והאמרת אין שוחטין לגומא. והדר תני: אבל עושה גומא! כל עיקר. ואפי' בבית, דמיחזי כמינות. על דופני הספינה. ומדופני הספינה למים. לנקר. לנקות. מקום. חריץ קטן. ובשוק לא יעשה. שאין אדם חש לנקר את השוק. בדיקה אחריו. שמא מין הוא לעבודה זרה, ויבדלו ממנו ומיינו. מתני' השוחט. חולין בחוץ. לשם עולה. דכיון דבאה בנדר ונדבה, הרואה אומר: עכשיו הוא מקדיש ושוחטה לעולה, וקדשים בחוץ מותרים. וגזור רבנן א] עליה פסול. וכן שלמים וכו'. אשם תלוי. בא על ספק חיוב כרת, כגון ב' חתיכות לפניו ואכל אחת מהן, ואין ידוע איזו אכל. אשתו ואחותו עמו בבית, כסבור ב] שבא על אשתו, ונחלף ולא ידע למימר על איזו מהן בא, שהיו שתיהן במטה ג] והוא לא היה יודע — מביא אשם תלוי, להגין מן היסורין עד שיודע לו, אם חטא ודאי — מביא חטאת. ובגמ' פריך: והא לאו נידר ונידב הוא, והרואה יודע שאין בדבריו כלום, שאין שם אשם תלוי אלא א"כ היה מחוייב, והסוגה קלא אית ליה! ופסח נמי בגמ' פריך. ור' שמעון מכשיר. לא חייש למראית העין. אשם ודאי. אשם גזילות, דהיינו נשבע לשקר לכפירת ממון, אשם מעילות, אשם שפחה חרופה. ועל ד] שם שאשם תלוי בא על ספיקו קרי להו להני אשם ודאי. לשם בכור לשם מעשר. מידע ידעי דשקר הוא, דבכור ומעשר מידע ידעי מתקמי הכי, דאילו הכירה שעשפחה לא הוו בני אחרויי ניהו, ודימנה: השתא קמקדיש להו. זה הכלל. בגמ' מפרש לאתויי מאי, דהא שמעינהו לכולהו. גמ' בר נידר ונידב הוא. בתמיה. בכל יום. שבכל יום הוא עומד בספק חטאת, ולבו נוקפו שמא חטא. ומצינו שהכשיר הכתוב אשם תלוי ליקרב ולאכול היכא דהוחזק ספק חטא בעדים. והאי נמי, אנן סהדי ה] דכל יומא בספק חטא קאי. זימנא קביעא ליה. בערב הפסח, הלכך מידע ידעי דדברי רוח הן! הואיל והפרשתו כל השנה. כל ימות השנה ראוי להפרישו ולהניחו עד זמנו, הלכך השתא נמי אמרי: השתא מפריש ליה, וקשחיט פסח בשאר ימות השנה. וקי"ל דשלמים הוא, ואמרי: קשחיט שלמים בחוץ ואכיל להו.

מידע ידיע. דמשקר, ולא נפיק חורבה מיניה. דדמי מידי אמומא. שיהא נכסה בצמר או בטיט ולא חזו ליה, וסברי תם הוא. לא שנו אלא שאינו מחוייב חטאת. דלא אמרי אינשי: השתא מפריש לה, דהא חטאת לאו בנדר ונדבה אתי. והא לא חשו רבנן דלמא מאן דחזי סבר מחוייב חטאת הוא, דההוא קלא לית ליה, דמי שבא לידו דבר עבירה *בשוגג אינו מחפה עליה, כדי שיתבייש ומתכפר לו. אבל מחוייב חטאת. מאן דחזי סבר: לשם חטאת הוא מפרישה עכשיו. והא לא קאמר לשם חטאתי. דמשמע: שאני חייב, אלא: "לשם חטאת", דמשמע לשון נדר, ומידע ידיע דאין בדבריו כלום. דבשלמא דבר הנידר ונידב איכא למימר: השתא מקבל לה עליה בשעת הפרשה, ולא בעי למימר "לשם עולתי". אבל הכא, כל כמה דלא אמר "לשם חטאתי" לא משמע לשם אותה שאני מחוייב! באומר לשם חטאתי. והיכא דאינו מחוייב חטאת, אפי' [אמר] "לשם חטאתי" מידע ידעי דמשקר. שאין לו זבח. דליכא למימר: השתא עביד לה תמורה, דבמאי מימר לה? דהא ליכא למיגזר מאן דחזי סבר יש לו זבח אחר, דההוא קלא אית ליה. אימר אמורי אמיר ביה. ומאן דחזי סבר: השתא מימר לה, בהך אמירה דבשעת שחיטה. ואע"ג דלא מוקי לה בהדי זבח — חייל עלה שם תמורה, דתנן בתמורה (דף כו.): "תחת חטאת, תחת עולה שיש לי בבית", הרי זו — דבריו קיימין. והא לא קאמר לשם תמורת זבחי. דלהוי משמע שימירנה בו, אלא "לשם תמורה", דמשמע דבעלמא בעי לשוויי תמורה. ואיהו ליתא, אלא היכא דמימר לה בזבח, דתנן בתמורה (שם): "תחת חטאת" "תחת עולה" — לא אמר כלום. לשם תמורת זבחי. ואשמועינן מתני' דהיכא דאין לו זבח — כשר, ולא חיישינן דלמא מאן דחזי סבר דאית ליה. מ"ט? דאי הוה ליה — מידע הוו ידעי. עולת נזיר. דאי אמר: "הריני שוחט לשם עולת נזיר" פסולה, דמאן דחזי סבר: נדר הוא, והשתא קמפריש ושחיט לה. ואע"ג דנזיר נידר ונידב הוא, דע"י נדר הוא בא, אי לא הוה תני "זה הכלל" לאתויי — לא שמעינן ליה מעולה דרישא. דמהו דתימא. ליכא למיחש לחורבה, דמידע ידעי דהא לא נדר. קא משמע לן. דמימר אמרי: דלמא נדר בצינעא זה שלשים יום, שהוא סתם נזירות, ובשלשים יום לא מינכרא מילתיה לשכניו. לאתויי עולת יולדת. שאם אמר "לשם עולת יולדת" בפירוש — כשרה, דמידע ידעי דהשתא לא נדר לה, וכדמפרש: בשאין לו אשה. מהו דתימא. כלומר: ואיצטריך רבי אלעזר לאשמועינן דכי יש לו אשה — פסולה, אף על גב דאמרה רבי אלעזר לעיל גבי תמורה.
מהו

ורבי שמעון מכשיר. פי' הקונט': דלא חייש למראית העין. וריב"א מפרש: דלא שייך כלל לר' שמעון מראית העין, דדומה כמקדיש על מנת לשחוט בחוץ. ור' שמעון לטעמיה, דמפרש בפ' "הרי עלי עשרון" (מנחות דף קט.): "הרי עלי עולה על מנת שאקריבנה בבית חוניו" — יקריבנה לבית המקדש, ר"ש אומר: אין זו עולה. וטעמא — שלא התנדב כדרך המתנדבים. כדתנן בפ' "המנחות והנסכים" (שם דף קג.): "הרי עלי מנחה להביא מן השעורין" כו', ר' שמעון פוטר, שלא התנדב כדרך המתנדבים. והכא תנא בתוספתא אהך דהכא: ר' שמעון מכשיר, שאין כיוצא בזה מתנדב. אמר ר' שמעון: ומה אם אמר "הרי עלי עולה לשוחטה בעבר הירדן" שמא עולה היא?

והא לא אמר לשם חטאתי. *אם לא אמר "לשם חטאתי", ואפי' אם אמר "הרי זו חטאתי" — לא אמר כלום, כדאמרינן בפ"ק דנדרים (דף ו.).

[ועי' ט"ז בי"ד סי' ה ס"ק ד שהגיה בדברי תוס' הללו ע"פ סוגיא דנדרים ובש"ך פלפולא בדברי תוס' הללו]

אימר נדר בצינעא. ולעיל לא חיישינן שמא יש לו זבח בתוך ביתו בצינעא, דאית ליה קלא, שרגיל להודיע שלא יבואו לידי מעילה.

לא שנו אלא שאין לו אשה. מה שהקשה בקונטרס: אי שאין לו אשה, למה לו לממנייה "זה הכלל"? פשיטא, למאי נחוש לה! יש לומר: "אין לו אשה" היינו שאין אנו יודעין אם יש לו אשה אם לאו. וכן "אין לו זבח" דלעיל. אבל בידוע דאין לו לא איצטריך.

שיטה מקובצת

א] וגזור רבנן עלה ופסלוה וכן שלמים וכו': ב] כסבור לבא על אשתו ונחלף: ג] שהיו שתיהן במטה אחת והוא לא היה יודע מביא אשם תלוי להגין עליו מן היסורים: ד] ועל שם שאשם תלוי נקרא על שם ספקו קרי להו להני אשם ודאי: ה] והאי נמי אנן סהדי דבכל יומא בספק:

[תוספתא פ"ב]

[עי' תי"ט מיהו לע דהרא"ש ור"ן העתיקו פסול]

רבינו גרשום

לבבואה קא שחיט. כלומר כשאדם שוחט לתוך מים צלולין ורואה במים דמותו ואמרי לאותו דמות קא שחיט: אמר רבא בעכורים שנו. כלומר שאינו רואה שום דמות: אין שוחטין לגומא. כלומר דמיחזי כמאן דשחיט לעבודה זרה שאינו רוצה לשפוך הדם: מוציא ידו חוץ לספינה ושוחט. כלומר לא בתוך המים דלא נאמרו לבבואה קא שחיט: משום שנאמר ובחקותיהם לא תלכו. כלומר שהם עושים לשום עבודה זרה: מינין. הן כומרין לעבודה זרה: השוחט לשום עולה לשום שלמים כו'. כלומר ישראל השוחט בחוץ לשום עולה לשום שלמים שחיטתו פסולה דדבר נידר ונידב הוא שמא נידב עולת נדבה ושוחט קדשים בחוץ לפיכך שחיטתו פסולה: אבל השוחט לשום חטאת לשום אשם ודאי כו'. דבר זה אין נידר ונידב כדבעינן לפרושי בגמ' ושחיטתו כשרה דאינו אלא כמשחק: אשם תלוי בר נידר ונידב: השוחט לשמו פסול.

כגון א) אשם תלוי: אשם תלוי בר נידר ונידב הוא והא אין חשוב אשם תלוי אם אינו חייב אשם תלוי: אמר ר' יוחנן ר' אליעזר היא. כלומר מה דאמרי' דפסול דמיחזי כקדשים בחוץ ר' אליעזר היא: לא שנו אלא תמימים. דפסולין דאמרי' לשום קדשים הוא: אבל בעלי מומין מידע ידיע. כלומר מידע ידיע שאינן קדשים אלא כמשחק הוא: ור' יוחנן אמר אפי' בעלי מומין נמי. כלומר זימנין דרמי מידי אמומין ולא ידיע אי מום עובר הוא וקדישי ופסולה משום קדשים: אימור לשם חטאת הוא עושה ופסול משום קדשים בחוץ: אימור אמורי אמיר ביה וחשיב תמורה ופסול משום קדשים בחוץ: מהו דתימא הא לא נדר. כלומר ואינו אלא כמשחק: מהו דתימא יולדי ילדה

א) נראה דל"ל כגון עולה וזבחים ואשם תלוי ואיכך דתשיב כרישא דמתניתין.

גליון הש"ס

רש"י ד"ה לא שנו וכו' בשוגג אינו מחפה. עי' מג"א סי' תרז ס"ק ב:

הגהות מהר"ב רנשבורג

א] מתני' שנים אוחזין בסכין ושוחטין אחד לשום אחד מכל אלו. כ"כ עי' ב"י סוף סי' ה בד"ה ודע שכתב הרמב"ם וכו' עד סוף הס"ק:

מהו דתימא: אם איתא דילדה – קלא הוה ליה, קא משמע לן, אימר אפולי אפיל.§

הדרן עלך השוחט

אלו טרפות בבהמה: נקובת הוושט, ופסוקת הגרגרת. ניקב קרום של מוח, ניקב הלב לבית חללו, נשברה השדרה ונפסק החוט שלה, ניטל הכבד ולא נשתייר הימנו כלום. הריאה שניקבה או שחסרה; ר"ש אומר: עד שתינקב לבית הסמפונות. ניקבה הקיבה, ניקבה המרה, ניקבו הדקין. הכרס הפנימית שניקבה או שנקרע רוב החיצונה; רבי יהודה אומר: הגדולה טפח והקטנה ברובה. המסס ובית הכוסות שניקבו לחוץ. נפלה מן הגג. נשתברו רוב צלעותיה. ודרוסת הזאב; רבי יהודה אומר: דרוסת הזאב בדקה, ודרוסת ארי בגסה, דרוסת הנץ בעוף הדק, ודרוסת הגס בעוף הגס. זה הכלל: כל שאין כמוה חיה – טרפה.§ **גמ'** א"ר שמעון בן לקיש: רמז לטרפה מן התורה מנין? מנין?! "ובשר בשדה טרפה לא תאכלו"! אלא, רמז לטרפה שאינה חיה מן התורה מנין, דקתני סיפא, זה הכלל: כל שאין כמוה חיה טרפה – מכלל דטרפה אינה חיה, מנא לן? דכתיב: "זאת החיה אשר תאכלו" – חיה אכול, שאינה חיה לא תיכול, מכלל דטרפה לא חיה. ולמאן דאמר טרפה חיה מנ"ל? נפקא ליה מ"זאת החיה אשר תאכלו" – זאת החיה אכול, חיה אחרת לא תיכול, מכלל דטרפה חיה. ואידך, האי "זאת" מאי עביד ליה? מיבעי ליה לכדתנא דבי רבי ישמעאל, דתנא דבי רבי ישמעאל: "זאת החיה אשר תאכלו" – מלמד שתפס הקב"ה מכל מין ומין והראה לו למשה, ואמר לו: זאת אכול וזאת לא תיכול. ואידך נמי, מבעי ליה לכדתנא דבי ר' ישמעאל! אין ה"נ. אלא טרפה חיה מנא ליה? נפקא ליה מאידך תנא דבי ר' ישמעאל, דתנא דבי ר' ישמעאל: "בין החיה הנאכלת ובין החיה אשר לא תאכל" – אלו שמונה עשרה טרפות שנאמרו למשה מסיני. ותו ליכא? והא איכא בסגר ושב שמעתתא! בשלמא

רש"י

מהו דתימא אם איתא דילדה קלא הוה ליה. ומידע ידעי דמבכר. קמ"ל. ר' אלעזר דאמר אפולי אפיל. לישנא אחרינא: קא דר' אלעזר ור' אבהו לא גרסינן, וה"ג: לאתויי עולת יולדת, מהו דתימא אימא ילודי ילד, קמ"ל דאם איתא דאוליד קלא אית לה. ובשיש לו אשה מעוברת מתניתין, ואיצטריך לאפוקי למתנייה ד"זה הכלל", דמהו דתימא: ניחוש לה למתן דקוי, סבר בליעא אוליד, קמ"ל. זה שמעתי, ועיקר הוא. חדא – דהא לא ג] אמרו והאי "מהו דתימא" בכל הנך שמעתתא דאמוראי, ד"לא שאנו" דלעיל – אמתניתין ד"זה הכלל" קאמר אמרו: מהו דתימא, ואורחא דגמרא למימר "מהו דתימא" אכללא דמתניתין. ועוד, דשאין לו אשה למה ליה למתנייה "זה הכלל" לאתויי פשיטא, למאי ניחוש לה.

הדרן עלך השוחט

אלו טריפות. כל נקב במשהו. פסוקה. לרחבה ברובה. לבית חללו. ואם לא הגיע לחלל קטני סיפא* דכשרה. נשברה השדרה ונפסק החוט. חדא קתני, וטרפות דידה משום חוט הוא. ואשברה השדרה דקתני – אורחא דמילתא נקט, דפסיקת החוט ע"י שבירת שדרה היא. או שחסרה. בגמרא מפרש. בגמרא (לקמן דף מז:): היינו נקב. סמפונות. קנוקנות קטנות המתפשטות בתוך הריאה שהדם נובע ג] בה כשחותכים אותה. הכרס הפנימית. בגמרא (לקמן נ:) מפרש. שניקבה. במשהו. רוב החיצונה. בגמרא (שם דף נ:) מפרש ד]. גדולה וקטנה. לא נחלקו קמאי, אלא על [שור] קטן ושור גדול, אם נקרע טפח בשור הע"ג דלא הוי רובה. המסס. לינפויי"ל. ובית הכוסות. סוף הכרס שקורין פנצ"א עשוי ככובע וקרוי בית הכוסות. והמסס מחובר בו, וסביב סביב למיבורים כאשפה מבדילין יש דופן לזה ודופן לזה, ובאמצע הן שוכבין זה לתוך זה. והמאכל נכנס ה] מבית הכוסות להמסס, ומהמסס לקבה, ומהקבה לדקין. שניקבו לחוץ. שהנקב נראה מבחוץ, וכגון שניקבו זה או זה שלא במקום חיבורן. לאפוקי (א) שניקבו במקום חיבורן בשתי דופנותיהן, והנקב הולך מחללו של זה לחללו של זה. נפלה מן הגג. ושחטה מיד – טרפה. אף על פי שאין שבר נראה בה, חוששין שנתרסקו ונתפרקו אבריה. ואין טעם בטרפות, שהלכה למשה מסיני הן. ובגמרא (לקמן דף נא:) אמר שאם שהתה מעת לעת ושחטה – כשרה, ואע"פ שלא עמדה. נשתברו רוב צלעותיה. בלא שום נפילה – טרפה. ובגמרא (שם דף נב.) מפרש מאי רוב. דרוסת הזאב. שהכה בצפרניו ומטיל בה ארס ושורפה. בדקה, אבל בגסה – לא אלים זיהריה למיקלייה. ודרוסת ארי בגסה. ותנא קמא סבר: אלים זיהריה דזאב למיקלייה נמי לגסה. הנץ. *אשפרווי"ר. בעוף הדק. לפרים ויונים. ודרוסת הגס. אוסטוי"ר. בעוף הגס. אווזות ותרנגולים. זה הכלל. בגמרא (לקמן נד.) מפרש לאתויי מאי. כל שאין כמוה חיה. שלוקה מכה שאין בהמה לקויה דוגמתה ראויה לחיות. **גמ'** ובשר בשדה טרפה. ואע"ג דילפינן מיניה בעלמא (מכות דף יח.) בשר קדשים שיצא חוץ ממחיצתו, מ"מ "טרפה" ו] משמע טרפה ממש. אלא, מנין לטרפה שאין סופה לחיות. לפרושי מתניתין דקתני: כל שאין כמוה חיה טרפה, אלמא טרפה אינה חיה. זאת החיה. קרי ביה: זאת חיה. ולמ"ד טרפה חיה. לקמן בפרקין (דף מז:), אמרו לו: והלא טרפה מתקיימות שתים ושלש שנים. זאת החיה. "זאת" מיעוטא הוא, והכי משמע: זאת – סתם בהמות שהן חיות אכול. חיה אחרת. כגון טרפה, ז] דאע"פ שהיא חיה – לא תאכל. ובין החיה אשר לא תאכל. אע"פ שחיה – לא תאכל. שמונה עשרה טרפות. לאו מקרא קמישתמעי, אלא הלכה למשה מסיני הן. ותו ליכא. אלא שמונה עשר. בשלמא

תוספות

אלו טרפות. אי גרסינן "אלו" – ניחא. ואי גרסינן "ואלו" יש לפרש דקאי אפלוגתא דר' ישבב ור' עקיבא* והודה לו ר' עקיבא דנבלה. או קאי אכל הני ח] "שחיטתן פסולה" דלעיל, דהוה פסול בשחיטה והוי נבלה, וקאמר הכא: ואלו הן ט] טרפות. **ניקב** הלב לבית חללו. בשאר נקובים לא איצטריך למיתני "לבית חללו", שהן דקין י] ופשיטא שאין נקב חשוב בהם כלל אם לא ניקב לבית חללו. אבל לב שהוא עב, ס"ד שאם ניקב בעומק שהוא חשוב נקב. וניטל הלב והריאה והדקין לא איצטריך למיתני, דבכלל נקובים הוא. דאף על גב דבטחול אמר בגמרא דניטל כשר וניקב טרפה, בכל הני נקובים דתנא פשיטא דכל שכן ניטל. וניקבה המרה נמי נראה דכ"ש ניטל דטריפה. ומ"מ ניטלה הכבד ולא נשתייר הימנה כלום איצטריך, דאפשר להיות דניטל כל הכבד ולא המרה, שניטל כל בשר הכבד ונשאר המרה דבוקה בגידי הכבד והסמפונות. והא דתנן (לקמן דף נו.) גבי ואלו כשרות: ניקב הלב ולא לבית חללו – צריך לומר למסקנא לא הוה שמעינן, דהוה אמינא: יא] ה"ה סמוך לבית חללו, דסופו לינקב עד בית החלל. והא דקתני: ניקבה הגרגרת כשרה – היינו משום דבעי למיתני: נסדקה ונשברה השדרה ולא נפסק החוט שלה, איצטריך, דאי מהכא ה"א או הא או הא. אי נמי, ה"א דבעיא תרתי, קא משמע לן דבחוט תלי מילתא. וניטל הכבד יב] *ולא נשתייר הימנה כזית פריך בגמרא (לקמן מו.) רישא לסיפא. **או** שחסרה. מפרש בגמרא* או שחסרה מבפנים. ולמ"ד חסרון מבפנים לא שמיה חסרון מפרש: ניקבה – לרבנן, או שחסרה – לר"ש, דאמר: עד שתינקב לבית הסמפונות, ובחסרון כל שהוא מודה. **דרוסת** הנץ. גבי טרפות עוף הוא שייך למיתני, אלא משום רבי יהודה תנא ליה הכא. **דרוסת** הנץ. גרסי' בתוספתא [פ"ג] ובערוך [ערך נץ ד'] וכן יסד הפייט בסליחות:* "תוחלת ישראל מדרס *הגס ונץ אפרוחים קרולים". וטעמא לא משום דסופו לינקב, דא"כ בכלל נקובה היא, ומהאי טעמא לא תני במתניתין דמיא לדיותא ודמיא לבישרא.* אלא טעמא דדרוסה – שהארס שורף וסופה למות יג]. **זאת** החיה מלמד שתפס הקב"ה כל מין ומין והראה למשה. והא דלא חשיב ליה ב"הקומץ רבה" (מנחות דף כט.) גבי שלשה דברים שנתקשה משה: מנורה ראש חדש ושרצים, יד] ולא חשיב נמי הא דאמר במדרש:* כמין מטבע אש הראה הקדוש ברוך הוא למשה, דכתיב "זה יתנו" – *שמא לא חשיב אלא מידי דנתקשה. אבל הני, אע"פ שהראהו לא נתקשה בהן, אלא שתמה על הדבר מה יוכל אדם ליתן כופר נפשו, הראהו הקב"ה להבחין היטב ולהודיע לישראל. וכן הכא, להראות לישראל איזו היא אסורה ואיזו היא מותרת. והא

הגהות הב"ח

(א) רש"י ד"ה מבית הכוסות וכו' לאפוקי. נ"ב ועיין לקמן בדף נ' ע"ב.

הגהות מהר"ב רנשבורג

א] רש"י ד"ה גדולה וקטנה וכו'. אלא עגל קטן וכו' כצ"ל.

רבינו גרשום

ילדה וליהוי חשוב עולה וליהוי פסול משום קדשים קמ"ל דאם אולידה קלא אית לה: **הדרן עלך השוחט**

אלו טרפות. נקובת הושט. כלומר בכל שהוא: מנלן דכתיב ובשר בשדה טרפה לא תאכלו כל בשר שהוא חי (מן השדה) [והיא] טרפה לא תאכלו וכולל בין בהמות ובין חיות ובין עופות. ולמ"ד דטרפה חיה מנא ליה כלומר מנא ליה דחיה. זאת החיה אכול. כלומר בריאה: חיה אחרת לא תאכל. מכלל דטרפה חיה: ואידך האי זאת מאי עביד ליה: והא איכא בסגר ושב שמעתתא. כלומר ותו ליכא אלא שמונה עשרה ומאי

שיטה מקובצת

א] בעוף הגס. נ"ב עי' תוס' זבחים דף ע ע"ב: ב] חדא דהא לא אמרן האי מהו דתימא: ג] שהדם נובע מהם כשחותכין אותה: ד] מתיבת גדולה וכו' עד סה"ד נרשם עליו ונ"ב שלא נמצא בס"י: ה] מבית הכוסות להמסס נ"ב בקצת ס"י כתוב למסס: ו] ואע"ג דילפי' מיניה בעלמא בשר קדשים שיצא חוץ ממחיצתו מ"מ טרפה כמשמעו. כך מצאתי בס"י ובקצת פירושים כתב יד מסיים בה דהא מצי למכתב ובשר בשדה טרפה למה לי ע"כ: ז] חיה אחרת כגון טרפה אע"פ שהיא: ח] או קאי אכל הני דשחיטתן פסולה דלעיל דהוי פסול [illegible] ט] וקאמר הכא ואלו הן הטרפות כך מצאתי בתוס' כ"י וכן הוא בתוס' שאנץ: י] ופשיטא שאין נקב חשוב נ"ב נ"א בקצת תוס' כ"י שאין הנקב נראה בהן כלל אלא לבית חללם: יא] דה"א דה"ה סמוך: יב] וניטל הכבד ונשתייר הימנה כזית: יג] שהארס שורף וסופה למות מחמתו כצ"ל והס"ד: יד] ושרצים דלא חשיב אלא היכא דכתיב זה אבל הכא כתיב זאת ומיהו קשה דלא חשיב נמי הא דאמרי' וכו' כך כתוב בתוס' כ"י:

Koren Talmud Bavli

THE NOÉ EDITION

ḤULLIN

Steinsaltz Center

KOREN

KOREN TALMUD BAVLI

THE NOÉ EDITION

חולין

ḤULLIN

Daf 27a through Daf 42a

COMMENTARY BY

Rabbi Adin Even-Israel Steinsaltz

EDITOR-IN-CHIEF

Rabbi Dr Tzvi Hersh Weinreb

SENIOR CONTENT EDITOR

Rabbi Dr Shalom Z Berger

EXECUTIVE EDITOR

Rabbi Joshua Schreier

STEINSALTZ CENTER

KOREN PUBLISHERS JERUSALEM

Supported by the Matanel Foundation

Koren Talmud Bavli, The Noe Edition
Vol. 31b: Tractate Ḥullin, Daf 27a through Daf 42a
Paperback, ISBN, 978-965-7767-30-6

First Hebrew/English paperback edition, 2026

Koren Publishers Jerusalem Ltd.
PO Box 4044, Jerusalem 91040, ISRAEL
PO Box 8531, New Milford, CT 06776, USA
www.korenpub.com

Steinsaltz Center

Steinsaltz Center is the parent organization of institutions established by Rabbi Adin Even-Israel Steinsaltz

PO Box 45187, Jerusalem 91450 ISRAEL
Telephone: +972 2 646 0900, Fax +972 2 624 9454
www.steinsaltz-center.org

This book was published in cooperation with the Israel Institute for Talmudic Publications.

הִנֵּה יָמִים בָּאִים, נְאֻם אֲדֹנָי יֱהֹוִה, וְהִשְׁלַחְתִּי רָעָב בָּאָרֶץ,
לֹא־רָעָב לַלֶּחֶם וְלֹא־צָמָא לַמַּיִם, כִּי אִם־לִשְׁמֹעַ אֵת דִּבְרֵי יהוה.

Behold, days are coming – says the Lord God – I will send a hunger to the land, not a hunger for bread nor a thirst for water, but to hear the words of the Lord. (AMOS 8:11)

The Noé edition of the Koren Talmud Bavli
with the commentary of Rabbi Adin Even-Israel Steinsaltz
is dedicated to all those who open its covers
to quench their thirst for Jewish Knowledge,
in our generation of Torah renaissance.

This beautiful edition is for the young, the aged,
the novice and the savant alike,
as it unites the depth of Torah knowledge
with the best of academic scholarship.

Within its exquisite and vibrant pages,
words become worlds.

It will claim its place in the library of classics,
in the bookcases of the Beit Midrash,
the classrooms of our schools,
and in the offices of professionals and business people
who carve out precious time to grapple with its timeless wisdom.

For the Student and the Scholar

DEDICATED BY LEO AND SUE NOÉ

Steinsaltz Center

Executive Director, Steinsaltz Center

Rabbi Meni Even-Israel

Managing Editor

Rabbi Jason Rappoport

Senior Content Editor

Rabbi Dr. Shalom Z. Berger

Editors

Rabbi Dr. Joshua Amaru, *Coordinating Editor*
Rabbi Yehoshua Duker, *Final Editor*
Rabbi Yedidya Naveh, *Content Curator*
Rabbi Avishai Magence, *Content Curator*
Menucha Chwat
Rabbi Yonatan Shai Freedman
Rabbi Ayal Geffon
Noam Harris
Yisrael Kalker
Rabbi Tzvi Chaim Kaye
Rabbi Adin Krohn
Catriel Lev
Elisha Loewenstern
Rabbi Jonathan Mishkin
Rabbi Eli Ozarowski
Rabbi David Sedley
Rabbi Jonathan Shulman
Rabbi Michael Siev
Aryeh Sklar
Avi Steinhart
Rabbi Yitzchak Twersky

Hebrew Edition Editors

Rabbi Yehonatan Eliav
Rabbi Avraham Gelbstein
Rabbi Gershon Kitsis

Copy Editors

Aliza Israel, *Coordinator*
Ita Olesker
Debbie Ismailoff
Shira Finson
Ilana Sobel
Deena Nataf
Eliana Kurlantzick Yorav
Erica Hirsch Edvi
Sara Henna Dahan
Oritt Sinclair

Language Consultants

Dr. Stéphanie E. Binder, *Greek & Latin*
Rabbi Yaakov Hoffman, *Arabic*
Dr. Shai Secunda, *Persian*
Shira Shmidman, *Aramaic*

KOREN

Design & Typesetting

Dena Landowne Bailey, *Typesetting*
Tomi Mager, *Typesetting*
Tani Bayer, *Jacket Design*
Raphaël Freeman, *Design & Typography*

Images

Eliahu Misgav, *Illustration & Image Acquisition*
Daniel Gdalevich, *Illustration & Image Acquisition*

Introduction by the Publisher

The Talmud has sustained and inspired Jews for thousands of years. Throughout Jewish history, an elite cadre of scholars has absorbed its learning and passed it on to succeeding generations. The Talmud has been the fundamental text of our people.

Beginning in the 1960s, Rabbi Adin Even-Israel Steinsaltz שליט״א created a revolution in the history of Talmud study. His translation of the Talmud, first into modern Hebrew and then into other languages, as well the practical learning aids he added to the text, have enabled millions of people around the world to access and master the complexity and context of the world of Talmud.

It is thus a privilege to present the *Koren Talmud Bavli*, an English translation of the talmudic text with the brilliant elucidation of Rabbi Steinsaltz. The depth and breadth of his knowledge are unique in our time. His rootedness in the tradition and his reach into the world beyond it are inspirational.

Working with Rabbi Steinsaltz on this remarkable project has been not only an honor, but a great pleasure. Never shy to express an opinion, with wisdom and humor, Rabbi Steinsaltz sparkles in conversation, demonstrating his knowledge (both sacred and worldly), sharing his wide-ranging interests, and, above all, radiating his passion. I am grateful for the unique opportunity to work closely with him, and I wish him many more years of writing and teaching.

Our intentions in publishing this new edition of the Talmud are threefold. First, we seek to fully clarify the talmudic page to the reader – textually, intellectually, and graphically. Second, we seek to utilize today's most sophisticated technologies, both in print and electronic formats, to provide the reader with a comprehensive set of study tools. And third, we seek to help readers advance in their process of Talmud study.

To achieve these goals, the *Koren Talmud Bavli* is unique in a number of ways:

- The classic *tzurat hadaf* of Vilna, used by scholars since the 1800s, has been reset for great clarity, and opens from the Hebrew "front" of the book. Full *nikkud* has been added to both the talmudic text and Rashi's commentary, allowing for a more fluent reading with the correct pronunciation; the commentaries of *Tosafot* have been punctuated. Upon the advice of many English-speaking teachers of Talmud, we have separated these core pages from the translation, thereby enabling the advanced student to approach the text without the distraction of the translation. This also reduces the number of volumes in the set. At the bottom of each *daf*, there is a reference to the corresponding English pages. In addition, the Vilna edition was read against other manuscripts and older print editions, so that texts which had been removed by non-Jewish censors have been restored to their rightful place.
- The English translation, which starts on the English "front" of the book, reproduces the *menukad* Talmud text alongside the English translation (in bold) and commentary and explanation (in a lighter font). The Hebrew and Aramaic text is presented in logical paragraphs. This allows for a fluent reading of the text for the non-Hebrew or non-Aramaic reader. It also allows for the Hebrew reader to refer easily to the text alongside. Where the original text features dialogue or poetry, the English text is laid out in a manner appropriate to the genre. Each page refers to the relevant *daf*.

- Critical contextual tools surround the text and translation: personality notes, providing short biographies of the Sages; language notes, explaining foreign terms borrowed from Greek, Latin, Persian, or Arabic; and background notes, giving information essential to the understanding of the text, including history, geography, botany, archaeology, zoology, astronomy, and aspects of daily life in the talmudic era.
- Halakhic summaries provide references to the authoritative legal decisions made over the centuries by the rabbis. They explain the reasons behind each halakhic decision as well as the ruling's close connection to the Talmud and its various interpreters.
- Photographs, drawings, and other illustrations have been added throughout the text – in full color in the Standard and Electronic editions, and in black and white in the Daf Yomi edition – to visually elucidate the text.

This is not an exhaustive list of features of this edition, it merely presents an overview for the English-speaking reader who may not be familiar with the "total approach" to Talmud pioneered by Rabbi Steinsaltz.

Several professionals have helped bring this vast collaborative project to fruition. My many colleagues are noted on the Acknowledgments page, and the leadership of this project has been exceptional.

RABBI MENACHEM EVEN-ISRAEL, DIRECTOR OF THE STEINSALTZ CENTER, was the driving force behind this enterprise. With enthusiasm and energy, he formed the happy alliance with Koren and established close relationships among all involved in the work.

RABBI DR. TZVI HERSH WEINREB *שליט״א*, EDITOR-IN-CHIEF, brought to this project his profound knowledge of Torah, intellectual literacy of Talmud, and erudition of Western literature. It is to him that the text owes its very high standard, both in form and content, and the logical manner in which the beauty of the Talmud is presented.

RABBI JOSHUA SCHREIER, EXECUTIVE EDITOR, assembled an outstanding group of scholars, translators, editors, and proofreaders, whose standards and discipline enabled this project to proceed in a timely and highly professional manner.

RABBI MEIR HANEGBI, EDITOR OF THE HEBREW EDITION OF THE STEINSALTZ TALMUD, lent his invaluable assistance throughout the work process, supervising the reproduction of the Vilna pages.

RAPHAËL FREEMAN, EXECUTIVE EDITOR OF KOREN, created this Talmud's unique typographic design which, true to the Koren approach, is both elegant and user friendly.

It has been an enriching experience for all of us at Koren Publishers Jerusalem to work with the Steinsaltz Center to develop and produce the *Koren Talmud Bavli*. We pray that this publication will be a source of great learning and, ultimately, greater *avodat Hashem* for all Jews.

Matthew Miller, Publisher
Koren Publishers Jerusalem
Jerusalem 5772

Contents

For the vocalized Vilna Shas layout, please open as a Hebrew book.

Introduction to **Perek II**

If the place that the Lord your God shall choose to put His name there be too far from you, then you shall slaughter of your herd and of your flock, which the Lord has given you, as I have commanded you, and you shall eat within your gates, after all the desire of your soul.

(Deuteronomy 12:21)

And whatever man there be of the children of Israel or of the strangers that sojourn among them who traps any undomesticated animal or bird that may be eaten, he shall spill its blood, and cover it in earth.

(Leviticus 17:13)

If flocks and herds be slaughtered for them will they suffice them, or if all the fish of the sea be gathered together for them, will they suffice them?

(Numbers 11:22)

Then I said: Ah, Lord God, my soul has not become impure; and from my youth until now I have not eaten an unslaughtered carcass or a tereifa; and no piggul flesh came into my mouth.

(Ezekiel 4:14)

This chapter is a continuation of the first chapter, which deals primarily with matters relating to slaughter. The first chapter discussed which people are fit to perform slaughter, the utensils fit for use in slaughter, and the question of where on an animal's body one slaughters it. This chapter analyzes the slaughter itself: How it is performed, what invalidates it, and what intent is required.

Some of the issues that arise in this chapter are related to the act of slaughter, such as the determination of where on the animal's body the slaughter is performed, what exactly must be cut during slaughter, and what differences, if any, there are between animals and birds. It is also necessary to clarify precisely how slaughter is performed, as well as *halakhot* concerning a case where two people slaughter one animal simultaneously, e.g., is there a difference whether they use one knife or two, or if they cut the same part of the neck or two different parts? The Gemara also asks more general questions: What is the source for the *halakhot* of slaughter? Which animals require slaughter by Torah law? Is the mitzva of slaughter necessarily related to blood that emerges from the incision?

The Gemara considers the type of animal or bird fit for slaughter. What is the status of an animal that is in danger of imminent death? At what point is an animal determined to be halakhically dead, at which point slaughter can no longer render it permitted for consumption?

The chapter also discusses those actions that invalidate slaughter, and grapples with a fundamental issue that has ramifications primarily in the realm of ritual purity and impurity: If an animal is slaughtered not in accordance with the *halakhot* of slaughter, does it assume the status of an unslaughtered carcass and become a primary source of ritual impurity, or does it assume the status of a *tereifa* and remain pure?

A significant portion of this chapter addresses the requisite intent while slaughtering. It is agreed that although slaughter is a mitzva, one does not require explicit intent for the sake of a mitzva while performing the slaughter. The Gemara explores whether

the one who slaughters is required to have any intent at all, as well as the question of the status of a slaughter that occurs without intent, not at the hand of a person.

There is a consensus that intent can invalidate the slaughter, e.g., in the case of intent to slaughter for idol worship. In that case benefit from the animal is forbidden, just as it is in the case of idolatrous offerings. This raises other questions: Whose intent determines the validity of the slaughter? Is it only the intent of the slaughterer, or is the intent of the owner of the animal also significant? How is idol worship defined in this regard? Furthermore, the Gemara investigates the *halakha* in cases where the slaughter is not performed for idol worship per se but is performed in the framework of sorcery or necromancy. In which cases is all benefit from the slaughtered animal forbidden, and in which cases is slaughter prohibited *ab initio* due to the fact that it has the appearance of idol worship?

Another type of intent that invalidates slaughter is the intent to sacrifice the animal as an offering. Although slaughter with that intent in and of itself does not render a non-sacred animal forbidden, there is concern that the person had consecrated the animal as an offering, in which case its halakhic status would be that of a sacrificial animal slaughtered outside the confines of the Temple courtyard. Even if it is concluded that he had not actually consecrated the animal, it is prohibited to slaughter in that manner, because it appears as though it were a sacrificial animal being slaughtered outside the confines of the Temple courtyard. The Gemara examines when slaughter renders the animal forbidden and in which cases there is no concern.

These and related issues are the primary focus of this chapter.

מתני׳ הַשּׁוֹחֵט אֶחָד בָּעוֹף וּשְׁנַיִם בִּבְהֵמָה – שְׁחִיטָתוֹ כְּשֵׁרָה, וְרוּבּוֹ שֶׁל אֶחָד כָּמוֹהוּ; רַבִּי יְהוּדָה אוֹמֵר: עַד שֶׁיִּשְׁחוֹט אֶת הַוְּורִידִין. חֲצִי אֶחָד בָּעוֹף, וְאֶחָד וָחֵצִי בִּבְהֵמָה – שְׁחִיטָתוֹ פְּסוּלָה. רוֹב אֶחָד בָּעוֹף, וְרוֹב שְׁנַיִם בִּבְהֵמָה שְׁחִיטָתוֹ כְּשֵׁרָה.

MISHNA In the case of **one who slaughters** by cutting **one** *siman*, i.e., the windpipe or the gullet, **in a bird, and two** *simanim* **in an animal, his slaughter is valid,**[H] **and** the halakhic status of **the majority of one** *siman* **is like** that of the entire *siman*. **Rabbi Yehuda says:** The slaughter is not valid **until he cuts the veins** [***haveridin***],[HLBN] i.e., the major blood vessels in the neck. If one cut **half of one** *siman* **in a bird or one and a half** *simanim* **in an animal,**[H] **his slaughter is not valid.**[N] If one cut **the majority of one** *siman* **in a bird or the majority of two** *simanim* **in an animal,**[H] **his slaughter is valid.**

גמ׳ חשוחט דיעבד אין, לכתחלה לא; שנים בבהמה לכתחלה לא? עד כמה לשחוט וליזיל? איבעית אימא: אאחד בעוף. ואיבעית אימא: ארובו של אחד כמוהו.

GEMARA The Gemara infers from the term: **One who slaughters,** that if one slaughtered, then **after the fact, yes,** the slaughter is valid; but ***ab initio*, no,** it is prohibited. The Gemara asks: Is the ruling with regard to the cutting of **two** *simanim* **in an animal** that ***ab initio*, no,** it is prohibited? If so, **how much** is one expected **to continue and cut** the *simanim, ab initio*? There are only two relevant *simanim* to be cut. The Gemara answers: **If you wish, say** that the reference is **to** the cutting of **one** *siman* **in a bird,**[N] as one is required to cut both *simanim* in a bird *ab initio*. **And if you wish, say** instead that the reference is **to** the passage in the mishna that states that the halakhic status of **the majority of one** *siman* **is like** that of the entire *siman*, as one is required to cut the entire *siman ab initio*.

(כמ״ש סימן).

§ ***Kaf, mem, shin*** **is a mnemonic** for the sources of the statements cited in the discussion that follows: Rav Kahana, Rav Yeimar, and the school of Rabbi Yishmael.

NOTES

Until he cuts the veins – **עַד שֶׁיִּשְׁחוֹט אֶת הַוְּורִידִין**: As will be explained later in the Gemara (28b), the reference here is not to a component of the mitzva of slaughter. Rather, the purpose of cutting the veins is to drain the blood, and it can be accomplished by means of stabbing and does not need to be accomplished by means of moving the knife back and forth on the neck. Rabbi Yehuda stated this requirement only with regard to the slaughter of a bird, which is often roasted whole. Since animals are cut into pieces before they are cooked, there is no concern that the blood of an animal will remain inside it, so there is no need to cut its veins. The early commentaries write that despite the formulation of the mishna, Rabbi Yehuda holds that the cutting of the veins is a requirement *ab initio*; but failure to cut the veins does not invalidate the slaughter after the fact, provided that the bird was cut into pieces before being cooked. If one failed to cut the veins and roasted the bird whole, Rabbi Yehuda rules that it is prohibited to eat the bird even after the fact (Rashba; *Tosafot*).

The veins mentioned here are the major blood vessels located in the neck. According to the *Tosefta* (2:1) there are two of these blood vessels. The commentaries disagree with regard to the precise identity of these blood vessels. Some hold that the reference is to the two major veins on either side of the neck, adjacent to the epidermis (*Erekh HaShulḥan*). Others understand that the reference is to arteries deeper in the neck, closer to the windpipe and gullet (Rambam's Commentary on the Mishna). These arteries carry blood from the heart to the brain, and the blood pressure in those arteries is high, while the blood pressure in the veins adjacent to the epidermis is lower. Some hold that in addition to these arteries, the reference is also to the two veins that are adjacent to these two arteries (*Siḥat Ḥullin*, citing *Torat HaNikkur HaShalem*).

One and a half ***simanim*** **in an animal, his slaughter is not valid** – **אֶחָד וָחֵצִי בִּבְהֵמָה שְׁחִיטָתוֹ פְּסוּלָה**: It is not sufficient to cut the combined majority of the two *simanim*. Rather, one must cut the majority of each *siman*.

If you wish, say that the reference is to the cutting of one ***siman*** **in a bird** – **אִיבָּעֵית אֵימָא אֶאֶחָד בָּעוֹף**: The Ramban and *Tosafot* understand that by Torah law there is a mitzva to cut two *simanim* both in an animal and in a bird. Nevertheless, the Torah permits the bird even if only one of the *simanim* was cut during the slaughter (*Rosh Yosef*). The majority of early commentaries disagree with this interpretation, as the Torah does not distinguish between *ab initio* and after the fact. Rather, by Torah law one is required to cut only one of the *simanim* in a bird *ab initio*. The Sages stated that one should cut both *ab initio*, due to the concern that one may inadvertently cut less than the majority of one *siman* (Rashi), or in order to have the slaughter of a bird be the same as the slaughter of an animal, which requires that two *simanim* be cut (Rashash).

HALAKHA

One who slaughters by cutting one ***siman*** **in a bird and two** ***simanim*** **in an animal, his slaughter is valid** – **הַשּׁוֹחֵט אֶחָד בָּעוֹף וּשְׁנַיִם בִּבְהֵמָה שְׁחִיטָתוֹ כְּשֵׁרָה**: When slaughtering either an animal or a bird, ideally both the windpipe and gullet should be completely cut, and that should be the objective of the slaughterer. If one cut the majority of one *siman* in a bird, or the majority of both *simanim* in an animal, the slaughter is valid after the fact, in accordance with the stringencies of both of the Gemara's explanations of the mishna (Rambam *Sefer Kedusha*, *Hilkhot Sheḥita* 1:9; *Shulḥan Arukh*, *Yoreh De'a* 21:1 and *Beur HaGra* there).

Until he cuts the veins – **עַד שֶׁיִּשְׁחוֹט אֶת הַוְּורִידִין**: When slaughtering a bird, one must cut the veins. If he fails to do so, he may puncture them while the animal is still convulsing and the blood is still warm, so that the blood will drain before it cools inside the animal's body. This is in accordance with the opinion of Rabbi Yehuda, as elsewhere Rabbi Yehoshua ben Levi advises his sons: Be careful with the jugular veins, in accordance with the opinion of Rabbi Yehuda (*Berakhot* 8b). The *halakha* is also in accordance with the Gemara on 28b (*Shulḥan Arukh*, *Yoreh De'a* 22:1, 76:3).

Half of one ***siman*** **in a bird or one and a half** ***simanim*** **in an animal** – **חֲצִי אֶחָד בָּעוֹף וְאֶחָד וָחֵצִי בִּבְהֵמָה**: If one cut one of the *simanim* entirely and precisely half of the other in an animal, or precisely half of both *simanim* in a bird, the slaughter is not valid, in accordance with the mishna and the *baraita* cited in the Gemara on 28a (Rambam *Sefer Kedusha*, *Hilkhot Sheḥita* 1:10; *Shulḥan Arukh*, *Yoreh De'a* 21:2).

The majority of one ***siman*** **in a bird or the majority of two** ***simanim*** **in an animal** – **רוֹב אֶחָד בָּעוֹף וְרוֹב שְׁנַיִם בִּבְהֵמָה**: If one cuts the majority of one of the two *simanim* in a bird, or the majority of both of them in an animal, the slaughter is valid. Even if he cut only a hairbreadth more than half, the slaughter is valid, in accordance with the mishna and the explanation in the Gemara on 29a (Rambam *Sefer Kedusha*, *Hilkhot Sheḥita* 1:9–11; *Shulḥan Arukh*, *Yoreh De'a* 21:1).

LANGUAGE

Veins [***veridin***] – **וְרִידִין**: This word does not appear in the Bible, and rarely appears in rabbinic literature in reference to the blood vessels in the neck. The distinction between arteries, which carry the blood from the heart to the various organs, and veins, which carry the blood back to the heart, was not known in the talmudic era. Typically, the Gemara refers to the blood vessels as *ḥutin* or *gidim*.

BACKGROUND

Until he cuts the veins – **עַד שֶׁיִּשְׁחוֹט אֶת הַוְּורִידִין**:

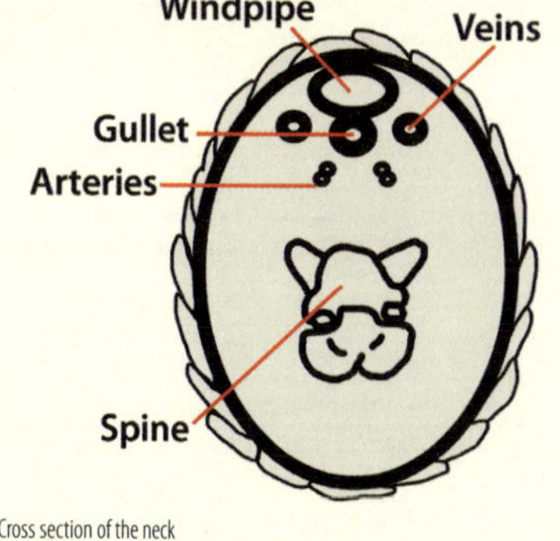

Cross section of the neck

אָמַר רַב כָּהֲנָא: מִנַּיִן לִשְׁחִיטָה שֶׁהִיא מִן הַצַּוָּאר? שֶׁנֶּאֱמַר: "וְשָׁחַט אֶת בֶּן הַבָּקָר" – מִמָּקוֹם שֶׁשָּׁח חַטֵּהוּ. מִמַּאי דְּהַאי "חַטֵּהוּ" לִישָּׁנָא דְּדַכּוּיֵי הוּא? דִּכְתִיב: "וְחִטֵּא אֶת הַבַּיִת". וְאִיבָּעֵית אֵימָא, מֵהָכָא: "תְּחַטְּאֵנִי בְאֵזוֹב וְאֶטְהָר".

Rav Kahana says: From where is it derived **with regard to slaughter that it is performed from the neck?**[H] It is derived from a verse, **as it is stated: "And he shall slaughter [*veshaḥat*] the young bull** before the Lord" (Leviticus 1:5), which is interpreted homiletically: **From the place where** the animal **bends [*shaḥ*], purify it [*ḥattehu*]** through slaughter. The Gemara asks: **From where** does one ascertain **that this** term, ***ḥattehu*, is an expression of purification?** The Gemara answers: It is ascertained from a verse, **as it is written: "And he shall purify [*veḥitte*] the house"** (Leviticus 14:52). **And if you wish, say** instead that it is ascertained **from here: "Purge me [*teḥatte'eni*] with hyssop and I will be pure"** (Psalms 51:9).

HALAKHA

Slaughter is from the neck – שְׁחִיטָה מִן הַצַּוָּאר: The place of slaughter is at the throat of the animal (Rambam *Sefer Kedusha*, *Hilkhot Sheḥita* 1:5–7; *Shulḥan Arukh*, *Yoreh De'a* 20:1).

וְאֵימָא: מִזְּנָבוֹ! שָׁח – מִכְּלָל שֶׁזָּקוּף בָּעֵינַן, וְהָא שָׁח וְעוֹמֵד הוּא. וְאֵימָא: מֵאׇזְנוֹ! בָּעֵינַן דַּם הַנֶּפֶשׁ וְלֵיכָּא!

The Gemara challenges: **And say** that slaughter is **from its tail,** which is also a place in the animal's body that is bent. The Gemara responds: From the term: **Bends [*shaḥ*]**, one can conclude **by inference that we require** a part of the animal's body that can stand **erect** and that bends; **and this,** the tail, **is bent perpetually** and is never erect. The Gemara challenges: **And say** that slaughter is **from its ear,** which is erect and bends. The Gemara explains: **We require** that slaughter be performed on a part of the animal's body from which **blood of the soul** is spilled, **and** when one cuts the ear **there is no** blood of the soul spilled.

וְאֵימָא: דְּקָרַע וְאָזֵיל עַד דַּם הַנֶּפֶשׁ! וְתוּ, שְׁהִיָּיה דְּרָסָה חֲלָדָה הַגְרָמָה וְעִיקּוּר, מְנָלַן? אֶלָּא גְּמָרָא, שְׁחִיטָה מִן הַצַּוָּאר נָמֵי גְּמָרָא.

The Gemara asks: **And say that one rends** the animal starting from the ear **and continues until the blood of the soul** is spilled. **And furthermore,** with regard to those actions that invalidate slaughter, i.e., **interrupting** the slaughter, **pressing** the knife, **concealing** the knife in the course of an inverted slaughter, **diverting** the knife from the place of slaughter, **and ripping** the *simanim* from their place before cutting them, **from where do we** derive them? **Rather,** these disqualifications are learned through **tradition,** i.e., a *halakha* transmitted to Moses from Sinai. The requirement of **slaughter from the neck is also** learned through **tradition,** and has no biblical source.

וּקְרָא לְמַאי אֲתָא? דְּלָא לְשַׁוְּיֵיהּ גִּיסְטְרָא.

The Gemara asks: **And** if the *halakha* is derived through tradition, **what** *halakha* does **the verse:** "And you shall slaughter," **come to** teach? The Gemara answers: The verse serves to teach **that** one should **not** sever the head completely from the animal's body and **render it a broken** animal. He cuts only the windpipe and the gullet, which are adjacent to the major blood vessels.

רַב יֵימַר אָמַר, אָמַר קְרָא: "וְזָבַחְתָּ" – מִמָּקוֹם שֶׁזָּב חַתֵּהוּ. מַאי מַשְׁמַע דְּהַאי "חַתֵּהוּ" לִישָּׁנָא דְּמִתְבַּר הוּא? דִּכְתִיב: "אַל תִּירָא וְאַל תֵּחָת".

Rav Yeimar says: From where is it derived that slaughter is performed from the neck? It is derived from a verse, as **the verse states: "And you shall slaughter [*vezavaḥta*]** of your herd and of your flock" (Deuteronomy 12:21), which is interpreted homiletically: **From the place where** the blood **flows [*shezav*], break it [*ḥattehu*]**, i.e., cut it. The Gemara asks: **From where may** it **be inferred that this** term, ***ḥattehu*, is an expression of breaking?** The Gemara answers: It is inferred from a verse, **as it is written: "Neither fear nor be dismayed [*teḥat*]"** (Deuteronomy 1:21); ensure that your spirit will not be broken.

וְאֵימָא: מֵחוֹטְמוֹ! זָב עַל יְדֵי חִתּוּי בָּעֵינַן, וְהַאי זָב מֵאֵלָיו הוּא. וְאֵימָא: מִלִּבּוֹ! וְתוּ, שְׁהִיָּיה דְּרָסָה חֲלָדָה הַגְרָמָה וְעִיקּוּר, מְנָלַן? אֶלָּא גְּמָרָא; שְׁחִיטָה מִן הַצַּוָּאר נָמֵי גְּמָרָא.

The Gemara challenges: **And say** that an animal is slaughtered **from its nose,** from which mucus flows, as the verse did not mention blood. The Gemara responds: **We require** a fluid that **flows by means of breaking, and this** mucus **flows on its own.** The Gemara challenges: **And say** that an animal is slaughtered **from its heart** by means of stabbing. **And furthermore,** with regard to those actions that invalidate slaughter, i.e., **interrupting, pressing** the knife during slaughter, **concealing** the knife in the course of an inverted slaughter, **diverting** the knife from the place of slaughter, **and ripping, from where do we** derive them? **Rather,** these disqualifications are learned through **tradition.** The requirement of **slaughter from the neck is also** learned through **tradition.**

וּקְרָא לְמַאי אֲתָא? דְּלָא לְשַׁוְּיֵיהּ גִּיסְטְרָא.

The Gemara asks: **And** if the *halakha* is derived through tradition, **what** *halakha* does the phrase in **the verse:** "And you shall slaughter" **come to** teach? The Gemara answers: The phrase serves to teach **that** one should **not** sever the head completely from the animal's body and **render it a broken** animal. He cuts only the windpipe and the gullet.

דְּבֵי רַבִּי יִשְׁמָעֵאל תָּנָא: ״וְשָׁחַט״ – אַל תִּקְרֵי ״וְשָׁחַט״, אֶלָּא ״וְסָחַט״ – מִמָּקוֹם שֶׁשָּׂח חַטֵּהוּ.

The school of Rabbi Yishmael taught: From where is it derived that slaughter is performed from the neck? It is derived from a verse, as it is stated: **"And he shall slaughter [*veshaḥat*]"** (Leviticus 1:5). **Do not read** it as: ***Veshaḥat*; rather,** read it as: ***Vesaḥat***, which literally means: And he shall squeeze, which is interpreted homiletically: **From the place where** the animal **speaks [*saḥ*], purify it [*ḥattehu*].** The animal's voice emanates from its throat; therefore, it is slaughtered from the neck.

וְאֵימָא: מִלְּשׁוֹנוֹ! בָּעֵינַן דַּם הַנֶּפֶשׁ וְלֵיכָּא! וְאֵימָא: דְּקָרַע וְאָזֵיל עַד דַּם הַנֶּפֶשׁ! וְתוּ, שֶׁהִיָּיה דְּרָסָה חֲלָדָה הַגְרָמָה וְעִיקּוּר, מְנָלַן? אֶלָּא גְּמָרָא. שְׁחִיטָה מִן הַצַּוָּאר נַמִי גְּמָרָא.

The Gemara objects: **And say** that slaughter is **from its tongue.** The Gemara explains: **We require** that slaughter be performed on a part of the animal's body from which **blood of the soul** is spilled, **and when** one cuts the tongue **there is no** blood of the soul spilled. The Gemara objects: **And say that one rends** the animal starting from the tongue **and continues until the blood of the soul** is spilled. **And furthermore,** with regard to those actions that invalidate slaughter, i.e., **interrupting, pressing** the knife, **concealing** the knife, **diverting** the knife, **and ripping, from where do we** derive them? **Rather,** these disqualifications are learned through **tradition.** The requirement of **slaughter from the neck is also** learned through **tradition.**

וּקְרָא לְמַאי אֲתָא? דְּלָא לְשַׁוְּיֵיהּ גִּיסְטְרָא.

The Gemara asks: **And** if the *halakha* is derived through tradition, **what** *halakha* does the phrase in **the verse:** "And you shall slaughter," **come** to teach? The Gemara answers: The phrase serves to teach **that** one should **not** sever the head completely from the animal's body and **render it a broken** animal. He cuts only the windpipe and the gullet.

וְתַנָּא מַיְיתֵי לַהּ מֵהָכָא; דְּתַנְיָא, רַבִּי חִיָּיא אוֹמֵר: מִנַּיִן לִשְׁחִיטָה מִן הַצַּוָּאר? שֶׁנֶּאֱמַר: ״וְעָרְכוּ בְּנֵי אַהֲרֹן הַכֹּהֲנִים אֵת הַנְּתָחִים״,

And a *tanna* who recited *mishnayot* and *baraitot* in the study hall **cites** the source for the *halakha* that slaughter is performed from the neck **from here: As it is taught** in a *baraita* that **Rabbi Ḥiyya says: From where** is it derived **with regard to slaughter that it is** performed **from the neck?** It is derived from a verse, **as it is stated: "And Aaron's sons, the priests, shall arrange the pieces,** the head, and the fat…upon the altar" (Leviticus 1:8).

שֶׁאֵין תַּלְמוּד לוֹמַר ״אֶת הָרֹאשׁ וְאֶת הַפָּדֶר״, מַה תַּלְמוּד לוֹמַר ״אֶת הָרֹאשׁ וְאֶת הַפָּדֶר״? וַהֲלֹא רֹאשׁ וּפֶדֶר בִּכְלַל כָּל הַנְּתָחִים הָיוּ, לָמָּה יָצְאוּ? לְפִי שֶׁנֶּאֱמַר: ״וְהִפְשִׁיט אֶת הָעֹלָה וְנִתַּח״ – אֵין לִי אֶלָּא נְתָחִים שֶׁיֶּשְׁנָן בִּכְלַל הַפְשָׁטָה, מִנַּיִן לְרַבּוֹת אֶת הָרֹאשׁ שֶׁכְּבָר הוּתַּז? תַּלְמוּד לוֹמַר: ״אֶת רֹאשׁוֹ וְאֶת פִּדְרוֹ וְעָרַךְ״.

Rabbi Ḥiyya explains: **As there is no** need for **the verse to state: "The head, and the fat." What** is the meaning when **the verse states: "The head, and the fat"? Weren't the head and the fat** included **in** the category **of all the pieces,** mentioned earlier in the verse? **For what** purpose did **they emerge** from the category and warrant individual mention? This is **due to** the fact **that it is stated: "And he shall flay the burnt offering, and cut it** into its pieces" (Leviticus 1:6). One might have thought that **I have** derived that **only the pieces that are** included **in the category of flaying** must be arranged on the altar. **From where** is it derived **to include the head, which was already** partially **severed** when the animal was slaughtered, and is not flayed? It is derived from a verse, as **the verse states: "With its head and its fat, and** the priest **shall arrange** them" (Leviticus 1:12).

מִדְּקָאָמַר: אֶת הָרֹאשׁ שֶׁכְּבָר הוּתַּז – מִכְּלַל דִּשְׁחִיטָה מִן הַצַּוָּאר.

The *tanna* concludes: **From** the fact **that** Rabbi Ḥiyya **says: The head, which was already** partially **severed,** one learns **by inference that slaughter is from the neck,** as the neck connects the head to the body.

וְתַנָּא פָּתַח בְּ״רֹאשׁ וּפֶדֶר״ וּמְסַיֵּים בְּ״רֹאשׁוֹ וּפִדְרוֹ״? הָכִי קָאָמַר: מִנַּיִן לְרַבּוֹת אֶת הָרֹאשׁ שֶׁכְּבָר הוּתַּז? תַּלְמוּד לוֹמַר: ״אֶת הָרֹאשׁ וְאֶת הַפָּדֶר״.

The Gemara questions the formulation of the *baraita*. **And the *tanna*** of the *baraita* **opened with** a question about the extraneous phrase written with regard to a bull burnt offering: **"The head, and the fat"** (Leviticus 1:8), **and concludes with** an explanation of the phrase written with regard to a sheep burnt offering: **"Its head and its fat"** (Leviticus 1:12). The Gemara answers that **this** is what the *tanna* **is saying: From where** is it derived **to include the head, which was already** partially **severed?** It is derived from a verse, as **the verse states: "The head, and the fat"** (Leviticus 1:8).

וְ״רֹאשׁוֹ וּפִדְרוֹ״ לָמָּה לִי? מִיבְּעֵי לֵיהּ לְכִדְתַנְיָא: מִנַּיִן לְרֹאשׁ וּפֶדֶר שֶׁקּוֹדְמִין לְכָל הַנְּתָחִים? תַּלְמוּד לוֹמַר: ״אֶת רֹאשׁוֹ וְאֶת פִּדְרוֹ וְעָרַךְ״.

The Gemara asks: **And** if so, **why do I** need the verse cited at the end of the *baraita*: **"Its head and its fat"?** The Gemara answers: The verse **is necessary for that which is taught** in a *baraita*: **From where** is it derived **that the head and the fat precede all the** other **pieces**[H] when the sacrificial portions are sacrificed on the altar? **The verse states: "With its head and its fat, and** the priest **shall arrange** them" (Leviticus 1:12).

HALAKHA

From where is it derived that the head and the fat precede all the other pieces – מִנַּיִן לְרֹאשׁ וּפֶדֶר שֶׁקּוֹדְמִין לְכָל הַנְּתָחִים: When the priests carry the limbs of an offering to the altar, the first priest that carries limbs carries the head and one leg. He holds the head in his right hand, with its nose facing his arm and its horns between his fingers. The bottom of the head faces upward and is covered with the fat. The right leg is carried in the priest's left arm, with the side still covered in hide facing outward (Rambam *Sefer Avoda*, *Hilkhot Ma'aseh HaKorbanot* 6:11).

Procession of limbs of the daily burnt offering to the altar

HALAKHA

He uses the fat to cover the place of slaughter – חוֹפֶה אֶת הַפֶּדֶר עַל בֵּית הַשְּׁחִיטָה: When dissecting a burnt offering, the priest places the fat on the head of the animal, over the place of the slaughter (Rambam *Sefer Avoda, Hilkhot Ma'aseh HaKorbanot* 6:5, 11).

An animal imparts impurity by contact and by carrying – בְּהֵמָה מְטַמְּאָה בְּמַגָּע וּבְמַשָּׂא: The carcass of an animal is a primary source of ritual impurity. An olive-bulk of its meat renders people and most vessels ritually impure through contact, and it renders an earthenware vessel impure if it enters the vessel's airspace. It also renders impure the garments of one who carries it (Rambam *Sefer Tahara, Hilkhot She'ar Avot HaTumot* 1:1–2).

A bird renders garments ritually impure when in the throat – עוֹף מְטַמֵּא בְּגָדִים אַבֵּית הַבְּלִיעָה: The unslaughtered carcass of a kosher bird imparts ritual impurity by Torah law. How so? It does not impart impurity by means of contact, nor by being carried, nor by being placed in one's mouth. Rather, it imparts impurity only when it is in the throat. One who swallows an olive-bulk of an unslaughtered carcass of a kosher bird and comes into contact with vessels while it is in his throat renders those vessels impure. He does not render people or earthenware vessels impure. After swallowing the meat he no longer imparts impurity (Rambam *Sefer Tahara, Hilkhot She'ar Avot HaTumot* 3:1).

וּפֶדֶר קַמָּא דִּכְתַב רַחֲמָנָא לָמָּה לִי? מִיבְּעֵי לֵיהּ לִכְדִתַנְיָא: כֵּיצַד הוּא עוֹשֶׂה? חוֹפֶה אֶת הַפֶּדֶר עַל בֵּית הַשְּׁחִיטָה וּמַעֲלֵהוּ, וְזֶהוּ דֶּרֶךְ כָּבוֹד שֶׁל מַעְלָה.

The Gemara asks: **And why do I need the first** mention of **fat that the Merciful One writes:** "The pieces, the head, and the fat" (Leviticus 1:8)? Wasn't the derivation from that verse restricted to the head? The Gemara answers that it is **necessary for that which is taught** in a *baraita*: **How does** the priest who elevates the sacrificial portions of the animal to the altar **perform** that task? **He uses the fat to cover the place of slaughter,**[H] i.e., to conceal the bloody neck, **and elevates** the head to the top of the altar, **and that is a deferential manner** toward **the Most High.**

וְהַאי תַּנָּא מַיְיתֵי לַהּ מֵהָכָא, דְּתַנְיָא: ״זֹאת תּוֹרַת הַבְּהֵמָה וְהָעוֹף״ – וְכִי בְּאֵיזוֹ תּוֹרָה שָׁוְותָה בְּהֵמָה לָעוֹף וְעוֹף לִבְהֵמָה? בְּהֵמָה מְטַמְּאָה בְּמַגָּע וּבְמַשָּׂא, עוֹף אֵינוֹ מְטַמֵּא בְּמַגָּע וּבְמַשָּׂא; עוֹף מְטַמֵּא בְּגָדִים אַבֵּית הַבְּלִיעָה, בְּהֵמָה אֵינָהּ מְטַמְּאָה בְּגָדִים אַבֵּית הַבְּלִיעָה!

And this *tanna* **cites** proof that slaughter is from the neck **from here: As it is taught** in a *baraita* that the Torah writes with regard to the impurity of carcasses: **"This is the law of the animal, and of the bird"** (Leviticus 11:46), indicating that the two are somehow equated. **But with regard to what law is an animal equal to a bird and a bird to an animal?** The *halakhot* of ritual impurity governing animals and birds are not comparable; **an animal imparts impurity by contact and by carrying,**[H] whereas **a bird does not impart impurity by contact or by carrying.** Furthermore, **a bird renders** the **garments** of one who swallows it **ritually impure** when it is **in the throat;**[H] **an animal does not render** one's **garments impure** when it is **in the throat.**

בְּאֵיזוֹ תּוֹרָה שָׁוְותָה בְּהֵמָה לָעוֹף וְעוֹף לִבְהֵמָה? לוֹמַר לָךְ: מָה בְּהֵמָה בִּשְׁחִיטָה – אַף עוֹף בִּשְׁחִיטָה. אִי מָה לְהַלָּן בְּרוֹב שְׁנַיִם – אַף כָּאן בְּרוֹב שְׁנַיִם? תַּלְמוּד לוֹמַר: ״זֹאת״.

The *baraita* continues: **With regard to what law is an animal equal to a bird and a bird to an animal?** The verse comes **to say to you: Just as an animal** avoids the impurity of being an unslaughtered carcass **through slaughter, so too, a bird** avoids the impurity of being an unslaughtered carcass **through slaughter.** The Gemara objects: **If** so, say, based on the same juxtaposition: **Just as there,** in the case of an animal, it avoids the impurity **through** the cutting of **the majority of two** *simanim*, i.e., the windpipe and the gullet, **so too here,** in the case of a bird, it avoids the impurity **through** the cutting of **the majority of two** *simanim*. The Gemara explains that **the verse states:** "**This** is the law," to restrict the scope of the juxtaposition in the sense that not all of the *halakhot* of birds and animals are equal.

רַבִּי אֱלִיעֶזֶר אוֹמֵר: בְּאֵיזוֹ תּוֹרָה שָׁוְותָה בְּהֵמָה לָעוֹף וְעוֹף לִבְהֵמָה? לוֹמַר לָךְ: מָה עוֹף הֶכְשֵׁרוֹ מִן הַצַּוָּאר – אַף בְּהֵמָה הֶכְשֵׁרָהּ מִן הַצַּוָּאר.

The *baraita* continues. **Rabbi Eliezer says: With regard to what law is an animal equal to a bird and a bird to an animal?** The verse comes **to say to you: Just as** in the case of **a bird, its fitness** for sacrifice and for consumption is accomplished through pinching and slaughter **from the neck,** as the Torah states with regard to bird offerings that one pinches off its head from the neck, **so too,** in the case of **an animal, its fitness** for sacrifice and for consumption is accomplished through slaughter **from the neck.**

אִי מָה לְהַלָּן מִמּוּל עוֹרֶף, אַף כָּאן מִמּוּל עוֹרֶף? תַּלְמוּד לוֹמַר: ״וּמָלַק אֶת רֹאשׁוֹ מִמּוּל עָרְפּוֹ וְלֹא יַבְדִּיל״ – רֹאשׁוֹ שֶׁל זֶה מִמּוּל עוֹרֶף, וְאֵין רֹאשׁוֹ שֶׁל אַחֵר מִמּוּל עוֹרֶף.

The Gemara objects: **If** so, say, based on the same juxtaposition: **Just as there,** in the case of a bird, the pinching is performed **adjacent to** the **nape** of the neck, **so too here,** with regard to an animal, the slaughter is performed **adjacent to** the **nape** of the neck and not from the throat. The Gemara explains that therefore, **the verse states** with regard to a bird: **"And pinch off its head adjacent to its nape, but shall not divide it asunder"** (Leviticus 5:8), from which it is derived: **Its head,** i.e., the bird's head, is pinched **adjacent** to the **nape, but the head of another,** the animal, **is not cut adjacent** to the **nape.**

וְרַבִּי אֱלִיעֶזֶר, הַאי ״זֹאת״ מַאי עָבֵיד לֵיהּ? אִי לָאו ״זֹאת״, הֲוָה אָמֵינָא: מָה עוֹף בְּסִימָן אֶחָד – אַף בְּהֵמָה בְּסִימָן אֶחָד, כְּתַב רַחֲמָנָא: ״זֹאת״.

The Gemara asks: **And** according to **Rabbi Eliezer, what does he do with this** term: "**This** is the law," from which the first *tanna* restricted the scope of the juxtaposition between animals and birds? The Gemara answers: **If not** for the derivation from the term "**This** is the law," **I would say: Just as** the fitness of **a bird** is accomplished **by** cutting **one of the** ***simanim*** **that must be severed in ritual slaughter,** i.e., either the windpipe or the gullet, **so too,** the fitness of **an animal** is accomplished **by** cutting **one** ***siman***. Therefore, **the Merciful One writes:** "**This** is the law," to restrict the juxtaposition.

תָּנֵי בַּר קַפָּרָא: ״זֹאת תּוֹרַת הַבְּהֵמָה וְהָעוֹף״ – הֵטִיל הַכָּתוּב לָעוֹף בֵּין בְּהֵמָה לְדָגִים; לְחַיְּיבוֹ בִּשְׁנֵי סִימָנִין אִי אֶפְשָׁר – שֶׁכְּבָר הוּקַּשׁ לְדָגִים, לְפוֹטְרוֹ בְּלֹא כְלוּם אִי אֶפְשָׁר – שֶׁכְּבָר הוּקַּשׁ לִבְהֵמָה, הָא כֵּיצַד הֶכְשֵׁרוֹ? בְּסִימָן אֶחָד.

§ The Gemara proceeds to discuss the source for the slaughter of non-sacred birds. **Bar Kappara teaches** that the verse states: **"This is the law of the animal, and of the bird,** and of every living creature that moves in the waters, and of every creature that swarms upon the earth" (Leviticus 11:46). **The verse situated the bird between the animal and the fish. To require** the cutting of the **two *simanim*** that must be severed in ritual slaughter, i.e., the windpipe and the gullet, for the slaughter of a bird, **is impossible, as it was already juxtaposed to fish,** which do not require slaughter at all. **To exempt it with nothing,** i.e., to exempt the bird from slaughter altogether, **is impossible, as it was already juxtaposed to** the **animal. How,** then, **is fitness** of a bird for consumption accomplished? It is rendered fit **with** the cutting **of one *siman*.**

דָּגִים דְּלָאו בְּנֵי שְׁחִיטָה נִינְהוּ מְנָלַן? אִילֵימָא מִשּׁוּם דִּכְתִיב: ״הֲצֹאן וּבָקָר יִשָּׁחֵט לָהֶם אִם אֶת כָּל דְּגֵי הַיָּם יֵאָסֵף לָהֶם״ – בַּאֲסִיפָה בְּעָלְמָא סַגִּי לְהוּ.

The Gemara asks: **From where do we derive that fish are not subject to slaughter? If we say** that it is **because it is written: "If flocks and herds be slaughtered for them…or if all the fish of the sea be gathered together for them,** will they suffice them" (Numbers 11:22), which indicates that **mere gathering suffices for them,**[HN] that is not a proof.

אֶלָּא מֵעַתָּה, גַּבֵּי שְׂלָיו דִּכְתִיב: ״וַיַּאַסְפוּ אֶת הַשְּׂלָיו״, הָכִי נָמֵי דְּלָאו בִּשְׁחִיטָה? וְהָא אָמְרַתְּ: לְפוֹטְרוֹ בְּלֹא כְלוּם אִי אֶפְשָׁר, שֶׁכְּבָר הוּקַּשׁ לִבְהֵמָה! הָתָם לָא כְּתִיבָא אֲסִיפָה בִּמְקוֹם שְׁחִיטָה דַּאֲחֵרִינֵי, הָכָא כְּתִיבָא אֲסִיפָה בִּמְקוֹם שְׁחִיטָה דַּאֲחֵרִינֵי.

The Gemara clarifies: **But if that is so, with regard to quail** as well, concerning **which it is written:** "And the people rose up… **and gathered the quail"** (Numbers 11:32), **so too,** would one say with regard to birds **that,** like fish, their fitness is **not** accomplished **with slaughter?** The Gemara responds with a question. **But didn't you say: To exempt** birds from slaughter altogether **with nothing is impossible, as it was already juxtaposed to** the **animal?** The Gemara answers: **There, gathering** of quail **is not written in** the **context** of the **slaughter of others;** therefore, gathering is not to be understood as an alternative to slaughtering the birds. **Here, gathering** of fish **is written in** the **context** of the **slaughter of others,** i.e., the flocks and herds, which indicates that gathering is an alternative to slaughter.

דָּרֵשׁ עוֹבֵר גְּלִילָאָה: בְּהֵמָה שֶׁנִּבְרֵאת מִן הַיַּבָּשָׁה – הֶכְשֵׁרָהּ בִּשְׁנֵי סִימָנִים, דָּגִים שֶׁנִּבְרְאוּ מִן הַמַּיִם – הֶכְשֵׁירָן בְּלֹא כְלוּם, עוֹף שֶׁנִּבְרָא מִן הָרְקָק – הֶכְשֵׁרוֹ בְּסִימָן אֶחָד. אָמַר רַב שְׁמוּאֵל קַפּוֹטְקָאָה: תֵּדַע, שֶׁהֲרֵי עוֹפוֹת יֵשׁ לָהֶן קַשְׂקֶשֶׂת בְּרַגְלֵיהֶם כְּדָגִים.

The Gemara relates that **a passerby from the Galilee taught:** Fitness for consumption of **animals, which were created from the dry land,** is accomplished **through** cutting **two *simanim*,** the gullet and the windpipe. **Fitness** for consumption of **fish, which were created from the water,** is accomplished **with nothing,** as no slaughter is required. **Fitness** for consumption of **birds, which were created from mud** [*harekak*],[L] a combination of dry land and water, is accomplished **through** cutting **one *siman*. Rav Shmuel of Cappadocia**[B] **says: Know** that **birds** were created from a combination of dry land and water, **as they have scales on their feet like fish.**

וְעוֹד שְׁאָלוֹ, כָּתוּב אֶחָד אוֹמֵר: ״וַיֹּאמֶר אֱלֹהִים יִשְׁרְצוּ הַמַּיִם שֶׁרֶץ נֶפֶשׁ חַיָּה וְעוֹף יְעוֹפֵף״ – אַלְמָא מִמַּיָּא אִיבְּרוּ, וּכְתִיב: ״וַיִּצֶר ה׳ אֱלֹהִים מִן הָאֲדָמָה כָּל חַיַּת הַשָּׂדֶה וְאֵת כָּל עוֹף הַשָּׁמַיִם״ – אַלְמָא מֵאַרְעָא אִיבְּרוּ!

The Gemara relates an excerpt of an exchange between a Roman government official and Rabban Yoḥanan ben Zakkai. **And furthermore,** the official **asked** Rabban Yoḥanan ben Zakkai: **One verse states: "And God said: Let the waters swarm with swarms of living creeping animals, and birds will fly"** (Genesis 1:20); **apparently** birds **were created from the water. And it is written: "And from the ground the Lord God formed every beast of the field, and every bird of the air** and brought them unto the man to see what he would call them" (Genesis 2:19); **apparently** birds **were created from the land.**

NOTES

Mere gathering suffices for them – בַּאֲסִיפָה בְּעָלְמָא סַגִּי לְהוּ: From the formulation of Rambam and that of Rav Se'adya Gaon it appears that the act of gathering renders permitted consumption of fish and grasshoppers just as the act of slaughter renders permitted the consumption of animals and birds. Nevertheless, Rav Se'adya Gaon writes that it is prohibited to eat fish found dead in the water. This indicates that he takes the parallel a step further and says that just as slaughter renders permitted the consumption of an animal or a bird only if it was alive beforehand, so too, gathering renders permitted the consumption of a fish only if it was alive before it was removed from the water. By contrast, the Rambam rules that it is permitted to eat fish gathered from the water even if they were dead beforehand, and that is the ruling given explicitly in the *Tosefta* (*Terumot* 9:6) as well.

HALAKHA

Mere gathering suffices for them – בַּאֲסִיפָה בְּעָלְמָא סַגִּי לְהוּ: Fish and grasshoppers do not require slaughter. It is permitted to eat them once they are dead, or to sever one of their limbs and eat it. Nevertheless, it is prohibited to eat these creatures while they are alive, due to the prohibition of (Leviticus 11:43): "You shall not make yourselves detestable" (Rambam *Sefer Kedusha, Hilkhot Sheḥita* 1:3; *Shulḥan Arukh, Yoreh De'a* 13:1, and in the comment of Rema).

LANGUAGE

Mud [*rekak*] – רְקָק: This term is employed in the Mishna and other places to mean a small pool of water, or large puddle, created by the collection of rainwater. This is the source of the modern Hebrew colloquial expression: *Degei rakak*, meaning small fish, in the sense of an inconsequential person.

BACKGROUND

Cappadocia – קַפּוֹטְקָאָה: This Sage came from the Cappadocia region in Asia Minor. There was a Jewish community there that dated back to the Second Temple period.

Location of Cappadocia

אָמַר לוֹ: מִן הָרְקָק נִבְרְאוּ. רָאָה תַּלְמִידָיו מִסְתַּכְּלִים זֶה בָּזֶה, אָמַר לָהֶם: קָשֶׁה בְּעֵינֵיכֶם שֶׁדָּחִיתִי אֶת אוֹיְבִי בְּקַשׁ? מִן הַמַּיִם נִבְרְאוּ, וְלָמָּה הֱבִיאָן אֶל הָאָדָם? לִקְרוֹת לָהֶן שֵׁם.

Rabban Yoḥanan ben Zakkai **said to him: They were created from the mud. He saw his students looking at each other,** wondering. **He said to them: Does it trouble you that I dismissed my enemy with a flimsy** pretext? Actually, it is **from water** that birds **were created. And why** does the verse state that they were formed from the ground and that God **brought them to Adam?** In other words, why are they mentioned in the second verse? It is not because they were actually formed from the ground, but only because they were brought to Adam so that **he would call them names.**

וְיֵשׁ אוֹמְרִים: בְּלָשׁוֹן אַחֵר אָמַר לְאוֹתוֹ הֶגְמוֹן, וּבְלָשׁוֹן הָרִאשׁוֹן אָמַר לָהֶן לְתַלְמִידָיו, מִשּׁוּם דִּכְתִיב עַל "וַיִּצֶר".

And some say that Rabban Yoḥanan ben Zakkai spoke **to that officer with a different formulation,** i.e., he said to him that the birds were created from the water. **And he stated the first formulation,** that the birds were created from the mud, **to his students, because it is written: "And** from the ground the Lord God **formed** every beast of the field, and every bird of the air" (Genesis 2:19). According to this explanation, the birds are mentioned there not only because Adam called them names, but also because they too were created from the ground.

אָמַר רַב יְהוּדָה מִשּׁוּם רַבִּי יִצְחָק בֶּן פִּנְחָס: אֵין שְׁחִיטָה לָעוֹף מִן הַתּוֹרָה, שֶׁנֶּאֱמַר: "וְשָׁפַךְ" – בִּשְׁפִיכָה בְּעָלְמָא סַגִּי.

On the matter of slaughtering birds, **Rav Yehuda says in the name of Rabbi Yitzḥak ben Pineḥas: Slaughter of a bird is not** obligatory **by Torah law,**[N] **as it is stated:** "And whatever man there be of the children of Israel…who traps any undomesticated animal or bird that may be eaten, **he shall spill its blood,** and cover it in earth" (Leviticus 17:13). This indicates that **mere spilling** of its blood **is sufficient.**

אִי הָכִי, חַיָּה נַמִי! אִיתְקַשׁ לִפְסוּלֵי הַמּוּקְדָּשִׁין. עוֹף נַמִי אִיתְקַשׁ לִבְהֵמָה, דִּכְתִיב: "זֹאת תּוֹרַת הַבְּהֵמָה וְהָעוֹף"! הָא כְּתִיב: "וְשָׁפַךְ אֶת דָּמוֹ".

The Gemara objects: **If so,** with regard to **an undomesticated animal,** which is mentioned in the same verse, spilling should be sufficient **also.** The Gemara explains: An undomesticated animal **is juxtaposed to disqualified consecrated** animals, for which slaughter is required, as explained later in the Gemara (28a). The Gemara asks: **Birds too are juxtaposed to animals,** and therefore slaughter should be required, **as it is written: "This is the law of the animal, and of the bird"** (Leviticus 11:46). The Gemara answers: **But isn't it written: "He shall spill its blood,"** indicating that slaughter is not required?

וּמַאי חָזֵית דְּשַׁדְיֵיהּ לֵיהּ עַל עוֹף? שַׁדְיֵיהּ אַחַיָּה! מִסְתַּבְּרָא, מִשּׁוּם דִּסְלִיק מִינֵּיהּ.

The Gemara asks: **And** concerning the derivation that slaughter is not required, based on the phrase in the verse "He shall spill," **what did you see that** led you to **cast it upon,** i.e., apply it to, the case of **a bird?** Why not **cast it upon** the case of **an undomesticated animal?** The Gemara answers: **It stands to reason** to cast the derivation upon the case of a bird **due to** the fact **that** the verse **concluded with** the bird, i.e., the bird is mentioned just prior to the directive to spill and cover the blood, as it is written: "Who traps any undomesticated animal or bird that may be eaten, he shall spill its blood."

(סִימָן נִתְנַבֵּל דָּם בִּמְלִיקָה).

The Gemara provides **a mnemonic** for the proofs cited in the Gemara with regard to the slaughter of birds: **Became a carcass, blood, through pinching.**

מֵיתִיבִי: הַשּׁוֹחֵט וְנִתְנַבְּלָה בְּיָדוֹ, הַנּוֹחֵר וְהַמְעַקֵּר – פָּטוּר מִלְּכַסּוֹת; וְאִי אָמְרַתְּ אֵין שְׁחִיטָה לָעוֹף מִן הַתּוֹרָה, נְחִירָתוֹ זוֹ הִיא שְׁחִיטָתוֹ, לִיבָּעֵי כִּסּוּי! מִי סָבְרַתְּ בְּעוֹף? לָא, בְּחַיָּה.

The Gemara **raises an objection** to the statement of Rabbi Yitzḥak ben Pineḥas from a mishna (85a): **One who slaughters** an undomesticated animal **and it became** an unslaughtered **carcass by his hand** because the slaughter was not valid, or **one who stabbed** the animal by slicing the length of the *simanim,* **or one who ripped** the gullet or windpipe of the animal, rendering the slaughter not valid, **is exempt from covering** the blood because his slaughter was ineffective in permitting consumption of the animal, and it is written that the requirement of covering the blood applies only to "any undomesticated animal or bird that may be eaten." **And if you say** that **slaughter of a bird is not** obligatory **by Torah law,** the halakhic status of **its stabbing** is like that of **its slaughter; let** its blood **require covering.** The Gemara answers: **Do you maintain** that this mishna is referring **to a bird? No,** it is referring exclusively **to an undomesticated animal.**

NOTES

Slaughter of a bird is not obligatory by Torah law – אֵין שְׁחִיטָה לָעוֹף מִן הַתּוֹרָה: The Ramban writes that even according to this opinion, one must slaughter a bird by cutting its neck. The meaning of this statement is that those actions that invalidate slaughter, i.e., interrupting, pressing, concealing, diverting, and ripping, do not invalidate the slaughter of a bird (see Meiri). Nevertheless, even the one who holds that slaughter of a bird is not obligatory by Torah law agrees that it is obligatory by rabbinic law. There is no one who holds that a bird does not require slaughter at all.

תָּא שְׁמַע: הַשּׁוֹחֵט וְצָרִיךְ לְדָם – חַיָּיב לְכַסּוֹת, כֵּיצַד הוּא עוֹשֶׂה? אוֹ נוֹחֲרוֹ אוֹ עוֹקְרוֹ;

The Gemara cites another challenge: **Come and hear** that which is taught in a *baraita*: **One who slaughters** an undomesticated animal or a bird **and requires the blood** and not the animal **is obligated to cover** the blood. Rather, **how does he act** if he seeks to make use of the blood rather than cover it? He **either stabs** the animal **or rips** the *simanim*, and then he is exempt from covering the blood.

Perek **II**
Daf **28** Amud **a**

מַאי לָאו בְּעוֹף, דְּקָא בָּעֵי לֵיהּ לְדָמֵיהּ לִינִיכָא? לָא, בְּחַיָּה, דְּקָא בָּעֵי לֵיהּ לְדָמֵיהּ לְלַכָּא.

What, is it not referring **to a bird, as he requires its blood to** remove **a moth**[B] from his garments? If so, apparently birds require slaughter by Torah law, as, if that were not the case, then even if a bird were stabbed, covering of the blood would be required. The Gemara rejects that proof: **No,** the *baraita* is referring **to an undomesticated animal, as he requires its blood to** use as a red **dye** [*lelakka*][L] Therefore, no proof may be cited from this *baraita* that birds require slaughter by Torah law.

תָּא שְׁמַע: מָלַק בְּסַכִּין – מְטַמֵּא בְּגָדִים אַבֵּית הַבְּלִיעָה; וְאִי אָמְרַתְּ אֵין שְׁחִיטָה לְעוֹף מִן הַתּוֹרָה, נְהִי נַמִּי דְּכִי תָּבַר לֵיהּ שִׁדְרָה וּמִפְרֶקֶת הָוְיָא לָהּ טְרֵפָה, תְּהַנֵּי לָהּ סַכִּין לְטַהֲרָהּ מִידֵי נְבֵלָה!

The Gemara cites proof from a mishna (*Zevaḥim* 68a): **Come and hear: If one cut** the nape of the neck of a sacrificial bird **with a knife** instead of pinching it with his fingernail, this bird carcass **renders** the **garments** of one who eats the bird **ritually impure** when the meat is **in his throat.** The Gemara explains the proof: **And if you say** that **slaughter of a bird is not** obligatory **by Torah law,** then **although when** cutting the bird from the nape, **he breaks the spine and the neck bone** with the knife before severing the gullet and windpipe, and **it indeed becomes a *tereifa*** and may not be eaten, cutting the *simanim* with the **knife should be effective to purify it,** i.e., to prevent it **from** assuming the status of **an unslaughtered carcass.**[N] The fact that the garments of one who swallows the meat of the bird become ritually impure indicates that slaughter is the only method effective in permitting the consumption of a bird and for preventing it from assuming the status of an unslaughtered carcass.

הוּא דְּאָמַר כִּי הַאי תַּנָּא. דְּתַנְיָא, רַבִּי אֶלְעָזָר הַקַּפָּר בְּרַבִּי אוֹמֵר: מַה תַּלְמוּד לוֹמַר "אַךְ כַּאֲשֶׁר יֵאָכֵל אֶת הַצְּבִי" וגו׳? וְכִי מָה לָמַדְנוּ מִצְּבִי וְאַיָּל מֵעַתָּה?

The Gemara rejects that proof: Although it is clear from that mishna that slaughter of birds is obligatory by Torah law, Rabbi Yitzḥak ben Pineḥas **states** his opinion **in accordance with** the opinion of **that *tanna*** who holds that it is not obligatory by Torah law, **as it is taught** in a *baraita* that **Rabbi Elazar HaKappar, the distinguished Sage, says: What** is the meaning when **the verse states: "However, as the gazelle** and as the deer **is eaten,** so shall you eat of it" (Deuteronomy 12:22)? **And what now have we derived from the gazelle and the deer** with regard to disqualified consecrated animals?

הֲרֵי זֶה בָּא לְלַמֵּד וְנִמְצָא לָמֵד, מַקִּישׁ צְבִי וְאַיָּל לִפְסוּלֵי הַמּוּקְדָּשִׁין: מַה פְּסוּלֵי הַמּוּקְדָּשִׁין בִּשְׁחִיטָה – אַף צְבִי וְאַיָּל בִּשְׁחִיטָה; וְעוֹף אֵין לוֹ שְׁחִיטָה מִדִּבְרֵי תּוֹרָה אֶלָּא מִדִּבְרֵי סוֹפְרִים.

These two undomesticated animals **come** in the verse **to teach** a *halakha* with regard to disqualified consecrated animals, **and** it is **found** that a *halakha* **is derived** from the case of disqualified consecrated animals in their regard. The Torah **juxtaposes a gazelle and a deer to disqualified consecrated animals** to teach: **Just as disqualified consecrated animals** are rendered fit for consumption **through slaughter, so too, a gazelle and a deer** are rendered fit for consumption only **through slaughter. But** for **a bird, slaughter is not** obligatory **by Torah law; rather,** the obligation is **by rabbinic law.**

BACKGROUND

Moth – יְנִיכָא: Based on the Gemara later (85b), the reference is to a worm or other pest that destroys flax and linen. People would use the blood of a bird to drive the pests away or to kill them. Rashi explains that the reference is to a moth that eats and damages garments.

LANGUAGE

Dye [*lakka*] – לַכָּא: This word apparently derives from the Middle Persian lāk and refers to a red dye in which blood is used either as the coloring agent or to enhance the color. This is also the source of the word lac in the English language.

NOTES

The knife should be effective to purify it from assuming the status of an unslaughtered carcass – תְּהַנֵּי לָהּ סַכִּין לְטַהֲרָהּ מִידֵי נְבֵלָה: A *tereifa* is an animal or bird that was injured or ill and although currently alive, it is destined to die in the near future from that injury or illness. When one cuts the neck of the bird from the nape with a knife, the neck bone is broken and the spinal cord is severed, rendering it a *tereifa*. Ritually slaughtering the *tereifa* before it dies prevents it from assuming the status of an unslaughtered carcass and from becoming impure after its death. This applies to both a non-sacred bird, when it is slaughtered, and to a sacrificial bird, when it is pinched at the nape of the neck (*Zevaḥim* 69a). If there were no obligation to slaughter a bird by Torah law, cutting it from the nape with a knife would suffice to prevent it from assuming the impurity of an unslaughtered carcass.

מַאן תַּנָּא דִּפְלִיג עֲלֵיהּ דְּרַבִּי אֶלְעָזָר הַקַּפָּר? רַבִּי הִיא; דְּתַנְיָא, רַבִּי אוֹמֵר: ״וְזָבַחְתָּ... כַּאֲשֶׁר צִוִּיתִךָ״ – מְלַמֵּד שֶׁנִּצְטַוָּה מֹשֶׁה עַל הַוֶּושֶׁט וְעַל הַקָּנֶה, וְעַל רוֹב אֶחָד בָּעוֹף וְעַל רוֹב שְׁנַיִם בִּבְהֵמָה.

The Gemara asks: **Who is the *tanna* who disagrees with Rabbi Elazar HaKappar** and holds that the slaughter of a bird is obligatory by Torah law? **It is Rabbi** Yehuda HaNasi, **as it is taught** in a *baraita*: **Rabbi** Yehuda HaNasi **says:** The Torah states: **"And you shall slaughter** of your herd and of your flock, which the Lord has given you, **as I have commanded you"** (Deuteronomy 12:21). **This** verse **teaches that Moses was** previously **commanded** about the *halakhot* of slaughter, even though they are not written explicitly in the Torah. He was commanded **about** cutting **the gullet and about** cutting **the windpipe, and about the** requirement to cut the **majority of one** *siman* **for a bird, and the majority of two** *simanim* **for an animal.**

״אֶחָד בָּעוֹף״. אִיתְּמַר, רַב נַחְמָן אָמַר: אוֹ וֶושֶׁט אוֹ קָנֶה, רַב אַדָּא בַּר אַהֲבָה אָמַר: וֶושֶׁט וְלֹא קָנֶה. רַב נַחְמָן אָמַר אוֹ וֶושֶׁט אוֹ קָנֶה – אֶחָד קָתָנֵי, אֶחָד כׇּל דְּהוּ; רַב אַדָּא בַּר אַהֲבָה אָמַר וֶושֶׁט וְלֹא קָנֶה, מַאי אֶחָד – מְיוּחָד.

§ The mishna teaches that in the case of one who cuts **one** *siman* **in a bird,** his slaughter is valid. **It was stated** that there is an amoraic dispute with regard to this matter. **Rav Naḥman said:** One may cut **either the gullet or the windpipe.**[H] **Rav Adda bar Ahava said:** One must cut the **gullet** for the slaughter to be valid, **but** cutting **the windpipe** is **not** sufficient. The Gemara explains the formulation of the mishna according to the opinion of each *amora*. **Rav Naḥman said:** One may cut **either the gullet or the windpipe. One** *siman* **is taught** in the mishna, meaning that the slaughter is valid if he severs **one,** indicating that **either** *siman* is valid. **Rav Adda bar Ahava said:** One must cut the **gullet** for the slaughter to be valid, **but** cutting **the windpipe** is **not** sufficient. **What** is the meaning of: **One,** in the mishna? It means the **special** one,[N] the gullet.

(סִימָן שָׁחַט חֲצָאִין גַּרְגֶּרֶת פְּגִימָה דְּחַטַּאת הָעוֹף).

The Gemara provides **a mnemonic** for the proofs to be cited by the Gemara: **Slaughter, halves, windpipe, deficiency, of a bird sin offering.**

מֵיתִיבִי: שָׁחַט אֶת הַוֶּושֶׁט וְאַחַר כָּךְ נִשְׁמְטָה הַגַּרְגֶּרֶת – כְּשֵׁרָה, נִשְׁמְטָה הַגַּרְגֶּרֶת וְאַחַר כָּךְ שָׁחַט אֶת הַוֶּושֶׁט – פְּסוּלָה. שָׁחַט אֶת הַוֶּושֶׁט וְנִמְצֵאת גַּרְגֶּרֶת שְׁמוּטָה, וְאֵינוֹ יוֹדֵעַ אִם קוֹדֶם שְׁחִיטָה נִשְׁמְטָה אִם לְאַחַר שְׁחִיטָה נִשְׁמְטָה, זֶה הָיָה מַעֲשֶׂה, וְאָמְרוּ: כׇּל סָפֵק בִּשְׁחִיטָה – פְּסוּלָה; וְאִילּוּ שְׁחִיטָה בְּגַרְגֶּרֶת לָא קָתָנֵי!

The Gemara **raises an objection** to the opinion of Rav Naḥman from a *baraita*: If **one cut the** bird's **gullet and thereafter the windpipe was displaced,**[H] the slaughter **is valid. If the windpipe was displaced and thereafter he cut the gullet,** the slaughter **is not valid.** With regard to a case where **one cut the gullet and the windpipe was found displaced and he does not know if it was displaced prior to the slaughter or if it was displaced after the slaughter, that was an incident** that transpired, **and the Sages said:** In **any** case of **uncertainty with regard to slaughter,** the slaughter **is not valid.** The *baraita* mentions only the case of cutting the gullet, **while cutting the windpipe is not taught.** The *baraita* supports the opinion of Rav Adda bar Ahava and is contrary to the opinion of Rav Naḥman.

מִשּׁוּם דְּגַרְגֶּרֶת עֲבִידָא לְאִישְׁתַּמּוֹטֵי.

The Gemara rejects that proof: The *baraita* mentions only the cutting of the gullet and displacement of the windpipe not because slaughter may be performed only by cutting the gullet. Rather, those scenarios were mentioned **because the windpipe,** unlike the gullet, **is likely to be displaced.**

NOTES

One, the special one – אֶחָד מְיוּחָד: This refers to the gullet, upon which the life of the bird is dependent. Even a small perforation in the gullet renders an animal a *tereifa*. By contrast, a majority of the windpipe must be deficient in order for a bird to be rendered a *tereifa* (Rashi).

HALAKHA

Either the gullet or the windpipe – אוֹ וֶושֶׁט אוֹ קָנֶה: Although ideally one must cut both the windpipe and the gullet when slaughtering a bird or an animal, if one severed the majority of one *siman* in a bird, his slaughter is valid, in accordance with the opinion of Rav Naḥman (Rambam *Sefer Kedusha, Hilkhot Sheḥita* 1:9; *Shulḥan Arukh, Yoreh De'a* 21:1).

If one cut the bird's gullet and thereafter the windpipe was displaced – שָׁחַט אֶת הַוֶּושֶׁט וְאַחַר כָּךְ נִשְׁמְטָה הַגַּרְגֶּרֶת: If one cut one *siman*, or a majority thereof, in a bird, and then the other *siman* was displaced, the slaughter is valid. If one *siman* was displaced and then he cut the other, the slaughter is not valid. If he cut one of the *simanim* and found the second displaced but is uncertain whether it was displaced before or after he cut the first *siman*, the slaughter is not valid, in accordance with the *baraita* and the opinion of Rav Naḥman. The custom is to invalidate any slaughter in which one of the *simanim* is displaced (Rambam *Sefer Kedusha, Hilkhot Sheḥita* 3:14–15; *Shulḥan Arukh, Yoreh De'a* 24:15, 17 and in the comment of Rema, and see *Beur HaGra* there).

תָּא שְׁמַע: שָׁחַט שְׁנֵי חֲצָאֵי סִימָנִין בְּעוֹף – פְּסוּלָה, וְאֵין צָרִיךְ לוֹמַר בִּבְהֵמָה. רַבִּי יְהוּדָה אוֹמֵר: בְּעוֹף עַד שֶׁיִּשְׁחוֹט אֶת הַוֶּושֶׁט וְאֶת הַוְּרִידִין! מִשּׁוּם דְּוֶשֶׁט סָמוּךְ לַוְּרִידִין.

The Gemara suggests: **Come and hear** a proof contrary to the opinion of Rav Naḥman from a *baraita*. If one **cut two halves,** one half of each **of the *simanim*, in a bird,** the slaughter is **not valid,**[H] as the requirement is that a majority of one *siman* is cut; **and needless to say** the slaughter performed in that manner is not valid **in** the case of **an animal,** where the requirement is that a majority of both *simanim* are cut. **Rabbi Yehuda says: In a bird** the slaughter is not valid **until he cuts the gullet and the veins;** the veins must be cut so that the blood will drain from the body. The fact that Rabbi Yehuda mentions cutting only the gullet and not the windpipe indicates that slaughter is valid only when the gullet is cut. The Gemara rejects that proof: **Rabbi Yehuda mentions only the gullet because the gullet is adjacent to the veins.**

תָּא שְׁמַע: שָׁחַט חֲצִי גַרְגֶּרֶת, וְשָׁהָה כְּדֵי שְׁחִיטָה אַחֶרֶת, וְגָמַר שְׁחִיטָתוֹ – כְּשֵׁרָה; מַאי לָאו בְּעוֹף, וּמַאי גְּמָרָהּ – גְּמָרָהּ לַגַּרְגֶּרֶת? לָא, בִּבְהֵמָה, וּמַאי גְּמָרָהּ – גְּמָרָהּ לִשְׁחִיטָה כּוּלָּהּ.

The Gemara suggests: **Come and hear** proof in support of the opinion of Rav Naḥman from a *baraita*. If one **cut half** the **windpipe and interrupted** the slaughter for an interval **equivalent** to the duration of the **slaughter** of **another** animal, **and** then **completed his slaughter,**[H] the slaughter is **valid**[N] and it is not invalidated due to an interrupted slaughter. **What, is** the *baraita* **not** referring to the slaughter **of a bird? And what** does the term: **Completed it,** mean in the *baraita*? Doesn't it mean that he **completed** cutting **the windpipe,** which he had started cutting, indicating that with the cutting of the windpipe the slaughter is valid, in accordance with the opinion of Rav Naḥman as opposed to the opinion of Rav Adda bar Ahava? The Gemara rejects that proof: **No,** the *baraita* is referring to slaughter **of an animal,** for which both *simanim* must be cut. **And what** does the term: **Completed it,** mean in the *baraita*? It means that he **completed the entire slaughter.**

תָּא שְׁמַע: הֲרֵי שֶׁהָיָה חֲצִי קָנֶה פָּגוּם, וְהוֹסִיף עָלָיו כָּל שֶׁהוּא וּגְמָרוֹ – שְׁחִיטָתוֹ כְּשֵׁרָה; מַאי לָאו בְּעוֹף, וּמַאי גְּמָרוֹ – גְּמָרוֹ לְקָנֶה? לָא, בִּבְהֵמָה, וּמַאי גְּמָרוֹ – גְּמָרוֹ לַוֶּושֶׁט.

The Gemara suggests: **Come** and **hear** proof in support of the opinion of Rav Naḥman from a *baraita*: In a case where **half of the windpipe was deficient,** i.e., somewhat cut, prior to the slaughter **and** the slaughterer **added to** that deficiency an incision of **any size,**[H] **and completed it, his slaughter is valid. What, is it not** referring to the slaughter of **a bird? And what** does the term: **Completed it,** mean in the *baraita*? Doesn't it mean that he **completed** cutting the majority of the **windpipe,** indicating that cutting the windpipe renders the bird fit for consumption? The Gemara rejects that proof: **No,** the *baraita* is referring to slaughter **of an animal,** for which both *simanim* must be cut. **And what** does the term: **Completed it,** mean in the *baraita*? It means that he **completed** the entire slaughter by cutting **the gullet.**

תָּא שְׁמַע: כֵּיצַד מוֹלְקִין חַטַּאת הָעוֹף? חוֹתֵךְ שִׁדְרָה וּמַפְרֶקֶת בְּלֹא רוֹב בָּשָׂר עַד שֶׁמַּגִּיעַ לַוֶּושֶׁט אוֹ לַקָּנֶה; הִגִּיעַ לַוֶּושֶׁט אוֹ לַקָּנֶה – חוֹתֵךְ סִימָן אֶחָד וְרוֹב בָּשָׂר עִמּוֹ, וּבְעוֹלָה – שְׁנַיִם אוֹ רוֹב שְׁנַיִם; תְּיוּבְתָּא דְּרַב אַדָּא בַּר אַהֲבָה! תְּיוּבְתָּא.

The Gemara suggests: **Come and hear** proof in support of the opinion of Rav Naḥman from a *baraita*: **How does one pinch** the nape of the neck of **a bird sin offering?** Using his thumbnail, the priest **cuts the spine and the neck bone, without** cutting through **the majority of** the surrounding **flesh until he reaches** either **the gullet or the windpipe. Once he reaches the gullet or the windpipe, he cuts one *siman*** with his nail **and a majority of** the surrounding **flesh with it. And in** the case of a bird **burnt offering,** he cuts the **two** *simanim* **or the majority of the two** *simanim*. The Gemara concludes: **The refutation of** the opinion of **Rav Adda bar Ahava** from this *baraita* is indeed **a conclusive refutation.**

NOTES

And interrupted the slaughter for an interval equivalent to the slaughter of another and completed his slaughter, it is valid – וְשָׁהָה כְּדֵי שְׁחִיטָה אַחֶרֶת וְגָמַר שְׁחִיטָתוֹ כְּשֵׁרָה: This interruption does not invalidate the slaughter, because just as an animal is not rendered a *tereifa* until more than half the windpipe is deficient, so too, if only half of the windpipe is cut, the slaughter did not actually begin; it begins only when one cuts more than half. By the same token, if half the windpipe was deficient and one continued that deficiency by adding an incision of any size, the slaughter is valid, as stated in the *baraita* cited later in the Gemara.

HALAKHA

If one cut two halves of the *simanim* in a bird the slaughter is not valid – שָׁחַט שְׁנֵי חֲצָאֵי סִימָנִין בְּעוֹף פְּסוּלָה: If one cuts precisely half of each of the *simanim* in a bird, the slaughter is not valid, in accordance with the *baraita* (Rambam *Sefer Kedusha, Hilkhot Sheḥita* 1:11; *Shulḥan Arukh, Yoreh De'a* 21:2).

If one cut half the windpipe and interrupted the slaughter for an interval equivalent to the slaughter of another and completed his slaughter – שָׁחַט חֲצִי גַרְגֶּרֶת וְשָׁהָה כְּדֵי שְׁחִיטָה אַחֶרֶת וְגָמַר שְׁחִיטָתוֹ: According to the Rambam and the *Shulḥan Arukh*, if one cut half or less than half of the windpipe and then interrupted the slaughter for an extended period, he may complete the slaughter, and the slaughter is valid. This applies to the slaughter of both birds and animals. The Rema writes that the custom is to invalidate the slaughter in that case, due to the concern that perhaps the gullet was perforated before the interruption. This is the custom everywhere (Rambam *Sefer Kedusha, Hilkhot Sheḥita* 3:5–7; *Shulḥan Arukh, Yoreh De'a* 23:5–6 and *Kaf HaḤayyim* on 23:13).

Half of the windpipe was deficient and he added to that an incision of any size – חֲצִי קָנֶה פָּגוּם וְהוֹסִיף עָלָיו כָּל שֶׁהוּא: If half of the windpipe was deficient, and one adds an incision of any size so that a majority of the windpipe is deficient, and he is certain that the gullet had not been not perforated, the slaughter is valid (Rambam *Sefer Kedusha, Hilkhot Sheḥita* 1:11; *Shulḥan Arukh, Yoreh De'a* 21:5).

מַאי הָוֵי עֲלַהּ? מַאי הָוֵי עֲלַהּ?! כִּדְקָאָמְרַתְּ! דִּלְמָא שָׁאנֵי הָתָם, דְּאִיכָּא שִׁדְרָה וּמַפְרֶקֶת.

The Gemara asks: **What** halakhic conclusion **was reached about the matter?** The Gemara asks in response: **What** halakhic conclusion **was reached about the matter?** It is **as you said,** that the opinion of Rav Adda bar Ahava was conclusively refuted. The Gemara says that there is not absolute proof from the *baraita*, as **perhaps it is different there** with regard to pinching, **as** in that case **there is** the **spine and** the **neck bone** that are cut initially, and therefore cutting the windpipe is sufficient. But in the case of slaughter of a non-sacred bird, perhaps only if one cuts the gullet the slaughter is valid.

מַאי? תָּא שְׁמַע: דְּהַהוּא בַּר אַוְּוזָא דַּהֲוָה בֵּי רָבָא, אֲתָא כִּי מְמַסְמַס קוֹעֵיהּ דְּמָא, אֲמַר רָבָא: הֵיכִי נַעֲבֵיד?

The Gemara asks: **What** then is the *halakha* in the case of slaughter? The Gemara answers: **Come** and **hear** proof from the following incident, **that** there was **a certain duck**[B] **that was in the house of Rava, which came** for slaughter **with its neck filthy with blood** and they did not know whether the blood was the result of its windpipe having been severed or its gullet having been perforated, in which cases the duck is a *tereifa*. **Rava said: What should we do** with regard to this duck?

BACKGROUND

Duck – בַּר אַוְּוזָא: Literally meaning son of a goose, the reference is to ducks, the smaller members of the family of waterfowl Anatidae, which includes ducks, geese, and swans. Ducks eat a variety of foods, including grass, grain, aquatic plants, fish, insects, small amphibians, worms, and small mollusks. They can be found in both freshwater and seawater.

Perek **II**
Daf **28** Amud **b**

נִשְׁחֲטֵיהּ וַהֲדַר נִבְדְּקֵיהּ – דִּלְמָא בִּמְקוֹם נֶקֶב קָשָׁחֵיט! נִבְדְּקֵיהּ וַהֲדַר נִשְׁחֲטֵיהּ – הָאָמַר רַבָּה: וֶושֶׁט אֵין לוֹ בְּדִיקָה מִבַּחוּץ אֶלָּא מִבִּפְנִים!

If one suggests: **Let us slaughter it and then we will examine it** to determine whether its windpipe was severed or its gullet was perforated, that is difficult, because **perhaps** the slaughterer **will slaughter** the duck precisely **in the place of the perforation** and it will be impossible to determine whether the gullet was perforated before the slaughter. If one suggests: **Let us** slice open the hide and **examine** the *simanim* **and then we will slaughter it,** that is difficult, because **didn't Rabba say: The gullet has no** possible **examination from without,** as its outer side is red, and a small perforation would be indiscernible, **but** only **from within,**[H] as its inner side is white, and blood at the site of the perforation would be discerned?

אֲמַר לֵיהּ רַב יוֹסֵף בְּרֵיהּ: נִבְדְּקֵיהּ לְקָנֶה, וְנִשְׁחֲטֵיהּ לְקָנֶה וְלִכְשְׁרֵיהּ, וַהֲדַר לִפְכּוּהּ לְוֶושֶׁט וְלִבְדְּקֵיהּ. אֲמַר רָבָא: חַכִּים יוֹסֵף בְּרִי בִּטְרֵפוֹת כְּרַבִּי יוֹחָנָן; אַלְמָא "אֶחָד" דְּקָאָמַר – אוֹ הַאי אוֹ הַאי.

Rav Yosef, son of Rava, **said to him: Let us examine the windpipe,**[H] as it is possible to discern from without whether the majority of the windpipe was severed, **and** then **cut the** duck's **windpipe and** thereby **render it permitted,** as cutting either of the two *simanim* suffices in a bird. **And then let us turn the gullet inside out and examine its** inner side to determine whether it was perforated and the duck is a *tereifa*. **Rava said: My son Yosef is as wise in** the *halakhot* of *tereifot* **as Rabbi Yoḥanan.**[N] **Apparently, one** *siman*, **which is taught** in the mishna as being sufficient in the slaughter of a bird, means **either this** *siman*, the gullet, **or that** *siman*, the windpipe.

"רַבִּי יְהוּדָה אוֹמֵר: עַד שֶׁיִּשְׁחוֹט". אָמַר רַב חִסְדָּא: לֹא אָמַר רַבִּי יְהוּדָה אֶלָּא בְּעוֹף, הוֹאִיל וְצוֹלֵהוּ כּוּלּוֹ כְּאֶחָד, אֲבָל בְּהֵמָה, כֵּיוָן דִּמְנַתְּחָהּ אֵבֶר אֵבֶר – לָא צְרִיךְ.

§ The mishna states: **Rabbi Yehuda says:** The slaughter is not valid **until he cuts** the veins in the neck. **Rav Ḥisda said: Rav Yehuda said** that one must cut the veins **only** in the slaughter of **a bird, as** one typically **roasts it in its entirety as one** whole entity; therefore, one must cut the veins to ensure that the blood drains. **But** with regard to the slaughter of **an animal, since it is** typically **quartered** into **limbs,** resulting in the blood draining more readily, one **need not** cut the veins.

HALAKHA

The gullet has no possible examination from without but only from within – וֶושֶׁט אֵין לוֹ בְּדִיקָה מִבַּחוּץ אֶלָּא מִבִּפְנִים: There is no way to conduct an effective external examination of the gullet. This is in accordance with the statement of Rabba and the explanation of Rashi (Rambam *Sefer Kedusha, Hilkhot Sheḥita* 3:22; *Shulḥan Arukh, Yoreh De'a* 33:6–7).

Let us examine the windpipe – נִבְדְּקֵיהּ לְקָנֶה: If a bird's neck is bloodied, one need not be concerned that perhaps the bird was mauled. Therefore, he is not required to inspect the bird's entire body. Yet there is concern that perhaps one of the *simanim* in the neck was perforated. Therefore, one must examine the bloodied area. In a bird, whose slaughter requires the cutting of one *siman*, one performs an external examination of the windpipe. After determining that the windpipe is intact, one cuts it, thereby slaughtering the bird. At that point, he performs an internal examination of the gullet, in accordance with the statement of Rav Yosef, son of Rava. By contrast, there is no way to perform an effective examination of an animal, whose slaughter requires the cutting of both *simanim*. The Rema writes that the custom is to consider the slaughter of any bird or animal whose neck is covered in blood to be unfit, due to the concern that perhaps its gullet was perforated, as today people are not expert in its examination (Rambam *Sefer Kedusha, Hilkhot Sheḥita* 3:8; *Shulḥan Arukh, Yoreh De'a* 33:6, 8, 23:6).

NOTES

My son Yosef is as wise in *tereifot* as Rabbi Yoḥanan – חַכִּים יוֹסֵף בְּרִי בִּטְרֵפוֹת כְּרַבִּי יוֹחָנָן: Later in the Gemara (95b) Rabbi Yoḥanan is described as an expert in the *halakhot* of *tereifot*, as indicated by the fact that Shmuel sent Rabbi Yoḥanan thirteen camels laden with written questions relating to uncertainties in the area of *tereifot*. Others explain that Rava was referring to Rabbi Yoḥanan's great wisdom in a general sense (Rashi).

לְמֵימְרָא, דְּטַעְמָא דְּרַבִּי יְהוּדָה מִשּׁוּם דָּם הוּא? וְהָתְנַן, רַבִּי יְהוּדָה אוֹמֵר: עַד שֶׁיִּשְׁחוֹט אֶת הַוְּורִידִין!

The Gemara asks: **Is that to say that the reason that Rabbi Yehuda** requires cutting of the veins **is due to** the need to drain the **blood? But didn't we learn** in the mishna: **Rabbi Yehuda says:** The slaughter is not valid **until he cuts** [*sheyishḥot*] **the veins,** indicating that the cutting of the veins is a component of the slaughter [*sheḥita*]?

אֵימָא: עַד שֶׁיִּנְקֹב אֶת הַוְּורִידִין, וּמַאי "עַד שֶׁיִּשְׁחוֹט" – עַד שֶׁיִּנְקוֹב בִּשְׁעַת שְׁחִיטָה.

The Gemara answers: **Say** that Rabbi Yehuda's statement is **until he punctures the veins.**[H] **And what** is the meaning of: **Until he cuts? Until he punctures** the veins **at the moment of slaughter,** when the blood flows.

תָּא שְׁמַע: וְורִידִין בִּשְׁחִיטָה, דִּבְרֵי רַבִּי יְהוּדָה! אֵימָא: וְורִידִין צָרִיךְ לְנַקְּבָן בִּשְׁעַת שְׁחִיטָה, דִּבְרֵי רַבִּי יְהוּדָה.

The Gemara suggests: **Come and hear** proof rejecting this interpretation of Rabbi Yehuda's statement from a *baraita*: **The veins through slaughter,** this is **the statement of Rabbi Yehuda,** which indicates that the cutting of the veins is a component of slaughter. The Gemara rejects that proof: **Say** that the correct reading of the *baraita* is: **He must puncture the veins at the moment of slaughter;** this is **the statement of Rabbi Yehuda.**

תָּא שְׁמַע, אָמְרוּ לוֹ לְרַבִּי יְהוּדָה: מֵאַחַר שֶׁלֹּא הוּזְכְּרוּ וְורִידִין אֶלָּא לְהוֹצִיא מֵהֶן דָּם, מָה לִי בִּשְׁחִיטָה מָה לִי שֶׁלֹּא בִּשְׁחִיטָה? מִכְּלָל דְּרַבִּי יְהוּדָה סָבַר: בִּשְׁחִיטָה!

The Gemara suggests: **Come** and **hear** another proof from a *baraita*: The Rabbis **said to Rabbi Yehuda: Since veins were mentioned only to drain blood from them, what** difference is there **to me** whether one cuts them as a component **of slaughter,** and **what** difference is there **to me** whether one cuts them **not** as a component **of slaughter?** One can learn **by inference** from this *baraita* that **Rabbi Yehuda holds** that one cuts the veins as a component **of slaughter.**

הָכִי קָאָמְרִי לֵיהּ: מָה לִי לְנַקְּבָן בִּשְׁעַת שְׁחִיטָה, מָה לִי לְנַקְּבָן שֶׁלֹּא בִּשְׁעַת שְׁחִיטָה. וְהוּא סָבַר: בִּשְׁעַת שְׁחִיטָה אָתֵי דָּם, דְּחַיִּים; שֶׁלֹּא בִּשְׁעַת שְׁחִיטָה לָא אָתֵי דָּם, דְּקָרִיר.

The Gemara rejects this proof. **This is** what the Rabbis **are saying** to Rabbi Yehuda: **What** difference is there **to me** whether one **punctures them at the moment of slaughter,** and **what** difference is there **to me** whether one **punctures them not at the moment of slaughter?** One can puncture the veins after the slaughter. **And** Rabbi Yehuda **holds** that **at the time of slaughter the blood emerges** from the body quickly **because** the blood **is warm;** when it is **not at the time of slaughter, the blood does not emerge** from the body quickly **because it is cool.**

בָּעֵי רַבִּי יִרְמְיָה: וְורִידִין לְרַבִּי יְהוּדָה, שָׁהָה בָּהֶן דָּרַס בָּהֶן, מַהוּ?

Rabbi Yirmeya raises a dilemma: In cutting the **veins according to Rabbi Yehuda,** if one **interrupted** the act in the midst of cutting **them,** or if **he pressed** the knife and cut **them** instead of drawing the knife back and forth, **what is** the *halakha*? Do these actions, which invalidate slaughter when cutting the *simanim*, also invalidate slaughter when performed in the cutting of the veins?

אֲמַר לֵיהּ הַהוּא סָבָא: הָכִי אָמַר רַבִּי אֶלְעָזָר, וְאָמְרִי לַהּ: אֲמַר לֵיהּ הַהוּא סָבָא לְרַבִּי אֶלְעָזָר, הָכִי אָמַר רַבִּי יוֹחָנָן: מְנַקְּבָן בְּקוֹץ וְהֵן כְּשֵׁרִין.

A certain elder said to him: This is what **Rabbi Elazar said;** and **some say** that **a certain elder said to Rabbi Elazar** that **this is what Rabbi Yoḥanan said: He punctures** the veins **with a thorn and their** cutting **is valid.** Cutting the veins is not a component of the slaughter.

תַּנְיָא כְּוָותֵיהּ דְּרַב חִסְדָּא: שָׁחַט שְׁנֵי חֲצָאֵי סִימָנִין בְּעוֹף – פָּסוּל, וְאֵין צָרִיךְ לוֹמַר בִּבְהֵמָה. רַבִּי יְהוּדָה אוֹמֵר: בְּעוֹף עַד שֶׁיִּשְׁחוֹט אֶת הַוֶּושֶׁט וְאֶת הַוְּורִידִין.

The Gemara notes that it **is taught** in a *baraita* **in accordance with** the opinion **of Rav Ḥisda** that Rabbi Yehuda requires cutting of the veins only in the slaughter of birds, and not in the slaughter of animals. If one **cut two halves,** one half of each **of the** ***simanim*****, in a bird,**[H] the slaughter is **not valid, and needless to say** the slaughter performed in that manner is not valid **in the case of an animal. Rabbi Yehuda says: In a bird** the slaughter is not valid **until he cuts the gullet and the veins.**

HALAKHA

Until he punctures the veins – עַד שֶׁיִּנְקֹב אֶת הַוְּורִידִין: In order to drain the blood, one must cut the blood vessels in the neck during the slaughter, or perforate them immediately after the slaughter while the bird is convulsing and the blood is still warm, so that the blood does not cool inside the bird. The blood that remains in the bird after it cools spreads to the flesh surrounding the blood vessels and does not emerge when one salts the meat; it emerges only when roasting occurs. If the bird is whole and the blood vessels were not perforated during the slaughter or immediately thereafter, it is prohibited to eat it if it was merely roasted. In that case, it may be eaten only after dissection and roasting, in accordance with the opinion of Rabbi Yehuda, as the Gemara discusses his opinion. Furthermore, Rabbi Yehoshua ben Levi advises his sons (*Berakhot* 8b): Be careful with the jugular veins, in accordance with the opinion of Rabbi Yehuda (gra). The Rema writes that if the head was removed, the bird is no longer considered whole, and the problem of the blood remaining in the veins is resolved. That is the reason for the custom to remove the head from a whole chicken (*Shulḥan Arukh, Yoreh De'a* 22:1).

If one cut two halves of the *simanim* in a bird – שָׁחַט שְׁנֵי חֲצָאֵי סִימָנִין בְּעוֹף: If one severed precisely half of each of the two *simanim* in an animal or a bird, the slaughter is not valid, in accordance with the mishna and the *baraita* cited in the Gemara on 28a (Rambam *Sefer Kedusha, Hilkhot Sheḥita* 1:10–11; *Shulḥan Arukh, Yoreh De'a* 21:2).

"חֲצִי אֶחָד בְּעוֹף" וכו׳. אִתְּמַר, רַב אָמַר: מֶחֱצָה עַל מֶחֱצָה כְּרוֹב, רַב כָּהֲנָא אָמַר: מֶחֱצָה עַל מֶחֱצָה אֵינוֹ כְּרוֹב.

§ The mishna teaches: If one cut **half of one** *siman* **in a bird** or one and a half *simanim* in an animal, his slaughter is not valid. **It was stated** that there is an amoraic dispute. **Rav said:** The halakhic status of a *siman* of which precisely **half** was cut and **half** remained uncut **is like** that of a *siman* of which the **majority** was cut. **Rav Kahana said:** The halakhic status of a *siman* of which precisely **half** was cut and **half** remained uncut **is not like** that of a *siman* of which the **majority**[H] was cut.

רַב אָמַר מֶחֱצָה עַל מֶחֱצָה כְּרוֹב – הָכִי אָמַר לֵיהּ רַחֲמָנָא לְמֹשֶׁה: לָא תְּשַׁיֵּיר רוּבָּא. רַב כָּהֲנָא אָמַר מֶחֱצָה עַל מֶחֱצָה אֵינוֹ כְּרוֹב – הָכִי אָמַר לֵיהּ רַחֲמָנָא לְמֹשֶׁה: שְׁחוֹט רוּבָּא.

The Gemara elaborates. **Rav said:** The halakhic status of a *siman* of which precisely **half** was cut and **half** remained uncut **is like** that of a *siman* of which the **majority** was cut, and **this is what the Merciful One said to Moses: Do not leave the majority** uncut. When cutting precisely half, the majority does not remain uncut. **Rav Kahana said:** The halakhic status of a *siman* of which precisely **half** was cut and **half** remained uncut **is not like** that of a *siman* of which the **majority** was cut, and **this is what the Merciful One said to Moses: Cut the majority** of the *siman*. Therefore, cutting precisely half is insufficient.

(סִימָן חֲצִי קְטִינָא גַּרְגֶּרֶת פְּגִימָה).

The Gemara provides **a mnemonic** for the proofs that it cites with regard to this dispute: **Half, Ketina, windpipe, deficiency.**

תְּנַן: חֲצִי אֶחָד בְּעוֹף, וְאֶחָד וָחֵצִי בִּבְהֵמָה – שְׁחִיטָתוֹ פְּסוּלָה; אִי אָמְרַתְּ מֶחֱצָה עַל מֶחֱצָה כְּרוֹב, אַמַּאי פָּסוּל? הָא עָבֵד לֵיהּ רוֹב! מִדְּרַבָּנַן, דִּלְמָא לָא אָתֵי לְמֶעְבַּד פַּלְגָא.

We learned in the mishna: If one cut **half of one** *siman* **in a bird or one and a half** *simanim* **in an animal, his slaughter is not valid.** The Gemara questions the opinion of Rav: **If you say** that the halakhic status of a *siman* of which precisely **half** was cut and **half** remained uncut **is like** that of a *siman* of which the **majority** was cut, **why is** his slaughter **not valid?** By cutting half, **didn't he perform** the cutting of **a majority** of the *siman*? The Gemara rejects that proof: **By rabbinic law,** the slaughter is not valid, due to the concern that **perhaps he will not come to perform** cutting on even **half** of the *siman*.

אָמַר רַב קְטִינָא, תָּא שְׁמַע: חִלְּקוֹ לִשְׁנַיִם וְהֵן שָׁוִין – שְׁנֵיהֶם טְמֵאִין, לְפִי שֶׁאִי אֶפְשָׁר לְצַמְצֵם;

Rav Ketina said: Come and **hear** proof contrary to Rav's opinion from a *baraita* with regard to an impure earthenware vessel that is purified through being broken. If it is broken in two, the larger portion remains impure and the smaller portion is purified. If **he divided it into two and they are** seemingly **equal** halves,[H] **both are impure, because it is impossible to measure precisely**[N] in breaking an earthenware vessel and render both halves equal. Since it is impossible to determine which half is larger, both remain impure due to uncertainty.

הָא אֶפְשָׁר לְצַמְצֵם – טְהוֹרִין, אַמַּאי טְהוֹרִין? זִיל הָכָא אִיכָּא רוּבָּא, זִיל הָכָא אִיכָּא רוּבָּא!

The Gemara infers: **But were it possible to measure precisely** and divide it into equal halves, both would be **pure.** If, as Rav states, the halakhic status of half is like that of a majority, **why are they pure? Go here,** to one half of the vessel, and you will see that **there is a majority** and it should remain impure, and **go there,** to the other half, and you will see that **there is a majority** and it should remain impure.

HALAKHA

The status of a *siman* of which half was cut and half remained uncut is not like that of the majority – מֶחֱצָה עַל מֶחֱצָה אֵינוֹ כְּרוֹב: If one severs the majority of one *siman* in a bird, or the majority of both *simanim* in an animal, the slaughter is valid. Even if he cut only one hairbreadth more than half of the *siman*, it is sufficient. This is in accordance with the conclusion of the Gemara on 29a that everyone agrees that the halakhic status of half is not that of a majority (Rambam *Sefer Kedusha, Hilkhot Sheḥita* 1:9; *Shulḥan Arukh, Yoreh De'a* 21:1).

If he divided it into two and they are equal halves – חִלְּקוֹ לִשְׁנַיִם וְהֵן שָׁוִין: With regard to an oven that became ritually impure and was divided in two, the larger piece remains impure, and the smaller piece is purified. If both pieces appear to be of equal size, both are impure, as it is impossible to divide it precisely in half, and it is impossible to determine which is larger (Rambam *Sefer Tahara, Hilkhot Kelim* 16:2).

NOTES

Because it is impossible to measure precisely – לְפִי שֶׁאִי אֶפְשָׁר לְצַמְצֵם: This principle presumes that it is impossible to determine whether two items are precisely the same size, or whether two events transpired precisely at the same moment, although in actuality there is certainly a difference, albeit unquantifiable, between them. This is the subject of a dispute between the Rabbis, who hold that absolute precision is impossible, and Rabbi Yosei HaGelili, who holds that it is possible to be precise. Nevertheless, Rabbi Yosei HaGelili concedes that it is impossible to break an earthenware vessel precisely in half (see *Bekhorot* 17b).

אָמַר רַב פַּפָּא: תְּרֵי רוּבֵּי בְּחַד מָנָא לֵיכָּא.

Rav Pappa said in rejecting that proof: **There are not two majorities in one vessel.** Therefore, one cannot consider the halakhic status of half like that of a majority. By contrast, with regard to cutting the windpipe or gullet, the halakhic status of precisely half can be like that of a majority, as there is no other majority contradicting that status.

תָּא שְׁמַע: שָׁחַט חֲצִי גַּרְגֶּרֶת וְשָׁהָה בָּהּ

The Gemara suggests: **Come and hear** another proof contrary to Rav's opinion from a *baraita*: If one **cut half the windpipe and interrupted** the slaughter

Perek **II**
Daf **29** Amud **a**

כְּדֵי שְׁחִיטָה אַחֶרֶת, וּגְמָרָהּ – שְׁחִיטָתוֹ כְּשֵׁרָה; וְאִי אָמְרַתְּ מֶחֱצָה עַל מֶחֱצָה כְּרוֹב, אִיטְּרְפָא לַהּ!

for an interval **equivalent** to the duration of the **slaughter** of **another** animal, **and** then **completed** his slaughter, **his slaughter** is **valid.**[N] **But if you say** the halakhic status of a *siman* of which precisely **half** was cut and **half** remained uncut **is like** that of the **majority,** then by cutting half the windpipe **he rendered it a *tereifa*** because it is as though the majority of the windpipe is severed.

מִי סָבְרַתְּ בִּבְהֵמָה? לָא, בְּעוֹף; מִמָּה נַפְשָׁךְ, אִי מֶחֱצָה עַל מֶחֱצָה כְּרוֹב – הָא עֲבִיד לֵיהּ רוּבָּא, אִי מֶחֱצָה עַל מֶחֱצָה אֵינוֹ כְּרוֹב – לָא עֲבַד וְלָא כְּלוּם.

The Gemara answers: **Do you hold** that this *baraita* is referring to the slaughter **of an animal? No,** it is referring to the slaughter **of a bird,** which requires the cutting of only one *siman*. **Whichever** way **you** look at it, the slaughter should be valid.[N] **If** the halakhic status of a *siman* of which precisely **half** was cut and **half** remained uncut **is like** that of the **majority, he has performed** the cutting of **the majority** and the slaughter is valid. And **if** the halakhic status of a *siman* of which precisely **half** was cut and **half** remained uncut **is not like** that of the **majority,** then in cutting half the *siman* **he did not perform any** action that would render the animal a *tereifa*.

תָּא שְׁמַע: הֲרֵי שֶׁהָיָה חֲצִי קָנֶה פָּגוּם, וְהוֹסִיף עָלָיו כׇּל שֶׁהוּא, וּגְמָרוֹ – שְׁחִיטָתוֹ כְּשֵׁרָה; וְאִי אָמְרַתְּ מֶחֱצָה עַל מֶחֱצָה כְּרוֹב, טְרֵפָה הָוְיָא!

The Gemara suggests: **Come** and **hear** another proof contrary to Rav's opinion from a *baraita*: In a case where **half of the windpipe was deficient** prior to the slaughter **and** the slaughterer **added to** that deficiency an incision of **any size, and completed it, his slaughter is valid. And if you say that** the halakhic status of a *siman* of which precisely **half** was cut and **half** remained uncut **is like** that of **the majority,** the animal **is a *tereifa*,** as half its windpipe was deficient before the slaughter.

אָמַר רָבָא: שָׁאנֵי לְעִנְיַן טְרֵפָה, דְּבָעֵינַן רוֹב הַנִּרְאֶה לָעֵינַיִם.

Rava said: The matter of *tereifa* is different, as we require a majority that is clearly visible.[H] If precisely half the windpipe is deficient it does not appear to be a majority. By contrast, with regard to slaughter, the status of half is like that of the majority.

HALAKHA

A majority that is clearly visible – רוֹב הַנִּרְאֶה לָעֵינַיִם: If one cuts the majority of one of the *simanim* in a bird, or the majority of both *simanim* in an animal, the slaughter is valid. Even if only one hairbreadth more than half of the *siman* was cut it is sufficient, in accordance with the Gemara's explanation of the mishna. Some early and later commentaries rule stringently and hold that a conspicuous majority of the *siman* must be cut; a hairbreadth is not sufficient. Therefore, in all cases that will not lead to significant financial loss one must rule stringently. Others rule stringently even in a case that will result in significant financial loss (Rambam *Sefer Kedusha*, *Hilkhot Sheḥita* 1:11; *Shulḥan Arukh*, *Yoreh De'a* 21:1, and *Peri Ḥadash* and *Be'er Heitev* there).

NOTES

And then completed his slaughter, his slaughter is valid – וּגְמָרָהּ שְׁחִיטָתוֹ כְּשֵׁרָה: As long as the majority of the windpipe is not deficient the animal is not a *tereifa*. It is no different from a cut on any other part of the animal's body. At this stage, the assumption is that the Gemara is referring to the slaughter of an animal, for which both *simanim* must be cut. Therefore, the term: Completed his slaughter, means completed the slaughter of the animal (see Rashi on 28a).

The slaughter of a bird, whichever way you look at it, the slaughter should be valid, etc. – בְּעוֹף מִמָּה נַפְשָׁךְ וכו׳: Interrupting the slaughter of a bird invalidates the slaughter only during the cutting of the gullet, where even the slightest perforation renders the animal a *tereifa* (see 32a).

אֲמַר לֵיהּ אַבָּיֵי: וְלָא כׇּל דְּכֵן הוּא? וּמָה טְרֵפָה דִּבְמַשֶּׁהוּ מִיטְּרְפָא, הֵיכָא דְּבָעֵינַן רוּבָּא – בָּעֵינַן רוֹב הַנִּרְאֶה לָעֵינַיִם, שְׁחִיטָה, דְּעַד דְּאִיכָּא רוּבָּא לָא מִיתַּכְשְׁרָא – לָא כׇּל שֶׁכֵּן דְּבָעֵינַן רוֹב הַנִּרְאֶה לָעֵינַיִם?

Abaye said to Rava: **And is it not** derived through an *a fortiori* inference that **all the more so,** a conspicuous majority is required for slaughter? **And just as** with regard to *tereifa*, **where** the animal **is rendered a** *tereifa* by a deficiency **of any size,** e.g., by a minuscule perforation of the gullet, in cases **where we require a majority, we require a majority that is clearly visible,** with regard to **slaughter, where until there is a majority** of the *simanim* cut, the slaughter **is not valid, all the more so** is it **not** clear **that we require a majority that is clearly visible?**

אֶלָּא דְּכוּלֵּי עָלְמָא – מֶחֱצָה עַל מֶחֱצָה אֵינוֹ כְּרוֹב, וְכִי אִיתְּמַר דְּרַב וּדְרַב כָּהֲנָא – לְעִנְיַן פֶּסַח אִתְּמַר.

Rather, the Gemara revises its understanding of the dispute between Rav and Rav Kahana. **Everyone** agrees that the halakhic status of a *siman* of which precisely **half** was cut and **half** remained uncut **is not like** that of a *siman* of which the **majority** was cut. **And when** the dispute **of Rav and Rav Kahana was stated, it was stated with regard to** the **matter of the Paschal offering.** If a majority of the Jewish people were ritually impure on the fourteenth of Nisan, the Paschal offering is sacrificed that day and eaten in a state of impurity. If only a minority of the Jewish people were impure, the ritually pure majority brings the Paschal offering on the fourteenth of Nisan, and the impure minority brings the Paschal offering on the second *Pesaḥ* one month later.

הֲרֵי שֶׁהָיוּ יִשְׂרָאֵל מֶחֱצָה טְהוֹרִים וּמֶחֱצָה טְמֵאִים – רַב אָמַר: מֶחֱצָה עַל מֶחֱצָה כְּרוֹב, וְרַב כָּהֲנָא אָמַר: מֶחֱצָה עַל מֶחֱצָה אֵינוֹ כְּרוֹב.

In a case where **the Jewish people were** equally divided on the fourteenth of Nisan, with **half** of them **pure and half** of them **impure,**[H] **Rav said:** The *halakha* in the case where **half** the people were impure and **half** were pure **is like** that of a case where the **majority** was impure, and the entire people brings the Paschal offering in Nisan. **And Rav Kahana said:** The *halakha* in the case where **half** the people were impure and **half** were pure is **not like** that of a case where the **majority** was impure. Therefore, those who are pure bring the Paschal offering on the fourteenth of Nisan, and those who are impure bring the Paschal offering on the second *Pesaḥ*.

וְהָתָם מַאי טַעְמָא דְּרַב? דִּכְתִיב: "אִישׁ אִישׁ כִּי יִהְיֶה טָמֵא לָנֶפֶשׁ" – אִישׁ נִדְחֶה וְאֵין צִיבּוּר נִדְחִין.

The Gemara asks: **And there,** with regard to the Paschal offering, **what is the reason that Rav** accords half the people the status of a majority? It is **as it is written: "Any man who shall be impure by reason of a corpse…** shall observe the Passover to the Lord. On the fourteenth day of the second month at evening they shall observe it" (Numbers 9:10–11), from which it is derived: A ritually impure **person** is **deferred** to observe the second *Pesaḥ*, **but** a ritually impure **congregation is not deferred**[H] to observe the second *Pesaḥ*. The status of half the people is that of a congregation, not that of a collection of individuals.

"רוֹב אֶחָד בְּעוֹף". תְּנֵינָא חֲדָא זִימְנָא: רוּבּוֹ שֶׁל אֶחָד כְּמוֹהוּ!

§ The mishna teaches: If one cut **the majority**[H] **of one** *siman* **in a bird** or the majority of two *simanim* in an animal, his slaughter is valid. The Gemara asks: **We** already **learn** this on **another occasion,** in the first clause of the mishna: The halakhic status of **the majority of one** *siman* **is like** that of the entire *siman*. Why is the redundancy necessary?

HALAKHA

The Jewish people were half pure and half impure – **הֲרֵי שֶׁהָיוּ יִשְׂרָאֵל מֶחֱצָה טְהוֹרִים וּמֶחֱצָה טְמֵאִים**: If on the fourteenth of Nisan the majority of the Jewish people were ritually impure with impurity imparted by a corpse, the entire people brings the Paschal offering in a state of ritual impurity. If precisely half of them were impure, those who are pure bring and partake of the Paschal offering in a state of ritual purity, and separately, those who are impure bring and partake of the Paschal offering in a state of ritual impurity, in accordance with the opinion of Rav (Rambam *Sefer Korbanot*, *Hilkhot Korban Pesaḥ* 7:2).

A person is deferred but a congregation is not deferred – **אִישׁ נִדְחֶה וְאֵין צִיבּוּר נִדְחִין**: If individuals, i.e., the minority of the congregation, are ritually impure with impurity imparted by a corpse when the fourteenth of Nisan arrives and they are unable to bring the Paschal offering, they bring the Paschal offering on the second *Pesaḥ*, the fourteenth of Iyyar (Rambam *Sefer Avoda*, *Hilkhot Biat HaMikdash* 4:16).

A majority with regard to sacrificial birds and animals – **רוֹב בְּקָדָשִׁים**: When slaughtering sacrificial animals, one cuts both *simanim*, or the majority of each, so that the blood can be received in a vessel. When pinching the nape of a bird sin offering, one cuts one of the *simanim*, or the majority of one of them. When pinching the nape of a bird burnt offering one cuts both *simanim*, in accordance with the opinion of the Rabbis cited on 21b (Rambam *Sefer Avoda*, *Hilkhot Ma'aseh HaKorbanot* 4:8, 6:23, 7:6).

(הכ״ש פש״ח סִימָן).

The Gemara provides **a mnemonic**[N] for the names of the *amora'im* who participate in the discussion that ensues: ***Heh,*** Rav Hoshaya; ***kaf,*** Rabbi Kahana; ***shin,*** Rabbi Shimi; ***peh,*** Rav Pappa; ***shin,*** Rav Ashi; ***ḥet.***

אָמַר רַב הוֹשַׁעְיָא: חֲדָא בְּחוּלִּין וַחֲדָא בְּקָדָשִׁים. וּצְרִיכָא, דְּאִי אַשְׁמוּעִינַן חוּלִּין – הָתָם הוּא דְּסַגֵּי לֵיהּ בְּרוּבָּא, מִשּׁוּם דְּלָאו לְדָם הוּא צָרִיךְ, אֲבָל קָדָשִׁים דִּלְדָם הוּא צָרִיךְ – אֵימָא לָא תִּיסְגֵּי לֵיהּ בְּרוּבָּא עַד דְּאִיכָּא כּוּלֵּיהּ;

Rav Hoshaya said: One mention of the equivalence between majority and whole is referring to slaughter **of non-sacred** birds and animals **and one** is referring to slaughter **of sacrificial** birds and animals. **And it is necessary** for the *tanna* to teach both cases, **as, if** the *tanna* **taught us** only the case of slaughter of **non-sacred** birds and animals, one might think that it **is there that one suffices with the majority** of the *siman,* **because he does not require the blood;** he seeks merely to slaughter the animal. **But** in the case of **sacrificial** birds and animals, **where he requires the blood** for sprinkling on the altar, **say** that **it will not suffice for him** to cut **the majority,** and the slaughter is not valid **until there is** a cutting of **the entire** windpipe or gullet.

וְאִי אַשְׁמוּעִינַן קָדָשִׁים – מִשּׁוּם דִּלְדָם הוּא צָרִיךְ, אֲבָל חוּלִּין דִּלְדָם לָא צָרִיךְ, אֵימָא בְּפַלְגָא סַגֵּי לֵיהּ, קָא מַשְׁמַע לַן.

And if the *tanna* **taught us** only the case of slaughter of **sacrificial** birds and animals, one might think that one must cut a majority of the *siman* **because he requires the blood**[B] for sprinkling on the altar; but with regard to the slaughter of **non-sacred** birds and animals, **where he does not require the blood, say that** cutting **half** the *siman* **is sufficient,** and there is no need to cut a majority. Therefore, the *tanna* **teaches us** the principle twice, once to teach that a majority suffices in the case of sacrificial animals, and once to teach that a majority is required in the case of non-sacred animals.

הֵי בְּחוּלִּין וְהֵי בְּקָדָשִׁים?

The Gemara asks **which** clause of the mishna is referring to cutting a majority of the *simanim* **in non-sacred** birds and animals, **and which** is referring to cutting a majority of the *simanim* **in sacrificial** birds and animals?

אָמַר רַב כָּהֲנָא: מִסְתַּבְּרָא רֵישָׁא בְּחוּלִּין וְסֵיפָא בְּקָדָשִׁים, מִמַּאי? מִדְּקָתָנֵי ״הַשּׁוֹחֵט״, וְאִי סָלְקָא דַּעְתָּךְ רֵישָׁא בְּקָדָשִׁים, ״הַמּוֹלֵק״ מִיבְּעֵי לֵיהּ.

Rav Kahana said: It stands to reason that **the first clause** of the mishna is referring to the slaughter **of non-sacred** birds and animals **and the latter clause** is referring to the slaughter **of sacrificial** birds and animals. The Gemara asks: **From where** does Rav Kahana arrive at that conclusion? The Gemara answers: It is **from** the fact **that** the first clause of the mishna **teaches: One who slaughters** by cutting one *siman* in a bird and two *simanim* in an animal. **And if it enters your mind** that the **first clause** is referring to the case **of sacrificial** birds and animals, the *tanna* **should have** formulated it as: **One who pinches** the nape of the neck of a bird, as sacrificial birds are not slaughtered with a knife, but pinched with a fingernail.

אֶלָּא מַאי, סֵיפָא בְּקָדָשִׁים? ״שְׁחִיטָתוֹ כְּשֵׁרָה״, ״מְלִיקָתוֹ כְּשֵׁרָה״ מִיבְּעֵי לֵיהּ! הָא לָא קַשְׁיָא, אַיְּידֵי דִּסְלֵיק מִבְּהֵמָה, תְּנָא נַמִי ״שְׁחִיטָתוֹ כְּשֵׁרָה״. אֶלָּא רֵישָׁא, מִכְּדֵי עַל עוֹף קָאֵי, אִי סָלְקָא דַּעְתָּךְ בְּקָדָשִׁים – ״הַמּוֹלֵק״ מִיבְּעֵי לֵיהּ.

The Gemara asks: **Rather, what** do you say? That the **latter clause** is referring to slaughter **of sacrificial** birds and animals? But the *tanna* teaches in the latter clause: If one cut the majority of one *siman* in a bird or the majority of two *simanim* in an animal, **his slaughter is valid.** If the reference is to sacrificial birds and animals, the *tanna* **should have** formulated it: **His pinching is valid.** The Gemara answers: **That is not difficult; since** the *tanna* **concluded** with mention of the slaughter **of an animal, he also taught: His slaughter is valid,** which is referring to the sacrificial animal. **But** in **the first clause, since** the *tanna* **stands to** begin with the case of a **bird, if it enters your mind** that the reference is **to sacrificial** birds, the *tanna* **should have** formulated it: **One who pinches** the nape of the neck of the bird.

NOTES

Mnemonic – סִימָן: This mnemonic does not appear in early manuscripts of the Gemara. It was apparently added later by the printers. The last letter of the mnemonic, *ḥet,* does not represent any of the *amora'im* who express an opinion in the ensuing discussion. Perhaps it was originally the letter *shin,* representing Rabbi Shimon ben Lakish.

BACKGROUND

He requires the blood – דָּם הוּא צָרִיךְ: This refers to the presentation of sacrificial blood on the altar. This is one of the four sacrificial rites performed with every animal offering sacrificed in the Temple. The presentation of the blood on the altar varies based on the offering being brought. The presentation of the blood is the essential element that effects atonement when bringing an offering. Therefore, once the blood has been presented in the appropriate manner on the altar, the one who brought the offering achieves atonement, even if later stages in the sacrifice of the offering are not properly performed.

רַב שִׁימִי בַּר אַשִׁי אָמַר: רֵישָׁא בְּחוּלִּין מֵהָכָא, דְּקָתָנֵי: אֶחָד בְּעוֹף, וְאִי סָלְקָא דַּעְתָּךְ בְּקָדָשִׁים – הָא אִיכָּא עוֹלַת הָעוֹף דִּבְעֵי שְׁנֵי סִימָנִים!

Rav Shimi bar Ashi said that one arrives at the conclusion that **the first clause** is referring to slaughter **of non-sacred** birds and animals **from here: As the** *tanna* **teaches:** One who slaughters by cutting **one** *siman* **in a bird. And if it enters your mind** that the reference is to the slaughter **of sacrificial** birds, **isn't there the bird burnt offering, which requires** that **two** ***simanim*** be cut?

אֶלָּא מַאי, סֵיפָא בְּקָדָשִׁים? רוֹב אֶחָד בְּעוֹף? הָא אִיכָּא עוֹלַת הָעוֹף דִּבְעֵי שְׁנֵי סִימָנִין! מַאי "רוֹב אֶחָד" – רוֹב כׇּל אֶחָד וְאֶחָד; וּבְדִין הוּא דְּלִיתְנֵי "רוֹב שְׁנַיִם", כֵּיוָן דְּאִיכָּא חַטָּאת דְּסַגִּי לֵיהּ בְּחַד סִימָן – מִשּׁוּם הָכִי לָא פְּסִיקָא לֵיהּ.

The Gemara asks: **Rather, what** do you say? That the **latter clause** is referring to slaughter **of sacrificial** birds and animals? But the *tanna* teaches in the latter clause: If one cut **the majority of one** *siman* **in a bird** or the majority of two *simanim* in an animal, his slaughter is valid. If the reference is to sacrificial birds, **isn't there the bird burnt offering, which requires** the pinching of **two** ***simanim*****?** The Gemara answers: **What** is the meaning of: **The majority of one** *siman*? It means **the majority of each and every one** of the two. **And by right** the *tanna* **should have taught: The majority of two.** But **since there is the** bird **sin offering, which suffices with** the cutting of **one** ***siman*****, due to that** reason the matter is **not clear-cut for him.** Therefore, the *tanna* formulated the *halakha* in a manner that could apply to one *siman*, i.e., in the case of a sin offering, and to two *simanim*, i.e., in the case of a burnt offering and of animal offerings.

רַב פַּפָּא אָמַר: רֵישָׁא בְּחוּלִּין מֵהָכָא: דְּקָתָנֵי, רַבִּי יְהוּדָה אוֹמֵר: עַד שֶׁיִּשְׁחוֹט אֶת הַוְּרִידִין, וּפְלִיגִי רַבָּנַן עֲלֵיהּ; אִי אָמְרַתְּ בִּשְׁלָמָא בְּחוּלִּין – שַׁפִּיר, אֶלָּא אִי אָמְרַתְּ בְּקָדָשִׁים, אַמַּאי פְּלִיגִי רַבָּנַן עֲלֵיהּ? הוּא עַצְמוֹ לְדָם הוּא צָרִיךְ!

Rav Pappa said that one arrives at the conclusion that **the first clause** is referring to slaughter **of non-sacred** birds and animals **from here: As the** *tanna* **teaches** that **Rabbi Yehuda says:** The slaughter is not valid **until he cuts the veins** in the neck. **And the Rabbis disagree with him,** and do not require that one cut the veins in the neck. **Granted, if you say** that the reference is to the slaughter of **non-sacred** birds, it works out **well. But if you say** that the reference is to the slaughter of **sacrificial** birds, **why do the Rabbis disagree with him? He himself,** i.e., the one slaughtering, **requires the blood** in order to sprinkle it on the altar, which would warrant cutting the veins.

רַב אַשִׁי אָמַר: סֵיפָא בְּקָדָשִׁים מֵהָכָא, דְּקָתָנֵי: הַשּׁוֹחֵט שְׁנֵי רָאשִׁין כְּאֶחָד – שְׁחִיטָתוֹ כְּשֵׁרָה; "הַשּׁוֹחֵט" דִּיעֲבַד אִין, לְכַתְּחִלָּה לָא.

Rav Ashi said that one arrives at the conclusion that **the latter clause** is referring to slaughter **of sacrificial** birds and animals **from here: As the** *tanna* **teaches** in the mishna (30b): **One who slaughters** by cutting **two** animals' **heads**[H] **simultaneously, his slaughter is valid.** The Gemara infers from the precise language of the mishna: **One who slaughters,** indicating that **after the fact, yes,** his slaughter is valid; but one may **not** slaughter two animals simultaneously ***ab initio*****.**

אִי אָמְרַתְּ בִּשְׁלָמָא בְּקָדָשִׁים – הַיְינוּ דִּלְכַתְּחִלָּה לָא, מִשּׁוּם דְּתָנֵי רַב יוֹסֵף: "תִּזְבַּח" – שֶׁלֹּא יְהֵא שְׁנַיִם שׁוֹחֲטִים זֶבַח אֶחָד, "תִּזְבָּחֻהוּ" – שֶׁלֹּא יְהֵא אֶחָד שׁוֹחֵט שְׁנֵי זְבָחִים;

Granted, if you say that the reference is to **sacrificial** birds or animals, **this is** the reason that one may **not** slaughter two animals simultaneously ***ab initio*****:** It is **due to that which Rav Yosef teaches** in a *baraita*: "And when you sacrifice a peace offering to the Lord, you shall sacrifice it [*tizbaḥuhu*] that you may be accepted" (Leviticus 19:5). The term "*tizbaḥuhu*" can be divided into two terms: You shall sacrifice [*tizbaḥ*] and it [*hu*]. From the term **"You shall sacrifice [*tizbaḥ*],"** it is derived **that there will not be two** people **slaughtering one offering.**[H] From the full term **"You shall sacrifice it [*tizbaḥuhu*]"** it is derived **that one** person **may not slaughter two offerings** simultaneously.

HALAKHA

One who slaughters two animals' heads – **הַשּׁוֹחֵט שְׁנֵי רָאשִׁין:** One may not slaughter two sacrificial animals simultaneously. If one did so, the slaughter is valid, in accordance with the inference of Rav Ashi from the mishna on 30b (Rambam *Sefer Avoda, Hilkhot Pesulei HaMukdashin* 1:4).

Two people slaughtering one offering – **שְׁנַיִם שׁוֹחֲטִים זֶבַח אֶחָד:** It is permitted for two people to slaughter a single animal, and there is no difference between a non-sacred animal and a sacrificial animal, in accordance with the opinion of the Rabbis cited later in the Gemara (30a), who disagree with the *baraita* taught by Rav Yosef (Rambam *Sefer Avoda, Hilkhot Pesulei HaMukdashin* 1:5 and *Sefer Kedusha, Hilkhot Sheḥita* 2:10).

וְאָמַר רַב כָּהֲנָא: ״תִּזְבָּחֵהוּ״ כְּתִיב. אֶלָּא אִי אָמְרַתְּ בְּחוּלִּין – אֲפִילּוּ לְכַתְּחִלָּה נָמֵי.

And Rav Kahana said, to explain the derivation of the first *halakha* in the *baraita*: Although the term "*tizbaḥuhu*" is vocalized in the plural, leading to the conclusion that two people may slaughter an animal together, nevertheless, because the word is written without a *vav*, the term ***tizbaḥehu* is written,**[B] in the singular, indicating that two individuals may not slaughter the offering. **But if you say** that the reference is to the slaughter of **non-sacred** birds, it should be permitted **even *ab initio*.**

וְאַף רַבִּי שִׁמְעוֹן בֶּן לָקִישׁ סָבַר: רֵישָׁא בְּחוּלִּין וְסֵיפָא בְּקָדָשִׁים. דְּאָמַר רַבִּי שִׁמְעוֹן בֶּן לָקִישׁ: מֵאַחַר שֶׁשָּׁנִינוּ רוּבּוֹ שֶׁל אֶחָד כְּמוֹהוּ, לָמָּה שָׁנִינוּ רוֹב אֶחָד בָּעוֹף וְרוֹב שְׁנַיִם בִּבְהֵמָה?

And Rabbi Shimon ben Lakish, too, holds that the **first clause** of the mishna is referring to the slaughter **of non-sacred** birds and animals **and the latter clause** is referring to the slaughter **of sacrificial** birds and animals, **as Rabbi Shimon ben Lakish says: Since we learned** in the mishna that the halakhic status of **the majority of one *siman* is like** that of the entire *siman*, **why did we** also need to **learn** later in the mishna: **The majority of one *siman* in a bird or the majority of two *simanim* in an animal?** The latter clause is obvious based on the principle articulated in the first clause.

לְפִי שֶׁשָּׁנִינוּ: הֵבִיאוּ לוֹ אֶת הַתָּמִיד, קְרָצוֹ וּמֵירֵק אַחֵר שְׁחִיטָתוֹ עַל יָדוֹ; יָכוֹל לֹא מֵירֵק יְהֵא פָּסוּל? לְכָךְ שָׁנִינוּ: רוֹב אֶחָד בָּעוֹף וְרוֹב שְׁנַיִם בִּבְהֵמָה.

Rabbi Shimon ben Lakish explains: **Since we learned** in a mishna (*Yoma* 31b): **They brought him** the sheep for **the daily** morning **offering, and he slaughtered it** [***keratzo***][L] by cutting most of the way through the gullet and the windpipe, **and a different** priest **completed** the **slaughter on his behalf**[NH] so that the High Priest could receive the blood in a vessel and proceed with the order of the Yom Kippur service, one **might** have thought that if the other priest **did not complete** the cutting of the two *simanim*, the slaughter **would not be valid. Therefore, we learned** in the mishna: If one cut **the majority of one *siman* in a bird or the majority of two *simanim* in an animal,** his slaughter is valid.

אָמַר מָר: יָכוֹל לֹא מֵירֵק יְהֵא פָּסוּל?

The Gemara analyzes the statement of Rabbi Shimon ben Lakish. **The Master said:** One **might** have thought that if the other priest **did not complete** the cutting of the two *simanim*, the slaughter **would not be valid.**

HALAKHA

He slaughtered it and a different priest completed the slaughter on his behalf – קְרָצוֹ וּמֵירֵק אַחֵר שְׁחִיטָתוֹ עַל יָדוֹ: When the time to slaughter the daily offering on Yom Kippur arrived, the animal was brought to the High Priest, who cut through the majority of the two *simanim*, i.e., the gullet and the windpipe, which renders the slaughter valid. A second priest completed the slaughter on his behalf, freeing the High Priest to receive the blood and sprinkle it on the altar, in accordance with the mishna in *Yoma* 31b (Rambam *Sefer Avoda*, *Hilkhot Avodat Yom HaKippurim* 4:1).

BACKGROUND

Is written – כְּתִיב: The question as to whether the written or vocalized text is authoritative raises the issue of whether or not halakhic conclusions can be drawn from the manner in which words are written in the Torah even if those conclusions run counter to the accepted vocalization of the words. This dispute appears in several contexts throughout the Talmud. Ultimately, neither opinion is exclusively authoritative, as everyone agrees that both the written and the vocalized text must be considered. The dispute relates only to instances where contradictory conclusions are reached by means of the two opinions.

LANGUAGE

Slaughtered it [*karatzo*] – קְרָצוֹ: This verb has various meanings in the Bible. In this mishna it means to cut or to slaughter, as in the verse: "Egypt is a very fair heifer, but the slaughterer [*keretz*] is coming from the north" (Jeremiah 46:20).

NOTES

He slaughtered it and a different priest completed the slaughter on his behalf – קְרָצוֹ וּמֵירֵק אַחֵר שְׁחִיטָתוֹ עַל יָדוֹ: The reason that the High Priest does not complete the slaughter himself is that the entire Yom Kippur service must be performed by the High Priest. Therefore, he must receive the blood of the offering in a vessel. In order to enable him to receive the blood that spurts out at the moment of slaughter, another priest completes the slaughter on his behalf. This is not considered to be a case of the slaughter of one animal by two people, as the High Priest cut the majority of both *simanim*, rendering the slaughter valid, and the action performed by the second priest is not vital to the validity of the slaughter (Ramban).

Perek **II**
Daf **29** Amud **b**

אִם כֵּן הָוְיָא לֵיהּ עֲבוֹדָה בְּאַחֵר, וְתַנְיָא: כָּל עֲבוֹדַת יוֹם הַכִּפּוּרִים אֵינָן כְּשֵׁרוֹת אֶלָּא בּוֹ!

How could that possibility enter one's mind? **If** that is **so,** the completion of that slaughter **is a** Temple **service** performed **by another** on Yom Kippur. **And it is taught in a *baraita*: The entire Yom Kippur** Temple **service is valid only** if performed **by the** High Priest.[H]

הָכִי קָאָמַר: יָכוֹל יְהֵא פָּסוּל מִדְּרַבָּנַן? דְּסָלְקָא דַּעְתָּךְ אָמֵינָא אִיכָּא פְּסוּל מִדְּרַבָּנַן – לְכָךְ שָׁנִינוּ: רוֹב אֶחָד בָּעוֹף וְרוֹב שְׁנַיִם בִּבְהֵמָה. וּמֵאַחַר דַּאֲפִילּוּ פְּסוּלָא דְּרַבָּנַן לֵיכָּא, לָמָּה לִי לְמָרֵק? מִצְוָה לְמָרֵק.

The Gemara answers that **this is** what Rabbi Shimon ben Lakish **is saying:** One **might** have thought that if the slaughter was not completed by the other priest it **would be not valid by rabbinic law,** as it might **enter your mind to say that there is an invalidation by rabbinic law. Therefore, we learned** in the mishna: **The majority of one *siman* in a bird or the majority of two *simanim* in an animal.** The Gemara asks: **And since there is not even an invalidation by rabbinic law, why do I** need the other priest **to complete** the cutting of the *simanim*? The Gemara answers: There is a **mitzva to complete** the slaughter *ab initio* to facilitate the free flow of the blood.

HALAKHA

The entire Yom Kippur service is valid only if performed by the High Priest – כָּל עֲבוֹדַת יוֹם הַכִּפּוּרִים אֵינָן כְּשֵׁרוֹת אֶלָּא בּוֹ: The entire Temple service on Yom Kippur is valid only when performed by the High Priest. This applies even to those rites like the daily burning of the incense and the removal of ashes from the Candelabrum. Some commentaries hold that only the rites unique to Yom Kippur must be performed by the High Priest but the other rites may be performed by ordinary priests. Even according to that opinion, it is a mitzva for the High Priest to perform these services *ab initio* (Rambam *Sefer Avoda*, *Hilkhot Avodat Yom HaKippurim* 1:2, and *Kesef Mishne* and *Leḥem Mishne* there).

אָמַר רַבִּי שִׁמְעוֹן בֶּן לָקִישׁ מִשּׁוּם לֵוִי סָבָא: אֵינָהּ לִשְׁחִיטָה אֶלָּא בַּסּוֹף, וְרַבִּי יוֹחָנָן אָמַר: יֶשְׁנָהּ לִשְׁחִיטָה מִתְּחִלָּה וְעַד סוֹף.

§ **Rabbi Shimon ben Lakish says in the name of Levi the Elder:** Halakhic **slaughter is** accomplished **only** at its **conclusion.**[N] **And Rabbi Yoḥanan says:** Halakhic **slaughter is** accomplished **from the beginning to the end** of the act.

אָמַר רָבָא: הַכֹּל מוֹדִים, הֵיכָא דְּשָׁחַט סִימָן אֶחָד גּוֹי וְסִימָן אֶחָד יִשְׂרָאֵל – שֶׁהִיא פְּסוּלָה, שֶׁהֲרֵי נַעֲשָׂה בָּהּ מַעֲשֵׂה טְרֵפָה בְּיַד גּוֹי;

Rava said in establishing the parameters of the dispute between Rabbi Shimon ben Lakish and Rabbi Yoḥanan: **Everyone concedes** in a case **where a gentile slaughtered,** i.e., cut, **one *siman* and a Jew** slaughtered **one *siman*,**[H] **that** the slaughter **is not valid** even if slaughter is accomplished only at its conclusion, as **an action** rendering the animal **a *tereifa* was performed at the hand of a gentile.** Since slaughter by a gentile is not valid, the gentile renders the animal a *tereifa*.

בְּעוֹלַת הָעוֹף נָמֵי, הֵיכָא דִּמְלַיק סִימָן אֶחָד לְמַטָּה וְסִימָן אֶחָד לְמַעְלָה – פְּסוּלָה, שֶׁהֲרֵי עָשָׂה בָּהּ מַעֲשֵׂה חַטַּאת הָעוֹף לְמַטָּה;

In the case **of a bird burnt offering**[H] **as well, where one *siman* was pinched** by a priest **below** the red line marking half the height of the altar, in accordance with the procedure of the sin offering, **and one *siman*** was pinched **above** the red line,[B] in accordance with the procedure of the burnt offering, the pinching is **not valid, as** the priest **performed an action** appropriate for **a bird sin offering below** the red line, disqualifying it from being sacrificed as a burnt offering.

לֹא נֶחְלְקוּ אֶלָּא כְּגוֹן שֶׁשָּׁחַט סִימָן אֶחָד בַּחוּץ וְסִימָן אֶחָד בִּפְנִים, לְמַאן דְּאָמַר יֶשְׁנָהּ לִשְׁחִיטָה מִתְּחִלָּה וְעַד סוֹף – מִיחַיַּיב, לְמַאן דְּאָמַר אֵינָהּ לִשְׁחִיטָה אֶלָּא בַּסּוֹף – לָא מִיחַיַּיב.

Rabbi Shimon ben Lakish and Rabbi Yoḥanan **disagree only** in a case **where** an individual **cut one *siman* outside** the Temple courtyard **and one *siman* inside** the Temple courtyard. **According to the one who says:** Halakhic **slaughter is** accomplished **from the beginning to the end** of the act, i.e., Rabbi Yoḥanan, one who begins the slaughter outside the Temple courtyard **is liable** for slaughter of a sacrificial animal outside the courtyard. **According to the one who says:** Halakhic **slaughter is** accomplished **only** at its **conclusion,** i.e., Rabbi Shimon ben Lakish, one who does so **is not liable,** as the conclusion of the slaughter, which is the determining factor, is performed inside the Temple courtyard.

אֲמַר לֵיהּ רַבָּה בַּר שִׁימִי: מָר לָא אָמַר הָכִי, וּמַנּוּ? רַב יוֹסֵף: הֵיכָא דְּשָׁחַט סִימָן אֶחָד בַּחוּץ וְסִימָן אֶחָד בִּפְנִים – נָמֵי פָּסוּל, שֶׁהֲרֵי עָשָׂה בָּהּ מַעֲשֵׂה חַטַּאת הָעוֹף בַּחוּץ;

Rabba bar Shimi said to Rava: **The Master did not say** that **this** was the crux of the dispute between Rabbi Yoḥanan and Rabbi Shimon ben Lakish. **And who is** the Master? It is **Rav Yosef,** who says that in a case **where one cut one *siman* outside** the Temple courtyard **and one *siman* inside** the Temple courtyard, all agree that the slaughter is **not valid** and the priest is liable to receive punishment, **because** he **performed an action** appropriate for **a bird sin offering outside** the Temple courtyard.

לֹא נֶחְלְקוּ אֶלָּא כְּגוֹן שֶׁשָּׁחַט מִיעוּט סִימָנִין בַּחוּץ וּגְמָרוֹ בִּפְנִים, לְמַאן דְּאָמַר יֶשְׁנָהּ לִשְׁחִיטָה מִתְּחִלָּה וְעַד סוֹף – מִיחַיַּיב, לְמַאן דְּאָמַר אֵינָהּ לִשְׁחִיטָה אֶלָּא בַּסּוֹף – לָא מִיחַיַּיב.

They disagree only in a case **where one slaughtered the minority** of each **of the *simanim* outside** the Temple courtyard **and completed** the slaughter **inside**[H] the Temple courtyard. **According to the one who says:** Halakhic **slaughter is** accomplished **from the beginning to the end** of the act, i.e., Rabbi Yoḥanan, one who begins the slaughter outside the Temple courtyard **is liable** for slaughter of a sacrificial animal outside the courtyard. **According to the one who says:** Halakhic **slaughter is** accomplished **only at** its **conclusion,** i.e., Rabbi Shimon ben Lakish, one who does so **is not liable,** as he concludes the slaughter in an appropriate place.

NOTES

Halakhic slaughter is accomplished only at its conclusion – אֵינָהּ לִשְׁחִיטָה אֶלָּא בַּסּוֹף: This discussion as to whether halakhic slaughter is accomplished only at its conclusion or whether it is accomplished from the beginning to the end of the act appears in several places in the Talmud. There are ramifications in other areas of *halakha*, e.g., at which point is one liable to pay the fine of four or five times the principal for one who slaughters a stolen animal (see *Bava Kamma* 72a), and at which point in the slaughter does inappropriate intent disqualify an offering (see *Zevaḥim* 30a). The Rosh writes that everyone agrees that in every case where the slaughter is completed in the proper manner, the slaughter is retroactively accomplished from the beginning to the end of the act. Rabbi Yoḥanan and Rabbi Shimon ben Lakish disagree only in cases where there was some deviation from procedure during the slaughter, e.g., if the priest pinched one *siman* above the red line and one *siman* below, or if there was a disqualification, or if one person began the slaughter and another completed it (*Tosefot HaRosh* on 36a).

HALAKHA

A case where a gentile slaughtered one *siman* and a Jew slaughtered one *siman* – הֵיכָא דְּשָׁחַט סִימָן אֶחָד גּוֹי וְסִימָן אֶחָד יִשְׂרָאֵל: If a gentile, or anyone else unfit to slaughter, began slaughtering an animal, and another person, who was fit to slaughter, completed the slaughter, or if one who was fit to slaughter began slaughtering an animal and another person, who was unfit to slaughter, completed the slaughter, the slaughter is not valid. This ruling is in accordance with the statement of Rava that both Rabbi Shimon ben Lakish and Rabbi Yoḥanan agree in this case. This is the case specifically if the one unfit to slaughter began the slaughter with an action capable of rendering the animal an unslaughtered carcass, e.g., by cutting the gullet or the majority of the windpipe. But if he began the slaughter with an action that does not disqualify the animal, e.g., by cutting half of the windpipe, the slaughter is valid (Rambam *Sefer Kedusha, Hilkhot Sheḥita* 4:13; *Shulḥan Arukh, Yoreh De'a* 2:10).

In the case of a bird burnt offering – בְּעוֹלַת הָעוֹף: The sacrifice of a bird burnt offering is performed on the upper half of the altar, above the red line that runs along the middle of the altar. If the priest sacrificed it below the red line, or even if he pinched one of the *simanim* below the red line and one above the red line, the offering is not valid. This is the case irrespective of whether the priest pinched the bird in the manner of a burnt offering or in the manner of a sin offering, or whether he pinched it for the sake of a sin offering or for the sake of a burnt offering (Rambam *Sefer Avoda, Hilkhot Pesulei HaMukdashin* 7:6).

Where one slaughtered the minority of each of the *simanim* outside and completed the slaughter inside – כְּגוֹן שֶׁשָּׁחַט מִיעוּט סִימָנִין בַּחוּץ וּגְמָרוֹ בִּפְנִים: If one cuts the minority of the *simanim* outside the Temple courtyard and completes the slaughter inside the courtyard, or begins the slaughter in the south of the courtyard and completes it in the north, the slaughter is not valid. This is because halakhic slaughter is accomplished from the beginning to the end of the act, in accordance with the opinion of Rabbi Yoḥanan, as the *halakha* is in accordance with his opinion in disputes with Reish Lakish (see *Tosafot*). The *halakha* is also in accordance with the explanation of Rav Yosef (Rambam *Sefer Avoda, Hilkhot Pesulei HaMukdashin* 1:18).

BACKGROUND

Above the red line – לְמַעְלָה: A red line was painted precisely halfway up the altar, encircling it. This was the line of demarcation between the upper portion of the altar, where the blood of animal sin offerings and bird burnt offerings was sprinkled, and the lower portion of the altar, where the blood of all other offerings was sprinkled.

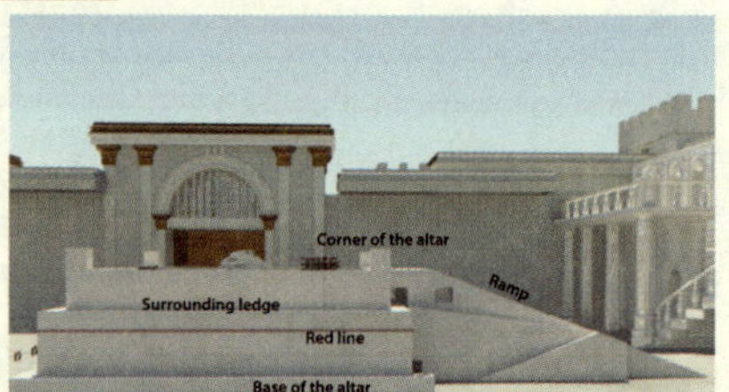

Depiction of the altar

מְתִיב רַבִּי זֵירָא: כׇּל הָעֲסוּקִין בְּפָרָה מִתְּחִלָּה וְעַד סוֹף – מְטַמְּאִין בְּגָדִים וּפוֹסְלִין אוֹתָהּ בִּמְלָאכָה אַחֶרֶת.

Rabbi Zeira raises an objection from a mishna (*Para* 4:4): **Anyone who is engaged in** any part of the rite of the red **heifer** continuously **from beginning to end**[H] **transmits** ritual **impurity to the garments** that he is wearing. **And they disqualify** the red heifer for use in the rite if they perform any **other labor**[H] while engaged in any part of the rite of the red heifer.

אֵירַע בָּהּ פְּסוּל בִּשְׁחִיטָתָהּ – בֵּין קוֹדֶם פְּסוּלָהּ בֵּין לְאַחַר פְּסוּלָהּ אֵינָהּ מְטַמְּאָה בְּגָדִים; בְּהַזָּאָתָהּ, קוֹדֶם פְּסוּלָהּ – מְטַמְּאָה בְּגָדִים, לְאַחַר פְּסוּלָהּ – אֵינָהּ מְטַמְּאָה בְּגָדִים.

If **a disqualification befell** the heifer[H] **during its slaughter,**[N] with regard to all those engaged in the rite of the red heifer, **whether** they engaged in the rite **before the heifer was disqualified or after the** heifer **was disqualified,** the heifer **does not render garments** that they are wearing **impure.** Since its slaughter was not valid it is disqualified from being used as a red heifer and therefore does not impart impurity. If it became disqualified at the time **of sprinkling** the blood of the heifer toward the opening of the Temple, with regard to those who engaged in the rite of the red heifer **before it was disqualified,** the heifer **renders the garments** that they **are** wearing **impure.** By contrast, with regard to those who handled the animal **after it was disqualified,** the heifer **does not render** the **garments** that they are wearing **impure.**

וְאִי אָמְרַתְּ יֶשְׁנָהּ לִשְׁחִיטָה מִתְּחִלָּה וְעַד סוֹף – לִפְלוֹג נָמֵי בִּשְׁחִיטָתָהּ: אֵירַע בָּהּ פְּסוּל בִּשְׁחִיטָה, קוֹדֶם פְּסוּלָהּ – מְטַמְּאָה בְּגָדִים, לְאַחַר פְּסוּלָהּ – אֵינָהּ מְטַמְּאָה בְּגָדִים!

Rabbi Zeira elaborates: **And if you say** that halakhic **slaughter is** accomplished **from the beginning to the end** of the act, **let the** mishna **also distinguish** between disqualification at the beginning and at the end **of the slaughter:** If **it became disqualified during slaughter,** with regard to one who engaged in any part of the rite **before it became disqualified,** the heifer **renders garments** that he is wearing **impure,** and with regard to one who engaged in any part of the rite **after it became disqualified,** the heifer **does not render** the **garments** that he is wearing **impure.**

אָמַר רָבָא: נִתְקַלְקְלָה שְׁחִיטָה קָאָמְרַתְּ? שָׁאנֵי הָתָם, דְּאִגַּלַּאי מִלְּתָא לְמַפְרֵעַ דְּלָאו שְׁחִיטָה הִיא כְּלָל.

Rava said: Are you saying that the discussion concerns a case where the **slaughter was invalidated? There it is different, because the matter was revealed retroactively,** i.e., it was revealed **that it was not** a valid **slaughter at all.**[N] Since at no stage of the slaughter was it valid, the heifer does not render the garments impure at all.

אָמַר רָבָא: אִי קַשְׁיָא לִי – הָא קַשְׁיָא לִי: לְמַאן דְּאָמַר אֵינָהּ לִשְׁחִיטָה אֶלָּא בְּסוֹף, לִפְלוֹג בְּהַכְשֵׁרָה דְּפָרָה, כְּגוֹן דְּשַׁחֲטוּהָ בִּתְרֵי גַּבְרֵי, דְּגַבְרָא קַמָּא לָא מְטַמְּאָה, וְגַבְרָא בַּתְרָא מְטַמְּאָה!

Rava said: If any aspect of that mishna is **difficult for me** it is **this** that is **difficult for me: According to the one who says:** Halakhic **slaughter is** accomplished **only** at its **conclusion, let** the mishna **distinguish** between two individuals **in the preparation of a fit** red **heifer,** even when the heifer was not disqualified. Let the mishna teach a case **where they slaughtered it with two men, as the** heifer **does not render the first man** who slaughters **impure,** as the slaughter did not yet begin, **and the** heifer **renders the latter man impure.**

NOTES

If a disqualification befell the heifer during its slaughter – אֵירַע בָּהּ פְּסוּל בִּשְׁחִיטָתָהּ: According to Rashi, the reference is to a case where the slaughter itself was not valid and the red heifer assumed the status of an unslaughtered carcass. Rabbeinu Tam and other early authorities explain, based on the continuation of the mishna, that the reference is to a case where the heifer was disqualified because the person who was engaged in the rite of the red heifer engaged in another labor at the same time. That too falls under the rubric of disqualifying the slaughter (see *Ḥatam Sofer*).

Are you saying where the slaughter was invalidated…that it was not a valid slaughter at all – נִתְקַלְקְלָה שְׁחִיטָה קָאָמְרַתְּ...דְּלָאו שְׁחִיטָה הִיא כְּלָל: Even according to the one who holds that halakhic slaughter is accomplished from the beginning to the end of the act, that is only when the slaughter was ultimately completed. Here, it becomes clear that there was no slaughter at all, as the animal assumed the status of an unslaughtered carcass. According to Rabbeinu Tam and other early commentaries who interpret the disqualification as being due to the fact that the person performed another labor simultaneously, the Gemara means that if the heifer was disqualified during the sprinkling, this does not retroactively invalidate all parts of the rite. But if the heifer was disqualified during the slaughter, no part of the rite was performed properly, and it is considered as though the rite of slaughter were not performed at all.

HALAKHA

Anyone who is engaged in the rite of the red heifer from beginning to end – כׇּל הָעֲסוּקִין בְּפָרָה מִתְּחִלָּה וְעַד סוֹף: All those engaged in any part of the rite of the red heifer render impure garments that they wear or that they touch. In addition, those people require immersion in a ritual bath and are pure only at nightfall by Torah law. After they are no longer engaged with the heifer, even if they did not yet immerse in a ritual bath, they do not render garments impure (Rambam *Sefer Tahara, Hilkhot Para Aduma* 5:1–2).

And they disqualify the heifer through the performance of any other labor – וּפוֹסְלִין אוֹתָהּ בִּמְלָאכָה אַחֶרֶת: If one who is engaged in any part of the rite of the red heifer, from its slaughter until it becomes ashes, engages in any other activity at that time, he disqualifies the red heifer, in accordance with the mishna in tractate *Para* (Rambam *Sefer Tahara, Hilkhot Para Aduma* 4:17).

If a disqualification befell the heifer – אֵירַע בָּהּ פְּסוּל: The garments of those who engaged in the rites of the red heifer become impure when the heifer is burned in the appropriate manner. If the heifer was disqualified, those who engaged in its rites remain pure. If its slaughter was not valid, the garments of those who engaged in its rites are not rendered impure. If it was disqualified while its blood was being sprinkled, the garments of all those who engaged in its rites before that point are rendered impure, while the garments of those who engaged in its rites after it was disqualified are not rendered impure, in accordance with the mishna in tractate *Para* (Rambam *Sefer Tahara, Hilkhot Para Aduma* 5:2–3).

אָמַר רַב יוֹסֵף: תְּרֵי גַבְרֵי בְּחַד זִיבְחָא קָאָמְרַתְּ? בַּר מִינֵּיהּ דְּהַהוּא, דְּתַנְיָא: "תִּזְבַּח" – שֶׁלֹּא יְהוּ שְׁנַיִם שׁוֹחֲטִין זֶבַח אֶחָד, "תִּזְבָּחֻהוּ" – שֶׁלֹּא יְהֵא אֶחָד שׁוֹחֵט שְׁנֵי זְבָחִים;

Rav Yosef said: Are you saying that the discussion concerns a case of **two men** slaughtering **one offering?** Raise difficulties **except for that, as we learn** in a *baraita* with regard to the verse: "And when you sacrifice a peace offering to the Lord, you shall sacrifice it [*tizbaḥuhu*] that you may be accepted" (Leviticus 19:5), that the term "*tizbaḥuhu*" can be divided into two terms: You shall sacrifice [*tizbaḥ*] and it [*hu*]. From the term **"You shall sacrifice [*tizbaḥ*],"** it is derived **that there will not be two** people **slaughtering one offering.** From the full term **"You shall offer it [*tizbaḥuhu*],"** it is derived **that one** person **may not slaughter two offerings** simultaneously.

וְאָמַר רַב כָּהֲנָא: "תִּזְבָּחֵהוּ" כְּתִיב.

And Rav Kahana said, to explain the derivation of the first *halakha* in the *baraita*: Although the term "*tizbaḥuhu*" is vocalized in the plural, leading to the conclusion that two people may slaughter an animal together, nevertheless, because the word is written without a *vav*, it emerges that the phrase **"You shall sacrifice it [*tizbaḥehu*],"** in the singular, **is written,** indicating that two individuals may not slaughter the offering.

אָמַר לֵיהּ אַבַּיֵי: לָאו אִתְּמַר עֲלַהּ, אָמַר רַבָּה בַּר בַּר חָנָה אָמַר רַבִּי יוֹחָנָן: זוֹ דִּבְרֵי רַבִּי אֶלְעָזָר בְּרַבִּי שִׁמְעוֹן

Abaye said to Rav Yosef: **Wasn't it stated with regard to this** *halakha* that **Rabba bar bar Ḥana says** that **Rabbi Yoḥanan says: This is the statement of Rabbi Elazar, son of Rabbi Shimon,**

Perek **II**
Daf **30** Amud **a**

סְתִימְתָּאָה, אֲבָל חֲכָמִים אוֹמְרִים: שְׁנַיִם שׁוֹחֲטִים זֶבַח אֶחָד!

which is cited **unattributed,**[N] i.e., it is one of his many opinions that are cited in the Mishna and *baraitot* without attribution. **But the Rabbis say: Two people may slaughter one offering.**[H] According to the Rabbis, Rava's difficulty remains: Let the mishna teach a case where they slaughtered it with two men, as the heifer does not render the first man who slaughters impure, as the slaughter did not yet begin, and the heifer renders the latter man impure.

וּלְרַבִּי אֶלְעָזָר בְּרַבִּי שִׁמְעוֹן נָמֵי לִפְלוֹג, כְּגוֹן דְּשָׁחַט חַד גַּבְרָא בִּשְׁנֵי סוּדָרִים, דְּסוּדָר קַמָּא לָא מְטַמֵּא, וְסוּדָר בַּתְרָא מְטַמֵּא! אֶלָּא, בִּפְסוּלָא דְּפָרָה קָא מַיְירֵי, בְּהֶכְשֵׁרָה לָא קָא מַיְירֵי.

And according to the opinion of **Rabbi Elazar, son of Rabbi Shimon,** who holds that two people may not slaughter one offering, **let** the *tanna* of the mishna **also distinguish** and teach a case **where one man slaughtered with two cloths** on his head, starting the slaughter with one and replacing it with the other midway through the slaughter, **as in** that case, since halakhic slaughter is accomplished only at its conclusion, the **first cloth is not rendered impure but the latter cloth is rendered impure. Rather,** one must say that the *tanna* **is speaking** only **in** reference to cases involving the **disqualification of the red heifer** itself, but he **is not speaking in** reference to cases involving **a fit** red heifer, and no proof may be cited from here.

NOTES

Unattributed – סְתִימְתָּאָה: Rashi explains this word to mean that many unattributed *mishnayot* and *baraitot* are in accordance with the opinion of Rabbi Elazar, son of Rabbi Shimon. Rabbi Yoḥanan received a tradition that this *baraita* is one of them. The Ritva interprets the term to refer to the fact that this particular opinion cited anonymously in the *baraita* is the opinion of Rabbi Elazar, son of Rabbi Shimon. Either way, the point of the Gemara is that the *halakha* in this case is in accordance with the opinion of the Rabbis who disagree with him, and the unattributed mishna in tractate *Para* is in accordance with the opinion of the Rabbis.

HALAKHA

Two people may slaughter one offering – שְׁנַיִם שׁוֹחֲטִים זֶבַח אֶחָד: If two people slaughter a single animal, whether it is a non-sacred animal or a sacrificial animal, the slaughter is valid, in accordance with the opinion of Rabbi Yoḥanan. Two people should not slaughter even non-sacred animals *ab initio*, because they could easily come to press the knife or otherwise invalidate the slaughter (Rambam *Sefer Avoda, Hilkhot Pesulei HaMukdashin* 1:5 and *Sefer Kedusha, Hilkhot Sheḥita* 2:10; *Tevuot Shor, Yoreh De'a* 21:8).

מְתִיב רַב אִידִי בַּר אָבִין: וּבַמּוֹעֵד, לִשְׁמוֹ – פָּטוּר, שֶׁלֹּא לִשְׁמוֹ – חַיָּיב;

Rav Idi bar Avin raises an objection from a mishna (*Pesaḥim* 63a) to the opinion that halakhic slaughter is accomplished only at its conclusion. If one slaughters an animal for the sake of the Paschal offering on the fourteenth of Nisan after noon while he has leaven in his possession, he is flogged for violating the prohibition: "You shall not slaughter the blood of My sacrifice with leavened bread" (Exodus 23:18). If he slaughtered the animal not for the sake of the Paschal offering, he is exempt from receiving lashes. **And if he** slaughtered the animal **during the festival**[H] of Passover **for the sake** of the Paschal offering with leaven in his possession, **he is exempt,** because it is a disqualified Paschal offering, as it was slaughtered beyond its appointed time. But if he slaughtered the animal during the Festival **not for the sake** of the Paschal offering, but rather as a peace offering, **he is liable** for slaughtering the animal with leaven in his possession.

וְהָוֵינַן בָּהּ: טַעְמָא – דְּשֶׁלֹּא לִשְׁמוֹ, הָא סְתָמָא – פָּטוּר.

And we discussed this matter: The reason he is liable is due to the fact **that** his intent was to slaughter it **not for the sake of** the Paschal offering, **but** had he slaughtered it with **unspecified** intent he would be **exempt,** because the offering would be disqualified. Unless he specifically intends otherwise, the animal retains its status as a Paschal offering and is disqualified when sacrificed beyond its appointed time.

וְאַמַּאי פָּטוּר? פֶּסַח בִּשְׁאָר יְמוֹת הַשָּׁנָה שְׁלָמִים הוּא! שְׁמַע מִינַּהּ: פֶּסַח בִּשְׁאָר יְמוֹת הַשָּׁנָה בָּעֵי עֲקִירָה!

The Gemara asks: **And why is he exempt?** Doesn't **a Paschal offering**[B] sacrificed **during the rest of the days of the year** assume the status of **a peace offering,**[B] and doesn't one who slaughters a peace offering during the time when it is prohibited to possess leaven with leaven in his possession also violate the prohibition? **Conclude from it** that **a Paschal offering** sacrificed **during the rest of the days of the year requires** explicit **revocation** of its status; otherwise, it does not assume the status of a peace offering and it remains a disqualified Paschal offering.

וַאֲמַר רַבִּי חִיָּיא בַּר גַּמְדָּא, נִזְרְקָה מִפִּי חֲבוּרָה וְאָמְרוּ: הָכָא בְּמַאי עָסְקִינַן – כְּגוֹן שֶׁהָיוּ בְּעָלִים טְמֵאֵי מֵתִים, דְּנִדְחִין לְפֶסַח שֵׁנִי, דִּסְתָמָא לִשְׁמוֹ קָאֵי; וְהָאי הוּא דְּבָעֵי עֲקִירָה, הָא אַחֵר לָא בָּעֵי עֲקִירָה.

And Rabbi Ḥiyya bar Gamda said: A response **emerged from the group** of scholars that discussed this matter, **and they said: What are we dealing with here?** It is **with** a case **where the owners** of the Paschal offering **were ritually impure** on the fourteenth of Nisan with impurity imparted **by a corpse.** In that case, the Torah commands (Numbers 9:10–11) **that** since they were unable to sacrifice the Paschal offering at the appointed time, the fourteenth of Nisan, they **were deferred to the second** ***Pesaḥ***,[B] the fourteenth of Iyyar. Since presumably the owner plans to use his Paschal offering on the second *Pesaḥ*, its **unspecified** slaughter in the interim **stands** to be offered **for the sake of** the Paschal offering, **and it is that** Paschal offering **that requires revocation** of its status. **But other** situations of a Paschal offering that is slaughtered beyond its designated time **do not require revocation** of the animal's status, and it assumes the status of a peace offering.

HALAKHA

And if he slaughtered the animal during the Festival, etc. – **וּבַמּוֹעֵד וכו׳**: One who slaughters the Paschal offering at the designated time while he, or another member of the group, had an olive-bulk of leavened bread in his possession, violates a prohibition and is flogged. The same is true if one sprinkles the blood or burns the limbs on the altar while one of the members of the group has leavened bread in his possession. One violates the prohibition only if he does so at the designated time, i.e., after midday on Passover eve, in accordance with the opinion of the first *tanna* in the mishna on *Pesaḥim* 63a (Rambam *Sefer Korbanot*, *Hilkhot Korban Pesaḥ* 1:5).

BACKGROUND

Paschal offering – **פֶּסַח**: There is a positive mitzva to bring the Paschal offering to the Temple on the afternoon of the fourteenth of Nisan and partake of it that evening after nightfall. This mitzva applies equally to men and women. The Paschal offering, an offering of lesser sanctity, may be either a male lamb or a goat that is in its first year (see Exodus, chapter 12 and Deuteronomy 16:2). It may be slaughtered anywhere within the Temple courtyard, and its blood is poured on the base of the altar. Though considered an individual offering, as opposed to a public offering, the paschal offering is not brought by individuals, but only by a group consisting of registered members. Unlike other individual offerings, it is sacrificed even on Shabbat. Moreover, it is sacrificed even if the majority of the Jewish people is in a state of ritual impurity.

Blood of the Paschal offering conveyed to the altar and poured on the base

Peace offering – **שְׁלָמִים**: A peace offering may be brought from male or female cattle, sheep, or goats. It is an offering of lesser sanctity and may be slaughtered anywhere within the Temple courtyard. After slaughter, the blood is taken to the altar and sprinkled on opposite corners of the altar so that the blood will reach each of the four sides of the altar. Portions of the peace offering are burned on the altar, and the breast and the right hind leg are given to the priest. The rest of the animal is eaten by the one who brought the offering, as well as by his family and guests, anywhere within the walls of Jerusalem. It may be eaten on the day the offering was sacrificed, the night that follows, and the following day. Most peace offerings were brought as gift offerings.

Second ***Pesaḥ*** – **פֶּסַח שֵׁנִי**: One who was ritually impure or on a distant journey or who failed to bring the Paschal offering on the fourteenth of Nisan is required to bring the Paschal offering one month later, on the fourteenth of Iyyar. All *halakhot* that apply to the Paschal offering brought on the first *Pesaḥ* apply to the Paschal offering brought on the second, with one exception: There is no prohibition against eating or possessing leavened bread on that day, but one may not eat leavened bread with the second Paschal offering.

אִי אָמְרַתְּ בִּשְׁלָמָא יֶשְׁנָהּ לִשְׁחִיטָה מִתְּחִלָּה וְעַד סוֹף – אִיפְּסִיל לֵיהּ מִתְּחִלַּת שְׁחִיטָה; אֶלָּא אִי אָמְרַתְּ אֵינָהּ לִשְׁחִיטָה אֶלָּא בַּסּוֹף, כֵּיוָן דִּשְׁחַט בֵּיהּ פּוּרְתָּא – אִידְּחֵי לֵיהּ מִפֶּסַח, אִידָּךְ כִּי קָא שָׁחֵיט – שְׁלָמִים קָא שָׁחֵיט!

Returning to the matter at hand, if a Paschal offering that is designated for use on the second *Pesaḥ* is slaughtered on Passover while one has leaven in his possession, he is exempt from receiving lashes because it is a disqualified Paschal offering. **Granted, if you say** that halakhic **slaughter is** accomplished **from the beginning to the end** of the act, the offering is **disqualified from the beginning of the slaughter** as a Paschal offering slaughtered beyond its appointed time. Therefore, one is exempt from receiving lashes. **But if you say** that halakhic **slaughter is** accomplished **only at** its **conclusion,** why is one exempt if he slaughtered the animal with leaven in his possession? **Once he** began and **cut a bit** of the *siman,* **it is rejected from** its status as **a Paschal offering** and can no longer be offered on the second *Pesaḥ*. Therefore, **when he slaughters the other,** remaining, portion of the *simanim* without specification, **it is a peace offering that he is slaughtering.**

אֲמַר לֵיהּ אַבָּיֵי: נְהִי דְּאִידְּחֵי לֵיהּ מִפֶּסַח, מִדְּמֵי פֶסַח מִי אִידְּחֵי?

Abaye said to Rav Idi bar Avin: Even if you say that halakhic slaughter is accomplished only at its conclusion, **although it was rejected from** the possibility of being sacrificed on the second *Pesaḥ,* **was it rejected from** the possibility of being redeemed and from the possibility of **the monetary value of a Paschal offering** being used to purchase an animal to be sacrificed on the second *Pesaḥ*? As long as the slaughter is not yet complete, redemption of the animal remains possible. Therefore, unspecified slaughter at that time is for the sake of a Paschal offering and one should be exempt from receiving lashes.

וְכִי תֵּימָא בָּעֵי הַעֲמָדָה וְהַעֲרָכָה, וְהָתְנַן: שָׁחַט בָּהּ שְׁנַיִם אוֹ רוֹב שְׁנַיִם וַעֲדַיִין הִיא מְפַרְכֶּסֶת – הֲרֵי הִיא כְּחַיָּה לְכׇל דְּבָרֶיהָ.

And if you would say that in order to redeem a consecrated item **one requires** that the animal be placed **standing** before the priest **and** it requires **valuation**[NH] (see Leviticus 27:11–12), and once it is slaughtered it is unable to stand, **but didn't we learn** in a *baraita*: If one **slaughtered,** i.e., cut, **two** *simanim* **in** the animal **or a majority of two**[H] *simanim,* **and** the animal **is still convulsing,** its halakhic status **is like a living** animal **in every respect,** and it may be redeemed until the convulsing ceases?

NOTES

One requires standing before the priest and valuation – **בָּעֵי הַעֲמָדָה וְהַעֲרָכָה:** With regard to the redemption of a blemished animal it is written: "Then he shall stand the animal before the priest. And the priest shall valuate it, whether it be good or bad; as the priest valuates it, so shall it be" (Leviticus 27:11–12). The Sages derive from here that only an animal that is included in the category of "Then he shall stand" is included in the category of "And the priest shall valuate it." An animal that is unable to stand is neither valuated nor redeemed (see *Arakhin* 4a). The Gemara's response is that there is no requirement for the animal to be actually standing; rather, it is sufficient if it is capable of standing in the sense that it remains alive (*Tosafot* on *Arakhin* 4a), even if it is about to die.

HALAKHA

One requires standing before the priest and valuation – **בָּעֵי הַעֲמָדָה וְהַעֲרָכָה:** With regard to a living animal that is consecrated, whether it is of a kosher species or a non-kosher species, and whether it was consecrated as a sacrificial animal or for Temple upkeep, if it develops a blemish, it is placed standing before the court for appraisal. Therefore, if the animal dies before it is appraised and redeemed, it must be buried, as there is no redemption after death (Rambam *Sefer Hafla'a, Hilkhot Arakhin* 5:12).

If one slaughtered two ***simanim*** **in the animal or a majority of two** – **שָׁחַט בָּהּ שְׁנַיִם אוֹ רוֹב שְׁנַיִם:** If a kosher domesticated or undomesticated animal was slaughtered and a majority of both *simanim* were cut, the halakhic status of the animal is that of a living animal as long as the animal is convulsing. If it is a consecrated animal it may still be appraised and redeemed until the convulsions cease (Rambam *Sefer Hafla'a, Hilkhot Arakhin* 5:13 and *Sefer Avoda, Hilkhot Issurei Mizbe'aḥ* 1:11, and see *Sefer Tahara, Hilkhot She'ar Avot HaTumot* 2:1).

אָמַר רַב יְהוּדָה אָמַר רַב: הַשּׁוֹחֵט בִּשְׁנַיִם וּשְׁלֹשָׁה מְקוֹמוֹת – שְׁחִיטָתוֹ כְּשֵׁרָה. כִּי אֲמַרִיתָה קַמֵּיהּ דִּשְׁמוּאֵל, אֲמַר לִי: בָּעֵינַן שְׁחִיטָה מְפוֹרֶעֶת, וְלֵיכָּא!

§ **Rav Yehuda said** that **Rav said: One who cuts a** *siman* **in two or three places**[N] on the neck, and together the cuts constitute the requisite measure of slaughter, **his slaughter is valid.**[H] Rav Yehuda adds: **When I stated this** *halakha* **before Shmuel he said to me: We require a clear** and obvious **slaughter and** in the case of cuts in two or three places **there is no** obvious slaughter.

וְאַף רַבִּי שִׁמְעוֹן בֶּן לָקִישׁ סָבַר: בָּעֵינַן שְׁחִיטָה מְפוֹרֶעֶת, דְּאָמַר רַבִּי שִׁמְעוֹן בֶּן לָקִישׁ: מִנַּיִן לִשְׁחִיטָה שֶׁהִיא מְפוֹרֶעֶת? שֶׁנֶּאֱמַר: "חֵץ שָׁחוּט לְשׁוֹנָם מִרְמָה דִּבֵּר".

And Rabbi Shimon ben Lakish also holds that **we require a clear** and obvious **slaughter, as Rabbi Shimon ben Lakish says: From where** is it derived **that slaughter must be clear** and obvious? **As it is stated: "Their tongue is a sharpened** [*shaḥut*] **arrow, it speaks deceit;** one speaks peaceably to his neighbor with his mouth, but in his heart he lays wait for him" (Jeremiah 9:7). Just as an arrow clearly enters one part of the body, so too, the slaughter [*sheḥita*] must be clear and obvious.

HALAKHA

One who cuts a *siman* in two or three places his slaughter is valid – הַשּׁוֹחֵט בִּשְׁנַיִם וּשְׁלֹשָׁה מְקוֹמוֹת שְׁחִיטָתוֹ כְּשֵׁרָה: In a case where the majority of a *siman* was not cut in one place, e.g., if the *siman* overturned during the slaughter and the slaughterer continued cutting on the other side of the *siman*, if the cuts constitute a majority of the *siman*, the slaughter is valid. This is true with regard to both the windpipe and the gullet. In addition, this ruling applies in a case where both incisions were at the same place along the length of the *siman* as well as in a case where one incision was lower, i.e., closer to the body, and one incision was higher, i.e., closer to the head. The slaughter is valid only if the incisions are not all on the same side of the *siman*. Rather, they must combine so that most of the circumference of the *siman* is cut (see *She'iltot deRav Aḥai Gaon*).

If all the incisions were on the same side of the *siman*, e.g., if he began cutting in one place and then cut again higher or lower than the first incision, the slaughter is valid only if a majority of the *siman* was cut in either one of those incisions, even though it is not a clear and obvious slaughter, in accordance with the opinion of Rashi as explained by *Tosafot*. The ruling that one who cuts the *simanim* in multiple places has effected a valid slaughter is in accordance with the opinion of Rav in the Gemara, as the *halakha* is in accordance with his opinion in ritual matters. Furthermore, the Gemara (30b) rules in accordance with his opinion. This slaughter is valid whether it was performed by one person making two cuts, or two people making one cut each with two knives. When it is performed by one person he must ensure that there is no interruption between the two incisions long enough to invalidate the slaughter. One later commentary writes that one who is meticulous in the performance of mitzvot should not eat from a slaughter performed in these ways (Rambam *Sefer Kedusha*, *Hilkhot Sheḥita* 2:10; *Shulḥan Arukh*, *Yoreh De'a* 21:3; and see *Tevuot Shor*).

NOTES

One who cuts the *simanim* in two or three places – הַשּׁוֹחֵט בִּשְׁנַיִם וּשְׁלֹשָׁה מְקוֹמוֹת: This must be explained as a case where there was no interruption between any of the cuts for an interval equivalent to the duration of the slaughter of another animal (an earlier manuscript of Rashi, cited in *Shita Mekubbetzet*).

There are three primary interpretations given for this *halakha*. Rashi explains that one made an incision in one part of the neck and paused and made an incision in another part of the neck, above or below the first incision. *Tosafot* question that explanation: If he did not cut the majority of the *simanim* in one place, why is the slaughter valid according to Rav? If he did cut the majority of the *simanim* in one place, why wouldn't the slaughter be valid according to Shmuel? *Tosafot* explain that the hide did not part sufficiently in the place of the initial incision of less than the majority of the *simanim*. Therefore, even if one proceeds to cut the majority of the *simanim*, it is not considered a clear and obvious slaughter (see Rosh).

Other early commentaries accept the opinion of the *She'iltot deRav Aḥai Gaon* (124) that the reference is to cutting in two or three places around the circumference of the windpipe and the gullet. Some explain that according to the *She'iltot* it is not required that the incisions be in the same location on the neck. Rather, the case includes a situation where they are in several places along the neck and are configured in a manner where they combine to constitute a majority of the circumference of the *simanim* (Ramban; Rashba). The third interpretation of this case is that one cut the majority of the windpipe in one place along the length of the *simanim*, and the majority of the gullet in another (Rabbeinu Ḥananel; Rambam).

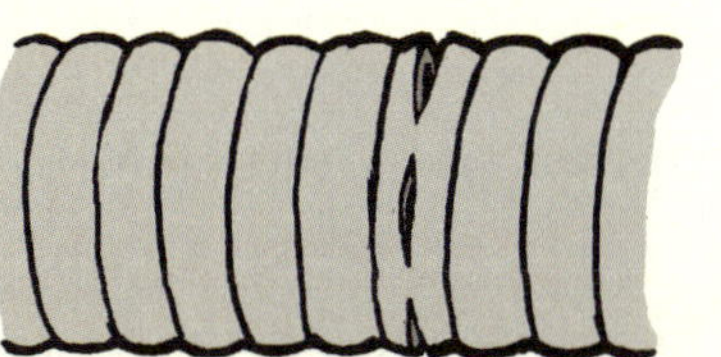

Multiple cuts in the windpipe according to the first interpretation of the opinion of the *She'iltot*

Multiple cuts in the windpipe according to the second interpretation of the opinion of the *She'iltot*

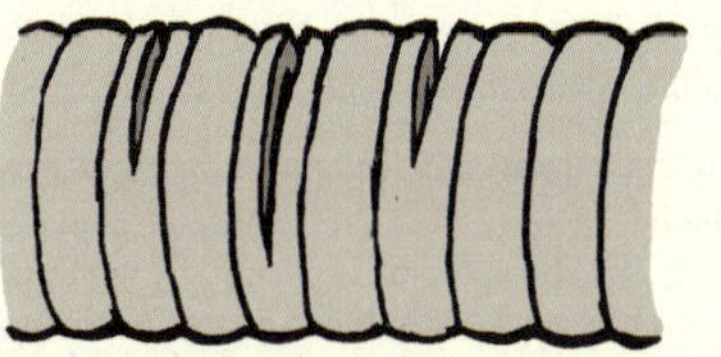

Multiple cuts in the windpipe according to Rashi

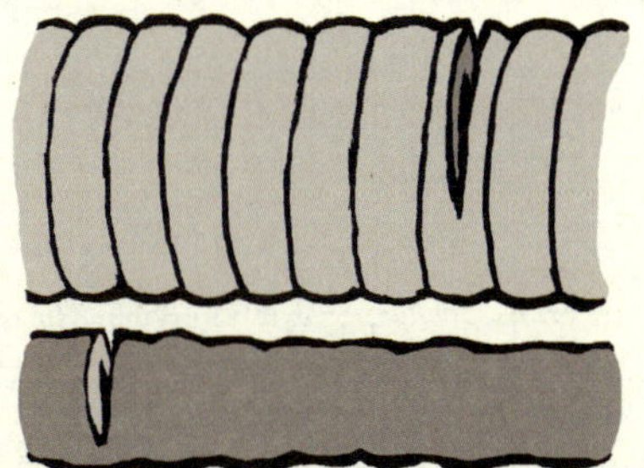

Multiple cuts in the *simanim* according to Rabbeinu Ḥananel

מַתְקִיף רַבִּי אֶלְעָזָר: שְׁנַיִם אוֹחֲזִין בְּסַכִּין וְשׁוֹחֲטִין, אֲפִילּוּ אֶחָד מִלְמַעְלָה וְאֶחָד מִלְמַטָּה – שְׁחִיטָתוֹ כְּשֵׁרָה; אַמַּאי? וְהָא לֵיכָּא שְׁחִיטָה מְפוּרַעַת!

Rabbi Elazar raises an objection from a mishna (30b): If **two** people **are grasping a knife and slaughtering**[H] one animal, **even** if each is holding a knife and slaughtering **one above and one below,**[N] with each one slaughtering at a different point in the neck, their **slaughter is valid. But why** is the slaughter valid according to the opinions of Shmuel and Rabbi Shimon ben Lakish? **There is no clear** and obvious **slaughter,** as each is cutting a different part of the neck.

אָמַר לֵיהּ רַבִּי יִרְמְיָה: מַתְנִיתִין – בְּסַכִּין אֶחָד וּשְׁנֵי בְּנֵי אָדָם.

Rabbi Yirmeya said to Rabbi Elazar: **The mishna** is referring to a case **with one knife and two people,**[H] each holding one end of the knife, resulting in a single diagonal incision from above to below.

אָמַר לֵיהּ רַבִּי אַבָּא: אִי הָכִי, הַיְינוּ דְּתָנֵי עֲלַהּ: אֵין חוֹשְׁשִׁין שֶׁמָּא יְטָרְפוּ זֶה עַל זֶה; אִי אָמְרַתְּ בִּשְׁלָמָא בִּשְׁתֵּי סַכִּינִין וּשְׁנֵי בְּנֵי אָדָם – שַׁפִּיר, מַהוּ דְּתֵימָא: לֵיחוּשׁ דִּלְמָא סָמְכִי אַהֲדָדֵי, וְהַאי לָא אָתֵי לְמֶעְבַּד רוּבָּא וְהַאי לָא אָתֵי לְמֶעְבַּד רוּבָּא, קָא מַשְׁמַע לַן דְּאֵין חוֹשְׁשִׁין.

Rabbi Abba said to Rabbi Yirmeya: **If so, is this what is taught in that regard** in a *baraita* commenting **on** that mishna: One need **not be concerned** that **perhaps each** will **render** the animal **a *tereifa*** due **to the other? Granted, if you say** that the mishna is referring to a case **of two knives and two people** it works out **well, lest you say: Let us be concerned** that **perhaps each will rely on the other** that he will perform the slaughter properly, **and neither will this one come to execute** the cut on **the majority** of the *simanim*, **nor will that one come to execute** the cut on **the majority** of the *simanim*. Therefore, the *tanna* **teaches us that** one need **not be concerned.**

אֶלָּא אִי אָמְרַתְּ בְּסַכִּין אַחַת וּשְׁנֵי בְּנֵי אָדָם, הַאי ״אֵין חוֹשְׁשִׁין שֶׁמָּא יְטָרְפוּ זֶה עַל זֶה״, ״שֶׁמָּא יִדְרוֹסוּ זֶה עַל זֶה״ מִיבְּעֵי לֵיהּ!

But if you say that the mishna is referring to a case **of one knife and two people, that** statement in the *baraita* should not have said: One need **not be concerned** that **perhaps each** will **render** the animal **a *tereifa*** due **to the other;** it **should have** said: One need not be concerned that because one is pulling in one direction and one is pulling in the other, **perhaps each will** cause **the other** to **press** the knife and thereby invalidate the slaughter.

אָמַר לֵיהּ רַבִּי אָבִין, תְּנֵי: אֵין חוֹשְׁשִׁין

Rabbi Avin said to him: Teach: One need **not be concerned**

HALAKHA

If two people are grasping a knife and slaughtering – שְׁנַיִם אוֹחֲזִין בְּסַכִּין וְשׁוֹחֲטִין: If two people, each holding his own knife, simultaneously cut two different parts of the animal's neck, the slaughter is valid, even if one cut only the windpipe or the majority thereof, and the other cut only the gullet or the majority thereof, in accordance with Rav's explanation of the mishna (Rambam *Sefer Kedusha*, *Hilkhot Sheḥita* 2:10; *Shulḥan Arukh*, *Yoreh De'a* 21:3).

With one knife and two people – בְּסַכִּין אֶחָד וּשְׁנֵי בְּנֵי אָדָם: If two people grasp one knife and slaughter an animal, the slaughter is valid. This is the case even if they hold it diagonally, with one holding his end closer to the head of the animal, and the other holding his end closer to the body. There is no concern that they might press the knife and invalidate the slaughter (Rambam *Sefer Kedusha*, *Hilkhot Sheḥita* 2:10; *Shulḥan Arukh*, *Yoreh De'a* 24:4).

NOTES

If two are grasping a knife and slaughtering one animal, even one above and one below – שְׁנַיִם אוֹחֲזִין בְּסַכִּין וְשׁוֹחֲטִין אֲפִילּוּ אֶחָד מִלְמַעְלָה וְאֶחָד מִלְמַטָּה: According to the opinion that the multiple incisions are all on the same ring of the windpipe, the terms above and below refer to the front and back of the neck (Ramban). One begins the slaughter above, i.e., at the front of the neck, and continues the slaughter below. Alternatively, one typically slaughters an animal while it is lying on the ground, such that the front of the neck is facing upward and the back of the neck is below (see 30b).

Two-handled knife

שֶׁמָּא יִדְרוֹסוּ זֶה עַל זֶה.

that **perhaps each will** cause **the other** to **press** the knife.

מַתְקִיף רַבִּי אָבִין: שָׁחַט אֶת הַוֶּושֶׁט לְמַטָּה וְאֶת הַקָּנֶה לְמַעְלָה, אוֹ אֶת הַוֶּושֶׁט לְמַעְלָה וְאֶת הַקָּנֶה לְמַטָּה – שְׁחִיטָתוֹ כְּשֵׁרָה; אַמַּאי? וְהָא לֵיכָּא שְׁחִיטָה מְפוּרַעַת!

Rabbi Avin raises an objection from a *baraita*: If **one slaughtered,** i.e., cut, **the gullet below** on the neck **and the windpipe above** on the neck, **or** cut **the gullet above** on the neck **and the windpipe below** on the neck, **his slaughter is valid.** Based on this, Rabbi Avin asks: **Why** is the slaughter valid? **But** in that case **there is no clear** and obvious **slaughter.**

הוּא מוֹתִיב לַהּ, וְהוּא מְפָרֵק לַהּ: בִּשְׁחִיטָה הָעֲשׂוּיָה כְּקוּלְמוֹס.

He raises the objection and he resolves it. This *baraita* is not referring to cuts on two places on the neck; rather, it is referring **to slaughter performed** on a diagonal, **like** the point **of a reed** [*kekulmos*]HL fashioned into a writing utensil. The slaughterer begins cutting from the top of one *siman* and cuts diagonally downward so that when he reaches the second *siman*, the knife is lower down.

הַהוּא תּוֹרָא דְּאִישְׁחַט בִּשְׁנַיִם וּשְׁלֹשָׁה מְקוֹמוֹת, עָל רַב יִצְחָק בַּר שְׁמוּאֵל בַּר מָרְתָא שָׁקֵל מִשּׁוּפְרֵי שׁוּפְרֵי, אָמַר לֵיהּ רַבִּי זֵירָא: לִמַּדְתָּנוּ רַבֵּינוּ, מִשְׁנָתֵינוּ בִּשְׁנֵי סַכִּינִין וּשְׁנֵי בְּנֵי אָדָם.

The Gemara relates: There was **a certain bull that was slaughtered** with cuts **in two or three places** in the *simanim* on its neck. **Rav Yitzḥak bar Shmuel bar Marta entered** the store **and took** a cut of meat **from the highest quality** parts of the animal, thereby demonstrating that the slaughter was valid. **Rabbi Zeira said to him: Our rabbi, you have taught us** through your actions that **the mishna:** If two people are grasping a knife and slaughtering one animal, even one above and one below, is referring even to a case **of two knives and two people** who are each cutting the *simanim* at a different part of the neck with their knives.

אָמַר רַב יְהוּדָה אָמַר רַב: הֶחְלִיד אֶת הַסַּכִּין בֵּין סִימָן לְסִימָן וּפְסָקוֹ – פְּסוּלָה, תַּחַת הָעוֹר – כְּשֵׁרָה.

§ **Rav Yehuda says** that **Rav says: If one concealed the knife**H in the neck **between** one ***siman* and** the other ***siman***, i.e., he inserted the knife between the windpipe and the gullet, **and he severed** the gullet first and then removed the knife and cut the windpipe, the slaughter is **not valid.** If one concealed the knife **beneath the hide** of the neck and then he cut both *simanim*, the slaughter is **valid.**

מַאי קָא מַשְׁמַע לַן? תְּנֵינָא: אוֹ שֶׁהֶחְלִיד אֶת הַסַּכִּין תַּחַת הַשֵּׁנִי וּפְסָקוֹ – רַבִּי יְשֵׁבָב אוֹמֵר: נְבֵלָה, רַבִּי עֲקִיבָא אוֹמֵר: טְרֵפָה!

The Gemara asks: **What is** Rav **teaching us? We** already **learn** this *halakha* explicitly in a mishna (32a): **Or** if one cut one *siman* and **concealed the knife beneath the second** ***siman*** **and severed it, Rabbi Yeshevav says:** The animal is **an unslaughtered carcass** and imparts ritual impurity through contact with it and carrying it. **Rabbi Akiva says:** The animal is **a *tereifa***, and although eating it is prohibited, it does not transmit ritual impurity. Both agree that the slaughter is not valid in the sense that it does not permit the consumption of the meat of the animal.

אִי מִמַּתְנִיתִין הֲוָה אָמֵינָא: הָנֵי מִילֵּי מִלְּמַטָּה לְמַעְלָה, דְּלָא קָעָבֵיד כְּדֶרֶךְ שְׁחִיטָה, אֲבָל מִלְמַעְלָה לְמַטָּה, דְּקָעָבֵיד כְּדֶרֶךְ שְׁחִיטָה – אֵימָא שַׁפִּיר דָּמֵי, קָא מַשְׁמַע לַן.

The Gemara answers: **If** this *halakha* is learned **from the mishna** alone, **I would say that this statement** applies only in a case where one conceals the knife beneath the gullet and cuts it **from below to above,** i.e., from the nape to the front of the neck, **because he did not perform** the slaughter **in the** standard **manner of slaughter. But** if he cut the gullet **from above to below,** i.e., from the front of the neck to the nape, **since he performed** the slaughter **in the** standard **manner of slaughter, say** that the slaughter **is valid.** Therefore, Rav **teaches us** that with regard to any case where one conceals the knife during slaughter, his slaughter is not valid.

תַּחַת הָעוֹר כְּשֵׁרָה. בֵּי רַב אָמְרִי: תַּחַת הָעוֹר אֵינִי יוֹדֵעַ.

The Gemara proceeds to analyze the second part of that which Rav Yehuda says that Rav says: If one concealed the knife **beneath the hide** of the neck and then he cut both *simanim* in the standard manner the slaughter is **valid. The school of Rav say** that Rav says that in a case where one conceals the knife **beneath the hide** and cuts the *simanim* of the animal, **I do not know**NH whether the slaughter is valid, or whether it is not valid because he concealed the knife during the slaughter.

NOTES

The school of Rav [*bei Rav*] say…I do not know – בֵּי רַב אָמְרִי...אֵינִי יוֹדֵעַ: In some places, the expression *bei rav* refers simply to an academy where Torah was studied. Nevertheless, when a statement is cited in the name of *bei Rav*, the reference is to the school of Rav, the prominent *amora*. The Gemara in *Sanhedrin* (17b) states that the expression: The school of Rav says, is a reference to Rav Hamnuna (Rashi). Others maintain that the reference is to Rav Huna (*Tosafot*). Rav Huna was Rav's most prominent disciple and succeeded him as the head of the yeshiva in Sura. The Gemara here could be understood as saying that Rav Huna did not know the *halakha*. Alternatively, Rav Huna could be saying that he does not know what Rav said on this topic. Some commentaries, following the second interpretation, question the ruling of the Rif, which is in accordance with the uncertainty of Rav Huna and against the clear tradition that Rav Yehuda cited in the name of Rav. These commentaries explain instead that Rav Huna is saying that he heard Rav himself say that he does not know the *halakha* (Rashba; Meiri).

HALAKHA

Like the point of a reed – כְּקוּלְמוֹס: The diagonal described in the Gemara refers to a case where one cuts the neck while one end of the knife is adjacent to the head and the other end of the knife is adjacent to the body. Alternatively, it is a case where the knife is held straight, but rather than cutting the neck straight back, he cuts down at an angle. In both cases, all agree that the slaughter is valid, as even Shmuel concedes in these situations, and one may slaughter in this manner *ab initio* (Rambam *Sefer Kedusha*, *Hilkhot Sheḥita* 2:10; *Shulḥan Arukh*, *Yoreh De'a* 21:4; see *Tevuot Shor* and *Arukh HaShulḥan*).

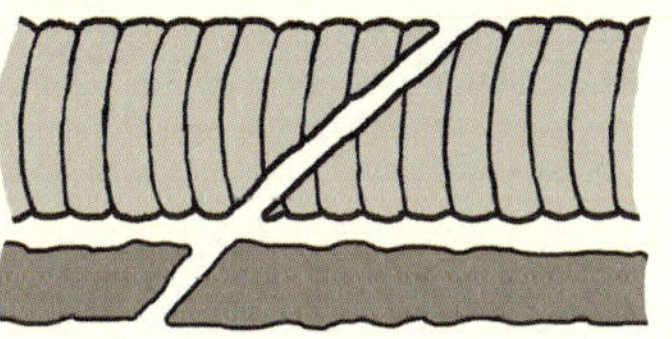

Diagonal incision in the *simanim*

If one concealed the knife – הֶחְלִיד אֶת הַסַּכִּין: If one concealed the knife between the *simanim* and slaughtered by cutting the inner *siman* first, the slaughter is not valid. How so? If one first cut the inner *siman* in the prescribed manner, i.e., in a downward motion, and then withdrew the knife and cut the outer *siman* in a downward motion, or if he did not withdraw the knife, and cut the outer *siman* in an upward motion, the slaughter is not valid. Certainly if he cut both *simanim* in an upward motion, the slaughter is not valid (*Shakh*). In all these cases the animal assumes the status of an unslaughtered carcass, in accordance with the opinion of Rabbi Yeshevav, as Rabbi Akiva concedes to him in the mishna on 32a (Rambam *Sefer Kedusha*, *Hilkhot Sheḥita* 3:9, 18; *Shulḥan Arukh Yoreh De'a* 24:7).

Beneath the hide I do not know – תַּחַת הָעוֹר אֵינִי יוֹדֵעַ: If one concealed the knife beneath the hide, or beneath the tangled wool on the neck of the animal, or beneath a cloth tied around the animal's neck or attached to the neck with wax, and slaughtered the animal, the slaughter is not valid. The *halakha* is in accordance with the opinion of the school of Rav, and therefore, due to the uncertainty, the ruling is stringent. If a cloth was merely spread over the neck and he slaughtered beneath the cloth, the slaughter is valid, in accordance with the explanation of Rashi. The Rambam rules that in that case too the slaughter is not valid, and one should adhere to his ruling *ab initio*. The Rema writes that one who seeks to slaughter a sheep with tangled wool on its neck should shear its wool before slaughtering it, to avoid the possibility that he will come to conceal the knife (Rambam *Sefer Kedusha*, *Hilkhot Sheḥita* 3:10; *Shulḥan Arukh*, *Yoreh De'a* 24:8).

LANGUAGE

Reed [*kulmos*] – קוּלְמוֹס: From the Greek κάλαμος, *kalamos*, meaning reed, especially one utilized as a writing utensil.

Ancient reed pen

אִיבַּעְיָא לְהוּ, לְבֵי רַב דְּאָמְרִי: תַּחַת הָעוֹר אֵינִי יוֹדֵעַ, תַּחַת מַטְלִית מַהוּ? תַּחַת צֶמֶר מְסוּבָּךְ מַהוּ? תֵּיקוּ.

A dilemma was raised before the Sages: **According to** the opinion **of the school of Rav, who say: Beneath the hide, I do not know,** if one concealed the knife **beneath a cloth**[N] that is around the animal's neck, **what is the** *halakha*? If one concealed the knife **beneath tangled wool**[N] on the neck of a sheep, **what is** the *halakha*? The Gemara concludes: These dilemmas **shall stand** unresolved.

בָּעֵי רַב פָּפָּא: הֶחְלִיד בְּמִיעוּט סִימָנִים, מַהוּ? תֵּיקוּ.

Rav Pappa raises a dilemma: If one **concealed** the knife **in** cutting **the minority of the** ***simanim***[H] and cut the majority of the *simanim* in the standard manner, **what is** the *halakha*? The Gemara concludes: The dilemma **shall stand** unresolved.

מתני׳ הַשּׁוֹחֵט שְׁנֵי רָאשִׁין כְּאֶחָד – שְׁחִיטָתוֹ כְּשֵׁרָה. שְׁנַיִם אוֹחֲזִין בְּסַכִּין וְשׁוֹחֲטִים, אֲפִילּוּ אֶחָד לְמַעְלָה וְאֶחָד לְמַטָּה – שְׁחִיטָתָן כְּשֵׁרָה. הִתִּיז אֶת הָרֹאשׁ בְּבַת אַחַת – פְּסוּלָה. הָיָה שׁוֹחֵט וְהִתִּיז אֶת הָרֹאשׁ בְּבַת אַחַת, אִם יֵשׁ בַּסַּכִּין מְלֹא צַוָּאר – כְּשֵׁרָה.

MISHNA With regard to **one who slaughters** by cutting **two animals' heads simultaneously, his slaughter is valid.**[NH] **If two** people **are grasping a knife and slaughtering** one animal, **even** if each is holding a knife and slaughtering **one above and one below,** with each one slaughtering at a different point in the neck, their **slaughter is valid. If one decapitated** the animal **in one** motion[N] and did not slaughter the animal in the standard manner of drawing the knife back and forth, the slaughter is **not valid.**[H] In a case where **one was** in the process of **slaughtering** the animal in the standard manner **and he decapitated** the animal **in one** motion,[NH] **if** the length **of the knife** is equivalent to **the** breadth of the animal's **entire neck**, the slaughter is **valid.**

הָיָה שׁוֹחֵט וְהִתִּיז שְׁנֵי רָאשִׁין בְּבַת אַחַת, אִם יֵשׁ בַּסַּכִּין מְלֹא צַוַּאר אֶחָד – כְּשֵׁרָה. בַּמֶּה דְּבָרִים אֲמוּרִים – בִּזְמַן שֶׁהוֹלִיךְ וְלֹא הֵבִיא, אוֹ הֵבִיא וְלֹא הוֹלִיךְ; אֲבָל אִם הוֹלִיךְ וְהֵבִיא, אֲפִילּוּ כׇּל שֶׁהוּא, אֲפִילּוּ בְּאִיזְמֵל – כְּשֵׁרָה.

If one was in the process of **slaughtering** two animals simultaneously, **and he decapitated two heads in one** motion,[H] **if** the length **of the knife** is equivalent to **the breadth of an entire neck** of **one** of the animals, the slaughter is **valid. In what** case **is this statement,** that one must be concerned about the length of the knife, **said?** It is **when one drew** the knife **back and did not draw it forth, or drew it forth and did not draw it back; but if he drew it back and forth,**[H] **even** if the knife was of **any length, even** if he slaughtered **with a scalpel** [***be'izemel***],[L] the slaughter is **valid.**

NOTES

Beneath a cloth – תַּחַת מַטְלִית: Rashi explains that the reference is to a case where a cloth was tied around the animal's neck. In *Halakhot Gedolot* it is explained that the reference is specifically to a case where the cloth was stuck, e.g., with wax, to the hide of the animal's neck. The dilemma is whether the halakhic status of that cloth is that of part of the animal's body. The Rambam explains that the reference is to a case where one spread a cloth over the animal's neck and slaughtered the animal beneath the cloth. In that case, the dilemma is whether concealing the knife in that manner invalidates the slaughter, or whether the slaughter is invalidated only if the knife is concealed within the neck of the animal.

Beneath tangled wool – תַּחַת צֶמֶר מְסוּבָּךְ: The dilemma is: If slaughter with the knife concealed beneath a cloth invalidates the slaughter, what is the *halakha* in a case where there is tangled wool on the neck of the animal and the knife is partially visible (*Lev Arye*)? Apparently, the Rosh had a variant reading of the Gemara in which the dilemma with regard to tangled wool preceded the dilemma with regard to slaughter beneath a cloth. He explains that the dilemma is whether, since tangled wool stands to be shorn, its halakhic status is that of wool that was already shorn and therefore concealing the knife in it does not invalidate the slaughter. On the other hand, perhaps, since the knife is concealed, the slaughter is not valid. And if one says that in that case the slaughter is not valid, what is the *halakha* in a case where the knife was concealed beneath a cloth, which is not part of the animal's body at all?

One who slaughters two animals' heads simultaneously his slaughter is valid – הַשּׁוֹחֵט שְׁנֵי רָאשִׁין כְּאֶחָד שְׁחִיטָתוֹ כְּשֵׁרָה: Earlier (29a) the Gemara proved from the phrase: One who slaughters, which indicates that such an act of slaughter is valid only after the fact, that the reference in the mishna is to the slaughter of sacrificial animals. By contrast, it is permitted to slaughter non-sacred animals in this manner *ab initio*.

If one decapitated the animal in one motion – הִתִּיז אֶת הָרֹאשׁ בְּבַת אַחַת: Either he cut the head in the manner of one who decapitates with a sword, or he pressed the knife with force as he cuts (*Hilkhot Reu*; see *Halakhot Gedolot*). Killing in this manner is an example of the disqualification of pressing the knife during slaughter. The Rashba writes that here the Gemara does not mean that the person decapitated the animal; rather, it means that he struck the two *simanim* with the blade. Since the life of the animal is dependent upon these *simanim*, it is considered as though he decapitated the animal and the head was placed in a basket (see 27a). It is accepted that even if pressing is performed during only a small part of the cutting, it invalidates the slaughter.

One was slaughtering the animal and he decapitated it in one motion, etc. – הָיָה שׁוֹחֵט וְהִתִּיז אֶת הָרֹאשׁ בְּבַת אַחַת וכו׳: The reason is that with a knife shorter than that measure, one is unable to cut the neck by drawing the knife either backward or forward without pressing (Rashi). Alternatively, the concern is that with a shorter knife, the one slaughtering the animal will be concerned that he will not be able to complete the slaughter and will press the knife instead of drawing it back and forth (Rabbeinu Yehonatan of Lunel). The Ramban writes that the *halakha* that the length of the knife must be equivalent to the breadth of the animal's entire neck and extend beyond the neck applies specifically in a case where the slaughterer decapitated the animal. If not, it is sufficient, if the knife is the breadth of the neck itself, to cut the *simanim* by drawing the knife backward or by drawing it forward, and there is no requirement that the length of the knife extend beyond the breadth of the neck. The Rashba and most other early commentaries disagree.

LANGUAGE

Scalpel [*izemel*] – אִיזְמֵל: From the Greek σμίλη, *smilē*, meaning a knife for cutting and carving, a surgeon's knife, or a knife for pruning branches.

HALAKHA

If one concealed the knife in cutting the minority of the ***simanim*** – הֶחְלִיד בְּמִיעוּט סִימָנִים: If after cutting a majority of the *simanim*, one concealed the knife beneath or behind the remaining minority and cut it in an upward motion, the slaughter is valid, in accordance with the opinion of most early commentaries. Some rule that even in that case it is prohibited to eat the meat of the animal (Rashi), and one should adhere to this ruling *ab initio*.

If one concealed the knife beneath the minority of one *siman* and cut it in an upward motion, and then cut the majority of that *siman* in a downward motion; or if one cut the majority of the upper *siman*, concealed the knife beneath the remaining minority and cut it in an upward motion, and then cut the second *siman* in a downward motion; or if he concealed the knife and cut a minority of the upper *siman* and then completed the slaughter in the prescribed manner, in all of these cases the slaughter is not valid, in accordance with the explanations of Rav Pappa's dilemma by various early commentaries.

The Rema writes that the custom is to prohibit the consumption of the meat of any animal that was slaughtered with a concealed knife, regardless of which part of a *siman* was cut in this manner. That is the custom in many Sephardic communities as well (Rambam *Sefer Kedusha*, *Hilkhot Sheḥita* 3:10; *Shulḥan Arukh*, *Yoreh De'a* 24:10–11 and *Kaf HaḤayyim* there).

One who slaughters two animals' heads simultaneously his slaughter is valid – הַשּׁוֹחֵט שְׁנֵי רָאשִׁין כְּאֶחָד שְׁחִיטָתוֹ כְּשֵׁרָה: If one cuts the heads of two animals simultaneously the slaughter is valid. One may do so *ab initio* (Rambam *Sefer Kedusha*, *Hilkhot Sheḥita* 2:9; *Shulḥan Arukh*, *Yoreh De'a* 24:3 and *Shakh* there).

If one decapitated the animal in one motion the slaughter is not valid – הִתִּיז אֶת הָרֹאשׁ בְּבַת אַחַת פְּסוּלָה: If one decapitates an animal by placing the knife on the neck of the animal and pressing in the manner that one cuts a radish or a cucumber, the slaughter is not valid. Needless to say, if one strikes the neck with the knife and cuts the *simanim* in the manner that one wields a sword, the slaughter is not valid (Rambam *Sefer Kedusha*, *Hilkhot Sheḥita* 3:11; *Shulḥan Arukh*, *Yoreh De'a* 24:1).

One was slaughtering the animal and he decapitated it in one motion – הָיָה שׁוֹחֵט וְהִתִּיז אֶת הָרֹאשׁ בְּבַת אַחַת: If one is slaughtering an animal and decapitates it by drawing the knife backward or by drawing the knife forward, if the knife is two neck breadths long the slaughter is valid; if it is not that long, the slaughter is not valid. If the knife is the prescribed length, and sharp, and he slaughtered the animal by drawing less than the entire length of the knife either backward or forward, the slaughter is valid, provided that his intent was to use the entire length of the knife (*Tevuot Shor*). Others disagree (Rambam *Sefer Kedusha*, *Hilkhot Sheḥita* 2:9; *Shulḥan Arukh*, *Yoreh De'a* 24:2; *Shulḥan Arukh HaRav*).

If one was slaughtering two animals and he decapitated two heads in one motion – הָיָה שׁוֹחֵט וְהִתִּיז שְׁנֵי רָאשִׁין בְּבַת אַחַת: If one slaughters two animals with a single backward or forward motion, the slaughter is valid, provided that the knife is at least three neck breadths long. If the knife is shorter, the concern is that he pressed the knife rather than drawing it back and forth, and it is prohibited to eat the meat of those animals (Rambam *Sefer Kedusha*, *Hilkhot Sheḥita* 2:9; *Shulḥan Arukh*, *Yoreh De'a* 24:3, and see *Shakh* there).

But if he drew it back and forth – אֲבָל אִם הוֹלִיךְ וְהֵבִיא: If one slaughtered an animal by drawing the knife back and forth, even if he did so with a blade of any length, the slaughter is valid (Rambam *Sefer Kedusha*, *Hilkhot Sheḥita* 3:11; *Shulḥan Arukh*, *Yoreh De'a* 24:2).

גמ׳ מְנָהָנֵי מִילֵּי? אָמַר שְׁמוּאֵל, דְּאָמַר קְרָא: ״חֵץ שָׁחוּט לְשׁוֹנָם מִרְמָה דִבֵּר״.

GEMARA The mishna stated: If one decapitated the animal in one motion, the slaughter is not valid. The Gemara asks: **From where is this matter** derived?[N] **Shmuel said:** It is derived from a verse, **as the verse states: "Their tongue is a sharpened** [*shahut*] **arrow, it speaks deceit"** (Jeremiah 9:7). Just as an arrow is propelled by drawing back the bowstring, so too, slaughter [*sheḥita*] must be performed by drawing the knife across the animal's neck and not by pressing the knife or striking the neck with the knife.

תָּנָא דְּבֵי רַבִּי יִשְׁמָעֵאל. ״וְשָׁחַט״ – אֵין ״וְשָׁחַט״ אֶלָּא וּמָשַׁךְ, וְכֵן הוּא אוֹמֵר: ״זָהָב שָׁחוּט״, וְאוֹמֵר ״חֵץ שָׁחוּט לְשׁוֹנָם מִרְמָה דִבֵּר״.

Likewise, **the school of Rabbi Yishmael taught.** The verse states: **"And he shall slaughter** [*veshaḥat*] the young bull before the Lord" (Leviticus 1:5). The term **"*veshaḥat*"** means **nothing other than: And he shall draw** the knife across the neck of the animal. **And similarly,** the verse **states:** "And King Solomon made two hundred targets **of drawn** [*shaḥut*] **gold"** (1 Kings 10:16), meaning gold that is smoothed in the manner of goldsmiths. **And** the verse **states: "Their tongue is a sharpened arrow, it speaks deceit"** (Jeremiah 9:7).

מַאי ״וְאוֹמֵר״? וְכִי תֵּימָא: ״זָהָב שָׁחוּט״ – שֶׁנִּטְוָוה כְּחוּט הוּא, תָּא שְׁמַע: ״חֵץ שָׁחוּט לְשׁוֹנָם״.

The Gemara asks. **What** is the purpose of citing the additional verse introduced with the term: **And** the verse **states?** The Gemara answers: **And if you would say** that the term **"drawn** [*shaḥut*] **gold"** means that the gold **was spun like** soft **thread** [*keḥut*], **come** and **hear: "Their tongue is a sharpened** [*shaḥut*] **arrow."** In this verse, *shaḥut* means drawn like the bowstring that propels an arrow, and is not a reference to thread.

רָבָא הֲוָה בָּדֵיק לֵיהּ גִּירָא לְרַבִּי יוֹנָה בַּר תַּחְלִיפָא, וְשָׁחַט בָּהּ עוֹפָא בַּהֲדֵי דְּפָרַח. וְדִלְמָא עָבֵיד חֲלָדָה! חָזֵינַן

The Gemara relates: **Rava would examine the arrow**[H] **for Rabbi Yona bar Taḥlifa** to ensure that there were no notches in it. **And** Rabbi Yona bar Taḥlifa shot the arrow and **slaughtered a bird with it as it was flying.**[N] The Gemara challenges: **And perhaps** when the arrow cut the bird's neck **it performed** an inverted slaughter, with the arrow **concealed** in the neck, and cut the *simanim* from back to front. The Gemara responds: **We see**

NOTES

From where is this matter derived – **מְנָהָנֵי מִילֵּי**: Ostensibly, there is no need for a Torah source, as it is a *halakha* transmitted to Moses from Sinai (see 27a). Some write that this verse is cited as a mere support but that it is not the source of the *halakha* (Ramban). Rashi writes that the *halakha* that pressing the knife invalidates slaughter is unique among the *halakhot* of slaughter in that it is derived from a verse.

And he slaughtered a bird with it as it was flying – **וְשָׁחַט בָּהּ עוֹפָא בַּהֲדֵי דְּפָרַח**: This indicates that slaughter may be performed with a single motion, i.e., drawing the knife either backward or forward, even *ab initio*. This seems to contradict the *Tosefta* (1:9), which states that one is required to draw the knife back and forth *ab initio*. Some explain that since in this case there was no alternative method of slaughter, as the bird was flying by, it is treated like a case after the fact (*Peri Ḥadash Yoreh De'a* 24:3; see *Peri Megadim*).

HALAKHA

Would examine the arrow – **הֲוָה בָּדֵיק לֵיהּ גִּירָא**: If one threw a knife and it slaughtered a bird in flight, the slaughter is valid, provided that he made certain that the knife was not concealed between the *simanim* or under the hide during the slaughter. If he found the feathers of the bird cut at the place of slaughter, he can be certain that the slaughter was not performed with the knife concealed (*Shulḥan Arukh, Yoreh De'a* 3:1).

גִּידְפֵי דְּמִיפַּרְמֵי.

that the feathers at the front of the neck were **unraveled** by the arrow, a clear indication that slaughter was performed from the front of the neck.

וְהָא בָּעֵי כִּסּוּי! וְכִי תֵּימָא דִּמְכַסּוּ לֵיהּ, וְהָאָמַר רַבִּי זֵירָא אָמַר רַב: הַשּׁוֹחֵט צָרִיךְ שֶׁיִּתֵּן עָפָר לְמַטָּה וְעָפָר לְמַעְלָה, שֶׁנֶּאֱמַר: ״וְכִסָּהוּ בֶּעָפָר״ – ״עָפָר״ לֹא נֶאֱמַר, אֶלָּא ״בֶּעָפָר״, מְלַמֵּד שֶׁהַשּׁוֹחֵט צָרִיךְ שֶׁיִּתֵּן עָפָר לְמַטָּה וְעָפָר לְמַעְלָה!

The Gemara notes another difficulty encountered in the slaughter of a flying bird with an arrow. **But doesn't** the bird's blood **require covering** with earth? **And if you would say that** Rabbi Yona bar Taḥlifa **covers** the blood, **but doesn't Rabbi Zeira** say that **Rav says:** In fulfilling the mitzva of covering the blood, **one who slaughters** an undomesticated animal or bird **must place earth beneath**[H] the blood **and earth above** it, **as it is stated:** "He shall spill its blood, **and cover it in earth"** (Leviticus 17:13). **It is not stated:** Cover it with **earth, but rather "in earth."** This **teaches that one who slaughters must place earth beneath** the blood **and earth above** the blood, so that the blood will be within the earth.

HALAKHA

One who slaughters must place earth beneath – **הַשּׁוֹחֵט צָרִיךְ שֶׁיִּתֵּן עָפָר לְמַטָּה**: One who slaughters an undomesticated animal or a bird must prepare loose earth beforehand for use in covering the blood. Even if there was already earth there, one must verbally designate it (*Sefer HaIttur*; Rashi). Others, such as the Rosh, disagree and say that it is not necessary to verbally designate the earth (Rambam *Sefer Kedusha, Hilkhot Sheḥita* 14:14; *Shulḥan Arukh, Yoreh De'a* 28:5, and see *Shakh* and Rabbi Akiva Eiger there).

דִּמְזַמֵּין לֵיהּ לְעָפָר דְּכוּלָּה פַּתְקָא.

The Gemara answers **that** Rabbi Yona bar Taḥlifa would **designate for himself** the **earth of the entire valley** [*patka*][NL] before shooting the arrow. That earth would serve as the layer of earth beneath the blood and he would proceed to cover the blood with another layer of earth.

״הָיָה שׁוֹחֵט וְהִתִּיז״. אָמַר רַבִּי זֵירָא: מְלֹא צַוָּאר וְחוּץ לְצַוָּאר.

§ The mishna teaches: In a case where **one was** in the process of **slaughtering** the animal in the standard manner **and he decapitated** the animal in one motion, if the length of the knife is equivalent to the breadth of the animal's entire neck, the slaughter is valid. **Rabbi Zeira says:** The knife must be equivalent to **the** breadth of the animal's **entire neck and** extend **beyond the neck.**

אִיבַּעְיָא לְהוּ: מְלֹא צַוָּאר, וְחוּץ לְצַוָּאר כִּמְלֹא צַוָּאר, דְּהָווּ לְהּ תְּרֵי צַוְּארֵי, אוֹ דִּלְמָא: מְלֹא צַוָּאר, וְחוּץ לְצַוָּאר מַשֶּׁהוּ?

A dilemma was raised before the Sages: Did Rabbi Zeira mean: Equivalent to the breadth of the animal's **entire neck and** extend **beyond the neck** by an amount equivalent to the breadth of the **entire neck,** in which case the length of the knife **would** equal the breadth of **two necks? Or perhaps** he meant: Equivalent to the breadth of the **entire neck and beyond the neck** by **any amount?**

תָּא שְׁמַע: הָיָה שׁוֹחֵט וְהִתִּיז שְׁנֵי רָאשִׁין בְּבַת אַחַת, אִם יֵשׁ לְסַכִּין מְלֹא צַוָּאר אֶחָד – כָּשֵׁר; מַאי מְלֹא צַוָּאר אֶחָד? אִילֵימָא מְלֹא צַוָּאר אֶחָד וְתוּ לָא, הַשְׁתָּא בִּבְהֵמָה אַחַת בָּעֵינַן מְלֹא צַוָּאר וְחוּץ לְצַוָּאר, בִּשְׁתֵּי בְּהֵמוֹת סַגִּי לְהוּ כִּמְלֹא צַוָּאר אֶחָד? אֶלָּא פְּשִׁיטָא, מְלֹא צַוָּאר חוּץ לִשְׁנֵי צַוָּארִין.

The Gemara suggests: **Come** and **hear** proof to resolve the dilemma from the continuation of the mishna: If **one was** in the process of **slaughtering** two animals simultaneously, **and he decapitated two heads in one** motion, **if** the length **of the knife** is equivalent to the breadth of **an entire neck** of **one** of the animals the slaughter is **valid.** The Gemara asks: **What** is the meaning of the phrase: The breadth of **an entire neck** of **one** of the animals? **If we say** that it means the breadth of **one entire neck and nothing more,** that is difficult. **Now,** for the slaughter **of one animal, we require** that the knife be equivalent to the breadth of the animal's **entire neck and** extend **beyond the neck;** for the slaughter **of two animals,** is it possible that a knife whose length is equivalent to the breadth of **one** animal's **entire neck would be sufficient? Rather,** it is **obvious** that it means that the length of the knife must be equivalent to the breadth of **one entire neck beyond the** breadth of **two necks.**[N]

שְׁמַע מִינַּהּ: מְלֹא צַוָּאר חוּץ לְצַוָּאר, שְׁמַע מִינַּהּ.

The Gemara suggests: **Learn from** the mishna that Rabbi Zeira means that the length of the knife must be equivalent to the breadth of the animal's entire neck and extend **beyond the neck** by the breadth of the **entire neck.** The Gemara concludes: Indeed, **learn from it** that this was Rabbi Zeira's intent.

״בַּמֶּה דְּבָרִים אֲמוּרִים – בִּזְמַן שֶׁהוֹלִיךְ וְלֹא הֵבִיא״ וכו׳. אָמַר רַב מְנַשֶּׁה: בְּאִיזְמֵל שֶׁאֵין לוֹ קְרָנַיִם.

§ The mishna continues: **In what** case **is this statement said?** It is **when one drew** the knife **back and did not draw** it **forth,** or drew it forth and did not draw it back. But if he drew it back and forth, even if the knife was of any length, even if he slaughtered with a scalpel, the slaughter is valid. **Rav Menashe said:** This is the *halakha* **in** the case of **a scalpel**[H] **that does not have protrusions** from the sides. If there are protrusions, since the scalpel is short, there is concern that the corners may perforate the *simanim* or enter between the *simanim* and invalidate the slaughter.

אֲמַר לֵיהּ רַב אַחָא בְּרֵיהּ דְּרַב אַוְיָא לְרַב מְנַשֶּׁה: מַחַטָּא מַאי? אֲמַר לֵיהּ: מַחַטָּא מִבְזַע בָּזַע.

Rav Aḥa, son of Rav Avya, said to Rav Menashe: What is the *halakha* with regard to slaughter with **a needle?** Rav Menashe **said to him: A needle pierces** the *simanim,* as it perforates the neck instead of cutting it.

NOTES

That he would designate for himself the earth of the entire valley – דִּמְזַמֵּין לֵיהּ לְעָפָר דְּכוּלָּה פַּתְקָא: Since the blood must be covered with loose earth designated for that purpose, it is necessary for all the surrounding earth to be crushed, such as in the case of a plowed field. Alternatively, the case may be one where the valley was filled with earth that was loose already, and one designated it for use in covering the blood (Rashi). From Rashi's second explanation it is apparent that he holds that if one did not perform an action to designate the earth for use in the mitzva of covering the blood, he is required to verbally designate the earth for that purpose (*Sefer HaIttur*; *Sefer Yere'im* 438). Other early commentaries disagree, as there is no mention here of verbal designation. Rather, the issue is that the earth in a valley is typically hard and must be crushed in order to render it fit for use in the mitzva (*Or Zarua*; Rashba; Rosh; see *Meromei Sadeh*).

One entire neck beyond the breadth of two necks – מְלֹא צַוָּאר חוּץ לִשְׁנֵי צַוָּארִין: If the knife was only two neck breadths long, some commentaries hold that the slaughter of the animal closer to the slaughterer is not valid. This is because when drawing the knife toward himself, by the time the second neck breadth of the knife was drawn over the *simanim* of the animal positioned further from the slaughterer, only one neck breadth of the knife was drawn over the *simanim* of the animal positioned closer to the slaughterer (Rosh, and see *Taz*). By contrast, the Ramban writes that it is prohibited to eat both animals. Since the person slaughtered both animals in the same act of slaughter with the same knife, since there is a concern that he pressed the knife when slaughtering one animal, presumably he pressed the knife when slaughtering the second animal as well.

LANGUAGE

Valley [*patka*] – פַּתְקָא: It appears that the letters of the word *pakta* were transposed in this term. *Pakta* is a variation of the term *bakta*, meaning valley or plain.

HALAKHA

In the case of a scalpel, etc. – בְּאִיזְמֵל וכו׳: If one slaughtered by drawing the knife back and forth the slaughter is valid, regardless of the length of the blade. One may not use a sharp implement that pierces rather than cuts. One may not slaughter with a needle, even if it is somewhat wide like the needles that cobblers use to cut their thread. Since today the minimal measure of what was regarded as a small knife is not known, one must make certain, to the best of his ability, that he not press the blade into the animal's neck when drawing the knife back and forth. One should use a knife that is at least two neck breadths long *ab initio*. Some say (based on *Midrash Rabba*) that it must be fourteen fingerbreadths long, which is the numerical value of the term "*bazeh*" in the verse: "And slaughter them with this [*bazeh*]" (I Samuel 14:34). The Rema writes that the custom is to be stringent and invalidate slaughter performed with any knife that is not at least a little longer than the breadth of the neck. It appears that when slaughtering birds even if the knife was not that long the slaughter is valid after the fact (Rambam *Sefer Kedusha*, *Hilkhot Sheḥita* 1:27, 2:9, 3:11; *Shulḥan Arukh*, *Yoreh De'a* 8:1, 24:1 and *Arukh HaShulḥan* there).

מַחְטָא דְאוּשְׁכָּפֵי מַאי? אֲמַר לֵיהּ, תְּנֵינָא: אֲפִילּוּ כׇּל שֶׁהוּא, מַאי לָאו מַחְטָא דְאוּשְׁכָּפֵי? לָא, אִיזְמֵל. אִיזְמֵל בְּהֶדְיָא קָתָנֵי לַהּ! פָּרוֹשֵׁי קָא מְפָרֵשׁ: מַאי כׇּל שֶׁהוּא – אִיזְמֵל.

Rav Aḥa then asked Rav Menashe: **What is the** *halakha* with regard to slaughtering with **a cobbler's needle,**[N] which is flat and has sharp sides? Rav Menashe **said to him: We already learn** in the mishna: **Even** if the knife was of **any length,** the slaughter is valid. **What, is it not** referring to slaughter with **a cobbler's needle?** The Gemara responds: **No.** The reference is to slaughtering with **a scalpel,** which is larger than a cobbler's needle. The Gemara objects: The *tanna* **teaches** the case of **a scalpel explicitly** in the mishna. Therefore, the phrase in the mishna: A knife of any length, must be referring to an item smaller than a scalpel. The Gemara explains: The subsequent mention of the scalpel **is explaining** the phrase: Even if the knife was of any length. **What is** the knife of **any length** with which slaughter is valid? It is **a scalpel.**

הָכִי נָמֵי מִסְתַּבְּרָא, דְּאִי סָלְקָא דַעְתָּךְ מַחְטָא דְאוּשְׁכָּפֵי, הַשְׁתָּא מַחְטָא דְאוּשְׁכָּפֵי שָׁרְיָא, אִיזְמֵל מִיבַּעְיָא? אִיזְמֵל אִצְטְרִיכָא לֵיהּ, סָלְקָא דַעְתָּךְ אָמֵינָא: לִיגְזוֹר אִיזְמֵל שֶׁאֵין לוֹ קְרָנַיִם אַטּוּ אִיזְמֵל שֶׁיֵּשׁ לוֹ קְרָנַיִם, קָא מַשְׁמַע לַן.

This too stands to reason, as, if it enters your mind that the phrase: A knife of any length, is referring to **a cobbler's needle, now** that it is **permitted** to slaughter with **a cobbler's needle, is it necessary** for the *tanna* to teach that it is permitted to slaughter with **a scalpel,** which is larger than a cobbler's needle? The Gemara rejects that reasoning: It **is necessary** for the mishna to teach both the case of a cobbler's needle and the case of **a scalpel,** as it could **enter your mind to say** that it is prohibited to slaughter with a scalpel even though it is permitted to slaughter with a cobbler's needle. The reasoning for this distinction would be: **Let** the Sages **issue a decree** prohibiting the use of **a scalpel with no protrusions due to** the prohibition against using **a scalpel with protrusions.** Therefore, the *tanna* **teaches us** that there is no decree and it is permitted to slaughter with a scalpel that has no protrusions.

מתני׳ נָפְלָה סַכִּין וְשָׁחֲטָה, אַף עַל פִּי שֶׁשָּׁחֲטָה כְּדַרְכָּהּ – פְּסוּלָה, שֶׁנֶּאֱמַר: ״וְזָבַחְתָּ... וְאָכַלְתָּ״, מַה שֶּׁאַתָּה זוֹבֵחַ אַתָּה אוֹכֵל.

MISHNA If **a knife fell and slaughtered**[H] an animal, **although** the knife **slaughtered** the animal **in the standard manner,** the slaughter is **not valid, as it is stated: "And you shall slaughter… and you shall eat"** (Deuteronomy 27:7), from which it is derived: **That which you slaughter you may eat,** and that which was slaughtered on its own, you may not eat.

גמ׳ טַעְמָא דְּנָפְלָה, הָא הִפִּילָהּ הוּא – כְּשֵׁרָה, וְאַף עַל גַּב דְּלָא מִיכַּוֵּין.

GEMARA The mishna teaches that if a knife fell and slaughtered an animal the slaughter is not valid. The Gemara notes: **The reason** the slaughter is not valid is **that** the knife **fell. But** by inference, if **one dropped** the knife the slaughter is **valid,**[H] **and** that is the *halakha* **even though** when dropping the knife he **did not intend** to slaughter the animal.[N]

מַאן תַּנָּא דְּלָא בָּעֵינַן כַּוָּונָה לִשְׁחִיטָה? אָמַר רָבָא: רַבִּי נָתָן הִיא, דְּתָנֵי אוֹשַׁעְיָא זְעֵירָא דְּמִן חַבְרַיָּא: זָרַק סַכִּין לְנוֹעֲצָהּ בַּכּוֹתֶל, וְהָלְכָה וְשָׁחֲטָה כְּדַרְכָּהּ – רַבִּי נָתָן מַכְשִׁיר, וַחֲכָמִים פּוֹסְלִים. הוּא תָּנֵי לַהּ, וְהוּא אָמַר לַהּ: הֲלָכָה כְּרַבִּי נָתָן.

The Gemara asks: **Who is the** ***tanna*** who holds **that we do not require intent for slaughter? Rava said:** It is **Rabbi Natan, as Oshaya, the youngest of the company** of Sages, **taught** a *baraita*: **If one threw a knife to embed it in the wall and** in the course of its flight the knife **went and slaughtered** an animal **in its** proper **manner, Rabbi Natan deems** the slaughter **valid and the Rabbis deem** the slaughter **not valid.** Oshaya **teaches** the *baraita* **and he says about it:** The ***halakha*** **is in accordance with** the opinion of **Rabbi Natan** that there is no need for intent to perform a valid act of slaughter.

NOTES

Cobbler's needle – מַחְטָא דְאוּשְׁכָּפֵי: Rashi and the Ramban explain that this is a wide needle with sharpened edges like a knife. The Ran explains that it is a type of needle whose tip is not pointed but forms a wide, flat edge.

Artifact that resembles a cobbler's needle according to Rashi

Cobbler's needle according to the Ran

If one dropped the knife [*hippilah*] it is valid and even though he did not intend to slaughter the animal – הִפִּילָהּ הוּא כְּשֵׁרָה וְאַף עַל גַּב דְּלָא מִיכַּוֵּין: Some interpret this to mean that the knife fell from his hand. In that case, it is considered the action of a competent person, a concept that is also pertinent to the *halakhot* of damages. If a stone was in one's lap unbeknownst to him, and he stood and it fell and caused damage, he is liable to pay compensation for the damage caused (*Bava Kamma* 26b). On that basis, the case in the mishna: If a knife fell [*nafla*] and slaughtered, where the slaughter is not valid, is a case where the wind caused the knife to fall (Rashba). Others explain that the slaughter is valid only if the person propels the knife downward, as the slaughter must be accomplished by his action. There is no room to liken this situation to the *halakhot* of damages, where one is liable for indirect damage as well (Ra'ah; Meiri on 12b). Rashi adds that the slaughter is valid only if one has intent to propel the knife downward, as only in that case does the slaughter relate to the slaughterer, and he thereby fulfills the verse: "And you shall slaughter…and you shall eat" (Deuteronomy 27:7). If he had no intent to propel the knife downward this is tantamount to a case where the wind knocked the knife from his hand, and the slaughter is not valid (Rosh).

HALAKHA

If a knife fell and slaughtered – נָפְלָה סַכִּין וְשָׁחֲטָה: If a knife falls on its own, even if it results in the *simanim* being cut properly, the slaughter is not valid (Rambam *Sefer Kedusha, Hilkhot Sheḥita* 2:11–12; *Shulḥan Arukh, Yoreh De'a* 3:1).

If one dropped the knife the slaughter is valid – הִפִּילָהּ הוּא כְּשֵׁרָה: Slaughter of non-sacred animals does not require intent. Therefore, even if one was absentmindedly cutting with a knife, or he threw a knife seeking to embed it in the wall, and it slaughtered an animal in the process, the slaughter is valid. Even if he dropped the knife from his hand, or kicked it with his foot with no intent, the slaughter is valid, in accordance with the opinion of Rabbi Natan. Nevertheless, the slaughter is valid only if the knife was propelled by one's action. If the knife was on his lap or in his hand and it fell on its own, the slaughter is not valid (Rambam *Sefer Kedusha, Hilkhot Sheḥita* 2:12; *Shulḥan Arukh, Yoreh De'a* 3:1).

וְהָא אָמְרָהּ רָבָא חֲדָא זִימְנָא! דִּתְנַן: וְכוּלָּן שֶׁשָּׁחֲטוּ וַאֲחֵרִים רוֹאִין אוֹתָן – שְׁחִיטָתָן כְּשֵׁרָה; וְאָמְרִינַן: מַאן תַּנָּא דְּלָא בָּעֵי כַּוָּונָה לִשְׁחִיטָה? וַאֲמַר רָבָא: רַבִּי נָתָן הִיא!

The Gemara asks: **But didn't Rava already say it one time** that the mishna is in accordance with the opinion of Rabbi Natan? **As we learned** in a mishna (2a): **And** with regard to **any of them,** a deaf-mute, an imbecile, or a minor, **who slaughtered** an animal **and others see** and supervise **them, their slaughter is valid** even though they are incapable of intent. **And we said: Who is the *tanna* who holds that we do not require intent for slaughter? And Rava said:** It is **Rabbi Natan.**

צְרִיכָא, דְּאִי אַשְׁמוּעִינַן הָתָם – מִשּׁוּם דְּקָא מִיכַּוֵּין לְשׁוּם חֲתִיכָה בְּעוֹלָם, אֲבָל הָכָא דְּלָא קָא מִיכַּוֵּין – אֵימָא לָא;

The Gemara answers: Both statements **are necessary. As had** Rava **taught us** his statement **there** with regard to a deaf-mute, an imbecile, and a minor, one would have thought that the slaughter is valid **due to** the fact **that** although the individual lacks intent to slaughter the animal, **he intends** his action **for the sake of cutting in general. But here,** with regard to throwing a knife at the wall, **where he does not intend** to cut at all, **say no,** the slaughter is not valid.

וְאִי אַשְׁמְעִינַן הָכָא – מִשּׁוּם דְּקָאָתֵי מִכֹּחַ בֶּן דַּעַת, אֲבָל הָתָם דְּלָא קָאָתֵי מִכֹּחַ בֶּן דֵּעָה – אֵימָא לָא, צְרִיכָא.

And had Rava **taught us** his statement **here** with regard to throwing the knife, one would have thought that the slaughter is valid is **due** to the fact **that it comes due to** the action **of a mentally competent person. But there,** with regard to slaughter by a deaf-mute, an imbecile, or a minor, **where** the slaughter **does not come due to** the action **of a mentally competent person, say** that the slaughter is **not** valid. Therefore, it is **necessary** for Rava to teach both cases.

אִתְּמַר: נִדָּה שֶׁנֶּאֶנְסָה וְטָבְלָה – אָמַר רַב יְהוּדָה אָמַר רַב: טְהוֹרָה לְבֵיתָהּ, וַאֲסוּרָה לֶאֱכוֹל בִּתְרוּמָה. וְרַבִּי יוֹחָנָן אָמַר: אַף לְבֵיתָהּ לֹא טָהֲרָה.

§ The mishna is now cited as proof in an amoraic dispute. **It was stated:** With regard to **a menstruating woman**[B] **who,** after the menstrual flow ended, **was compelled** against her will **and immersed** in a ritual bath, **Rav Yehuda says** that **Rav says: She is ritually pure vis-à-vis her house,** i.e., it is permitted for her to engage in intercourse with her husband, **but it is prohibited for her to partake of *teruma*** because the immersion is not considered valid for that purpose. **And Rabbi Yoḥanan says: She was not purified even vis-à-vis her house.**

אֲמַר לֵיהּ רָבָא לְרַב נַחְמָן: לְרַב, דְּאָמַר: טְהוֹרָה לְבֵיתָהּ וַאֲסוּרָה לֶאֱכוֹל בִּתְרוּמָה, עֲוֹן כָּרֵת הוּתְּרָה, אִיסּוּר מִיתָה מִיבַּעְיָא?

Rava said to Rav Naḥman: According to the opinion **of Rav, who says** that **she is ritually pure vis-à-vis her house but it is prohibited for her to partake of *teruma*,** it is difficult. With regard to **a transgression** punishable **by *karet*,**[B] i.e., intercourse with a menstruating woman, **she was rendered permitted** by immersion against her will; with regard to partaking of *teruma*, **a prohibition** punishable by **death** at the hand of Heaven, which is a lesser punishment, **is it necessary** to say[N] that it is permitted for her through immersion against her will? Why then does Rav deem it prohibited for her to partake of *teruma*?

NOTES

With regard to a transgression punishable by *karet* she was rendered permitted, with regard to a prohibition punishable by death is it necessary to say – עֲוֹן כָּרֵת הוּתְּרָה אִיסּוּר מִיתָה מִיבַּעְיָא: If a man engages in intercourse with a menstruating woman, which is the status of a woman from the moment she begins menstruating until she is purified through immersion in a ritual bath, both the man and the woman are liable to receive *karet* (Leviticus 20:18). One who is impure and partakes of *teruma* is liable to receive death at the hand of Heaven (Leviticus 22:9). Although *karet* is also a form of death at the hand of Heaven and not a court-imposed death penalty, there is a difference between the two punishments. Death at the hand of Heaven is manifest in the person dying before his time. *Karet* is manifest in the excision of his children as well; he dies childless (Rashi on *Shabbat* 25a; see *Shita Mekubbetzet*). Additional interpretations of the scope of *karet* are suggested elsewhere in talmudic literature, e.g., when punished with *karet*, one dies at the age of fifty, whereas with death at the hand of Heaven, one dies at the age of sixty (see *Moed Katan* 28a and Jerusalem Talmud, *Bikkurim* 2:1), and *karet* is said to entail sudden death (*Moed Katan* 28a). The Rambam writes, based on *Torat Kohanim*, that death at the hand of Heaven refers to physical death, whereas *karet* relates to the excision of the transgressor's soul from the World-to-Come.

BACKGROUND

Menstruating woman – נִדָּה: By Torah law, a woman is ritually impure for seven days after the onset of her menstrual bleeding. On the eve of the eighth day, she immerses in a spring or ritual bath for purification. By Torah law, a menstruating woman may purify herself on the eve of the eighth day even if the flow of menstrual blood continued for seven days and ended just before nightfall on the seventh day. The Talmud recounts that women themselves adopted a more stringent practice. Consequently, any woman who experiences uterine bleeding is required to wait seven clean days with no emission of blood and only then immerse in the ritual bath. From the beginning of her menstrual period until she immerses in the ritual bath, she renders both people and vessels with which she comes into contact, as well as people who carry her without making contact, ritually impure. While she has the status of a menstruating woman, if she is married to a priest she may not partake of *teruma*, which must be consumed in a state of purity. By Torah law, intercourse with a woman before her immersion and purification is forbidden (see Leviticus 18:19). One who engages in intercourse with her becomes ritually impure for seven days, and both the man and the woman are liable to receive *karet* (see Leviticus 20:18).

***Karet* – כָּרֵת:** This term refers to a divine punishment for serious transgressions. The precise definition of the term is a matter of dispute among the commentaries, with opinions including premature or sudden death, barrenness, the death of the sinner's children, and excision of the soul from the World-to-Come. In tractate *Karetot* thirty-six transgressions punishable by *karet* are listed, all of which entail violations of prohibitions, with two exceptions: Failure to sacrifice the Paschal offering at the appointed time, and failure to circumcise oneself. Only one who intentionally commits one of the transgressions is liable to receive *karet*. In the case of some of these prohibitions, if one violated them in the presence of witnesses, he is subject to a court-imposed death penalty or lashes. One who unwittingly violates one of the prohibitions punishable by *karet* is liable to bring a sin offering for atonement.

אָמַר לֵיהּ: בַּעְלָהּ – חוּלִּין הוּא, וְחוּלִּין לָא בָּעֵי כַּוּוֹנָה. וּמְנָא תֵּימְרָא? דִּתְנַן: גַּל שֶׁנִּתְלַשׁ וּבוֹ אַרְבָּעִים סְאָה, וְנָפַל עַל הָאָדָם וְעַל הַכֵּלִים – טְהוֹרִין; מַאי לָאו אָדָם דּוּמְיָא דְּכֵלִים? מָה כֵּלִים דְּלָא מִיכַּוְּונִי, אַף אָדָם נַמִי – לָא בָּעֵי כַּוָּונָה?

Rav Naḥman **said to him:** The halakhic status of **her husband is non-sacred, and non-sacred** items **do not require intent** for purification. **And from where do you say** so? It is **as we learned** in a mishna (*Mikvaot* 5:6): In the case of **a wave that was detached**[NH] from the sea, **and in it were forty** ***se'a*** of water, **and that wave fell on** an impure **person or on** impure **vessels, they are ritually pure. What, is it not that a person is similar to vessels? Just as vessels do not intend** to be purified and they are purified by the wave, **so too, a person does not require intent** in order to be purified.

מִמַּאי? דִּלְמָא בְּיוֹשֵׁב וּמְצַפֶּה עָסְקִינַן אֵימָתַי יִתָּלֵשׁ הַגַּל;

The Gemara rejects that proof: **From where** is there proof that this is the meaning of the mishna? **Perhaps we are dealing with** the case of one who **sits** near the water **and waits** to determine **when the wave will be detached,** which is tantamount to having intent to immerse,

וְכֵלִים דּוּמְיָא דְּאָדָם, מָה אָדָם דְּבָעֵינַן כַּוָּונָה, אַף כֵּלִים נַמִי – דְּקָא מְכַוֵּין לְהוּ אָדָם!

and vessels are **similar to a person: Just as for a person, we require** his **intent** for purification, **so too for vessels,** they are purified only in a case **where a person intends for them** to be purified.

וְכִי תֵּימָא: בְּיוֹשֵׁב וּמְצַפֶּה, מַאי לְמֵימְרָא?

And if you would say: If the mishna is referring **to** the case of one who **sits and waits** to determine when the wave will be detached, **what** is the purpose **of stating** this *halakha*? It is obvious and introduces no novel element.

מַהוּ דְּתֵימָא: לִיגְזַר מִשּׁוּם חַרְדְּלִית שֶׁל גְּשָׁמִים, אִי נַמִי לִיגְזַר רָאשִׁין אַטּוּ כִּיפִּין, קָא מַשְׁמַע לַן דְּלָא גָּזְרִינַן!

The Gemara responds that there is a novel element in this *halakha*. **Lest you say: Let us issue a decree** that a detached wave does not effect purification **due to** the concern that otherwise, one would receive the mistaken impression that one is purified in **a cascade** [***ḥardalit***][L] **of rainwater**[N] containing forty *se'a*. The *halakha* is that rainwater purifies only when pooled in one place. **Alternatively, let us issue a decree** that **the edges** of the waves, which are in contact with the ground, are ineffective in purifying people and vessels standing on the ground **due to** the concern that otherwise one would receive the mistaken impression that vessels are purified even if one pushes them upward into the **arc** of the waves while the water remains airborne.[B] Therefore, the *tanna* **teaches us that we do not issue** either of those **decrees.**

וּמְנָא תֵּימְרָא דְּלָא מַטְבְּלִינַן בְּכִיפִּין? דִּתְנַן: מַטְבִּילִין בָּרָאשִׁין וְאֵין מַטְבִּילִין בְּכִיפִּין, שֶׁאֵין מַטְבִּילִין בָּאֲוִיר.

And from where do you say that we do not immerse in the arcs of waves? **As we learned** in a *baraita*: **One may immerse in the edges of waves, but one may not immerse in their arcs,**[NH] **as one may not immerse in air.** Immersion may be performed only on the ground.

NOTES

A wave that was detached – גַּל שֶׁנִּתְלַשׁ: The Meiri explains that although the wave is connected to the sea, and connection to the sea renders water fit to serve as a ritual bath, the wave must consist of at least forty *se'a* of water, because the water one immerses in must suffice to cover one's entire body. Even if the individual who is immersing is short, the waters of the wave will not cover his entire body if they measure less than this amount, as they spread out. Others indicate that the Gemara is referring to a wave that has become entirely removed from its place, so that it is no longer connected to the sea at all (*Tosafot*; *Siaḥ Yitzḥak*).

Cascade of rainwater – חַרְדְּלִית שֶׁל גְּשָׁמִים: The word *ḥardalit* means a current or waterfall descending a mountain. In Rav Hai Gaon's version of the Gemara, the word was *hardalit*, with *har* meaning mountain. This cascade of rainwater does not purify even if it consists of forty *se'a* of water, because water, with the exception of the water of a spring, purifies only when it is pooled in one place. Water that is descending an incline does not have the status of a pool, as was taught in a mishna (*Mikvaot* 5:6) according to Beit Hillel. Since a wave that falls on a person or a vessel is similar in its configuration to a cascade of rainwater in that each one is connected to a larger pool of water but is not an integral part of it, the concern is that one may confuse the two and come to purify himself in a cascade of rainwater.

One may immerse in the edges but one may not immerse in their arcs – מַטְבִּילִין בָּרָאשִׁין וְאֵין מַטְבִּילִין בְּכִיפִּין: Rashi (*Hagiga* 19a) explains that the term edges in this context refers to the top of the wave after it falls to the ground, and the term arcs refers to the wave while it is still airborne. One may not immerse vessels in the airborne wave as immersion only purifies when it is in water that is pooled on the ground. Others explain that edges refers to the wave while it is airborne, and arcs refers to the air under the arc of the wave (Ra'ah). According to this explanation, the phrase in the Gemara: As one may not immerse in air, is a reference to the actual air, and not to water that is airborne (see *Beur HaGra*). Rabbeinu Ḥananel (*Hagiga* 19a) explains that edges refers to waves that have not broken, while arcs refers to breaking waves (see Rambam *Sefer Tahara*, *Hilkhot Mikvaot* 9:18).

HALAKHA

A wave that was detached – גַּל שֶׁנִּתְלַשׁ: The halakhic status of a sea is the same as that of a spring, which purifies when it is moving. Therefore, if a wave containing forty *se'a* is detached from the sea and falls upon a person or vessels, the immersion is valid, as one is not required to have intent to immerse in order to be purified for non-sacred purposes (Rambam *Sefer Tahara*, *Hilkhot Mikvaot* 9:17; *Shulḥan Arukh*, *Yoreh De'a* 201:5).

LANGUAGE

Cascade [*ḥardalit*] – חַרְדְּלִית: The *ge'onim* have a version in which this is *hardalit*, with a *heh* instead of a *ḥet*, and they explain that it is a contraction of *har dala*, meaning something that flows down a mountain. Others claim that the word is related to one of the meanings of *ḥared*, quick, and that the reference is to a fast current. Yet others associate it with the Greek χαράδρα, *kharadra*, meaning a flow of water descending from a mountain.

BACKGROUND

Edges and arcs of a wave – ראשין וכיפין:

Structure of a wave

HALAKHA

One may not immerse in their arcs – אֵין מַטְבִּילִין בְּכִיפִּין: If one immersed impure vessels in an airborne wave the immersion is not valid, even if the wave contained forty *se'a* of water. Similarly, if one tossed vessels into the middle of a wave that was configured like an arch, with both its edges touching the ground, the immersion is not valid, in accordance with both explanations of the *baraita* (Rambam *Sefer Tahara*, *Hilkhot Mikvaot* 9:18; *Shulḥan Arukh*, *Yoreh De'a* 201:5).

אֶלָּא חוּלִּין דְּלָא בָּעֵי כַּוָּונָה מִיהָא מְנָלַן? דִּתְנַן: פֵּירוֹת שֶׁנָּפְלוּ לְתוֹךְ אַמַּת הַמַּיִם, וּפָשַׁט מִי שֶׁיָּדָיו טְמֵאוֹת וּנְטָלָן – יָדָיו טְהוֹרוֹת, וּפֵירוֹת אֵינָן בְּ״כִי יֻתַּן״;

The Gemara again asks: **But in any event, from where do we** derive **that non-sacred** items **do not require intent?** The Gemara answers: It is **as we learned** in a mishna (*Makhshirin* 4:7): Produce becomes susceptible to ritual impurity only if it is dampened by one of seven liquids and its owner was amenable to its dampening. This is derived from the verse: "But when water is placed on the seed, and some of their carcass shall fall on it, it is impure to you" (Leviticus 11:38). If **produce fell into a stream,**[H] **and one whose hands were ritually impure extended** his hands **and took** the produce from the water channel, **his hands are ritually pure** through immersion in the stream, **and** this **produce is not in** the category of: "But **when** water **is placed.**"[N] The produce is not susceptible to ritual impurity because the owner did not intend that his hands become wet.

וְאִם בִּשְׁבִיל שֶׁיּוּדְחוּ – יָדָיו טְהוֹרוֹת, וּפֵירוֹת בְּ״כִי יֻתַּן״.

But if he placed his hands into the stream **so that** his hands **would be rinsed** and purified, **his hands are ritually pure, and the produce is in** the category of: "But **when** water **is placed.**" Since he was amenable to the dampening of his hands, the water on his hands renders the produce susceptible to ritual impurity. From the first case in the mishna it is clear that his hands are purified even though his intent was not to immerse them in the water.

אֵיתִיבֵיהּ רָבָא לְרַב נַחְמָן: טָבַל לְחוּלִּין וְהוּחְזַק לְחוּלִּין – אָסוּר לְמַעֲשֵׂר; הוּחְזַק – אִין, לֹא הוּחְזַק – לָא!

Rava raised an objection to Rav Naḥman from a mishna (*Ḥagiga* 18b): If **one immersed for** the purpose of eating **non-sacred** food[HN] **and assumed the presumptive status** of ritual purity **for non-sacred** food, it **is prohibited** for him to partake of second-**tithe** produce. The Gemara infers: If **one assumed the presumptive status** of ritual purity with regard to non-sacred food, **yes,** it is permitted for him to eat non-sacred food; **if he did not assume the presumptive status,** he may **not** eat non-sacred food. This indicates that even when immersing in order to partake of non-sacred food, one must intend to assume the presumptive status of ritual purity.

הָכִי קָאָמַר: אַף עַל פִּי שֶׁהוּחְזַק לְחוּלִּין – אָסוּר לְמַעֲשֵׂר.

Rav Naḥman rejects the proof from the mishna and says that no intent is required to assume the presumptive status of ritual purity in order to eat non-sacred food. Rather, **this** is what the mishna **is saying: Although he assumes the presumptive status** of ritual purity **for non-sacred** food, it **is prohibited** for him to partake of second-**tithe** produce.

אֵיתִיבֵיהּ: טָבַל וְלֹא הוּחְזַק – כְּאִילּוּ לֹא טָבַל; מַאי לָאו כְּאִילּוּ לֹא טָבַל כְּלָל?

Rava **raised an objection to** Rav Naḥman from that same mishna: If **one immersed without** intent to **assume the presumptive status** of ritual purity, it is **as though he did not immerse.**[H] **What, is** the meaning of the mishna **not** that it is **as though he did not immerse at all?**

לָא, כְּאִילּוּ לֹא טָבַל לְמַעֲשֵׂר, אֲבָל טָבַל לְחוּלִּין. הוּא סָבַר דִּיחוּיֵי קָא מְדַחֵי לֵיהּ; נְפַק דַּק וְאַשְׁכַּח, דְּתַנְיָא: טָבַל וְלֹא הוּחְזַק – מוּתָּר לְחוּלִּין וְאָסוּר לְמַעֲשֵׂר.

Rav Naḥman rejects that proof as well. **No,** it means that if he immersed without intent it is **as though he did not immerse to** partake of second-**tithe** produce, **but** in that case, **he immersed for non-sacred** food, for which no intent is necessary. The Gemara comments: Rava **believed** that Rav Naḥman **was** merely **putting him off** with his claim that the formulation of the mishna does not conclusively support his objection; he believed that Rav Naḥman was not stating the real meaning of the mishna. Rava then **went out, examined** the sources, **and discovered that it is taught** in a *baraita* explicitly in accordance with the opinion of Rav Naḥman: If one **immersed and** had **no** intent to **assume the presumptive status** of ritual purity, it **is permitted** for him **to** eat **non-sacred** food, **but it is prohibited** for him **to** partake of second-**tithe** produce.

אֲמַר לֵיהּ אַבָּיֵי לְרַב יוֹסֵף: לֵימָא תֶּיהֱוֵי תְּיוּבְתָּא דְּרַבִּי יוֹחָנָן מֵהָא?

Abaye said to Rav Yosef: Let us say that there **will be a conclusive refutation** of the opinion **of Rabbi Yoḥanan from this** *baraita*. This *baraita* states that immersion without intent is effective for non-sacred items, while Rabbi Yoḥanan said (31a) that if a woman who is impure due to menstruation immerses without intent she is forbidden to her husband, who is non-sacred.

אֲמַר לֵיהּ: רַבִּי יוֹחָנָן הוּא דְּאָמַר כְּרַבִּי יוֹנָתָן בֶּן יוֹסֵף.

Rav Yosef **said to him:** Indeed, the *baraita* is contrary to his opinion, but **Rabbi Yoḥanan is saying** his opinion **in accordance with** the opinion **of Rabbi Yonatan ben Yosef.**

HALAKHA

If produce fell into a stream, etc. – פֵּירוֹת שֶׁנָּפְלוּ לְתוֹךְ אַמַּת הַמַּיִם וכו׳: In a case where produce fell into a stream and one with impure hands removed the produce, it is not rendered susceptible to ritual impurity. If he intended to purify his hands in the water, the produce is rendered susceptible to ritual impurity by means of the water on his hands, as the water on his hands, and by extension the water on the produce, came to be there of his own volition (Rambam *Sefer Tahara, Hilkhot Mikvaot* 12:10, and see *Or Same'aḥ* there).

If one immersed for the purpose of eating non-sacred food, etc. – טָבַל לְחוּלִּין וכו׳: One who immersed in a ritual bath with no intent is ritually pure for the purposes of non-sacred food. Nevertheless, he may not partake of second-tithe produce until he immerses with intent to purify himself for that, in accordance with Rav Naḥman's explanation of the mishna (Rambam *Sefer Tahara, Hilkhot She'ar Avot HaTumot* 13:2).

If one immersed without intent to assume the presumptive status of ritual purity, it is as though he did not immerse – טָבַל וְלֹא הוּחְזַק כְּאִילּוּ לֹא טָבַל: One who immerses must have intent to immerse. If he lacks that intent, he is ritually pure vis-à-vis non-sacred produce, but for *teruma* and sacrificial food he is pure only if he immerses with intent to purify himself for those, in accordance with Rav Naḥman's explanation of the mishna (Rambam *Sefer Tahara, Hilkhot Mikvaot* 1:8, 11:12).

NOTES

In the category of: But when water is placed – בְּכִי יֻתַּן: There is a principle that food becomes susceptible to ritual impurity only if it first comes into contact with one of the seven liquids, which are water, wine, blood, olive oil, milk, dew, and honey. This is based on the verse: "But when water is placed upon the seed, and any of their carcass falls upon it, it is impure for you." The contact must be volitional, whether the person was interested in the food's contact with one of these liquids from the outset, or whether the liquid fell on the food and he then decided that it suited him.

If one immersed for the purpose of eating non-sacred food – טָבַל לְחוּלִּין: By Torah law, it is permitted to eat non-sacred food while in a state of ritual impurity. It is prohibited for an impure person to partake of *teruma*, second-tithe produce, or sacrificial food. There were those who were meticulous and ate their non-sacred food in a state of ritual purity. They did so either to ensure that they would not inadvertently come to partake of *teruma* or second tithe in a state of ritual impurity, or as a manifestation of their decision to live a life of purity and separation. They are often characterized as ascetics [*perushim*] or as *ḥaverim*, in contradistinction to those who were unreliable with regard to ritual impurity [*amei ha'aretz*].

דְּתַנְיָא, רַבִּי יוֹנָתָן בֶּן יוֹסֵף אוֹמֵר: ״וְכֻבַּס״, מַה תַּלְמוּד לוֹמַר ״שֵׁנִית״? מַקִּישׁ תִּכְבּוֹסֶת שְׁנִיָּה לְתִכְבּוֹסֶת רִאשׁוֹנָה, מַה תִּכְבּוֹסֶת רִאשׁוֹנָה לְדַעַת – אַף תִּכְבּוֹסֶת שְׁנִיָּה לְדַעַת.

As it is taught in a *baraita* with regard to the verse dealing with the purification of a leprous garment, which must be laundered, quarantined for a week, and then immersed in a ritual bath: "And the garment…that you shall wash and the leprosy departed from them, and it shall be washed a second time and shall be pure" (Leviticus 13:58). **Rabbi Yonatan ben Yosef says:** It would have been sufficient for the verse to simply state: **And it shall be washed** and shall be pure. For **what** purpose does **the verse state: "A second time"?** The Torah **juxtaposes the second washing,** the immersion, **with the first washing,** the laundering. **Just as the first washing is** performed **with intent,** as it is written: "And the priest shall command that they wash the garment that has the leprous mark, and he shall quarantine it seven days more" (Leviticus 13:54), **so too, the second washing,** the immersion in a ritual bath, must be performed **with intent.**

אִי מָה לְהַלָּן בָּעֵינַן דַּעַת כֹּהֵן, אַף כָּאן בָּעֵינַן דַּעַת כֹּהֵן? תַּלְמוּד לוֹמַר: ״וְטָהֵר״, מִכָּל מָקוֹם.

If so, based on the same juxtaposition, perhaps derive: **Just as there,** with regard to the first washing, **we require the intent of a priest,** who commands to wash the garment, **so too here,** with regard to the second washing, **we require the intent of a priest.** Therefore, **the verse states: "And shall be pure"** (Leviticus 13:58), indicating that there is purity **in any case**[N] where there is intent, even without a command from a priest. In the opinion of Rabbi Yonatan ben Yosef, even the immersion of the non-sacred garment must be performed with intent. Rav Yosef states that Rabbi Yoḥanan bases his statement on Rabbi Yonatan ben Yosef's opinion.

מַתְקִיף לַהּ רַב שִׁימִי בַּר אַשִׁי: וּמִי אָמַר רַבִּי יוֹחָנָן הָכִי? וְהָאָמַר רַבִּי יוֹחָנָן: הֲלָכָה כִּסְתַם מִשְׁנָה;

Rav Shimi bar Ashi objects to the association of the statement of Rabbi Yoḥanan with the opinion of Rabbi Yonatan ben Yosef: **Did Rabbi Yoḥanan say that** immersion of a non-sacred garment requires intent? **But doesn't Rabbi Yoḥanan say** that **the *halakha* is in accordance with an unattributed mishna?**

וּתְנַן: נָפְלָה סַכִּין וְשָׁחֲטָה, אַף עַל פִּי שֶׁשָּׁחֲטָה כְּדַרְכָּהּ – פְּסוּלָה; וְהָוֵינַן בַּהּ: טַעְמָא דְּנָפְלָה, הָא הִפִּילָהּ הוּא כְּשֵׁרָה, וְאַף עַל גַּב דְּלָא מִיכַּוֵּין; וְאָמְרִינַן: מַאן תַּנָּא דְּלָא בָּעֵי כַּוָּונָה לִשְׁחִיטָה? אֲמַר רָבָא: רַבִּי נָתָן הִיא!

And we learned in the mishna: If **a knife fell and slaughtered** an animal, **although** the knife **slaughtered** the animal **in the standard manner,** the slaughter is **not valid. And we discussed it: The reason** the slaughter is not valid is **that** the knife **fell. But** by inference, if **one dropped** the knife the slaughter is **valid, and** that is the ruling **even though** when dropping the knife he **did not intend** to slaughter the animal. **And we say: Who is the *tanna*** who holds **that we do not require intent for slaughter? Rava said:** It is **Rabbi Natan.** Based on his principle that the *halakha* is in accordance with an unattributed mishna, Rabbi Yoḥanan should rule in accordance with the opinion of Rabbi Natan cited in the unattributed mishna, and not in accordance with the opinion of Rabbi Yonatan ben Yosef.

בִּשְׁחִיטָה אֲפִילּוּ רַבִּי יוֹנָתָן בֶּן יוֹסֵף; מִדְּגַלֵּי רַחֲמָנָא מִתְעַסֵּק בְּקָדָשִׁים פָּסוּל – מִכְּלָל דְּחוּלִּין לָא בָּעֵינַן כַּוָּונָה.

The Gemara answers: **With regard to slaughter, even Rabbi Yonatan ben Yosef** concedes that intent is not necessary. He learns this **from the fact that the Merciful One revealed** that if **one acts unawares** in performing the slaughter **of sacrificial** animals, with no intent to slaughter, the offering **is disqualified.** This is derived (13a) from the verse: "You shall slaughter it to your will" (Leviticus 19:5). **By inference,** conclude that with regard to the slaughter **of non-sacred** animals **we do not require intent.**

וְרַבָּנַן? נְהִי דְּלָא בָּעֵינַן כַּוָּונָה לִזְבִיחָה, לַחֲתִיכָה בָּעֵינַן.

While on this subject the Gemara clarifies: **And the Rabbis** who disagree with Rabbi Natan and hold that slaughter of non-sacred animals requires intent would say: **Although we do not require intent to slaughter** non-sacred animals, **we require** intent **to cut**[N] the neck of the animal. Throwing the knife down is not sufficient.

אֲמַר רָבָא: בְּהָא זְכִנְהוּ רַבִּי נָתָן לְרַבָּנַן, מִי כְּתִיב ״וְחָתַכְתָּ״? ״וְזָבַחְתָּ״ כְּתִיב, אִי בָּעֵינַן כַּוָּונָה לַחֲתִיכָה – אֲפִילּוּ לִזְבִיחָה נָמֵי לִיבְּעֵי, אִי לָא בָּעֵינַן כַּוָּונָה לִזְבִיחָה – לַחֲתִיכָה נָמֵי לָא לִיבְּעֵי!

Rava said that it was **with this** contention that **Rabbi Natan overcame the Rabbis:** He said: **Is it written** with regard to the slaughter of non-sacred animals: **And you shall cut? It is written: "And you shall slaughter"** (Deuteronomy 12:21). The Torah does not distinguish between cutting and slaughtering; **if we require intent for cutting, we should require** intent **even for slaughtering.** Conversely, **if we do not require intent for slaughtering, we should also not require** intent **for cutting.**

NOTES

And shall be pure, in any case – וְטָהֵר מִכָּל מָקוֹם: Since the term "and it shall be washed" refers to immersion for purification, there was no need for the Torah to add "and shall be pure." Rather, this teaches that the leprous garment is purified even in a manner that is not identical to the purification referred to in the term "and it shall be washed."

And the Rabbis would say: Although we do not require intent to slaughter non-sacred animals we require intent to cut – וְרַבָּנַן נְהִי דְּלָא בָּעֵינַן כַּוָּונָה לִזְבִיחָה לַחֲתִיכָה בָּעֵינַן: This is the reason that slaughter is not valid when one throws the knife with intent to embed it in the wall, as there was no intent to cut at all (Rabbeinu Gershom Meor HaGola). *Tosafot* explain that based on the earlier discussion (31a), intent to cut flesh is not sufficient; rather, intent to cut the *simanim* is required.

היכי דמי נדה שנאנסה וטבלה? אילימא דאנסה חבירתה ואטבלה, כוונה דחברתה כוונה מעלייתא היא!

The Gemara revisits the matter of immersion without intent. **What are the circumstances of a menstruating woman who,** after the menstrual flow ended, **was compelled** against her will **and immersed** in a ritual bath? **If we say that another** woman **compelled her and immersed her** in a ritual bath, the immersion should be valid even according to the opinion of Rabbi Yoḥanan, as **the intent of another** woman **is full-fledged intent.**

ועוד, בתרומה נמי אכלה, דתנן: החרשת, והשוטה, והסומא, ושנטרפה דעתה, אם יש להן פקחות מתקנות אותן – אוכלות בתרומה!

And furthermore, in that case the immersion enables her to **partake of *teruma* as well, as we learned** in a mishna (*Nidda* 13b): In the case of a woman who is **a deaf-mute,**[H] **or an imbecile, or blind, or who went insane,** and is therefore unable to examine herself reliably, **if** one of these women **has a competent** friend, that friend **prepares her** by examining her and immersing them in a ritual bath. And on that basis the incompetent woman **may partake of *teruma*.**

אמר רב פפא: לרבי נתן – שנפלה מן הגשר, ולרבנן – שירדה להקר.

Rav Pappa said: According to Rabbi Natan, who does not require intent for the slaughter of non-sacred animals, immersion against her will that renders it permitted for a woman to engage in intercourse with her husband is in a case **where she fell from a bridge**[HN] into a river, with no intent at all. **According to the Rabbis,** who require intent to cut for slaughter to be valid and intent to enter the water for immersion to be valid, it is referring to a case **where she descended** into the water **to cool** herself, with no thought of purification.

אמר רבא: שחט פרה ושחט בהמה אחרת עמה – לדברי הכל פסולה;

The Gemara continues its discussion of the dispute between Rabbi Natan and the Rabbis. **Rava said:** If one **slaughtered** a red **heifer and** in the same action **slaughtered another animal** together **with it, everyone agrees** that the red heifer is **disqualified.**

NOTES

Where she fell from a bridge – שנפלה מן הגשר: Ostensibly, this should not be effective even according to the opinion of Rabbi Natan, as he agrees with the ruling of the mishna that if a knife falls and slaughters an animal the slaughter is not valid. Therefore, the Ra'avad explains that the reference is to a case where the woman jumped from the bridge into the water with the intent to get a closer look at something she had seen, not to bathe. Others write that there is a distinction between the cases. When the knife falls and slaughters, there is no awareness from beginning to end of what is transpiring. By contrast, when a woman falls into the water, she is aware that she is in the water. Since intent is not required for immersion, the immersion is valid (*Shita Mekubbetzet*).

HALAKHA

A woman who is a deaf-mute – החרשת: A woman who is a deaf-mute or an imbecile, or who has lost her mind due to illness, requires a halakhically competent woman to examine her and to calculate her menstrual cycles. This enables the halakhically incompetent woman to become ritually pure. The halakhically competent woman supervises her immersion in a ritual bath. Subsequently, it is permitted to feed her *teruma* after nightfall (Rambam *Sefer Zera'im*, *Hilkhot Terumot* 7:5 and *Sefer Kedusha*, *Hilkhot Issurei Bia* 8:15; *Shulḥan Arukh*, *Yoreh De'a* 196:8).

Where she fell from a bridge, etc. – שנפלה מן הגשר וכו׳: In the case of a menstruating woman who is eligible for immersion after her menstrual flow ceased and the seven clean days elapsed, and she immerses without intending to do so, e.g., if she fell from a bridge into the water, and all the more so if she entered the water for relief from the heat, it is permitted for her to engage in intercourse with her husband. This ruling is in accordance with the opinion of Rav, as the entire discussion in the Gemara is conducted in accordance with his opinion, and in accordance with the opinion of Rabbi Natan. Others rule stringently and require her to immerse again, in accordance with the opinion of Rabbi Yoḥanan, as in disputes between Rav and Rabbi Yoḥanan the *halakha* is generally in accordance with the opinion of Rabbi Yoḥanan. Furthermore, since it is a case of uncertainty with regard to Torah law, it is logical that one should be stringent (Rashba). The Rema rules that one should be stringent *ab initio*, but according to the *Shakh*, one does not recite a blessing on the second immersion. With regard to partaking of *teruma* or sacrificial food, she is purified only if she had intent to immerse, in accordance with the opinion of Rav, as Rav Naḥman bar Yitzḥak rules in accordance with his opinion. It is also clear that this is the *halakha* from the discussion elsewhere in *Ḥagiga* 19a (Rambam *Sefer Tahara*, *Hilkhot Mikvaot* 1:8; *Shulḥan Arukh*, *Yoreh De'a* 198:48, and in the comment of Rema).

Perek **II**
Daf **32** Amud **a**

נשחטה בהמה אחרת עמה, לרבי נתן – פרה פסולה, בהמה כשרה; לרבנן – פרה כשרה, בהמה פסולה.

But if **another animal was** inadvertently **slaughtered** together **with** the red heifer[H] in the same action, **according to Rabbi Natan,** who holds that the slaughter of non-sacred animals without intent is valid, the red **heifer is disqualified,**[N] because an additional labor was performed with its slaughter, and the other **animal is fit** for consumption, as its slaughter was valid. **According to the Rabbis,** who hold that slaughter of non-sacred animals without intent is not considered slaughter, the red **heifer is fit** for use in the purification rite because no other labor was performed with its slaughter, and **the other animal is unfit** for consumption.

NOTES

According to Rabbi Natan the red heifer is disqualified – לרבי נתן פרה פסולה: Rashi writes that the reason a red heifer is disqualified when an additional act of labor is performed at the time of its slaughter is that the person diverted his attention from the heifer. In this case that does not apply, as his intent was to slaughter the heifer. Nevertheless, the slaughter is not valid, as is explained in the Gemara. Rabbeinu Gershom Meor HaGola explains that since slaughter without intent is valid, it is as though the person performed labor while slaughtering the heifer, and this disqualifies it. According to this explanation, the disqualification of the red heifer as a result of the performance of labor is not due to lack of intent; rather, it is due to the performance of labor itself. This is the *halakha* only if it is an actual act of labor and not another type of action. This is also the opinion of the Rambam (*Sefer Tahara*, *Hilkhot Para Aduma* 7:4), though the Ra'avad disagrees.

HALAKHA

If another animal was slaughtered with the red heifer – נשחטה בהמה אחרת עמה: If one slaughtered a red heifer and another animal was inadvertently slaughtered simultaneously, or a gourd was inadvertently cut simultaneously, the red heifer is valid, as the person intended only to slaughter the heifer. In addition, the slaughter of the other animal is also valid because the slaughter of non-sacred animals does not require intent. Ostensibly, this ruling is contrary to the opinion of Rava, as the Rambam rules in accordance with the opinion of Rabbi Natan. Apparently, the Rambam had a variant reading of the text: Both are valid (*Kesef Mishne*). If one intended to cut a gourd and cut it while performing the slaughter, the red heifer is disqualified, because the person performed labor while slaughtering the heifer (Rambam *Sefer Tahara*, *Hilkhot Para Aduma* 4:18 and *Sefer Kedusha*, *Hilkhot Sheḥita* 2:11).

פְּשִׁיטָא! נִשְׁחֲטָה בְּהֵמָה אַחֶרֶת לְרַבִּי נָתָן אִיצְטְרִיכָא לֵיהּ, סָלְקָא דַּעְתָּךְ אָמֵינָא: ״וְשָׁחַט אֹתָהּ״ אָמַר רַחֲמָנָא – וְלֹא אוֹתָהּ וַחֲבֵירְתָּהּ, וְהֵיכִי דָּמֵי? כְּגוֹן שֶׁשָּׁחַט שְׁתֵּי פָּרוֹת בַּהֲדֵי הֲדָדֵי, אֲבָל בְּהֵמָה דְּחוּלִּין אֵימָא לָא, קָא מַשְׁמַע לַן.

The Gemara asks: That is **obvious;** why did Rava have to teach that? The Gemara answers: It **was necessary for** Rava to teach the *halakha* **according to** the opinion of **Rabbi Natan** in the case where **another animal was** inadvertently **slaughtered** in the same action with the red heifer. It may **enter your mind to say: The Merciful One states** with regard to the slaughter of the red heifer: "And you shall give it to Elazar the priest… **and he shall slaughter it** before him" (Numbers 19:3), from which it is inferred: One may slaughter it, **but not it and another** animal simultaneously. **And what are the circumstances** of that prohibition? It is a case **where one slaughtered two** red **heifers at the same time. But** in a case where one slaughtered a red heifer together with **a non-sacred animal, say no,** that it does **not** disqualify the red heifer. Therefore, Rava **teaches us** that even slaughter with a non-sacred animal disqualifies the red heifer.

חָתַךְ דְּלַעַת עִמָּהּ – דִּבְרֵי הַכֹּל פְּסוּלָה, נֶחְתְּכָה דְּלַעַת עִמָּהּ – דִּבְרֵי הַכֹּל כְּשֵׁרָה.

Rava adds: If one slaughtered a red heifer and in the same action **cut a gourd** together **with it, everyone agrees** that the red heifer **is disqualified.** If one slaughtered a red heifer and **a gourd was** inadvertently **cut** together **with it** in the same action, **everyone agrees** that the red heifer is **fit** for use in the purification rite, as that is not labor that disqualifies a red heifer and it is also not excluded by the derivation from the verse "And he shall slaughter it."

מתני׳ נָפְלָה סַכִּין וְהִגְבִּיהָהּ, נָפְלוּ כֵלָיו וְהִגְבִּיהָן, הִשְׁחִיז אֶת הַסַּכִּין וְעָף, בָּא חֲבֵירוֹ וְשָׁחַט, אִם שָׁהָה כְּדֵי שְׁחִיטָה – פְּסוּלָה. רַבִּי שִׁמְעוֹן אוֹמֵר: אִם שָׁהָה כְּדֵי בִיקּוּר.

MISHNA If, when one was in the middle of slaughtering an animal, **the knife fell and he lifted it** and then completed the slaughter, or if **his garments fell and he lifted them** and then completed the slaughter, or if **he had honed the knife and grew weary**[N] before completing the slaughter and **another came and slaughtered** the animal, **if he interrupted** the slaughter in one of these ways or in a different way for an interval **equivalent** to the duration of an act of **slaughter,**[H] the slaughter is **not valid. Rabbi Shimon says:** The slaughter is not valid **if he interrupted** the slaughter for an interval **equivalent** to the duration of **an examination.**

גמ׳ מַאי כְּדֵי שְׁחִיטָה? אָמַר רַב: כְּדֵי שְׁחִיטַת בְּהֵמָה אַחֶרֶת.

GEMARA The Gemara asks: **What** is the meaning of an interval **equivalent** to the duration of an act of **slaughter? Rav said:** It means an interval **equivalent** to the duration of an act of **slaughter of another animal,** not the duration required to complete the act of slaughter that was interrupted.

אָמְרִי לֵיהּ רַב כָּהֲנָא וְרַב אַסִּי לְרַב: כְּדֵי שְׁחִיטַת בְּהֵמָה לִבְהֵמָה וְעוֹף לְעוֹף, אוֹ דִּלְמָא אַף בְּהֵמָה לְעוֹף?

Rav Kahana and Rav Asi said to Rav: Is the interruption that invalidates the slaughter an interval **equivalent** to the duration of an act of **slaughter of** another **animal for an animal,** i.e., in a case where an animal was being slaughtered, **and** an interval equivalent to the duration of an act of slaughter **of** another **bird for a bird? Or perhaps** it is an interval equivalent to the duration of an act of slaughter **of an animal even for a bird,** and if the interruption is any shorter it does not invalidate the slaughter?

אָמַר לְהוּ: לָא הֲוָה בְּדֵיחְנָא בֵּיהּ בַּחֲבִיבִי דְּאִישַּׁיְילֵיהּ.

Rav **said to them:** When we studied this topic **I did not** feel sufficiently **intimate with my beloved** uncle, Rabbi Ḥiyya, such **that I** could **ask him** that question. Rav was able only to transmit that which he heard from Rabbi Ḥiyya, but was unable to resolve their dilemma.

NOTES

He had honed the knife and grew weary – **הִשְׁחִיז אֶת הַסַּכִּין וְעָף**: The Rambam explains that the person was drawing the knife back and forth across the neck of the animal when he grew weary and was unable to complete the slaughter. Although the Gemara says: And another came and slaughtered the animal, the same *halakha* applies even if the person completed the slaughter himself. The Gemara cites the case that involves another because typically when one grows weary, another person completes the slaughter (*Kesef Mishne*).

HALAKHA

If he interrupted the slaughter for an interval equivalent to the duration of slaughter – **אִם שָׁהָה כְּדֵי שְׁחִיטָה**: What is the type of interruption that invalidates the slaughter? It is, for example, in a case where one began the slaughter and interrupted his action before the slaughter was complete, whether he did so intentionally or unwittingly, under duress or of his own volition, and either he or another person completes the slaughter. What is the duration of the interruption that invalidates the slaughter? For a small animal, it is equivalent to the period necessary to lift a small animal from the ground, lay it back on the ground, and slaughter it. For a large animal, it is equivalent to the period necessary to lift a large animal from the ground, lay it back on the ground, and slaughter it. For a bird, it is equivalent to the period necessary to lift a small animal from the ground, lay it back on the ground, and slaughter it, in accordance with the opinion of Rabbi Yosei, son of Rabbi Ḥanina. Others say that for a bird, the duration of the interruption is the amount of time necessary to cut one *siman* of a bird, without lifting it or laying it back on the ground, and that Rabbi Yosei, son of Rabbi Ḥanina, holds in accordance with the opinion of Rav. The custom is to invalidate the slaughter due to any pause at all, for both a bird and an animal (Rambam *Sefer Kedusha, Hilkhot Sheḥita* 3:2–3; *Shulḥan Arukh, Yoreh De'a* 23:2, and in the comment of Rema).

אִתְּמַר, אָמַר רַב: כְּדֵי שְׁחִיטַת בְּהֵמָה לִבְהֵמָה וְעוֹף לְעוֹף. וּשְׁמוּאֵל אָמַר: אֲפִילּוּ בְּהֵמָה לְעוֹף. וְכֵן כִּי אֲתָא רָבִין אָמַר רַבִּי יוֹחָנָן: אֲפִילּוּ בְּהֵמָה לְעוֹף.

It was stated that there is an amoraic dispute with regard to this matter. **Rav said:** An interval **equivalent** to the duration of an act of **slaughter of** another **animal for an animal, and** an interval equivalent to the duration of an act of slaughter **of** another **bird for a bird. And Shmuel said:** An interval equivalent to the duration of an act of slaughter **of an animal even for a bird. And likewise, when Ravin**[P] **came** from Eretz Yisrael to Babylonia he said that **Rabbi Yoḥanan said:** An interval equivalent to the duration of an act of slaughter **of an animal even for a bird.**

רַבִּי חֲנַנְיָא אָמַר: כְּדֵי שֶׁיָּבִיא בְּהֵמָה אַחֶרֶת וְיִשְׁחוֹט. יָבִיא אֲפִילּוּ מֵעָלְמָא? נָתַתָּ דְּבָרֶיךָ לְשִׁיעוּרִין!

Rabbi Ḥananya said: An interval **equivalent** to the period in **which one can bring another animal and slaughter** it. The Gemara asks: Does that mean the time in which **one can bring** an animal **even from anywhere else,** regardless of the distance? Occasionally, there is no animal available in close proximity. If so, **you have rendered your statement** subject **to circumstances;**[B] it does not apply uniformly to all cases.

אָמַר רַב פָּפָּא: עוֹמֶדֶת לְהַטִּיל אִיכָּא בֵּינַיְיהוּ.

Rav Pappa said: The practical difference **between** the opinion of Rabbi Ḥananya and that of the other Sages is in a case where there is an animal **standing** before the slaughterer and it is necessary **to cast** it to the ground in order to slaughter it. Even Rabbi Ḥananya disregards the time required to bring the animal from elsewhere. But Rabbi Ḥananya holds that the slaughter is invalidated only if the interruption lasts an interval equivalent to the duration of the act of casting the animal to the ground and slaughtering it. The Rabbis invalidate the slaughter even if an interval has elapsed that is equivalent to the duration of the act of slaughtering the animal, without casting it to the ground.

אָמְרִי בְּמַעְרְבָא מִשְּׁמֵיהּ דְּרַבִּי יוֹסֵי בְּרַבִּי חֲנִינָא: כְּדֵי שֶׁיַּגְבִּיהֶנָּה וְיַרְבִּיצֶנָּה וְיִשְׁחוֹט, דַּקָּה לְדַקָּה וְגַסָּה לְגַסָּה.

The Gemara cites an additional opinion with regard to the duration of the interruption that invalidates slaughter. **They said in the West,** Eretz Yisrael, **in the name of Rabbi Yosei, son of Rabbi Ḥanina:** The duration of the interruption that invalidates slaughter is **equivalent** to the period in **which he can lift** the animal from the ground **and** then **lay it** back on the ground **and slaughter** it. The interval is calculated based on the size of the animal in question. The duration of the interruption that invalidates slaughter of **a small** animal is equivalent to the period necessary **to** lift, lay down, and slaughter **a small** animal. **And** the duration of the interruption that invalidates slaughter of **a large** animal is equivalent to the period necessary **to** lift, lay down, and slaughter **a large** animal.[B]

אָמַר רָבָא: הַשּׁוֹחֵט בְּסַכִּין רָעָה, אֲפִילּוּ כָּל הַיּוֹם כּוּלּוֹ – כְּשֵׁרָה.

§ **Rava said:** In the case of **one who slaughters with a blunt knife,**[H] **even** if the completion of the slaughter lasts **the entire day,** the slaughter is **valid** provided there is no interruption in the midst of the slaughter.

בְּעֵי רָבָא: שְׁהִיּוֹת מַהוּ שֶׁיִּצְטָרְפוּ?

Rava raises a dilemma: If there were several short **interruptions** during a single act of slaughter, **what is** the *halakha* in terms of whether **they join** together to invalidate the slaughter if the sum of the durations of all the interruptions is greater than the maximum permitted interruption?

BACKGROUND

You have rendered your statement subject to circumstances – נָתַתָּ דְּבָרֶיךָ לְשִׁיעוּרִין: This expression appears throughout the Talmud as a rationale for rejecting a *halakha* that does not include fixed parameters. Although in certain cases it is possible that due to the rationale for a specific *halakha*, there is room for leniency or stringency, the concern remains that if the standards are subject to change, the authority of the halakhic determination will be undermined. Therefore, as far as possible, *halakhot* are established with fixed parameters without reference to specific circumstances.

Small and large domesticated animals – בְּהֵמָה דַּקָּה וּבְהֵמָה גַּסָּה: Large domesticated animals are those raised for labor as well as food. These include kosher animals such as cattle, and non-kosher animals such as horses, camels, and donkeys. By contrast, the category of small domesticated animals includes kosher animals such as goats and sheep, and non-kosher animals such as pigs.

HALAKHA

One who slaughters with a blunt knife – הַשּׁוֹחֵט בְּסַכִּין רָעָה: One may slaughter using a knife with a blunt, smooth blade that has no notch. Even if the slaughter lasts a full day of drawing the knife back and forth, his slaughter is valid, in accordance with the opinion of Rava. Nevertheless, the *Shakh* writes that one should not slaughter with a blunt knife *ab initio* because any interruption in the course of the slaughter renders the slaughter not valid (Rambam *Sefer Kedusha, Hilkhot Sheḥita* 1:17; *Shulḥan Arukh, Yoreh De'a* 18:7).

PERSONALITIES

Ravin – רָבִין: This refers to Rabbi Avin, a third-generation *amora* from Eretz Yisrael. Ravin was one of the younger students of Rabbi Yoḥanan, and was often found studying from Rabbi Yoḥanan's more prominent students, Rabbi Abbahu, Rabbi Zeira, and Rabbi Ilai. Apparently, he was a merchant by trade, and served as an emissary to transmit the Torah of Eretz Yisrael to the Babylonian Sages. Rabbi Avin was considered a prominent student and a perfectionist who transmitted the Torah, primarily as it was taught by Rabbi Yoḥanan, with great precision. His arrival is often mentioned after the arrival of Rav Dimi, and the *halakha* is generally ruled in accordance with Ravin's opinion. Although the Babylonian Sages respected the Torah that he transmitted, they did not consider him a particularly great scholar. Nevertheless, his statements appear frequently in both the Babylonian Talmud and the Jerusalem Talmud, where he is called Rabbi Bon. Apparently, Ravin returned to visit his teachers in Eretz Yisrael and sent messages, possibly by letter, back to Babylonia, containing the traditions he learned from them (see *Ketubot* 49b and *Bava Metzia* 114a). Another Rabbi Avin appears in the Talmud; he was the son of the first Rabbi Avin, and his father died prior to his birth.

וְתִפְשׁוֹט לֵהּ מִדִּידֵיהּ! הָתָם בִּדְלָא שָׁהָה.

The Gemara challenges: **And let** Rava **resolve** the dilemma **from his own** statement, as he permitted an act of slaughter that lasts the entire day, during which there were presumably brief interruptions throughout. Apparently, the interruptions do not join together. The Gemara responds: **There,** Rava was referring to a case **where there was no interruption,** as the slaughterer drew the knife back and forth throughout.

בָּעֵי רַב הוּנָא בְּרֵיהּ דְּרַב נָתָן: שָׁהָה בְּמִיעוּט סִימָנִין, מַהוּ? תֵּיקוּ.

Rav Huna, son of Rav Natan, raises a dilemma: If one cut the majority of the *simanim* and then **interrupted** the slaughter before proceeding to cut the **minority of the *simanim*,**[H] **what is the *halakha*?**[N] The Gemara answers: The dilemma **shall stand** unresolved.

״רַבִּי שִׁמְעוֹן אוֹמֵר: אִם שָׁהָה״. מַאי כְּדֵי בִיקּוּר? אָמַר רַבִּי יוֹחָנָן: כְּדֵי בִיקּוּרוֹ שֶׁל חָכָם. אִם כֵּן, נָתַתָּ דְּבָרֶיךָ לְשִׁיעוּרִין! אֶלָּא, כְּדֵי בִיקּוּר טַבָּח חָכָם.

§ The mishna teaches that **Rabbi Shimon says:** The slaughter is not valid **if he interrupted** the slaughter for an interval equivalent to the duration of an examination. The Gemara asks: **What** is an interval **equivalent** to the duration of **an examination? Rabbi Yoḥanan said:** It is an interval **equivalent** to the duration of **an examination** of the knife **by a Sage** prior to the slaughter of the animal. The Gemara objects: **If so, you have rendered your statement** subject **to circumstances,** as sometimes the Sage is near and sometimes the Sage is far, and the time required for examination varies accordingly. The Gemara responds: **Rather,** the reference is to an interval **equivalent** to the duration of **an examination** performed by **a slaughterer** who is **a Sage.** In that case, travel time is not factored in; only the time of the examination itself is considered, and this does not vary.

HALAKHA

If one interrupted the slaughter before proceeding to cut the minority of the *simanim* – שָׁהָה בְּמִיעוּט סִימָנִין: If one slaughters with a blunt knife, and the time it takes to slaughter the minority of the first *siman* is the duration of an interruption that invalidates the slaughter, the slaughter is not valid, because the dilemma of Rav Huna, son of Rav Natan, remains unresolved, in accordance with the explanation of Rabbeinu Oshaya HaLevi cited in *Tosafot* (30b). If one interrupted the slaughter after cutting the majority of one *siman* in a bird or the majority of both *simanim* in an animal, and then completed the slaughter, the slaughter is valid, in accordance with the ruling of the *Tosefta*. Others say that any interruption before the completion of the entire slaughter invalidates the slaughter, in accordance with Rashi's explanation of the dilemma of Rav Huna, son of Rav Natan, and ruling in accordance with the stringent side of his dilemma. The custom is to invalidate the slaughter due to any pause at all (Rambam *Sefer Kedusha, Hilkhot Sheḥita* 3:4; *Shulḥan Arukh, Yoreh De'a* 23:4–6).

NOTES

If one interrupted the slaughter before proceeding to cut the minority of the *simanim* what is the *halakha* – שָׁהָה בְּמִיעוּט סִימָנִין מַהוּ: The early commentaries find this dilemma and the dilemma raised by Rav Pappa with regard to concealing the knife (30b) difficult, primarily because the *Tosefta* and the Gemara (29a) provide explicit rulings in these matters. Rashi explains that this dilemma concerns a case where one interrupted the slaughter only after having cut the majority of the *simanim*. Although the slaughter would be valid were he to stop at that point, the fact that he continued raises the dilemma of whether or not interruption at that stage invalidates the slaughter. Rashi adds that since the ruling is stringent, one who cuts the majority of the *simanim* and interrupts the slaughter may not continue the slaughter.

Rabbeinu Gershom Meor HaGola and Rabbeinu Tam explain that this dilemma refers to a case where the interruption occurred after one cut the minority of the *simanim*. Accordingly, the dilemma is whether it is considered as though he began the slaughter, and therefore interruption at that point would invalidate the slaughter, or whether interruption invalidates the slaughter only when it takes place after he cut the majority of the *simanim*. Others explain that the dilemma is with regard to the length of the interruption that invalidates slaughter. Does the phrase: An interval equivalent to the duration of an act of slaughter, mean the duration of cutting both *simanim* completely, or the duration of cutting their majority (Ramban; Meiri)? Alternatively, the dilemma is: Does it mean the duration of cutting the majority of both *simanim*, or the duration of cutting their minority (Rambam)? Many commentaries support the explanation of Rabbeinu Oshaya HaLevi, cited in *Tosafot* (30b), that the dilemma is not with regard to pausing in the middle of the act of slaughter; rather, it addresses Rava's statement: In the case of one who slaughters with a blunt knife, even if the completion of the slaughter lasts the entire day, the slaughter is valid, provided there is no interruption in the midst of the slaughter. The dilemma is: After he cut the majority of one *siman*, is cutting the minority of that *siman* before beginning to cut the second *siman* considered an interruption because it is unnecessary? Or perhaps the entire slaughter is considered as one act and cutting the minority of the first *siman* is not an interruption (see Rashba, Ba'al HaMaor, and *Sefer HaMakhria* 5).

מתני׳ שָׁחַט אֶת הַוֶּושֶׁט וּפָסַק אֶת הַגַּרְגֶּרֶת, אוֹ פָּסַק אֶת הַגַּרְגֶּרֶת וְאַחַר כָּךְ שָׁחַט אֶת הַוֶּושֶׁט; אוֹ שָׁחַט אֶחָד מֵהֶן וְהִמְתִּין לָהּ עַד שֶׁמֵּתָה; אוֹ שֶׁהֶחְלִיד אֶת הַסַּכִּין תַּחַת הַשֵּׁנִי וּפְסָקוֹ – רַבִּי יְשֵׁבָב אוֹמֵר: נְבֵלָה, רַבִּי עֲקִיבָא אוֹמֵר: טְרֵפָה.

MISHNA **If one cut the gullet** in the standard manner of slaughter with a back-and-forth movement, **and he severed the windpipe**[N] not in the standard manner, **or if one severed the windpipe and thereafter cut the gullet, or if one cut one of the** *simanim* **and waited until** the animal **died, or if** one cut one *siman* and **concealed the knife beneath the second** *siman* **and severed it**[N] from below, **Rabbi Yeshevav**[P] **says:** The animal is **an unslaughtered carcass**[N] and imparts ritual impurity through contact with it and carrying it. **Rabbi Akiva says:** The animal is **a** ***tereifa***,[N] and although eating it is prohibited, it does not transmit ritual impurity.

כְּלָל אָמַר רַבִּי יְשֵׁבָב מִשּׁוּם רַבִּי יְהוֹשֻׁעַ: כׇּל שֶׁנִּפְסְלָה בִּשְׁחִיטָתָהּ – נְבֵלָה; כׇּל שֶׁשְּׁחִיטָתָהּ כָּרָאוּי, וְדָבָר אַחֵר גָּרַם לָהּ לִיפָּסֵל – טְרֵפָה. וְהוֹדָה לוֹ רַבִּי עֲקִיבָא.

Rabbi Yeshevav stated a principle in the name of Rabbi Yehoshua: Any animal **that was rendered unfit during its slaughter** because the slaughter was not performed properly **is an unslaughtered carcass;**[H] **any** animal **whose slaughter was** performed **properly and another matter caused it to become unfit is a** ***tereifa***. **And Rabbi Akiva conceded to his** opinion.

גמ׳ שָׁחַט אֶת הַוֶּושֶׁט וכו׳, וְהוֹדָה לוֹ רַבִּי עֲקִיבָא. וּרְמִינְהִי, אֵלּוּ טְרֵפוֹת בִּבְהֵמָה:

GEMARA The mishna teaches: If **one cut the gullet… and Rabbi Akiva conceded to his** opinion. **And the Gemara raises a contradiction** from a mishna at the beginning of the next chapter (42a): **These** wounds **constitute** ***tereifot*** **in an animal:**

PERSONALITIES

Rabbi Yeshevav – רַבִּי יְשֵׁבָב: Rabbi Yeshevav was one of the Sages in Yavne during Rabban Gamliel's reign as *Nasi*. He is mentioned together with the Sages of that generation who sat and studied before Rabbi Elazar ben Azarya. Not many statements are attributed to him in the Talmud. Those that are mentioned are disputes with Rabbi Akiva, whom he called Akiva ben Yosef. Both of them studied before Rabbi Yehoshua. Not much is known about his life, though it is related that he distributed all his belongings to the poor. In fact, Rabbi Akiva chastised him for donating too much to charity.

It is likely that he is Rabbi Yeshevav the scribe, who was one of the ten martyrs executed by the Romans during the bar Kokheva rebellion. According to tradition, the ninety-year-old Sage told his disciples to support each other and uphold justice and peace (*Midrash Eleh Ezkera*). He was then thrown to the dogs and was not buried.

The name Yeshevav appears in the book of Chronicles (I Chronicles 24:13) as the name of one of the priestly watches. This watch receives mention in several places in the Talmud as being praiseworthy during the Second Temple period.

HALAKHA

Any animal that was rendered unfit during its slaughter is an unslaughtered carcass – כׇּל שֶׁנִּפְסְלָה בִּשְׁחִיטָתָהּ נְבֵלָה: Only valid slaughter prevents an animal from assuming the status of an unslaughtered carcass. If the slaughter is not valid, the animal assumes that status and becomes a primary source of impurity and transmits impurity through carrying. This ruling is in accordance with the opinion of Rabbi Yeshevav, because ultimately Rabbi Akiva concedes to his opinion. If there is any uncertainty as to whether or not the slaughter is valid, the animal assumes the status of an uncertain unslaughtered carcass. If one eats its meat, he is flogged for rebelliousness (Rambam *Sefer Kedusha, Hilkhot Sheḥita* 3:18 and *Sefer Tahara, Hilkhot She'ar Avot HaTumot* 1:2).

NOTES

If one cut the gullet and he severed the windpipe – שָׁחַט אֶת הַוֶּושֶׁט וּפָסַק אֶת הַגַּרְגֶּרֶת: Rashi explains that the phrase: Severed the windpipe, means that one ripped the *siman* and thereby invalidated the slaughter. Since the Gemara (9a) states that all the acts that invalidate slaughter are listed in the Mishna, and ripping is not mentioned in any other mishna, it is logical that this case is referring to ripping. Ripping refers to a case where in the course of slaughtering the animal, one rips the windpipe from its place or it is ripped from its place due to a notch in the knife (*Tosafot* on 9a). Other early commentaries interpret ripping as the cutting of a *siman* after it was displaced. By contrast, the reference here is to severing the windpipe in a manner other than through slaughter (Rabbeinu Yehonatan of Lunel; Meiri).

Or concealed the knife beneath the second *siman* and severed it – אוֹ שֶׁהֶחְלִיד אֶת הַסַּכִּין תַּחַת הַשֵּׁנִי וּפְסָקוֹ: The term: Severed it, means that he did not cut the *siman* in the prescribed manner, i.e., he cut the second *siman* in an upward motion, rather than in a downward motion from the throat toward the nape. The disqualification here is due to the fact that he concealed the knife after inserting it, and then cut the *simanim*. As explained in the Gemara earlier (30b), even if he conceals the knife between the two *simanim*, and cuts the second *siman* in a downward motion, and then extracts the knife and cuts the first *siman* in a downward motion, the slaughter is invalid. Here, the mishna introduces a novel element: Even if he cut the first *siman* in the prescribed manner, if he then conceals the knife beneath the second *siman*, the slaughter is not valid due to the fact that he concealed the knife. Furthermore, this happens frequently in the course of slaughter, as after he draws the knife while cutting the first *siman*, when he draws the knife back it is inserted beneath the second *siman* (*Tosafot* on 30b).

Rabbi Yeshevav says the animal is an unslaughtered carcass – רַבִּי יְשֵׁבָב אוֹמֵר נְבֵלָה: An unslaughtered carcass refers to any animal that dies on its own. It is prohibited to eat an unslaughtered carcass, and it is a primary source of ritual impurity. By contrast, a *tereifa* is an animal with an illness or wound that will cause its death in the near future. Although the Torah prohibits eating the meat of a *tereifa* even after it is slaughtered, slaughter is effective in preventing the animal from assuming the status of an unslaughtered carcass; if slaughtered, a *tereifa* does not transmit impurity.

Rabbi Akiva says it is a *tereifa* – רַבִּי עֲקִיבָא אוֹמֵר טְרֵפָה: Most of the early commentaries understand that before he conceded and accepted the opinion of Rabbi Yehoshua, Rabbi Akiva did not disagree with the basic premise that an animal that dies in any manner other than through slaughter is an unslaughtered carcass. Rather, he held that even an act of slaughter that is not valid is effective in preventing the animal from assuming the status of an unslaughtered carcass and from transmitting impurity. Some explain that Rabbi Akiva disagreed only in a case where the slaughter was invalidated because one concealed the knife, but in other cases he agreed that the animal assumes the status of an unslaughtered carcass because the *simanim* were not cut in the prescribed manner (Rabbeinu Yehonatan of Lunel; Meiri; *Nimmukei Yosef*).

Others explain that Rabbi Akiva initially held that the slaughter is effective specifically in a case where one cut one of the *simanim*, as such slaughter is effective for a bird. If both *simanim* were cut in a manner that invalidates the slaughter, e.g., with the knife concealed, Rabbi Akiva concedes that the slaughter is completely ineffective and the animal assumes the status of an unslaughtered carcass (Rashash). In the *Tosefta* (5:2) it is stated explicitly that even in that case, Rabbi Akiva holds that the animal does not assume the status of an unslaughtered carcass. From there it appears that Rabbi Akiva holds that any animal that one slaughters, even if the slaughter is not valid, can no longer assume the status of an unslaughtered carcass (see *Imrei Moshe* 2:27).

נְקוּבַת הַוֶּושֶׁט, וּפְסוּקַת הַגַּרְגֶּרֶת!

An animal that has **a perforated gullet,** where the perforation goes through the wall of the gullet, **or** one with **a severed windpipe.** According to this mishna, the severed windpipe renders the animal a *tereifa* and not an unslaughtered carcass. If Rabbi Akiva reconsidered his opinion and conceded to Rabbi Yeshevav, in accordance with the opinion of which *tanna* is that mishna?

אֲמַר רָבָא, לָא קַשְׁיָא: כָּאן שֶׁשָּׁחַט וּלְבַסּוֹף פָּסַק, כָּאן שֶׁפָּסַק וּלְבַסּוֹף שָׁחַט; שָׁחַט וּלְבַסּוֹף פָּסַק – נִפְסֶלֶת בִּשְׁחִיטָה הִיא, פָּסַק וּלְבַסּוֹף שָׁחַט – כִּי דָּבָר אַחֵר גָּרַם לָהּ לִיפָּסֵל דָּמְיָא.

Rava said: This is **not difficult. Here,** the mishna is referring to a case **where one cut** the gullet **and ultimately severed** the windpipe not in the standard manner. **There,** the mishna in the next chapter is referring to a case **where he severed** the windpipe not in the standard manner, **and ultimately cut** the gullet. If he **cut the gullet and ultimately severed** the windpipe, the animal **was rendered unfit during its slaughter;** therefore, it assumes the status of an unslaughtered carcass, according to the principle of Rabbi Yeshevav. But if **he severed** the windpipe **and ultimately cut** the gullet, it is **as** though **another matter caused** the animal **to become unfit;** therefore, it assumes the status of a *tereifa*.

אֵיתִיבֵיהּ רַב אַחָא בַּר הוּנָא לְרָבָא: שָׁחַט אֶת הַוֶּושֶׁט וּפָסַק אֶת הַגַּרְגֶּרֶת, פָּסַק אֶת הַגַּרְגֶּרֶת וְאַחַר כָּךְ שָׁחַט אֶת הַוֶּושֶׁט – נְבֵלָה!

Rav Aḥa bar Huna raised an objection to Rava from a *baraita*: If one **cut the gullet and** then **severed the windpipe,** or if one **severed the windpipe and cut the gullet thereafter,** the animal is **an unslaughtered carcass.** Apparently, contrary to Rava's statement, the order is irrelevant, and even if the windpipe is severed first, the animal assumes the status of an unslaughtered carcass.

אֵימָא: וּכְבָר שָׁחַט אֶת הַוֶּושֶׁט מֵעִיקָּרָא.

Rava said: **Say** that the latter case in the *baraita* means not that he cut the gullet thereafter; rather, it is a case where one severed the windpipe **and had already cut the gullet at the outset.**

אֲמַר לֵיהּ, שְׁתֵּי תְשׁוּבוֹת בַּדָּבָר: חֲדָא, דְּהַיְינוּ קַמַּיְיתָא; וְעוֹד, הָא תְּנַן: וְאַחַר כָּךְ!

Rav Aḥa bar Huna **said to him:** There are **two refutations of the statement,** i.e., of your attempt to answer the difficulty from the *baraita*: **One** is that if the second case in the *baraita* is one where he initially cut the gullet, then **that is** identical to **the first** case in the *baraita*. **And furthermore, didn't we learn** explicitly in the *baraita*: Or if one severed the windpipe and cut the gullet **thereafter,** the animal is an unslaughtered carcass?

אֶלָּא אֲמַר רָבָא: אֵלּוּ אֲסוּרוֹת קָתָנֵי, וְיֵשׁ מֵהֶן נְבֵלוֹת וְיֵשׁ מֵהֶן טְרֵפוֹת.

Rather, Rava said: The use of the term: *Tereifot*, in the mishna in the next chapter is not to the exclusion of unslaughtered carcasses; rather, the *tanna* **teaches** that term in a general sense, meaning: **These** wounds serve to render an animal **forbidden; and there are** some **of them** that are **unslaughtered carcasses,** e.g., an animal with a severed windpipe, **and there are** some **of them** that are ***tereifot*.**

וְלִיחְשׁוֹב נַמִי דְּחִזְקִיָּה, דְּאָמַר חִזְקִיָּה: עֲשָׂאָהּ גִּיסְטְרָא – נְבֵלָה! וְלִיחְשׁוֹב נַמִי דְּרַבִּי אֶלְעָזָר, דְּאָמַר רַבִּי אֶלְעָזָר: נִטְּלָה יָרֵךְ וְחָלָל שֶׁלָּהּ – נְבֵלָה!

The Gemara objects to that interpretation: If the mishna is listing those circumstances that render the animal an unslaughtered carcass, **let** the *tanna* **consider** the circumstance **of Ḥizkiyya as well, as Ḥizkiyya says:** If **one rendered** the animal like **a shard** by cutting it into two widthwise, its halakhic status is that of **an unslaughtered carcass** even while it is convulsing before its death. **And let** the *tanna* **consider** the circumstance **of Rabbi Elazar as well, as Rabbi Elazar said:** If **the thigh,** the hind leg of the animal, **was removed and its recess** is obvious (see 21a), it **is an unslaughtered carcass.**

כִּי קָתָנֵי נְבֵלָה דְּלָא מְטַמְּאָה מֵחַיִּים, אֲבָל נְבֵלָה דִּמְטַמְּאָה מֵחַיִּים לָא קָתָנֵי.

The Gemara explains: **When** the mishna **teaches** the case of **an unslaughtered carcass,** it is a case where the animal **does not** assume that status and **impart impurity while alive. But** the *tanna* **does not teach** the case of **an unslaughtered carcass** where the animal assumes that status and **imparts impurity while alive,** e.g., the cases of Ḥizkiyya and Rabbi Elazar.

רַבִּי שִׁמְעוֹן בֶּן לָקִישׁ אָמַר: כָּאן שֶׁשָּׁחַט בִּמְקוֹם חֲתָךְ, כָּאן שֶׁשָּׁחַט שֶׁלֹּא בִּמְקוֹם חֲתָךְ; שָׁחַט בִּמְקוֹם חֲתָךְ – נִפְסְלָה בִּשְׁחִיטָה הִיא, שֶׁלֹּא בִּמְקוֹם חֲתָךְ – כִּי דָבָר אַחֵר גָּרַם לָהּ לִיפָּסֵל דָּמְיָא.

Rabbi Shimon ben Lakish resolved the apparent contradiction between the mishna here and the mishna on 42a, and **said: Here,** the *tanna* is referring to a case **where one cut** the gullet **in** the same **place** as the initial **cut** in the windpipe. **There,** on 42a, the *tanna* is referring to a case **where he cut** the gullet **not in** the same **place** as the initial **cut** in the windpipe. The reason for the distinction is that **if one cut** the gullet **in** the same **place** as the initial **cut** in the windpipe, it is an animal that **was rendered unfit during its slaughter** and it assumes the status of an unslaughtered carcass. By contrast, if he cut the gullet **not in** the same **place** as the initial **cut** in the windpipe it is **like** a case where **another matter caused** the animal **to become unfit.** Therefore, cutting the gullet renders it a *tereifa* and prevents it from imparting ritual impurity.

וּמִי אָמַר רַבִּי שִׁמְעוֹן בֶּן לָקִישׁ הָכִי? וְהָאָמַר רַבִּי שִׁמְעוֹן בֶּן לָקִישׁ: שָׁחַט אֶת הַקָּנֶה וְאַחַר כָּךְ נִיקְּבָה הָרֵיאָה – כְּשֵׁרָה; אַלְמָא כְּמַאן דְּמַנְּחָא בְּדִיקוּלָא דָּמְיָא, הָכָא נַמִי – כְּמַאן דְּמַנְּחָא בְּדִיקוּלָא דָּמְיָא!

The Gemara asks: **And did Rabbi Shimon ben Lakish say this,** that slaughter can be effective to prevent impurity after the windpipe was severed? **But doesn't Rabbi Shimon ben Lakish say:** If one **cut the windpipe and the lung was perforated thereafter**[H] before he cut the gullet, the animal is **fit** for consumption? **Apparently,** after cutting the windpipe, the status of the lungs, whose existence is dependent upon the windpipe, **is like** that of an item **that is placed in a basket;**[N] they are irrelevant to the determination of the animal's status. **Here too,** when the windpipe is severed at the beginning of the slaughter the windpipe should be considered **like** an item **that is placed in a basket** in the sense that the animal is considered to have only one *siman*, the gullet, and cutting of one *siman* does not affect the animal's status.

אֶלָּא אָמַר רַבִּי חִיָּיא בַּר אַבָּא אָמַר רַבִּי יוֹחָנָן, לָא קַשְׁיָא: כָּאן קוֹדֶם חֲזָרָה, כָּאן לְאַחַר חֲזָרָה, וּמִשְׁנָה לֹא זָזָה מִמְּקוֹמָהּ.

Rather, Rabbi Ḥiyya bar Abba said that **Rabbi Yoḥanan said:** The apparent contradiction is **not difficult. There** (42a), where it is stated that an animal with a severed windpipe is a *tereifa*, the mishna presents the opinion of Rabbi Akiva **before retraction** of his opinion. **Here,** the mishna presents the opinion of Rabbi Akiva **after retraction** of his opinion. **And** even though Rabbi Akiva retracted his opinion, **a mishna does not move from its place.**[N] Once this version of the mishna was learned in the study hall, it remained valuable, even though it is no longer current.

גּוּפָא, אָמַר רַבִּי שִׁמְעוֹן בֶּן לָקִישׁ: שָׁחַט אֶת הַקָּנֶה וְאַחַר כָּךְ נִיקְּבָה הָרֵיאָה – כְּשֵׁרָה. אָמַר רָבָא: לֹא אָמַר רַבִּי שִׁמְעוֹן בֶּן לָקִישׁ אֶלָּא בְּרֵיאָה, הוֹאִיל וְחַיֵּי רֵיאָה תְּלוּיָה בַּקָּנֶה, אֲבָל בִּבְנֵי מֵעַיִים לָא.

§ The Gemara discusses **the** matter **itself** that was cited previously. **Rabbi Shimon ben Lakish says:** If one **cut the windpipe and the lung was perforated thereafter** before he cut the gullet, the animal is **fit** for consumption. **Rava said: Rabbi Shimon ben Lakish states** this principle **only with regard to a lung, since the function of the lung is dependent upon the windpipe.** Once the windpipe is severed it is as though the lungs were removed from the animal. **But with regard to innards** that were perforated after the windpipe was cut but before the slaughter was completed, **no,**[N] the animal becomes a *tereifa*, because the function of the innards is not dependent on the windpipe.

HALAKHA

If one cut the windpipe and the lung was perforated thereafter – שָׁחַט אֶת הַקָּנֶה וְאַחַר כָּךְ נִיקְּבָה הָרֵיאָה: If one cut the windpipe and the lung was perforated before the gullet was cut, or if one cut the gullet and the innards were perforated before the windpipe was cut, the animal is a *tereifa*. The *halakha* is not in accordance with the ruling of Reish Lakish. Rather, it is in accordance with the stringent ruling of Rabbi Zeira, who holds that an animal can be rendered a *tereifa* even when it is only half-alive, i.e., after one *siman* was cut (*Tosafot*). Furthermore, as the Gemara here states, there is a contradiction between the two statements of Reish Lakish (Rambam *Sefer Kedusha, Hilkhot Sheḥita* 7:2; *Shulḥan Arukh, Yoreh De'a* 26:2; see *Beur HaGra*).

NOTES

Like an item that is placed in a basket – כְּמַאן דְּמַנְּחָא בְּדִיקוּלָא דָּמְיָא: Some understand Reish Lakish's statement literally, to mean that once the windpipe is cut the lungs are no longer considered flesh severed from a living being, and after they are removed from the animal's body it is permitted to eat them, just as after cutting one *siman* in a bird it is permitted to eat the bird (Meiri; *Rosh Yosef*). The Ran writes that some hold the same applies to the consumption of the heart and liver as well. The Rashba interprets the statement of Reish Lakish as applying only with regard to rendering the animal a *tereifa*, that once the lung is no longer intact it cannot render the animal a *tereifa*; but it is certainly not permitted to eat the lung until both *simanim* are cut (*Torat HaBayit*).

And a mishna does not move from its place – וּמִשְׁנָה לֹא זָזָה מִמְּקוֹמָהּ: Since the Mishna was originally an oral tradition transmitted from teacher to student and recited in the academy, any disparity in the language of the Mishna would create confusion among the students. Therefore, even though the *halakha* changed, the original version of the mishna was preserved (Ritva on *Yevamot* 30a).

But with regard to innards no – אֲבָל בִּבְנֵי מֵעַיִים לָא: This statement refers to a case where one cut the windpipe first. If he cut the gullet first, one could claim that on the contrary, even if the innards are perforated it is permitted to eat the animal. That is because the vitality of the innards is dependent upon the gullet (Rashba). The Ran disagrees and holds that the ruling applies only in the case discussed in the Gemara.

מַתְקִיף לַהּ רַבִּי זֵירָא: מֵאַחַר שֶׁנּוֹלְדוּ בָּהּ סִימָנֵי טְרֵפָה הִתַּרְתָּ, מָה לִי בְּרֵיאָה מָה לִי בִּבְנֵי מֵעַיִם!

Rabbi Zeira objects to Rava's distinction. **Since when signs of being a *tereifa* developed** in the animal after the slaughter began, **you permitted** the animal[N] and deemed the slaughter valid, **what** difference is there **to me if the perforation was in the lung, and what** difference is there **to me** if the perforation was **in the innards?** In either case, the animal should not be deemed a *tereifa* if the signs developed once the slaughter began.

וַהֲדַר בֵּיהּ רַבִּי זֵירָא; דְּבָעֵי רַבִּי זֵירָא: נִיקְבוּ בְּנֵי מֵעַיִם בֵּין סִימָן לְסִימָן, מַהוּ? מִי מִצְטָרֵף סִימָן רִאשׁוֹן לְסִימָן שֵׁנִי לְטַהֲרָה מִידֵי נְבֵלָה אוֹ לָא?

But Rabbi Zeira retracted his objection, **as Rabbi Zeira raises a dilemma:** If the **innards were perforated between** the cutting of the first ***siman* and the second *siman*[N] what is the *halakha*? Does the first *siman* join** together **with the second *siman* to purify** the animal **from** the impurity of **an unslaughtered carcass[N] or not?**

וְאָמְרִינַן, לָאו הַיְינוּ דְּבָעֵי אִילְפָא: הוֹצִיא עוּבָּר אֶת יָדוֹ בֵּין סִימָן לְסִימָן, מַהוּ?

And we say: Isn't this the dilemma that Ilfa raises:[N] If a fetus extended its foreleg[H] outside the womb while the mother was being **slaughtered, between the cutting of the first *siman*,** the windpipe, and the second ***siman*,** the gullet, thereby causing the foreleg to have the status of a *tereifa*, **what is the *halakha*?**

HALAKHA

If a fetus extended its foreleg, etc. – **הוֹצִיא עוּבָּר אֶת יָדוֹ וכו׳**: In the case of an animal that is in the process of giving birth and the fetus extends a foreleg from the womb, if one severs that leg and then the mother is slaughtered, the foreleg assumes the status of an unslaughtered carcass. The remaining flesh of the fetus is ritually pure. If the mother was first slaughtered and then that foreleg of the fetus was severed, the status of the foreleg is that of a slaughtered *tereifa*, and the rest of the flesh of the fetus has the status of meat that touched a slaughtered *tereifa*, which renders sacrificial food impure by rabbinic law, but does not render *teruma* impure. If the foreleg of the fetus emerged between the cutting of the first and the second *simanim* of the mother, and after the second *siman* was cut the leg was severed, the cutting of the first *siman* and the cutting of the second *siman* join together to prevent the foreleg from assuming the status of an unslaughtered carcass, in accordance with the conclusion of the Gemara on 69a (Rambam *Sefer Tahara, Hilkhot She'ar Avot HaTumot* 2:9).

NOTES

Since when signs of being a *tereifa* developed in the animal after the slaughter began you permitted the animal – **מֵאַחַר שֶׁנּוֹלְדוּ בָּהּ סִימָנֵי טְרֵפָה הִתַּרְתָּ**: Rabbi Zeira holds that Reish Lakish's reason is not that the lungs are like an item placed in a basket. Rather, it is because he holds that there can be no *tereifa* in the case of an animal that is half-alive. Once the windpipe has been cut and the vitality of the animal has been compromised, the animal can no longer become a *tereifa* (Rashi).

If the innards were perforated between the cutting of the first *siman* and the second *siman* – **נִיקְבוּ בְּנֵי מֵעַיִם בֵּין סִימָן לְסִימָן**: The early commentaries disagree as to the meaning of this dilemma. Rashi explains that it means that the innards were perforated between the cutting of the windpipe and the cutting of the gullet, as the windpipe is always cut first. By contrast, *Tosafot* explain that since the language is indefinite and does not specify which *siman* is first and which is second, it includes a case where the gullet was cut first. Even in that case, if the innards were perforated the animal is a *tereifa*. The same *halakha* would apply in a case where the lungs were perforated after the windpipe was cut. The Gemara is proving from here that apparently, Rabbi Zeira holds that an animal that is half-alive can become a *tereifa*.

Does the first *siman* join with the second *siman* to purify it from the impurity of an unslaughtered carcass – **מִי מִצְטָרֵף סִימָן רִאשׁוֹן לְסִימָן שֵׁנִי לְטַהֲרָה מִידֵי נְבֵלָה**: Cutting the first *siman* accomplishes two goals: It serves as a component of permitting consumption of the meat of the animal and also prevents it from assuming the impurity of an unslaughtered carcass. Cutting the second *siman* in this case cannot be a component of permitting the consumption of the animal, as once the innards are perforated the animal is a *tereifa*. The question is: Does the cutting of the first *siman* join together with the cutting of the second *siman* to prevent it from assuming the impurity of an unslaughtered carcass, despite the difference between the status of the two cuttings (Rashi)?

Isn't this the dilemma that Ilfa raises, etc. – **לָאו הַיְינוּ דְּבָעֵי אִילְפָא וכו׳**: Ilfa's dilemma was stated vis-à-vis the *halakha* in the mishna with regard to an animal that is about to give birth. If the fetus extends its foreleg before the mother is slaughtered, the halakhic status of that foreleg is that of a *tereifa*, and even after the mother is slaughtered it is prohibited to eat the meat of the foreleg (see 68a). According to the Rabbis cited in that mishna, that leg does not assume the status of an unslaughtered carcass after the slaughter with regard to becoming a primary source of impurity. Therefore, Ilfa asks: When the animal extends its leg after one *siman* was already cut, what is its status? Does the cutting of the first *siman* join with the cutting of the second *siman* to prevent the foreleg from assuming the status of impurity? Ostensibly, this is parallel to Rabbi Zeira's dilemma with regard to innards that were perforated after the first *siman* was cut.

Perek **II**
Daf **33** Amud **a**

מִי מִצְטָרֵף סִימָן רִאשׁוֹן לְסִימָן שֵׁנִי לְטַהֲרָה מִידֵי נְבֵלָה אוֹ לָא?

The Gemara clarifies this dilemma: **Does the first *siman* join** together **with the second *siman* to purify the animal from** the impurity of **an unslaughtered carcass or not?** In both cases the dilemma is: Does the cutting of the first *siman*, which serves the dual purpose of being a component of permitting consumption and preventing impurity of the animal, join together with the cutting of the second *siman*, which serves only the purpose of preventing impurity, in order to constitute a single act of slaughter and thereby prevent the animal from assuming the impurity of an unslaughtered carcass? Or perhaps because the cutting of each *siman* is performed for a different purpose they do not join together?

עַד כָּאן לָא אִיבַּעְיָא לָן אֶלָּא לְטַהֲרָהּ מִידֵי נְבֵלָה, אֲבָל בַּאֲכִילָה אֲסוּרָה.

In any event, **we raise the dilemma only** in order **to purify** the foreleg **from** the impurity of **an unslaughtered carcass. But with regard to eating** the slaughtered animal, all agree that it is **forbidden,** as even Rabbi Zeira concedes that the animal is a *tereifa* and retracts his objection to the distinction that Rava proposed between the lungs and the innards.

אֲמַר לֵיהּ רַב אַחָא בַּר רַב לְרָבִינָא: דִּלְמָא לְעוֹלָם לָא הֲדַר בֵּיהּ, וְרַבִּי זֵירָא לְדִבְרָיו דְּרָבָא קָאָמַר, וְלֵיהּ לָא סְבִירָא לֵיהּ!

Rav Aḥa bar Rav said to Ravina: Perhaps Rabbi Zeira **actually did not retract** his opinion, as even initially he held that there is no distinction between lungs and innards. If either is perforated after one *siman* was cut, the animal is a *tereifa*. **And Rabbi Zeira stated** his objection to the distinction of Rava **in accordance with the statement of Rava, but** he **himself does not hold accordingly.**

אָמַר רַב אַחָא בַּר יַעֲקֹב, שְׁמַע מִינַּהּ מִדְּרַבִּי שִׁמְעוֹן בֶּן לָקִישׁ: מְזַמְּנִין יִשְׂרָאֵל עַל בְּנֵי מֵעַיִם, וְאֵין מְזַמְּנִין גּוֹיִם עַל בְּנֵי מֵעַיִם;

The Gemara continues its analysis of the statement of Reish Lakish, who said that after the windpipe is cut, the lung is considered as though it was placed in a basket, and if it is perforated before the slaughter is completed, the animal does not become a *tereifa*. **Rav Aḥa bar Yaakov said: Learn from** the statement **of Rabbi Shimon ben Lakish** that **one may invite Jews** to eat the **innards** of an animal that was slaughtered, **but one may not invite gentiles**[N] to eat the **innards** of an animal that was slaughtered, because they are forbidden to gentiles.

מַאי טַעְמָא? יִשְׂרָאֵל דְּבִשְׁחִיטָה תַּלְיָא מִילְּתָא, כֵּיוָן דְּאִיכָּא שְׁחִיטָה מְעַלַּיְיתָא – אִישְׁתְּרוּ לְהוּ; גּוֹיִם דִּבְנְחִירָה סַגִּי לְהוּ, וּבְמִיתָה תַּלְיָא מִילְּתָא, הָנֵי כְּאֵבֶר מִן הַחַי דָּמוּ.

What is the reason? For **Jews the matter** of rendering the meat of the animal fit for consumption **is dependent upon** the performance of a valid act of **slaughter. Once there is full-fledged slaughter** and both *simanim* are cut, the innards **are permitted to them** even if the animal is convulsing. But with regard to **gentiles, for whom stabbing is sufficient** and slaughter is not required, the innards are permitted only after the animal is completely dead, since **the matter** of rendering the meat of the animal fit for consumption **is dependent upon** its **death.** Therefore, if the animal is still convulsing, **these** innards, which are considered to be outside the body after the cutting of the two *simanim*, are **considered like a limb from a living animal**[B] and it is forbidden for gentiles to eat them.

אָמַר רַב פַּפָּא: הֲוָה יָתֵיבְנָא קַמֵּיהּ דְּרַב אַחָא בַּר יַעֲקֹב, וּבְעֵי דְּאֵימָא לֵיהּ: מִי אִיכָּא מִידֵי דְּלְיִשְׂרָאֵל שָׁרֵי וּלְגוֹי אָסוּר? וְלָא אֲמַרִי לֵיהּ, דְּאָמִינָא: הָא טַעְמָא קָאָמַר.

Rav Pappa said: I was sitting before Rav Aḥa bar Yaakov and I sought to say to him that his statement is difficult: **Is there anything that is permitted for a Jew but prohibited for a gentile? But I did not say that to him, as I said** to myself: **Didn't he say a reason**[N] for his ruling? Therefore, there is no reason to ask the question.

תַּנְיָא דְּלָא כְּרַב אַחָא בַּר יַעֲקֹב: הָרוֹצֶה לֶאֱכוֹל מִבְּהֵמָה קוֹדֶם שֶׁתֵּצֵא נַפְשָׁהּ חוֹתֵךְ כְּזַיִת בָּשָׂר מִבֵּית הַשְּׁחִיטָה וּמוֹלְחוֹ יָפֶה יָפֶה וּמְדִיחוֹ יָפֶה יָפֶה, וּמַמְתִּין לָהּ עַד שֶׁתֵּצֵא נַפְשָׁהּ וְאוֹכְלוֹ, אֶחָד גּוֹי וְאֶחָד יִשְׂרָאֵל מוּתָּרִין בּוֹ.

The Gemara notes: **It is taught** in a *baraita* **not in accordance with** the opinion of **Rav Aḥa bar Yaakov: One who seeks to eat from** the meat of **an animal before its soul departs**[H] **may cut an olive-bulk**[B] **of meat from the area of the slaughter,** the neck, **and salt it very well,** i.e., more than is normally required, **and rinse it very well** in water to remove the salt and the blood, **and wait until the** animal's **soul departs, and eat it.** It is **permitted for both a gentile and a Jew to eat it.** Contrary to the statement of Rav Aḥa bar Yaakov, there is no distinction between Jew and gentile.

NOTES

But one may not invite gentiles – וְאֵין מְזַמְּנִין גּוֹיִם: One of the prohibitions that gentiles are commanded to observe is the prohibition against eating a limb severed from a living animal (*Sanhedrin* 56a; see *Pesaḥim* 22a). If a Jew invites a gentile to eat food that is prohibited to him, the Jew violates the prohibition: "You shall not place a stumbling block before the blind" (Leviticus 19:14).

As I said: Didn't he say a reason – דְּאָמִינָא הָא טַעְמָא קָאָמַר: From here it is clear that the principle that anything permitted to a Jew is also permitted to a gentile (see *Sanhedrin* 58b) is relevant only when no reason is provided for that principle not to be in effect (Rashba). Here the reason is that Jews are commanded to slaughter animals before eating them, while gentiles may eat any animal that is no longer alive. Therefore, for gentiles, the moment of death is the determining factor.

HALAKHA

One who seeks to eat from the meat of an animal before its soul departs – הָרוֹצֶה לֶאֱכוֹל מִבְּהֵמָה קוֹדֶם שֶׁתֵּצֵא נַפְשָׁהּ: It is prohibited to eat a slaughtered animal whose body is still convulsing. One who eats from it at that point, i.e., before its soul departs, violates a prohibition, as it is written: "You shall not eat with the blood" (Leviticus 19:26). Nevertheless, it is permitted to sever a limb from the animal while it is still convulsing, and to salt the meat and rinse it, but he must wait until the animal's soul departs before eating it. After the convulsions cease it is permitted to give the meat to gentiles, because there is nothing that is permitted for a Jew and prohibited for a gentile (*Taz*). This is in accordance with the *baraita* and contrary to the opinion of Rav Aḥa bar Yaakov. The halakhic authorities dispute whether it is permitted to give a gentile meat from an animal whose slaughter was disqualified, from which it is prohibited for a Jew to eat (Rambam *Sefer Kedusha*, *Hilkhot Sheḥita* 1:2; *Shulḥan Arukh*, *Yoreh De'a* 27:1 and *Pitḥei Teshuva* there).

BACKGROUND

Limb from a living animal – אֵבֶר מִן הַחַי: The prohibition against eating the meat of a living animal is one of the seven universal Noahide mitzvot that are binding on all of mankind. These seven mitzvot are: The prohibitions against idolatry, murder, incest and adultery, robbery and kidnapping, blasphemy, and eating a limb from a living animal, and the obligation to establish courts of law. A gentile who fails to observe one of these mitzvot is liable to receive the death penalty.

Olive-bulk – כְּזַיִת: An olive-bulk is one of the most significant halakhic units of volume. By Torah law, the act of eating is defined as consuming one olive-bulk, and every Torah law that either commands or prohibits eating refers to this measure. The measure is defined in terms of the water displacement of a particular strain of olive, but the precise size of this measurement is not clear. One talmudic passage indicates that it approximates half an egg-bulk, and another indicates that it is slightly less than one-third of an egg-bulk. Based on the variety of opinions with regard to the measure of an egg-bulk, the measure of an olive-bulk ranges between 5 and 50 cc.

מְסַיַּיע לֵיהּ לְרַב אִידִי בַּר אָבִין, דְּאָמַר רַב אִידִי בַּר אָבִין אָמַר רַב יִצְחָק בַּר אַשְׁיָאן: הָרוֹצֶה שֶׁיַּבְרִיא, חוֹתֵךְ כְּזַיִת בָּשָׂר מִבֵּית שְׁחִיטָתָהּ שֶׁל בְּהֵמָה וּמוֹלְחוֹ יָפֶה יָפֶה וּמְדִיחוֹ יָפֶה יָפֶה, וּמַמְתִּין לָהּ עַד שֶׁתֵּצֵא נַפְשָׁהּ, אֶחָד גּוֹי וְאֶחָד יִשְׂרָאֵל מוּתָּרִין בּוֹ.

This *baraita* **supports** the statement **of Rav Idi bar Avin, as Rav Idi bar Avin says that Rav Yitzḥak bar Ashyan says: One who seeks to recuperate** from an illness should **cut an olive-bulk of meat from the area of slaughter,** i.e., the neck, **of an animal, and salt it very well, and rinse it very well, and wait until the** animal's **soul departs,** and eat it. It is **permitted for both a gentile and a Jew to eat it.**

מתני׳ הַשּׁוֹחֵט בְּהֵמָה חַיָּה וָעוֹף, וְלֹא יָצָא מֵהֶן דָּם – כְּשֵׁרִים, וְנֶאֱכָלִין בְּיָדַיִם מְסוֹאָבוֹת, לְפִי שֶׁלֹּא הוּכְשְׁרוּ בְּדָם. רַבִּי שִׁמְעוֹן אוֹמֵר: הוּכְשְׁרוּ בִּשְׁחִיטָה.

MISHNA

In the case of **one who slaughters a domesticated animal, an undomesticated animal, or a bird, and blood did not emerge from them**[HN] during the slaughter, all of these are **permitted** for consumption and do not require the ritual washing of the hands as **they may be eaten with ritually impure** [*mesoavot*][L] **hands,**[N] **because they were not rendered susceptible** to ritual impurity through contact **with blood,** which is one of the seven liquids that render food susceptible to impurity. **Rabbi Shimon says: They were rendered susceptible** to ritual impurity **by means of the slaughter** itself.

גמ׳ טַעְמָא דְּלֹא יָצָא מֵהֶן דָּם, הָא יָצָא מֵהֶן דָּם אֵין נֶאֱכָלִים בְּיָדַיִם מְסוֹאָבוֹת. אַמַּאי? יָדַיִם שְׁנִיּוֹת הֵן, וְאֵין שֵׁנִי עוֹשֶׂה שְׁלִישִׁי בְּחוּלִּין!

GEMARA

The **reason** that they may be eaten with ritually impure hands is **that blood did not emerge from** the animals or birds during the slaughter; **but if blood emerged from them** during slaughter, **they may not be eaten with ritually impure hands.** The Gemara asks: **Why** not? Ordinary **hands are** impure with **second-degree** ritual impurity[HN] **and** an item of **second-degree** impurity **cannot impart third-degree** impurity to **non-sacred** items[H] with which it comes into contact.

וּמִמַּאי דִּבְחוּלִּין עָסְקִינַן? דְּקָתָנֵי חַיָּה, דְּאִילּוּ קָדָשִׁים חַיָּה בְּקָדָשִׁים מִי אִיכָּא? וְתוּ, אִי בְּקָדָשִׁים, כִּי לֹא יָצָא מֵהֶן דָּם כְּשֵׁרָה? הוּא עַצְמוֹ לְדָם הוּא צָרִיךְ!

The Gemara clarifies: **From where** is it ascertained **that we are dealing** in the mishna **with non-sacred** food, and not with the slaughter of an offering? That is clear, **as the** *tanna* **teaches** in the list of those slaughtered: **An undomesticated animal. As, if** the *tanna* is referring to the slaughter of **sacrificial** animals and birds, **is there** any **undomesticated animal** included **in** the framework of **sacrificial** animals? **And furthermore, if** the *tanna* is referring **to sacrificial** animals, **when no blood emerges from them are** the offerings **valid?** The offering **itself requires blood,** as it is only through the presenting of the blood upon the altar that the offering is accepted.

וְתוּ, אִי בְּקָדָשִׁים, כִּי יָצָא מֵהֶן דָּם מִי מַכְשִׁיר? וְהָאָמַר רַבִּי חִיָּיא בַּר אַבָּא אָמַר רַבִּי יוֹחָנָן: מִנַּיִן לְדַם קָדָשִׁים שֶׁאֵינוֹ מַכְשִׁיר? שֶׁנֶּאֱמַר: "עַל הָאָרֶץ תִּשְׁפְּכֶנּוּ כַּמָּיִם", דָּם שֶׁנִּשְׁפָּךְ כַּמַּיִם – מַכְשִׁיר, שֶׁאֵינוֹ נִשְׁפָּךְ כַּמַּיִם – אֵינוֹ מַכְשִׁיר!

And furthermore, if the *tanna* is referring to **sacrificial** animals, **when blood emerges from them, does it render** them **susceptible** to ritual impurity? **But doesn't Rabbi Ḥiyya bar Abba say** that **Rabbi Yoḥanan says: From where** is it derived **that the blood of sacrificial** animals **does not render** food **susceptible** to ritual impurity?[H] It is derived from a verse, **as it is stated:** "You shall not eat it; **you shall pour it upon the earth like water"** (Deuteronomy 12:24). **Blood** of a non-sacred animal, **which is poured like water** when it is slaughtered, **renders** food **susceptible** to ritual impurity. By contrast, blood of a sacrificial animal, **which is not poured like water** but is presented on the altar, **does not render** food **susceptible** to ritual impurity.

NOTES

And blood did not emerge from them, etc. – וְלֹא יָצָא מֵהֶן דָּם וכו׳: The Rambam writes that the novel element of this *halakha* is that no concern exists that no blood emerged because the animal was dead when it was slaughtered (*Sefer Kedusha, Hilkhot Ma'akhalot Assurot* 4:13). *Tosafot* explain that the novel element is that the emergence of blood is not needed for the slaughter to be valid.

And they may be eaten with ritually impure hands – וְנֶאֱכָלִין בְּיָדַיִם מְסוֹאָבוֹת: This refers to ordinary hands that are not known to be ritually impure. By Torah law, hands alone cannot become impure; rather, they become impure together with one's entire body. The Sages decreed that hands can become impure by contact with an item of first-degree impurity and that even ordinary hands have second-degree impurity, disqualify *teruma*, and render sacrificial food impure. They are purified by pouring a quarter-*log* of water over them from a vessel.

Why not? Ordinary hands are impure with second-degree ritual impurity, etc. – אַמַּאי יָדַיִם שְׁנִיּוֹת הֵן וכו׳: There are several primary categories of ritual impurity, including the carcass of a creeping animal and an unslaughtered carcass. One who comes into contact with one of these becomes impure with first-degree ritual impurity. Any food item that comes into contact with that person becomes impure with second-degree impurity. If that food comes into contact with *teruma* or sacrificial food, it renders the *teruma* or sacrificial food impure with third-degree impurity, and if that *teruma* or sacrificial food comes into contact with sacrificial food it renders that sacrificial food impure with fourth-degree impurity. There is no concept of third-degree or fourth-degree impurity with regard to non-sacred food.

HALAKHA

One who slaughters…and blood did not emerge from them – הַשּׁוֹחֵט...וְלֹא יָצָא מֵהֶן דָּם: One may eat the meat of an animal or bird that was slaughtered even if no blood emerged. One need not be concerned that perhaps the reason that blood did not emerge is that the animal was already dead (Rambam *Sefer Kedusha, Hilkhot Ma'akhalot Assurot* 4:13; *Shulḥan Arukh, Yoreh De'a* 28:22).

Ordinary hands are impure with second-degree ritual impurity – יָדַיִם שְׁנִיּוֹת הֵן: Ordinary hands have second-degree impurity by rabbinic law (Rambam *Sefer Tahara, Hilkhot She'ar Avot HaTumot* 8:2).

An item of second-degree impurity cannot impart third-degree impurity to non-sacred items – אֵין שֵׁנִי עוֹשֶׂה שְׁלִישִׁי בְּחוּלִּין: An item impure with first degree impurity renders non sacred food impure. An item impure with second-degree impurity does not render non-sacred food impure (Rambam *Sefer Tahara, Hilkhot She'ar Avot HaTumot* 11:2).

That the blood of sacrificial animals does not render food susceptible to ritual impurity – לְדַם קָדָשִׁים שֶׁאֵינוֹ מַכְשִׁיר: The blood of sacrifices, as well as the water used in the Temple courtyard, are forever pure and do not render food susceptible to ritual impurity. This *halakha* was received through tradition (Rambam *Sefer Tahara, Hilkhot She'ar Avot HaTumot* 10:16).

LANGUAGE

Ritually impure [*mesoavot*] – מְסוֹאָבוֹת: The root of this word, *samekh, alef, beit*, does not appear in the Bible. It appears in the Aramaic translations of the Bible, as the translation of the word impure. It is employed in the Mishna in two senses: The first means a blemish, as in the phrase: It shall graze until it is blemished, and the second means impure. In this context, the reference is not to hands that are actually impure; rather, the reference is to hands that have not been ritually washed and purified, and it is the Sages who instituted that they are impure with second-degree ritual impurity. Some, based on the context, understand that the term means dirty hands. They explain the passage here to mean that if one was not careful to keep his hands clean, there is room for concern that perhaps he was not careful to keep them ritually pure either. Over time, the term was employed in a broader sense, as an expression of moral turpitude and sin, much in the way that the term impurity is employed in the Bible.

וְתוּ, אִי בְּקָדָשִׁים, כִּי לֹא יָצָא מֵהֶם דָּם לָא מִתְכַּשְׁרִי – לִיתְכַּשְׁרִי בְּחִיבַּת הַקֹּדֶשׁ, דְּקַיְימָא לַן: חִיבַּת הַקֹּדֶשׁ מַכְשַׁרְתָּן!

And furthermore, if the *tanna* is referring to **sacrificial** animals, **when blood does not emerge from them** are they **not** nevertheless rendered **susceptible** to ritual impurity? **Let them be** rendered **susceptible** to ritual impurity **by means of regard for sanctity,**[N] **as we maintain** that **regard for sanctity renders** food **suceptible**[H] to ritual impurity even in the absence of contact with any of the seven liquids.

אָמַר רַב נַחְמָן אָמַר רַבָּה בַּר אֲבוּהּ: הָכָא בְּחוּלִּין שֶׁלְּקָחָן בְּכֶסֶף מַעֲשֵׂר עָסְקִינַן, וּדְלָא כְּרַבִּי מֵאִיר; דִּתְנַן:

Rav Naḥman said that Rabba bar Avuh said: Here we are dealing with non-sacred food **that one purchased** in Jerusalem **with second-tithe money,**[N] which assumes the status of the second-tithe produce. This produce, in turn, assumes third-degree impurity through contact with hands that have second-degree impurity. **And** this mishna is **not in accordance with** the opinion of **Rabbi Meir, as we learned** in a mishna (*Para* 11:5):

HALAKHA

Regard for sanctity renders food susceptible – חִיבַּת הַקֹּדֶשׁ מַכְשַׁרְתָּן: With regard to non-sacred food and *teruma*, if they have not been rendered susceptible to impurity they may be eaten with ordinary hands, which are impure with second-degree impurity. With regard to sacrificial food, the Sages said that regard for sanctity renders the food susceptible to ritual impurity even if it did not come into contact with one of the seven liquids that render non-sacred food susceptible to impurity. Therefore, one with ordinary hands may not eat sacrificial food, even if he does not touch the food, and all the more so the sacrificial food is rendered impure if it came into contact with an impure item (Rambam *Sefer Tahara, Hilkhot She'ar Avot HaTumot* 12:13 and *Hilkhot Tumat Okhalin* 10:17).

NOTES

Let them be rendered susceptible to ritual impurity by means of regard for sanctity – לִיתְכַּשְׁרִי בְּחִיבַּת הַקֹּדֶשׁ: The Gemara (36b) states that the Sages derive from verses that sacrificial food is rendered susceptible to ritual impurity even without coming into contact with one of the seven liquids, due to the concept of regard for sanctity (see Rabbeinu Ḥananel. Even sacred items that are not food, e.g., wood and frankincense, become impure as though they were food. The early and later authorities discuss whether this impurity is by Torah law or rabbinic law.

With non-sacred food that one purchased with second-tithe money – בְּחוּלִּין שֶׁלְּקָחָן בְּכֶסֶף מַעֲשֵׂר: One who is unable to bring his second-tithe produce to Jerusalem to partake of it there redeems it with money. He brings that money to Jerusalem, purchases food with it, and eats that food in Jerusalem (see Deuteronomy 14:24–26).

Perek **II**
Daf **33** Amud **b**

כָּל הַטָּעוּן בִּיאַת מַיִם מִדִּבְרֵי סוֹפְרִים מְטַמֵּא אֶת הַקֹּדֶשׁ וּפוֹסֵל אֶת הַתְּרוּמָה, וּמוּתָּר בְּחוּלִּין וּבְמַעֲשֵׂר, דִּבְרֵי רַבִּי מֵאִיר,

With regard to **anything that by rabbinic law requires entry** into **water,**[HN] i.e., either immersion or ritual washing of the hands, although it is pure by Torah law, it is accorded second-degree impurity. Therefore, such an item **renders sacrificial** food **impure,** meaning that the sacrificial food becomes impure and transmits impurity to other sacrificial food, **and disqualifies** ***teruma*****,**[N] meaning that it renders the *teruma* itself impure, but not to the extent that the *teruma* can render other *teruma* impure. **And it is permitted for non-sacred** food **and for** second-**tithe** produce to come in contact with such an item, and no impurity is thereby transmitted. This is **the statement of Rabbi Meir.**

HALAKHA

Anything that requires entry into water by rabbinic law – כָּל הַטָּעוּן בִּיאַת מַיִם מִדִּבְרֵי סוֹפְרִים: The Sages issued a decree that any item that by rabbinic law requires entry into water, i.e., immersion or ritual washing of the hands, is accorded second-degree impurity. This includes hands, one whose head and most of his body enter into drawn water, or one upon whose head and the majority of his body three *log* of water fell. Likewise, any person or item that does not become pure until nightfall has second-degree impurity. Therefore, if that person or item came into contact with non-sacred food, it remains pure, as an item with second-degree impurity does not render non-sacred items impure with third-degree impurity. If that person or item came into contact with *teruma*, the *teruma* becomes impure with third-degree impurity and is disqualified, but the *teruma* does not render other food impure. If that person or item came into contact with sacrificial food, it becomes impure with third-degree impurity, and if that sacrificial food comes into contact with other sacrificial food, the other sacrificial food is disqualified with fourth-degree impurity. There is no impurity beyond fourth-degree impurity, in accordance with the *baraita* (Rambam *Sefer Tahara, Hilkhot She'ar Avot HaTumot* 8:2, 9:1, 10:2, 11:2–4).

NOTES

Anything that requires entry into water by rabbinic law – כָּל הַטָּעוּן בִּיאַת מַיִם מִדִּבְרֵי סוֹפְרִים: By rabbinic law, anyone who requires entry into water, i.e., immersion or ritual washing of the hands, is impure with second-degree impurity. This illustrates the distinction between impurity by Torah law and impurity by rabbinic law. By Torah law one can become impure only through contact with a primary category of ritual impurity, which renders him impure with first-degree impurity. There is no second-degree impurity for people by Torah law. In tractate *Shabbat* (13b) the Talmud enumerates several circumstances in which the Sages imposed ritual impurity by decree, e.g., one who eats impure foods or drinks impure liquids, one whose head and most of his body enter into drawn water, and one upon whose head and the majority of his body three *log* of water fell, among others.

Renders sacrificial food impure and disqualifies ***teruma*** **– מְטַמֵּא אֶת הַקֹּדֶשׁ וּפוֹסֵל אֶת הַתְּרוּמָה:** When the term: Renders impure, is applied to a given item, it connotes that if that item comes into contact with sacrificial food, not only is that food impure and disqualified from sacrifice on the altar, it also transmits impurity to other foods. Therefore, if that sacrificial food comes into contact with other sacrificial food, it disqualifies the other sacrificial food. Because of the higher standard of purity for sacrificial food, it can be rendered impure even with fourth-degree impurity. The term: Disqualifies, with regard to *teruma* means that it may not be eaten. Nevertheless, if it comes into contact with other *teruma* it does not render it impure, because *teruma* does not assume fourth-degree impurity.

וַחֲכָמִים אוֹסְרִים בְּמַעֲשֵׂר.

And the Rabbis prohibit items that require entry into water from coming in contact **with** second-**tithe** produce, as they hold that the produce is thereby rendered impure. According to the Rabbis, the status of second-tithe produce is more stringent than that of non-sacred food, and second-tithe produce assumes third-degree impurity upon contact with an item of second-degree impurity, which is in accordance with the opinion of the mishna.

מַתְקִיף לַהּ רַב שִׁימִי בַּר אַשִׁי: מִמַּאי? דִּלְמָא עַד כָּאן לָא פְּלִיגִי רַבָּנַן עֲלֵיהּ דְּרַבִּי מֵאִיר אֶלָּא בַּאֲכִילַת מַעֲשֵׂר, אֲבָל בִּנְגִיעָה דְּמַעֲשֵׂר וַאֲכִילָה דְּחוּלִּין לָא פְּלִיגִי;

Rav Shimi bar Ashi objects to this interpretation of that mishna. **From where** is it clear that it is contact that the Rabbis prohibit? **Perhaps the Rabbis disagree with Rabbi Meir only with regard to** a person with second-degree impurity **partaking of** second-**tithe** produce. **But with regard to contact** of an individual with second-degree impurity with second-**tithe** produce **or** his **eating non-sacred** food, **they do not disagree.**

וְהָא נְגִיעָה הִיא, מִדְּקָתָנֵי: נֶאֱכָלִין בְּיָדַיִם מְסוֹאָבוֹת, מִי לָא עָסְקִינַן דְּקָא סָפֵי לֵיהּ חַבְרֵיהּ?

And this case in the mishna **is** a case involving **contact** with the flesh of the slaughtered animal, **from** the fact **that it teaches: They may be eaten with ritually impure hands,** in the passive form, and not: One may eat them with impure hands. **Are we not dealing** with a case where **another** with impure hands **fed him,** but the one eating it was ritually pure and did not touch it? Therefore, the case in the mishna here, which indicates that it is forbidden for one with impure hands to touch the flesh if it has come in contact with the blood, cannot be referring to an animal purchased in Jerusalem with second-tithe money. The reason is that in that case, the Rabbis concede that contact with second-tithe produce, even produce rendered susceptible to ritual impurity by the blood, is permitted for one whose hands are impure with second-degree ritual impurity.

אֶלָּא אָמַר רַב פַּפָּא: הָכָא בְּיָדַיִם תְּחִלּוֹת עָסְקִינַן, וְרַבִּי שִׁמְעוֹן בֶּן אֶלְעָזָר הִיא; דְּתַנְיָא: אֵין יָדַיִם תְּחִלּוֹת לְחוּלִּין, רַבִּי שִׁמְעוֹן בֶּן אֶלְעָזָר אוֹמֵר מִשּׁוּם רַבִּי מֵאִיר: יָדַיִם תְּחִלּוֹת לְחוּלִּין וּשְׁנִיּוֹת לִתְרוּמָה.

Rather Rav Pappa said: Here, in the mishna, **we are dealing with hands** that are impure with **first-degree** ritual impurity, which render even non-sacred food impure. **And** the mishna **is** in accordance with the opinion of **Rabbi Shimon ben Elazar, as it is taught** in a *baraita*: In those cases where **hands** have **first-degree** impurity, it is **not** that they render **non-sacred** food impure; rather, it means that they impart to *teruma* and sacrificial food second-degree impurity rather than third-degree impurity. **Rabbi Shimon ben Elazar says**[N] **in the name of Rabbi Meir:** In those cases where **hands** have **first-degree** impurity, it means that they render **non-sacred** food impure. **And** in those cases where hands have **second-degree** impurity it means that they invalidate ***teruma*** and impart to it third-degree impurity.

תְּחִלּוֹת לְחוּלִּין אִין, לִתְרוּמָה לָא?! הָכִי קָאָמַר: תְּחִלּוֹת – אַף לְחוּלִּין, שְׁנִיּוֹת – לִתְרוּמָה אִין, לְחוּלִּין לָא.

The Gemara asks: Did Rabbi Shimon ben Elazar say that in those cases where hands have **first-degree** impurity, with regard **to non-sacred** food, **yes,** they render it impure, but with regard **to *teruma*,** hands do **not** render it impure? The Gemara answers: **This** is what Rabbi Shimon ben Elazar **is saying:** In those cases where hands have **first-degree** impurity, it means that they render **even non-sacred** food impure, and all the more so they render *teruma* impure. But in those cases where hands have **second-degree** impurity, it means that with regard **to *teruma*, yes, the hands** invalidate ***teruma*** and impart third-degree impurity, but with regard **to non-sacred** food, hands do **not** render it impure.

וּמִי אִיכָּא יָדַיִם תְּחִלּוֹת? אִין, דְּתַנְיָא: הִכְנִיס יָדָיו לְבֵית הַמְנוּגָּע – יָדָיו תְּחִלּוֹת, דִּבְרֵי רַבִּי עֲקִיבָא, וַחֲכָמִים אוֹמְרִים: יָדָיו שְׁנִיּוֹת.

The Gemara asks: **And are there** cases where **hands** assume **first-degree** impurity? The Gemara answers: **Yes, as it is taught** in a mishna (*Yadayim* 3:1): **If one inserts his hands into a leprous house** (see Leviticus 14:33–53)[H] **his hands** assume **first-degree** impurity as though his entire body entered the house; this is **the statement of Rabbi Akiva. And the Rabbis say: His hands** assume **second-degree** impurity.

NOTES

Rabbi Shimon ben Elazar says, etc. – רַבִּי שִׁמְעוֹן בֶּן אֶלְעָזָר אוֹמֵר וכו׳: In the *Tosefta* there is a variant reading: Hands have first-degree impurity vis-à-vis sacrificial food and have second-degree status vis-à-vis *teruma*.

HALAKHA

If one inserts his hands into a leprous house – הִכְנִיס יָדָיו לְבֵית הַמְנוּגָּע: When the Sages issued a decree that hands become impure, they decreed that they would assume second-degree impurity. This is true even if one inserts his hands into a leprous house, despite the fact that one who fully enters a leprous house assumes first-degree impurity. This ruling is in accordance with the opinion of the Rabbis (Rambam *Sefer Tahara*, *Hilkhot She'ar Avot HaTumot* 8:2).

דְּכוּלֵּי עָלְמָא בִּיאָה בְּמִקְצָת לָא שְׁמָהּ בִּיאָה, וְהָכָא בִּגְזֵירָה יָדָיו אַטּוּ גּוּפוֹ קָא מִיפַּלְגִי,

The Gemara elaborates: **Everyone** agrees **that** in principle, **partial entry** into a leprous house **is not characterized** as **entry** in terms of rendering one who enters impure. Therefore, one who inserted his hands into the house is not impure by Torah law. **And here,** it is **with regard to** a rabbinic **decree** that renders his hands impure that **they disagree:** The Sages issued a decree that if one inserted his hands into a leprous house, **his hands** are impure **due to** the impurity by Torah law that one assumes when he enters the house with his entire **body.** The objective of the decree is to prevent him from entering the leprous house.

מַר סָבַר: יָדָיו כְּגוּפוֹ שַׁוְינְהוּ רַבָּנַן, וּמָר סָבַר: יָדַיִם כְּיָדַיִם דְּעָלְמָא שַׁוְינְהוּ רַבָּנַן.

One **Sage,** Rabbi Akiva, **holds** that when **the Sages** issued the decree they determined that the status of **his hands** inserted into the house is **like** the status of **his body** that enters the house, first-degree impurity. **And** one **Sage,** the Rabbis, **holds** that **the Sages rendered** the status of **hands** inserted into the house **like** the status of **hands in general,** with regard to which they issued a decree of second-degree impurity, even if they had been washed.

וְלוֹקְמַהּ כְּרַבִּי עֲקִיבָא, דְּאָמַר: יָדָיו תְּחִלּוֹת הָוְיָין! דִּלְמָא כִּי קָאָמַר רַבִּי עֲקִיבָא – הָנֵי מִילֵּי בִּתְרוּמָה וְקָדָשִׁים דַּחֲמִירִי, אֲבָל לְחוּלִּין שְׁנִיּוֹת הָוְיָין.

The Gemara asks: **And** why did Rav Pappa interpret the mishna in accordance with the opinion of Rabbi Shimon ben Elazar? **Let** Rav Pappa **interpret** the mishna **in accordance with** the opinion of **Rabbi Akiva, who says:** If one inserts his hands into a leprous house, **his hands** assume **first-degree** impurity. The Gemara answers: **Perhaps when Rabbi Akiva says** that one's hands assume first-degree impurity, **that statement** applies only **in** cases of ***teruma*** **and sacrificial** food, **which are stringent. But** with regard **to non-sacred** food, perhaps hands **are** impure only with **second-degree** impurity.

וְלֶיהֱוְיָין נָמֵי שְׁנִיּוֹת, דְּהָא שָׁמְעִינַן לֵיהּ לְרַבִּי עֲקִיבָא דְּאָמַר: שֵׁנִי עוֹשֶׂה שְׁלִישִׁי בְּחוּלִּין!

The Gemara objects: **And let** hands **also be** impure only with **second-degree** impurity and the mishna could still be in accordance with the opinion of Rabbi Akiva. **As we heard that Rabbi Akiva says:** An item of **second-degree** impurity **imparts third-degree** impurity to **non-sacred** items.

דִּתְנַן, בּוֹ בַּיּוֹם דָּרַשׁ רַבִּי עֲקִיבָא: ״וְכָל כְּלִי חֶרֶשׂ וגו׳ יִטְמָא״, – טָמֵא לֹא נֶאֱמַר, אֶלָּא ״יִטְמָא״ – לְטַמֵּא אֲחֵרִים, לִימֵּד עַל כִּכָּר שֵׁנִי שֶׁהוּא עוֹשֶׂה שְׁלִישִׁי בְּחוּלִּין!

As we learned in a mishna (*Sota* 27b): **On that day,**[B] when Rabbi Elazar ben Azarya was appointed *Nasi* in Yavne, **Rabbi Akiva taught: "And every earthenware vessel** into which any of them falls, whatever is in **it shall be impure,** and you shall break it" (Leviticus 11:33). With regard to the item rendered impure in the vessel, **it is not stated:** It is **impure** [***tameh***]; **rather,** the term **"it shall be impure** [***yitma***]**"** is stated, indicating that the item has the capacity **to transmit impurity to other** items. **This** verse **teaches about a loaf** with **second-degree** impurity that had been rendered impure in the airspace of an earthenware vessel in which there was a creeping animal, **that** through contact **it renders non-sacred** food impure with **third-degree** ritual impurity.

דִּלְמָא הָנֵי מִילֵּי בְּטוּמְאָה דְּאוֹרָיְיתָא, אֲבָל בִּדְרַבָּנַן לָא.

The Gemara explains: **Perhaps this statement,** that non-sacred food becomes impure with third-degree ritual impurity, applies only **with regard to impurity by Torah law,** e.g., a creeping animal; **but with regard to** impurity by **rabbinic law,** e.g., impurity of hands, that is **not** the *halakha*.

אָמַר רַבִּי אֶלְעָזָר אָמַר רַבִּי הוֹשַׁעְיָא: הָכָא בְּחוּלִּין שֶׁנַּעֲשׂוּ עַל טׇהֳרַת הַקֹּדֶשׁ עָסְקִינַן, וּדְלָא כְּרַבִּי יְהוֹשֻׁעַ; דְּתַנְיָא, רַבִּי אֱלִיעֶזֶר אוֹמֵר: הָאוֹכֵל אוֹכֶל רִאשׁוֹן – רִאשׁוֹן, שֵׁנִי – שֵׁנִי, שְׁלִישִׁי – שְׁלִישִׁי.

Rabbi Elazar said that **Rabbi Hoshaya said** a third explanation of the mishna: **Here we are dealing with** a case of **non-sacred** food items **that were prepared on the** level of **purity of sacrificial** food.[N] **And** the mishna **is not in accordance with** the opinion of **Rabbi Yehoshua, as it is taught** in a mishna (*Teharot* 2:2): **Rabbi Eliezer says: One who eats food** with **first-degree** ritual impurity[N] assumes **first-degree** impurity. One who eats food with **second-degree** ritual impurity assumes **second-degree** impurity. One who eats food with **third-degree** impurity assumes **third-degree** impurity.

BACKGROUND

On that day – **בּוֹ בַּיּוֹם**: In the Mishna this phrase generally refers to the day on which Rabban Gamliel was removed from the position of *Nasi* and replaced by Rabbi Elazar ben Azarya (*Berakhot* 27a). On that day the Sages suspended the exacting admission standards instituted by Rabban Gamliel for acceptance of students into the study hall. This led to a heated dispute and the introduction of previously unheard opinions and novel halakhic interpretations. In tractate *Eduyyot* these opinions are called testimonies and introduced with the phrase: On that day it was taught.

NOTES

Non-sacred food items that were prepared on the level of purity of sacrificial food – **חוּלִּין שֶׁנַּעֲשׂוּ עַל טׇהֳרַת הַקֹּדֶשׁ**: There were those who were meticulous and ate their non-sacred food on the level of purity of sacrificial food, so that they or their family members would not inadvertently render their sacrificial food impure. The ones who did so were primarily priests, and residents of Jerusalem, who typically ate sacrificial food (Rashi). Alternatively, they may have been people who engaged in preparing sacrificial food, e.g., providing flour, wine and oil to the Temple (Meiri on *Ḥagiga* 18b). Even after the destruction of the Temple there were those who continued to eat their non-sacred food on that level of purity, in anticipation of the rebuilding of the Temple (see *Nidda* 6a and Rashba there). There were also those who would eat their non-sacred food on the level of purity of *teruma*. More people adopted that custom than the former one, including many families of priests who did not live in Jerusalem, as it is permitted to partake of *teruma* throughout Eretz Yisrael.

Fundamentally, non-sacred food cannot contract third-degree impurity, as does *teruma*, or fourth-degree impurity, as does sacrificial food. Yet, in the case of one who accepts upon himself to treat his non-sacred food as if it were *teruma*, it can contract third-degree impurity. Whether or not there is a halakhic concept of treating non-sacred food as if it were sacrificial food is a dispute between the *tanna'im*.

One who eats food with first-degree ritual impurity – **הָאוֹכֵל אוֹכֶל רִאשׁוֹן**: These are all instances of impurity by rabbinic law. By Torah law food cannot render a person impure; rather, one is rendered impure only by a primary source of impurity, whereas food does not become a primary source of impurity. In addition, it should be noted that the impurity referred to here is not impurity through contact; it is impurity through eating. According to Rabbi Eliezer, the Sages ruled that the impurity status of the food is transmitted to the one who eats it. According to Rabbi Yehoshua that is not the case; rather, one who eats food with first-degree impurity is rendered impure with second-degree impurity, and one who eats food with second-degree impurity is rendered impure with third-degree impurity. The Gemara proceeds to discuss the opinions of Rabbi Eliezer and Rabbi Yehoshua.

Elsewhere (*Shabbat* 14a) the Gemara explains that the reason the Sages issued a decree that one who eats impure food becomes impure is in order to prevent a situation where a priest drinks liquid that is *teruma* while he has impure food in his mouth, which would render the *teruma* impure. *Tosafot* note that it would have been sufficient had the Sages issued a decree that one who eats impure food is impure with second-degree impurity, thereby preventing him from partaking of *teruma*. Rabbi Eliezer chose to have the food transmit its impurity status to the one who eats it.

רַבִּי יְהוֹשֻׁעַ אוֹמֵר: הָאוֹכֵל אוֹכֶל רִאשׁוֹן וְשֵׁנִי – שֵׁנִי, שְׁלִישִׁי – שֵׁנִי לְקֹדֶשׁ וְאֵין שֵׁנִי לִתְרוּמָה,

The mishna continues: **Rabbi Yehoshua says: One who eats food** with **first-degree or second-degree** impurity[H] assumes **second-degree** impurity. One with second-degree impurity who comes into contact with *teruma* disqualifies it, but does not render it impure. One who eats food with **third-degree** impurity assumes **second-degree** impurity **vis-à-vis sacrificial** food,[H] i.e., his contact with sacrificial food renders it impure with the capacity to transmit impurity to other sacrificial food, **but** does **not** assume **second-degree** impurity **vis-à-vis *teruma*,** and his contact with *teruma* does not disqualify it.

בְּחוּלִּין שֶׁנַּעֲשׂוּ עַל טׇהֳרַת תְּרוּמָה;

Eating an item that has third-degree impurity is feasible only in the case of non-sacred food, as partaking of impure *teruma* or sacrificial food is prohibited. Generic non-sacred food cannot contract third-degree impurity at all. Therefore, the case of one who eats food that has third-degree impurity is referring specifically **to non-sacred** food items **that were prepared on the** level of **purity of *teruma*.**

עַל טׇהֳרַת תְּרוּמָה – אִין, עַל טׇהֳרַת הַקֹּדֶשׁ – לָא, קָסָבַר: חוּלִּין שֶׁנַּעֲשׂוּ עַל טׇהֳרַת הַקֹּדֶשׁ לֵית בְּהוּ שְׁלִישִׁי.

The Gemara infers from Rabbi Yehoshua's statement that if one prepares items as if their level of purity were **on the** level of **purity of *teruma*,** then **yes,** they have the status like *teruma*, but if one prepares items as if their level of purity were **on the** level of **purity of sacrificial** food, they do **not** have the status like sacrificial food, and such items would not contract third-degree impurity. This indicates that Rabbi Yehoshua **holds** that **non-sacred** food items **that were prepared on the** level of **purity of sacrificial** food **do not** assume **third-degree** impurity.

וְלוֹקְמָהּ

The Gemara objects: **Let us interpret** the mishna

HALAKHA

One who eats food with first-degree or second-degree impurity – **הָאוֹכֵל אוֹכֶל רִאשׁוֹן וְשֵׁנִי**: The Sages issued a decree that any person who consumes any impure food or drink, whether it is impure with first-degree impurity or it is impure with second-degree impurity, assumes second-degree impurity, in accordance with the statement of Rabbi Yehoshua (Rambam *Sefer Tahara, Hilkhot She'ar Avot HaTumot* 8:10).

One who eats food with third-degree impurity assumes second-degree impurity vis-à-vis sacrificial food, etc. – **שְׁלִישִׁי שֵׁנִי לְקֹדֶשׁ וכו׳**: One who partakes of *teruma* or non-sacred food prepared on the level of purity of *teruma* which is impure with third-degree impurity, although he does not render *teruma* impure, he assumes second-degree impurity vis-à-vis sacrificial food. In contrast, one who eats non-sacred food prepared on the level of purity of sacrificial food which is impure with third-degree impurity does not render sacrificial food impure, in accordance with the opinion of Rabbi Yehoshua, as the *halakha* is ruled in accordance with his opinion in disputes with Rabbi Eliezer (Rambam *Sefer Tahara, Hilkhot She'ar Avot HaTumot* 11:12).

Perek **II**
Daf **34** Amud **a**

בְּחוּלִּין שֶׁנַּעֲשׂוּ עַל טׇהֳרַת תְּרוּמָה, וְרַבִּי יְהוֹשֻׁעַ! לָא סָלְקָא דַּעְתָּךְ, דְּקָתָנֵי בָּשָׂר, דְּאִי בִּתְרוּמָה – בָּשָׂר מִי אִיכָּא?

with regard to the case of **non-sacred** food items **that were prepared on the** level of **purity of *teruma* and** in accordance with the opinion of **Rabbi Yehoshua.** The Gemara responds: **It** should **not enter your mind** that the mishna is referring to a case of the level of purity of *teruma*, **as** the mishna **teaches** a case of the slaughter of animals and birds and consumption of their **meat.** And **if** the mishna is taught **with regard to** non-sacred food items that were prepared on the level of purity of ***teruma*, is there meat** eaten with the level of purity of *teruma*? The practice of preparing non-sacred food items on the level of purity of *teruma* is done only so that one will not treat actual *teruma* in the correct manner, and *teruma* is separated only from produce that grows in the ground.

אֶלָּא מַאי, בְּקׇדָשִׁים? חַיָּה בְּקׇדָשִׁים מִי אִיכָּא? בָּשָׂר בְּבָשָׂר מִיחַלַּף, בָּשָׂר בְּפֵירֵי לָא מִיחַלַּף.

The Gemara asks: **Rather, what** is the case in the mishna? Is it a case of non-sacred food items that were prepared on the level of purity of **sacrificial** food? **Is there an undomesticated animal** that can be sacrificed as an offering and its meat is **sacrificial** food? The Gemara answers: Although undomesticated animals cannot be sacrificed as an offering, there are those who would undertake to eat their meat only when prepared on the level of purity of sacrificial food because **meat** of an undomesticated animal is sometimes **interchanged with meat** of a domesticated animal. No one would undertake to eat meat only when prepared on the level of purity of *teruma*, because **meat** would **not** be **interchanged with produce.**

אָמַר עוּלָּא, חַבְרַיָּא אָמְרִין: בְּחוּלִּין שֶׁנַּעֲשׂוּ עַל טׇהֳרַת הַקֹּדֶשׁ, וּדְלָא כְּרַבִּי יְהוֹשֻׁעַ.

Ulla[P] **said:** My **colleagues say** that the mishna is referring to the case **of non-sacred** food items **that were prepared on the** level of **purity of sacrificial** food, **and** the mishna is **not in accordance with** the opinion of **Rabbi Yehoshua,** who says: Non-sacred food items that were prepared on the level of purity of *teruma* assume third-degree impurity, but non-sacred food items that were prepared on the level of purity of sacrificial food do not assume third-degree impurity.

PERSONALITIES

Ulla – **עוּלָּא**: Ulla bar Yishmael was a third-generation *amora* of Eretz Yisrael and was the most significant emissary who disseminated the Torah of Eretz Yisrael in Babylonia. In the Jerusalem Talmud, he is usually referred to as Ulla bar Yishmael or Ulla the descender, as leaving Eretz Yisrael is characterized as descent to another country. He was one of Rabbi Yoḥanan's students and frequently traveled from place to place to teach Torah, disseminating the Torah statements of Reish Lakish and Rabbi Eliezer as well. Upon his return to Eretz Yisrael, he would disseminate the Torah of the Babylonian Sages among the Sages there. The Babylonian Sages held him in high regard and treated him with great respect. Rav Ḥisda referred to him as: Our teacher who comes from Eretz Yisrael, and Rav Yehuda sent his son to Ulla to study practical *halakha*. Many *halakhot* are cited in Ulla's name, and numerous Sages of the succeeding generation were his students. Nothing is known of his private life, although it is possible that the *amora* Rabba bar Ulla was his son. He died during one of his journeys to Babylonia, and his body was returned to Eretz Yisrael for burial.

PERSONALITIES

Rabba bar bar Ḥana – רַבָּה בַּר בַּר חָנָה: Rabba bar bar Ḥana, a third-generation *amora*, was one of the principal students of Rabbi Yoḥanan. Like Ulla, he was among those who descended to Babylonia to disseminate the Torah of Eretz Yisrael there. Upon his return, he disseminated the Torah of Babylonia in Eretz Yisrael. He was younger than Ulla, and some hold that he was the son of Rabba bar Ḥana and the nephew of Rabbi Ḥiyya.

While in Babylonia, Rabba bar bar Ḥana studied in Pumbedita with Rav Yehuda, with whom he would consult on halakhic matters and discuss difficult cases, as well as in Sura with Rav Ḥisda. Many of the *amora'im* of his generation, including Rav Yosef and Rabba, cite statements in his name.

In addition to the Torah statements that he cited in the name of Rabbi Yoḥanan, many of the statements of Rabba bar bar Ḥana contain descriptions in praise of Eretz Yisrael. He also relates many tales of the adventures he experienced in his travels (*Bava Batra* 73b–74b).

Rabba bar bar Ḥana had several sons. It is known that some of them married the daughters of Babylonian *amora'im*, a clear indication that he ultimately settled in Babylonia.

וַאֲנָא אָמֵינָא: רַבִּי יְהוֹשֻׁעַ הִיא, וְלָא מִיבַּעְיָא קָאָמַר; לָא מִיבַּעְיָא חוּלִּין שֶׁנַּעֲשׂוּ עַל טׇהֳרַת קֹדֶשׁ דַּחֲמִירִי, דְּאִית בְּהוּ שְׁלִישִׁי, אֶלָּא אֲפִילּוּ חוּלִּין שֶׁנַּעֲשׂוּ עַל טׇהֳרַת תְּרוּמָה נָמֵי אִית בְּהוּ שְׁלִישִׁי.

Ulla continues: **And I say** that the mishna **is** in accordance with the opinion of **Rabbi Yehoshua,** and when he said that non-sacred food items that were prepared on the level of purity of *teruma* assume third-degree impurity, he **is speaking** utilizing the style of: **It is not necessary. It is not necessary** to say that in the case of **non-sacred** food items **that were prepared on the** level of **purity of sacrificial** food, **which is stringent, that they have** the capacity of assuming **third-degree** impurity. **Rather, even non-sacred** food items **that were prepared on the** level of **purity of *teruma* also have** the capacity of assuming **third-degree** impurity.

מַאן חַבְרַיָּא? רַבָּה בַּר בַּר חָנָה הִיא, דְּאָמַר רַבָּה בַּר בַּר חָנָה אָמַר רַבִּי יוֹחָנָן: מַאי אַהְדְרוּ רַבִּי אֱלִיעֶזֶר וְרַבִּי יְהוֹשֻׁעַ לַהֲדָדֵי?

The Gemara asks: **Who are the colleagues** to whom Ulla referred? **It is Rabba bar bar Ḥana,**[P] **as Rabba bar bar Ḥana says that Rabbi Yoḥanan says: What did Rabbi Eliezer and Rabbi Yehoshua reply to each other?** The differences between their opinions are twofold. First, Rabbi Eliezer holds that one who eats food with first-degree impurity assumes first-degree impurity, while according to Rabbi Yehoshua he assumes second-degree impurity. Second, Rabbi Eliezer holds that one who eats food with third-degree impurity assumes third-degree impurity, while according to Rabbi Yehoshua he assumes second-degree impurity vis-à-vis sacrificial food but not vis-à-vis *teruma*.

אָמַר לוֹ רַבִּי אֱלִיעֶזֶר לְרַבִּי יְהוֹשֻׁעַ: מָצִינוּ אוֹכֵל חָמוּר מִן הָאוֹכֶל, דְּאִילּוּ נִבְלַת עוֹף טָהוֹר בַּחוּץ לֹא מְטַמֵּא, וְאִילּוּ אוֹכְלָהּ מְטַמֵּא בְּגָדִים אַבֵּית הַבְּלִיעָה, וְאָנוּ הֵיאָךְ לֹא נַעֲשֶׂה אוֹכֵל כְּמַאֲכָל?

Rabbi Eliezer said to Rabbi Yehoshua: The basis for my opinion that one assumes the level of impurity of that which he ate is that **we found** a case where the *halakha* of **the one who eats** a food item **is more stringent than** the *halakha* of **the food** itself. As, **the carcass of a kosher bird** on **the outside,** i.e., when one comes into contact with it, **does not impart ritual impurity, while** one who **eats** the carcass of the kosher bird **renders** his **garments impure** when the food is **in his throat. And we,** in light of that, **how will we not deem one who eats** the impure item to be on a level of impurity at least **like** that of **the food** that he ate?

וְרַבִּי יְהוֹשֻׁעַ: מִנִּבְלַת עוֹף טָהוֹר לָא גָּמְרִינַן, דְּחִידּוּשׁ הוּא. אֶלָּא מָצִינוּ שֶׁהַמַּאֲכָל חָמוּר מִן הָאוֹכֵל, דְּאִילּוּ מַאֲכָל – בִּכְבֵיצָה, וְאוֹכֵל עַד דְּאָכֵיל כַּחֲצִי פְרָס, וְאָנוּ הֵיאָךְ נַעֲשֶׂה אוֹכֵל כְּמַאֲכָל?

And Rabbi Yehoshua responded that **we do not derive** other cases **from the** case of the **carcass of a kosher bird, because it is a novel** ruling[N] that cannot serve as a paradigm. **Rather, we found that** the *halakha* of **food is more stringent than** the *halakha* of **the one who eats it, as food** becomes impure if its measure is **that of an egg-bulk,**[N] **and** one who **eats** impure food does not become impure **until he eats half of a half-loaf.**[N] **And we,** in light of that, **how will we deem one who eats** the impure item to be on a level of impurity **like** that of **the food** that he ate?

וְרַבִּי אֱלִיעֶזֶר: טוּמְאָה מִשִּׁיעוּרִין לָא גָּמְרִינַן. וְעוֹד, לִדְבָרֶיךָ שֶׁאַתָּה אוֹמֵר עַל רִאשׁוֹן שֵׁנִי – יָפֶה אַתָּה אוֹמֵר, שֵׁנִי שֵׁנִי לָמָּה?

And Rabbi Eliezer responded: **We do not derive** the relative stringency of ritual **impurity from** the relative size of halakhic **measures,** as measures are not indicative of stringency or leniency. **And furthermore, according to your statement, that** which **you say with regard to one who eats food** with **first-degree** ritual impurity, that he assumes **second-degree** impurity, what **you say is well. But that** which **you say** with regard to one who eats food with **second-degree** impurity, that he assumes **second-degree** impurity, **why** is that the case? It contradicts your reasoning.

NOTES

Because it is a novel ruling – דְּחִידּוּשׁ הוּא: In general, one becomes impure only through contact between a primary source of ritual impurity and his outer body. One does not typically become impure through contact with the concealed parts of his body. Therefore, this case is novel, as he becomes impure when the food is in his throat.

Food becomes impure if its measure is that of an egg-bulk – מַאֲכָל בִּכְבֵיצָה: The food must have the measure of an egg-bulk in order to render other foods impure, but food becomes impure even if it is less than that measure (Rashi; Rambam, based on *Torat Kohanim*). Alternatively, *Tosafot* (*Pesaḥim* 33b) cite the opinion of Rabbeinu Tam that food becomes impure only if has at least the measure of an egg-bulk. *Tosafot* assert that Rashi too ultimately retracted his opinion later in this tractate (82a) and agreed with the opinion of Rabbeinu Tam. See the Ramban, who discusses this topic at length.

Until he eats half of a half-loaf – עַד דְּאָכֵיל כַּחֲצִי פְרָס: This refers to the rabbinic decree that one who eats food that is ritually impure becomes impure with second-degree impurity and disqualifies *teruma* through contact. The mishna in tractate *Eiruvin* (82b) says that the amount of food that one must eat in order to assume that status is half of a half-loaf of bread.

אָמַר לוֹ: מָצִינוּ שֶׁהַשֵּׁנִי עוֹשֶׂה שֵׁנִי עַל יְדֵי מַשְׁקִין.

Rabbi Yehoshua **said to** Rabbi Eliezer: **We found that** food with **second-degree** impurity **renders** other food impure with **second-degree** impurity **by means of liquids.** Liquids that come into contact with food with second-degree impurity render other food with which they come into contact impure with second-degree impurity.

אָמַר לוֹ: וְהָא מַשְׁקִין נַמִּי תְּחִלָּה הָווּ. דִּתְנַן: כָּל הַפּוֹסֵל בִּתְרוּמָה – מְטַמֵּא מַשְׁקִין לִהְיוֹת תְּחִלָּה, חוּץ מִטְּבוּל יוֹם.

Rabbi Eliezer **said to him: But aren't** those **liquids also** impure with **first-degree** ritual impurity[N] through contact with an item impure with second-degree impurity? **As we learned** in a mishna (*Para* 8:7): **Any** item with second-degree ritual impurity that **disqualifies** ***teruma*** **renders liquids impure** with **first-degree** ritual impurity.[H] These liquids assume a degree of impurity greater than that of the item that rendered them impure. This rabbinic decree applies to all people and items with second-degree impurity **except for one** who was ritually impure **who immersed that day**[H] and is waiting for nightfall for the purification process to be completed. Liquids with which he comes into contact follow the standard course of transmitted impurity and assume third-degree impurity, one level below his own impurity.

וְעוֹד, שְׁלִישִׁי שֵׁנִי לָמָּה?

Rabbi Eliezer questioned the next segment in the ruling of Rabbi Yehoshua: **And furthermore,** that which you say with regard to one who eats food with **third-degree** impurity, that he assumes **second-degree** impurity vis-à-vis sacrificial food, **why** is that the *halakha*? It contradicts your reasoning.

אָמַר לוֹ: אַף אֲנִי לֹא אָמַרְתִּי אֶלָּא בִּתְרוּמָה, שֶׁטָּהֳרָתָהּ

Rabbi Yehoshua **said to** Rabbi Eliezer: **I too stated** that one who eats food with third-degree impurity assumes second-degree impurity vis-à-vis sacrificial food **only with regard to** one who eats non-sacred food items that were prepared on the level of purity of ***teruma*****, as its** state of **purity**

NOTES

But aren't those liquids also impure with first-degree ritual impurity – וְהָא מַשְׁקִין נַמִּי תְּחִלָּה הָווּ: Rashi explains that if Rabbi Yehoshua is citing his proof from the fact that food that is impure with second-degree impurity imparts second-degree impurity to other food, let him instead derive the *halakha* from the case of liquids and say that the person should assume first-degree impurity. Rabbi Yehoshua, though, holds that no proof can be cited from the case of liquids that become impure with first-degree ritual impurity, because that is a unique decree specifically directed at liquids, which are more apt to become impure, as they do not require contact with other liquids of the seven liquids to become susceptible to impurity. Therefore, the impurity imparted by food to people can be derived only from the impurity imparted by food to other food.

Tosafot explain that this is not a claim that the person should be impure in the first degree, but merely a rejection of the proof cited by Rabbi Yehoshua. There is no proof from here that one who eats food that is impure with second-degree impurity assumes second-degree impurity, as the fact that food that is impure with second-degree impurity renders other food impure with second-degree impurity by means of contact with liquids is due to the fact that the liquids themselves became impure with first-degree impurity.

HALAKHA

Any item that disqualifies *teruma* renders liquids impure with first-degree ritual impurity – כָּל הַפּוֹסֵל בִּתְרוּמָה מְטַמֵּא מַשְׁקִין לִהְיוֹת תְּחִלָּה: Any food that renders *teruma* impure renders liquids with which it comes into contact impure with first-degree impurity, and those liquids in turn render food with which it comes into contact impure with second-degree impurity (Rambam *Sefer Tahara, Hilkhot She'ar Avot HaTumot* 7:5, 8:10, 10:10).

Except for one who immersed that day – חוּץ מִטְּבוּל יוֹם: In the case of one who immersed that day and who will attain ritual purity only at nightfall, if he comes in contact with liquids of *teruma*, he renders them impure with third-degree impurity (Rambam *Sefer Tahara, Hilkhot She'ar Avot HaTumot* 10:3–4).

Perek **II**
Daf **34** Amud **b**

טוּמְאָה הִיא אֵצֶל הַקֹּדֶשׁ.

is impurity vis-à-vis sacrificial food.[H] The Sages issued a decree that even one who is vigilant to partake of his *teruma* in a state of ritual purity is considered impure vis-à-vis one partaking of sacrificial food. Therefore, one who ate a food item that was prepared on the level of purity of *teruma* that had become impure with third-degree impurity assumes second-degree impurity, and he renders sacrificial food impure.

אָמַר רַבִּי זֵירָא אָמַר רַבִּי אַסִּי אָמַר רַבִּי יוֹחָנָן אָמַר רַבִּי יַנַּאי: הָאוֹכֵל שְׁלִישִׁי שֶׁל חוּלִּין שֶׁנַּעֲשׂוּ עַל טָהֳרַת הַקֹּדֶשׁ – נַעֲשָׂה גּוּפוֹ שֵׁנִי לְקֹדֶשׁ.

Rabbi Zeira says that **Rabbi Asi says** that **Rabbi Yoḥanan says** that **Rabbi Yannai says:** With regard to **one who eats non-sacred** food items **that were prepared on the** level of **purity of sacrificial** food, and these items had become impure with **third-degree** impurity, **his body becomes** impure with **second-degree** impurity **vis-à-vis sacrificial** food. He renders sacrificial food with which he comes into contact impure with third-degree impurity, and that food in turn disqualifies sacrificial food with which it comes into contact.

HALAKHA

As its state of purity is impurity vis-à-vis sacrificial food – שֶׁטָּהֳרָתָהּ טוּמְאָה הִיא אֵצֶל הַקֹּדֶשׁ: One who partakes of *teruma* or non-sacred food that was prepared on the level of purity of *teruma* that had become impure with third-degree ritual impurity assumes second-degree impurity vis-à-vis sacrificial food, even though his status is that of ritual purity vis-à-vis contact with *teruma*. A state of purity with regard to *teruma* is impure with regard to sacrificial food (Rambam *Sefer Tahara, Hilkhot She'ar Avot HaTumot* 11:12).

אֵיתִיבֵיהּ רַבִּי זֵירָא לְרַבִּי אַסִי: שְׁלִישִׁי – שֵׁנִי לְקֹדֶשׁ וְאֵין שֵׁנִי לִתְרוּמָה, בְּחוּלִּין שֶׁנַּעֲשׂוּ עַל טׇהֳרַת תְּרוּמָה; עַל טׇהֳרַת תְּרוּמָה אִין, עַל טׇהֳרַת הַקֹּדֶשׁ לָא!

Rabbi Zeira raised an objection to the statement of **Rabbi Asi** from the statement of Rabbi Yehoshua: One who eats food with **third-degree** impurity assumes **second-degree** impurity **vis-à-vis sacrificial** food **but** does **not** assume **second-degree** impurity **vis-à-vis *teruma*.** This is stated **in** the case of **non-sacred** food items **that were prepared on the** level of **purity of *teruma*.** The Gemara infers: **Yes,** one is able to prepare items **on the** level of **purity of *teruma*,** but one is **not** able to prepare items **on the** level of **purity of sacrificial** food, as in the latter case the non-sacred food does not become impure at all.

אֲמַר לֵיהּ: לָא מִיבַּעְיָא קָאָמַר.

Rabbi Asi **said to** Rabbi Zeira: That inference is incorrect, as Rabbi Yehoshua **is speaking** utilizing the style of: **It is not necessary.** It is not necessary to say that in the case of non-sacred food items that were prepared on the level of purity of sacrificial food, which is stringent, they have the capacity of assuming third-degree impurity. Rabbi Yehoshua teaches that non-sacred food items that were prepared on the level of purity of *teruma* also have the capacity of assuming third-degree impurity.

וְהָא ״אַף אֲנִי לֹא אָמַרְתִּי אֶלָּא בִּתְרוּמָה״ קָאָמַר! אֲמוֹרָאֵי נִינְהוּ, וְאַלִּיבָּא דְּרַבִּי יוֹחָנָן.

The Gemara objects: **But didn't** Rabbi Yehoshua **say** to Rabbi Eliezer according to the explanation that Rabba bar bar Ḥana said that Rabbi Yoḥanan said: **I too stated** this **only with regard to** non-sacred food items that were prepared on the level of purity of ***teruma*,** indicating that he was not referring to non-sacred food items that were prepared on the level of purity of sacrificial food. The Gemara explains: Rabba bar bar Ḥana and Rabbi Asi **are *amora'im*, and** disagree **with regard to** the opinion **of Rabbi Yoḥanan,** and they disagree about whether the statement of Rabbi Yehoshua was stated specifically with regard to non-sacred food items that were prepared on the level of purity of *teruma*, or whether it includes even those prepared on the level of purity of sacrificial food.

אָמַר עוּלָּא: הָאוֹכֵל שְׁלִישִׁי שֶׁל חוּלִּין שֶׁנַּעֲשׂוּ עַל טׇהֳרַת תְּרוּמָה – נִפְסָל גּוּפוֹ מִלֶּאֱכוֹל בִּתְרוּמָה.

§ **Ulla says: One who eats non-sacred** food items **that were prepared on the** level of **purity of *teruma***[H] and that are impure with **third-degree** impurity, **his body is disqualified from** the right **to partake of *teruma*.**

מַאי קָא מַשְׁמַע לַן? תְּנֵינָא: שְׁלִישִׁי – שֵׁנִי לְקֹדֶשׁ וְאֵין שֵׁנִי לִתְרוּמָה, בְּחוּלִּין שֶׁנַּעֲשׂוּ עַל טׇהֳרַת תְּרוּמָה; שֵׁנִי הוּא דְּלָא הָוֵי, הָא שְׁלִישִׁי הָוֵי!

The Gemara asks: **What is** Ulla **teaching us? We** already **learn** in the mishna cited earlier (33b) from tractate *Teharot*: One who eats food with **third-degree** impurity assumes **second-degree** impurity **vis-à-vis sacrificial** food, **but** does **not** assume **second-degree** impurity **vis-à-vis *teruma*.** This is stated **in** the case of **non-sacred** food items **that were prepared on the** level of **purity of *teruma*.** The Gemara infers: It is **second-degree** impurity **that he does not assume, but third-degree** impurity **he assumes,** and he is therefore disqualified from partaking of *teruma*.

אִי מֵהַהִיא, הֲוָה אָמִינָא: לָא שֵׁנִי הָוֵי וְלָא שְׁלִישִׁי הָוֵי, וְאַיְּידֵי דַּאֲמַר שֵׁנִי בְּקֹדֶשׁ – אֲמַר נַמִי אֵין שֵׁנִי בִּתְרוּמָה, קָא מַשְׁמַע לַן.

The Gemara answers: It was necessary for Ulla to teach this *halakha*, **as if** it was learned **from that** mishna, **I would say** that vis-à-vis *teruma* **he assumes neither second-degree nor third-degree** impurity, as there is no reason to deem the status of one who eats like that of the food that he ate. **And** perhaps it was only **since** Rabbi Yehoshua **said** that he assumes **second-degree** impurity **vis-à-vis sacrificial** food that he **also said** that he does **not** assume **second-degree** impurity **vis-à-vis *teruma*.** Therefore, Ulla **teaches us** that he assumes third-degree impurity and is disqualified from partaking of *teruma*.

אֵיתִיבֵיהּ רַב הַמְנוּנָא לְעוּלָּא: הָרִאשׁוֹן שֶׁבְּחוּלִּין – טָמֵא וּמְטַמֵּא, וְהַשֵּׁנִי – פּוֹסֵל וְאֵינוֹ מְטַמֵּא, וְהַשְּׁלִישִׁי – נֶאֱכָל בִּנְזִיד הַדֶּמַע;

Rav Hamnuna raised an objection to the statement of **Ulla** from a mishna (*Teharot* 2:3): **Non-sacred** food that is impure with **first-degree** impurity is **impure and renders** *teruma* **impure**[H] in the sense that this *teruma* disqualifies other *teruma* with which it comes into contact. Non-sacred food that is impure with **second-degree** impurity **disqualifies** *teruma*, **but** it does **not** render *teruma* **impure,** meaning that it renders the *teruma* itself impure, but not to the extent that the *teruma* can render other *teruma* impure. **And** food that is impure with **third-degree** impurity may be **eaten** by a priest **in a stew** that is a **mixture** containing spices of *teruma*.[H]

HALAKHA

One who eats non-sacred food items that were prepared on the level of purity of *teruma* – הָאוֹכֵל שְׁלִישִׁי שֶׁל חוּלִּין שֶׁנַּעֲשׂוּ עַל טׇהֳרַת תְּרוּמָה: In the case of one who partakes of *teruma* or non-sacred food prepared on the level of purity of *teruma*, if the food had become impure with third-degree impurity, he may not partake of *teruma* until he immerses in a ritual bath. It is permitted for him to come into contact with *teruma*, and if he does so, he does not render it impure. The Sages instituted a higher standard with regard to partaking of such food but not with regard to touching it, in accordance with the opinion of Ulla (Rambam *Sefer Tahara, Hilkhot She'ar Avot HaTumot* 11:11).

Non-sacred food with first-degree impurity is impure and renders *teruma* impure – הָרִאשׁוֹן שֶׁבְּחוּלִּין טָמֵא וּמְטַמֵּא: Non-sacred food that is impure with first-degree impurity is itself impure and also renders non-sacred food impure with second-degree impurity. Non-sacred food that is impure with second-degree impurity disqualifies *teruma* by rendering it impure with third-degree impurity, but does not affect other non-sacred food, which remains ritually pure (Rambam *Sefer Tahara, Hilkhot She'ar Avot HaTumot* 11:2).

And food with third-degree impurity may be eaten by a priest in a stew, a mixture containing spices of *teruma* – וְהַשְּׁלִישִׁי נֶאֱכָל בִּנְזִיד הַדֶּמַע: With regard to a stew of non-sacred food prepared on the level of purity of *teruma* that had become impure with third-degree ritual impurity, into which *teruma* is mixed, if there is less than an olive-bulk of *teruma* in the amount of stew that he eats in an interval equivalent to the time it takes to eat a half-loaf of bread it is permitted for a priest to partake of that stew, just as it is permitted for one who is impure with third-degree impurity to come into contact with *teruma*, in accordance with the second explanation of Rashi here (Rambam *Sefer Tahara, Hilkhot She'ar Avot HaTumot* 11:11).

וְאִי אָמְרַתְּ נִפְסַל גּוּפוֹ מִלֶּאֱכוֹל בִּתְרוּמָה, סָפֵינַן לֵיהּ מִידֵּי דְּפָסֵיל לֵיהּ לְגוּפֵיהּ? אֲמַר לֵיהּ: הַנַּח לִנְזִיד הַדֶּמַע,

And if you say that by partaking of food that is impure with third-degree impurity **his body is disqualified from** the right **to partake of *teruma*,** do **we feed him a matter that invalidates his body** from the right to partake of *teruma*? According to this, when eating the stew that contains food that is impure with third-degree impurity, he is disqualified from partaking of the spices of *teruma* that the mishna permits him to add to the stew. Ulla **said to him: Leave** the matter of **stew** that is **a mixture** containing spices of *teruma*,

Perek **II**
Daf **35** Amud **a**

דְּלֵיכָּא כְּזַיִת בִּכְדֵי אֲכִילַת פְּרָס.

as there is not an olive-bulk of *teruma* in the amount of stew that he eats **in** the time it takes **to eat a half-loaf** of bread.[N] Therefore, one need not treat the mixture with the level of purity required of *teruma*.

אָמַר רַבִּי יוֹנָתָן אָמַר רַבִּי: הָאוֹכֵל שְׁלִישִׁי שֶׁל תְּרוּמָה עַצְמָהּ – אָסוּר לֶאֱכוֹל וּמוּתָּר לִיגַּע.

Rabbi Yonatan says that **Rabbi** Yehuda HaNasi **says:** For **one who partakes of actual *teruma* that** is impure with **third-degree** impurity,[H] it is **prohibited to partake** of other *teruma*, **but** it is **permitted to come into contact** with *teruma*.

וְאִיצְטְרִיךְ דְּעוּלָּא וְאִיצְטְרִיךְ דְּרַבִּי יוֹנָתָן; דְּאִי מִדְּעוּלָּא, הֲוָה אָמֵינָא: הָנֵי מִילֵּי בְּחוּלִּין שֶׁנַּעֲשׂוּ עַל טׇהֳרַת תְּרוּמָה, אֲבָל תְּרוּמָה – בִּנְגִיעָה נָמֵי אָסוּר, אִיצְטְרִיךְ דְּרַבִּי יוֹנָתָן; וְאִי מִדְּרַבִּי יוֹנָתָן, הֲוָה אָמֵינָא: הָנֵי מִילֵּי תְּרוּמָה, אֲבָל חוּלִּין – בַּאֲכִילָה נָמֵי שָׁרֵי, צְרִיכִי.

The Gemara notes that the statement **of Ulla was necessary and** the statement **of Rabbi Yonatan was necessary. As, if** the *halakha* were learned exclusively **from** the statement **of Ulla, I would say: This statement** applies **with regard to non-sacred** food items **that were prepared on the** level of **purity of *teruma*, but** with regard to ***teruma*** itself perhaps **contact is also prohibited.**[N] Therefore, the statement **of Rabbi Yonatan was necessary. And if** the *halakha* were learned exclusively **from** the statement **of Rabbi Yonatan, I would say: This statement** applies with regard to ***teruma*, but** with regard to **non-sacred** food that was prepared with purity of *teruma*, perhaps **eating** it is **also permitted.** Therefore, both statements **are necessary.**

יָתֵיב רַב יִצְחָק בַּר שְׁמוּאֵל בַּר מָרְתָא קַמֵּיהּ דְּרַב נַחְמָן, וְיָתֵיב וְקָאָמַר: הָאוֹכֵל שְׁלִישִׁי שֶׁל חוּלִּין שֶׁנַּעֲשׂוּ עַל טׇהֳרַת הַקֹּדֶשׁ – טָהוֹר לֶאֱכוֹל בַּקֹּדֶשׁ, שֶׁאֵין לְךָ דָּבָר שֶׁעוֹשֶׂה רְבִיעִי בַּקֹּדֶשׁ אֶלָּא קֹדֶשׁ מְקוּדָּשׁ בִּלְבַד.

§ **Rav Yitzḥak bar Shmuel bar Marta was sitting before Rav Naḥman, and he was sitting and saying:** With regard to **one who eats non-sacred** food items **that were prepared on the** level of **purity of sacrificial** food, and these items had become impure with **third-degree** impurity,[H] he **is ritually pure** in terms of the right **to partake of sacrificial** food, **as you have nothing that confers fourth-degree** impurity **in sacrificial** food **other than consecrated sacrificial** food **alone,** but non-sacred food prepared with the purity of sacrificial food does not.

NOTES

As there is not an olive-bulk in the time it takes to eat a half-loaf of bread – דְּלֵיכָּא כְּזַיִת בִּכְדֵי אֲכִילַת פְּרָס: Just as the measure that defines the act of eating in most positive mitzvot and prohibitions is an olive-bulk, so too, the measure of liability for partaking of *teruma* while in a state of impurity is an olive-bulk. There is an amoraic dispute with regard to whether one who eats less than an olive-bulk violates the prohibition. Eating that is prohibited by Torah law is also dependent upon the duration of that eating. The Sages derived this duration from the *halakha* of one who stays in a leprous house, in which the interval that causes one to become impure is equivalent to the time that it takes to eat a half-loaf of bread. Therefore, one who eats any mixture containing less than an olive-bulk of a forbidden item during that amount of time violates no Torah prohibition.

I would say…but with *teruma* perhaps contact is also prohibited – הֲוָה אָמֵינָא...אֲבָל תְּרוּמָה בִּנְגִיעָה נָמֵי אָסוּר: Although one impure with third-degree impurity does not render *teruma* impure with fourth-degree impurity, one might think that there is room to prohibit his coming in contact with *teruma* due to the concern that he may come to eat it, as one who is impure with third-degree impurity is disqualified from partaking of *teruma* (*Tosafot*).

HALAKHA

One who partakes of actual *teruma* that is impure with third-degree impurity – הָאוֹכֵל שְׁלִישִׁי שֶׁל תְּרוּמָה עַצְמָהּ: It is prohibited for one who partook of *teruma* that was impure with third-degree impurity to partake of *teruma* until he immerses in a ritual bath. Nevertheless, it is permitted for him to touch *teruma*, and the *teruma* remains pure, as the Sages instituted a higher standard with regard to eating it but not with regard to touching it, in accordance with the opinion of Rabbi Yonatan (Rambam *Sefer Tahara, Hilkhot She'ar Avot HaTumot* 11:11).

One who eats non-sacred food items that were prepared on the level of purity of sacrificial food with third-degree impurity – הָאוֹכֵל שְׁלִישִׁי שֶׁל חוּלִּין שֶׁנַּעֲשׂוּ עַל טׇהֳרַת הַקֹּדֶשׁ: One who eats non-sacred food items that were prepared on the level of purity of sacrificial food and those items had become impure with third-degree impurity remains pure. This is because only consecrated sacrificial food renders other sacrificial food impure with fourth-degree impurity, in accordance with the statement of Rav Yitzḥak bar Shmuel bar Marta and according to the explanation of the Rashba (Rambam *Sefer Tahara, Hilkhot She'ar Avot HaTumot* 11:12, and see *Kesef Mishne* there).

מתיב רמי בר חמא: שלישי – שני לקדש ואין שני לתרומה, בחולין שנעשו על טהרת תרומה; אמאי? הא לאו קדש מקודש הוא!

Rami bar Ḥama raises an objection from the mishna cited earlier (33b): One who eats food with **third-degree** impurity assumes **second-degree** impurity **vis-à-vis sacrificial** food, **and** he does **not** assume **second-degree** impurity **vis-à-vis** ***teruma***. Eating an item with third-degree impurity is feasible only in the case of non-sacred items, as partaking of impure *teruma* is prohibited. It is only possible **in the case of non-sacred** food items **that were prepared** as if their level of purity were **on the** level of the **purity of** ***teruma***. According to the statement of Rav Yitzḥak bar Shmuel bar Marta, **why** does this food assume second-degree impurity? **It is not sacrificial** food, which is **sanctified.**

אמר ליה: הנח לתרומה, שטהרתה טומאה היא אצל הקדש.

Rav Yitzḥak bar Shmuel bar Marta **said to him: Leave** ***teruma*** alone; **its** state of **purity is impurity vis-à-vis sacrificial** food.[N] Therefore, non-sacred food that was prepared with the purity of *teruma* renders sacrificial food impure.

ומנא תימרא? דתנן: בגדי עם הארץ מדרס לפרושין, בגדי פרושין מדרס לאוכלי תרומה, בגדי אוכלי תרומה מדרס לקדש.

The Gemara asks: **And from where do you say** that the purity of *teruma* is impurity vis-à-vis sacrificial food? It is from a mishna (*Ḥagiga* 18b), **as we learned:** The halakhic status of **the garments of an** ***am ha'aretz***,[H] who does not scrupulously observe the *halakhot* of ritual purity, is like that of items rendered impure by **treading**,[B] e.g., items designated for sitting or lying upon which a *zav* or a menstruating woman sits or lies, which are rendered a primary source of ritual impurity **for individuals who scrupulously observe** the *halakhot* of **ritual purity** [***perushin***] and eat their non-sacred food in a state of purity. In other words, it is considered a primary level of impurity for them. The halakhic status of **the garments of** ***perushin*** is like that of items rendered impure by **treading for** priests **who partake of** ***teruma***. In addition, the halakhic status of **the garments of** priests **who partake of** ***teruma*** is like that of items rendered impure by **treading for** those who eat **sacrificial** food.

אמר רבא: מדרסות קאמרת? שאני מדרסות,

Rava said: Are you saying that one can cite proof from the *halakha* of items rendered impure by **treading** that the state of purity of *teruma* is impurity vis-à-vis sacrificial food? No proof may be cited from there, as the decree that the halakhic status of the garments of priests who partake of *teruma* is like that of items rendered impure by **treading** for those who eat sacrificial food **is different,**

NOTES

Leave *teruma* alone, its state of purity is impurity vis-à-vis sacrificial food – הנח לתרומה שטהרתה טומאה היא אצל הקדש: By contrast, with regard to non-sacred food prepared on the level of purity of sacrificial food there was no reason for the Sages to issue a decree (*Tosafot*).

HALAKHA

The status of the garments of an *am ha'aretz*, etc. – בגדי עם הארץ וכו׳: The Sages instituted five statuses of ritual purity with regard to clothing: (1) The halakhic status of the garments of an *am ha'aretz* is like that of garments rendered impure by treading of a *zav* vis-à-vis those who eat non-sacred produce in a state of purity. (2) The halakhic status of the garments of those who eat non-sacred produce in a state of ritual purity is like that of garments rendered impure by treading of a *zav* vis-à-vis those who partake of second-tithe produce, but those who eat the non-sacred produce are considered pure vis-à-vis *teruma*. (3) The halakhic status of the garments of those who partake of second-tithe produce is like that of garments rendered impure by treading of a *zav* vis-à-vis those who partake of *teruma*. (4) The halakhic status of the garments of those who partake of *teruma* is like that of garments rendered impure by treading of a *zav* vis-à-vis those who partake of sacrificial food. Those who partake of *teruma* are ritually pure vis-à-vis sacrificial food. (5) The halakhic status of the garments of those who partake of sacrificial food is like that of garments rendered impure by treading of a *zav* vis-à-vis the purification waters of the red heifer, but those who partake of sacrificial food are pure vis-à-vis the purification waters of the red heifer (Rambam *Sefer Tahara, Hilkhot She'ar Avot HaTumot* 13:1).

BACKGROUND

Ritual impurity imparted by treading – טומאת מדרס: This is a form of ritual impurity imparted by a *zav*, a *zava*, a woman after childbirth, and a menstruating woman. These individuals render ritually impure items on which they stand, sit, lie, or lean. Typically, a primary source of ritual impurity renders an item with which it comes into contact impure with first-degree impurity. In this case, the *zav* renders the items primary sources of ritual impurity. This *halakha* applies only with regard to vessels that are designated for sitting or lying. In contrast, other items upon which the *zav* stands or sits assume first-degree ritual impurity.

Perek **II**
Daf **35** Amud **b**

שמא תשב עליהן אשתו נדה, אבל בפירי לא אמרינן. ורבי יצחק בפירי נמי אמר.

as with regard to garments there is concern **lest his wife sit upon them** when she is impure with the impurity of **a menstruating woman. But with regard to produce, we do not say** that if it was prepared with the purity of *teruma* it renders sacrificial food impure, **and Rabbi Yitzḥak states** his ***halakha*** **with regard to produce as well.**

מתיב רבי ירמיה מדיפתי: ומי אמרינן בפירי? והתנן: אם אמר "הפרשתי לתוכה רביעית קדש" – נאמן, ולא קא מטמא ליה תרומה לקדש; ואי אמרת: טהרתה טומאה היא אצל הקדש, תטמא תרומה לקדש!

Rabbi Yirmeya of Difti raises an objection to the opinion of Rabbi Yitzḥak: **And do we say with regard to produce** that if it was prepared with the purity of *teruma* it renders sacrificial food impure? **But didn't we learn** in a mishna (*Ḥagiga* 24b): It is not permitted for a priest to accept *teruma* wine from an *am ha'aretz*, but **if** an *am ha'aretz* **says** to the priest: **I separated** and placed **into** this barrel of *teruma* wine **a quarter-*log* of sacrificial** wine, **he is deemed credible?**[H] **And** this indicates that ***teruma*** **does not render the sacrificial** food **impure. And if you say** with regard to *teruma* that **its** state of **purity is impurity vis-à-vis sacrificial** food, **let the** ***teruma*** **render** the **sacrificial** food **impure.**

HALAKHA

He is deemed credible – נאמן: If an *am ha'aretz* brings a barrel of *teruma* to a priest any time during the year and states: I separated sacrificial food and placed it in this barrel, even if it is only a quarter-*log* of sacrificial food, since he is deemed credible with regard to the purity of the sacrificial food, he is deemed credible with regard to the purity of the *teruma* as well. This is in accordance with the mishna in tractate *Ḥagiga* (24b) and the explanation of the Gemara (Rambam *Sefer Tahara, Hilkhot Metamei Mishkav UMoshav* 11:4).

אֲמַר לֵיהּ: טוּמְאָה בְּחִבּוּרִין קָאָמְרַתְּ? טוּמְאָה בְּחִבּוּרִין שָׁאנֵי, דְּמִגּוֹ דִּמְהֵימַן אַקֹּדֶשׁ – מְהֵימַן נַמִּי אַתְּרוּמָה.

Rabbi Yitzḥak **said to** Rabbi Yirmeya of Difti: **Are you are saying** that there is an objection to my opinion based on the case of **impurity in** a case of food items, the *teruma* wine and the sacrificial wine, that are **attached** in one barrel? **Impurity in** a case of food items that are **attached is different, as, since** the *am ha'aretz* **is deemed credible with regard to the sacrificial** food, **he is deemed credible with regard to the** *teruma* **as well.**

מְתִיב רַב הוּנָא בַּר נָתָן: הַשֵּׁנִי שֶׁבְּחוּלִּין מְטַמֵּא מַשְׁקֵה חוּלִּין וּפוֹסֵל אוֹכְלֵי תְרוּמָה, וְהַשְּׁלִישִׁי מְטַמֵּא מַשְׁקֵה קֹדֶשׁ וּפוֹסֵל אוֹכְלֵי קֹדֶשׁ, בְּחוּלִּין שֶׁנַּעֲשׂוּ עַל טׇהֳרַת הַקֹּדֶשׁ!

Rav Huna bar Natan raises an objection from a *baraita* to the opinion of Rabbi Yitzḥak with regard to rendering sacrificial food impure with fourth-degree ritual impurity: **Non-sacred** food that is impure with **second-degree** impurity **renders impure** through contact **a non-sacred liquid,** which assumes first-degree impurity, **and disqualifies** ***teruma*** **foods,**[H] in the sense that those foods are impure but do not transmit impurity to other food. **And** non-sacred food that is impure with **third-degree** impurity **renders impure** through contact **a sacrificial liquid and disqualifies sacrificial foods, in** the case of **non-sacred** food items **that were prepared on the** level of **purity of sacrificial** food.[H] This contradicts the opinion of Rabbi Yitzḥak, who said that there is nothing that confers fourth-degree impurity in sacrificial food other than consecrated sacrificial food alone, but not non-sacred food prepared with the purity of sacrificial food.

תַּנָּאֵי הִיא. דְּתַנְיָא: חוּלִּין שֶׁנַּעֲשׂוּ עַל טׇהֳרַת קֹדֶשׁ – הֲרֵי הֵן כְּחוּלִּין;

The Gemara answers that this matter **is a** dispute between ***tanna'im***,[N] **as it is taught** in a *baraita*: The halakhic status of **non-sacred** food items **that were prepared on the** level of **purity of sacrificial food is like** that of **non-sacred** foods, and they are incapable of assuming third-degree impurity.

רַבִּי אֶלְעָזָר בְּרַבִּי צָדוֹק אוֹמֵר: הֲרֵי הֵן כִּתְרוּמָה, לְטַמֵּא שְׁנַיִם וְלִפְסוֹל אֶחָד.

Rabbi Elazar, son of Rabbi Tzadok, says: The halakhic status of non-sacred food items that were prepared on the level of purity of sacrificial food **is like** that of ***teruma***. Accordingly, a primary source of ritual impurity is able **to render two** items **impure:** The food item with which it comes into contact assumes first-degree impurity, and the food item with which that came into contact assumes second-degree impurity. **And** that item is able **to disqualify one** further item, which assumes third-degree impurity but will not render sacrificial food impure with fourth-degree impurity. According to both opinions in this *baraita*, non-sacred food prepared with the purity of sacrificial food does not disqualify sacrificial food. According to the mishna in *Teharot*, it does disqualify sacrificial food.

"רַבִּי שִׁמְעוֹן אוֹמֵר: הוּכְשְׁרוּ בִּשְׁחִיטָה". אָמַר רַב אַסִי, אוֹמֵר הָיָה רַבִּי שִׁמְעוֹן: שְׁחִיטָתוֹ מַכְשֶׁרֶת, וְלֹא דָּם.

§ The mishna states (33a): In the case of one who slaughters a domesticated animal, an undomesticated animal, or a bird, and blood did not emerge from them, **Rabbi Shimon says: They were rendered susceptible** to ritual impurity **by means of** the **slaughter** itself. **Rav Asi said** that **Rabbi Shimon would say:** It is **its slaughter** that **renders it susceptible** to ritual impurity, **and not** the **blood** that emerges during the slaughter.

לֵימָא מְסַיַּיע לֵיהּ, רַבִּי שִׁמְעוֹן אוֹמֵר: הוּכְשְׁרוּ בִּשְׁחִיטָה; מַאי לָאו בִּשְׁחִיטָה וְלֹא בְּדָם? לָא, אַף בִּשְׁחִיטָה.

The Gemara suggests: **Let us say** that the mishna **supports** the opinion of Rav Asi. **Rabbi Shimon says: They were rendered susceptible** to ritual impurity **by means of** the **slaughter** itself. The Gemara asks: **What, is it not** that Rabbi Shimon is saying: **By means of** the **slaughter and not by means of** the **blood** from the slaughter? The Gemara answers: **No,** perhaps Rabbi Shimon is saying: The animal can be rendered susceptible to ritual impurity by means of blood and **also by means of slaughter.**

תָּא שְׁמַע, אָמַר לָהֶן רַבִּי שִׁמְעוֹן: וְכִי הַדָּם מַכְשִׁיר? וַהֲלֹא שְׁחִיטָה מַכְשֶׁרֶת! הָכִי קָאָמַר לָהֶן: וְכִי דָּם בִּלְבַד מַכְשִׁיר? אַף שְׁחִיטָה נַמִּי מַכְשֶׁרֶת.

The Gemara suggests: **Come** and **hear** a *baraita* is support of Rav Asi's statement. **Rabbi Shimon said to** the Rabbis: **Is it blood that renders** the animal **susceptible** to ritual impurity? **But isn't it slaughter** that **renders** it **susceptible?** This indicates that Rabbi Shimon holds that it is specifically the slaughter and not the blood that renders the flesh susceptible to impurity. The Gemara rejects this proof. **This is** what Rabbi Shimon **is saying to** the Rabbis: **Is it blood alone that renders** the animal **susceptible** to ritual impurity? **Slaughter too renders** it **susceptible.**

HALAKHA

Non-sacred food with second-degree impurity renders impure a non-sacred liquid and disqualifies ***teruma*** **foods – הַשֵּׁנִי שֶׁבְּחוּלִּין מְטַמֵּא מַשְׁקֵה חוּלִּין וּפוֹסֵל אוֹכְלֵי תְרוּמָה:** Non-sacred food that is impure with second-degree impurity disqualifies *teruma* produce, rendering it impure with third-degree impurity. If it touches non-sacred liquids it renders them impure with first-degree impurity (Rambam *Sefer Tahara, Hilkhot She'ar Avot HaTumot* 11:7).

Non-sacred food items that were prepared on the level of purity of sacrificial food – חוּלִּין שֶׁנַּעֲשׂוּ עַל טׇהֳרַת הַקֹּדֶשׁ: In the case of non-sacred food that was prepared on the level of purity of sacrificial food, if it comes into contact with third-degree impurity it remains pure, like other non-sacred food, in accordance with the opinion of the first *tanna* of the *baraita* (Rambam *Sefer Tahara, Hilkhot She'ar Avot HaTumot* 12:16, and see Ra'avad there).

NOTES

This matter is a dispute between ***tanna'im*** **– תַּנָּאֵי הִיא:** There are three opinions with regard to non-sacred food that was prepared on the level of purity of sacrificial food and that is impure with third-degree ritual impurity. The *baraita* cited by Rav Huna bar Natan states that it assumes third-degree impurity and renders sacrificial food impure with fourth-degree impurity. Rabbi Elazar, son of Rabbi Tzadok, holds that it is disqualified, meaning that it is impure but does not render sacrificial food impure. Finally, the first *tanna*, who disagrees with Rabbi Elazar, son of Rabbi Tzadok, holds that non-sacred food that was prepared on the level of purity of sacrificial food does not assume third-degree impurity at all. According to Rashi, Rabbi Yitzḥak holds in accordance with the opinion of Rabbi Elazar, son of Rabbi Tzadok. According to the Ramban, who says that according to Rabbi Yitzḥak non-sacred food that was prepared on the level of purity of sacrificial food does not assume third-degree impurity at all, Rabbi Yitzḥak holds in accordance with the opinion of the first *tanna* of the *baraita*. That is the ruling of the Rambam (see *Kesef Mishne*).

תָּא שְׁמַע, רַבִּי שִׁמְעוֹן אוֹמֵר: דַּם הַמֵּת אֵינוֹ מַכְשִׁיר; מַאי לָאו הָא דַּם שְׁחִיטָה מַכְשִׁיר? לָא, הָא דַּם חֲלָלִים מַכְשִׁיר. אֲבָל דַּם שְׁחִיטָה מַאי, לָא מַכְשִׁיר?

The Gemara suggests: **Come** and **hear** a *baraita* contrary to Rav Asi's statement. **Rabbi Shimon says: Blood of the** animal that is **dead**[N] of natural causes **does not render** food items **susceptible** to ritual impurity. **What, is it not** that one may infer that **blood of slaughter renders** food items **susceptible** to ritual impurity?[H] The Gemara rejects this proof. **No,** infer that **blood of** animals that **are killed renders** food items **susceptible** to ritual impurity. The Gemara asks: **But** with regard to **blood of slaughter, what** then is the *halakha*; that **it does not render** food items **susceptible** to ritual impurity?

לִישְׁמְעִינַן דַּם שְׁחִיטָה וְכָל שֶׁכֵּן דַּם הַמֵּת! דַּם הַמֵּת אִיצְטְרִיכָא לֵיהּ, סָלְקָא דַּעְתָּךְ אָמֵינָא: מָה לִי קַטְלֵיהּ אִיהוּ מָה לִי קַטְלֵיהּ מַלְאַךְ הַמָּוֶת, קָא מַשְׁמַע לַן.

If so, **let** Rabbi Shimon **teach us** that **blood of slaughter** does not render the animal susceptible to ritual impurity, **and** we will conclude that **all the more so** that is the *halakha* with regard to **blood of the** animal that is **dead** as a result of natural causes. The Gemara answers: **It was necessary for** Rabbi Shimon to teach the *halakha* of **blood of the** animal that is **dead** as a result of natural causes, as it could **enter your mind to say: What** difference is there **to me** if **one killed** the animal **himself,** and **what** difference is there **to me** if the animal was **killed** by **the angel of death?** In both cases the blood should render the animal susceptible to ritual impurity. Therefore, Rabbi Shimon **teaches us** that unlike blood of an animal that was killed, blood of an animal that is dead as a result of natural causes does not render food items susceptible to ritual impurity, and no inference may be drawn with regard to blood of slaughter.

תָּא שְׁמַע, רַבִּי שִׁמְעוֹן אוֹמֵר: דַּם מַגֵּפָתוֹ אֵינוֹ מַכְשִׁיר; מַאי לָאו הָא דַּם שְׁחִיטָה מַכְשִׁיר? לָא, הָא דַּם חֲלָלִים מַכְשִׁיר. אֲבָל דַּם שְׁחִיטָה מַאי, לָא מַכְשִׁיר?

The Gemara suggests: **Come** and **hear** another *baraita* contrary to Rav Asi's statement. **Rabbi Shimon says: Blood of** the **wound** of an animal **does not render** other items **susceptible** to ritual impurity. **What, is it not** that one may infer that **blood of slaughter renders** food items **susceptible** to ritual impurity? The Gemara rejects this proof. **No,** infer that **blood of** animals that **are killed renders** food items **susceptible** to ritual impurity. The Gemara asks: **But** with regard to **blood of slaughter, what** is the *halakha*; that **it does not render** food items **susceptible** to ritual impurity?

לִישְׁמְעִינַן דַּם שְׁחִיטָה וְכָל שֶׁכֵּן דַּם מַגֵּפָתוֹ! דַּם מַגֵּפָתוֹ אִיצְטְרִיכָא לֵיהּ, סָלְקָא דַּעְתָּךְ אָמֵינָא: מָה לִי קַטְלֵיהּ כּוּלֵּהּ מָה לִי קַטְלֵיהּ פַּלְגָא.

If so, **let** Rabbi Shimon **teach us** that **blood of slaughter** does not render the animal susceptible to ritual impurity, **and** we will conclude that **all the more so** that is the *halakha* with regard to **blood of its wound.** The Gemara answers: **It was necessary for** Rabbi Shimon to teach **blood of its wound,** as it could **enter your mind to say: What** difference is there **to me** if **one killed** the **entire** animal, and **what** difference is there **to me** if **one killed half** of the animal, i.e., wounded it? In both cases the blood should render the animal susceptible to ritual impurity. Therefore, Rabbi Shimon teaches that unlike the blood of an animal that was killed, the blood from an animal's wound does not render food items susceptible to ritual impurity, and no inference may be drawn with regard to blood of slaughter.

וּמַאי שְׁנָא דַּם חֲלָלִים דְּמַכְשִׁיר? דִּכְתִיב: "וְדַם חֲלָלִים יִשְׁתֶּה",

The Gemara asks: **What is different** with regard to **blood of** animals that **are killed that they render** food items **susceptible** to ritual impurity? It is due to the fact **that it is written:** "Behold, they are a people that rises up as a lioness, and as a lion he lifts himself up; he shall not lie down until he eats of the prey **and drinks blood of carcasses**" (Numbers 23:24). The fact that the blood of a carcass, which in the context of the verse is referring to an animal that was killed, is mentioned in the context of drinking, indicates that it is a liquid that renders food items susceptible to ritual impurity.

דַּם שְׁחִיטָה נַמִי כְּתִיב: "עַל הָאָרֶץ תִּשְׁפְּכֶנּוּ כַּמָּיִם"! הַהוּא לְמִישְׁרֵי דָּמָן דִּפְסוּלֵי הַמּוּקְדָּשִׁין בַּהֲנָאָה הוּא דַּאֲתָא;

With regard to **blood of slaughter it is also written:** "Only, you shall not eat the blood; **you shall pour it upon the earth as water**" (Deuteronomy 12:16). The parallel to water ostensibly indicates that the blood of slaughter should also render food items susceptible to ritual impurity. The Gemara answers: **That** verse is not written with regard to susceptibility to impurity. The purpose for **which** it **comes** is **to permit benefit** from the **blood of disqualified consecrated** animals.

NOTES

Blood of the animal that is dead – **דַּם הַמֵּת**: Rashi and Rabbeinu Gershom Meor HaGola explain that this refers to blood of an animal that dies by itself. Likewise, the terms: Blood of those that are killed, and: Blood of its wound, ostensibly refer to an animal, as the Gemara is discussing the status of the blood of an animal that was slaughtered. But Rabbeinu Tam explains that the terms: Blood of the dead, Blood of those that are killed, and Blood of its wound, all refer to the blood of a person (see Ramban and Rashba).

HALAKHA

Blood of slaughter renders food items susceptible to ritual impurity – **דַּם שְׁחִיטָה מַכְשִׁיר**: Blood is one of the liquids that renders food susceptible to ritual impurity. The blood referred to here is the blood that emerges from a kosher animal or bird as it is being slaughtered, in accordance with the opinion of the Rabbis, who disagree with Rabbi Shimon (Rambam *Sefer Tahara, Hilkhot Tumat Okhalin* 10:3).

סָלְקָא דַּעְתָּךְ אָמֵינָא: הוֹאִיל וַאֲסִירִי בְּגִיזָּה וַעֲבוֹדָה – דָּמָן לִבְעֵי קְבוּרָה, קָמַשְׁמַע לָן.

It could **enter your mind to say: Since** benefit from disqualified consecrated animals **is forbidden with regard to** their **fleece and labor,** perhaps benefit from **their blood** is also forbidden, and **let it require burial.** Therefore, the verse **teaches us** that benefit from their blood is permitted.

תָּנָא דְּבֵי רַבִּי יִשְׁמָעֵאל: ״וְדַם חֲלָלִים יִשְׁתֶּה״ – פְּרָט לְדַם קִילוּחַ, שֶׁאֵינוֹ מַכְשִׁיר אֶת הַזְּרָעִים.

The school of Rabbi Yishmael taught that the verse: **"And drinks the blood of carcasses,"** from which it is derived that the blood of an animal that was killed renders food items susceptible to ritual impurity, serves **to exclude blood** that emerges in **a surge** due to arterial pressure at the moment of slaughter while the animal is still alive **that does not render seeds susceptible to** ritual impurity.[H]

תָּנוּ רַבָּנַן: הַשּׁוֹחֵט וְהִתִּיז דָּם עַל הַדְּלַעַת – רַבִּי אוֹמֵר: הוּכְשַׁר, רַבִּי חִיָּיא אוֹמֵר: תּוֹלִין.

§ **The Sages taught** in a *baraita*: With regard to one who **slaughters** an animal **and splashed blood** of the slaughter **on a gourd** of *teruma*, **Rabbi** Yehuda HaNasi **says:** The gourd is **rendered susceptible** to ritual impurity. **Rabbi Ḥiyya says:** If the gourd came into contact with a source of impurity, **one places** the matter **in abeyance,** as there is uncertainty whether the blood rendered it susceptible to impurity.

אָמַר רַבִּי אוֹשַׁעְיָא: מֵאַחַר שֶׁרַבִּי אוֹמֵר הוּכְשַׁר, וְרַבִּי חִיָּיא אוֹמֵר תּוֹלִין, אָנוּ עַל מִי נִסְמוֹךְ? בֹּאוּ וְנִסְמוֹךְ עַל דִּבְרֵי רַבִּי שִׁמְעוֹן, שֶׁהָיָה רַבִּי שִׁמְעוֹן אוֹמֵר: שְׁחִיטָה מַכְשֶׁרֶת וְלֹא דָּם.

Rabbi Oshaya said: Since Rabbi Yehuda HaNasi **says** that the gourd is **rendered susceptible** to ritual impurity **and Rabbi Ḥiyya says** that **one places** the matter **in abeyance, on whom shall we rely? Come and let us rely on the statement of Rabbi Shimon, as Rabbi Shimon would say:** It is **slaughter** that **renders** the animal **susceptible, and not blood.**

אָמַר רַב פַּפָּא: הַכֹּל מוֹדִים, הֵיכָא דְּאִיתֵיהּ לְדָם מִתְּחִלָּה וְעַד סוֹף – כּוּלֵּי עָלְמָא לָא פְּלִיגִי דְּמַכְשִׁיר. כִּי פְּלִיגִי – בְּנִתְקַנֵּחַ הַדָּם בֵּין סִימָן לְסִימָן; רַבִּי סָבַר: יֶשְׁנָהּ לִשְׁחִיטָה מִתְּחִלָּה וְעַד סוֹף, וְהַאי דַּם שְׁחִיטָה הוּא;

Rav Pappa said in explanation: **Everyone,** Rabbi Yehuda HaNasi and Rabbi Ḥiyya, **agrees** that **where there is blood** on the gourd throughout the slaughter continuously **from beginning to end, everyone,** both Rabbi Shimon ben Lakish, who says: Slaughter is defined only as the conclusion of its performance, and Rabbi Yoḥanan, who says: Slaughter is defined from the beginning to the end of its performance, **agrees that** the blood **renders** the gourd **susceptible** to impurity, in accordance with the opinion of the Rabbis, who disagree with Rabbi Shimon. **When they disagree** is in a case **where the blood is wiped** off the gourd **between** the cutting of one ***siman*** **and** the other ***siman***.[H] **Rabbi** Yehuda HaNasi **holds** that **slaughter is** defined **from** the **beginning to** the **end** of its performance, **and this blood** that splashed on the gourd **is blood of slaughter.**

רַבִּי חִיָּיא סָבַר: אֵינָהּ לִשְׁחִיטָה אֶלָּא בַּסּוֹף, וְהַאי דַּם מַכָּה הוּא, וּמַאי תּוֹלִין? תּוֹלִין הַדָּבָר עַד גְּמַר שְׁחִיטָה, אִי אִיתֵיהּ לְדָם בְּסוֹף שְׁחִיטָה – מַכְשִׁיר, וְאִי לָא – לָא מַכְשִׁיר.

Rabbi Ḥiyya holds that **slaughter is** defined **only** as **the conclusion** of its performance, **and this is blood of a wound,** which does not render food items susceptible to ritual impurity. **And what** is the meaning of the ruling of Rabbi Ḥiyya that **one places** the matter **in abeyance?** It means that **one places** the matter **in abeyance until** the **conclusion of the slaughter. If there is blood** remaining on the gourd **at the conclusion of the slaughter** the blood **renders** the gourd **susceptible** to ritual impurity, **and if not,** the blood **does not render** the gourd **susceptible** to ritual impurity.

HALAKHA

To exclude blood that emerges in a surge that does not render seeds susceptible to ritual impurity – **פְּרָט לְדַם קִילוּחַ שֶׁאֵינוֹ מַכְשִׁיר אֶת הַזְּרָעִים**: The only type of blood that renders food susceptible to ritual impurity is blood that emerges during the slaughter of kosher animals. The status of blood that surges as one begins to slaughter the animal is that of blood from a living animal and does not render food susceptible to ritual impurity, since the animal is alive. Its status is like that of the blood of a wound or the blood of bloodletting, in accordance with the *baraita* (Rambam *Sefer Tahara, Hilkhot Tumat Okhalin* 10:3; see *Sefer Kedusha, Hilkhot Ma'akhalot Assurot* 6:3).

Where the blood is wiped off between cutting one *siman* and the other *siman* – **בְּנִתְקַנֵּחַ הַדָּם בֵּין סִימָן לְסִימָן**: In a case where one slaughters an animal and blood spurts onto *teruma*, and the blood is wiped from the *teruma* between the cutting of the first *siman* and the second *siman*, there is uncertainty whether the status of that blood is that of blood of a wound, which does not render food susceptible to impurity, or that of blood of slaughter, which renders food susceptible to impurity. Therefore, if the *teruma* comes into contact with an impure item, its status is in abeyance; it may not be eaten, as perhaps it is impure, and it may not be burned, as perhaps it remains pure. This is in accordance with the opinion of Rabbi Ḥiyya. Although the Rambam rules that slaughter is defined from the beginning to the end of its performance, in this case he rules stringently in accordance with the opinion of Rabbi Ḥiyya due to the uncertainty. Alternatively, perhaps the Rambam holds that the *halakha* is in accordance with the majority opinion, even though Rabbi Ḥiyya and Rabbi Shimon reach their conclusion for a different reason (Rambam *Sefer Tahara, Hilkhot Tumat Okhalin* 10:3 and *Or Same'aḥ* there, and see *Sefer Avoda, Hilkhot Pesulei HaMukdashin* 1:18).

וּמַאי "בֹּאוּ וְנִסְמוֹךְ עַל דִּבְרֵי רַבִּי שִׁמְעוֹן"? לְרַבִּי שִׁמְעוֹן לָא מַכְשִׁיר, לְרַבִּי חִיָּיא מַכְשִׁיר!

The Gemara asks: **And what** is the meaning of the statement of Rabbi Oshaya: **Come and let us rely on the statement of Rabbi Shimon?** According **to Rabbi Shimon** the blood of slaughter **does not render** food items **susceptible** to ritual impurity, while according **to Rabbi Ḥiyya** the blood of slaughter **renders** the gourd **susceptible** to ritual impurity.

בְּנִתְקַנֵּחַ מִיהוּ אַשְׁווּ לַהֲדָדֵי, מָר לָא מַכְשִׁיר וּמָר לָא מַכְשִׁיר; הֲוָה לֵיהּ רַבִּי חַד, וְאֵין דְּבָרָיו שֶׁל אֶחָד בִּמְקוֹם שְׁנַיִם.

The Gemara answers that in a case **where** the blood **is wiped** off the gourd prior to the conclusion of slaughter, **in any event,** the opinions of Rabbi Shimon and Rabbi Ḥiyya **correspond to each other:** One **Sage** holds that the blood of slaughter **does not render** the gourd **susceptible** to ritual impurity **and** the other **Sage** holds that the blood of slaughter **does not render** the gourd **susceptible** to ritual impurity. The result is that **Rabbi** Yehuda HaNasi, who holds that the blood of slaughter renders the gourd susceptible to ritual impurity, **is one** Sage stating an individual opinion, **and the statement of one** Sage **has no** standing **in a place** where it is disputed by **two** Sages.

רַב אַשִׁי אָמַר: "תּוֹלִין" – לְעוֹלָם מַשְׁמַע, וְנִתְקַנֵּחַ לְרַבִּי חִיָּיא סְפוּקֵי מְסַפְּקָא לֵיהּ אִי יֶשְׁנָהּ לִשְׁחִיטָה מִתְּחִלָּה וְעַד סוֹף אוֹ אֵינָהּ לִשְׁחִיטָה אֶלָּא בַּסּוֹף, וּמַאי "תּוֹלִין"? לֹא אוֹכְלִין וְלֹא שׂוֹרְפִין.

Rav Ashi said that the term: **One places** the matter **in abeyance, indicates** that it remains in abeyance **forever.** It is a fundamental halakhic uncertainty for which there is no resolution. **And** in the case where the blood is **wiped** off the gourd prior to the conclusion of the slaughter, the *halakha* is unclear. This is because **Rabbi Ḥiyya is uncertain whether slaughter is** defined **from** the **beginning to** the **end** of its performance **or whether slaughter is** defined **only** as the **conclusion** of its performance. **And what** is the meaning of his ruling that **one places** the matter **in abeyance?** It means that if a source of impurity comes into contact with the gourd after the blood was wiped off the gourd, **one may neither eat** the gourd, as perhaps it is impure *teruma*, **nor may one burn** it, as perhaps it is pure.

וּמַאי "בֹּאוּ וְנִסְמוֹךְ עַל דִּבְרֵי רַבִּי שִׁמְעוֹן"? לְרַבִּי שִׁמְעוֹן לָא מַכְשִׁיר, לְרַבִּי חִיָּיא סְפֵיקָא! לְעִנְיַן שְׂרֵיפָה מִיהוּ שָׁווּ לַהֲדָדֵי, מָר לָא שָׂרְפֵיהּ וּמָר לָא שָׂרְפֵיהּ;

The Gemara asks: **And** according to this explanation, **what** is the meaning of the statement of Rabbi Oshaya: **Come and let us rely on the statement of Rabbi Shimon?** According **to Rabbi Shimon** the blood of slaughter **does not render** food items **susceptible** to ritual impurity, while according **to Rabbi Ḥiyya,** there is **uncertainty** with regard to the status of the gourd. The Gemara answers that with regard **to the matter of burning, in any event,** the opinions of Rabbi Shimon and Rabbi Ḥiyya **correspond to each other:** One **Sage,** Rabbi Shimon, **does not burn** the gourd, because it was not rendered susceptible to impurity, **and** the other **Sage,** Rabbi Ḥiyya, **does not burn** the gourd, due to the uncertainty.

הֲוָה לֵיהּ רַבִּי חַד, וְאֵין דְּבָרָיו שֶׁל אֶחָד בִּמְקוֹם שְׁנַיִם, וְהָכִי קָאָמַר: כְּגוֹן זֹאת תּוֹלִין, לֹא אוֹכְלִין וְלֹא שׂוֹרְפִין.

The result is that **Rabbi** Yehuda HaNasi, who holds that one burns the gourd since the blood of slaughter renders the gourd susceptible to ritual impurity and contact with a source of impurity renders it impure, **is one** Sage stating an individual opinion, **and the statement of one** Sage **has no** standing **in a place** where it is disputed by **two** Sages. **And this** is what Rabbi Ḥiyya **is saying:** In a case **such as this, one places** the matter **in abeyance; one may neither eat** the gourd **nor burn** it.

בָּעֵי רַבִּי שִׁמְעוֹן בֶּן לָקִישׁ: צָרִיד שֶׁל מְנָחוֹת, מוֹנִין בּוֹ רִאשׁוֹן וְשֵׁנִי, אוֹ אֵין מוֹנִין בּוֹ רִאשׁוֹן וְשֵׁנִי? כִּי מְהַנְיָא חִבַּת הַקֹּדֶשׁ – לְאַפְסוּלֵי גּוּפֵיהּ, לְמִימְנָא בֵּיהּ רִאשׁוֹן וְשֵׁנִי – לָא, אוֹ דִּלְמָא לָא שְׁנָא?

Rabbi Shimon ben Lakish raises a dilemma: With regard to a dry **portion** of consecrated flour that was not mixed with the oil **of meal offerings,**[H] does **one count** the descending levels of impurity characteristic of other foods that come into contact with a primary source of impurity, i.e., that food assumes **first-degree** impurity, **and** food that comes into contact with that food assumes **second-degree** impurity; **or** does one **not count** the descending levels of **first-degree** impurity **and second-degree** impurity? The Gemara elaborates: **When regard for sanctity is effective**[N] in rendering an item susceptible to impurity, is it effective only **to disqualify** that item **itself, but to count** the descending levels of **first-degree and second-degree** impurity it is **not** effective? **Or perhaps** once it is rendered susceptible to impurity there **is no difference** whether it is rendered susceptible by means of regard for sanctity or by means of contact with liquids.

HALAKHA

A dry portion of flour of meal offerings – **צָרִיד שֶׁל מְנָחוֹת**: In one place the Rambam writes that a dry portion of flour from a meal offering is capable of assuming first-degree impurity, because regard for sanctity renders it susceptible to ritual impurity. He adds that it is subject to diminishing degrees of impurity, i.e., it transmits second-degree impurity to an item with which it comes into contact. Elsewhere, he writes that it is uncertain whether it is subject to diminishing degrees of impurity. The *Kesef Mishne* explains that one case refers to impurity by Torah law with regard to which there is uncertainty, and the other case refers to impurity by rabbinic law (Rambam *Sefer Tahara, Hilkhot She'ar Avot HaTumot* 8:3, 12:14).

NOTES

When regard for sanctity is effective, etc. – **כִּי מְהַנְיָא חִבַּת הַקֹּדֶשׁ וכו׳**: The question being raised here is in essence the following: Is the notion of regard for sanctity a component of the *halakhot* of ritual impurity of food that dictates that a consecrated item has the same status as food, or is this a unique *halakha* based only upon the importance of consecrated items, but it is not considered food? The Ra'avad explains this question in a different fashion: Since it was not rendered susceptible to ritual impurity, perhaps its impurity is incapable of rendering other food impure (see *Ḥiddushim UVeurim*).

אָמַר רַבִּי אֶלְעָזָר, תָּא שְׁמַע: ״מִכׇּל הָאֹכֶל אֲשֶׁר יֵאָכֵל״ וגו׳, אוֹכֶל הַבָּא בְּמַיִם – הוּכְשַׁר, אוֹכֶל שֶׁאֵינוֹ בָּא בְּמַיִם – לֹא הוּכְשַׁר.

Rabbi Elazar said: Come and hear proof from a *baraita*. It is written: **"Of all food that may be eaten,** on which water comes, it shall be impure; and all drink that may be drunk it shall be impure" (Leviticus 11:34). From that verse it is derived: **Food that comes into** contact with **water**[H] **is rendered susceptible** to ritual impurity[N] and to count the descending levels of impurity, but **food that does not come into** contact with **water is not rendered susceptible** to ritual impurity. Apparently, for the dry portion of flour that did not come into contact with a liquid but was rendered susceptible by regard for sanctity, one does not count the descending levels of impurity.

אַטּוּ רַבִּי שִׁמְעוֹן בֶּן לָקִישׁ לֵית לֵיהּ אוֹכֶל הַבָּא בְּמַיִם? רַבִּי שִׁמְעוֹן בֶּן לָקִישׁ הָכִי קָמִיבַּעְיָא לֵיהּ: חִבַּת הַקֹּדֶשׁ, כְּאוֹכֶל הַבָּא בְּמַיִם דָּמֵי אוֹ לָא?

The Gemara asks: **Is that to say that Rabbi Shimon ben Lakish does not have** knowledge of the *halakha* that only **food that comes into** contact with **water** is susceptible to ritual impurity? The Gemara answers: **This is the dilemma** that **Rabbi Shimon ben Lakish is raising:** Is the halakhic status of consecrated food that is subject to **regard for sanctity like** that of **food that comes into** contact with **water,** and one does not count the descending levels of impurity for items that come into contact with it, **or no,** its halakhic status is unique?

רַבִּי אֶלְעָזָר נַמִי מִיתּוּרֵי קְרָאֵי קָאָמַר, מִכְּדִי כְּתִיב: ״וְכִי יֻתַּן מַיִם עַל זֶרַע״, ״מִכׇּל הָאֹכֶל אֲשֶׁר יֵאָכֵל״ לְמָה לִי?

The Gemara explains that **Rabbi Elazar,** who cited the verse to resolve the dilemma of Rabbi Shimon ben Lakish, is not merely citing a verse that Rabbi Shimon ben Lakish knows. Rather, he **too is stating** his proof **from the extraneous** formulation **of the verses. Since it is written: "But when water is placed upon the seed,** and any of their carcass falls upon it, it is impure for you" (Leviticus 11:38), **why do I** need the verse: **"Of all food which may be eaten,** on which water comes, shall be impure" (Leviticus 11:34)?

NOTES

Food that comes into contact with water is rendered susceptible to ritual impurity – אוֹכֶל הַבָּא בְּמַיִם הוּכְשַׁר: In other words, it is susceptible to assume first-degree or second-degree impurity. In the Jerusalem Talmud (*Ḥagiga* 3:2), a statement is cited in the name of Rabbi Elazar based on the verse: "Of all food that may be eaten, on which water comes, it shall be impure; and all drink that may be drunk it shall be impure" (Leviticus 11:34). Food whose susceptibility to impurity is effected by means of water is subject to diminishing degrees of impurity, but food whose susceptibility to impurity is not effected by means of water is not subject to diminishing degrees of impurity. The Jerusalem Talmud also cites an additional derivation from the verse: "Of all food that may be eaten" (Leviticus 11:34): An item whose impurity is due to the fact that it is food is subject to diminishing degrees of impurity, while an item whose impurity is not due to the fact that it is food is not subject to diminishing degrees of impurity.

HALAKHA

Food that comes into contact with water – אוֹכֶל הַבָּא בְּמַיִם: Any food designated for human consumption can become susceptible to ritual impurity. Any food of a type not typically designated for human consumption can become susceptible to ritual impurity only if it was specifically designated for human consumption. In both of these categories, food is susceptible to ritual impurity only if it comes into contact with one of the seven liquids that effect susceptibility (Rambam *Sefer Tahara*, *Hilkhot Tumat Okhalin* 1:1).

לָאו לְמַעוּטֵי חִיבַּת הַקֹּדֶשׁ? לָא, חַד בְּטוּמְאַת מֵת, וְחַד בְּטוּמְאַת שֶׁרֶץ.

Is it **not to exclude** items rendered susceptible to impurity due to **regard for sanctity?** The Gemara rejects that proof: **No,** both verses teach that food becomes impure only after it is rendered susceptible to impurity by one of the seven liquids. **One** verse is referring to **impurity** imparted by a **corpse, and one** verse is referring to **impurity** imparted by the carcass of a **creeping animal.**

וּצְרִיכִי, דְּאִי אַשְׁמְעִינַן טוּמְאַת מֵת הָתָם הוּא דְּבָעֵי הֶכְשֵׁר, מִשּׁוּם דְּלָא מְטַמֵּא בְּכַעֲדָשָׁה, אֲבָל שֶׁרֶץ דִּמְטַמֵּא בְּכַעֲדָשָׁה – אֵימָא לָא לִיבְעֵי הֶכְשֵׁר;

And both verses **are necessary, as had** the Torah **taught us** the requirement of being rendered susceptible to impurity only with regard to **impurity** imparted **by a corpse,** one would have concluded that **it is there** that food **requires** being **rendered susceptible** to impurity by one of the seven liquids in order to become impure, **due to** the fact **that** the impurity imparted by a corpse is less stringent, as a portion of a corpse the size of **a lentil-bulk does not render** people or vessels **impure. But** in the case of impurity imparted by the carcass of **a creeping animal,** which is more stringent, **as** the creeping animal **renders** people or vessels **impure** with a portion of it the size **of a lentil-bulk, say** that food **does not require** to be **rendered susceptible** by one of the seven liquids in order to become impure.

וְאִי אַשְׁמְעִינַן שֶׁרֶץ מִשּׁוּם דְּלָא מְטַמֵּא טוּמְאַת שִׁבְעָה, אֲבָל מֵת דִּמְטַמֵּא טוּמְאַת שִׁבְעָה אֵימָא לָא לִיבָּעֵי הֶכְשֵׁר, צְרִיכָא.

And had the Torah **taught us** the requirement of being rendered susceptible to impurity only with regard to impurity imparted by the carcass of **a creeping animal,** one would have concluded that it is there that food must be rendered susceptible to impurity, **due to** the fact **that** the impurity imparted by a creeping animal is less stringent, as a creeping animal **does not render** people or vessels **impure** with **impurity** that lasts **seven** days. **But** with regard to **a corpse, which renders** people or vessels **impure** with **impurity** that lasts **seven** days, **say** that food **does not require** to be **rendered susceptible** by one of the seven liquids in order to become impure from it. Therefore, **it is necessary** for the Torah to teach both verses.

מְתִיב רַב יוֹסֵף, רַבִּי שִׁמְעוֹן אוֹמֵר: הוּכְשְׁרוּ בִּשְׁחִיטָה; הוּכְשְׁרוּ – וַאֲפִילּוּ לְמִימְנֵי בְּהוּ רִאשׁוֹן וְשֵׁנִי,

Rav Yosef raises an objection from the mishna (33a) to Rabbi Elazar's opinion that only with regard to food rendered susceptible by one of the seven liquids does one count the descending levels of impurity, i.e., first-degree impurity and second-degree impurity: **Rabbi Shimon says: They were rendered susceptible** to ritual impurity **by means of** the **slaughter** itself. Rabbi Shimon is saying **they were rendered susceptible** in every sense, **and even to count** the descending levels of impurity, **first-degree** impurity **and second-degree** impurity.

אַמַּאי? וְהָא לָאו אוֹכֶל הַבָּא בְּמַיִם הוּא! אֲמַר לֵיהּ אַבָּיֵי: עֲשָׂאוּהוּ כְּהֶכְשֵׁר מַיִם מִדְּרַבָּנַן.

Why is the animal rendered susceptible to impurity in every sense; **but** the slaughtered animal is **not food that comes into** contact with **water?** Apparently, even items that did not come into contact with water are susceptible to impurity in every sense. **Abaye said to** Rav Yosef: Rabbi Shimon holds that it is not susceptible by Torah law. Rather, the Sages **accorded** susceptibility via slaughter of the animal a status **like** that **of susceptibility rendered** by means of **water, by rabbinic law.**

אָמַר רַבִּי זֵירָא, תָּא שְׁמַע: הַבּוֹצֵר לַגַּת – שַׁמַּאי אוֹמֵר: הוּכְשַׁר, הִלֵּל אוֹמֵר: לֹא הוּכְשַׁר, וְשָׁתֵיק לֵיהּ הִלֵּל לְשַׁמַּאי; אַמַּאי? וְהָא לָאו אוֹכֶל הַבָּא בְּמַיִם הוּא! אֲמַר לֵיהּ אַבָּיֵי: עֲשָׂאוּהוּ כְּהֶכְשֵׁר מַיִם מִדְּרַבָּנַן.

Rabbi Zeira said: Come and **hear** an objection to Rabbi Elazar's opinion from a *baraita*: In the case of **one who harvests** grapes in order to take them **to the winepress,**[H] **Shammai says:** The grapes are **rendered susceptible** to ritual impurity by the liquid that seeps from them, and **Hillel says:** They are **not rendered susceptible** to ritual impurity; **and ultimately, Hillel was silent** and did not respond **to Shammai,** accepting his opinion. **Why** does that liquid render the grapes susceptible to impurity; **but** the grapes **are not food that comes into** contact with **water?** Contact with liquid renders food susceptible to impurity only if the contact was with the intent of the owner, and here, the liquid did not seep out of the grapes of one's own volition. **Abaye said to** Rabbi Zeira: Hillel does not hold that the grapes are susceptible by Torah law; rather, the Sages **accorded** susceptibility via the liquid a status **like** that **of susceptibility rendered** by means of **water, by rabbinic law,** to count the descending levels of impurity, i.e., first-degree impurity, second-degree impurity.

אֲמַר לֵיהּ רַב יוֹסֵף: אָמֵינָא לָךְ אֲנָא הוּכְשְׁרוּ בִּשְׁחִיטָה, וְאַתְּ אָמְרַתְּ לִי: עֲשָׂאוּהוּ כְּהֶכְשֵׁר מַיִם; וְאָמַר לָךְ רַבִּי זֵירָא, וְאָמְרַתְּ לֵיהּ: עֲשָׂאוּהוּ כְּהֶכְשֵׁר מַיִם; לְרַבִּי שִׁמְעוֹן בֶּן לָקִישׁ נָמֵי – עֲשָׂאוּהוּ כְּהֶכְשֵׁר מַיִם!

Rav Yosef said to Abaye: **I said to you** an objection from the statement of Rabbi Shimon: **They were rendered susceptible** to ritual impurity **by means of** the **slaughter** itself, **and you said to me:** It was the Sages who **accorded** susceptibility via slaughter of the animal a status **like** that **of susceptibility rendered** by means of **water. And Rabbi Zeira said to you** an objection from the case of one who harvests grapes, **and you said to him:** It is the Sages who **accorded** susceptibility via the liquid from the grapes a status **like** that **of susceptibility rendered** by means of **water.** If so, will you **also** say in response to the dilemma of **Rabbi Shimon ben Lakish** with regard to a dry portion of consecrated flour that was not mixed with the oil of meal offerings that it is the Sages who **accorded** susceptibility via the regard for sanctity of the flour a status **like** that **of susceptibility rendered** by means of **water,** by rabbinic law, to count the descending levels of impurity, i.e., first-degree impurity, second-degree impurity?

HALAKHA

One who harvests grapes in order to take them to the winepress – הַבּוֹצֵר לַגַּת: If one harvests grapes in order to sell them in the marketplace or to dry them, they become susceptible to ritual impurity only after they come into contact with liquid through his own volition. If one harvests grapes in order to press them and produce wine, they are rendered susceptible to ritual impurity once he harvests them even though no liquid fell on them, and they are rendered impure if they come in contact with a source of impurity. This *halakha* is a rabbinic decree, issued because at times a person enters his vineyard to determine whether the time for harvest has arrived. In order to ascertain whether they are ripe, he might squeeze a bunch of grapes on the vine, and the liquid drips onto grapes that were harvested. Since ultimately these grapes will be pressed, he allows them to be squashed and release their liquid, and he does not want the liquid to go to waste. Since the liquid falls on the harvested grapes of his own volition, those harvested grapes are rendered susceptible to ritual impurity (Rambam *Sefer Tahara, Hilkhot Tumat Okhalin* 11:1, and see Ra'avad there).

אָמַר לֵיהּ: אַטּוּ רַבִּי שִׁמְעוֹן בֶּן לָקִישׁ לְתָלוֹת קָמִיבַּעְיָא לֵיהּ? כִּי קָא מִיבַּעְיָא לֵיהּ לִשְׂרוֹף.

Abaye **said to** Rav Yosef: **Is that to say** that **Rabbi Shimon ben Lakish was raising a dilemma** with regard to **placing** the matter **in abeyance,** and one may neither eat the consecrated flour nor may one burn it, which would be the case for impurity by rabbinic law? **When** Rabbi Shimon ben Lakish **raises the dilemma** it is with regard to whether **to burn** the gourd, which is the case when the impurity is by Torah law.

מִכְּלָל דַּחִיבַּת הַקֹּדֶשׁ דְּאוֹרָיְיתָא. מְנָא לָן? אִילֵימָא מִדִּכְתִיב: ״וְהַבָּשָׂר אֲשֶׁר יִגַּע בְּכָל טָמֵא״, הַאי בָּשָׂר דְּאִתַּכְשַׁר בְּמַאי?

The Gemara notes that it may be learned **by inference** that Rabbi Shimon ben Lakish holds **that regard for sanctity** renders sacred items subject to ritual impurity **by Torah law,** as his dilemma was limited to whether one counts the descending levels of impurity from those susceptible items, i.e., first-degree impurity, second-degree impurity, not the impurity of the sacred item itself. **From where do we** derive this *halakha*? **If we say** that it is derived **from** that **which is written: "And the flesh that touches any impure** item shall not be eaten; it shall be burned with fire" (Leviticus 7:19), then it must be ascertained: **This flesh that was rendered susceptible** to ritual impurity, **by what means** was it rendered susceptible?

אִילֵימָא דְּאִתַּכְשַׁר בְּדָם – וְהָאָמַר רַבִּי חִיָּיא בַּר אַבָּא אָמַר רַבִּי יוֹחָנָן: מִנַּיִן לְדַם קָדָשִׁים שֶׁאֵינוֹ מַכְשִׁיר? שֶׁנֶּאֱמַר: ״לֹא תֹּאכְלֶנּוּ עַל הָאָרֶץ תִּשְׁפְּכֶנּוּ כַּמָּיִם״, דָּם הַנִּשְׁפָּךְ כַּמַּיִם מַכְשִׁיר, שֶׁאֵינוֹ נִשְׁפָּךְ כַּמַּיִם אֵינוֹ מַכְשִׁיר!

If we say that it was rendered susceptible to impurity **by means of** the **blood** of the animal, this is difficult. **But doesn't Rabbi Ḥiyya bar Abba say** that **Rabbi Yoḥanan says: From where** is it derived **with regard to blood of sacrificial** animals **that it does not render** food **susceptible** to impurity? It is derived from a verse, **as it is stated: "You shall not eat it; you shall pour it upon the earth like water"** (Deuteronomy 12:24). **Blood** of a non-sacred animal, **which is poured like water** when it is slaughtered, **renders** food **susceptible** to ritual impurity. By contrast, blood of a sacrificial animal, **which is not poured like water** but is presented on the altar, **does not render** food **susceptible** to impurity.

אֶלָּא דְּאִיתַּכְשַׁר בְּמַשְׁקֵי בֵּית מִטְבְּחַיָּא. וְהָא אָמַר רַבִּי יוֹסֵי בְּרַבִּי חֲנִינָא: מַשְׁקֵי בֵּית מִטְבְּחַיָּא, לֹא דַּיָּין שֶׁהֵן דָּכָן אֶלָּא שֶׁאֵין מַכְשִׁירִין! וְכִי תֵּימָא, תַּרְגְּמָא אַדָּם – וְהָא ״מַשְׁקִי״ קָאָמַר! אֶלָּא לָאו דְּאִתַּכְשַׁר בְּחִבַּת הַקֹּדֶשׁ.

Rather, perhaps say **that** the flesh **was rendered susceptible** to ritual impurity **by means of the liquids of the** Temple **abattoir. But didn't Rabbi Yosei, son of Rabbi Ḥanina, say:** With regard to **the liquids of the** Temple **abattoir,**[H] **not only are they ritually pure,**[N] **but they do not** even **render** food **susceptible** to impurity. **And if you would say** that one should **explain** the statement of Rabbi Yosei, son of Rabbi Ḥanina, as referring exclusively **to blood,** and the other liquids render food susceptible, **but doesn't he say: Liquids,** in the plural? **Rather,** is it **not that** the flesh **was rendered susceptible** to ritual impurity **via regard for sanctity?**

וְדִלְמָא כִּדְרַב יְהוּדָה אָמַר שְׁמוּאֵל, דְּאָמַר רַב יְהוּדָה אָמַר שְׁמוּאֵל: כְּגוֹן שֶׁהָיְתָה לוֹ פָּרָה שֶׁל זִבְחֵי שְׁלָמִים וְהֶעֱבִירָהּ בַּנַּחַל, שְׁחָטָהּ וַעֲדַיִין מַשְׁקֶה טוֹפֵחַ עָלֶיהָ!

The Gemara responds: **And perhaps** the verse can be explained **in accordance with** the statement that **Rav Yehuda** says that **Shmuel says, as Rav Yehuda says** that **Shmuel says:** The verse is referring to a case **where one had a cow** that was to be sacrificed as **a peace offering,**[H] **and** since the owner is entitled to the meat and the hide of the animal, in order to improve their quality **he conveyed it through the river** and **slaughtered** the animal **while** the **liquid was still upon it** and the animal was **damp.** That liquid rendered the meat susceptible to impurity.

NOTES

The liquids of the Temple abattoir, not only are they ritually pure – מַשְׁקֵי בֵּית מִטְבְּחַיָּא לֹא דַּיָּין שֶׁהֵן דָּכָן: This refers to an ancient tradition included in the testimony of Yosei ben Yo'ezer of Tzereda (*Eduyyot* 8:4) that liquids of the Temple abattoir are pure, in the sense that they are not subject to impurity by Torah law. Some say that they are subject to impurity, but they cannot render other foods impure (see *Pesaḥim* 16a).

HALAKHA

The liquids of the Temple abattoir – מַשְׁקֵי בֵּית מִטְבְּחַיָּא: Liquids of the Temple abattoir, including the blood of the sacrifices and the water used there, are always pure in the sense that they are not subject to ritual impurity and do not render other food susceptible to ritual impurity. This *halakha* is learned through tradition (Rambam *Sefer Tahara*, *Hilkhot Tumat Okhalin* 10:16 and *Sefer Avoda*, *Hilkhot Pesulei HaMukdashin* 1:36).

Where one had a cow that was to be a peace offering – שֶׁהָיְתָה לוֹ פָּרָה שֶׁל זִבְחֵי שְׁלָמִים: In a case where a cow was designated as an offering and led through a river on its way to the Temple, if it was slaughtered while it was still damp with the river water, it is rendered susceptible to ritual impurity. Therefore, if an impure needle was embedded in its flesh, the flesh of the animal is impure, in accordance with the statement of Rav Yehuda citing Shmuel. This is the case specifically with regard to impurity by Torah law. By rabbinic law, sacrificial food does not require liquid in order to become susceptible to ritual impurity; regard for sanctity suffices to render it susceptible. If an impure item of any kind touched it, it is disqualified for sacrifice. The Ra'avad questions this *halakha* based on the Gemara here, which indicates that regard for sanctity renders an item susceptible to ritual impurity by Torah law. The only uncertainty in the Gemara is whether food rendered susceptible to impurity by means of regard for sanctity is subject to diminishing degrees of impurity (Rambam *Sefer Tahara*, *Hilkhot Tumat Okhalin* 10:17).

Rather the proof is **from the latter** portion of that verse: "And the flesh that touches any impure item shall not be eaten; it shall be burned with fire. **And the flesh,** every pure person may eat flesh" (Leviticus 7:19). The Gemara explains: The second mention of the term "and the flesh" in the verse is superfluous and serves **to include** the *halakha* that with regard to sacred **wood and frankincense,**[HB] impurity disqualifies them from being burned on the altar. Are **wood and frankincense edible** and therefore included in the verse: "Of all food that may be eaten, on which water comes, shall be impure" (Leviticus 11:34)? **Rather,** Rabbi Shimon ben Lakish derived from this that **regard for sanctity renders** them **susceptible** to ritual impurity **and renders their** status like that of **food. Here too,** in the case of a dry portion of flour that was not mixed with the oil of meal offerings, **regard for sanctity renders** it **susceptible** to ritual impurity.

אֶלָּא מִסֵּיפָא: "וְהַבָּשָׂר" – לְרַבּוֹת עֵצִים וּלְבוֹנָה; עֵצִים וּלְבוֹנָה בְּנֵי אֲכִילָה נִינְהוּ?! אֶלָּא חִבַּת הַקֹּדֶשׁ מַכְשַׁרְתָּא לְהוּ וּמְשַׁוְּיָא לְהוּ אוֹכֶל, הָכָא נַמִי – חִבַּת הַקֹּדֶשׁ מַכְשַׁרְתָּה;

HALAKHA

To include wood and frankincense – לְרַבּוֹת עֵצִים וּלְבוֹנָה: Although wood and frankincense are not food items, when they are sacrificed in the context of offerings they are subject to ritual impurity like food. Impure wood is unfit for use on the altar. The *Kesef Mishne* writes that this is a higher standard instituted by the Sages with regard to sacrificial items, in accordance with the simple meaning of the Gemara in tractate *Pesaḥim* (35a) and Rashi's explanation there. The *Leḥem Mishne* writes that according to the Rambam, this principle of regard for sanctity applies by Torah law, based on the straightforward meaning of the Gemara here (Rambam *Sefer Avoda, Hilkhot Issurei Mizbe'aḥ* 6:8).

BACKGROUND

Frankincense – לְבוֹנָה: Frankincense is an aromatic spice used in various Temple rites. It is added to most meal offerings, except for the meal offering of a sinner and the meal offering of a *sota*, and it is burned on the altar together with the handful of flour. Frankincense is identified as the resin derived from *Boswellia sacra*, or frankincense, trees.

Frankincense tree resin

Harvesting resin

Frankincense pellets

Perek **II**
Daf **37** Amud **a**

The Gemara asks: **What** is the resolution of the dilemma raised by Rabbi Shimon ben Lakish: **When regard for sanctity is effective** in rendering an item susceptible to impurity, is it only **to disqualify** that item **itself, but to count** the descending levels of **first-degree** impurity **and second-degree** impurity, it is **not** effective; **or perhaps** once it is rendered susceptible to impurity there **is no difference** whether it is rendered susceptible by means of regard for sanctity or by means of contact with liquids? The Gemara answers: The dilemma **shall stand** unresolved.[N]

מַאי? כִּי מְהַנְּיָא חִבַּת הַקֹּדֶשׁ לִפְסוּלָא דְּגוּפֵיהּ, אֲבָל לְמִימְנָא בֵּיהּ רִאשׁוֹן וְשֵׁנִי לָא, אוֹ דִּלְמָא לָא שְׁנָא? תֵּיקוּ.

NOTES

The dilemma shall stand unresolved – תֵּיקוּ: The uncertainty remains by Torah law. By rabbinic law, regard for sanctity renders food susceptible to impurity and subject to diminishing degrees of impurity, i.e., first-degree and second-degree impurity (*Tosafot*).

מתני׳ הַשּׁוֹחֵט אֶת הַמְסוּכֶּנֶת – רַבָּן שִׁמְעוֹן בֶּן גַּמְלִיאֵל אוֹמֵר: עַד שֶׁתְּפַרְכֵּס בַּיָּד וּבָרֶגֶל, רַבִּי אֱלִיעֶזֶר אוֹמֵר: דַּיָּהּ אִם זִינְּקָה. אָמַר רַבִּי שִׁמְעוֹן: הַשּׁוֹחֵט בַּלַּיְלָה, וּלְמָחָר הִשְׁכִּים וּמָצָא כְּתָלִים מְלֵאִים דָּם – כְּשֵׁרָה, שֶׁזִּינְּקָה, וּכְמִדַּת רַבִּי אֱלִיעֶזֶר; וַחֲכָמִים אוֹמְרִים: עַד שֶׁתְּפַרְכֵּס אוֹ בַּיָּד אוֹ בָרֶגֶל, אוֹ עַד שֶׁתְּכַשְׁכֵּשׁ בִּזְנָבָהּ.

MISHNA In the case of **one who slaughters** an animal **that is in danger** of imminent death, **Rabban Shimon ben Gamliel says:**[N] The slaughter is valid **only** in a case **where** after the slaughter **it convulses with its foreleg and with its hind leg.**[H] **Rabbi Eliezer says: It is sufficient if** blood **spurted**[N] from the neck. **Rabbi Shimon says:** In the case of **one who slaughters at night**[H] **and the next day he awoke and found walls full of blood,**[N] the slaughter **is valid,** as it is clear **that** the blood **spurted, and this is in accordance with the rule of Rabbi Eliezer. And the Rabbis say:** It is valid **only** in a case **where it convulses with its foreleg or with its hind leg, or** in a case **where it wags its tail.**

אֶחָד בְּהֵמָה דַקָּה וְאֶחָד בְּהֵמָה גַסָּה. בְּהֵמָה דַקָּה שֶׁפָּשְׁטָה יָדָהּ וְלֹא הֶחֱזִירָה – פְּסוּלָה, שֶׁאֵינָהּ אֶלָּא הוֹצָאַת נֶפֶשׁ בִּלְבָד. בַּמֶּה דְּבָרִים אֲמוּרִים – שֶׁהָיְתָה בְּחֶזְקַת מְסוּכֶּנֶת, אֲבָל אִם הָיְתָה בְּחֶזְקַת בְּרִיאָה, אֲפִילּוּ אֵין בָּהּ אֶחָד מִכׇּל הַסִּימָנִים הַלָּלוּ – כְּשֵׁרָה.

This is the *halakha* with regard to **both a small animal,** e.g., a sheep, **and a large animal,** e.g., a cow, that is in danger of imminent death. The slaughter of **a small animal that** when being slaughtered **extended its foreleg** that was bent **and did not restore** it to the bent position **is not valid,** as extending the foreleg **is only** part of the natural course of **removal** of the animal's **soul** from its body and not a convulsion indicating life. **In what** case **is this statement said?** It is in a case **where the presumptive status** of the animal **was** that it was **in danger** of imminent death. **But if its presumptive status was** that it was **healthy,** then **even if there were none of these indicators,** the slaughter **is valid.**

גמ׳ מְסוּכֶּנֶת מִמַּאי דִּשְׁרֵיָא? וּמִמַּאי תֵּיסַק אַדַּעְתִּין דַּאֲסִירָא? דִּכְתִיב: ״זֹאת הַחַיָּה אֲשֶׁר תֹּאכְלוּ״, חַיָּה – אֱכוֹל, וְשֶׁאֵינָהּ חַיָּה – לֹא תֹּאכַל, וְהָא מְסוּכֶּנֶת אֵינָהּ חַיָּה.

GEMARA The Gemara asks: **From where** is it known **that** the flesh of an animal **in danger** of imminent death **is permitted** by means of slaughter? The Gemara responds with a question: **And from where would it enter your mind that it is prohibited?** The Gemara explains that one may have thought it is prohibited, **as it is written: "These are the living beings [*haḥayya*] that you may eat** among all the animals that are on the earth" (Leviticus 11:2). One might have thought that the verse is saying: **Eat** an animal that is fit to **live [*ḥayya*], but do not eat** an animal **that is not** fit to **live. And this** animal **in danger** of imminent death **is not** fit to **live.**

מִדְּאָמַר רַחֲמָנָא נְבֵלָה לֹא תֹאכַל – מִכְּלָל דִּמְסוּכֶּנֶת שְׁרֵיָא; דְּאִי סָלְקָא דַּעְתָּךְ מְסוּכֶּנֶת אֲסִירָא, הַשְׁתָּא מֵחַיִּים אֲסִירָא, לְאַחַר מִיתָה מִיבַּעְיָא?

The fact that its meat is permitted is derived **from the fact that the Merciful One states that you shall not eat an unslaughtered animal carcass,** as it is written: "You shall not eat any unslaughtered carcass" (Deuteronomy 14:21); one learns **by inference** that eating the meat of an animal **in danger** of imminent death **is permitted. As, if it enters your mind** that eating the meat of an animal **in danger** of imminent death **is prohibited, now** if an animal is **prohibited while alive, is it necessary** to state that it is prohibited **after death?**

וְדִלְמָא הַיְינוּ נְבֵלָה הַיְינוּ מְסוּכֶּנֶת! לָא סָלְקָא דַּעְתָּךְ, דִּכְתִיב: ״וְכִי יָמוּת מִן הַבְּהֵמָה אֲשֶׁר הִיא לָכֶם לְאׇכְלָה הַנֹּגֵעַ בְּנִבְלָתָהּ״, לְאַחַר מִיתָה הוּא דְּקָרְיֵיהּ רַחֲמָנָא נְבֵלָה, מֵחַיִּים לָא אִיקְּרִי נְבֵלָה.

The Gemara rejects that proof. **And** that is not a legitimate inference, as **perhaps** the halakhic status of **an unslaughtered carcass is** the same as **that** of an animal **in danger** of imminent death, and the prohibition: "You shall not eat any unslaughtered carcass," includes both. The Gemara answers: **It would not enter your mind** to say so, **as it is written: "And if any animal of which you may eat dies, one who touches its carcass** shall be impure until the evening" (Leviticus 11:39). This indicates that **it is after death that the Merciful One calls** the animal a carcass; **while alive,** the animal **is not called a carcass.**

וְדִלְמָא לְעוֹלָם אֵימָא לָךְ: הַיְינוּ נְבֵלָה הַיְינוּ מְסוּכֶּנֶת, מֵחַיִּים – בַּעֲשֵׂה, לְאַחַר מִיתָה – בְּלָאו!

The Gemara questions that understanding. **And perhaps, actually I will say to you:** The halakhic status of **an unslaughtered carcass is** the same as **that of** an animal **in danger** of imminent death, but if one slaughters the animal in danger of imminent death **while alive,** he would be **in** violation of **a positive** mitzva: "These are the living beings that you may eat" (Leviticus 11:2), whereas **after** its **death,** he would be **in** violation of **a prohibition:** "You shall not eat any unslaughtered carcass" (Deuteronomy 14:21).

NOTES

Rabban Shimon ben Gamliel says – רַבָּן שִׁמְעוֹן בֶּן גַּמְלִיאֵל אוֹמֵר: From the Gemara on 38a it is clear that the text here should read: Rabban Gamliel. Both the Maharshal and the Maharsha emend the text accordingly, based on variant manuscripts.

Spurted [*zinnka*] – זִינְּקָה: *Zinnka* means that the blood spurts out with force (Rashi). The Rambam writes that this term refers to the snorting sound that an animal makes when the blood spurts from its neck (Meiri).

And found walls full of blood – וּמָצָא כְּתָלִים מְלֵאִים דָּם: According to Shmuel, whose opinion is cited in the Gemara (38a), the reference is not to the walls of the house, but to the walls of the neck, the place of slaughter. Some understood that Rabbi Shimon rules more leniently than Rabbi Eliezer, as according to Rabbi Eliezer the blood must spurt with force, while Rabbi Shimon holds that any spurt of blood suffices as an indicator that the animal was alive at the time of slaughter, even if the blood reaches only the walls of the neck. That is the meaning of the statement: And this is in accordance with the rule of Rabbi Eliezer (*Shita Mekubbetzet*, citing Rashi).

HALAKHA

Only where it convulses with its foreleg and with its hind leg – עַד שֶׁתְּפַרְכֵּס בַּיָּד וּבָרֶגֶל: If one slaughters a healthy animal and it did not convulse, the slaughter is valid. But if one slaughtered an animal that is in imminent danger of death, and it did not convulse at all, it has the status of an unslaughtered carcass, and one is flogged for consuming its meat. An animal in danger of death is defined as any animal that when one stands it on its feet it cannot stand without help, even if it consumes normal animal food eaten by healthy animals. If an animal in imminent danger of death did convulse, its consumption is permitted.

What is the definition of convulsion? With regard to small domesticated animals, as well as all undomesticated animals, if it extended its foreleg and restored it to the bent position, or it extended its hind leg and did not return it, or it merely bent its leg, this is considered convulsion, and the slaughter is valid. But if it did not extend its foreleg or its hind leg and did not bend its leg at all, it is considered an unslaughtered carcass, in accordance with the opinion of the Rabbis (Rambam *Sefer Kedusha, Hilkhot Ma'akhalot Assurot* 4:13–14; *Shulḥan Arukh, Yoreh De'a* 17:1).

One who slaughters at night – הַשּׁוֹחֵט בַּלַּיְלָה: In a case where one slaughters an animal in danger of imminent death at night, and he does not know whether or not the animal had a convulsion after slaughter, even if he finds blood on the neck of the slaughtered animal on the following day, there is uncertainty whether the animal is an unslaughtered carcass, and it is prohibited to eat its meat, in accordance with the opinion of the Rabbis (Rambam *Sefer Kedusha, Hilkhot Ma'akhalot Assurot* 4:15; *Shulḥan Arukh, Yoreh De'a* 17:2).

אֶלָּא מִדְּאָמַר רַחֲמָנָא טְרֵפָה לֹא תֹּאכַל – מִכְּלָל דִּמְסוּכֶּנֶת שְׁרֵיָא; דְּאִי סָלְקָא דַּעְתָּךְ מְסוּכֶּנֶת אֲסִירָא, הַשְׁתָּא מְסוּכֶּנֶת דְּלָא מְחַסְּרָא אֲסִירָא, טְרֵפָה מִיבַּעְיָא?

Rather, the fact that its meat is permitted is derived **from the fact that the Merciful One states** that **you shall not eat an animal with a wound that will cause it to die within twelve months** [*tereifa*], as it is written: "And you shall not eat any animal that was mauled in the field [*tereifa*]" (Exodus 22:30). From here, one learns **by inference** that eating the meat of an animal **in danger** of imminent death **is permitted. As, if it enters your mind** that eating the meat of an animal **in danger** of imminent death **is prohibited, now** that an animal **in danger** of imminent death **that is not lacking** any limb **is prohibited,** is it **necessary** to state that **a** ***tereifa***, an animal that was mauled and lacking body parts, is prohibited?

וְדִלְמָא הַיְינוּ טְרֵפָה הַיְינוּ מְסוּכֶּנֶת, וְלַעֲבוֹר עָלָיו בַּעֲשֵׂה וְלֹא תַעֲשֶׂה! אִם כֵּן, נְבֵלָה דִּכְתַב רַחֲמָנָא לָמָּה לִי? וּמָה מֵחַיִּים קָאֵי עֲלַהּ בְּלָאו וַעֲשֵׂה, לְאַחַר מִיתָה מִיבַּעְיָא?

The Gemara rejects that proof. **And** that is not a legitimate inference, as **perhaps** the halakhic status of **a** ***tereifa*** that is lacking body parts **is** the same as that of an animal **in danger** of imminent death that is not lacking body parts, and both are included in the category of *tereifa*. This would render one who slaughters either **to be in violation** of both **a positive** mitzva: "These are the living beings that you may eat," **and a prohibition:** "And you shall not eat any animal that was mauled in the field [*tereifa*]." The Gemara questions that understanding: **If so, why do I** need the prohibition **that the Merciful One writes** with regard to **an unslaughtered carcass? If while** an animal is **alive one stands in** violation of **a prohibition and a positive** mitzva, is it **necessary** to state that it is prohibited **after death?**

וְדִלְמָא הַיְינוּ נְבֵלָה הַיְינוּ טְרֵפָה הַיְינוּ מְסוּכֶּנֶת, וְלַעֲבוֹר עָלָיו בִּשְׁנֵי לָאוִין וַעֲשֵׂה!

The Gemara objects: **And** that is not a legitimate question, as **perhaps** the halakhic status of **an unslaughtered carcass is** the same as **a** ***tereifa*** that is lacking body parts, and **is** the same as **that of** an animal **in danger** of imminent death that is not lacking body parts. Therefore, when the Torah writes the word "carcass," it is the same as though it had written *tereifa* and the same as though it had written an animal in danger of imminent death. The Torah prohibits each, **and the result will be that he will violate two prohibitions and a positive** mitzva.

אֶלָּא מֵהָכָא: "וְחֵלֶב נְבֵלָה וְחֵלֶב טְרֵפָה יֵעָשֶׂה לְכָל מְלָאכָה וְאָכֹל לֹא תֹאכְלֻהוּ", וְאָמַר מָר: לְמַאי הִלְכְתָא? אָמְרָה תּוֹרָה: יָבֹא אִיסּוּר נְבֵלָה וְיָחוּל עַל אִיסּוּר חֵלֶב, יָבֹא אִיסּוּר טְרֵפָה וְיָחוּל עַל אִיסּוּר חֵלֶב.

Rather, the fact that the meat of an animal in danger of imminent death is permitted is derived **from here: "And the fat of a carcass and the fat of a** ***tereifa*** **may be used for any purpose; but you shall not eat it"** (Leviticus 7:24). **And the Master says:** In order **to** derive **what** ***halakha*** is this verse written? Would one imagine that because it is an unslaughtered carcass or a *tereifa* its fat would be permitted for consumption? **The Torah states: Let the prohibition against** eating **an unslaughtered carcass come and take effect upon the prohibition against** eating forbidden **fat,** which already exists. One who eats the forbidden fat of an unslaughtered carcass is liable for violation of both prohibitions. Likewise, the word "*tereifa*" in the verse teaches: **Let the prohibition against** eating **a** ***tereifa*** **come and take effect upon the prohibition against** eating forbidden **fat,**[NH] which already exists, so that one who eats the forbidden fat of a *tereifa* is liable for transgressing both prohibitions.

Perek **II**
Daf **37** Amud **b**

וְאִי סָלְקָא דַּעְתָּךְ טְרֵפָה הַיְינוּ מְסוּכֶּנֶת, לִכְתּוֹב רַחֲמָנָא "חֵלֶב נְבֵלָה יֵעָשֶׂה לְכָל מְלָאכָה, וְחֵלֶב טְרֵפָה לֹא תֹאכְלוּהוּ", וַאֲנָא אָמֵינָא: וּמָה מֵחַיִּים אָתֵי אִיסּוּר טְרֵפָה חָיֵיל אַאִיסּוּר חֵלֶב, לְאַחַר מִיתָה מִיבַּעְיָא?

And if it enters your mind to say that the halakhic status of **a** ***tereifa*** lacking body parts **is** the same as that of an animal **in danger** of imminent death, **let the Merciful One write:** And **the fat of a carcass may be used for any purpose, and the fat of a** ***tereifa*** **you shall not eat.** The prohibition against eating the forbidden fat should have been written exclusively with regard to a *tereifa*, **and I would say: If while** an animal is **alive** and in danger of imminent death **the prohibition** against eating **a** ***tereifa*** **takes effect upon the prohibition against** eating forbidden **fat,** is it **necessary** to state that **after** its **death** the prohibition against eating an unslaughtered carcass takes effect upon the prohibition against eating forbidden fat?

NOTES

Let the prohibition against eating a *tereifa* come and take effect upon the prohibition against eating forbidden fat – יָבֹא אִיסּוּר נְבֵלָה וְיָחוּל עַל אִיסּוּר חֵלֶב: Although typically a prohibition does not take effect where another prohibition already exists, this case is an exception to the rule. The Rambam writes that the reason is: Since the prohibition takes effect with regard to the flesh of the animal, it takes effect with regard to the fat as well (see *Leḥem Mishne*).

HALAKHA

Let the prohibition against eating a *tereifa* come and take effect upon the prohibition against eating forbidden fat – יָבֹא אִיסּוּר נְבֵלָה וְיָחוּל עַל אִיסּוּר חֵלֶב: One who eats the forbidden fat of an unslaughtered carcass or a *tereifa* is liable for violating the prohibition against eating forbidden fat as well as the prohibition against eating the meat of an unslaughtered carcass or a *tereifa*. The reason is that when the additional prohibition against eating an unslaughtered carcass or a *tereifa* takes effect, it takes effect on the rest of its meat that is permitted; therefore, it takes effect on the forbidden fat as well. One who eats it is liable to be flogged with two sets of lashes (Rambam *Sefer Kedusha, Hilkhot Ma'akhalot Assurot* 7:2).

אֶלָּא מִדִּכְתַב רַחֲמָנָא נְבֵלָה - מִכְּלָל דִּטְרֵפָה לָאו הַיְינוּ מְסוּכֶּנֶת.

The Gemara concludes: **Rather, from the fact that the Merciful One writes** that the prohibition against eating **an unslaughtered carcass** takes effect upon the prohibition against eating forbidden fat, one learns **by inference that** the *tereifa* in the verse **is not the same** as an animal **in danger** of imminent death. Rather, the *tereifa* in the verse is an animal that was mauled and is lacking body parts, and it is only that animal that is prohibited after slaughter. Eating an animal in danger of imminent death after slaughter is permitted.

מַתְקִיף לַהּ מָר בַּר רַב אַשִׁי, וְדִלְמָא לְעוֹלָם אֵימָא לָךְ: הַיְינוּ טְרֵפָה הַיְינוּ מְסוּכֶּנֶת, וּדְקָאָמְרַתְּ: נְבֵלָה דִּכְתַב רַחֲמָנָא לָמָּה לִי - לְהָךְ נְבֵלָה דְּלָא אָתְיָא מִכֹּחַ מְסוּכֶּנֶת, וְהֵיכִי דָּמֵי? שֶׁעֲשָׂאָהּ גִּיסְטְרָא! הָתָם נַמִּי, אִי אֶפְשָׁר דְּלָא הָוֵי מְסוּכֶּנֶת פּוּרְתָּא מִקַּמֵּי דְּלִיפְסַק לְרוּבָּא.

Mar bar Rav Ashi objects to this: And perhaps, actually I will say to you that the halakhic status of a *tereifa* **is** the same as that of an animal **in danger** of imminent death, **and** with regard to **that which you said: Why do I need** the prohibition with regard to **an unslaughtered carcass that the Merciful One writes,** one can explain that it is necessary **for that unslaughtered carcass that does not come as a result of danger** of imminent death. **And what are the circumstances** of that unslaughtered carcass? It is in a case **where one rendered** the animal **like a shard,** by cutting it into two widthwise. The Gemara rejects that distinction: **There too,** in the case where one rendered the animal like a shard, it is **impossible that** the animal **was not** at least **somewhat in danger** of imminent death **before he cut the majority** of the animal.

וְאִיבָּעֵית אֵימָא: אִם כֵּן, לֵימָא: "חֵלֶב נְבֵלָה וּטְרֵפָה", "חֵלֶב" "חֵלֶב" לָמָּה לִי? זוֹ הִיא שֶׁאֵין חֶלְבָּהּ חָלוּק מִבְּשָׂרָהּ, וְיֵשׁ לָךְ אַחֶרֶת שֶׁחֶלְבָּהּ חָלוּק מִבְּשָׂרָהּ, וְאֵיזוֹ? זוֹ מְסוּכֶּנֶת.

And if you wish, say instead that there is a different source for the fact that the meat of an animal in danger of imminent death is permitted. **If** it is **so** that an animal in danger of imminent death is included in the category of *tereifa*, **let** the verse **say: The fat of an unslaughtered carcass and a *tereifa*. Why do I** need it to be written: **"Fat** of a carcass and the **fat** of a *tereifa*"? The term "fat" is repeated to teach that **it is this case where** the status **of its fat is not distinct from** the status of **its meat,** and both are prohibited; **but you have another** case **where** the status **of its fat,** which is forbidden, **is distinct from** the status of **its meat,** which is permitted. **And which** case is that? **That is** the case of an animal **in danger** of imminent death.

וְאִיבָּעֵית אֵימָא, מֵהָכָא: "וָאֹמַר אֲהָהּ ה׳ אֱלֹהִים הִנֵּה נַפְשִׁי לֹא מְטֻמָּאָה וּנְבֵלָה וּטְרֵפָה לֹא אָכַלְתִּי מִנְּעוּרַי וְעַד עַתָּה וְלֹא בָא בְּפִי בְּשַׂר פִּגּוּל".

And if you wish, say instead that it is derived **from here: "Then I said: Ah, Lord God, my soul has not become impure; and from my youth until now I have not eaten an unslaughtered carcass or a *tereifa*, and no *piggul* flesh came into my mouth"** (Ezekiel 4:14).

"הִנֵּה נַפְשִׁי לֹא מְטֻמָּאָה" - שֶׁלֹּא הִרְהַרְתִּי בַּיּוֹם לָבֹא לִידֵי טוּמְאָה בַּלַּיְלָה, "וּנְבֵלָה וּטְרֵפָה לֹא אָכַלְתִּי מִנְּעוּרַי" - שֶׁלֹּא אָכַלְתִּי בְּשַׂר כּוֹס כּוֹס מֵעוֹלָם, "וְלֹא בָא בְּפִי בְּשַׂר פִּגּוּל" - שֶׁלֹּא אָכַלְתִּי מִבְּהֵמָה שֶׁהוֹרָה בָּהּ חָכָם; מִשּׁוּם רַבִּי נָתָן אָמְרוּ: שֶׁלֹּא אָכַלְתִּי מִבְּהֵמָה שֶׁלֹּא הוּרְמוּ מַתְּנוֹתֶיהָ.

The Gemara explains: **"My soul has not become impure"** means **that I did not consider** any sinful thoughts **during the day** that would cause me **to come to impurity** due to a seminal emission **at night.**[H] **"And from my youth until now I have not eaten an unslaughtered carcass or a *tereifa*"** means **that I never ate the flesh of** an animal that was in danger of imminent death, leading one to say: **Slaughter it, slaughter it**[H] quickly, before it dies. **"And no *piggul* flesh came into my mouth"** means **that I never ate from an animal** with regard to which there was uncertainty whether it is forbidden and **a Sage issued a ruling**[N] to permit it. **They said in the name of Rabbi Natan** that the last portion of the verse means: **That I never ate from an animal whose gifts** to which members of the priesthood are entitled,[B] i.e., the foreleg, the jaw, and the maw, **were not** already **separated.**[HN]

HALAKHA

That I did not consider thoughts during the day to come to impurity at night – שֶׁלֹּא הִרְהַרְתִּי בַּיּוֹם לָבֹא לִידֵי טוּמְאָה בַּלַּיְלָה: It is prohibited for a man to watch women doing laundry. It is even prohibited for him to look at the clothing of a woman with whom he is familiar, so that he will not have sexual thoughts about her (Rambam *Sefer Kedusha, Hilkhot Issurei Bia* 21:21; *Shulḥan Arukh, Even HaEzer* 23:3 and *Oraḥ Ḥayyim* 240:1).

That I never ate flesh of an animal in danger of imminent death leading one to say: Slaughter it, slaughter it – שֶׁלֹּא אָכַלְתִּי בְּשַׂר כּוֹס כּוֹס מֵעוֹלָם: The most prominent Sages would not eat from an animal whose slaughter was performed hurriedly, to ensure that it was slaughtered before its death, even if the animal convulsed after the slaughter. Although eating the meat of such an animal is not strictly prohibited, nevertheless, anyone who adopts this stringency is praiseworthy (Rambam *Sefer Kedusha, Hilkhot Ma'akhalot Assurot* 4:12; *Shulḥan Arukh, Yoreh De'a* 17:3, 116:7).

That I never ate from an animal whose gifts were not already separated – שֶׁלֹּא אָכַלְתִּי מִבְּהֵמָה שֶׁלֹּא הוּרְמוּ מַתְּנוֹתֶיהָ: It is permitted to eat the other parts of an animal even if the priestly gifts of the foreleg, the maw, and the jaw were not yet separated from the animal. In that respect, these gifts differ from produce from which *teruma* and tithes were not separated, which may not be eaten. This is because the parts of the animal given to a priest are specific parts of the animal's body. In addition, after the priest receives the foreleg, the maw, and the jaw, he may share them with a non-priest if he wishes. Although it is permitted to eat the meat of the animal before one separates those parts of the body to be given as gifts, there is a mitzva to separate them immediately after slaughter (Rambam *Sefer Zera'im, Hilkhot Bikkurim* 9:14; *Shulḥan Arukh, Yoreh De'a* 61:5 and Gra there).

NOTES

That I never ate from an animal with regard to which a Sage issued a ruling – שֶׁלֹּא אָכַלְתִּי מִבְּהֵמָה שֶׁהוֹרָה בָּהּ חָכָם: The straightforward meaning of the word *piggul* in this verse is food that is forbidden because a transgression was performed with it. Certainly Ezekiel was not expecting praise for not eating the meat of an animal that was forbidden. Rather, he meant that he did not eat the flesh of any animal with regard to which uncertainty arose whether eating its meat was permitted and a Sage was consulted to determine its status. Later (44b) the Gemara states that the reference here is not to an animal with regard to which a Sage issued a ruling based on halakhic tradition. Rather, it is to a case where the Sage ruled based on his reasoning. Accordingly, some commentaries explain that the term *piggul* in this case refers to an animal that was disqualified by intent, like *piggul* with regard to offerings. Since the ruling of the Sage was based upon his own reasoning, he may have first considered the possibility that the animal was a *tereifa*, which Ezekiel felt rendered the status of the animal as comparable to that of *piggul* (*Ḥatam Sofer*).

Whose gifts to which members of the priesthood are entitled were not already separated – שֶׁלֹּא הוּרְמוּ מַתְּנוֹתֶיהָ: The early commentaries note that according to Rabbi Yoḥanan it is prohibited to eat the meat of this animal, as its status is that of untithed produce (132b). Rabbi Natan disagrees. Rashi writes that the point of Ezekiel's statement is that although he was a priest, and it is permitted for him to eat the gifts of the priesthood, he did not eat the meat of the animal, because he adopted the stringency to separate the gifts and give them to another priest. The Ramban rejects Rashi's explanation, as the term *piggul* is inappropriate in that case.

BACKGROUND

Gifts to which members of the priesthood are entitled – מַתְּנוֹתֶיהָ: The Torah (Deuteronomy 18:3) specifies that the foreleg, the jaw, and the maw of an animal is given to a priest. These gifts differ from *teruma* separated from produce in two ways: First, the foreleg, the jaw, and the maw are specific parts of the animal's body, in contrast to *teruma*, which is separated from any part of the grain. Second, unlike *teruma*, the foreleg, the jaw, and the maw have no sanctity, and the priest who receives them may share them with a non-priest. For these reasons it is not prohibited for the owner to eat the remaining parts of the animal prior to separating the foreleg, the jaw, and the maw for the priest (Ritva).

אִי אָמְרַתְּ בִּשְׁלָמָא שָׁרְיָא – הַיְינוּ רְבוּתֵיהּ דִּיחֶזְקֵאל, אֶלָּא אִי אָמְרַתְּ אֲסִירָא, מַאי רְבוּתֵיהּ דִּיחֶזְקֵאל?

The proof is: **Granted, if you say** that **it is permitted** to slaughter and eat an animal in imminent danger of death, then **that is the greatness of Ezekiel,** as, although eating it is permitted, he refrained from doing so. **But if you say** that **it is forbidden** to slaughter and eat that animal, **what** in that action attests to **the greatness of Ezekiel?** Apparently, it is permitted to slaughter and eat an animal in danger of imminent death.

הֵיכִי דָּמֵי מְסוּכֶּנֶת? אָמַר רַב יְהוּדָה אָמַר רַב: כֹּל שֶׁמַּעֲמִידִין אוֹתָהּ וְאֵינָהּ עוֹמֶדֶת. רַב חֲנִינָא בַּר שְׁלַמְיָא מִשְּׁמֵיהּ דְּרַב אָמַר: אֲפִילּוּ אוֹכֶלֶת בְּקָעִיּוֹת. רָמֵי בַּר יְחֶזְקֵאל אָמַר: אֲפִילּוּ אוֹכֶלֶת קוֹרוֹת.

§ The Gemara asks: **What are the circumstances** of an animal **in danger** of imminent death? **Rav Yehuda said** that **Rav said:** It is **any** animal with regard to **which one stands it** on its feet **but it does not stand** unaided.[H] **Rav Ḥanina bar Shelamya in the name of Rav said:** That indicator is so clear that **even** if that animal maintains sufficient strength in its jaw and **eats pieces of wood,** if it is unable to stand, its status is that of an animal in danger of imminent death. **Rami bar Yeḥezkel said:** That is the case **even** if that animal **eats beams.**[N]

HALAKHA

Any animal which one stands it on its feet but it does not stand unaided – כָּל שֶׁמַּעֲמִידִין אוֹתָהּ וְאֵינָהּ עוֹמֶדֶת: An animal in danger of imminent death is defined as any animal that is unable to stand when one attempts to stand it on its feet by raising one's voice or prodding it with a stick. It assumes that status even if it is able to eat like a healthy animal. Even if the animal is capable of standing after it was physically stood on its feet, it is still considered an animal in danger of imminent death (*Shakh*; Gra), and it assumes the status of an unslaughtered carcass, in accordance with the opinion of Rav Yehuda (Rambam *Sefer Kedusha*, *Hilkhot Ma'akhalot Assurot* 4:13, and see Ra'avad there; *Shulḥan Arukh*, *Yoreh De'a* 17:1).

NOTES

Beams – קוֹרוֹת: The Meiri explains that the reference is to heart of palm, which hardens with each passing year as the tree grows, and is used for animal fodder (see *Tiferet Ya'akov*).

בְּסוּרָא מַתְנֵי הָכִי. בְּפוּמְבְּדִיתָא מַתְנֵי הָכִי: הֵיכִי דָּמְיָא מְסוּכֶּנֶת? אָמַר רַב יְהוּדָה אָמַר רַב: כֹּל שֶׁמַּעֲמִידִין אוֹתָהּ וְאֵינָהּ עוֹמֶדֶת, וַאֲפִילּוּ אוֹכֶלֶת בְּקָעִיּוֹת. רָמֵי בַּר יְחֶזְקֵאל אָמַר: אֲפִילּוּ אוֹכֶלֶת קוֹרוֹת.

In Sura, they would **teach** the exchange in **that** manner. **In Pumbedita, they** would **teach** the exchange in **this** manner: **What are the circumstances** of an animal **in danger** of imminent death? **Rav Yehuda said** that **Rav said:** It is **any** animal with regard to **which one stands it** on its feet **but it does not stand** unaided, **even** if that animal maintains sufficient strength in its jaw and **eats pieces of wood. Rami bar Yeḥezkel said:** That indicator is so clear that **even** if that animal maintains sufficient strength in its jaw **and eats beams,** if it is unable to stand its status is that of an animal in danger of imminent death.

אַשְׁכְּחִינְהוּ שְׁמוּאֵל לְתַלְמִידֵי דְּרַב, אֲמַר לְהוּ: מַאי אָמַר רַב בִּמְסוּכֶּנֶת? אֲמַרוּ לֵיהּ, הָכִי אָמַר רַב:

Shmuel found students of Rav after Rav's death. **He said to them: What did Rav say with regard to** an animal **in danger** of imminent death? **They said to him: This** is what **Rav said:**

Perek **II**
Daf **38** Amud **a**

גּוֹעָה, וְהֵטִילָה רֵיעִי, וְכִשְׁכְּשָׁה בְּאָזְנָהּ – הֲרֵי זֶה פִּירְכּוּס. אֲמַר לְהוּ: אִצְטְרִיכָא לֵיהּ לְאַבָּא לְאָזּוּזֵי אוּנֵי? שֶׁאֲנִי אוֹמֵר: כֹּל שֶׁאֵינוֹ דְּבָרִים שֶׁהַמִּיתָה עוֹשָׂה.

If the animal **lows, or excreted excrement, or wiggled its ear** during the slaughter, **that is a convulsion,** and the slaughter renders eating the flesh of the animal permitted. Shmuel **said to them: Is it necessary** according **to Abba,**[N] i.e., Rav, for the animal **to move its ears** during the slaughter, which requires a considerable life force? **As I say: Any** movements of the animal **that are not matters that the death** of the animal **engenders** are convulsions sufficient to render the slaughter valid.

NOTES

Is it necessary according to Abba, etc. – אִצְטְרִיכָא לֵיהּ לְאַבָּא וכו׳: Rashi explains that Shmuel called Rav by this name as a sign of respect. *Tosafot*, citing the *Arukh*, write that Rav's given name was actually Abba. The fact that he is called Rav is in consideration of his prominence, as he was the greatest of the Babylonian *amora'im*, just as Rabbi Yehuda HaNasi was called simply Rabbi in consideration of his prominence. Since Shmuel was Rav's friend, he called him by his name.

מַאי נִינְהוּ דְּבָרִים שֶׁהַמִּיתָה עוֹשָׂה? אָמַר רַב עָנָן, לְדִידִי מְפָרְשָׁא לִי מִינֵּיהּ דְּמָר שְׁמוּאֵל: הָיְתָה יָדָהּ כְּפוּפָה וּפְשָׁטַתָּהּ – דָּבָר שֶׁהַמִּיתָה עוֹשָׂה, פְּשׁוּטָה וְכָפְפָהּ – דְּבָרִים שֶׁאֵין הַמִּיתָה עוֹשָׂה.

The Gemara asks: **What are matters that the death** of the animal **engenders? Rav Anan said:** This **was explained to me from Master Shmuel** himself: If the animal's **foreleg was bent, and** the animal **straightened it,**[H] that is **a matter that the death** of the animal **engenders.** But if its foreleg was **straight and** the animal **bent** it, that is among the **matters that the death** of the animal **does not engender** and is a convulsion sufficient to render the slaughter valid.

HALAKHA

Its foreleg was bent and the animal straightened it – הָיְתָה יָדָהּ כְּפוּפָה וּפְשָׁטַתָּהּ: If during the slaughter of a small domesticated animal or of any undomesticated animal, the animal extended its foreleg and did not return it, it assumes the status of an unslaughtered carcass and it is prohibited to eat its meat, because extending the foreleg is nothing other than the natural course of departure of the animal's soul from its body. If its foreleg was extended and the animal bent it, there is a dispute between the commentaries with regard to its status. Some hold that it is permitted to eat the flesh of the animal, in accordance with the opinion of Shmuel (Rashba; *Tur*; *Baḥ*; *Shakh*). Others understand, based on the Rambam, that it is not permitted, explaining that the Rambam did not list this case, either because the *halakha* is in accordance with the opinion of Rav in his disputes with Shmuel concerning ritual law (*Maggid Mishne*), or because Rava does not include this case in his summary of the *halakha* on the following *amud* (*Beit Yosef*; *Levush*). Later authorities, such as the *Tevuot Shor*, write that one should adopt the stringent ruling (Rambam *Sefer Kedusha*, *Hilkhot Ma'akhalot Assurot* 4:14; *Shulḥan Arukh*, *Yoreh De'a* 17:1).

מַאי קָא מַשְׁמַע לַן? תְּנֵינָא: בְּהֵמָה דַּקָּה שֶׁפָּשְׁטָה יָדָהּ וְלֹא הֶחֱזִירָה – פְּסוּלָה, שֶׁאֵינָהּ אֶלָּא הוֹצָאַת נֶפֶשׁ; הָא הֶחֱזִירָה – כְּשֵׁרָה!

The Gemara asks: **What is** Shmuel **teaching us** with that statement? **We** already **learn** in the mishna: The slaughter of **a small animal that** during its slaughter **extended its foreleg** that was bent **and did not restore** it to the bent position **is not valid,** as extending the foreleg **is nothing other than** part of the natural course of **removal** of the animal's **soul** from its body and not a convulsion indicating life. **But** one may infer that if the animal does **restore** its foreleg to the bent position, that indicates life and the slaughter is **valid.**

אִי מִמַּתְנִיתִין, הֲוָה אָמֵינָא: דַּוְקָא דְּכַיְיפָה וּפְשָׁטָה וַהֲדַר כַּיְיפָה לַהּ, אֲבָל פְּשׁוּטָה וְכַפְּפָתָהּ – לָא, קָא מַשְׁמַע לַן.

The Gemara answers: **If** the *halakha* is learned **from the mishna** alone, **I would say** that it is **specifically** in a case **where** the animal's foreleg had been **bent, and** the animal now **straightens** it **and then bends it,** that the slaughter is valid. **But** if the foreleg had been **straight and** the animal **bent it,** the slaughter is **not** valid. Therefore, Shmuel **teaches us** that if its foreleg was straight and the animal bent it; that is a convulsion sufficient to render the slaughter valid.

מֵיתִיבִי: רַבִּי יוֹסֵי אוֹמֵר, הָיָה רַבִּי מֵאִיר אוֹמֵר: גּוֹעָה בִּשְׁעַת שְׁחִיטָה – אֵין זֶה פִּירְכּוּס. רַבִּי אֶלְעָזָר בְּרַבִּי יוֹסֵי אוֹמֵר מִשְּׁמוֹ: אֲפִילּוּ הֵטִילָה רֵיעִי וְכִשְׁכְּשָׁה בִּזְנָבָהּ – אֵין זֶה פִּירְכּוּס; קַשְׁיָא גּוֹעָה אַגּוֹעָה, קַשְׁיָא רֵיעִי אַרֵיעִי!

The Gemara **raises an objection** from a *baraita* to Rav's statement cited earlier. **Rabbi Yosei says** that **Rabbi Meir would say:** If an animal **lows during its slaughter, that is not** a **convulsion** sufficient to render the slaughter valid. **Rabbi Elazar, son of Rabbi Yosei, says in the name** of Rabbi Yosei: **Even** if the animal **excreted excrement or wagged its tail, that is not** a **convulsion** sufficient to render the slaughter valid. The Gemara now clarifies: Rabbi Yosei's statement in the *baraita* that if an animal **lows** it is not a convulsion sufficient to render the slaughter valid is **difficult,** as it contradicts the statement of Rav that if an animal **lows** it is a convulsion. And Rabbi Elazar's statement in the *baraita* that if an animal excreted **excrement** it is not a convulsion sufficient to render the slaughter valid **is difficult,** as it contradicts the statement of Rav that if an animal excreted **excrement** it is a convulsion.

גּוֹעָה אַגּוֹעָה לָא קַשְׁיָא: הָא דְּעָבֵי קָלָהּ, הָא דְּעָמֵי קָלָהּ; רֵיעִי אַרֵיעִי נַמִי לָא קַשְׁיָא: כָּאן בְּשׁוֹתֶתֶת, כָּאן בְּמַתְרֶזֶת.

The Gemara answers: The apparent contradiction between the opinion that when an animal **lows** it is a convulsion and the opinion that when an animal **lows** it is not a convulsion is **not difficult. This** opinion, that it is a convulsion, is referring to a case **where** the animal's **voice** is **rich** and powerful, a clear indication of life; **that** opinion, that it is not a convulsion, is referring to a case **where** the animal's **voice** is **muted,** which is not an indication of life. The apparent contradiction between the opinion that when an animal excreted **excrement** it is a convulsion and the opinion that when an animal excreted **excrement** it is not a convulsion is also **not difficult. Here,** the opinion that it is not a convulsion is referring to a case where the animal **expels** the excrement **in a trickle.** That is not an indication of life. **There,** the opinion that it is a convulsion is referring to a case where the animal **expels** the excrement **with force.** That is an indication of life.

אָמַר רַב חִסְדָּא: פִּירְכּוּס שֶׁאָמְרוּ – בְּסוֹף שְׁחִיטָה; מַאי בְּסוֹף שְׁחִיטָה – בְּאֶמְצַע שְׁחִיטָה, לְאַפּוֹקֵי תְּחִלַּת שְׁחִיטָה דְּלָא.

§ The Gemara continues its definition of convulsion that indicates life. **Rav Ḥisda said:** I was taught that **the convulsion that** the Sages **said** is an indication of life is a convulsion **at the conclusion of** the act of **slaughter.**[H] Rav Ḥisda elaborates: **What** is the meaning of: **At the conclusion of** the act of **slaughter?** It means even **in the midst of the slaughter.** The Sages said that it must be at the conclusion of the slaughter only **to exclude** convulsions at **the beginning of** the act of **slaughter, which** are **not** an indication of life.

HALAKHA

The convulsion that the Sages said is at the conclusion of slaughter – פִּירְכּוּס שֶׁאָמְרוּ בְּסוֹף שְׁחִיטָה: It is permitted to eat the flesh of an animal in danger of imminent death that was slaughtered only if it experiences a convulsion at the conclusion of the slaughter. If the convulsion was at the beginning or middle of the slaughter, it is prohibited to eat the meat, in accordance with the opinion of Rava. The convulsion must continue slightly after the slaughter is completed, in accordance with Rashi's explanation. Although others rule leniently (*Shakh*), the custom is not to rely on their ruling. If the animal did not convulse during the slaughter or immediately after the slaughter was complete but convulsed sometime later, there are those who hold that it is permitted to eat the animal's flesh, and there are those who hold that it is prohibited to do so (Rambam *Sefer Kedusha*, *Hilkhot Ma'akhalot Assurot* 4:13; *Shulḥan Arukh*, *Yoreh De'a* 17:1 and *Pitḥei Teshuva* there).

אֲמַר רַב חִסְדָּא: מְנָא אָמִינָא לַהּ? דִּתְנַן: בְּהֵמָה דַּקָּה שֶׁפָּשְׁטָה יָדָהּ וְלֹא הֶחֱזִירָה – פְּסוּלָה; אֵימַת? אִילֵימָא בְּסוֹף שְׁחִיטָה – כׇּל הֵיכִי תֵּיחֵי וְתֵיזִיל? אֶלָּא לָאו בְּאֶמְצַע שְׁחִיטָה.

Rav Ḥisda said: From where do I say that a convulsion in the midst of the act of slaughter is an indication of life? It is from the mishna, **as we learned:** The slaughter of **a small animal that** when being slaughtered **extended its foreleg** that was bent **and did not restore** it to the bent position **is not valid,** as extending the foreleg is only part of the natural course of removal of the animal's soul from its body and not a convulsion indicating life. Rav Ḥisda elaborates: **When** did the animal extend its foreleg but not restore it? **If we say** that it occurred **at the conclusion of the slaughter, must** the animal **continue living** for **so extended** a period that it restores its leg to its bent position after the slaughter is complete? Is the slaughter truly not valid otherwise? **Rather, is it not** that the mishna is referring to a case where the animal extends its foreleg **in the middle of** the **slaughter?** If so, then when it restores its leg as well, it is considered a convulsion that indicates life.

אֲמַר לֵיהּ רָבָא: לְעוֹלָם בְּסוֹף שְׁחִיטָה, שֶׁאֲנִי אוֹמֵר: כׇּל שֶׁאֵינָהּ עוֹשָׂה כֵּן בְּסוֹף שְׁחִיטָה – בְּיָדוּעַ שֶׁנִּשְׁמָתָהּ נְטוּלָה הֵימֶנָּה קוֹדֶם לָכֵן.

Rava said to Rav Ḥisda: That is no proof. **Actually,** one could explain that the mishna is referring to a case where the animal extends its foreleg but did not restore it to the bent position at **the conclusion** of the **slaughter,**[N] **as I say** with regard to **any** animal **that does not do so at the conclusion of** the **slaughter, it is known that its soul was taken from it before that** moment, and it was not alive.

רַב נַחְמָן בַּר יִצְחָק אָמַר: פִּירְכּוּס שֶׁאָמְרוּ – בִּתְחִלַּת שְׁחִיטָה.

Rav Naḥman bar Yitzḥak said: The convulsion that the Sages **said** is an indication of life is a convulsion even **at the beginning of** the act of **slaughter.**

אֲמַר רַב נַחְמָן בַּר יִצְחָק: מְנָא אָמִינָא לַהּ? דִּתְנַן, אָמַר רַבִּי שִׁמְעוֹן: הַשּׁוֹחֵט בַּלַּיְלָה, וּלְמָחָר מָצָא כְּתָלִים מְלֵאִים דָּם – כְּשֵׁרָה, שֶׁזִּינְּקָה, וְכִמְדַּת רַבִּי אֱלִיעֶזֶר; וְאָמַר שְׁמוּאֵל: כּוֹתְלֵי בֵּית שְׁחִיטָה שָׁנִינוּ; אִי אָמְרַתְּ בִּשְׁלָמָא בִּתְחִלַּת שְׁחִיטָה – שַׁפִּיר, אֶלָּא אִי אָמְרַתְּ בְּסוֹף שְׁחִיטָה – לֵיחוּשׁ דִּלְמָא בִּתְחִלַּת שְׁחִיטָה זִינְּקָה!

Rav Naḥman bar Yitzḥak explained further **and said: From where do I say** that this is so? It is from the mishna, **as we learned** that **Rabbi Shimon says:** In the case of **one who slaughters at night and the next day** he awoke **and found walls full of blood,** the slaughter **is valid,** as it is clear **that** the blood **spurted, and** this is **in accordance with the rule of Rabbi Eliezer. And Shmuel said** with regard to the walls mentioned in the statement of Rabbi Shimon: It is **the walls of the place of the slaughter,** i.e., the walls of the neck, not the walls of the house, that **we learned. Granted, if you say** that a convulsion even **at the beginning of** the act of **slaughter** is an indication of life, this works out **well. But if you say** that a convulsion is an indication of life only **at the conclusion of** the act of **slaughter, let us be concerned** that **perhaps** the blood **spurted** onto the walls of the neck **at the beginning of** the act of **slaughter,** and there was no indication of life.

וְדִלְמָא שָׁאנֵי זִינּוּק דַּעֲדִיף.

The Gemara rejects that proof. **But perhaps spurting is different, as** it is **superior** as an indication of life to extending or bending a foreleg, and therefore, although extending or bending a foreleg is a sufficient indicator of life only at the conclusion of the act of slaughter, spurting is a sufficient indicator even at the beginning of the act of slaughter.

וּמִי עֲדִיף? וְהָתְנַן, רַבִּי אֱלִיעֶזֶר אוֹמֵר: דַּיָּיהּ אִם זִינְּקָה! קַל מִדְּרַבָּן גַּמְלִיאֵל, וַעֲדִיף מִדְּרַבָּנַן.

The Gemara asks: **And is** spurting **superior? But didn't we learn** in the mishna: **Rabbi Eliezer says it is sufficient if** blood **spurted** from the neck, indicating that spurting of blood is a less substantive indication of life than those indications mentioned in the statement of Rabban Gamliel, who requires that the animal convulse with its foreleg and with its hind leg? The Gemara answers: Rabbi Eliezer's requirement of spurting is **less** substantive **than** the requirements **of Rabban Gamliel** as an indication of life, **but superior to** the requirement of **the Rabbis** as an indication of life, where the Rabbis require that the animal convulse either with its foreleg or with its hind leg.

אֲמַר רָבִינָא: אֲמַר לִי סַמָּא בַּר חִילְקָאי, אַקְשֵׁי בַּהּ אֲבוּהּ דְּבַר אֲבוּבְרָם, וְאָמְרִי לַהּ אֲחוּהּ דְּבַר אֲבוּבְרָם: וּמִדְּרַבָּנַן מִי עֲדִיף? וְהָא תְּנַן, וַחֲכָמִים אוֹמְרִים: עַד שֶׁתְּפַרְכֵּס אוֹ בְּיָד אוֹ בְּרֶגֶל;

Ravina said: Samma bar Ḥilkai said to me that **the father of bar Abuveram, and some say** that it was **the brother of bar Abuveram, raises a difficulty: And is** blood spurting **superior to** the requirement of **the Rabbis** as an indication of life? **But didn't we learn** in the mishna: **And the Rabbis say:** It is permitted **only** in a case **where it convulses with its foreleg or with its hind leg,** or in a case where it wags its tail?

NOTES

Actually at the conclusion of the slaughter, etc. – לְעוֹלָם בְּסוֹף שְׁחִיטָה וכו׳: Some commentaries explain the basis for this dispute in the following manner: The one who holds that the convulsion may be at the beginning of the slaughter holds that this is sufficient to indicate that the animal is still alive at the conclusion of the slaughter. The one who says that the convulsion may be in the middle of the slaughter holds that this is sufficient to indicate that the animal is still alive at the conclusion of the slaughter but one may not rely on a convulsion at the beginning. The one who requires a convulsion at the conclusion of slaughter holds that only convulsion at that moment indicates that the animal is alive at the conclusion of slaughter (*Tosefot Rabbeinu Peretz*).

Others explain that the dispute is with regard to the extent to which the animal must be alive at the conclusion of the slaughter. The one who says that a convulsion at the beginning is sufficient holds that even if the animal is barely alive at the conclusion of the slaughter, the slaughter is valid. The one who requires a convulsion in the middle holds that the animal must have greater vitality at the conclusion of the slaughter. The one who holds that only convulsion at the conclusion of slaughter is sufficient holds that the animal must briefly remain vital even after the slaughter is complete (*Shita Mekubbetzet*).

רַבָּנַן אַהַיָּיא קָיְימוּ? אִילֵימָא אַדְּרַבָּן גַּמְלִיאֵל – ״כֵּיוָן שֶׁפִּירְכְּסָה״ מִיבְּעֵי לֵיהּ!

Ravina elaborates: **To which** statement of the *tanna'im* in the mishna **do the Rabbis stand** and respond? **If we say** that they are responding to the statement **of Rabban Gamliel,** who requires that the animal convulse with its foreleg and with its hind leg, the Rabbis **should** have said: **Once** the animal **convulsed** with its foreleg or with its hind leg or it wagged its tail, indicating that this is sufficient.

אֶלָּא פְּשִׁיטָא אַדְּרַבִּי אֱלִיעֶזֶר, וְאִי עֲדִיף – מַאי ״עַד״?

Rather, it is **obvious** that the Rabbis are responding to the statement **of Rabbi Eliezer. And if** Rabbi Eliezer's opinion is **superior** to that of the Rabbis as an indication of life, **what** is the meaning of: It is permitted **only** in a case where it convulses with its foreleg or with its hind leg or it wags its tail? In that case too, the Rabbis should have said: Once the animal convulses with its foreleg or with its hind leg or it wags its tail. Apparently, blood spurting is a less substantive indication of life, and the proof of Rav Naḥman bar Yitzḥak remains valid: If spurting at the beginning of the act of slaughter is a sufficient indication of life to render the slaughter valid, then all the more so, extending and bending a limb are also sufficient indications of life.

רָבָא אָמַר: פִּירְכּוּס שֶׁאָמְרוּ – בְּסוֹף שְׁחִיטָה. אָמַר רָבָא: מְנָא אָמֵינָא לַהּ? דְּתַנְיָא: ״שׁוֹר

Rava said: The convulsion that the Rabbis **said** is an indication of life is a convulsion **at the conclusion of** the act of **slaughter. Rava said: From where do I say** that this is the case? It is **as it is taught** in a *baraita* with regard to the verse: "When a bull or a sheep or a goat is born, it shall be seven days under its mother; and from the eighth day and onward it may be accepted for an offering to the Lord" (Leviticus 22:27). The phrase **"a bull**

אוֹ כֶשֶׂב״ – פְּרָט לְכִלְאַיִם, ״אוֹ עֵז״ – פְּרָט לְנִדְמֶה, ״כִּי יִוָּלֵד״ – פְּרָט לְיוֹצֵא דוֹפֶן, ״שִׁבְעַת יָמִים״ – פְּרָט לִמְחוּסַּר זְמַן, ״תַּחַת אִמּוֹ״ – פְּרָט לְיָתוֹם;

or a sheep" is **to the exclusion of** an animal born to parents of **diverse kinds,**[B] which may not be brought as an offering. The phrase **"or a goat"** is **to the exclusion of** an animal **that resembles** another species of animal.[H] **"When it is born"**; this is **to the exclusion of** an animal **born by caesarean section.** "It shall be **seven days"**; this is **to the exclusion of** an animal **whose time has not yet** arrived.[N] **"Under its mother"**; this is **to the exclusion of** an animal that is **an orphan.**

הַאי יָתוֹם הֵיכִי דָּמֵי? אִילֵימָא דִּילִידְתֵּיהּ אִמֵּיהּ וַהֲדַר מֵתָה – לְעוֹלָם תֵּיחֵי וְתֵיזִיל? אֶלָּא דְּמֵתָה וַהֲדַר יְלִידְתֵּיהּ – מִ״כִּי יִוָּלֵד״ נָפְקָא!

Rava elaborates: **What are the circumstances of this orphan? If we say that its mother gave birth to it and then died,** this is unreasonable. Will the mother **continue living forever? Rather,** perhaps the reference is to a case **where** the mother **died and then gave birth to it.** The Gemara rejects that possibility, as the fact that this animal is disqualified from sacrifice **is derived from** the phrase: **"When it is born,"** since after the mother's death the newborn animal can emerge from the womb only by means of caesarean section.

BACKGROUND

Diverse kinds – **כִּלְאַיִם**: The Torah prohibits crossbreeding different species of animals (Leviticus 19:19), a transgression that is punishable by lashes. It is permitted to make use of the offspring of crossbreeding, e.g., a mule, which is the offspring of a donkey and a horse. The *halakhot* governing this prohibition are discussed in tractate *Kilayim*.

NOTES

Seven days to the exclusion of an animal whose time has not yet arrived – **שִׁבְעַת יָמִים פְּרָט לִמְחוּסַּר זְמַן**: This is a reference to an animal that has not yet reached its eighth day, which is excluded from being sacrificed as an offering from the verse cited in the Gemara.

HALAKHA

To the exclusion of diverse kinds…to the exclusion of an animal that resembles another species of animal – **פְּרָט לְכִלְאַיִם...פְּרָט לְנִדְמֶה**: An animal that is the product of crossbreeding two different species is disqualified from sacrifice on the altar. Similarly, an animal that resembles another species of animal, even though it is not a crossbreed, is disqualified from sacrifice on the altar. If a sheep gives birth to a lamb that resembles a goat, or a goat gives birth to a kid that resembles a sheep, even if it somewhat resembles members of its own species, it is disqualified in the manner that a blemished animal is disqualified, as there is no greater blemish than resembling another species. Similarly, an animal born by caesarean section, an animal less than seven days old, and an animal that was born after its mother was slaughtered are disqualified from sacrifice on the altar, in accordance with the *baraita* (Rambam *Sefer Avoda*, *Hilkhot Issurei Mizbe'aḥ* 3:4).

אֶלָּא פְּשִׁיטָא, זֶה פֵּירֵשׁ לְמִיתָה וְזֶה פֵּירֵשׁ לְחַיִּים; אִי אָמְרַתְּ בִּשְׁלָמָא בָּעֵינַן חַיּוּתָא בְּסוֹף לֵידָה – הַיְינוּ דְּאִיצְטְרִיךְ קְרָא לְמַעוֹטֵי, אֶלָּא אִי אָמְרַתְּ לָא בָּעֵינַן חַיּוּתָא בְּסוֹף לֵידָה, לָמָּה לִיהּ? מִ״כִּי יִוָּלֵד״ נָפְקָא!

Rather, it is **obvious** that the reference is to a case where the mother died at the conclusion of the birth, at which point **this** mother **withdrew for death and that** newborn **withdrew for life. Granted, if you say that we require life at the conclusion of the birth, that is why a verse was necessary to exclude** the orphan. **But if you say** that **we do not require life at the conclusion of the birth,** and the verse is excluding only an animal that was born after its mother's death, **why is** this verse necessary to exclude it? It can **be derived from** the phrase: **"When it is born."** It may be derived from here that in any situation where the animal must be alive, it must remain alive until the end of the process. That is the case with regard to the slaughter of an animal in danger of imminent death as well. The slaughter is valid only if there is an indication of life at the end of the act of slaughter.

אָמַר רָבָא, הִלְכְתָא כִּי הָא מַתְנִיתָא: בְּהֵמָה דַּקָּה שֶׁפָּשְׁטָה יָדָהּ וְלֹא הֶחֱזִירָה – פְּסוּלָה;

§ The mishna teaches: The slaughter of a small animal in danger of imminent death that during the slaughter extended its foreleg that was bent and did not restore it to the bent position is not valid, as extending the foreleg is only part of the natural course of removal of the animal's soul from its body and not a convulsion indicating life. **Rava says** that **the** ***halakha*** **is in accordance with** the opinion expressed in **this** ***baraita*:** The slaughter of **a small animal that extended its foreleg** that was bent **and did not restore it** to the bent position **is not valid.**

בַּמֶּה דְּבָרִים אֲמוּרִים – בְּיָד, אֲבָל בְּרֶגֶל, בֵּין פָּשְׁטָה וְלֹא כָּפְפָה בֵּין כָּפְפָה וְלֹא פָּשְׁטָה – כְּשֵׁרָה; בַּמֶּה דְּבָרִים אֲמוּרִים – בְּדַקָּה, אֲבָל בְּגַסָּה, בֵּין בְּיָד בֵּין בְּרֶגֶל, בֵּין פָּשְׁטָה וְלֹא כָּפְפָה בֵּין כָּפְפָה וְלֹא פָּשְׁטָה – כְּשֵׁרָה; וְעוֹף, אֲפִילּוּ לֹא רִפְרֵף אֶלָּא גַּפּוֹ וְלֹא כִּשְׁכֵּשׁ אֶלָּא זְנָבוֹ – הֲרֵי זֶה פִּירְכּוּס.

The *baraita* continues: **In what** case **is this statement said?** It is **with regard to the foreleg. But with regard to the hind leg, whether** the animal **extended it and did not restore** it to the bent position **or** the animal **bent it but did not extend it,** the slaughter **is valid. In what** case **is this statement,** about extending the foreleg, **said?** It is **with regard to a small** animal. **But with regard to a large** animal, **whether** the convulsion involves its **foreleg or its hind leg,** and **whether** the animal **extended it and did not restore** it to the bent position **or** the animal **bent it but did not extend it,** the slaughter **is valid. And** with regard to **a bird, even** if it **fluttered** [***rifref***][L] **only its wing or wagged only its tail, that is a convulsion** and an indication of life.

מַאי קָא מַשְׁמַע לַן? כּוּלְּהוּ תְּנֵנְהִי: בְּהֵמָה דַּקָּה שֶׁפָּשְׁטָה יָדָהּ וְלֹא הֶחֱזִירָה – פְּסוּלָה, שֶׁאֵינָהּ אֶלָּא הוֹצָאַת נֶפֶשׁ; יָד – אִין, רֶגֶל – לָא; דַּקָּה – אִין, גַּסָּה – לָא! עוֹף אִיצְטְרִיכָא לֵיהּ, דְּלָא תְּנַן.

The Gemara asks: **What is** Rava **teaching us** in ruling in accordance with the *baraita*? He is teaching us **all of** those *halakhot* **we learned** in the mishna: The slaughter of **a small animal that** when being slaughtered **extended its foreleg** that was bent **and did not restore** it to the bent position **is not valid,** as extending the foreleg **is only** part of the natural course of **removal** of the animal's **soul** from its body and not a convulsion indicating life. It may be inferred from the mishna that with regard to movement of **a foreleg** alone, **yes,** it is not an indication of life, but movement of **a hind leg, no,** it is an indication of life. With regard to **a small** animal, **yes,** this is the *halakha*; with regard to **a large** animal, **no,** this is not the *halakha*, and extending a hind leg does indicate life. The Gemara answers: It **was necessary for** Rava to teach the *halakha* in the *baraita* with regard to **a bird, as we did not learn** it in the mishna.

מתני׳ הַשּׁוֹחֵט לְנׇכְרִי – שְׁחִיטָתוֹ כְּשֵׁרָה; וְרַבִּי אֱלִיעֶזֶר פּוֹסֵל. אָמַר רַבִּי אֱלִיעֶזֶר: אֲפִילּוּ שְׁחָטָהּ לֶאֱכוֹל לְנׇכְרִי מֵחֲצַר כָּבֵד שֶׁלָּהּ – פְּסוּלָה, שֶׁסְּתָם מַחְשֶׁבֶת נׇכְרִי לַעֲבוֹדָה זָרָה.

MISHNA In the case of a Jew **who slaughters** the animal of a gentile **for a gentile,**[H] **his slaughter is valid, and Rabbi Eliezer deems it not valid. Rabbi Eliezer says: Even if** the Jew **slaughtered** the animal with the intent **to feed the gentile from its diaphragm** [***meḥatzar kaved***],[L] its slaughter **is not valid, as the unspecified intent of a gentile is** to slaughter the animal **for idol worship,** and it is prohibited to derive benefit from it.

LANGUAGE

Fluttered [*rifref*] – **רִפְרֵף**: This verb means either tremble or flutter, as in fluttering wings or eyelashes. Its meaning here is similar to that of the term in the verse: "The pillars of heaven tremble [*yerofafu*]" (Job 26:11), and the Syriac word raf means tremble. The Sages employed this term with regard to a heartbeat as well.

Diaphragm [*ḥatzar kaved*] – **חֲצַר כָּבֵד**: This is the Aramaic translation that appears in *Targum Onkelos* for the term: "The lobe of the liver [*yoteret hakaved*]" (Exodus 29:22). Rashi understands that the reference is to the diaphragm, which serves as a barrier between the lungs and the stomach cavity and is adjacent to the right side of the liver. In the Talmud it is known as: The membrane of the liver. Alternatively, Rav Hai Gaon explains that the word *ḥatzar* is an Aramaic term meaning small finger, similar to the Arabic الخنصر, *al-ḫinṣir*, and a parallel word in Syriac, and that the reference is to the caudate lobe, a small protrusion from the liver.

HALAKHA

A Jew who slaughters the animal of a gentile for a gentile – הַשּׁוֹחֵט לְנׇכְרִי: If a Jew slaughters an animal belonging to a gentile, even if the intent of the gentile was that the animal will be for idol worship, and he articulates that intent, the slaughter is valid and a Jew may eat the flesh of the animal (*Shakh*), in accordance with the opinion of Rabbi Yosei that intent of the owner does not invalidate slaughter (Rambam *Sefer Kedusha*, *Hilkhot Sheḥita* 2:22; *Shulḥan Arukh*, *Yoreh De'a* 4:3).

אָמַר רַבִּי יוֹסֵי: קַל וָחוֹמֶר הַדְּבָרִים, וּמָה בְּמָקוֹם שֶׁהַמַּחֲשָׁבָה פּוֹסֶלֶת, בְּמוּקְדָּשִׁין – אֵין הַכֹּל הוֹלֵךְ אֶלָּא אַחַר הָעוֹבֵד, מָקוֹם שֶׁאֵין מַחֲשָׁבָה פּוֹסֶלֶת, בְּחוּלִּין – אֵינוֹ דִּין שֶׁלֹּא יְהֵא הַכֹּל הוֹלֵךְ אֶלָּא אַחַר הַשּׁוֹחֵט?

Rabbi Yosei says: The **matter** of the intent of the gentile is irrelevant in this case, as can be derived by means of **an *a fortiori*** inference. **If in a place where intent** while slaughtering the animal **invalidates** the slaughter, i.e., **in sacrificial** animals, such as when slaughtering an offering with the intent to sacrifice it beyond its designated time, **everything follows only** the intent of the priest **performing the service**[H] and not the intent of the owner, then **in a place where intent does not invalidate** the slaughter, i.e., **in non-sacred** animals, **is it not right that everything should follow only** the intent of **the one who slaughters** the animal?

גמ׳ הָנֵי תַּנָּאֵי אִית לְהוּ דְּרַבִּי אֱלִיעֶזֶר בְּרַבִּי יוֹסֵי, דְּתַנְיָא, אָמַר רַבִּי אֱלִיעֶזֶר בְּרַבִּי יוֹסֵי: שָׁמַעְתִּי שֶׁהַבְּעָלִים מְפַגְּלִין;

GEMARA In explanation of the dispute between the first *tanna* and Rabbi Eliezer, the Gemara explains: **These *tanna'im* hold**[N] in accordance with the opinion of **Rabbi Eliezer, son of Rabbi Yosei, as it is taught** in a *baraita* that **Rabbi Eliezer, son of Rabbi Yosei, says: I heard that the owners,** and not only the priest, **render** an offering ***piggul***[N] by means of improper intent. The same is true with regard to non-sacred slaughter, where the owners' intent for idol worship invalidates the slaughter, even if the slaughterer has no intent for idol worship.

מִיהוּ, תַּנָּא קַמָּא סָבַר: אִי שַׁמְעִינֵיה דְּחָשֵׁיב – אִין, אִי לָא – לָא, סְתָם מַחֲשֶׁבֶת נָכְרִי לַעֲבוֹדָה זָרָה לָא אָמְרִינַן; רַבִּי אֱלִיעֶזֶר סָבַר: אַף עַל גַּב דְּלָא שַׁמְעִינֵיה דְּחָשֵׁיב – סְתָם מַחֲשֶׁבֶת נָכְרִי לַעֲבוֹדָה זָרָה אָמְרִינַן; וַאֲתָא רַבִּי יוֹסֵי לְמֵימַר: אַף עַל גַּב דְּשַׁמְעִינֵיה דְּחָשֵׁיב – זֶה מְחַשֵּׁב וְזֶה עוֹבֵד לָא אָמְרִינַן.

But the first *tanna* holds that **if we heard** the gentile say **that he intends**[N] the animal for idol worship, **yes,** his intent invalidates the slaughter, and **if** the gentile did **not** voice his intent before us, his intent does **not** invalidate the slaughter, as **we do not say** that the **unspecified intent of a gentile is for idol worship. Rabbi Eliezer holds: Although we did not hear** the gentile say **that he intends** the animal for idol worship, the slaughter is not valid, as **we say** the **unspecified intent of a gentile is for idol worship. And Rabbi Yosei comes to say** that **even though we heard** the gentile say **that he intends** the animal for idol worship, in a case where **this** owner **has intent** for idol worship **and that** other person is **performing** the slaughter, **we do not say** that the intent of the owner invalidates the slaughter.

אִיכָּא דְּאָמְרִי: בִּדְשַׁמְעִינֵיה דְּחָשֵׁיב פְּלִיגִי; תַּנָּא קַמָּא סָבַר: כִּי אָמְרִינַן זֶה מְחַשֵּׁב וְזֶה עוֹבֵד – הָנֵי מִילֵּי בִּפְנִים, אֲבָל בַּחוּץ – לָא, חוּץ מִפְּנִים

There are those **who say** an alternative explanation of the mishna. It is **with regard to** a case **where we heard** the gentile say **that he intends** the animal for idol worship that the *tanna'im* **disagree. The first *tanna* holds** that **when we say** in a case where **this** owner **has** improper **intent and that** other person is **performing** the slaughter that the intent of the owner invalidates the slaughter, **this statement** applies only **inside** the Temple, in the slaughter of offerings. **But** with regard to non-sacred slaughter **outside** the Temple, the intent of the owner does **not** invalidate the slaughter, as with regard to deriving the *halakhot* of non-sacred slaughter **outside** the Temple **from** the *halakhot* of slaughter of sacrificial animals **inside** the Temple,

HALAKHA

Everything follows only the intent of the priest performing the service – **אֵין הַכֹּל הוֹלֵךְ אֶלָּא אַחַר הָעוֹבֵד**: It is only the intent of the priest performing the sacrificial rites that can disqualify the animal for sacrifice; the intent of the one who brought the offering is irrelevant. Even if the owner articulated his intent to partake of the flesh of the offering beyond its designated time, the offering is valid, provided that the intent of the priest was proper, in accordance with the opinion of Rabbi Yosei (Rambam *Sefer Avoda, Hilkhot Pesulei HaMukdashin* 14:1).

NOTES

These *tanna'im* hold, etc. – **הָנֵי תַּנָּאֵי אִית לְהוּ וכו׳**: In other words, the reasoning of the first *tanna*, who holds that it is permitted, is not that he discounts the intent of the owner. Rather, it is because in his opinion, one does not say that the unspecified intent of a gentile is directed to idol worship. But if the gentile explicitly states his intent for idol worship, he agrees that the slaughter is not valid.

I heard that the owners render an offering *piggul* – **שָׁמַעְתִּי שֶׁהַבְּעָלִים מְפַגְּלִין**: If while the priest is slaughtering the offering or receiving its blood the owner has intent to eat the meat of the offering beyond its designated time, the owner renders the offering *piggul*, and one who eats it is liable to receive *karet*. The same is true if the owner had intent to eat it outside its designated area, or if while the priest was slaughtering a sin offering or the Paschal offering the owner had intent for another offering. The Sages derived this from the verse: "Then he that sacrifices his offering shall sacrifice to the Lord a meal offering of a tenth part of an ephah of fine flour mingled with the fourth part of a *hin* of oil" (Numbers 15:4). This teaches that the one who brings the offering, the owner, is part of the process of its sacrifice, and is included in the verse (Leviticus 7:18): "Neither shall it be accredited unto him that sacrifices it; it shall be *piggul*" (*Zevaḥim* 47a). Rashi writes that this applies only in a case where the priest is silent, as if the priest had explicit intent to sacrifice the offering in the prescribed manner, the intent of the owner would not be relevant, even according to the opinion of Rabbi Eliezer, son of Rabbi Yosei (*Gevurot Shemonim*).

If we heard the gentile say that he intends – **אִי שַׁמְעִינֵיה דְּחָשֵׁיב**: Some commentaries hold that any case where the Gemara refers to intent, e.g., intent of *piggul*, the reference is to unarticulated intent, which is sufficient to disqualify the offering. When a priest states that he had in mind intent that disqualifies the offering, he is deemed credible to disqualify the offering (Rambam; Ritva). Others hold that intent disqualifies the offering only if that intent is articulated (Rashi; *Tosafot*; *Or Zarua*; *Sefer HaEshkol*). These commentaries explain that although when referring to intent the Gemara always employs the term *maḥshava*, meaning thought, it employs that term because the disqualification is based on his intent, even though that intent must be articulated. Alternatively, the reason the term *maḥshava* is employed is based on the phrase in the verse describing *piggul* (Leviticus 7:18): "Neither shall it be imputed to him [*lo yeḥashev lo*]" (see *Shita Mekubbetzet* on *Bava Batra* 33b).

לָא יָלְפִינַן, וַאֲתָא רַבִּי אֱלִיעֶזֶר לְמֵימַר: יָלְפִינַן חוּץ מִפְּנִים, וַאֲתָא רַבִּי יוֹסֵי לְמֵימַר: אֲפִילּוּ בִּפְנִים נַמִי, זֶה מְחַשֵּׁב וְזֶה עוֹבֵד לָא אָמְרִינַן.

we do not derive in this manner. **And Rabbi Eliezer comes to say** that **we derive** the *halakhot* of non-sacred slaughter **outside** the Temple **from** the *halakhot* of slaughter of sacrificial animals **inside** the Temple,[N] and therefore the intent of the gentile invalidates non-sacred slaughter. **And Rabbi Yosei comes to say** that **even inside** the Temple, in a case where **this** owner **has** improper **intent and that** other person is **performing** the slaughter, **we do not say** that the intent of the owner invalidates the slaughter.

אִתְּמַר: הַשּׁוֹחֵט אֶת הַבְּהֵמָה לִזְרוֹק דָּמָה לַעֲבוֹדָה זָרָה וּלְהַקְטִיר חֶלְבָּהּ לַעֲבוֹדָה זָרָה – רַבִּי יוֹחָנָן אָמַר: פְּסוּלָה, רַבִּי שִׁמְעוֹן בֶּן לָקִישׁ אָמַר: מוּתֶּרֶת.

§ **It was stated** that there is an amoraic dispute with regard to **one who slaughtered an animal** in order **to sprinkle its blood for idol worship,**[HN] **or to burn its fat for idol worship. Rabbi Yoḥanan says:** The slaughter is **not valid,** and benefit from the animal is forbidden. **Rabbi Shimon ben Lakish says:** The slaughter is valid and deriving benefit from the animal is **permitted.**[N]

רַבִּי יוֹחָנָן אָמַר פְּסוּלָה – מְחַשְּׁבִין מֵעֲבוֹדָה לַעֲבוֹדָה, וְיָלְפִינַן חוּץ מִפְּנִים;

The Gemara elaborates. **Rabbi Yoḥanan says:** The slaughter is **not valid** and benefit from the animal is forbidden. He holds that **one transfers intent from** one sacrificial **rite to** another sacrificial **rite.** If, while slaughtering a sacrificial animal, one intends to perform one of the other sacrificial rites in an improper manner the offering is invalidated. **And** Rabbi Yoḥanan holds that **we derive** the *halakhot* of non-sacred slaughter **outside** the Temple **from** the *halakhot* of slaughter of sacrificial animals **inside** the Temple. Since that intent invalidates the slaughter of sacrificial animals inside the Temple, it invalidates the slaughter of non-sacred animals outside the Temple as well.

רֵישׁ לָקִישׁ אָמַר מוּתֶּרֶת – אֵין מְחַשְּׁבִין מֵעֲבוֹדָה לַעֲבוֹדָה, וְלָא גָּמְרִינַן חוּץ מִפְּנִים.

Reish Lakish says: The slaughter is valid, and deriving benefit from the animal is **permitted.** He holds that **one does not transfer intent from** one sacrificial **rite to** another sacrificial **rite.** Therefore, while slaughtering the animal, only intent to perform the slaughter improperly invalidates the offering, but intent to perform another sacrificial rite improperly does not invalidate the offering. **And** Reish Lakish holds that **we do not derive** the *halakhot* of non-sacred slaughter **outside** the Temple **from** the *halakhot* of slaughter of sacrificial animals **inside** the Temple.

וְאָזְדוּ לְטַעְמַיְיהוּ, דְּאִתְּמַר: שְׁחָטָהּ לִשְׁמָהּ לִזְרוֹק דָּמָהּ שֶׁלֹּא לִשְׁמָהּ רַבִּי יוֹחָנָן אָמַר: פְּסוּלָה, רַבִּי שִׁמְעוֹן בֶּן לָקִישׁ אָמַר: כְּשֵׁרָה.

And Rabbi Yoḥanan and Reish Lakish **follow their** standard line of **reasoning, as it was stated:** If one **slaughtered** a sin offering **for its own sake,**[N] but with intent **to sprinkle its blood not for its own sake**[H] but for the sake of another type of offering, **Rabbi Yoḥanan says** that the offering is **unfit,** and **Rabbi Shimon ben Lakish says** that the offering is **fit.**

HALAKHA

One who slaughtered an animal to sprinkle its blood for idol worship – הַשּׁוֹחֵט אֶת הַבְּהֵמָה לִזְרוֹק דָּמָהּ לַעֲבוֹדָה זָרָה: In a case where one slaughters an animal for the purpose of idol worship, even if he did not intend to worship the idol with the actual act of slaughter, but rather intended to sprinkle its blood or to burn its fat as idol worship, it is prohibited to derive benefit from it, like the offerings to the dead, in accordance with the opinion of Rabbi Yoḥanan. Nevertheless, if during the slaughter he intended to receive the blood or to take it to the idol, the slaughter is not disqualified, as only with regard to sacrificial animals is such intent considered an action. But with regard to idol worship, it is considered meaningless (Rambam *Sefer Kedusha*, *Hilkhot Sheḥita* 2:15 and *Maggid Mishne* there; *Shulḥan Arukh*, *Yoreh De'a* 4:1).

If one slaughtered a sin offering for its own sake, to sprinkle its blood not for its own sake – שְׁחָטָהּ לִשְׁמָהּ לִזְרוֹק דָּמָהּ שֶׁלֹּא לִשְׁמָהּ: If one slaughters an offering for its own sake with the intent to sprinkle its blood not for its own sake, the offering is disqualified. This is because one transfers intent from one sacrificial rite to another sacrificial rite, and it is as though the intent that he had while slaughtering the animal was the intent that he had while sprinkling the blood, in accordance with the opinion of Rabbi Yoḥanan (Rambam *Sefer Avoda*, *Hilkhot Pesulei HaMukdashin* 15:10).

NOTES

We derive slaughter outside the Temple from slaughter inside the Temple – יָלְפִינַן חוּץ מִפְּנִים: Although idol worship is a rite performed outside the Temple on a non-sacred animal, nevertheless the Torah draws a parallel between idol worship and Temple rites. The verse states: "He who sacrifices to the gods, other than to the Lord alone, shall be utterly destroyed" (Exodus 22:19). From here the Sages derive that acts that are deemed a mitzva when performed in service of God are prohibited when performed for idol worship (*Avoda Zara* 51a). Since the verse compares the two, the details of one can be derived from the other (see *Avoda Zara* 50a).

One who slaughtered an animal to sprinkle its blood for idol worship – הַשּׁוֹחֵט אֶת הַבְּהֵמָה לִזְרוֹק דָּמָהּ לַעֲבוֹדָה זָרָה: The Ra'ah writes that the dispute applies specifically to a Jew who intends to sprinkle the blood for idol worship himself. In contrast, if his intent was that a gentile would sprinkle the blood for idol worship, both Sages agree that intent has no effect, as one cannot transfer intent to the action of another, and there is no agency in this matter.

The Rashba holds that if the one who slaughters intends to sprinkle the blood for idol worship, even Reish Lakish concedes that deriving benefit from the animal is forbidden, because that intent renders him a transgressor. Rather, the dispute is in a case where his intent was that a gentile would sprinkle the blood for idol worship. Even in that case, Rabbi Yoḥanan holds that intent can be transferred from one sacrificial rite to another sacrificial rite (see *Torat HaBayit* 1:1).

Rabbi Shimon ben Lakish says it is permitted – רַבִּי שִׁמְעוֹן בֶּן לָקִישׁ אָמַר מוּתֶּרֶת: *Tosafot* note that although it is permitted to eat the flesh of the animal, the Jew who slaughtered the animal for idol worship is liable to be executed.

If one slaughtered a sin offering for its own sake – שְׁחָטָהּ לִשְׁמָהּ: This refers specifically to a sin offering or Paschal offering that are disqualified if slaughtered not for their own sake. By contrast, other offerings slaughtered not for their sake are fit to be sacrificed, although the owner does not fulfill his obligation (*Zevaḥim* 2a).

רַבִּי יוֹחָנָן אָמַר פְּסוּלָה – מְחַשְּׁבִין מֵעֲבוֹדָה לַעֲבוֹדָה, וְגָמְרִינַן מִמַּחֲשֶׁבֶת פִּיגּוּל; רַבִּי שִׁמְעוֹן בֶּן לָקִישׁ אָמַר כְּשֵׁרָה – אֵין מְחַשְּׁבִין מֵעֲבוֹדָה לַעֲבוֹדָה, וְלָא גָּמְרִינַן מִמַּחֲשֶׁבֶת פִּיגּוּל.

The Gemara elaborates: **Rabbi Yoḥanan says** that the offering is **unfit.** He holds that **one transfers intent from** one sacrificial **rite to** another sacrificial **rite, and** the reason is that **we derive** the *halakha* of slaughter of a sin offering not for its sake **from** the *halakha* of **intent for *piggul*,**[N] i.e., performance of one of the sacrificial rites with the intent to sprinkle the blood of the offering beyond its appointed time. And **Rabbi Shimon ben Lakish says** that the offering is **fit** because he holds that **one does not transfer intent from** one sacrificial **rite to** another sacrificial **rite, and** the reason is that **we do not derive** the *halakha* of any other improper intent **from** the *halakha* of **intent for *piggul*.**

וּצְרִיכָא, דְּאִי אִיתְּמַר בְּהָא – בְּהָא קָאָמַר רַבִּי שִׁמְעוֹן בֶּן לָקִישׁ, מִשּׁוּם דְּחוּץ מִפְּנִים לָא יָלְפִינַן, אֲבָל פְּנִים מִפְּנִים – אֵימָא מוֹדֵי לֵיהּ לְרַבִּי יוֹחָנָן;

The Gemara notes: **And** it is **necessary** to state the dispute between Rabbi Yoḥanan and Reish Lakish in both cases. **As, if** it **were stated** only **with regard to that** case of one who slaughters an animal in order to sprinkle its blood for idol worship, perhaps one would conclude that it is specifically **in that** case that **Rabbi Shimon ben Lakish states** his opinion that the slaughter is valid, **due to** the fact **that we do not derive** the *halakhot* of non-sacred slaughter **outside** the Temple **from** the *halakhot* of slaughter of sacrificial animals **inside** the Temple. **But** in the case of one who slaughters an offering for the sake of another offering, where we would be deriving the *halakhot* of slaughter of sacrificial animals **inside** the Temple **from** the *halakhot* of another case of slaughter of sacrificial animals **inside** the Temple, **say** that Reish Lakish **concedes to Rabbi Yoḥanan** that the offering is unfit.

וְאִי אִתְּמַר בְּהָךְ – בְּהַהִיא קָאָמַר רַבִּי יוֹחָנָן, אֲבָל בְּהָא – אֵימָא מוֹדֵי לֵיהּ לְרַבִּי שִׁמְעוֹן בֶּן לָקִישׁ, צְרִיכָא.

And if their dispute **was stated with regard to this** case of one who slaughters an offering for the sake of another offering, perhaps one would conclude that it is specifically **in this** case that **Rabbi Yoḥanan said** that the offering is unfit, because he holds that one derives the *halakhot* of slaughter of sacrificial animals inside the Temple from the *halakhot* of another case of slaughter of sacrificial animals inside the Temple. **But in that** case of one who slaughters an animal in order to sprinkle its blood for idol worship, **say that** Rabbi Yoḥanan **concedes to Rabbi Shimon ben Lakish** that the offering is fit due to the fact that the *halakhot* of non-sacred slaughter outside the Temple are not derived from the *halakhot* of slaughter of sacrificial animals inside the Temple. Therefore, it is **necessary** to state the dispute between Rabbi Yoḥanan and Reish Lakish in both cases.

מֵתִיב רַב שֵׁשֶׁת: אָמַר רַבִּי יוֹסֵי, קַל וָחוֹמֶר הַדְּבָרִים: וּמָה בְּמָקוֹם שֶׁמַּחֲשָׁבָה פּוֹסֶלֶת, בְּמוּקְדָּשִׁין – אֵין הַכֹּל הוֹלֵךְ אֶלָּא אַחַר הָעוֹבֵד, מָקוֹם שֶׁאֵין מַחֲשָׁבָה פּוֹסֶלֶת, בְּחוּלִּין – אֵינוֹ דִּין שֶׁלֹּא יְהֵא הַכֹּל הוֹלֵךְ אֶלָּא אַחַר הַשּׁוֹחֵט?

Rav Sheshet raises an objection to both Rabbi Yoḥanan and Reish Lakish from the statement in the mishna with regard to one who slaughters for a gentile when the intent of the gentile is for idol worship. **Rabbi Yosei says:** The **matter** of the intent of the gentile is irrelevant in this case as can be derived by means of **an *a fortiori*** inference. **If in a place where intent** while slaughtering the animal **invalidates** the slaughter, i.e., **in sacrificial** animals, such as when slaughtering an offering with the intent to sacrifice it beyond its designated time, **everything follows only** the intent of the priest **performing the service** and not the intent of the owner, then **in a place where intent does not invalidate** the slaughter, i.e., **in non-sacred** animals, **is it not right that everything should follow only** the intent of **the one who slaughters** the animal?

מַאי "אֵין מַחֲשָׁבָה פּוֹסֶלֶת בְּחוּלִּין"? אִילֵימָא דְּלָא פָּסְלָה כְּלָל, אֶלָּא זְבִיחָה דַּעֲבוֹדָה זָרָה דְּמִיתַּסְרָא הֵיכִי מַשְׁכַּחַתְּ לַהּ?

Rav Sheshet elaborates: **What** is the meaning of: **Intent does not invalidate** the slaughter **in non-sacred** animals? **If we say** that it means **that** intent **does not invalidate** the slaughter of non-sacred animals **at all, but** then **how can you find** a case of **slaughter** with intent **for idol worship where** the animal **is forbidden?**

NOTES

One transfers intent from rite to rite and we derive the *halakha* from intent for *piggul* – מְחַשְּׁבִין מֵעֲבוֹדָה לַעֲבוֹדָה וְגָמְרִינַן מִמַּחֲשֶׁבֶת פִּיגּוּל: In other words, the fact that one transfers intent from one sacrificial rite to another sacrificial rite is based on the model of *piggul*. In the case of *piggul*, one slaughters the offering with the intent to sprinkle the blood beyond its designated time, and one who eats it is liable to receive *karet*. Therefore, if one slaughters a sin offering with the intent to sprinkle its blood not for the sake of the sin offering, the offering is disqualified.

אֶלָּא פְּשִׁיטָא – מֵעֲבוֹדָה לַעֲבוֹדָה, וְהָכִי קָאָמַר: וּמָה בְּמָקוֹם שֶׁמַּחֲשָׁבָה פּוֹסֶלֶת בְּמוּקְדָּשִׁין, מֵעֲבוֹדָה לַעֲבוֹדָה – אֵין הַכֹּל הוֹלֵךְ אֶלָּא אַחַר הָעוֹבֵד, מָקוֹם שֶׁאֵין מַחֲשָׁבָה פּוֹסֶלֶת בְּחוּלִּין, מֵעֲבוֹדָה לַעֲבוֹדָה, אֶלָּא בְּאוֹתָהּ עֲבוֹדָה – אֵינוֹ דִּין שֶׁלֹּא יְהֵא הַכֹּל הוֹלֵךְ אֶלָּא אַחַר הַשּׁוֹחֵט?

Rather, it is obvious that the meaning of that phrase in the statement of Rabbi Yosei is that one does not transfer intent **from** one sacrificial **rite to** another sacrificial **rite, and this** is what Rabbi Yosei **is saying: If in a place where intent invalidates,** i.e., **in sacrificial** animals, **from** one sacrificial **rite to** another sacrificial **rite, everything follows only** the intent of the one **performing** the slaughter, and the intent of the owners is irrelevant, in a **place where intent does not invalidate,** i.e., **in non-sacred** animals, **from** one **rite to** another **rite** but it does so **only within the same rite, is it not right that everything should follow only** the intent of **the one who slaughters** the animal?

פְּנִים קַשְׁיָא לְרַבִּי שִׁמְעוֹן בֶּן לָקִישׁ, חוּץ קַשְׁיָא לְרַבִּי יוֹחָנָן!

According to this understanding of the contention of Rabbi Yosei in the mishna, the case of the slaughter of a sacrificial animal **inside** the Temple is **difficult for Rabbi Shimon ben Lakish,** as contrary to his opinion, Rabbi Yosei says that in that case one transfers intent from one sacrificial rite to another sacrificial rite. The case of slaughter of a non-sacred animal **outside** the Temple is **difficult for Rabbi Yoḥanan,** as contrary to his opinion, Rabbi Yosei says that in that case one does not transfer intent from one rite to another rite.

בִּשְׁלָמָא פְּנִים, לְרַבִּי שִׁמְעוֹן בֶּן לָקִישׁ לָא קַשְׁיָא, הָא – מִקַּמֵּי דְּשָׁמְעָהּ מֵרַבִּי יוֹחָנָן, הָא – לְבָתַר דִּשְׁמָעָהּ מֵרַבִּי יוֹחָנָן, אֶלָּא חוּץ קַשְׁיָא לְרַבִּי יוֹחָנָן!

Rav Sheshet continues: **Granted,** the case of **inside** the Temple is **not difficult for Rabbi Shimon ben Lakish,** because one can explain that he stated **this** statement that one does not transfer intent from one sacrificial rite to another sacrificial rite before **he heard** the mishna **from Rabbi Yoḥanan,** his teacher, and he stated **that** one transfers intent from one sacrificial rite to another sacrificial rite **after he heard** the mishna **from Rabbi Yoḥanan.** His dispute with Rabbi Yoḥanan is limited to transfer of intent for idol worship from rite to rite. **But** the case of slaughter of a non-sacred animal **outside** the Temple **is difficult for Rabbi Yoḥanan.**

הוּא מוֹתִיב לַהּ, וְהוּא מְפָרֵק לַהּ: בְּאַרְבַּע עֲבוֹדוֹת, וְהָכִי קָאָמַר: וּמָה בְּמָקוֹם שֶׁמַּחֲשָׁבָה פּוֹסֶלֶת בְּמוּקְדָּשִׁין, בְּאַרְבַּע עֲבוֹדוֹת – אֵין הַכֹּל הוֹלֵךְ אֶלָּא אַחַר הָעוֹבֵד,

Rav Sheshet **raises the objection, and he resolves it.** That which Rabbi Yosei said, that intent inside the Temple disqualifies the slaughter of a sacrificial animal but intent outside the Temple does not disqualify the slaughter of a non-sacred animal, is unrelated to transfer of intent from one rite to another. Rather, Rabbi Yosei is referring to a case where one performed any **of the four** sacrificial **rites**[B] with improper intent, e.g., to eat the offering beyond its appointed time. **And this** is what Rabbi Yosei **is saying: If in a place where intent** while slaughtering the animal **invalidates** the slaughter **in sacrificial** animals, if that intent was **during** performance of any of the **four** sacrificial **rites,** i.e., slaughter, receiving the blood, conveying the blood to the altar, and sprinkling the blood on the altar, **everything follows only** the intent of the priest **performing the service** and not the intent of the owner,

מָקוֹם שֶׁאֵין מַחֲשָׁבָה פּוֹסֶלֶת בְּחוּלִּין, אֶלָּא בִּשְׁתֵּי עֲבוֹדוֹת – אֵינוֹ דִּין שֶׁלֹּא יְהֵא הַכֹּל הוֹלֵךְ אֶלָּא אַחַר הַשּׁוֹחֵט?

then **in a place where intent invalidates** the slaughter **in non-sacred** animals slaughtered with intent for idol worship **during** performance of **only two** sacrificial **rites,** slaughter and sprinkling the blood, **is it not right that everything should follow only** the intent of **the one who slaughters** the animal?

BACKGROUND

Four sacrificial rites – אַרְבַּע עֲבוֹדוֹת: Although a priest performs many actions in the course of sacrificing an offering, the offering is disqualified only if the priest performs one of four sacrificial rites with improper intent: Slaughtering the offering, receiving its blood in a sacred vessel, taking the blood to the altar, and sprinkling the blood on the altar.

תַּנְיָא כְּוָותֵיהּ דְּרַבִּי יוֹחָנָן: הַשּׁוֹחֵט אֶת הַבְּהֵמָה לִזְרוֹק דָּמָהּ לַעֲבוֹדָה זָרָה, וּלְהַקְטִיר חֶלְבָּהּ לַעֲבוֹדָה זָרָה – הֲרֵי אֵלּוּ זִבְחֵי מֵתִים; שְׁחָטָהּ וְאַחַר כָּךְ חִישֵּׁב עָלֶיהָ – זֶה הָיָה מַעֲשֶׂה בְּקֵיסָרִי, וְלֹא אָמְרוּ בָּהּ לֹא אִיסּוּר וְלֹא הֶיתֵּר.

It is taught in a *baraita* **in accordance with** the opinion **of Rabbi Yoḥanan:** With regard to **one who slaughters an animal** in order **to sprinkle its blood**[H] **for idol worship or to burn its fat for idol worship,** the status of **these** animals **is** that of **offerings to the dead,**[B] i.e., to idols, and the slaughter is not valid. **If one slaughtered** the animal **and thereafter intended**[H] **in its** regard to sprinkle its blood or burn its fats for idol worship, **that was the incident in Caesarea,**[B] **and the Sages did not say** anything **with regard to** the animal, **neither prohibition nor permission.**[N]

אָמַר רַב חִסְדָּא: לֹא אָמְרוּ בָּהּ אִיסּוּר – מִשּׁוּם כְּבוֹדָן דְּרַבָּנַן, לֹא הֶיתֵּר – מִשּׁוּם כְּבוֹדוֹ דְּרַבִּי אֱלִיעֶזֶר.

Rav Ḥisda says in explanation of the conduct of the Sages that **they did not say prohibition, due to the honor of the Rabbis** in the mishna, who hold that the unspecified intent of a gentile, and presumably likewise of a Jew who worships idols, is not presumed to be directed to idol worship, and therefore his slaughter is valid. **Nor** did the Sages say **permission, due to the honor of Rabbi Eliezer,** who holds that the unspecified intent of a gentile, and presumably likewise of a Jew who worships idols, is presumed to be directed to idol worship.

מִמַּאי? דִּלְמָא עַד כָּאן לָא קָאָמְרִי רַבָּנַן הָתָם אֶלָּא דְּלָא שְׁמַעְנָא דְּחָשֵׁיב, אֲבָל הָכָא דְּשָׁמְעִינַן דְּחָשֵׁיב – הוֹכִיחַ סוֹפוֹ עַל תְּחִלָּתוֹ!

The Gemara asks: **From where** is that conclusion drawn? **Perhaps the Rabbis say** that the slaughter is permitted **only there** in the mishna, **because we did not hear** explicitly **that** the gentile **intends** the slaughter for idol worship. **But here** in the case in the *baraita,* **where we hear** thereafter **that he intends** to sprinkle the blood or burn the fats for idol worship, perhaps **his ultimate** statement **proves** the nature of **his original** intent while performing the slaughter.

אִי נָמֵי, עַד כָּאן לָא קָאָמַר רַבִּי אֱלִיעֶזֶר הָתָם אֶלָּא גַּבֵּי נׇכְרִי, דִּסְתָם מַחְשֶׁבֶת נׇכְרִי לַעֲבוֹדָה זָרָה, אֲבָל יִשְׂרָאֵל – הוֹכִיחַ סוֹפוֹ עַל תְּחִלָּתוֹ לָא אָמְרִינַן!

Alternatively, perhaps when **Rabbi Eliezer states there** in the mishna that slaughter performed on behalf of a gentile is not valid, this applies **only with regard to** an animal that is owned by **a gentile, as the unspecified intent of a gentile is directed to idol worship. But** in the case in the *baraita* where the animal belongs **to a Jew, we do not say** that **his ultimate statement proves** the nature of **his original** intent.

אֶלָּא אָמַר רַב שֵׁיזְבִי: לֹא אָמְרוּ בָּהּ הֶיתֵּר – מִשּׁוּם כְּבוֹדוֹ דְּרַבָּן שִׁמְעוֹן בֶּן גַּמְלִיאֵל. הֵי רַבָּן שִׁמְעוֹן בֶּן גַּמְלִיאֵל?

Rather, Rav Sheizevi said that the Sages **did not state permission with regard to** the animal in the *baraita* **due to the honor of Rabban Shimon ben Gamliel,** who holds that one's ultimate actions prove the nature of his original intent. The Gemara asks: **Which** statement of **Rabban Shimon ben Gamliel** indicates that this is his opinion?

HALAKHA

One who slaughters an animal to sprinkle its blood – **הַשּׁוֹחֵט אֶת הַבְּהֵמָה לִזְרוֹק דָּמָהּ**: If one slaughters an animal with the intent for idol worship, even if his intent was not to perform the slaughter for idol worship, but was to sprinkle the blood or burn the fats for idol worship, it is prohibited to derive benefit from the animal, in accordance with the opinion of Rabbi Yoḥanan (Rambam *Sefer Kedusha, Hilkhot Sheḥita* 2:15; *Shulḥan Arukh, Yoreh De'a* 4:1).

If one slaughtered the animal and thereafter intended – **שְׁחָטָהּ וְאַחַר כָּךְ חִישֵּׁב עָלֶיהָ**: If one slaughtered an animal without any specific intent, and thereafter intended to sprinkle its blood or burn its fats for idol worship, it is uncertain whether that is considered slaughter for idol worship or not, and the animal's flesh is consequently forbidden. The later authorities disagree whether it is only its consumption that is forbidden or whether even benefit from it is forbidden (Rambam *Sefer Kedusha, Hilkhot Sheḥita* 2:16; *Shulḥan Arukh, Yoreh De'a* 4:2, and see *Be'er Heitev* there).

NOTES

And did not say with regard to it neither prohibition nor permission – **וְלֹא אָמְרוּ בָּהּ לֹא אִיסּוּר וְלֹא הֶיתֵּר**: There is a dispute between *amora'im* in the Jerusalem Talmud (*Gittin* 6:6) citing Rav Ḥisda as to the meaning of this statement. Some say that this indicates that there was no concern that led the Sages to prohibit in this case, as had there been a concern, they would have explicitly prohibited the animal. Others say that on the contrary, this indicates that there was a concern that led the Sages to prohibit the animal in this case, as if there was no concern, they would have explicitly permitted the animal.

BACKGROUND

Offerings to the dead – **זִבְחֵי מֵתִים**: The origin of this term is Psalms 106:28, where it appears in the context of worshipping the god Ba'al-Peor. Therefore, the phrase: Offerings to the dead, has been employed in reference to offerings sacrificed to idols, i.e., gods who are dead, in contrast to the living or true God of Israel. Alternatively, the term alludes to the Canaanite practice of sacrificing animals to deceased people in accordance with their belief that departed souls partake of the meat.

Caesarea – **קֵיסָרִי**: Caesarea, a coastal city originally founded in the fourth century BCE by Straton I of Sidon, was originally known by the Greek name Στρατώνος πύργος, *Stratonos purgos*, meaning Straton's Tower. Over time, the city's significance waned, and ultimately Alexander Yannai conquered it and annexed it to Judea. This was commemorated by an annual celebration (*Megillat Ta'anit*). It was subsequently conquered by the Romans, and eventually given to Herod by the Roman emperor Augustus Caesar. In 30 BCE King Herod renovated the city and called it Caesarea in honor of his benefactor.

Later, in the year 6 CE, the Romans established Caesarea as the administrative capital of Judea. Originally most of Caesarea's residents were gentiles, and even later, when its Jewish community grew and became more established, the town remained a predominantly Roman city. Nevertheless, particularly after the bar Kokheva revolt, it was home to a yeshiva and to leading *tanna'im* such as bar Kappara and Rabbi Oshaya Rabba, disciples of Rabbi Yehuda HaNasi. Later, prominent *amora'im* lived there, including Rabbi Yosei, son of Rabbi Ḥanina, Rabbi Abbahu and his sons, Rabbi Ḥanina bar Pappa, Rabbi Yitzḥak ben Elazar, and Rabbi Ḥizkiyya. Sections of the Jerusalem Talmud were apparently redacted in Caesarea. Caesarea continued to function as a significant and wealthy city until its destruction in the thirteenth century.

Hippodrome in Caesarea

Caesarea
Jerusalem

Location of Caesarea

אִילֵימָא רַבָּן שִׁמְעוֹן בֶּן גַּמְלִיאֵל דְּגִיטִּין, דִּתְנַן: הַבָּרִיא שֶׁאָמַר ״כִּתְבוּ גֵּט לְאִשְׁתִּי״ – רָצָה לְשַׂחֵק בָּהּ,

If we say that the reference is to the statement of **Rabban Shimon ben Gamliel with regard to bills of divorce,** this is difficult. **As we learned** in a mishna (*Gittin* 66a) that if a dying man said to the people present: Write a bill of divorce for my wife, those people should write and deliver the bill of divorce to his wife. Although the delivery was not included in his command, that is clearly his intent. But **a healthy** man **who says: Write a bill of divorce**[B] **for my wife,** but did not say: Deliver it to her, presumably **sought to mock her** and not to designate his listeners as agents of delivery.

וּמַעֲשֶׂה בְּבָרִיא שֶׁאָמַר ״כִּתְבוּ גֵּט לְאִשְׁתִּי״ וְעָלָה לַגַּג וְנָפַל וּמֵת, אָמַר רַבָּן שִׁמְעוֹן בֶּן גַּמְלִיאֵל: אִם מֵעַצְמוֹ נָפַל – הֲרֵי זֶה גֵּט, וְאִם הָרוּחַ דְּחָתוֹ – אֵינוֹ גֵּט;

The mishna continues: **And there was an incident involving a healthy** man **who said: Write a bill of divorce for my wife,**[H] and then **ascended to the roof and fell, and died. Rabban Shimon ben Gamliel says: If he fell at his own** initiative, taking his own life, **it** is a valid **bill of divorce,** as it is clear that he anticipated his death, thereby rendering his halakhic status like that of a dying man. But **if the wind forced him** to fall and he died, **it is not** a valid **bill of divorce,** as there was no clear intent to give her the bill of divorce.

וְהָוֵינַן בָּהּ, מַעֲשֶׂה לִסְתּוֹר?!

And we discussed the mishna: Did the *tanna* cite **an incident to contradict**[B] that which was stated previously in the mishna? The *tanna* states unequivocally that when a healthy man says: Write a bill of divorce for my wife, the bill of divorce is not valid. The *tanna* then cites an incident indicating that under certain circumstances, when a healthy man says: Write a bill of divorce for my wife, the bill of divorce is valid.

חַסּוּרֵי מִיחַסְּרָא, וְהָכִי קָתָנֵי: אִם הוֹכִיחַ סוֹפוֹ עַל תְּחִלָּתוֹ – הֲרֵי זֶה גֵּט; וּמַעֲשֶׂה נַמִי בְּבָרִיא שֶׁאָמַר ״כִּתְבוּ גֵּט לְאִשְׁתִּי״, וְעָלָה לַגַּג וְנָפַל וּמֵת, אָמַר רַבָּן שִׁמְעוֹן בֶּן גַּמְלִיאֵל: אִם מֵעַצְמוֹ נָפַל – הֲרֵי זֶה גֵּט, וְאִם הָרוּחַ דְּחָתוֹ – אֵינוֹ גֵּט.

The Gemara answers: The mishna **is incomplete and this** is what **it is teaching:**[B] The healthy man who says: Write a bill of divorce for my wife, but did not say: Deliver it to her, presumably sought to mock her. But **if his ultimate** actions **prove** the nature of **his initial** intent, that he seeks to give the bill of divorce because he is about to die, **it is a** valid **bill of divorce. And** there was **an incident involving a healthy** man **who said: Write a bill of divorce for my wife,** and then **ascended to the roof and fell, and died. Rabban Shimon ben Gamliel said: If he fell at his own** initiative, **it is a** valid **bill of divorce,** but **if the wind forced him** to fall, **it is not** a valid **bill of divorce.**

וְדִלְמָא שָׁאנֵי הָתָם, דְּקָאָמַר ״כִּתְבוּ״!

The Gemara explains why this is not a proof: **But perhaps** the case cited **there is different, as** the husband initially **says: Write** a bill of divorce for my wife, indicating that he originally intended to fall from the roof. By contrast, in the case of slaughter, there is no indication of his original intent.

BACKGROUND

Bill of divorce [*get*] – גֵּט: Although the term *get* is employed with regard to all legal documents, its most common use is in relation to a bill of divorce. The basic text of a bill of divorce includes the declaration of the husband that he divorces his wife and that it is permitted for her to marry any other man. He is identified by his name and his father's name, and his wife is identified by her name and her father's name. The document must also include the date it was written and the signatures of two witnesses. In talmudic times a bill of divorce could be written privately by a scribe at the request of the husband. In later generations it became customary for a bill of divorce to be written in a rabbinical court with expertise in this field, so that no halakhic difficulties would arise that could potentially invalidate the document.

An incident to contradict – מַעֲשֶׂה לִסְתּוֹר: This is a common question, raised when a mishna or *baraita* cites an incident that appears to contradict the *halakha* that immediately precedes it. Typically, incidents related in a mishna serve to reinforce a stated *halakha*, demonstrating that it is not merely a theoretical statement but a practical *halakha*.

The mishna is incomplete and this is what it is teaching – חַסּוּרֵי מִיחַסְּרָא וְהָכִי קָתָנֵי: This method of explanation is found throughout the Talmud, but as a rule, it does not propose an actual emendation of the text of the mishna. The addition introduced by the Gemara is a necessary elaboration upon the mishna, based on various difficulties raised in the Gemara that render the mishna in its original form insufficiently clear or inconsistent with another authoritative source. The addition provides the necessary clarification.

HALAKHA

And there was an incident involving a healthy man who said: Write a bill of divorce for my wife – וּמַעֲשֶׂה בְּבָרִיא שֶׁאָמַר כִּתְבוּ גֵּט לְאִשְׁתִּי: If a healthy man said: Write a bill of divorce for my wife, the court writes, signs, and gives the bill of divorce to the husband. They do not give it to his wife until he explicitly instructs them to do so. If they gave it to his wife without the husband's explicit instructions, it is not a valid bill of divorce. If immediately after saying: Write a bill of divorce for my wife, the husband killed himself, e.g., he jumped from a roof or threw himself into the sea, the bill of divorce is valid, as his ultimate actions prove the nature of his original intent. If he ascended a roof and the wind blew him off the roof, and the court delivered the bill of divorce to his wife, it is not a valid bill of divorce (Rambam *Sefer Nashim, Hilkhot Geirushin* 2:12–13; *Shulḥan Arukh, Even HaEzer* 141:16–17).

אֶלָּא אָמַר רָבִינָא: מִשּׁוּם כְּבוֹדוֹ דְּרַבָּן שִׁמְעוֹן בֶּן גַּמְלִיאֵל דְּהָכָא, דְּתַנְיָא: הַכּוֹתֵב נְכָסָיו לַאֲחֵרִים וְהָיוּ בָּהֶן עֲבָדִים, וְאָמַר הַלָּה ״אִי אֶפְשִׁי בָּהֶן״, אִם הָיָה רַבּוֹ שֵׁנִי כֹּהֵן – הֲרֵי אֵלּוּ אוֹכְלִין בִּתְרוּמָה. רַבָּן שִׁמְעוֹן בֶּן גַּמְלִיאֵל אוֹמֵר: כֵּיוָן שֶׁאָמַר הַלָּה ״אִי אֶפְשִׁי בָּהֶן״ – כְּבָר זָכוּ בָּהֶן יוֹרְשִׁין.

Rather, Ravina said that the Sages did not state permission in the incident in Caesarea with regard to the animal **due to the honor of Rabban Shimon ben Gamliel,** to avoid contradicting the opinion **that** is cited **here, as it is taught** in a *baraita*: In a case of a person on his deathbed **who wrote** a document transferring **his property to others, and there were slaves**[H] **among** his property, **and that** intended recipient **says: I do not want** to assume ownership of the slaves, **if their second master,** the intended recipient, **was a priest, these** slaves **may partake of** ***teruma*****,**[B] and his protest is ignored. **Rabban Shimon ben Gamliel says: Once that** intended recipient **says: I do not want** to assume ownership of the slaves, **heirs** of the original owner **already acquired them.**[N]

וְהָוֵינַן בָּהּ: לְתַנָּא קַמָּא אֲפִילּוּ עוֹמֵד וְצוֹוֵחַ?

And we discussed the *baraita*: And according **to the first** ***tanna*****,** does the intended recipient acquire the slaves **even if he stands and shouts** in protest that he does not want to assume ownership of the slaves? That is not reasonable.

אָמַר רַבָּה, וְאִיתֵּימָא רַבִּי יוֹחָנָן: בְּצוֹוֵחַ מֵעִיקָּרָא – דְּכוּלֵּי עָלְמָא לָא פְּלִיגִי דְּלָא קָנָה. בְּשׁוֹתֵק וּבַסּוֹף צוֹוֵחַ – דְּכוּלֵּי עָלְמָא לָא פְּלִיגִי דְּקָנָה.

Rabba said, and some say it was **Rabbi Yoḥanan** who said: **In a** case where **he shouts** in protest **at the outset,** while the owner is giving him the gift, **everyone agrees that he did not acquire** the slaves. In a case where **he was silent** at that moment **and ultimately shouted** his protest at a later opportunity, **everyone agrees that he acquired** the slaves.

כִּי פְּלִיגִי – שֶׁזִּיכָּה לוֹ עַל יְדֵי אַחֵר וְשָׁתַק, וּלְבַסּוֹף צָוַוח; תַּנָּא קַמָּא סָבַר: מִדְּשָׁתֵיק – קַנְנְהוּ, וְהַאי דְּקָא צָוַוח – מֵיהְדָּר קָא הָדַר בֵּיהּ.

When they disagree it is in a case **where** the owner **transferred ownership** of the slaves **to him through another** person, **and** at that point the recipient **was silent, and ultimately,** when he actually received the slaves, **he shouted**[H] in protest. **The first** ***tanna*** **holds: Since he was** initially **silent, he acquired** the slaves, **and** the fact **that he is** ultimately **shouting** indicates that **he is retracting** his initial acceptance of the gift. That retraction is ineffective, as acquisitions cannot be nullified in that manner.

וְרַבָּן שִׁמְעוֹן בֶּן גַּמְלִיאֵל סָבַר: הוֹכִיחַ סוֹפוֹ עַל תְּחִילָּתוֹ, וְהָא דְּלָא צָוַוח מֵעִיקָּרָא, סָבַר: כִּי לָא אָתֵי לִידֵיהּ אַמַּאי אֶצְווֹחַ.

And Rabban Shimon ben Gamliel holds: His ultimate actions **prove** the nature of **his original** intent. He never wanted the slaves and always intended to avoid assuming ownership of them. **And** the fact **that he did not shout initially** is because **he thought:** As the situation is **that they did not** yet **enter my possession, why would I shout?**

אָמַר רַב יְהוּדָה אָמַר שְׁמוּאֵל: הֲלָכָה כְּרַבִּי יוֹסֵי.

§ The Gemara resumes discussion of the dispute in the mishna where Rabbi Yosei says that when a Jew slaughters an animal on behalf of a gentile, even if it is known that the intent of the gentile is for idol worship, the slaughter is valid, as it is only the intent of the slaughterer that is relevant. **Rav Yehuda says that Shmuel says:** The ***halakha*** **is in accordance with** the opinion of **Rabbi Yosei.**

הָנְהוּ טַיָּיעֵי דְּאָתוּ לְצִיקוֹנְיָא, יְהִיב דִּיכְרֵי לְטַבָּחֵי יִשְׂרָאֵל, אָמְרוּ לְהוּ: דָּמָא וְתַרְבָּא לְדִידַן, מַשְׁכָּא וּבִישְׂרָא לְדִידְכוּ. שְׁלַחָהּ רַב טוּבִי בַּר רַב מַתָּנָה לְקַמֵּיהּ דְּרַב יוֹסֵף: כִּי הַאי גַּוְונָא מַאי? שְׁלַח לֵיהּ, הָכִי אָמַר רַב יְהוּדָה אָמַר שְׁמוּאֵל: הֲלָכָה כְּרַבִּי יוֹסֵי.

The Gemara relates: There were **these Arabs who came to Tzikuneya,** and **they gave rams to Jewish slaughterers.** The Arabs **said to them: The blood and the fat are for us,** for use in our idol worship, and **the hide and the flesh are for you. Rav Tuvi bar Rav Mattana sent** a question to be asked **before Rav Yosef: In a case like this, what** is the *halakha*? Rav Yosef **sent to him: This** is what **Rav Yehuda said** that **Shmuel said:** The ***halakha*** **is in accordance with** the opinion of **Rabbi Yosei,** and it is the intent of the slaughterer and not the intent of the owner that determines the validity of the slaughter.

HALAKHA

One who wrote a document transferring his property to others, and there were slaves – **הַכּוֹתֵב נְכָסָיו לַאֲחֵרִים וְהָיוּ בָּהֶן עֲבָדִים**: If one wrote a document signing over his possessions to another, and then transferred them by means of a third party, and those possessions include slaves, and when the recipient hears of the gift he is silent, but later shouts that he does not wish to accept it, there is uncertainty with regard to ownership of the slaves, as the case is subject to a dispute between Rabban Shimon ben Gamliel and the Rabbis as to whether his ultimate actions prove the nature of his original intent (*Kesef Mishne*). Therefore, whether the original owner is a priest and the recipient a non-priest, or whether the original owner is a non-priest and the recipient a priest, it is prohibited for the slaves to partake of *teruma* (Rambam *Sefer Zera'im*, *Hilkhot Terumot* 9:6).

Where the owner transferred ownership of the slaves to him through another person, and at that point the recipient was silent, and ultimately he shouted – **שֶׁזִּיכָּה לוֹ עַל יְדֵי אַחֵר וְשָׁתַק וּלְבַסּוֹף צָוַוח**: If one transfers possession of a gift to another through an intermediary, and when the recipient hears of the gift he is silent, but he later shouts that he does not wish to accept it, there is uncertainty whether his initial silence indicated acceptance and his current protest signifies a change of heart, or whether his initial silence was due to the fact that he had not yet received anything, and his subsequent rejection is a reflection of his actual intent. Therefore, if another person takes possession of it, or if the original owner reclaims it, the court does not remove it from their possession. That uncertainty is based upon the uncertainty whether the *halakha* is in accordance with the opinion of Rabban Shimon ben Gamliel. Some (Rosh) rule that the *halakha* is in accordance with the opinion of the Rabbis, who hold that when the recipient is silent at first, he acquires the gift, and that one does not say: His ultimate actions prove the nature of his original intent (Rambam *Sefer Kinyan*, *Hilkhot Zekhiya UMattana* 4:3; *Shulḥan Arukh*, *Ḥoshen Mishpat* 245:11, and see *Shakh* and Gra there).

NOTES

Heirs of the original owner already acquired them – **כְּבָר זָכוּ בָּהֶן יוֹרְשִׁין**: This does not refer specifically to the heirs, but rather indicates that the gift should be returned to the one who gave it. If that person is no longer alive, the gift should be returned to his heirs. According to this opinion, the gift never left the possession of the one who sought to give it to the other person (Rashbam).

BACKGROUND

Partake of ***teruma*** **–** **אוֹכְלִין בִּתְרוּמָה**: By Torah law, it is prohibited for non-priests to partake of *teruma*. Nevertheless, in certain cases non-priest relatives or dependents of priests may partake of *teruma*. A male adult priest confers the right to partake of *teruma* to his wife, sons, unmarried daughters, Canaanite slaves, and animals. It is permitted for the widow of a priest who is not the daughter of a priest to partake of *teruma* if she has children or grandchildren from her deceased husband, and the existence of surviving descendants enables not only the widow, but also her slaves to continue partaking of *teruma*.

אָמַר לֵיהּ רַב אַחָא בְּרֵיהּ דְּרַב אָוְיָא לְרַב אַשִׁי: לְרַבִּי אֱלִיעֶזֶר, יָהֵיב לֵיהּ זוּזָא לְטַבָּח יִשְׂרָאֵל, מַאי? אֲמַר לֵיהּ: חָזֵינַן, אִי אִינִישׁ אַלְּמָא הוּא דְּלָא מָצֵי מַדְחֵי לֵיהּ – אָסוּר, וְאִי לָא – אָמַר לֵיהּ: רֵישָׁיךְ וְהַר.

Rav Aḥa, son of Rav Avya, said to Rav Ashi: According **to the** opinion of **Rabbi Eliezer** in the mishna, that if a Jew slaughters an animal on behalf of a gentile the slaughter is not valid, if the gentile **gave a dinar to a Jewish slaughterer** in order to purchase a small amount of the meat, **what** is the *halakha*? Does that small amount invalidate the entire slaughter? Rav Ashi **said to him: We examine** the situation. **If** this gentile **is a violent man, and** the Jew **is unable** to **repudiate his** offer[N] and tell him to take his money, the entire animal is **forbidden,** because the slaughter was partially on behalf of the gentile. **And if** the gentile is **not** violent, the Jew can **say to him:** Go and arrange a collision between **your head and a mountain,** as I will not slaughter an animal on your behalf.

מתני׳ הַשּׁוֹחֵט לְשֵׁם הָרִים, לְשֵׁם גְּבָעוֹת, לְשֵׁם יַמִּים, לְשֵׁם נְהָרוֹת, לְשֵׁם מִדְבָּרוֹת – שְׁחִיטָתוֹ פְּסוּלָה.

MISHNA In the case of **one who slaughters** an animal **for the sake of,** i.e., to worship, **mountains, for the sake of hills, for the sake of seas, for the sake of rivers,** or **for the sake of wildernesses, his slaughter is not valid.**

NOTES

If this gentile is a violent man and the Jew is unable to repudiate his offer, etc. – אִי אִינִישׁ אַלְּמָא הוּא דְּלָא מָצֵי מַדְחֵי לֵיהּ וכו׳: Rashi explains that although when the gentile hands the money to the Jew, the gentile acquires a portion of the meat, the Jew could refund the money, and then the gentile would no longer have a share in the animal. But if he is unable to refund the money, the gentile has a share in the animal against the Jew's will, and the Jew cannot claim that he did not slaughter the animal on his behalf.

Perek **II**
Daf **40** Amud **a**

שְׁנַיִם אוֹחֲזִין בְּסַכִּין וְשׁוֹחֲטִין, אֶחָד לְשֵׁם אֶחָד מִכׇּל אֵלּוּ וְאֶחָד לְשֵׁם דָּבָר כָּשֵׁר – שְׁחִיטָתוֹ פְּסוּלָה.

If there were **two people grasping**[H] **a knife** together **and slaughtering** an animal, **one** slaughtering **for the sake of one of all those** enumerated in the first clause of the mishna **and one** slaughtering **for the sake of a legitimate matter,** their **slaughter is not valid.**[N]

גמ׳ פְּסוּלָה – אִין, זִבְחֵי מֵתִים – לָא. וּרְמִינְהִי: הַשּׁוֹחֵט לְשׁוּם הָרִים, לְשׁוּם גְּבָעוֹת, לְשׁוּם נְהָרוֹת, לְשׁוּם מִדְבָּרוֹת, לְשׁוּם חַמָּה וּלְבָנָה, לְשׁוּם כּוֹכָבִים וּמַזָּלוֹת, לְשׁוּם מִיכָאֵל הַשַּׂר הַגָּדוֹל, לְשׁוּם שִׁילְשׁוּל קָטָן – הֲרֵי אֵלּוּ זִבְחֵי מֵתִים!

GEMARA The mishna states that if one slaughters for the sake of mountains or other natural entities the slaughter is unfit. The Gemara infers: It is **unfit, yes;** with regard to **offerings to the dead,** i.e., to idols, it is **not** in that category. Apparently, the status of the animal is that of an unslaughtered carcass, from which benefit is permitted, and not that of an idolatrous offering, from which benefit is forbidden. **And** the Gemara **raises a contradiction** from a *baraita*: With regard to **one who slaughters for the sake of mountains,**[H] **for the sake of hills, for the sake of rivers, for the sake of wildernesses, for the sake of the sun and moon, for the sake of stars and constellations, for the sake of Michael**[B] **the great ministering angel,**[N] or even **for the sake of a small worm, these are offerings to the dead,** from which benefit is forbidden.

BACKGROUND

Michael – מִיכָאֵל: Many angels are mentioned in rabbinic literature, but only two are named in the Bible: Michael and Gabriel. The former is a protector of Israel who contends with the guardian angels of Persia and Greece (see Daniel, chapter 10); the latter assists Daniel in understanding a prediction of those empires' fates (see Daniel, chapter 8). According to the midrash, these two angels, along with the angels Raphael and Uriel, stand on the four sides of God's throne (*Bemidbar Rabba* 2:10).

NOTES

If there were two people grasping a knife and slaughtering…their slaughter is not valid – שְׁנַיִם אוֹחֲזִין בְּסַכִּין וְשׁוֹחֲטִין...שְׁחִיטָתוֹ פְּסוּלָה: Some explain that this refers to a case where both are holding the same knife. The mishna teaches that not only is the slaughter invalidated when each person is holding his own knife and the slaughter performed with valid intent is independent of the slaughter with the intent that is not valid, but even when they are both holding the same knife, and in that act of slaughter there is an element of valid intent, the slaughter is not valid (Rashba).

Others explain that, on the contrary, the reference is to a case where they slaughtered with two knives, and the mishna serves to teach that not only is the slaughter not valid when they slaughter together with the same knife, where the person with the intent to slaughter for idol worship participates in the cutting of both *simanim*, but even in a case where each cut one *siman* with his own knife, and one *siman* was cut exclusively with valid intent, the slaughter is not valid (Rabbeinu Yehonatan of Lunel; see Meiri).

Michael the great ministering angel – מִיכָאֵל הַשַּׂר הַגָּדוֹל: This is based on the verse: "And at that time shall Michael stand, the great ministering angel who stands for the children of your people; and there shall be a time of trouble, such as never was since there was a nation until that time; and at that time your people shall be delivered, every one that shall be found written in the book" (Daniel 12:1). Michael is the most distinguished and most prominent of all the angels (see *Bereshit Rabba* 48:10 and *Berakhot* 4b).

HALAKHA

If there were two people grasping – שְׁנַיִם אוֹחֲזִין: In a case where two people slaughter a single animal, whether they are both holding different ends of the same knife or whether each cuts one of the *simanim* with his own knife, if one of them has intent to slaughter for a purpose that invalidates the slaughter, the slaughter is not valid. This is the *halakha* provided that each has a share in the animal. The slaughter is not invalidated by the intent of one without a share in the animal, as one does not render forbidden an item that is not his. His desire is merely to torment the owner, in accordance with the Gemara later (41a). Some say that even when both have a share in the animal, it is possible that he does not intend to slaughter the animal for the sake of idol worship but merely desires to torment the other; therefore, the animal is permitted. The Rema writes that some hold that it is prohibited in any event, due to the appearance of a prohibition (*Beit Yosef*, citing Rosh and *Tur*). One should adopt the stringent ruling (Rambam *Sefer Kedusha*, *Hilkhot Sheḥita* 2:21; *Shulḥan Arukh*, *Yoreh De'a* 4:4, 5:3).

One who slaughters for the sake of mountains – הַשּׁוֹחֵט לְשׁוּם הָרִים: If one slaughters for the sake of mountains or valleys, the sun or the moon, stars or constellations, or seas or rivers, it is not considered an idolatrous offering, and deriving benefit from the animal is permitted. The slaughter is not valid, even though he did not intend to worship those entities, but did so only to cure an illness or for other foolish reasons that gentiles cite. If he slaughtered for the sake of an angel appointed over a mountain or another area, whether it is for the sake of the great ministering angel Michael or the angel that watches over the smallest worm, the status of the animal that he slaughtered is that of an offering to the dead, and it is prohibited to derive benefit from it, even if it was not his intent to worship that power (*Shakh*). This is in accordance with the Rambam's understanding of the conclusion of the Gemara (Rambam *Sefer Kedusha*, *Hilkhot Sheḥita* 2:14; *Shulḥan Arukh*, *Yoreh De'a* 4:6).

אָמַר אַבָּיֵי, לָא קַשְׁיָא: הָא דְּאָמַר לָהָר, הָא דְּאָמַר לְגַדָּא דְּהַר. דַּיְקָא נַמִי, דְּקָתָנֵי דּוּמְיָא דְּמִיכָאֵל שַׂר הַגָּדוֹל, שְׁמַע מִינָּהּ.

Abaye said: The apparent contradiction between the mishna and the *baraita* is **not difficult. This** mishna that teaches that the slaughter is not valid but benefit is permitted is referring to a case **where one says** that he is slaughtering the animal for the sake **of the mountain** itself, which is not an idol. **That** *baraita* that teaches that the animal is an offering to the dead and benefit is forbidden is referring to a case **where one says** that he is slaughtering the animal for the sake **of the angel of the mountain.**[N] The language of the *baraita* **is also precise, as** the mountain and the other natural entities **are taught** together with and therefore **similar to Michael, the great ministering angel. Conclude from it** that the *tanna* is referring to slaughter for the sake of a spiritual entity, not the mountain itself.

אָמַר רַב הוּנָא: הָיְתָה בֶּהֱמַת חֲבֵירוֹ רְבוּצָה לִפְנֵי עֲבוֹדָה זָרָה, כֵּיוָן שֶׁשָּׁחַט בָּהּ סִימָן אֶחָד – אֲסָרָהּ. סָבַר לָהּ כִּי הָא דְּאָמַר עוּלָּא אָמַר רַבִּי יוֹחָנָן: אַף עַל פִּי שֶׁאָמְרוּ הַמִּשְׁתַּחֲוֶה לְבֶהֱמַת חֲבֵירוֹ לֹא אֲסָרָהּ, עָשָׂה בָּהּ מַעֲשֶׂה – אֲסָרָהּ.

Rav Huna says: If the animal of another was prone before an idol,[H] **once one cut one** ***siman***, the windpipe or the gullet, **he rendered** the animal **forbidden.**[N] **He holds in accordance with that which Ulla says that Rabbi Yoḥanan says: Although** the Sages **said** that **one who bows to the animal of another does not render it forbidden,** if **he performed** a sacrificial **rite upon it he renders it forbidden.** The case cited by Rav Huna involves an action of that kind, cutting one *siman*; therefore, the animal is forbidden.

אֵיתִיבֵיהּ רַב נַחְמָן לְרַב הוּנָא: הַשּׁוֹחֵט חַטָּאת בְּשַׁבָּת בַּחוּץ לַעֲבוֹדָה זָרָה – חַיָּיב שָׁלֹשׁ חַטָּאוֹת; וְאִי אָמְרַתְּ כֵּיוָן שֶׁשָּׁחַט בָּהּ סִימָן אֶחָד אֲסָרָהּ – אַשְׁחוּטֵי חוּץ לָא לִיחַיַּיב,

Rav Naḥman raised an objection to the opinion of **Rav Huna** from a *baraita*: **One who** unwittingly **slaughters** an animal that was designated as **a sin offering on Shabbat outside** the Temple, **for idol worship,**[H] **is liable** to bring **three sin offerings:** One for performing the prohibited labor of slaughtering on Shabbat, one for slaughtering a sacrificial animal outside the Temple, and one for slaughtering an animal for idol worship. **And if you say that once he cuts one** ***siman*** **he renders** the animal **forbidden** as an idolatrous offering, then **let him not be liable** to bring a sin offering **for slaughter** of a sacrificial animal **outside** the Temple courtyard,

HALAKHA

If the animal of another was prone before an idol – הָיְתָה בֶּהֱמַת חֲבֵירוֹ רְבוּצָה לִפְנֵי עֲבוֹדָה זָרָה: An animal that was designated for idol worship, whether it was designated as an idol or as an offering, may be slaughtered and eaten. But if one performed an action to the animal for idol worship, e.g., he slaughtered it for idol worship, even if he cut only half of one *siman*, benefit from the animal is forbidden, even if the animal belongs to another, in accordance with the opinion of Rav Huna (Rambam *Sefer HaMadda*, *Hilkhot Avoda Zara* 8:1; *Shulḥan Arukh*, *Yoreh De'a* 145:8).

One who unwittingly slaughters an animal that was designated as a sin offering on Shabbat outside the Temple for idol worship – הַשּׁוֹחֵט חַטָּאת בְּשַׁבָּת בַּחוּץ לַעֲבוֹדָה זָרָה: One who unwittingly slaughters a sacrificial animal outside the Temple on Shabbat for the sake of idol worship is liable to bring three sin offerings. He is liable for slaughtering a sacrificial animal outside the Temple, for performing a prohibited labor on Shabbat, and for idol worship. He is liable for all three because he violated all of the prohibitions at the same moment, in accordance with the *baraita* (Rambam *Sefer Korbanot*, *Hilkhot Shegagot* 4:1).

NOTES

For the angel [*gadda*] of the mountain – לְגַדָּא דְּהַר: Rashi explains that this refers to the angel who is appointed over the mountains, who is not attached to the ground, and whose status is consequently different from that of the mountain itself. The halakhic status of the angel is that of a deity, and offerings sacrificed to him are offerings to the dead. In Rambam's Commentary on the Mishna it says that *gadda* means luck or success, and this refers to one who brings the offering to the star that controls the fortune of the mountain, so that the star will be the source of his success. The usage of this term is similar to the manner in which the Sages explained the verse (Genesis 30:11): "And Leah said: Fortune [*gad*] is come; and she called his name Gad" (see *Bereshit Rabba* 71:12). That is also the usage of the term that appears in the verse: "Who prepare a table for fortune [*gad*]" (Isaiah 65:11).

If the animal of another was prone before an idol… he rendered it forbidden – הָיְתָה בֶּהֱמַת חֲבֵירוֹ רְבוּצָה לִפְנֵי עֲבוֹדָה זָרָה...אֲסָרָהּ: Rashi writes that there are several novel elements in Rav Huna's statement. One is the following: Although the animals were designated for idol worship and it is prohibited to sacrifice them to God, it is permitted for ordinary individuals to eat and benefit from them. Nevertheless, when one performs any action upon that animal, benefit from that animal is forbidden for individuals as well. A second novel element is that even though there is a principle that one does not render forbidden an item that is not his, when he performs an action he does render it forbidden.

Perek **II**
Daf **40** Amud **b**

מְחַתֵּךְ בְּעָפָר הוּא! אָמַר רַב פָּפָּא: הָכָא בְּחַטַּאת הָעוֹף עָסְקִינַן, דְּכוּלְּהוּ בַּהֲדֵי הֲדָדֵי קָאָתֵי.

as it is as though **he is** merely **chopping in dirt,**[N] since one is not liable for slaughtering outside the Temple courtyard a sacrificial animal unfit for sacrifice. **Rav Pappa said: Here we are dealing with a bird sin offering,** for which the requirement is to cut only one *siman*, and when cutting that *siman*, **all of** the three prohibitions **come** to be violated **simultaneously.**

NOTES

He is chopping in dirt – מְחַתֵּךְ בְּעָפָר הוּא: This question relates specifically to the prohibition against slaughtering an offering outside the Temple, as one is liable only for slaughtering outside the Temple a sacrificial animal fit to be sacrificed inside the Temple. But this question does not relate to the other prohibitions. With regard to the prohibition against performing a prohibited labor on Shabbat, it is not slaughter that is prohibited. Rather, the prohibition is taking a life, and he is liable whether or not it constitutes slaughter that would be valid in the Temple. The same is true with regard to the prohibition against slaughter for idol worship, that the prohibition is violated in any case where the animal is killed (Rashi).

NOTES

If not for the fact that Rav Huna said, etc. – אִי לָאו דְּאָמַר רַב הוּנָא וכו׳: Had Rav Huna not said so, the Gemara would not have been forced to draw the conclusion that the reference in the *baraita* is to the case of a bird sin offering. Rather, it could have been referring even to an animal, in which case one would violate all three prohibitions only at the conclusion of the slaughter, as only at that point would the animal be forbidden due to idol worship.

מִכְּדֵי רַב הוּנָא כְּמַאן אֲמָרָהּ לִשְׁמַעְתֵּיהּ – כְּעוּלָּא, וְעוּלָּא מַעֲשֶׂה כָּל דְּהוּ קָאָמַר!

The Gemara asks: **Now in accordance with whose** opinion did **Rav Huna state his *halakha*?** It is in accordance with the opinion **of Ulla,** who says: If he performed a sacrificial rite upon the animal, he renders it forbidden. **And Ulla says** that **a minimal action** renders the animal forbidden, as his ruling applies even to cutting one *siman*. According to Ulla's opinion, the moment that he begins the incision, the animal is forbidden and unfit to be sacrificed. Consequently, when he completes the slaughter outside the Temple, it is as though he is chopping dirt. Why then is he liable to bring a sin offering for slaughter of a sacrificial animal outside the Temple courtyard?

אֶלָּא בְּאוֹמֵר בִּגְמַר זְבִיחָה הוּא עוֹבְדָהּ.

The Gemara answers: **Rather,** the *baraita* is referring to a case **where one says** prior to the slaughter that **he is worshipping** the idol only **at the conclusion of the slaughter;**[H] therefore, only then is the animal rendered forbidden, and one is liable for all three sin offerings simultaneously.

אִי הָכִי, מַאי אִירְיָא חַטָּאת? לִישְׁמְעִינַן זֶבַח!

The Gemara asks: **If so, why** does the *tanna* teach the *halakha* **specifically** with regard to **a sin offering? Let him teach us** the *halakha* with regard to any type of **offering.** According to Rav Pappa, by contrast, it is clear why the *tanna* taught the *halakha* with regard to a sin offering.

אֶלָּא אָמַר מַר זוּטְרָא מִשְּׁמֵיהּ דְּרַב פָּפָּא: הָכָא בְּמַאי עָסְקִינַן – כְּגוֹן שֶׁהָיָה חֲצִי קָנֶה פָּגוּם וְהוֹסִיף עָלָיו כׇּל שֶׁהוּא וּגְמָרוֹ, דְּכוּלְּהוּ בַּהֲדֵי הֲדָדֵי קָאָתְיָין.

The Gemara returns to Rav Pappa's interpretation of the *baraita* as referring to the case of a bird sin offering. The previous difficulty then resurfaces, that the bird was rendered forbidden before the slaughter was completed, as according to Rav Huna and Ulla any minimal action renders the bird forbidden. **Rather, Mar Zutra said in the name of Rav Pappa: What are we dealing with here** in the *baraita*? It is a case **where half of the windpipe was deficient** before the slaughter, **and** the slaughterer **added to** that deficiency an incision of **any size, and completed it.** The minority of the windpipe had been cut before the slaughterer cut it further, completing the act of slaughter. **As** in that case **all of** the three prohibitions **come** to be violated **simultaneously.**

אָמַר רַב פָּפָּא: אִי לָאו דְּאָמַר רַב הוּנָא סִימָן אֶחָד, לָא הֲוָיָא חַטָּאת תְּיוּבְתֵּיהּ, מַאי מַעֲשֶׂה? מַעֲשֶׂה רַבָּה.

Rav Pappa said: If not for the fact **that Rav Huna said**[N] that it is sufficient to cut **one *siman*** on the animal for idol worship to render it forbidden, the fact that the *baraita* mentions **a sin offering** specifically **would not raise a difficulty for his** opinion. In that case, one could explain: **What** is **the action** that renders the animal forbidden according to Ulla? It is **a significant action,** i.e., completion of the slaughter for idol worship, that renders the animal forbidden.

וְאָמַר רַב פָּפָּא: אִי לָאו דְּאָמַר רַב הוּנָא בֶּהֱמַת חֲבֵירוֹ, לָא הֲוָיָא חַטָּאת תְּיוּבְתֵּיהּ, מַאי טַעְמָא? דִּידֵיהּ מָצֵי אָסַר, דְּחַבְרֵיהּ לָא מָצֵי אָסַר.

And Rav Pappa said: If not for the fact **that Rav Huna stated** his *halakha* specifically with regard to the **animal of another,** the fact that the *baraita* mentions specifically **a sin offering would not raise a difficulty for his** opinion. One could then explain: **What is the reason** that the animal designated as a sin offering is not rendered forbidden at the beginning of the slaughter? It is due to the fact that **one is able to render his** animal **forbidden,** but **one is not able to render** the animal **of another forbidden.** It is the priests who are entitled to derive benefit from the flesh of a sin offering.

פְּשִׁיטָא! מַהוּ דְּתֵימָא: כֵּיוָן דְּקָנֵי לֵיהּ לְכַפָּרָה – כְּדִידֵיהּ דָּמְיָא, קָא מַשְׁמַע לַן.

The Gemara objects: That is **obvious.** The Gemara explains: Rav Pappa needs to state this, **lest you say** that **since** one who brings a sin offering **acquires** the animal **for his atonement,** its status is **like** that of an animal that **is his.** Therefore, Rav Pappa **teaches us** that this does not suffice that the animal be considered his.

HALAKHA

He is worshipping the idol only at the conclusion of the slaughter – בִּגְמַר זְבִיחָה הוּא עוֹבְדָהּ: One who unwittingly slaughters a sacrificial animal outside the Temple on Shabbat for the sake of idol worship is liable to bring three sin offerings: One for slaughtering a sacrificial animal outside the Temple, one for performing a prohibited labor on Shabbat, and one for idol worship, as he violated all of the prohibitions at the same moment. This liability is in a case where he says that the idol worship will be at the conclusion of the slaughter. But if he did not say so, then immediately upon beginning the slaughter for idol worship, he renders the animal forbidden. Therefore, he is not liable for slaughtering a sacrificial animal outside the Temple, because when he cuts the majority of the two *simanim* the animal is no longer fit for sacrifice in the Temple. In a case where one slaughters a bird sin offering outside the Temple, and half of the bird's windpipe was deficient or cut before the slaughter, if he adds an incision of any size for idol worship he is liable to bring three sin offerings, because he violated all of the prohibitions at the same moment, in accordance with the *baraita* and the two explanations in the Gemara that are not contradictory (Rambam *Sefer Korbanot*, *Hilkhot Shegagot* 4:1, and Mahari Kurkus there).

(נע״ץ סִימָן). רַב נַחְמָן וְרַב עַמְרָם וְרַב יִצְחָק אָמְרִי: אֵין אָדָם אוֹסֵר דָּבָר שֶׁאֵין שֶׁלּוֹ.

The Gemara provides a **mnemonic** for the names of the *amora'im* who participate in the discussion that ensues: ***Nun***, Rav Naḥman; ***ayin***, Rav Amram; ***tzadi***, Rav Yitzḥak. **Rav Naḥman, and Rav Amram, and Rav Yitzḥak** all **say: A person does not render forbidden an item that is not his.**[N]

מֵיתִיבִי: הַשּׁוֹחֵט חַטָּאת בְּשַׁבָּת בַּחוּץ לַעֲבוֹדָה זָרָה – חַיָּיב שָׁלֹשׁ חַטָּאוֹת, וְאוֹקְמִינַן בְּחַטַּאת הָעוֹף וּבַחֲצִי קָנֶה פָּגוּם; טַעְמָא דְּחַטַּאת הָעוֹף הוּא, דְּכוּלְּהוּ בַּהֲדֵי הֲדָדֵי קָאָתְיָין.

The Gemara **raises an objection** from a *baraita*: **One who** unwittingly **slaughters** an animal that was designated as **a sin offering on Shabbat outside** the Temple **for idol worship is liable** to bring **three sin offerings. And we interpreted** the *baraita* as being **in the** case **of a bird sin offering, and** in a case **where half of the windpipe was deficient. The reason** for the triple liability **is that it is a bird sin offering, as** then, **all** of the three prohibitions **come** to be violated **simultaneously.**

NOTES

A person does not render forbidden an item that is not his – אֵין אָדָם אוֹסֵר דָּבָר שֶׁאֵין שֶׁלּוֹ: If one slaughters an animal that belongs to another for the sake of idolatry, the animal is not forbidden. Rabbeinu Ḥananel explains: It is not forbidden with the cutting of one of the *simanim*. Rather, even Rav Naḥman, Rav Amram, and Rav Yitzḥak would agree that it is forbidden only when he completes the slaughter. Rashi disagrees, as the Gemara later raises a difficulty with regard to their opinion from the case of one who pours a libation for idol worship with wine belonging to another, where the *halakha* is that the wine is forbidden. The Ramban explains that according to Rabbeinu Ḥananel's explanation, since pouring the libation is included in the category of damage that is not evident, as one cannot discern that the wine is now prohibited, it is not considered a complete action, and according to Rav Naḥman, Rav Amram, and Rav Yitzḥak the wine should not be forbidden.

The early commentaries add that even Rav Naḥman, Rav Amram, and Rav Yitzḥak hold that the principle that one does not render forbidden an item that is not his applies only with regard to deriving benefit from that item, not to eating it, which they agree is prohibited. The reason that eating it is prohibited is that slaughter for idol worship is slaughter that is not valid, and it is as though he stabbed the animal rather than slaughtered it (Ra'ah). Alternatively, the reason is that the principle: A person does not render forbidden an item that is not his, does not apply with regard to the prohibition against eating the flesh of the animal, as by slaughtering the animal for idol worship he does not actually render the animal forbidden. Rather, he simply does not render it permitted, and it is as though the animal died without slaughter (Ran). The Rashba disagrees and says that one does not render forbidden an item that is not his, not even to render it forbidden to be eaten.

Perek **II**
Daf **41** Amud **a**

אֲבָל זֶבַח – לָא; וְאִי אֵין אָדָם אוֹסֵר דָּבָר שֶׁאֵינוֹ שֶׁלּוֹ, מַאי אִרְיָא חַטַּאת הָעוֹף? אֲפִילּוּ חַטַּאת בְּהֵמָה נַמִי! כֵּיוָן דְּקַנְיָא לֵיהּ לְכַפָּרָה – כְּדִידֵיהּ דָּמְיָא.

But in the case of an animal **offering**[N] there is **no** way in which one can violate all three prohibitions simultaneously. **But if a person does not render forbidden an item that is not his, why** must the *tanna* teach the *halakha* **specifically** with regard to **a bird sin offering?** The same *halakha* would apply **even** in the case of **an animal sin offering.** This is because cutting one *siman* for idolatry does not render the animal forbidden, as the priest has the exclusive right to derive benefit from it, so it does not belong to the owner anymore. Therefore, one would violate the three prohibitions simultaneously. The Gemara answers: **Since** one who brings a sin offering **acquires** the animal **for his atonement,** its status is **like** that of an animal that **is his,** and he renders it forbidden with the first cut at the beginning of the slaughter.

NOTES

Animal offering [*zevaḥ*] **– זֶבַח:** This term refers specifically to an animal offering, as *lizboaḥ* refers to slaughter with a knife. By contrast, a bird offering is pinched with a fingernail at its nape (Rashi).

תָּא שְׁמַע: שְׁנַיִם אוֹחֲזִין בְּסַכִּין וְשׁוֹחֲטִין, אֶחָד לְשׁוּם אֶחָד מִכׇּל אֵלּוּ וְאֶחָד לְשׁוּם דָּבָר כָּשֵׁר – שְׁחִיטָתוֹ פְּסוּלָה! הָכָא בְּמַאי עָסְקִינַן – דְּאִית לֵיהּ שׁוּתָּפוּת בְּגַוָּהּ.

The Gemara suggests: **Come and hear** another objection from the mishna: If there were **two** people **grasping a knife** together **and slaughtering** an animal, **one** slaughtering **for the sake of one of all those** enumerated in the first clause of the mishna **and one** slaughtering **for the sake of a legitimate matter,** their **slaughter is not valid.** Based on the formulation of the mishna, the one slaughtering with improper intent is not necessarily the owner of the animal. How, then, can he render the animal forbidden? Apparently, one can render forbidden an item that is not his. The Gemara answers: **What are we dealing with here?** We are dealing with a case **where** the one with improper intent **has a partnership** share **in** the animal, so he is rendering his own animal forbidden.

תָּא שְׁמַע: הַמְטַמֵּא וְהַמְדַמֵּעַ וְהַמְנַסֵּךְ, בְּשׁוֹגֵג – פָּטוּר, בְּמֵזִיד – חַיָּיב! הָכָא נַמִי דְּאִית לֵיהּ שׁוּתָּפוּת בְּגַוָּהּ.

The Gemara suggests: **Come** and **hear** another objection from a mishna (*Gittin* 52b): With regard to **one who renders** another's food **impure,**[H] **and one who mixes** *teruma* with another's non-sacred produce, **and one who pours** another's wine **as a libation** before an idol, if he did so **unwittingly,**[N] he is **exempt** from payment of damages, even though he caused the other monetary loss. If he did so **intentionally,** he is **liable** to pay damages. Apparently, one can render forbidden an item that is not his. The Gemara answers: **Here too** it is a case **where** the one who caused the damage **has a partnership** share **in** the produce.

כְּתַנָּאֵי: גּוֹי שֶׁנִּיסֵּךְ יֵינוֹ שֶׁל יִשְׂרָאֵל שֶׁלֹּא בִּפְנֵי עֲבוֹדָה זָרָה – אֲסָרוֹ; רַבִּי יְהוּדָה בֶּן בְּתֵירָא וְרַבִּי יְהוּדָה בֶּן בָּבָא מַתִּירִין אוֹתוֹ מִפְּנֵי שְׁנֵי דְבָרִים: אֶחָד – שֶׁאֵין מְנַסְּכִין יַיִן אֶלָּא בִּפְנֵי עֲבוֹדָה זָרָה, וְאֶחָד – שֶׁיָּכוֹל לוֹמַר לוֹ: לֹא כׇּל הֵימֶנְךָ שֶׁתֶּאֱסֹר יֵינִי לְאוֹנְסִי.

The Gemara notes that the dispute whether one who slaughters another's animal for idol worship renders the animal forbidden, in accordance with Rav Huna, or does not render it forbidden, in accordance with Rav Naḥman, Rav Amram, and Rav Yitzḥak, is **parallel to** a dispute between *tanna'im* in a *baraita*: In the case of **a gentile who poured a Jew's wine** as an idolatrous **libation,** but **not in the presence of** an object of **idol worship, he has rendered** the wine **forbidden. Rabbi Yehuda ben Beteira and Rabbi Yehuda ben Bava permit** drinking the wine **due to two factors: One is that** the presumption is that idol worshippers **pour wine as** an idolatrous **libation only in the presence of** an object of **idol worship. And** the other **one is that** even if the gentile poured the wine as an idolatrous libation, the Jew **can say to** the gentile: It is **not within your** power **to render my wine forbidden against my will.**

וְרַב נַחְמָן וְרַב עַמְרָם וְרַב יִצְחָק אָמְרִי: אֲפִילּוּ לְמַאן דְּאָמַר אָדָם אוֹסֵר דָּבָר שֶׁאֵינוֹ שֶׁלּוֹ – הָנֵי מִילֵּי גּוֹי, אֲבָל יִשְׂרָאֵל – לְצַעוּרֵיהּ קָא מִיכַּוֵּין.

And Rav Naḥman, and Rav Amram, and Rav Yitzḥak say: Although Rav Huna's opinion is compatible only with the opinion of the first *tanna* in the *baraita* and not with the opinion of Rabbi Yehuda ben Beteira and Rabbi Yehuda ben Bava, we can state our opinion **even according to the one who says** that **a person renders forbidden an item that is not his,** e.g., by pouring his wine as a libation or slaughtering his animal for idol worship. **This statement** applies only in a case where **a gentile** pours the libation or slaughters the animal. **But** if **a Jew** pours the wine or slaughters the animal, presumably **he intends to torment** that other person,[H] and not to engage in idol worship. Therefore, a Jew does not render the animal forbidden.

תָּא שְׁמַע: שְׁנַיִם אוֹחֲזִין בְּסַכִּין וְשׁוֹחֲטִין, אֶחָד לְשׁוּם אֶחָד מִכׇּל אֵלּוּ וְאֶחָד לְשׁוּם דָּבָר כָּשֵׁר – שְׁחִיטָתוֹ פְּסוּלָה! הָכָא בְּמַאי עָסְקִינַן – בְּיִשְׂרָאֵל מְשׁוּמָּד.

The Gemara suggests: **Come** and **hear** a contradiction to that distinction from the mishna: If there were **two** people **grasping a knife** together **and slaughtering** an animal, **one** slaughtering **for the sake of one of all those** enumerated in the first clause of the mishna **and one** slaughtering **for the sake of a legitimate matter,** their **slaughter is not valid.** As the mishna is discussing a case involving Jews, this indicates that even a Jew who slaughters an animal for idol worship renders it forbidden. The Gemara answers: **What are we dealing with here?** We are dealing with the case **of a Jewish transgressor** whose intent when declaring that his slaughter is for the sake of mountains, hills, or other natural entities is for idol worship.

NOTES

Unwittingly – בְּשׁוֹגֵג: The one who rendered another's food impure did not realize that the owner was taking care to keep it pure. The one who poured a libation before an idol was unaware that pouring the wine would render it forbidden, or he was unaware that the wine belonged to another (Rashi). The reason he is exempt if he does so unwittingly, even though generally one is liable for unwitting damage, is because this is damage that is not evident. Liability for intentionally causing damage to others that is not evident is a penalty imposed by the Sages.

HALAKHA

One who renders impure, etc. – הַמְטַמֵּא וכו׳: The Sages penalized one who intentionally causes damage to the property of another that is not evident, e.g., he renders another's food ritually impure, mixes *teruma* with another's non-sacred produce, or pours another's wine as a libation before an idol, by rendering him obligated to pay damages in full. If he did so unwittingly or under duress he is exempt; the Sages penalized only one who does so intentionally (Rambam *Sefer Nezikin, Hilkhot Ḥovel UMazik* 7:2–3; *Shulḥan Arukh, Ḥoshen Mishpat* 385:1).

A Jew, he intends to torment that other person – יִשְׂרָאֵל לְצַעוּרֵיהּ קָא מִיכַּוֵּין: If a gentile slaughters another's animal for idol worship or uses his wine as an idolatrous libation, benefit from the animal or the wine is forbidden. If a Jew does so, he does not render benefit from the animal or the wine forbidden, because one does not render forbidden an item that is not his. Rather, his desire is merely to torment the other person. If the Jew was an apostate, or if others forewarned him and he acknowledged their forewarning and performed those actions anyway, his halakhic status is like that of a gentile, and he renders the animal or the wine forbidden, in accordance with the conclusion of the Gemara (Rambam *Sefer HaMadda, Hilkhot Avoda Zara* 8:1; *Sefer Kedusha, Hilkhot Sheḥita* 2:21; and *Sefer Nezikin, Hilkhot Ḥovel UMazik* 7:6; *Shulḥan Arukh, Yoreh De'a* 4:4, 145:8 and *Ḥoshen Mishpat* 385:2).

תָּא שְׁמַע: הַמְטַמֵּא וְהַמְדַמֵּעַ וְהַמְנַסֵּךְ, בְּשׁוֹגֵג – פָּטוּר, בְּמֵזִיד – חַיָּיב! הָכָא נַמִי בְּיִשְׂרָאֵל מְשׁוּמָּד.

The Gemara suggests: **Come** and **hear** a contradiction to the distinction between a Jew and gentile from a mishna (*Gittin* 52b): With regard to **one who renders** another's food **impure, and one who mixes** *teruma* with another's non-sacred produce, **and one who pours** another's wine as a libation before an idol, if he did so **unwittingly,** he is **exempt** from payment of damages, even though he caused the other monetary loss. If he did so **intentionally,** he is **liable** to pay damages. Apparently, a Jew who pours wine as a libation for idolatry renders wine that is not his forbidden. The Gemara answers: **Here too** the reference is **to an apostate Jew** whose intent is for idol worship.

אֲמַר לֵיהּ רַב אַחָא בְּרֵיהּ דְּרָבָא לְרַב אָשֵׁי: הִתְרוּ בּוֹ וְקִבֵּל עָלָיו הַתְרָאָה, מַאי? אֲמַר לֵיהּ: הִתִּיר עַצְמוֹ לְמִיתָה קָאָמְרַתְּ? אֵין לְךָ מְשׁוּמָּד גָּדוֹל מִזֶּה.

Rav Aḥa, son of Rava, said to Rav Ashi: With regard to a Jew who is not a transgressor but declared that he is slaughtering another's animal for idolatry, if those who heard his declaration **forewarned him** that doing so is prohibited by Torah law and is punishable by death, **and he acknowledged the forewarning**[B] and said: It is in full knowledge of the prohibition and the punishment that I do so, **what** is the *halakha*? Does he render the animal forbidden in that case? Rav Ashi **said to him: Are you saying** a case where **he subjected himself to death** by acknowledging the forewarning? **You have no transgressor greater than that,** and he certainly renders the animal forbidden.

מתני׳ אֵין שׁוֹחֲטִין לֹא לְתוֹךְ יַמִּים, וְלֹא לְתוֹךְ נְהָרוֹת, וְלֹא לְתוֹךְ כֵּלִים; אֲבָל שׁוֹחֵט הוּא לְתוֹךְ עוּגָה שֶׁל מַיִם, וּבִסְפִינָה עַל גַּבֵּי כֵּלִים. אֵין שׁוֹחֲטִין לְגוּמָּא כׇּל עִיקָּר, אֲבָל עוֹשֶׂה גוּמָּא בְּתוֹךְ בֵּיתוֹ בִּשְׁבִיל שֶׁיִּכָּנֵס הַדָּם לְתוֹכָהּ; וּבַשּׁוּק לֹא יַעֲשֶׂה כֵּן, שֶׁלֹּא

MISHNA

One may not slaughter an animal and have its blood flow, **neither into seas,**[B] **nor into rivers,**[NH] **nor into vessels,** as in all those cases it appears that he is slaughtering the animal in the manner of idolaters. **But one may slaughter** an animal and have its blood flow **into a round excavation** containing **water. And on a ship,** one may slaughter an animal **onto vessels**[H] as it is clear that his objective is to avoid sullying the ship. **One may not slaughter** an animal and have its blood flow **into a small hole**[B] in the ground **at all,**[NH] **but one may fashion a small hole inside his house so that the blood will enter into it. And in the marketplace one may not do so,** so **that** he will **not**

NOTES

One may not slaughter neither into seas nor into rivers – אֵין שׁוֹחֲטִין לֹא לְתוֹךְ יַמִּים וְלֹא לְתוֹךְ נְהָרוֹת: In a case where one slaughters an animal so that the blood will flow into a sea or river, it appears as though he is thereby worshipping the angel of the sea or the angel of the river. One may not slaughter into a vessel, because it appears as though he is collecting the blood for idol worship. These actions are prohibited *ab initio*, but one who performs them does not invalidate the slaughter, unlike one who slaughters for the sake of mountains or rivers (Rambam). The reason is that in the latter cases he articulated that he was slaughtering for the sake of the mountains. In the former case, the actions are prohibited only due to the appearance of prohibition (*Kol HaRemez*).

One may not slaughter into a small hole in the ground at all – אֵין שׁוֹחֲטִין לְגוּמָּא כׇּל עִיקָּר: The Gemara discusses the meaning of the term: At all. The plain meaning of the mishna is that such slaughter is forbidden even if there is water in the hole, in contrast to the case of slaughter into a round excavation, where this is permitted (see *Tosafot*, citing Rabbeinu Tam; *Or HaYashar*).

Although some explain that the problem with slaughtering into a hole in the ground is that it appears as though he is collecting the blood to sprinkle it for idol worship (*Tiferet Yisrael*), from the explanation of the early authorities it appears that slaughtering into a small hole in the ground is itself a form of idol worship. Others understand that doing so is prohibited based on the verse: "You shall not eat with the blood" (Leviticus 19:26). Others explain that it is not actual idol worship, but is a form of sorcery (see Rabbeinu Baḥyei). People would slaughter into a hole where the blood collected, and would then sit and eat around the hole and engage in divination and fortune telling, or summon demons to eat with them (see *Kereti UFleti*).

BACKGROUND

Forewarning – הַתְרָאָה: This legal concept refers to a formal forewarning to one about to perform a transgression. The forewarning must include the information that the act is prohibited and the punishment that one who performs the transgression would incur. This forewarning and the acknowledgment of it by the transgressor are necessary prerequisites for administering capital or corporal punishment. There are rare instances where punishment is administered in the absence of forewarning, e.g., one who incites others to worship idols, and conspiring witnesses. Forewarning serves several purposes; the primary goal is to inform a perpetrator that he is about to violate a Torah prohibition, in the hope that the information will prevent him from performing the transgression. In addition, the forewarning is useful in establishing the sinner's state of mind. If witnesses later testify that they or others forewarned the accused to desist, the defendant will then be unable to claim that he acted unwittingly or due to ignorance that the action was prohibited, and he will be convicted and punished as an intentional transgressor.

One may not slaughter…into seas – אֵין שׁוֹחֲטִין...לְתוֹךְ יַמִּים: From depictions that appear in Greek and Roman literature it appears that slaughtering an animal so that its blood runs into the sea was a rite of worship of the god of the sea, Poseidon or Neptune.

One may not slaughter into a small hole – אֵין שׁוֹחֲטִין לְגוּמָּא: There was an ancient custom to slaughter an animal so that the blood ran into a hole in the ground, dating back to the beginning of the Greek era. The blood would collect in the hole as a form of offering to the dead, and as a manner of divination or necromancy.

HALAKHA

One may not slaughter neither into seas nor into rivers – אֵין שׁוֹחֲטִין לֹא לְתוֹךְ יַמִּים וְלֹא לְתוֹךְ נְהָרוֹת: One may not slaughter an animal and have its blood flow into seas or rivers, in order to avoid creating the impression that he is slaughtering the animal to the angel of the sea. Similarly, one may not slaughter an animal and have its blood flow into vessels in order to avoid creating the impression that he is receiving the blood to sprinkle it for idol worship. One may slaughter into a vessel that contains water (Rambam *Sefer Kedusha*, *Hilkhot Sheḥita* 2:5; *Shulḥan Arukh*, *Yoreh De'a* 11:3).

And on a ship one may slaughter onto vessels – וּבִסְפִינָה עַל גַּבֵּי כֵּלִים: If one is on a ship and there is no empty space to slaughter an animal, he may slaughter onto overturned vessels (*Shakh*). Alternatively, he may reach his hand over the edge of the ship and slaughter so that the blood runs down the sides of the ship into the sea, and he need not be concerned, in accordance with the mishna and the *baraita* (Rambam *Sefer Kedusha*, *Hilkhot Sheḥita* 2:6; *Shulḥan Arukh*, *Yoreh De'a* 11:4).

One may not slaughter into a small hole in the ground at all – אֵין שׁוֹחֲטִין לְגוּמָּא כׇּל עִיקָּר: One may not slaughter an animal so that the blood will flow into a small hole in the ground, even inside a house. If one seeks to avoid sullying the house with blood, he may prepare a furrow or an incline near the hole, slaughter the animal there, and have the blood flow into the hole. He should not do so in public, as he would appear to be emulating the idolaters. The *halakha* is in accordance with the mishna and the *baraita* (Rambam *Sefer Kedusha*, *Hilkhot Sheḥita* 2:6; *Shulḥan Arukh*, *Yoreh De'a* 12:1).

יְחַקֶּה אֶת הַמִּינִין.

appear to **emulate** [*yeḥakkeh*][L] **the heretics.**

גמ׳ ״אֵין שׁוֹחֲטִין לֹא לְתוֹךְ״ וכו׳. מַאי שְׁנָא לְתוֹךְ יַמִּים דְּלָא – דְּאָמְרִי: לְשָׂרָא דִּימָּא קָא שָׁחֵיט, לְתוֹךְ עוּגָה שֶׁל מַיִם נַמִּי אָמְרִי: לְבָבוּאָה קָא שָׁחֵיט! אָמַר רָבָא: בַּעֲכוּרִים שָׁנוּ.

GEMARA The mishna teaches: **One may not slaughter** an animal and have its blood flow, **neither into** seas, nor into rivers, nor into vessels, but one may slaughter an animal and have its blood flow into a round excavation containing water. The Gemara asks: **What is different** about slaughter **into seas?** Is it **that** one may **not** perform it, **as** onlookers **will say: He is slaughtering to the angel of the sea?** If so, slaughter **into a round excavation** containing **water** should **also** be prohibited, as onlookers **will say: He is slaughtering to** his **reflection** [*bavua*],[L] which is also similar to idolatry. **Rava said:** The *tanna'im* **taught** that *halakha* **in** the case of **murky** water,[HN] in which no reflection can be seen.

״אֵין שׁוֹחֲטִין לְגוּמָא״ וכו׳. וְהָא אָמַרְתְּ: אֵין שׁוֹחֲטִין לְגוּמָא כְּלָל! אָמַר אַבַּיֵי: רֵישָׁא בְּגוּמָא שֶׁבַּשּׁוּק.

§ The mishna states: **One may not slaughter** an animal and have its blood flow **into a small hole** in the ground at all, but one may fashion a small hole inside his house so that the blood will enter into it. The Gemara asks: How is it permitted to slaughter and have the blood flow into a hole inside his house? **But didn't you** initially **say** that **one may not slaughter** an animal and have its blood flow **into a small hole** in the ground **at all? Abaye said: The first clause** of the mishna, where there is a blanket prohibition against having the blood flow into a small hole, is referring **to a small hole that is in the marketplace.**

אָמַר לֵיהּ רָבָא, וְהָא מִדְּקָתָנֵי סֵיפָא: וּבַשּׁוּק לֹא יַעֲשֶׂה כֵּן, מִכְּלָל דְּרֵישָׁא לָאו בַּשּׁוּק עָסְקִינַן!

Rava said to him: But isn't it so that **from** the fact **that the latter clause teaches: And in the marketplace one may not do so, it may be inferred that** in **the first clause we are not dealing with the marketplace?**

אֶלָּא אָמַר רָבָא, הָכִי קָאָמַר: אֵין שׁוֹחֲטִין לְגוּמָא כָּל עִיקָּר; וְהָרוֹצֶה לְנַקֵּר חֲצֵרוֹ כֵּיצַד הוּא עוֹשֶׂה? עוֹשֶׂה מָקוֹם חוּץ לַגּוּמָא וְשׁוֹחֵט, וְדָם שׁוֹתֵת וְיוֹרֵד לַגּוּמָא; וּבַשּׁוּק לֹא יַעֲשֶׂה כֵּן, שֶׁלֹּא יְחַקֶּה אֶת הַמִּינִין.

Rather, Rava said that **this** is what the mishna **is saying: One may not slaughter** an animal and have its blood flow **into a small hole** in the ground **at all. And one who wishes to clean his courtyard** and ensure that it will not be sullied in blood, **how does he do** so? **He fashions a place** with an incline or a furrow **outside the small hole, and slaughters** the animal there, **and the blood flows and descends into the hole. And in the marketplace one may not do so, so that** he will **not** appear to **emulate the heretics.**

תַּנְיָא כְּווֹתֵיהּ דְּרָבָא: הָיָה מְהַלֵּךְ בִּסְפִינָה וְאֵין לוֹ מָקוֹם בִּסְפִינָה לִשְׁחוֹט – מוֹצִיא יָדוֹ חוּץ לַסְּפִינָה וְשׁוֹחֵט, וְדָם שׁוֹתֵת וְיוֹרֵד עַל דּוֹפְנֵי הַסְּפִינָה. וְאֵין שׁוֹחֵט לְגוּמָא כָּל עִיקָּר.

It is taught in a *baraita* **in accordance with** the opinion **of Rava:** If one **was traveling on a ship and he has no place on the ship to slaughter** an animal, **he extends his hand** with a knife, holds the head of the animal **outside** the walls of **the ship, and slaughters** the animal there; **and the blood flows and descends** down **the sides of the ship.** He may not slaughter an animal and have its blood flow directly into the sea. **And one may not slaughter** an animal and have its blood flow **into a small hole** in the ground **at all.**

וְהָרוֹצֶה לְנַקֵּר חֲצֵרוֹ כֵּיצַד הוּא עוֹשֶׂה? עוֹשֶׂה מָקוֹם חוּץ לַגּוּמָא וְשׁוֹחֵט, וְדָם שׁוֹתֵת וְיוֹרֵד לַגּוּמָא; וּבַשּׁוּק לֹא יַעֲשֶׂה כֵּן, מִשּׁוּם שֶׁנֶּאֱמַר: ״וּבְחֻקֹּתֵיהֶם לֹא תֵלֵכוּ״, וְאִם עָשָׂה כֵּן – צָרִיךְ בְּדִיקָה אַחֲרָיו.

And one who wishes to clean his courtyard and ensure that it will not be sullied with blood, **how does he do** so? **He fashions a place** with an incline or a furrow **outside the small hole, and slaughters** the animal there, **and the blood flows and descends into the hole. And in the marketplace, one may not do so, as it is stated: "Neither shall you follow their statutes"** (Leviticus 18:3). **And if he did so, he requires examination after his actions**[H] to ascertain whether he is a heretic.

LANGUAGE

Emulate [*yeḥakkeh*] – **יְחַקֶּה:** Rashi explains that the source of this term is the biblical term for statute, *ḥok*, as it is written: "Neither shall you follow their statutes [*ḥukotehem*]" (Leviticus 18:3). In several places the Sages employ this term in the modern sense of imitate or emulate. Other commentaries suggest that the source of the term is the verb *ḥakak*, meaning drawing or description.

Reflection [*bavua*] – **בָּבוּאָה:** Linguists maintain that *bavua* is a variant form of the biblical term *bavat ayin* (see Zechariah 2:12), which means both pupil of the eye and child. Similarly, the Hebrew word *ishon* also means either pupil of the eye or small man [*ish*]. *Bavua* is similar to the Arabic word بؤبؤ, *bu'bu'*, with both these meanings, and has parallels in other languages, e.g., the Latin pupa, meaning little girl, and pupilla, meaning little orphan girl or pupil of the eye. The term *bavua* was used to refer to the reflection of a figure in one's eye, and then became used more generally to refer to any reflection of an image, e.g., in water or in a mirror.

HALAKHA

They taught the case of murky water – **בַּעֲכוּרִים שָׁנוּ:** One may not slaughter so that the blood flows into vessels, so that people do not say that he is receiving the blood to sprinkle for idol worship. In a case where the vessel contains water and the blood is consequently no longer fit to sprinkle for idol worship, if the water is clear he may not slaughter into it, to avoid creating the impression that he is slaughtering to his reflection in the water. If the water is murky it is permitted. He may never slaughter into rivers or seas even if their water is murky (Rambam *Sefer Kedusha, Hilkhot Sheḥita* 2:5; *Shulḥan Arukh, Yoreh De'a* 11:3 and *Shakh* there).

And if he did so he requires examination after his actions – **וְאִם עָשָׂה כֵּן צָרִיךְ בְּדִיקָה אַחֲרָיו:** If a person slaughters so that the blood flows into a hole in the marketplace, it is prohibited to eat from his slaughter until one investigates whether he is a heretic (Rambam). Some say that it is permitted after the fact even without investigating (Rashba). The Rema writes that today, when this is not the practice of idolaters, it is permitted after the fact (Rambam *Sefer Kedusha, Hilkhot Sheḥita* 2:6; *Shulḥan Arukh, Yoreh De'a* 12:2, and see *Shakh, Taz,* and *Kereti UFleti* there).

NOTES

They taught the case of murky water – **בַּעֲכוּרִים שָׁנוּ:** The Gemara's response here that slaughtering is permitted in murky water applies only in the case under discussion of slaughtering into a round excavation containing water. It is prohibited to slaughter an animal and have its blood flow into the sea, even if the seawater is murky, as the concern is that it appears as though he were slaughtering the animal in worship of the angel of the sea (*Kesef Mishne*).

מתני׳ הַשּׁוֹחֵט לְשֵׁם עוֹלָה, לְשֵׁם זְבָחִים, לְשֵׁם אָשָׁם תָּלוּי, לְשֵׁם פֶּסַח, לְשֵׁם תּוֹדָה – שְׁחִיטָתוֹ פְּסוּלָה, וְרַבִּי שִׁמְעוֹן מַכְשִׁיר.

MISHNA In the case of **one who slaughters** an animal and asserts that he is slaughtering it **for the sake of a burnt offering,**[NH] **for the sake of a peace offering, for the sake of a provisional guilt offering,**[HB] **for the sake of a Paschal offering,** or **for the sake of a thanks offering, his slaughter is not valid,** as it appears that he is consecrating animals and slaughtering sacrificial animals outside the Temple. **And Rabbi Shimon deems** his slaughter **valid.**[N]

שְׁנַיִם אוֹחֲזִין בְּסַכִּין וְשׁוֹחֲטִין, אֶחָד לְשׁוּם אֶחָד מִכָּל אֵלּוּ וְאֶחָד לְשׁוּם דָּבָר כָּשֵׁר – שְׁחִיטָתוֹ פְּסוּלָה. הַשּׁוֹחֵט לְשֵׁם חַטָּאת, לְשֵׁם אָשָׁם וַדַּאי, לְשֵׁם בְּכוֹר, לְשֵׁם מַעֲשֵׂר, לְשֵׁם תְּמוּרָה – שְׁחִיטָתוֹ כְּשֵׁרָה.

If there were **two** people **grasping a knife** together **and slaughtering** an animal, **one** slaughtering **for the sake of one of all those** enumerated in the first clause of the mishna **and one** slaughtering **for the sake of a legitimate matter,** their **slaughter is not valid.** With regard to **one who slaughters** an animal **for the sake of a sin offering,**[H] **for the sake of a guilt offering**[B] for **a definite** transgression, **for the sake of** the offering of **a firstborn, for the sake of** the offering of animal **tithe,** or **for the sake of a substitute** for a sacrificial animal,[N] **his slaughter is valid.** All of these offerings may be brought only as obligations and not as gifts. Therefore, there is no concern that he consecrated the animals.

זֶה הַכְּלָל: כָּל דָּבָר שֶׁנִּידָּר וְנִידָּב – הַשּׁוֹחֵט לִשְׁמוֹ אָסוּר, וְשֶׁאֵינוֹ נִידָּר וְנִידָּב – הַשּׁוֹחֵט לִשְׁמוֹ כָּשֵׁר.

This is the principle: For **any item,** i.e., offering, **which** is consecrated as a voluntary **vow or gift,** in the case of **one who slaughters for its sake** the animal is **forbidden. And** for any offering **that is not** consecrated as a voluntary **vow or gift** but is an obligation that is incumbent upon him, in the case of **one who slaughters for its sake** the animal is **permitted.**

NOTES

One who slaughters for the sake of a burnt offering – הַשּׁוֹחֵט לְשֵׁם עוֹלָה: Technically, if one says that he is slaughtering an animal for the sake of a burnt offering, he has said nothing, as he has not previously consecrated the animal as a burnt offering, and this is not a typical formula employed to consecrate an animal. Nevertheless, the Sages issued a decree that the slaughter of one who says that it is for the sake of a burnt offering is not valid, even if he explicitly declares that his intent is not to consecrate the animal (Rabbeinu Yehonatan of Lunel). The reason the slaughter is not valid is that it appears as though he is consecrating and slaughtering sacrificial animals outside the Temple courtyard, and an onlooker might draw the mistaken conclusion that it is permitted to do so. Therefore, the Sages issued this decree only with regard to one who slaughters for the sake of a type of offering that one can consecrate as a vow or as a gift offering.

By contrast, if he slaughters for the sake of an offering that is obligatory, e.g., a sin offering, or whose sanctity is not created through consecration, e.g., a firstborn offering, there is no concern that onlookers may draw the wrong conclusion (Rashi). Most early commentaries explain the entire discussion in the Gemara along these lines as well, saying that the concern is one of appearance of prohibition.

Other early commentaries hold that the *halakhot* in this mishna were in effect only during the Temple era, but not today. According to this explanation, there was a genuine concern that the person slaughtering for the sake of a burnt offering was consecrating the animal. The *Tur* writes similarly, that the reason that this *halakha* applies today is due to the concern that perhaps he thereby consecrated the animal, and he is slaughtering a sacrificial animal outside of the Temple. Nevertheless, the commentaries explain that even according to this opinion, the concern is not that he actually slaughtered a sacrificial animal outside of the Temple. Were that the case, benefit from the animal would also be forbidden, and the slaughterer would be liable for slaughtering a sacrificial animal outside of the Temple, for which one is liable even today (see *Perisha* and *Derisha*).

And Rabbi Shimon deems his slaughter valid – וְרַבִּי שִׁמְעוֹן מַכְשִׁיר: Rashi explains that Rabbi Shimon holds that the Sages do not issue a decree based on the appearance of prohibition. *Tosafot* cite the explanation of the Riva that Rabbi Shimon holds that in this case there is no appearance of prohibition whatsoever, since the one slaughtering did not act in a manner typical of one who consecrates an animal as an offering. One who consecrates an animal says: It is incumbent upon me to bring a burnt offering, or: This animal is designated as a burnt offering, and then he brings the animal to the Temple and slaughters it. One does not typically take a non-sacred animal and slaughter it for the sake of a burnt offering.

A substitute for a sacrificial animal – תְּמוּרָה: If one states that his non-sacred animal shall be a substitute for a certain sacrificial animal that he owns, it assumes the status of a substitute for a sacrificial animal. Although it is prohibited to do so by Torah law (see Leviticus 27:10), and the first animal remains sacred, the substitute animal also becomes sacred. Tractate *Temura* is devoted entirely to this matter.

BACKGROUND

Provisional guilt offering – אָשָׁם תָּלוּי: The provisional guilt offering is mentioned in the Torah (Leviticus 5:17–19), and its various *halakhot* are discussed in tractate *Karetot*. One is liable to bring a provisional guilt offering in a case where there is uncertainty as to whether he unwittingly violated a prohibition that carries liability to bring a sin offering, e.g., if there is uncertainty whether he ate forbidden fat or permitted fat. This offering protects him from punishment until he determines whether he actually sinned. If he determines that he sinned, he is liable to bring a sin offering.

Guilt offering – אָשָׁם: A guilt offering, which must be a male sheep, is an offering of the most sacred order, and its flesh may be eaten only by priests on the day it is sacrificed and the following night. The *halakhot* of the sprinkling of its blood on the altar and the burning of its fats are identical to the *halakhot* of a peace offering. Guilt offerings mentioned in the Torah (Leviticus 5:15–26) are divided into three categories: The guilt offerings of a nazirite and a leper, a provisional guilt offering, and a definite guilt offering. The definite guilt offering is brought for the sin of misuse of consecrated property, among other transgressions.

HALAKHA

One who slaughters for the sake of a burnt offering – הַשּׁוֹחֵט לְשֵׁם עוֹלָה: If one slaughters a non-sacred animal for the sake of an offering that can be consecrated as a vow offering or as a gift offering, the slaughter is not valid, even if the animal had a blemish. This is because it appears as though he is slaughtering sacrificial animals outside the Temple. Therefore, if one slaughters for the sake of a burnt offering, a thanks offering, or a Paschal offering, his slaughter is not valid. A Paschal offering can be designated at any time during the year, so in that sense it is similar to an offering that can be consecrated as a vow offering or as a gift offering (Rambam *Sefer Kedusha*, *Hilkhot Sheḥita* 2:17–18; *Shulḥan Arukh*, *Yoreh De'a* 5:1).

Provisional guilt offering – אָשָׁם תָּלוּי: If one slaughters a non-sacred animal for the sake of a provisional guilt offering, the slaughter is valid. The *halakha* is not in accordance with the opinion of Rabbi Eliezer but with the opinion of the Rabbis, who hold that one may bring a provisional guilt offering only for uncertainty with regard to his liability to bring a sin offering (*Karetot* 25b). Some hold that this slaughter is not valid, based on the mishna and the opinion of Rabbi Eliezer, who holds that one may bring a provisional guilt offering every day if he so chooses, indicating that it is not an obligation. The Rema writes that one should adopt the stringent ruling (Rambam *Sefer Kedusha*, *Hilkhot Sheḥita* 2:17–18; *Shulḥan Arukh*, *Yoreh De'a* 5:1 and *Oraḥ Ḥayyim* 1:7).

One who slaughters for the sake of a sin offering – הַשּׁוֹחֵט לְשֵׁם חַטָּאת: If one slaughters a non-sacred animal for the sake of an offering that cannot be consecrated as a vow offering or a gift offering, e.g., a sin offering, a provisional guilt offering, a definite guilt offering, a firstborn offering, an animal tithe offering, or a substitute for a sacrificial animal, his slaughter is valid. There are some who hold that if he slaughters it for the sake of a provisional guilt offering the slaughter is not valid. The Rema writes that in this case one should adopt the stringent ruling (Rambam *Sefer Kedusha*, *Hilkhot Sheḥita* 2:17–18; *Shulḥan Arukh*, *Yoreh De'a* 5:1).

NOTES

Where he says for the sake of my sin offering – בְּאוֹמֵר לְשֵׁם חַטָּאתִי: Based on this interpretation of the mishna, the slaughter is not valid only if two conditions are fulfilled: It is known that this person is liable to bring a sin offering, and he says: I am slaughtering this animal for the sake of my sin offering. But if there is no knowledge that he is obligated to bring a sin offering, then even if he says: I am slaughtering this animal for the sake of my sin offering, the slaughter is valid. In this case, there is no room for concern that he is actually liable to bring a sin offering, as typically, one's liability to bring a sin offering is information that he wants disseminated in order to shame himself and thereby effect his atonement (Rashi).

גמ׳ ״הַשּׁוֹחֵט לְשֵׁם עוֹלָה״. אָשָׁם תָּלוּי בַּר נִידָּר וְנִידָּב הוּא? אָמַר רַבִּי יוֹחָנָן: הָא מַנִּי? רַבִּי אֶלְעָזָר הִיא, דְּאָמַר: מִתְנַדֵּב אָדָם אָשָׁם תָּלוּי בְּכׇל יוֹם.

GEMARA The mishna teaches: In the case of **one who slaughters** an animal and asserts that he is slaughtering it **for the sake of a burnt offering,** for the sake of a peace offering, for the sake of a provisional guilt offering, for the sake of a Paschal offering, or for the sake of a thanks offering, the slaughter is not valid. This is because one who slaughters for the sake of any type of offering that is consecrated as a vow or as a gift renders the animal forbidden. The Gemara asks: **Is a provisional guilt offering fit** to be consecrated as **a vow or as a gift?** A provisional guilt offering is brought only when one is obligated to do so due to uncertainty whether or not he is liable to bring a sin offering. **Rabbi Yoḥanan said:** In accordance with **whose** opinion **is this** *halakha* in the mishna? **It is** in accordance with the opinion of **Rabbi Elazar, who says** in a mishna (*Karetot* 25a): **A person donates a provisional guilt offering every day** if he chooses, due to concern that perhaps he violated a prohibition.

פֶּסַח בַּר נִידָּב וְנִידָּר הוּא? זִמְנָא קְבִיעָא לֵיהּ! אָמַר רַבִּי אוֹשַׁעְיָא: שָׁאנֵי פֶּסַח, הוֹאִיל וְהַפְרָשָׁתוֹ כׇּל הַשָּׁנָה כּוּלָּהּ.

The Gemara asks: **Is a Paschal offering fit** to be consecrated as a **vow or as a gift? The time is fixed for its** offering on Passover eve, when bringing it is an obligation, and it may not be brought on any other day. **Rabbi Oshaya said: The Paschal offering is different, since** although the date for bringing and slaughtering it is the fourteenth of Nisan, **its designation** can be performed **throughout the entire year.**

אָמַר רַבִּי יַנַּאי: לֹא שָׁנוּ אֶלָּא תְּמִימִים, אֲבָל בַּעֲלֵי מוּמִין – מֵידַע יְדִיעַ; וְרַבִּי יוֹחָנָן אָמַר: אֲפִילּוּ בַּעֲלֵי מוּמִין נָמֵי, זִימְנִין דְּרָמֵי לֵיהּ מִידֵּי אַמּוּמָא וְלָא יְדִיעַ.

Rabbi Yannai says: The Sages **taught** that slaughter of an animal for the sake of an offering is not valid **only** if the animals were **unblemished. But** with regard to animals with **blemishes,** the slaughterer **knows** that they are blemished and disqualified from sacrifice. Therefore, despite his declaration, there is no concern that his actual intent was to slaughter the animal for that purpose. **And Rabbi Yoḥanan says:** Slaughter of an animal for the sake of an offering is not valid **even** if the animals were **blemished**[H] **as well,** as there are **times that an item is cast over the blemish** and covers it, **and he does not know** that the animal is blemished.

״הַשּׁוֹחֵט לְשֵׁם חַטָּאת״. אָמַר רַבִּי יוֹחָנָן: לֹא שָׁנוּ אֶלָּא שֶׁאֵינוֹ מְחוּיָּיב חַטָּאת, אֲבָל מְחוּיָּיב חַטָּאת – אֵימָא: לְשׁוּם חַטָּאתוֹ הוּא עוֹשֶׂה. וְהָא לָא קָאָמַר ״לְשֵׁם חַטָּאתִי״! אָמַר רַבִּי אַבָּהוּ: בְּאוֹמֵר ״לְשֵׁם חַטָּאתִי״.

The mishna teaches: With regard to **one who slaughters** an animal **for the sake of a sin offering,** his slaughter is valid, as, since one cannot voluntarily contribute a sin offering, there is no concern that the onlookers will draw the wrong conclusion. **Rabbi Yoḥanan says:** The Sages **taught** that slaughter of an animal for the sake of a sin offering is valid **only** with regard to a slaughterer **who is not liable** to bring **a sin offering. But** a slaughterer who knows that he is **liable** to bring **a sin offering,**[H] his slaughter is not valid. **Say** that **he is performing** consecration and slaughter **for the sake of his sin offering.** The Gemara asks: **But** didn't he say before the slaughter: For the sake of a sin offering, and **he did not say: For the sake of my sin offering?** Why, then, is that a concern? **Rabbi Abbahu said:** Indeed, the reference is to a case **where he says:** I am slaughtering this animal **for the sake of my sin offering.**[N]

HALAKHA

Even if the animals were blemished – אֲפִילּוּ בַּעֲלֵי מוּמִין: If one slaughters non-sacred animals for the sake of offerings that can be consecrated as vow offerings or as gift offerings, the slaughter is not valid, even if the animals are blemished, and even if the blemish is in a conspicuous part of the animal (*Shakh*), in accordance with the opinion of Rabbi Yoḥanan (*Shulḥan Arukh, Yoreh De'a* 5:1).

But a slaughterer who is liable to bring a sin offering – אֲבָל מְחוּיָּיב חַטָּאת: If one slaughters an animal for the sake of a sin offering, the slaughter is valid. But if it is known that he is liable to bring a sin offering, and he states: I am slaughtering this animal for the sake of my sin offering, the slaughter is not valid. The same *halakha* applies to one liable to bring a guilt offering. Some hold that in these cases, deriving benefit from the animal is also forbidden, as in the case of a sacrificial animal slaughtered outside the Temple (Maharshal; *Taz*), in accordance with the statements of Rabbi Yoḥanan and Rabbi Abbahu (Rambam *Sefer Kedusha, Hilkhot Sheḥita* 2:18–19; *Shulḥan Arukh, Yoreh De'a* 5:1, and see *Shakh* and *Taz* there).

"לְשֵׁם תְּמוּרָה". אָמַר רַבִּי אֶלְעָזָר: לֹא שָׁנוּ אֶלָּא שֶׁאֵין לוֹ זֶבַח בְּתוֹךְ בֵּיתוֹ, אֲבָל יֵשׁ לוֹ זֶבַח בְּתוֹךְ בֵּיתוֹ – אֵימָא אֲמוּרֵי אֲמִיר בֵּיהּ. וְהָא לָא קָאָמַר "לְשֵׁם תְּמוּרַת זְבָחַי"! אָמַר רַבִּי אַבָּהוּ: בְּאוֹמֵר "לְשֵׁם תְּמוּרַת זְבָחַי".

The mishna teaches: With regard to one who slaughters **for the sake of a substitute** for a sacrificial animal, his slaughter is valid. **Rabbi Elazar says:** The Sages **taught** that the slaughter is valid **only** in a case **where he does not have** an animal consecrated as **an offering inside his house**[H] for which it can be the substitute, **but** if **he has** an animal consecrated as **an offering in his house, say** that he is **substituting** this animal **for it,** and the slaughter is not valid. The Gemara asks: **But** didn't he say before the slaughter: For the sake of a substitute for a sacrificial animal, and **he did not say: For the sake of a substitute for my** animal consecrated as an **offering?** Why, then, is that a concern? **Rabbi Abbahu said:** Indeed, the reference is to a case **where he says:** I am slaughtering this animal **for the sake of a substitute for my** animal consecrated as an **offering.**

"זֶה הַכְּלָל". לְאַתּוּיֵי מַאי? לְאַתּוּיֵי עוֹלַת נָזִיר, דְּמַהוּ דְּתֵימָא: הָא לָא נָדַר – אֵימַר נָדַר בְּצִינְעָא.

The mishna states that **this is the principle:** For any offering that is consecrated as a voluntary vow or gift, in the case of one who slaughters for its sake, the animal is forbidden. The Gemara asks: **What** case does this clause **add?** The list in the mishna appears to be comprehensive. The Gemara answers: The clause serves **to add** the **burnt offering of a nazirite.**[BH] **As, lest you say** there is no concern in that case, **as that** person did **not vow** to become a nazirite and could not possibly be obligated to bring that offering, therefore, the *tanna* teaches that there is a concern if he said he was slaughtering for the sake of the burnt offering of a nazirite. **Say** that perhaps **he vowed** to become a nazirite **in private,** and no one else was aware of it.

"וְשֶׁאֵינוֹ נִידָּר וְנִידָּב". לְאַתּוּיֵי עוֹלַת יוֹלֶדֶת.

The Gemara asks: What is added by the second half of the principle: **And** for any offering **that is not consecrated** as a voluntary **vow or as a gift,** in the case of one who slaughters for its sake the animal is permitted? The Gemara answers: It serves **to add the burnt offering of a woman after childbirth.**[BH] If one slaughters an animal for the sake of a burnt offering of a woman after childbirth, the slaughter is valid, as it is an obligation.

אָמַר רַבִּי אֶלְעָזָר: לֹא שָׁנוּ אֶלָּא שֶׁאֵין לוֹ אִשָּׁה, אֲבָל יֵשׁ לוֹ אִשָּׁה – אֵימַר לִשְׁמָהּ הוּא עוֹשֶׂה. וְהָא לָא קָאָמַר "לְשֵׁם עוֹלַת אִשְׁתִּי"! אָמַר רַבִּי אַבָּהוּ: בְּאוֹמֵר "לְשֵׁם עוֹלַת אִשְׁתִּי".

Rabbi Elazar says: The Sages **taught** that the slaughter is valid **only** in a case **where he does not have a wife. But if he has a wife, say that he performs** consecration and slaughter of the animal **for her sake** and therefore the slaughter is not valid. The Gemara asks: **But** didn't he say before the slaughter: For the sake of the burnt offering of a woman after childbirth, and **he did not say: For the sake of the burnt offering of my wife** after childbirth? Why, then, is that a concern? **Rabbi Abbahu said:** Indeed, the reference is to a case **where he says:** I am slaughtering this animal **for the sake of the burnt offering of my wife** after childbirth.

פְּשִׁיטָא!

The Gemara objects: This is **obvious.** Clearly, if he explicitly declared that the slaughter is for the sake of the burnt offering of his wife after childbirth the slaughter is not valid.

BACKGROUND

Burnt offering of a nazirite – עוֹלַת נָזִיר: A nazirite is an individual who undertakes the nazirite vow, as detailed in the Torah (see Numbers 6:1–21). A nazirite must refrain from eating or drinking any product of the vine, avoid becoming ritually impure with impurity imparted by a corpse, and refrain from cutting his hair. A nazirite who violates any of these prohibitions is liable to be flogged. One may vow to be a nazirite for any period of time that he wishes, with a minimum term of thirty days. When the nazirite completes the term of his naziriteship, he is obligated to bring two lambs, a female as a sin offering and a male as a burnt offering, as well as a ram as a peace offering. He shaves his hair and burns it beneath the pot in which the flesh of the ram brought as a peace offering is cooked. His naziriteship ends after he brings his offerings.

Burnt offering of a woman after childbirth – עוֹלַת יוֹלֶדֶת: The Torah describes various *halakhot* that apply to a woman after childbirth, if the baby was born in a standard childbirth, as opposed to a caesarean section. She is ritually impure for seven days if she gave birth to a boy, and for fourteen days if she gave birth to a girl. After immersion in a ritual bath, she is ritually pure for the next thirty-three or sixty-six days, respectively, even if she experiences uterine bleeding. Nevertheless, during this period of forty days for a boy, or eighty days for a girl, it is prohibited for her to enter the Temple courtyard and partake of sacrificial meat. After the fortieth or eightieth day, she sacrifices a purification offering in the Temple consisting of a lamb in its first year, brought as a burnt offering, and a young pigeon or a dove, brought as a sin offering. If she cannot afford the cost of a lamb for the burnt offering, she can bring two doves or two young pigeons, one as a burnt offering and the other as a sin offering, after which she may enter the Temple and partake of sacrificial meat (see Leviticus 12:1–8).

Women in the Temple presenting offerings after childbirth

HALAKHA

In a case where he does not have an offering inside his house – שֶׁאֵין לוֹ זֶבַח בְּתוֹךְ בֵּיתוֹ: In a case where one has a sacrificial animal in his house, if he slaughters a non-sacred animal and says: This is for the sake of a substitute for my offering, his slaughter is not valid, in accordance with the statements of Rabbi Elazar and Rabbi Abbahu (Rambam *Sefer Kedusha, Hilkhot Sheḥita* 2:19).

The burnt offering of a nazirite – עוֹלַת נָזִיר: If one slaughters a non-sacred animal for the sake of a burnt offering of a nazirite, then even though he is not a nazirite, his slaughter is not valid, since naziriteship is fundamentally a vow. The Sages ruled stringently, as they say that perhaps he took a private vow of naziriteship (Rambam *Sefer Kedusha, Hilkhot Sheḥita* 2:20).

To add the burnt offering of a woman after childbirth – לְאַתּוּיֵי עוֹלַת יוֹלֶדֶת: In the case of a woman who slaughters an animal for the sake of a burnt offering brought after childbirth, if she says: This is my burnt offering, the slaughter is valid, because a burnt offering is not sacrificed voluntarily. There is no concern that perhaps she had a miscarriage, as were that the case, it would have generated publicity (see *Maggid Mishne*). The same *halakha* applies if a man slaughters an animal for the sake of a burnt offering brought after childbirth, as everyone knows that his wife did not give birth. If she did give birth or miscarry, a situation where during the Temple era she would be liable to bring this offering, it is prohibited to partake of the meat of the animal (Rambam *Sefer Kedusha, Hilkhot Sheḥita* 2:20; *Tevuot Shor*).

מַהוּ דְּתֵימָא: אִם אִיתָא דְּיָלְדָה – קָלָא הֲוָה לֵיהּ, קָא מַשְׁמַע לָן, אֵימַר אַפּוּלֵי אַפֵּיל.

The Gemara answers: **Lest you say: If it is so that** his wife **gave birth, it would have** generated **publicity** and been common knowledge; therefore, one might conclude that the slaughter is valid even if he declared that the slaughter is for the sake of the burnt offering of his wife after childbirth, as in fact she did not give birth. To counter this, Rabbi Elazar **teaches us** that the slaughter is not valid. **Say** that his wife **miscarried** and is liable to bring an offering, but it is not common knowledge, because the baby was not born alive.

הדרן עלך השוחט

Summary of **Perek II**

The first part of this chapter is a continuation of the *halakhot* of slaughter discussed in the previous chapter. Initially it was explained that the basic mitzva of slaughter is mentioned in the Torah, and its details are *halakhot* transmitted to Moses from Sinai. There is a mitzva to slaughter domesticated and undomesticated animals and birds by cutting their neck. In the slaughter of an animal both the windpipe and the gullet must be cut, and in the slaughter of a bird it is sufficient to cut either of the *simanim*. As is the case with regard to many *halakhot*, if one cuts the majority of a *siman* it is as though he cut the entire *siman*. The primary element of slaughter is the cutting of the *simanim*, not the emergence of blood, but if no blood emerges, the animal is not rendered susceptible to ritual impurity. Other permitted creatures, e.g., fish and locusts, do not require slaughter.

Slaughter is effective in rendering permitted the consumption of the flesh of the animal only if it is performed before the soul of the animal departs, the precise time of which is defined by the Sages. Likewise, the animal does not assume unslaughtered carcass status and does not become a primary source of ritual impurity only if the slaughter occurs before the soul departs. On that basis, it is permitted to slaughter an animal in danger of imminent death. Nevertheless, some Sages adopted a stringent practice and would not eat the flesh of an animal slaughtered when it was in danger of imminent death.

Slaughter is performed by passing the knife back and forth and cutting the flesh, without pressing the knife and without ripping the *simanim*. Nevertheless, it is possible for two people to slaughter one animal or for one person to slaughter two animals at the same time. The Sages established a minimum length for the knife used to slaughter an animal *ab initio*. But if the slaughter was performed properly with a smaller knife, the slaughter is valid after the fact.

There are five actions that invalidate slaughter: Interrupting the slaughter, pressing the knife, concealing the knife in the course of an inverted slaughter, diverting the knife above the place of slaughter, and ripping the *simanim* from their place before cutting them. An animal whose slaughter was invalidated assumes unslaughtered carcass status and becomes a primary source of ritual impurity.

A significant portion of this chapter addresses the matter of intent during slaughter. The conclusion is that although there is a mitzva to slaughter, one need not have intent to perform a mitzva. The slaughter must be performed through the action of a competent person. A slaughter that happens spontaneously, e.g., if a knife falls and cuts the neck, is not valid.

Intent to slaughter for idol worship invalidates the slaughter, and benefit from the animal is forbidden like an idolatrous offering. The Sages distinguished between actual idol worship, and slaughter for the sake of mountains, valleys, and the like.

Although one who slaughters with that intent invalidates the slaughter, deriving benefit from that animal is permitted, unless his intent was to slaughter for the angel of the mountain.

If one slaughters an animal on behalf of a gentile, it is permitted to eat the meat of the animal even if the gentile's intent was that the slaughter be for idol worship. The intent of the owner is not decisive in this regard; rather, it is the intent of the slaughterer that determines whether the slaughter is valid. Nevertheless, if one slaughters an animal belonging to another for the sake of idolatry, he does not render it forbidden, because a person cannot render forbidden an item that is not his.

There are various customs with regard to slaughter related to the prohibitions against sorcery and necromancy, or due to the general prohibition against following the customs of gentiles. The Sages prohibited any slaughter that could arouse suspicion or that has the appearance of violating a prohibition, and they permitted slaughter in cases where it is obvious that the slaughterer is not emulating the gentiles.

Another type of intent that invalidates slaughter is the intent to slaughter a non-sacred animal as an offering. Although the slaughter in and of itself does not render non-sacred animals forbidden, concern exists that perhaps he had previously consecrated the animal. If so, then in slaughtering it, he might be in violation of the prohibition against slaughter of sacrificial animals outside the Temple courtyard. At the very least, his actions would have the appearance of prohibition, as it appears that he is consecrating an animal and slaughtering it outside the Temple courtyard. The conclusion of the Gemara is that if one slaughters for the sake of an offering that can be brought as a vow offering or as a gift offering the slaughter is not valid. But if he slaughtered the animal for the sake of an obligatory offering the slaughter is valid.

These topics, and other related issues, are the main focus of this chapter. There is also an especially long treatment of the impurity of food, as well as an analysis of whether it is the slaughter or the blood of slaughter that renders food susceptible to ritual impurity.

Image Credits

My Notes